王国・教会・帝国　カール大帝期の王権と国家

王国・教会・帝国

――カール大帝期の王権と国家――

五十嵐 修 著

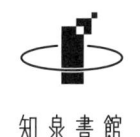

知泉書館

目　次

略語表 …………………………………………………………………… x

序　章 …………………………………………………………………… 3
　本書の目的 ……………………………………………………………… 6
　「国家」という概念の使用について ……………………………………… 9
　四つの視点 ……………………………………………………………… 11
　本書の構成 ……………………………………………………………… 16

第Ⅰ部

出　発　点
──新しい王朝──

第1章　伝統と変容 ……………………………………………… 21
　初期フランク王国の王権と国家 ………………………………………… 21
　カロリング家の台頭 …………………………………………………… 24
　カール・マルテルの時代のフランク・ローマ関係 ……………………… 32
　ボニファティウスの教会改革と740年代の教会会議の基本理念 ……… 40

第2章　新しい王朝と教皇座 …………………………………… 49
　王朝交替 ………………………………………………………………… 49
　フランク王権とローマ教皇座の新たな関係 …………………………… 55
　キエルジ会議と「教皇領寄進の約束」 ………………………………… 57
　塗油式と *compaternitas* ……………………………………………… 61
　「ローマ人のパトリキウス」の問題 …………………………………… 64

ピピンのイタリア遠征………………………………………………… 70
　教会法と典礼の分野におけるフランク・ローマ関係の進展………… 73
　新たなアイデンティティの模索？…………………………………… 75
　教皇座への接近と宮廷の国家観……………………………………… 83

第Ⅱ部

カール大帝期の王権と国家

第3章　イタリアへ──780年代までのフランク・ランゴバルト・ローマ教皇座 ……………………………………………… 87
　単独統治以前のフランク・ローマ関係………………………………… 88
　ランゴバルト併合とカールの新しい称号……………………………… 93
　「ローマ人のパトリキウス」…………………………………………… 100
　780年代におけるフランク王権と教皇座の関係……………………… 101
　カロリング・ルネサンスとイタリア…………………………………… 105
　要　　約………………………………………………………………… 107

第4章　統治の技法──治世初期のカールの勅令 ………………… 110
　カール大帝以前の勅令………………………………………………… 110
　戦争と危機……………………………………………………………… 112
　『エルスタール勅令』…………………………………………………… 114
　もうひとつの『エルスタール勅令』…………………………………… 120
　『780年の通達』（Epistula capitularis）……………………………… 123
　イタリアに関する勅令………………………………………………… 125
　『ザクセン地方に関する勅令』（782年）……………………………… 132
　いわゆる『カール大帝の最初の勅令』………………………………… 135
　勅令と地方統治………………………………………………………… 141

第5章　教化と宣誓──統合の試み ………………………………… 143
　『一般訓令』（789年）と教化のプロジェクト………………………… 144
　臣民宣誓による国家統合の試み……………………………………… 164

目　次　　vii

　　転機としての789年 ………………………………………… 171

第6章　アルクインと新しい政治思想 …………………… 174
　　アルクインとフランク宮廷 ………………………………… 176
　　アルクイン以前の政治思想 ………………………………… 178
　　アルクインの政治思想における「神の民」と王権の役割 …… 181
　　民衆教化・異端の撲滅・聖戦 ……………………………… 186

第7章　聖戦の思想 ………………………………………… 195
　　聖戦としてのザクセン戦争 ………………………………… 196
　　第二の聖戦――アヴァール戦争 …………………………… 209
　　対イスラーム戦争 …………………………………………… 212
　　政治的宣伝としての「聖戦」 ……………………………… 215

第8章　ビザンツとの対抗意識の醸成 …………………… 216
　　聖画像問題にみるキリスト教世界の変貌 ………………… 217
　　第二ニカイア公会議と西方教会 …………………………… 222
　　『カールの書』 ……………………………………………… 227
　　フランクフルト教会会議 …………………………………… 234
　　アーヘン王宮の造営 ………………………………………… 237
　　正統信仰にもとづく宗教共同体 …………………………… 244

第9章　皇帝戴冠への道 …………………………………… 246
　　新教皇レオ3世の選出 ……………………………………… 247
　　レオ襲撃事件 ………………………………………………… 250
　　パーダーボルン ……………………………………………… 254
　　フランク宮廷の二つの「帝国」構想 ……………………… 258
　　教皇座の政治理念 …………………………………………… 263
　　妥協の産物としての皇帝戴冠式 …………………………… 270
　　同床異夢 ……………………………………………………… 276

第10章　皇帝戴冠の波紋……279
都市ローマの支配権……280
カールの肩書にみるフランク宮廷の「帝国」理解……287
ビザンツの反応……293
「帝国」の微妙な性格……298

第11章　改革の試み──第二の転換点……301
802年の改革……303
「綱領的勅令」（802年）の構成と内容……306
国王巡察使制度の改革と「巡察使勅令」……319
もうひとつの「巡察使勅令」（Nr. 35）……324
教会に関する勅令……325
法典附加勅令と部族法典の成文化……327
膨張主義の終焉と第二の転換点……331

第12章　「ダビデ」と「皇帝」のあいだ……336
アルクインの書簡におけるカール……337
『カール頌詩』……341
「ダビデ」と「皇帝」のあいだ……350

第13章　『王国分割令』（806年）と二帝問題……352
先行研究……354
『王国分割令』以前の王位継承計画……357
文書の構成……358
分国の理念と「帝国」の統一性……361
帝位継承問題……364
仮　説……369

第14章　「王国」「教会」「帝国」……372
イタリア王ベルンハルトと『王国分割令』の空文化……372
「西の帝国」「東の帝国」……375
ルイの皇帝戴冠（813年）……378

目 次　　　　　　　　　　　ix

　　813年の教会会議……………………………………………382

結　論……………………………………………………………390

付録1　カール大帝期の宮廷要人一覧………………………399
付録2　811年の私的遺言状の立会人となった聖俗の宮廷関係者一覧……410
付録3　カール大帝期の王国会議と教会会議………………412
付録4　カール大帝期の主要勅令一覧………………………417
文　献　表……………………………………………………425
付　　　図……………………………………………………459
地　　　図……………………………………………………469
カロリング家の系図…………………………………………475
あとがき……………………………………………小倉欣一　479
索　　　引……………………………………………………483

略　語　表

AfD	Archiv für Diplomatik
AHC	Annuarium Historiae Conciliorum
AMP	Annales Mettenses priores
ARF	Annales regni Francorum
AQE	Annales qui dicuntur Einhardi
BECh	Bibliothèque de l'École des Chartes
BM	Böhmer/Mühlbacher/Lechner, Regesta Imperii 1 (751-918), 2. Aufl. 1908, ergänzter Nachdruck 1966
BZ	Byzantinische Zeitschrift
CC	Codex Carolinus
ChLA	Chartae Latinae Antiquiores
Cont. Fred.	Continuationes Fredegarii
DA	Deutsches Archiv für Erforschung des Mittelalters
DVG	Deutsche Verfassungsgeschichte
FMST	Frühmittelalterliche Studien
HJb	Historisches Jahrbuch
HRG	Handwörterbuch zur deutschen Rechtsgeschichte
HS	Historische Studien
HZ	Historische Zeitschrift
LC	Libri Carolini
LM	Lexikon des Mittelalters
LP	Liber Pontificalis
MA	Moyen Âge
MGH	Monumenta Germaniae Historica
Cap.	Capitularia
Conc.	Concilia
DK	Diplomata Karolinorum
Ep.	Epistolae
LL	Leges nationum Germanicarum
Poetae	Poetae Latini medii aevi
SRG	Scriptores rerum Germanicarum in usum scholarum separatim editi
SS	Scriptores (in Folio)
MIÖG	Mitteilungen des Instituts für Österreichische Geschichtsforschung
NA	Neues Archiv der Gesellschaft für ältere Geschichtskunde
PL	J.-P. Migne, Patrologia Latina

QFIAB	Quellen und Forschungen aus italienischen Archiven und Bibliotheken
RH	Revue historique
RhV	Rheinische Vierteljahrsblätter
SSCI	Settimane di studio del Centro italiano di studi sull'alto medioevo
ZBLG	Zeitschrift für Bayerische Landesgeschichte
ZKG	Zeitschrift für Kirchengeschichte
ZRG	Zeitschrift der Savigny-Stiftung für Rechtsgeschichte
GA	Germanistische Abteilung
KA	Kanonistische Abteilung
RA	Romanistische Abteilung

王国・教会・帝国
――カール大帝期の王権と国家――

序　章

　　かつて増田四郎氏は，西欧中世の政治世界を教皇権と皇帝権という二中心をもつ楕円世界と表現した。二中心の楕円という表現は堀米庸三氏に継承され，わが国の中世史学においてよく用いられる喩えになった[1]。確かに，この表現は西欧中世政治世界の特質を端的に示している。西欧中世政治世界には，二つの普遍を主張する政治権力があり，この二つの中心を軸にして，複雑な政治史が展開された。二つの普遍主義的権力が併存し，対抗していたことが，西欧中世政治世界の大きな特徴であった。叙任権闘争をはじめ，西欧中世の主要な政治問題には，ことごとく皇帝権と教皇権が何らかの関わりをもったといっても，言い過ぎではないだろう[2]。
　　しかし，これは8世紀の政治世界には全くあてはまらない。
　　第一に，皇帝権が存在しなかった。最後の西ローマ皇帝，ロムルスが廃位されて以降，西ローマ帝国は形式的にも消滅し，「ヨーロッパ」から皇帝がいなくなった。皇帝と称する人物は，コンスタンティノープルの東ローマ皇帝だけになった。東ローマ皇帝は自らを「ローマ皇帝」と考えていたから，この時期においても，コンスタンティノープルの皇帝は，イタリア以西の地域への影響力の行使を完全に断念したわけではない。フランク王国の基礎を築いたクローヴィスがビザンツ皇帝から名誉的なコンスルの

---

　　1) 増田四郎『西洋中世世界の成立』(岩波書店, 1950年), 245頁。堀米庸三『西洋中世世界の崩壊』(岩波書店, 1958年), 7頁。
　　2) 中世盛期から後期にかけての，皇帝権と教皇権の激烈な権力闘争については，成瀬治・山田欣吾・木村靖二編『世界歴史体系・ドイツ史1』(山川出版社, 1997年), ハンス・K・シュルツェ著, 五十嵐修他訳『西欧中世史事典Ⅱ』(ミネルヴァ書房, 2005年) などの概説書および池谷文夫『ドイツ中世後期の政治と政治思想』(刀水書房, 2000年) の随所に叙述されている。

称号を授与されていることからわかるように[3]，少なくとも6世紀においては，なお東ローマの皇帝は，西方世界にも大きな関心を持ち，外交関係を通じて多少なりとも影響力を行使しようとしていた[4]。6世紀後半のグンドヴァルドの王位簒奪事件も，このことを明確に示している[5]。しかし，その影響力は間接的な形にとどまり，東ローマの皇帝権はイタリア以西の政治状況に決定的な影響力を与えることはできなかった。そして，ガリアとビザンツの関係は，7世紀に入ると，ますます疎遠になっていった。メロヴィング朝時代とカロリング朝時代の地中海交易の実態を鮮やかすぎるほど対比してみせた，いわゆるピレンヌ＝テーゼが妥当かどうかは別にしても[6]，政治的な面に限れば，メロヴィング朝末期には，イタリア以西の地域において，コンスタンティノープルの皇帝の影がますます薄くなったのは確かである。そして8世紀には，イタリア以西の地域では，皇帝権の存在はほぼ完全に視野から消えてしまったといってよい。

　教皇権も，8世紀においてはまだ首位権の主張を十分浸透させることはできなかった。特にレオ1世以降，ローマ教皇は「頭と手足」という比喩を用いて，教皇首位権の浸透を図ったが[7]，フランク王国の教会においては，この努力は完全な成功を収めるにはいたらなかった。ガリアの教会と

　3）　この事件については，拙稿「征服と改宗——クローヴィスと初期フランク王権——」，角田文衞・上田正昭監修，初期王権研究委員会編『古代王権の誕生 IVヨーロッパ編』（角川書店，2003年）所収，328頁参照。なお，同論文の注（25）に関連する文献を挙げてある。

　4）　メロヴィング期の「東西関係」については，橋本龍幸『中世成立期の地中海世界』（南窓社，1997年）の他に，とくに Eugen Ewig, Die Merowinger und das Imperium (Rheinisch-Westfälische Akademie der Wissenschaften, Vorträge G261), Opladen 1983 を参照。

　5）　この事件については，橋本龍幸『中世成立期の地中海世界』257-303頁に詳しい。

　6）　ピレンヌ＝テーゼについては，以下の文献を参照。アンリ・ピレンヌ『ヨーロッパ世界の誕生』増田四郎監修，中村宏，佐々木克巳訳，創文社，1960年。佐々木克巳編訳『古代から中世へ—ピレンヌ学説とその検討』創文社，1975年。また，ピレンヌ＝テーゼに関連した興味深い論考として，内外の二編の論考を挙げておく。大月康弘「ピレンヌ・テーゼとビザンツ帝国——コンスタンティノープル・ローマ・フランク関係の変容を中心に——」『岩波講座・世界歴史7・ヨーロッパの誕生』1998年所収，213-240頁；Bernard S. Bachrach, Pirenne and Charlemagne, in: Alexander C. Murray (Hg.), After Rome's Fall. Narrators and Sources of Early Medieval History. Essays presented to Walter Goffart, Toronto/Buffalo/London 1998, S. 214-231.

　7）　Ullmann, Leo, S. 25ff.

ローマ教皇の関係は，必ずしも緊密であったとはいえなかった[8]。確かにフランクの教会はローマ教皇の権威を承認しており，ローマ教皇の教勅を尊重していた。しかし，その一方でフランク教会はローマを考慮せずに独自の典礼や慣習を発展させていた。フランク王国の教会は王権と密接な関係にあり，独自の歩みを示していた。このことの背景には，おそらく，ローマが当時少なくとも理論上は，ビザンツの統治下にあったことが関係していた。ローマは，東ローマ皇帝との関係を無視できない政治状況にあった。たとえば，よく知られているように，グレゴリウス大教皇は，若いとき，コンスタンティノープルの宮廷に派遣されていた。聖画像論争をひとつの契機として，ビザンツとローマ教皇の関係は冷やかなものになるが，それでもなお，ローマ教皇は皇帝の存在をけっして忘れることはなく，ランゴバルトとの緊迫した政治情勢が続くなかで，コンスタンティノープルの皇帝を当面頼りにしており，「西ヨーロッパ」との関係は必ずしも深くはなかった。

　このように，8世紀の「ヨーロッパ」[9]においては，ヨーロッパ中世世界を特徴づける二つの普遍主義的政治勢力である皇帝権も教皇権も，さほど重要な役割を演じていなかったのである。

　ところが，この状況は8世紀から9世紀にかけての政治状況のなかで大きく変貌し，二つの普遍主義的政治権力の協調と対立に彩られる，西欧中世世界が次第に姿を現すのである。この大きな変化の只中にあって重要な

---

　8) 一般にPontal, Synoden, S. 219-224.
　9)「ヨーロッパ」という概念自体が，大きな歴史的変遷を被っていることは，周知の通りである。中世の「ヨーロッパ」概念に関する文献を何点か挙げておく。Jürgen Fischer, Oriens-Occidens-Europa. Begriff und Gedanke „Europa" in der späten Antike und im frühen Mittelalter, Wiesbaden 1957; Karl Leyser, Concepts of Europe in the Early and High Middle Ages, Past and Present 137 (1992), S. 25-47; Bernd Schneidmüller, Die mittelalterlichen Konstruktionen Europas, in: Heinz Duchhardt/Andreas Kunz (Hg.), „Europäische Geschichte" als historiographisches Problem, Mainz 1997, S. 5-24. いうまでもなく，当時の「ヨーロッパ」概念と今の「ヨーロッパ」概念は異なっている。また，ここで扱う時代には，「ヨーロッパ」はそれほど重要な概念ではなかった。「ヨーロッパ」という表現自体は中世初期を通じて，ときに用いられた。しかし，それほど頻度の高い言葉ではない。そうすると，ここで，「ヨーロッパ」という表現を用いることは，現在の「ヨーロッパ」概念を過去に持ち込むものではないかという批判が予想される。私は，この批判を十分意識している。本書を通じて，「ヨーロッパ」という表現を用いることがあるが，当時の「ヨーロッパ」概念と今の「ヨーロッパ」概念が異なっていることは常に意識したつもりである。

役割を演じた人物こそ，カール大帝[10]に他ならない。すでに強大な権力を掌中に収めていたカールは，800年のクリスマスに皇帝に即位し，西方世界において皇帝権を再興し，西欧中世政治世界の確立に向けての第一歩をしるした。そして，この動きと連動して，ローマ教皇はビザンツと完全に決別し，教皇と皇帝を二つの中心とするローマ・カトリック世界が確立することになるのである。

本書の目的

　本書の主題は，このような「ヨーロッパ」の大きな地殻変動から設定されるが，相互に密接に関連する二つの課題に取り組む。

　第一の課題は，8世紀から9世紀初頭にかけての政治世界の変貌過程そのものの解明である。800年のカール大帝の皇帝戴冠を頂点とする，このような地殻変動はどのようにして生じたのだろうか。また，カールの皇帝戴冠はいったい何を結果としてもたらしたのだろうか。

　800年前後の政治世界の変化は，実に複雑なプロセスであった。あらゆる歴史がそうであるように，西欧中世政治世界の確立過程もカールの皇帝戴冠も，様々な要素がからみあって生じた。単純に，フランク王国とローマ教皇座の緊密な関係によって生じた動きであったととらえることはできない。後で述べるように，両者の接近が大きな要因となったのはたしかであるが，両者の思惑は最初から一致していたわけではない。ときには，両者は対立し，衝突した。また，ビザンツ帝国の動向も大きな要因となっている。このような視点で論じたものとして，すでに，ペーター・クラッセンの『カール大帝・教皇座・ビザンツ――カロリング皇帝権の成立――』がある[11]。本書も，この研究の影響を強く受けている。ただし，力点の置

---

10) いうまでもなく，厳密に言えば，カール大帝という言い方は，800年の皇帝戴冠以降にのみ用いるべき表現である。それゆえ，従来のわが国の研究者は，一般に皇帝戴冠以前に関しては，カール大王と表現してきた。しかし，本書においては，800年以前に関しても，特にこだわらず，カール大帝という呼び方も用いた。

11) Peter Classen, Karl der Große, das Papsttum und Byzanz. Die Begründung des karolingischen Kaisertums, hg. v. Horst Fuhrmann und Claudia Märtl (Beiträge zur

き方が異なっている。私もフランク王国，ローマ教皇座，ビザンツ帝国の三者関係の推移を詳しく検討したが，本書では同時にフランク王国内の変化にも注目し，多くの紙幅を費やした。というのは，後述するように，西欧中世政治世界の確立過程もカールの皇帝戴冠も，フランク宮廷の意識の変容なくしてはありえなかったと考えるからである。

　それが本書の第二の課題と関連する。本書では，とくに勅令や書簡の分析を通して，フランク宮廷の意識がどのような変化を遂げたのかを跡付けようと試みた。よく知られているように，8世紀以降，宮廷の政治用語に宗教的な要素が増加し，ローマ教皇を中心とするキリスト教共同体の中にフランク王国を位置づけていこうとする意識変化を認めることができる。こうした意識変化も西欧政治世界の変貌過程の主要な要因となっていたことを明らかにすることができるだろう。

　しかし，フランク宮廷は，単にキリスト教共同体の一員であることを強く意識するようになっただけではない。そこに宮廷を詳細に検討しなくてはならない理由の一端がある。アルクインやテオドゥルフなどの聖職者が，宮廷の政策決定に強い影響を与えたのは間違いないが，同時に宮廷の構成員の半分は俗人貴族であったことを思い起こす必要がある。もちろん，俗人貴族も宮廷聖職者たちと交流していたし，ある程度は意識を共有していたはずである。だが，彼らには彼らの立場があったし，任務もあった。宮廷の政策は，宮廷聖職者と俗人の廷臣の双方の意見のすり合わせの結果，決定されたにちがいない。それがフランク王国という国家の心臓部である宮廷の姿であった。したがって，宮廷の意識変化には，単に宗教的な側面には集約されることができない要素も含まれているのである。

　それでは，カール大帝期のフランク王国は，いったいどのような国家を志向したのだろうか。これが本書の第二の課題である。はたして，宮廷は国家自体が「教会」となることを目指したのだろうか。また，大帝の皇帝戴冠後，宮廷はフランク王国を「ローマ帝国」へ改造しようとしたのだろうか。

　「教会」とフランク国家との関係については，山田欣吾の議論が想起されるだろう。山田はわが国の西欧中世初期史に大きな影響を与えた論文の

Geschichte und Quellenkunde des Mittelalters 9), Sigmaringen 1988.

なかで次のように書いている。「さて，のちの学者が「大フランク王国」ないし「フランク帝国」とよぶこの世界を，同時代の人々が「国家」のタームで捉えていなかったとすれば，かれらにとってそれは一体何だったのだろうか。結論からいえば，それは ecclesia「教会」であった」。また，この文の少し後で，次のようにも述べている。「カールやルードヴィヒの「フランク帝国」も，その「後継諸国家」も，同時代の人々にとっては，何よりもまず「教会」であった」[12]。このように，山田は同時代にあっては「国家」は「教会」と理解されていたと主張する。カール大帝期には，フランク王国もまた，ローマ教皇を支柱とするキリスト教共同体の一員であると強く理解されていたことはたしかであるが，はたしてそれは，「国家」自体が「教会」であると認識されていたことを意味するのだろうか。この時期の宮廷は，自分たちの「国家」を「教会」とみなし，そのための体制を作り上げようとしたのだろうか。

　この時期の国家観で検討すべき，もうひとつの重要な課題は，「王国」と「帝国」の関係である。高校世界史の教科書の書き方にしたがえば——世界の諸地域の歴史を高密度に凝縮せざるをえない学校教科書の常として，やむをえないことではあるが——，カールの皇帝戴冠により，「西ヨーロッパ」にローマ帝国が復興されたことになる。しかし，実際にはフランク王国が「帝国」となるのはそう簡単なことではなかった。しかも本論の中で述べるように，フランク宮廷は少なくともしばらくの間は，カールの皇帝戴冠によって誕生した「帝国」が「ローマ帝国」の復興とみなされることを嫌っていたのである。だとすると，誕生した「帝国」は，いったいフランク王国にとってどんな意味があったのであろうか。大帝の皇帝戴冠後，フランク宮廷は自分たちの国家をどのような国家と理解しようとしたのだろうか。

　一見すると，本書の二つの課題は，全く異なる研究課題のように思われる。しかしながら，すでに述べたように，西欧中世政治世界の確立過程もカールの皇帝戴冠も，フランク宮廷の意識の変容なくしてはありえなかっ

---

12) 山田欣吾「「教会」としてのフランク帝国——西ヨーロッパの初期中世社会の特色を理解するために——」『西洋中世国制史の研究Ⅰ：教会から国家へ——古相のヨーロッパ——』創文社，1992年，33頁。

た。フランク王国の統治理念の推移と西欧中世政治世界の確立過程は密接に関わっているように思われるのである。

「国家」という概念の使用について

　本論に入る前に説明しておくべき点がひとつある。それは，本書では頻繁に「国家」という表現を用いているが，それが正当かどうかという点である。ローマ帝国を国家と呼ぶことに抵抗を感じる専門家はおそらくいないだろう。ところが，フランク王国に関しては，そもそも「国家」と呼んでいいのかどうかという議論がドイツの学界でなされたのである。こういう議論が生じた背景には，同時代人が自分たちの国のことを呼ぶ場合，たいがい「王国」regnum であり，「国家」res publica という表現はごく稀にしか用いられなかったという事実がある。この点を重くみて，カロリング期の「国家」の存在そのものに疑いの目を向けたのが，ヨハネス・フリートである。

　フリートによれば，抽象的な国家観は，この時代にはどこにも見いだすことはできない[13]。カロリング朝では，抽象的，超人格的な国家観は未発達であった。「王国」という表現は，通例一般的な意味の国王支配という意味をもっているにすぎず[14]，「国王が支配する領域」という意味を越えることがない。「王国」には，「国家」という意味は含まれていないというのである。彼によれば，国王および王家から明確に切り離された政治構成体としての「国家」という観念はカロリング期には存在しなかった。このようなフリートの解釈が妥当であれば，この時代の研究において「国家」という概念を用いることは，現代的な観念を9世紀に持ち込むことであり，本書においても，「国家」という表現は原則的に用いるべきではないということになる。

　このような意見に対して反論を試みたのが，ハンス・ヴェルナー・ゲッ

---

13) Johannes Fried, Der karolingische Herrschaftsverband im 9. Jh. zwischen „Kirche" und „Königshaus", HZ 235 (1982), S. 16.

14) Fried, Herrschaftsverband, S. 7.

ツである。ゲッツは概念史的な手法を用いることにより，フリートとは全く異なる結論を導き出した[15]。ゲッツは，史料において，「王国」という表現が具体的に何を意味するのかを詳細に分析することによって，当時の人々の政治世界の理解に迫ろうとした。彼は年代記ばかりではなく，聖人伝にまで研究対象を広げ，当時の人々の意識を捉えようと試みた。ゲッツは，個々の年代記，国王の伝記，聖人伝などの史料を詳細に検討したのち，「王国」*regnum* という表現こそが，この時代に「国家」を表す通常の言葉であったことを確認する。ゲッツによれば，「王国」は確かに国王個人と密接な関係にあった概念であったが，同時に君主と王国は別個のものであるという認識は，この時代にもあった。「王国」は，王国を統治する君主の存在をたしかに必要とするが，特定の個人に結びつくことなく存在する社会構成体であった。したがって，ヘルムート・ボイマンのいう「超人格的国家観念」[16]はすでに，このカロリング期の *regnum* 概念に現れているのだ，とゲッツはいう[17]。

　両者の論争は[18]ドイツの学界に波紋を投げかけたが，私も別のところで

---

　15) Hans-Werner Goetz, Regnum: Zum politischen Denken der Karolingerzeit, ZRG GA 104 (1987), S. 110-189. Vgl. Ders., Staatsvorstellung und Verfassungswirklichkeit in der Karolingerzeit, untersucht anhand des Regnum-Begriffs in erzählenden Quellen, in: Zusammenhänge, Einflüsse, Wirkungen. Kongreßakten zum ersten Symposium des Mediävistenverbandes in Tübingen, 1984, hg. v. J. O. Fichte, K. H. Göller und B. Schimmelpfennig, Berlin/New York 1986, S. 229-240. すでにフリートは *regnum* の概念史的な研究の必要性を説いていた。Fried, Herrschaftsverband, S. 7 mit Anm. 23. もっとも，*regnum* に関する概念史的な研究が今まで全く行われていなかったわけではない。たとえば，ニタルドゥスの著作における *res publica* 概念を検討したヴォルフガング・ヴェーレンの研究には，*regnum* 概念を検討した部分がある。Wolfgang Wehlen, Geschichtsschreibung und Staatsauffassung im Zeitalter Ludwigs des Frommen, (Historische Studien 418), Lübeck 1970, S. 98-100. また，カロリング期に関するものではないが，古代末期の *regnum* 概念については，次にあげる興味深い研究がある。Werner Suerbaum, Vom antiken zum frühmittelalterlichen Staatsbegriff, Münster 1961.

　16) Helmut Beumann, Zur Entwicklung transpersonaler Staatsvorstellung, in: Das Königtum. Seine geistigen und rechtlichen Grundlagen (Vorträge und Forschungen 3), Lindau/Konstanz 1956, S. 185-224.

　17) Goetz, Regnum, S. 180.

　18) フリートは1991年の概説書や1994年の論文で自説を擁護し，ゲッツに反論している。Fried, Die Formierung Europas 840-1046 (Oldenbourg Grundriß der Geschichte 6), München 1991, S. 54, 159; ders., *Gens* und *regnum*. Wahrnehmungs-und Deutungskategorien politischen Wandels im früheren Mittelalter. Bemerkungen zur doppelten Theoriebindung

この議論を紹介するとともに詳細な検討を試みた[19]。私は，全面的にゲッツの結論に賛同するものである。後の時代に比べれば，たしかにフランク時代には個々の国王への「王国」の依存の度合いは強かったかもしれない。しかし，「王国」を構成するのは，国王と王家の人びとばかりではない。王位継承問題が生じた場合に示されるように，「臣民」*populus* が「王国」の重要な構成要素であるという意識がみられるし，貴族はその「臣民」の代表であるという理念を当時の史料に見出すことができるのである。また，毎年一回程度開催される王国会議にも，「王国」が「国家」であったことが示されている。この王国会議には主だった貴族たちが参加し，勅令の内容の承認が行われ，重要な外交方針が定められた。このように，この時代にも，国家的機構は存在していたと言わなければならない。「王国」の国家性を疑う理由は存在しない[20]。

四つの視点

　研究を進めるにあたって，以下の四点を特に意識した。
　まず第一に，この時期の教皇座とイタリアの政治状況をフランク宮廷の視点から考察しようと試みた。ランゴバルト勢力，ローマ教皇座，ビザンツ勢力が複雑に絡み合った 8 世紀から 9 世紀にかけてのイタリアの政治情勢は，確かにそれ自体，一書を必要とする研究対象である。しかしながら，カールの皇帝戴冠にいたる大きな政治的な潮流を理解するためには，避けて通ることのできないテーマである。イタリア情勢の推移がフランク宮廷

---

des Historikers, in: Sozialer Wandel im Mittelalter. Wahrnehmungsformen, Erklärungsmuster, Regelungsmechanismen, hg. von Jürgen Miethke/Klaus Schreiner, Sigmaringen 1994, S. 92-98. これに対して，ゲッツもその後の論考の中でフリート説を強く批判している。Goetz, Gentes. Zur zeitgenössischen Terminologie und Wahrnehmung ostfränkischer Ethnogenese im 9. Jahrhundert, MIÖG 108 (2000), S. 93 mit Anm. 48; ders., Europa im frühen Mittelalter 500-1050 (Handbuch der Geschichte Europas 2), Stuttgart 2003, S. 287.
　19）　拙稿「「王国」・「教会」・「帝国」」。
　20）　Vgl. Reinhard Schneider, *Tractare de statu regni*. Bloßer Gedankenaustausch oder formalisierte Verfassungsdiskussion?, in: Jürgen Petersohn (Hg.), Mediaevalia Augiensia. Forschungen zur Geschichte des Mittelalters (Vorträge und Forschungen 54), Stuttgart 2001, S. 78.

の政治姿勢に大きな影響を及ぼしたことを理解することは，きわめて重要である。8世紀から9世紀にかけてのおよそ一世紀のあいだに，ランゴバルトと政治的に激しく対立していた教皇座は，徐々にコンスタンティノープルから距離を置くようになり，次第にフランク宮廷との結びつきを深めていった。そして，ついには，カールの皇帝戴冠という，教皇とフランク宮廷の協力がなければ到底しえなかった一大政治事件がおこるにいたった。これらのイタリアの大きな政治情勢の変化は，同時にまた，フランクの政治のなかでイタリアが次第に重要性を帯びてくる画期を意味した。歴代のフランク王のなかで，イタリアの地を踏んだのは，カール大帝の父ピピンが最初であるが[21]，ピピンのイタリア滞在はけっして長くなかった。それに対して，カールは実に長期にわたってイタリアに滞在した。この長期に渡るイタリア滞在がカールの統治政策に与えた影響は，少なくなかったことが予想されるのである。カールのイタリア政策とフランク王国の基本政策との関係を論じることは，課題のひとつとなろう。

　第二に重視したことは，カールの時代の勅令と教会会議の決議録をできる限り詳細に分析しようと試みたことである。ヴァルター・ウルマンは『カロリング・ルネサンスと王権理念』（1969年）のなかで，カロリング・ルネサンスと呼ばれてきた文化復興現象も，キリスト教にもとづく社会全体の再生というプランの一部をなしているにすぎないことを明らかにした。彼によれば，この時期の勅令（カピトゥラリア）[22]も教会会議の決

---

　21) もっとも，メロヴィング朝の王テウデベルトは，6世紀前半に，イタリア北部を支配することに成功している。ただし，自らはアルプスを越えなかったようだ。これについては，Robert Holzmann, Die Italienpolitik der Merowinger und des Königs Pippin, in: Heinrich Dannenbauer und Fritz Ernst (Hg.), Das Reich. Idee und Gestalt. Festschrift für Johannes Haller, Stuttgart 1940, S. 101. Vgl. Hlawitschka, Franken, S. 17.

　22) わが国の研究書においては，勅令と訳す場合とカピトゥラリアと訳す場合がある。カピトゥラリアという訳語は，フランク時代の勅令が当時の史料でしばしば「カピトゥラリア」（*Capitularia*）と呼ばれていることに由来する。ここでは，なるべくカタカナを避け，訳語を用いたいという立場から，勅令という一般的な語を採用した。しかし，もちろん，カロリング期の研究で「カピトゥラリア」と呼ばれている文書は，実に雑多な文書の総体であり，国王の文書局が作成に関わっていない文書も含まれているし，また，単なるメモとしか思えない文書もある。今日，勅令という言葉から連想されるものよりも，実に幅広い種類の文書を含んでいることは忘れてはならない。勅令という言葉から想起されることと，カロリング期の「カピトゥラリア」が一致していないことを無視するつもりはない。カールの時代の勅令には年代不詳のもの，未整理のものも多く，ボレティウスによるMGH版には欠陥が

議[23)]も，この究極的なプランのために用いられた道具のひとつであった[24)]。

多いことは，周知の事実である。F. L. ガンスホフやW. A. エックハルトによる勅令研究の進展にもかかわらず，いまだ勅令研究は研究の途上にある。MGHの新版の編集を託されたモルデクを中心とする研究グループは着々と写本の収集および分析を進め，すでに多くの研究成果を生んでいる（とくにMordek, Bibliotheca; ders., Studien）。モルデクの死後も作業は進んでおり，今後の成果が期待されるが，今のところ，MGH新版は未刊である。MGH版に依拠した勅令分析には限界があることを認識しなくてはならない。今後の研究の進展に伴って，勅令の発布年代が変更されたり，新たな勅令が発見されることも十分予想される。実際，すでにいくつかの勅令が発見されており，モルデクの前掲書の巻末にテキストが載せられている（Mordek, Bibliotheca, S. 969ff.）。この中には，たとえば，モルデクが『一般勅令』（Caroli Magni capitulare generale）と呼んでいる，813年頃に出されたと思われる注目すべき勅令も含まれている（Mordek, Bibliotheca, Anhang I, Nr. 13, S. 990-994）。なお，この勅令の前に掲載されているCaroli Magni capitulare ecclesiasticum (a. 805/813) (Mordek, Bibliotheca, Anhang I, Nr. 12, S. 981-989) については，これは勅令ではないという意見もある（Rudolf Pokorny, Eine Brief-Instruktion aus dem Hofkreis Karls des Großen an einen geistlichen Missus, DA 52 (1996), S. 78 Anm. 93）。このように，勅令研究は進行中であり，勅令全体に関しても，個々の勅令に関しても，様々な意見があるのが現状である。しかし，現時点での研究状況にもとづいて，カールの時代の勅令の内容を子細に検討し，カールの統治理念を明らかにすることは全く無益ではないだろう。勅令（カピトゥラリア）を扱った邦語論文として，大久保泰甫「カピトゥラリアの法的性格――カル大帝・ルトウィヒ敬虔帝時代に関する一試論――」『法学協会雑誌』81-4, 85-5, 11, 12（1965-1968），および，加納修「メロヴィング期にカピトゥラリアはあったか――フランク時代の国王命令と文書類型――」『歴史学研究』795号（2004），32-43, 63頁をあげておきたい。なお，巻末にカール大帝時代の勅令の一覧を付したので，適宜参照されたい。

23）この時代の教会会議の決議に関しては，バリオン，デュクレールの古典的研究の他に，ハルトマンの優れた概説書がある。本書においても，彼の研究成果を随所に取り入れた。Hans Barion, Das fränkische-deutsche Synodalrecht des Frühmittelalters, Bonn/Köln 1931; Carlo de Clercq, La Législation religieuse franque de Clovis à Charlemagne. Étude sur les actes de conciles et les capitularies, les statuts diocésains et les règles monastiques (507-814) I, Louvain/Paris 1936; Wilfried Hartmann, Die Synoden der Karolingerzeit im Frankenreich und in Italien (Konziliengeschichte, hg. von W. Brandmüller, Reihe A: Darstellungen), Paderborn 1989.

24）Walter Ullmann, The Carolingian Renaissance and the Idea of Kingship, London 1969, S. 23ff. この研究の重要性については，拙稿「カロリング朝の民衆教化」34頁参照。オーストリア生まれの著名な中世政治思想史家のこの研究は，イギリスの研究に大きな影響を与えた。Janet Nelsonの一連の研究（とくに，Politics and Ritual in Early Medieval Europe, London 1986 に収録された諸論文）や，Rosamond McKitterickの研究（The Frankish Church and the Carolingian Reforms, 789-895, London 1977）は，ウルマンが切り開いた研究の延長線上にある。これに対して，このすばらしい研究書はドイツやフランスの研究では，不思議なほど引用されることが少ない。この研究書は，もちろん，膨大な著作を遺したウルマンの主著とは呼べない。しかし，これほど，カロリング期の政治思想の特徴を見事に浮き彫りにしている本は少ないだろう。カロリング期の政治思想に興味をもつ研究者にとって，今日においても，出発点のひとつとすべき本のひとつであると私は思う。なお，ウルマンの

14 　　　　　　　　　　序　　　章

　そして，実際，この時期の勅令には宗教に関わる多くの規定があることを知ることができるのである[25]。それは第5章で取り上げる789年の『一般訓令』だけでなく，他の多くの勅令にもあてはまる。このような視点からカール大帝期の勅令を分析したものに，マッキターリックやブックの研究があるが，マッキターリックの著作のなかで取りあげられている勅令は『一般訓令』に限られている。また，ブックの業績もカールの時代のすべての勅令を対象としたものではない[26]。勅令研究と政治思想研究を結びつけることは，本書の目論見のひとつである[27]。

　第三に，宮廷の構成員の動向に関心を払い，カールの政治行動と宮廷のメンバーの関わりをできる限り具体的に解明しようとした[28]。当然のことだが，君主はひとりで政治を担っていたのではない。国王は宮廷の主要メンバーとのコミュニケーションの中からアイデアを練り，政治的決断を下した[29]。側近たちの集団は，史料のなかで一般に「王の助言者」*consiliarii regis* と呼ばれている[30]。この集団の構成員とその役割は，コルビー修

業績の翻訳としては以下のものがある。鈴木利章訳『中世における個人と社会』(ミネルヴァ書房，1970年)；朝倉文市訳『中世ヨーロッパの政治思想』(御茶の水書房，1983年)；朝倉文市訳「中世教会史研究の意義」『思想』(1981年5月号)。これらの訳書の訳者あとがきにウルマンの研究業績などが紹介されている。また，この時期の政治思想を扱った基本書として，以下の文献を挙げておく。これらの論考から，その他の研究文献を知ることができる。H. Arquillière, L'Augustisme politique, Paris 1955; Karl Frederick Morrison, The Two Kingdoms: Ecclesiology in Carolingian Political Thought, Princeton 1964; Janet Nelson, Kingship and Empire, in: J. H. Burns, The Cambridge History of Medieval Political Thought, c. 350-c. 1450, Cambridge 1988, S. 211-251.

25) このような観点から論じたドゥクレールの労作 (De Clercq, Législation) は，今なお基本文献である。

26) McKitterick, Frankish Church, S. 1-6; Buck, Admonitio und Praedicatio.

27) したがって，ここではカール大帝の勅令を数多く分析の対象とはするが，勅令研究それ自体が研究目的ではないので，勅令の網羅的な研究は意図していない。それゆえ，たとえば，『御料地令』(Capitulare de villis = MGH Cap. 1, Nr. 32) は，経済史や社会史の研究にとっては第一級の重要な史料であるが，ここでは論じない。

28) 宮廷は，近年，注目を集めているテーマの一つであるように思われる。カロリング期の宮廷については，拙稿「「王国」・「教会」・「帝国」」の注 (141) に挙げたフレッケンシュタインの二編の論文および注 (170) の諸論文がある。とくに，ノルベルト・エリアスの『宮廷社会』(波田節夫他訳，法政大学出版局，1981年) に触発されて2003年に書かれた，J. ネルソンの論文 (Nelson, Was Charlemagne's Court a Courtly Society?) は，今後の宮廷研究の方向を示唆する。

29) 一般的に，近年の研究では，政治決定における国王以外の人々の助言 (*consilium*) や同意 (*consensus*) が強調される傾向にある。

序　章　　　　　　　　　　　　　　　15

道院長アダルハルトが著し，9世紀半ばにランス大司教ヒンクマールが手を加えた『宮廷について』の中で詳述されている[31]。この書物によれば，王国統治の基本方針は王国会議で定められたが，王国会議には二種類あった。一種類は，聖俗の有力者全員が召集されるもので，今後一年間の基本方針が定められた。もう一種類の会議は，一部の「助言者」によるものである。この会議では，緊急の外交問題などが扱われた。「助言者」たちは，もちろん，王国会議の原案作りにも関わった[32]。「王の助言者」のメンバーは流動的で，確立された制度と考えてはならない[33]。しかし，主なメンバーとなっていたのは，宮中伯などの宮廷官職保持者，ピピン以来徐々に形成されてきた宮廷礼拝堂の構成員たち，あるいは，宮廷学校に関係した聖職者たち[34]，などであった。私たちの情報は，聖職者に偏りがちであり，俗人の官職保持者たちのことは断片的に知ることができるにすぎない。しかし，付録の「カール大帝期の宮廷要人一覧」に示したように，内政および外交で重要な役割を演じた俗人の官職保持者たちがいた。彼らが文書を書き残していないとはいえ，彼らが聖職者の言うなりであったとはとても信じられない。そして，彼らが基本方針を定めるうえで，影響力を行使したことは，ある程度は想像できるのである。特にカールの二度目のイタリア遠征以降，外国出身の聖職者たちが，宮廷のメンバーに加わり，宮廷の意思決定に関与するようになった。イタリアから渡ってきたピサのペトロ，パウリヌス，アイルランド人であるヨナス，ドゥンガル，西ゴート生まれのテオドゥルフなどが挙げられる。彼らは神学，典礼，文法に関する教科

---

30)　この語の史料的典拠は，Waitz, DVG Bd. 3, S. 533 にまとめられている。*consiliarii regis* については Hannig, Consensus fidelium, S. 231f.の的確な記述も参照のこと。また，Keller, Zur Struktur der Königsherrschaft, S. 125-137.

31)　Hinkmar von Reims, *De ordine palatii*. アダルハルトは，この小論をイタリア王ベルンハルトのために書いたという有力な推測がある。C. Brühl, Hinkmariana I, DA 20 (1964), S. 48-77, bes. S. 52ff. この小論が814年以前に書かれたのは，ほぼ間違いない。Vgl. Kasten, Adalhard, S. 79; Nelson, Was Charlemagne's Court a Courtly Society?, S. 41 Anm. 12.

32)　拙稿「「王国」・「教会」・「帝国」」24頁以下。

33)　宮廷については，一般的に，拙稿「「王国」・「教会」・「帝国」」の28頁以下で述べた。また，Fleckenstein, Karl der Große und sein Hof; ders., Struktur des Hofes を特に参照のこと。

34)　宮廷の教育機関としての意味については，拙稿「宮廷と修道院」25頁以下で詳述した。

書や手引書などを著し，教育面で他の者たちへの道標の役割を果しただけでなく，政策決定にも積極的に関わった。もちろん，イングランド生まれの聖職者であるアルクインの存在を忘れることはできない。彼の果たした役割に関しては多くの研究があるが，彼の言説とカールの政治行動との関係の明確化は，検討すべき課題のひとつである。このような「王の助言者」たちが，皇帝戴冠にどのように関わったのかという問題も，考察が必要であろう。

　第四に，本書では，原則的にカールの治世の動きを年代順に追うことにより，カールの治世のダイナミックな変化を見逃さないように注意した。特に，800年のカールの皇帝戴冠とその前後の一連の出来事は，カール個人およびフランク宮廷のみならず，西方キリスト教世界全体にとっても大きな転換点であったから，その前後を分けて考えることは重要である。また，特に780年代後半以降のビザンツとの対抗意識の深まりは，フランクの外交政策のみならず，内政にも大きな影響を与えた。しかし，もちろん，大きな流れを理解するためには，単に年代順にカールの動きを追っていくだけでは十分ではないことはいうまでもない。構造的に把握することも重要であり，つねにそのことは意識した。

本書の構成

　本書は，二部構成となっている。第Ⅰ部では，カール大帝の治世以前のフランク王国の諸問題を論じる。カール大帝期の変化を理解するためには，それ以前の状況をはっきりと把握する必要があると考えたからである。詳細すぎると思えるほど，カールの治世以前の政治情勢を論じたのはそのためである。第1章では，カール・マルテルの時代までの政治と政治思想を考察する。また，第2章では，ピピン3世時代の政治思想をとくにローマ教皇座との関係の変化に注視しつつ論じる。

　第Ⅱ部では，カールの治世を詳細に考察する。まず，最初の第3章では，カールのイタリア政策を論じる。カールのランゴバルト王国併合と教皇座との関係が取上げられる。また，第4章では治世初期の勅令を検討する。第5章では，『一般訓令』の分析を中心に，780年代の王国改造プラン，と

くに「教化のプロジェクト」を詳しく検討する。第6章では，カール大帝の有力なブレーンであったアルクインの政治思想を分析し，カールの政策の思想的背景を考察する。そして，第7章では，カールの時代に戦争が「聖なる戦い」という意味を帯びるようになったことを指摘し，宗教共同体という理念がこの時期に強化されたことを述べる。

　第8章では，聖画像論争を契機として，フランク王国がビザンツ帝国との対立姿勢を強めていく過程を扱う。第9章では，カールの皇帝戴冠の実現の過程と要因を検討する。カールの皇帝戴冠は，いくつかの要因が重なって起こった出来事であることが明らかにされる。第10章では，皇帝戴冠がフランク宮廷に投げかけた波紋について論じる。カールの皇帝戴冠によって，フランク王国は「ローマ帝国」になったわけではなく，宮廷が伝統的な国家観に固執していたことを述べる。

　第11章では，802年の一連の改革を論じる。ここでは，国王巡察使制度の改革を含む様々な改革が，カールの皇帝戴冠とどのように関わるのかという問題が特に検討される。第12章は，アルクインの書簡と『カール頌詩』という二つの異なる類型の史料を検討することで，皇帝戴冠以降の王権観，国家観を浮き彫りにしようという試みである。

　最後の第13章と第14章では，カール大帝の晩年の政治と外交関係が詳細に検討される。このうち，第13章では，806年の『王国分割令』を取上げ，第14章では，813年のルイの皇帝戴冠と一連の教会会議を中心に考察する。

第Ⅰ部

出 発 点
――新しい王朝――

第 1 章

伝統と変容

初期フランク王国の王権と国家

　フランク王国はローマ帝国の遺制から多くのことを吸収し，ローマの遺産を自らの「国家」の基盤にしたにもかかわらず，官僚制的統治機構を整備することがなかった。そもそも，フランク王国が姿を現してくる頃のガリアは群雄割拠の時代に突入しつつあり，流動的かつ複雑な政治情勢のもとにあった。

　メロヴィング朝フランク王国の基礎を築いたクローヴィスの父ヒルデリヒ，そして，クローヴィス自身も，軍隊指揮者としての卓越した能力により，領土を広げ，支持者を増やし，国家の基礎を築き上げた。この個人的な威信が，この王国の基礎となった[1]。軍指揮者としての王と，従属と奉公に対する反対給付を期待する従士の群れ（アントゥルスティオ）の間の個人的な絆が，初期フランク王国の統治機構の中核であったように思われ

---

　1) メロヴィング期の国家および王権の総合的理解としては，今なお，R. Buchner, Das merowingische Königtum, in: Königtum, S. 143-154 が基本文献である。また，増田四郎「メロヴィング王朝における王権の性格」『西洋中世社会史研究』岩波書店，1974年所収，135-183頁。しかし，これらの研究は，あまりにゲルマン的要素を強調しすぎ，バランスの取れた叙述であるとはいえない。佐藤彰一『ポスト＝ローマ期の研究』（岩波書店，2000年）の諸論文を読めば，これらの論文の見解には修正が必要なことがよくわかる。Vgl. Schneider, König und Königsherrschaft.

る[2]。初期フランク王国の法である『サリカ法典』が，国王の従士に通常の自由人の三倍の人命金を認め，法制度上も，国王の従士たちを厚遇したのは，よく知られている[3]。こうした国王を支える従士たちは，社会的な意味での貴族層を形成し，公（dux）や伯（comes）などの官職を付与され，社会秩序の維持にあたった[4]。だが，その一方で，彼らが単なる王の下僕ではなかったことも忘れてはならない。彼らは戦士的な性格を忘れることはなかった。彼らは平和主義者ではなく，本質的に戦争によって出世や蓄財の機会が訪れるのを虎視眈々と狙っているような連中でもあった。フランク王国が猛烈な勢いで拡大しているとき，支配層の主たるターゲットは，フランク王国周辺の諸民族の支配領域にあった。人々の利害は基本的には一致していた。しかし，拡大の時期が一段落し，国境線がほぼ確定すると，支配層の関心は国内に向かわざるをえなかった。フランク王国独特の分割継承という王位継承原則を支えたのは，こうした戦士的な性格を失うことのなかった支配層であったといえるかもしれない。

　分割継承とは，父王の死後，王子たちが国を分け，それぞれの王となるという仕組みである。王たちの関係は対等であった[5]。この仕組みが史料上確認されるのは，クローヴィスの死後に行われた王位継承である。このとき，フランク王国は四人の王子たちの間で分割された。このような王位の分割継承は，その後，長い間，フランク王国の基本的な王位継承原則となった。この仕組みでは，絶えず内戦の可能性があった。貴族たちは，自分の運命を王子の一人に託し，王子たちの勢力拡大に貢献しようとし，また，王子が父の死後，王位を得て，一国の主となると，他の分国王との戦

　　2）Th. マイヤーは次のように述べている。「メロヴィング期の王権はなお軍隊王権の性格を帯びており，国家は純粋に「人的結合国家」（Personenverband）であった」（Mayer, Staatsauffassung, S. 181）。

　　3）シュルツェ『西欧中世史事典』34頁参照。

　　4）メロヴィング期の貴族については，とくに，Franz Irsigler, Untersuchungen zur Geschichte des frühfränkischen Adels (Rheinisches Archiv 70), 2. Aufl. Bonn 1981; Heike Grahn-Hoek, Die fränkische Oberschicht im 6. Jahrhundert. Studien zu ihrer rechtlichen und politischen Stellung (Vorträge und Forschungen, Sonderband 21), Sigmaringen 1976 参照。また，わが国の研究として石川操『西洋初期中世貴族の社会経済的基礎』勁草書房，1998年，がある。

　　5）王位継承と分国制の形成と変貌については，拙稿「メロヴィング朝の王位継承」および，そこに挙げた E. Ewig, R. Schneider などの諸論文を参照。

いで手柄をあげようと試みた。このような個々人の野心が，この国の活力を生んだといえるかもしれない。

　この活力は求心力として，多様なエスニック共同体をまとめあげるだけの効果をもっていたにちがいない。アレマン人，テューリンゲン人，ブルグント人といった，ゲルマン系のエスニック共同体は，それ自体，多様な要素を取り込みつつ緩やかに形成されたものであるが，フランク王国の中に一度包含されてしまうと，フランク王国という政治体の中で独自の政治的主張を行うことはなかった。ゲルマン系のエリートたちも，ローマ人（ガロ＝ローマ人）エリート層も，各地に広がったフランク系エリート層とともに，メロヴィング王家の王および，将来，王位に就くはずの王子を支え，出世と蓄財の機会をうかがったのである。日常的に戦争状態にあったことが，この国の求心力の維持にとって大きな意味をもっていたのではないだろうか。内戦の続行は，この国の一種の接着剤であった。しかも，この内戦は実に様々な枠組みで行われ，敵と味方はそのつど，変化した。結局，内戦は個々のエスニック共同体自体を維持する作用をもたなかった。貴族たちはそれぞれ自分たちの思惑にもとづいて政治行動を行ったために，彼らの動きは結果的にフランク王国の維持に寄与したのである。

　メロヴィング時代で重要なのは，A. スミスが王朝的神話力と呼ぶものが支配層の間に定着したことである[6]。メロヴィング王権の本質は元来「軍隊王権」であったが，その王権は早くから世襲化され，「フランク人」アイデンティティを支える支柱となっていた。すでに触れた6世紀中葉のグンドヴァルトの王位簒奪事件は，メロヴィング家以外の王はありえない，と当時の人々が考えていたことをよく示している。この思想は，たしかに次第に弱まり，だからこそ，8世紀中葉の王朝交代が可能になったわけであるが，それでも，長い間フランク王国を支える重要な求心原理となった。

　誤解を生みやすいことばではあるが，Th. マイヤーの「人的結合国家」という有名な表現は，この時期の国家の特徴をよく示している[7]。王と

　6）アントニー・スミス『ネイションとエスニシティ』70頁。スミスは，ネイションの起源に関する，この著名な著書の王朝的神話力に関する説明のなかで，フランク王国を例として取り上げている。彼は，フランク人のトロイア起源神話にも触れているが，後で述べるように，この起源神話は，共同体の凝集性の強化にはさほど貢献しなかった。

　7）Theodor Mayer, Die Entstehung des „modernen" Staates im Mittelalter und die

個々の貴族のあいだの，あるいは，貴族同士の人間関係が，この国家の基礎を形成していた。封建制度の発達は，こうした人間関係の漸進的展開のひとつの形であったということができるかもしれない[8]。カロリング朝がメロヴィング朝から受け継いだのは，このような国家であった。

カロリング家の台頭

この時代には，家門意識が未発達であったために[9]，フランク王国ではそもそもメロヴィング家をのぞいて，貴族家門の名称は存在しない。カロリング家という家名も近代になって用いられるようになったにすぎない。現代のドイツの研究においては，カール・マルテルの父で，7世紀末に宮宰の地位にあったピピン2世以降の家系をカロリング家（Karolinger）と呼ぶのが普通である。これに対して，ピピン2世の父アンゼギゼルと彼の父でメッス司教であったアルヌルフの一族をアルヌルフ家（Arnulfinger），ピピン2世の母ベッガとその父ピピン1世の一族をピピン家（Pip-

---

freien Bauern, ZRG GA 57 (1937), S. 210-288; ders., Die Ausbildung der Grundlagen des modernen Staates im hohen Mittelalter, HZ 159 (1939), S. 457-487.

8) 家士制，恩貸地制および両者が結びついた封建制について，基本文献と最近の研究だけをあげておく。F. L. Ganshof, Qu'est-ce que la féodalité?, Bruxelles 1944（邦訳，森岡敬一郎訳『封建制度（改訂新版）』慶應通信，1968年）; ders., Das Lehenswesen im fränkischen Reich, in: Studien zum mittelalterlichen Lehenswesen (Vorträge und Forschungen 5), Lindan/Konstanz 1960, S. 37-49; Charles Edwin Odegaard, Vassi and Fideles in the Carolingian Empire, Harvard 1945 (rep. New York 1972); Walther Kienast, Die fränkische Vasallität, hg. von P. Herde, Frankfurt a. M. 1990; Matthias Becher, Eid und Herrschaft, siegmaringer 1993, S. 144-162; Adelheid Krah, Die fränkisch-karolingische Vasallität seit der Eingliederung Bayerns in das Karolingerreich, ZBLG 56 (1993), S. 613-633; Herwig Wolfram, Karl Martell und das fränkische Lehenswesen. Aufnahme eines Nichtbestandes, in: Jörg Jarnut (Hg.), Karl Martell in seiner Zeit, Sigmaringen 1994 S. 61-78; Susan Reynolds, Fiefs and Vassals: The Medieval Evidence Reinterpreted, Oxford 1994; Élisabeth Magnou-Nortier, La féodalité en crise, RH 296 (1996), S. 253-348; Brigitte Kasten, Aspekte des Lehenswesens in Einhards Briefen, in: Hermann Schefers (Hg.), Einhard. Studien zu Leben und Werk, Darmstadt 1997, S. 247-268; dies., *Beneficium* zwischen Landleihe und Lehen-eine alte Frage, neu gestellt, in: Dieter Bauer (Hg.), Mönchtum-Kirche-Herrschaft 750-1000, Sigmaringen 1998, S. 243-260.

9) 一般にシュルツェ『西欧中世史事典』157頁以下の記述を参照。

piniden) と呼ぶことがある[10]。R. シーファーが『カロリング家』というタイトルの概説書の中で，ピピン2世をカロリング家の第一世代と呼んだのは，このような認識にもとづいている[11]。

　しかし，カール大帝の時代に，カロリング王家を称揚することを一つの目的として書かれた『メッス年代記』(Annales Mettenses Priores) やパウルス・ディアコヌスの『メッス司教列伝』では，カール・マルテルの父ピピン2世の父方の祖父であるメッス司教アルヌルフと母方の祖父ピピン1世は，ともにカロリング家の祖先としての扱いを受けている[12]。

　ピピン1世もアルヌルフも，7世紀初頭に王国の東部，アウストラシアの分国において重要な政治的役割を果たした貴族であった。二人はともにアウストラシアの貴族の中心的人物として，クロタール2世の統一王権の形成に寄与した。彼らが自分たちの息子と娘を結婚させたことは，この二人の貴族の緊密な関係の現れと考えられよう。この息子と娘がアンゼギゼルとベッガであり，のちの宮宰ピピン2世の両親である[13]。

　ピピン1世は，その頃，各分国の貴族の代表者としての性格を有するにいたった「宮宰」[14]に就任しており，この一族が政治的重要性を増したことが想像される。ピピン1世は640年になくなったが，息子のグリモアルト1世は本来世襲ではなかった宮宰職を継承することに成功した。

　このグリモアルトは，相当野心家であったようにみえる。彼は，単に宮宰として，アウストラシアの政治権力を掌握することに満足せず，自分の息子を国王ジギベルト3世の養子にすることを企んだ（《Childebertus adoptivus》）。そして，国王がこの世を去ると，嫡子ダゴベルトを修道士にし，アイルランドへ送り，自分の実子を王位につけた。これが，いわゆる「グリモアルトのクーデター」である。しかし，この「グリモアルトのクーデター」は結局失敗に終わった。すぐに，反旗が翻り，グリモアルト

---

　10) LM (Lexikon des Mittelalters) には，Arnulfinger (LM 1, Sp. 1021f.) と Karolinger (LM 5, Sp. 1008-11) の項目はあるが Pippiniden の項目はない。
　11) Schieffer, Karolinger, S. 26.
　12) AMP, S. 2; Paulus Diaconus, Gesta episcoporum Mettensium, S. 264f.
　13) カロリング家の祖先たちとその血縁関係についての基礎研究は，Hlawitschka, Vorfahren である。
　14) この時期の宮宰職の性格については，以下の論考を参照。Haar, Maior Domus-Amt; Heidrich, Maires du palais neustriens.

はパリで捕らえられ，処刑された。今日，この権力奪取の試みは様々に解釈されているが，この〈クーデター〉は，失敗に終わった王朝交替の試みということができるであろう[15]。

だが，この「クーデター」の失敗により，カロリング家の権勢が完全に失われてしまったわけではなかった。この一族はすでに広大な所領を領有し，アウストラシアにおいて十分な物質的な基盤を確立していたように思われる[16]。処刑されたグリモアルト1世の甥で，カール大帝の曾祖父にあたるピピン2世は，アウストラシアにも触手を伸ばそうとしたネウストリアの宮宰エブロインに対抗し，アウストラシアの貴族の指導者のひとりとして頭角を現した[17]。そして，エブロインとの戦いでは敗れたものの，エブロインの暗殺後，ピピンはアウストラシアの実質的な政治的指導者としての地位を確立した。さらに彼はネウストリアの内部対立に乗じ，687年の有名なテルトリーの戦いにおいて，決定的な勝利を収め，全フランク王国における覇権を確立した。この戦いでの勝利こそが，その後のカロリング家の運命を決定づけたといってよい[18]。ピピンはカロリング家の覇権を揺るぎないものとするために，長子グリモアルト2世をネウストリアの宮宰につけ，また次子ドローゴをシャンパーニュ公に任命した。けれども，

---

15) このミステリアスな事件については，以下の文献がある。Ewig, Staatsstreich Grimoald; Thomas, Namenliste; Nelson, Queens als Jezebels; Gerberding, Rise of The Carolingians, S. 47-66; Becher, Sogenannte Staatsstreich Grimoalds. この問題に関する最も新しい研究は，ベッヒャーの論文であるが，この中で，彼は *Childebertus adoptivus* は，従来考えられてきたように，国王の養子となったグリモアルトの息子ではなく，グリモアルトの養子となったメロヴィング家の王子だったと主張している。しかし，これに対して，Ewig, Die fränkischen Königskataloge und der Aufstieg der Karolinger, DA 51 (1995), S. 11 mit Anm. 67.

16) この一族の所領などについて，以下の文献を参照。Hlawitschka, Landschaftliche Herkunft; ders., Grundlagen; Gockel, Karolingische Königshofe; Werner, Lütticher Raum; ders., Adelsfamilien; Heidrich, Von Plectrud zu Hildegard; Fouracre, Charles Martel, S. 45-48. なお，ピピン2世の母方の伯母にあたるイルミナについては，石川操の研究がある。

17) この時代の政治状況については，一般に以下の文献を参照。Fischer, Ebroin; Dupraz, Contribution; Gerberding, Rise of Carolingians, S. 47ff; Wood, Merovingian Kingdoms, S. 221ff. また，ネウストリア＝ブルグントの政治情勢の分析が中心であるが，拙稿「Der Bischof Leodegar von Autun (663-678) und Neustrien-Burgund in seiner Zeit (1)(2)」『東洋英和女学院短期大学研究紀要』33 (1995), 99-109頁；34 (1996), 95-105頁も参照されたい。

18) Vgl. Fouracre, Observations.

ピピンの計画は挫折した。自分より先に，二人の息子が相次いで死んでしまったからである。ドローゴの死（708年）とグリモアルトの死（714年）は，新たな政治危機を生んだ[19]。この政治危機を乗り越え，カロリング王朝の樹立への道の第一歩を踏み出した人物が，トゥール・ポワティエ間の戦いで名をはせたカール・マルテルに他ならない。

カール・マルテル[20]は，プレクトゥルーデを母にもつドローゴやグリモアルトと異なり，カルパイダの子であった。カール・マルテルはプレクトゥルーデの息子たちと同等には扱われていなかった。ドイツ法制史のかつての通説にしたがえば，ピピン2世とプレクトゥルーデの婚姻関係がもっとも正式な婚姻形態である「ムント婚」であったのに対し，カルパイダはおそらく，「合意婚」（恋愛婚）による妻であったにすぎなかった[21]。しかし，この旧来の学説の根拠は十分ではない。そもそも，「ムント婚」と「合意婚」という二種類の婚姻形態が，当時のフランク王国に存在していたということを示す証拠が見出されないのである[22]。「合意婚」の理論は，北欧の史料をもとに形成されたものであり，ゲルマン・イデオロギーの典型的な応用例のひとつとみなすことができよう[23]。同時代の史料では，カールの母カルパイダも「妻」と呼ばれており，カルパイダもプレクトゥルーデと同様，正式の妻であったと考えるほうが自然であろう。W. ヨッホ

---

19) Semmler, Sukzessionskrise.

20) カール・マルテルの「マルテル」（Martellus）は後世の人々が彼に与えた渾名であり，本来の名ではない。ちなみに，「マルテル」は槌を意味する。彼の武勇を褒め称えるために付けられるようになったものと思われる。やはり，槌を意味する Tudes（Tudites）とともに，9世紀末になってはじめて史料にあらわれる。しばらくの間は，両方の渾名がともに用いられ，ずっと後代になってから，カール・マルテルという呼び名が定着するようになった。これについては，Nonn, Bild Karl Martells 参照。なお，カール・マルテルについては，1991年にシンポジウムが開催され，その成果が公刊されている（Jarnut (Hg.), Karl Martell in seiner Zeit）。ここでのカール・マルテルに関する記述の多くは，この論文集に収められた諸論考の研究成果に負っている。この他の近年の研究成果として，Heidrich, Titulatur und Urkunden; Nonn, Vom maior Domus zum rex; Schieffer, Karolinger, S. 34-49; Fouracre, Charles Martell などがある。

21) たとえば，Hlawitschka, Vorfahren, S. 62; Schieffer, Karolinger, S. 35.

22) Vgl. Ruth Mazo Karras, The History of Marriage and the Myth of Friedelehe, Early Medieval Europe14 (2006), S. 119-151.

23) ドイツ法史・法制史におけるゲルマン・イデオロギーについては，村上淳一『ゲルマン法史における自由と誠実』東京大学出版会，1980年，参照。

が主張するように，この時期にはなお，一夫多妻が可能であったとみるべきである。おそらく，法的には，カールは他の兄弟たちと同等の権利を有していたにちがいない[24]。彼が不遇であったのは，単に政治的な理由にもとづくものであったと考えるべきであろう。

　714年のピピン2世の死後，プレクトゥルーデを中心にして政治体制の存続が計られた。しかし，実力者ピピン2世を失ったこの体制はうまくいかなかった。グリモアルト2世の遺児テウドアルトがネウストリアの宮宰になったが，ネウストリアの貴族はまもなくカロリング家による支配に抵抗しはじめた。彼らはテウドアルトをコンピエーニュ近郊の戦いで破り，ラガンフレートを新しい宮宰に選んだ。ネウストリアの勢力はフリースラントの貴族とアキタニアの地域勢力と同盟を結び，カロリング家を中心とするアウストラシアの貴族勢力を打倒するために，東へ軍を進めていった。このような状況の中で，それまで義母によって軟禁されていたカール・マルテルは幽閉場所を脱出し，アウストラシアの指導者となった。そして，718年の戦いでカール・マルテルは決定的な勝利をおさめ，ネウストリアにも覇権を確立することに成功したのである[25]。

　カール大帝の時代と比較するための材料を得るために，カール・マルテルに関して，次の三点を特に指摘しておきたい。

(1)　第一に，彼の政策には目新しい点がみられないことである。旧来の学説によれば，カール・マルテルは二つの点で，反教会的な政策をとったとされてきた。二つの点とは，カールにとって高位聖職者のポストは自己の勢力伸張のための道具にすぎず，修道院長や司教のポストを自分の家臣たちに論功行賞として分け与えたという点と，彼が自分の家臣たちに利用させるために，聖界所領を大規模に「還俗」したという点である。今日では，いずれの点に関しても，旧来の説は修正を余儀なくされている。まず，前者についてであるが，カールが自分の腹心たちを司教に任命しようとしたことは確かである[26]。しかし，そ

---

24)　Joch, Karl Martell; ders., Legitimität und Intergration, 1999, S. 11-24.
25)　この頃の政治的な動きに関しては，さしあたり，Semmler, Sukzessionskrise; Kasten, Königssöhne und Königsherrschaft, S. 59ff.; Gerberding, Rise of the Carolingians; Wood, Merovingian Kingdoms などを参照。

のこと自体は，何もカール・マルテルの専売特許ではない。メロヴィング朝の王たちも行っていることであるし，彼の父ピピン2世も実践していたことであった[27]。なるほど，これらの司教たちの中には，戦争に参加する者さえいた。しかし，T. ロイターが述べているように，「好戦的」であることが必ずしも「非宗教的」であるわけではない[28]。これらの司教たちが，司教として全く不適格であったことを示す確かな証拠は存在しない。また，聖界所領の「還俗」についても，カール・マルテルは伝統的な政策を継承しただけであった。伝統的に「還俗」（Säkularisationen）と表現されてはいるが，カール・マルテルは教会所領を強制的に収公したわけではなかった。彼は聖界所領を所有権ごと，彼の家臣たちに完全に分け与えたわけではなく，用益権だけを譲渡したにすぎなかった。しかも，その規模は決して歴代の王（または宮宰）のなかで，突出していたわけでもなかった。近年の研究では，このような見方が定着しつつあるように思える[29]。要するに，カ

---

26) たとえば，ミロが代表例である。ミロはアウストラシアの貴族門閥であるヴィドーネン家の出身である。母方の叔父バシヌス（705年没），父リウトヴィン（717/22没）の後を継いでトリアー司教となった。彼は父と同じく，カール・マルテルの忠臣として働き，カール・マルテルがネウストリアを制圧すると，ランスの司教座を与えられた。彼は，おそらく聖職者としての叙階を受けていなかった。ミロについては，Ewig, Milo et eiusmodi similes に詳しい。また，カール・マルテルの甥にあたるフーゴーもネウストリアに大きな教会権益を与えられた。フーゴーは，サン・ワンドリーユおよびサン・ジュミエージュの二つの修道院とともに，パリ，バイユー，ルーアンという3司教座を得た。さらに，彼はリジューとアヴランシュの両司教座を任された可能性もある。彼については，Fouracre, Charles Martell, S. 71 参照。また，この二人とともに，しばしば名前が挙げられるマインツ司教ゲヴィリオブについては，Staab, Wehrhafte Bischöfe 参照。

27) Wood, Merovingian Kingdoms, S. 264f.

28) Reuter, Kirchenreform, S. 47.

29) たとえば，Reuter, Kirchenreform, S. 43-47; Dierkens, Notes, S. 277-294. ウッドも以下のように述べている。「確かに収公された所領もあったし，用益地（precaria）として贈与された所領もあった。しかし，還俗という一般的な政策があったわけではなかった。本質的には，どんな支配者でも政敵の領地の処分に関して行うことを行ったにすぎなかった。彼の政策が際立っているのは，ただ単に敵の多さと，彼が敵の多くを戦いで破ったという事実に由来するのである。彼は，従来主張されてきたように，騎馬軍の必要を考えて計画を立てるような，新しいタイプの国家の立案者ではなかった。カール・マルテルは，騎馬隊という新しいタイプの軍隊を発展させ，騎士たちを養うために貸借関係の革命をもたらした人物であるとする見解を支持する証拠はない」(Wood, Merovingian Kingdoms, S. 287)。ウッドが標的にしているのは，いうまでもなく，H. ブルンナーの封建制形成に関する古典学説である。この古典学説については，森義信『西欧中世軍制史論』64頁以下に詳しい。また，以

ール・マルテルの教会政策は，歴代のメロヴィング家の諸王や父ピピン２世の政策を踏襲したものであるといえよう。少なくとも，この点においては，彼は決して革命児ではなかった。

(2)　カール・マルテルが支配権を直接的に行使しえた地域は，当初はけっして広くはなかった。彼の支配権は，ネウストリアとアウストラシアに限られていた。そこで，カール・マルテルの精力の大半は，７世紀以来，中央との関係が疎遠になりがちであった周辺諸地域を再び中央と結びつけることに傾けられた。アキタニア，アレマニア，フリースラントなどがこれらの周辺諸地域にあたる[30]。次節でイタリアとの関係について考察するが，カール・マルテルはイタリアの政治問題に積極的に介入する余力をもっていなかった。フランク国内の統一をはかることで手一杯だったのである。彼が教皇座との関係の緊密化に消極的であった理由は，このことから説明されよう。

(3)　カール・マルテルといえば，732年のいわゆるトゥール・ポワティエ間の戦いでイスラーム勢力を敗走させたことが有名であるが，当時，イスラームとの戦いがどのように理解されていたかを知ることは，重要である[31]。732年に，イスラーム勢力は，当時アキタニアを支配していたユードの軍勢をうち破り，北上し，ポワティエまで前進し，聖ヒラリウス教会に火を放った。そして，トゥールのサン・マルタン修道院を目指した[32]。カール・マルテルは，トゥールの手前でイスラーム軍を迎え撃ち，撃破した[33]。イスラーム勢力の脅威がガリアから一

下の文献も参照。Wolfram, Fränkisches Lehenswesen; Fouracre, Charles Martel, S. 122-126; 137-145.

30)　Vgl. Fouracre, Charles Martel, S. 79ff.

31)　この時代のアキタニアの政治状況に関しては，一般に Rouche, Aquitaine を，また，イスパニアに関しては，Collins, Arab Conquest を参照。

32)　Nonn, Die Schlacht bei Poitiers, S. 40.

33)　Fouracre, Charles Martel, S. 87. ほぼ同時代のイスパニアの史料は，興味深いことにこの戦いに関する記述において，フランク人を「ヨーロッパ人」と呼んでいる。Continuationes Isidoriana Byzantia Arabica et Hispana (MGH AA 9), S. 361. なお，この史料について Wattenbach-Levison, Deutschland Geschichtsquellen im Mittelalter. Vorzeit und Karolinger, 1. Heft, S. 91 参照。

掃されたわけではなかったが，この戦いにより，少なくとも，イスラーム勢力の勢いが衰えたことは確かである[34]。この戦いに関して，ほぼ同時代のフランクの史料である『続フレデガリウス年代記』は，神の加護によってカール・マルテルが勝利をおさめたと述べている[35]。また，イスラーム教徒たちは「不誠実な人々」(*gens perfida*) あるいは，「神を冒瀆する人々」(*gens nefanda*) と呼ばれ[36]，737年のカール・マルテルによるアヴィニョンの制圧は『ヨシュア記』のエリコの占領に喩えられている[37]。E. エーヴィヒは，『ボッビオの典礼書』のなかの「君主のためのミサ」(*Missa pro principe*) において[38]，アブラハム，モーゼ，ダビデの異教徒との戦いや，ヨシュアによるエリコの戦いが言及されていることも指摘したうえで，トゥール・ポワティエ間の戦いなどのイスラーム勢力との戦争が，当時，異教徒との戦争と認識され，乏しい史料から認められる以上の反響を遺したのではないかと推測している[39]。イスラーム教徒との戦いが宗教戦争としてもすでに認識されていたことは間違いないだろう[40]。ただし，この戦いがキリスト教世界を防衛するための戦争であったと明言している史料のないことにも，注意を向ける必要がある。カール・マルテルがイスラーム教徒の手からキリスト教世界を守ったという，現在のわが国の

---

34) トゥール・ポワティエ間の戦いの歴史的評価については，Nonn, Schlacht bei Poitiers に詳しい。
35) Cont. Fred. c. 13, S. 175; vgl. Ewig, Christlicher Königsgedanke, S. 42 mit Anm. 160.
36) Cont. Fred. c. 13, S. 175; Vita Eucherii c. 8 (MGH SS. mer. 7) S. 49.
37) Cont. Fred. c. 20, S. 177; vgl. Ewig, Christlicher Königsgedanke, S. 43 mit Anm. 162.
38) このユニークな特徴をもつ典礼書について，2001年にユトレヒトで研究集会が組織され，その研究成果は2004年に公刊された（Vitzhak Hen and Rob Meens, The Bobbio Missal. Liturgy and Religious Culture in Merovingian Gaul, Cambridge 2004）。このなかで，M. ギャリソンは「君主のためのミサ」を詳細に分析している（Mary Garrison, The Missa pro principe in the *Bobbio Missal*, S. 187-200）。また，Michael McCormick, Eternal Victory. Triumphal Rulership in Late Antiquity, Byzantium and the Early Medieval West, Cambridge 1986, S. 345f. 参照。なお，「君主のためのミサ」のテキストは，R. A. Jackson, Ordines Coronationis Franciae: Texts and Ordines for the Coronation of Frankish and French Kings and Queens in the Middle Ages, Philadelphia 1995 にも収録されている。また，上述のギャリソン論文には，典礼文の英訳がある。Garrison, ibid., S. 201-203.
39) Ewig, Christlicher Königsgedanke, S. 44; vgl. S. 24.
40) Vgl. Nonn, Schlacht bei Poitiers, S. 43.

歴史叙述に一般にみられるような評価は，当時のフランクの史料にはみられない。

カール・マルテルの時代のフランク・ローマ関係

　カール・マルテルの時代には，ローマ教皇座は二つの問題で苦しんでいた。対ランゴバルト問題と対ビザンツ問題である。カール大帝期に生じた変化を理解するためには，この点についても概観しておく必要がある。まず最初に，ランゴバルト問題について簡単に述べておきたい。

　568年（あるいは569年）にイタリアに侵入を開始したランゴバルト人はやがてイタリア半島の多くの地域を占拠した。北部にパヴィアを拠点とするランゴバルト王国が建設されただけでなく，形式的にはパヴィアのランゴバルト王国の一部であるものの，現実には独立する二つの公国が中部と南部に誕生した。スポレト公国とベネヴェント公国である[41]。ランゴバルト王権は，イタリア中部のこれらの公国を完全な支配下に置こうと試みたが，成功しなかった。一方，ビザンツは，ラヴェンナ総督領，イストリア，ヴェネツィア，フェラーラ，ペンタポリス，ローマ，ペルージャ，ナポリ，カラブリアといった地域をかろうじて保持した[42]。こうして，ローマもビザンツの一部にとどまった。しかし，コンスタンティノープルからみると，ローマは帝国領土のほぼ最西端に位置し，ローマに対する皇帝の実効的な支配は絶望的な状況にあった。このような状況下で，ランゴバルトは勢力範囲の拡大を虎視眈々と狙ったのである[43]。

　41）　この頃のランゴバルトに関しては，Jarnut, Geschichte der Langobarden に詳しい。
　42）　Vgl. Noble, Republic of St. Peter, S. 3f. 巻末地図1参照。
　43）　6世紀中頃までは，多くのランゴバルト人は異教徒であった。やがて次第にキリスト教に改宗する者が増えてくるが，アリウス派の信者もいれば，カトリックの信者もいた。7世紀後半になると，ランゴバルト人の大半はキリスト教徒となり，しかもその大部分はカトリックであった。現在の研究では，アリウス派の役割は，かつてほど重視されていない（Vgl. Fanning, Arianism）。ランゴバルト人がアリウス派だったから，ローマ教皇と対立したというのは，単なる俗説にすぎない。ランゴバルトとローマの対立関係は，宗教の違いによってもたらされたものではなく，支配権をめぐる争いであった。これについては，Noble, Republic of St. Peter, S. 1; Harrison, Lombards, S. 140f. 参照。また，ランゴバルト人へのカトリックの浸透については Jarnut, Geschichte, S. 66-71 を参照。リウトプラントは勅令の中で

ローマ教皇座にとって，ビザンツ皇帝権との関係悪化も大きな問題であった。関係悪化は，特にレオン3世（在位717-741）の時代に始まるビザンツの聖画像破壊運動（イコノクラスム）によって引き起こされた[44]。レオン3世による聖画像破壊運動は，東方教会と西方教会の溝を深める重大な契機となった。

　もともと，教会は信仰に関わる画像表現を認めていた。たとえば，教皇グレゴリウス1世は，文字の読めない信徒に教義を教えるために聖画像は教育的効果があることを強調し，聖画像に積極的な意義を見出した。聖画像はこうして信仰生活において定着し，ビザンツでは7，8世紀に，偶像崇拝と思われかねないような極端な聖画像崇拝さえみられるようになった。イコノクラスムはこのような風潮に対する反動である。皇帝レオン3世は聖画像崇拝を禁止し，聖画像擁護派を弾圧し，730年には皇帝の方針に反対するコンスタンティノープル総主教ゲルマノスを解任した[45]。教皇グレゴリウス2世はこれに抗議し，ゲルマノスの罷免と聖画像破壊運動全体に対する抗議文をレオンに送りつけた[46]。731年に新しい教皇になったグレゴリウス3世もまた，皇帝の宗教政策に対して明らかに批判的な態度をとった。同年，早くも新教皇はローマで教会会議を開催し，聖画像を認めない者たちを破門に処すると述べて，皇帝レオンの態度を強く非難した[47]。この教会会議の模様を伝える『教皇列伝』によれば，この会議にはヴェネツィアとラヴェンナの総大司教をはじめ，「西方地域」の多数の司教と主だった俗人貴族が列席していた[48]。ノーブルは，この教会会議について，

自らの肩書にしばしば「キリスト教信仰をもった」(*christianus*)とか，「正統信仰をもった」(*catholicus*)といった形容詞を付け加えている。これについては，Wolfram, Intitulatio I, S. 91.

44) ビザンツの聖画像論争については，邦文では，森安達也『キリスト教史3　東方キリスト教』山川出版社，1978年，108-127頁や中谷功治「イコノクラスムの時代について──8世紀のビザンツ──」『待兼山論叢（史学篇）』26号，1992年などがある。欧文の文献としては，以下の論文のみを挙げておく。P. Schreiner, Der byzantinische Bilderstreit: kritische Analyze der zeitgenössischen Meinungen und das Urteil der Nachwelt bis heute, SSCI 34 (1988), S. 319-403; Brown, Rise, S. 235-253.

45) このことは『教皇列伝』にも記されている。LP 1, S. 409.

46) この書簡に関しては，以下の文献を参照。Caspar, Papst Gregor II und der Bilderstreit; Grotz, Beobachtungen zu den zwei Briefen; Michels, Zur Echtheit der Briefe Papst Gregors II.

47) LP I, S. 416.

「レオンが東方で行ったことを，グレゴリウスは西方で取り消そうとした」と述べているが，それは適切な表現であろう[49]。また，グレゴリウス3世は732年にもローマで教会会議を開催した。その内容は断片的にしか伝えられていないが，従来の教皇関連文書にみられるビザンツ皇帝の統治年の記載がないことが注目される。この教会会議の伝承を詳細に検討したH. モルデクによれば，それは明らかに皇帝の宗教政策に対するローマ教皇のリアクションであった[50]。ノーブルの主張によれば，「ローマ教皇領」（papal Republic）が実質的に成立するのも，この頃である[51]。この教義上の問題がローマ教皇座の帝国離れを加速させたことは間違いない。

　ランゴバルトの支配を免れたイタリア北部および中部の諸地域は，次第に帝国から離脱していった[52]。ラヴェンナ総督は皇帝の命令に背き，イコノクラスムに賛同せず，むしろ，ローマ教皇と共同戦線を張ろうとした[53]。このようなローマ教皇やラヴェンナ総督の動きに対して，レオン3世が手をこまねいていたわけではなかった。結果としては失敗におわったものの，皇帝はラヴェンナに艦隊を差し向けた。また，イタリア南部，シチリア，イリリクムにある教皇の権益を没収した[54]。このような対立軸が生じる一方で，ランゴバルト王リウトプラントとローマおよびラヴェンナの対立関係も激しさを増した。リウトプラントの対外政策にとって，もっとも重要だったのは，イタリア中部の二つのランゴバルト系公国を服属させることであった。リウトプラントはラヴェンナを二度攻撃しているし，ローマ公領の一部を占領したりもしているが，必ずしも全面的な対立を望んでいたわけではない。ローマ教皇側の史料によれば，リウトプラントは「嘘つき」であり，悪魔の手先である。しかし，史料からわかる彼の態度は，冷徹な政治家そのものである。彼自身はローマの宗教的権威を認めていたし，

---

48) A. a. O.
49) Noble, Republic of St. Peter, S. 39.
50) Mordek, Rom, Byzanz und die Franken. アントンも，この見解に賛同している (Anton, Fränkish-byzantinisches Verhältnis, S. 98)。しかし，ハルトマン (Hartmann, Synoden, S. 42 mit Anm. 17) の見解は異なる。
51) Noble, Republic of St. Peter, S. 40. Vgl. Anton, Antike Großländer, S. 77ff.
52) Vgl. Miller, The Roman Revolution of the Eighth Century.
53) Delogu, Lombard, S. 297.
54) Ewig, Christlicher Königsgedanke, S. 7; Noble, Republic of St. Peter, S. 39.

第1章　伝統と変容　　　　　　　　　　　　　　　　　　　　　　35

ローマに対して慎重な態度をくずしていなかった。

　イタリアで展開されたこれらの一連の複雑な動きに関して，フランクは全く関わっていなかった。イタリアをめぐる複雑な権力関係も，聖画像問題も，遠い世界の出来事であった。フランク王国の東南部の国境を安定させることこそが，カール・マルテルにとって最重要の課題であった。そのことは，彼のイタリア政策から明らかである。当時，フランク王国の東南部は，なお政治的に不安定な状況にあり，バイエルン大公家と血縁関係にあったランゴバルト王リウトプラントと手を結ぶことは，カール・マルテルにとって必要な外交政策であった。そのうえ，プロヴァンスへの侵入を繰り返すイスラーム勢力から国土を守るためにも，ランゴバルトと結ぶ必要があった。特に，当時プロヴァンスの「大公」（*dux*）マウロントゥスは，イスラーム教徒と同盟関係を結んでおり，地中海沿岸地方は，決して楽観視できない状勢にあった[55]。カール・マルテルは，このような外交上の理由からリウトプラントと同盟関係を保つ必要があったのである。

　カール・マルテルの息子ピピンとランゴバルト王リウトプラントの養子縁組は，同盟関係を望む両者の思惑が一致したことから生じた[56]。パウルス・ディアコヌスによれば，この養子縁組を積極的に推進したのは，カール・マルテルであった[57]。カールは737年には息子のピピンをランゴバルト王リウトプラントのもとに送り，リウトプラントとの間で養子縁組を結

---

　55)　Geary, Aristocracy, S. 127f. この事実は，この時代の「西ヨーロッパ」においては，宗教の相違が必ずしも対立の要因とならなかったことを示している。

　56)　養子縁組を行うことで，同盟関係を築く事例について，Eichmann, Adoption, S. 295.

　57)　Paulus Diaconus, Historia Langobardorum, VI, 53, S. 237: *Carolus princes Francorum Pippinum suum filium ad Liutprandum direxit, ut eius morem capillum susciperet. Qui eius caesariem incidens, ei pater effectus est multisque cum ditatum regiis muneribus genitori remisit.* 不思議なことに，このエピソードはフランク側の史料には一切記述されていない。『続フレデガリウス年代記』にも，『メッス年代記』にも，この話は記されていない。パウルス・ディアコヌスは明らかにランゴバルトの史料にもとづいて書いたのである。とりわけ，ピピンの叔父にあたるヒルデブラントが『続フレデガリウス年代記』に，ピピンの養子縁組を一切書かなかったことは注目に値する。ピピンの叔父であるヒルデブラントが養子縁組を知らなかったことは，どう考えてもありえない。明らかに，ヒルデブラントは，これをカロリング家の歴史として記すのにふさわしくない出来事と考えたのである。『続フレデガリウス年代記』の一般的な傾向については，Wattenbach-Levison, Geschichtsquellen, 1. Heft, S. 162 参照。

んだ[58]。この縁組にみられる両者の同盟関係は，リウトプラントが738年頃にプロヴァンスに侵入したイスラーム勢力をカール・マルテルによる要請をうけて撃退したことに示されている[59]。

それゆえ，ランゴバルトの圧迫に苦しんだ[60]ローマ教皇グレゴリウス3世が738年頃にふたりの聖職者を派遣し，カール・マルテルに援軍を要請したことは[61]，フランク宮廷において驚きをもって迎えられたにちがいない。後にカール大帝がまとめさせたローマ教皇の書簡集である，いわゆる『コーデックス・カロリーヌス』[62]の中に，教皇グレゴリウス3世がカール・マルテルに宛てた書簡が二通残されている。宛名は，二通とも，*Domino excellentissimo filio, Carolo subregulo* と書かれている[63]。グレゴ

---

58) この養子縁組については，以下の文献を参照。Hlawitschka, Adoptionen, S. 19f.; Jarnut, Beiträge, S. 349ff.; ders., Adoption; Kasten, Königssöhne und Königsherrschaft, S. 108f. また，一般にこの時代の養子縁組については，Jussen, Patenschaft und Adoption 参照。

59) Paulus Diaconus, Historia Langobardorum VI, 54, S. 237; vgl. Geary, Aristocracy, S. 128; Jarnut, Adoption, S. 222; Nonn, Schlacht bei Poitiers, S. 41.

60) この頃，グレゴリウス3世がスポレト公と同盟関係を結び，そのことが，リウトプラントの攻撃を受ける原因となったのかもしれない。これについて，Davis, Lives, S. 27, Anm. 51.

61) Lp. 1, S. 420.

62) 『コーデックス・カロリーヌス』とは，カールが791年に編纂を命じた書簡集である。序文（CC, Vorwort, S. 476）を信じれば，宮廷の書庫に保存されていたローマ教皇とビザンツ皇帝の書簡が収録されていたはずであったが，残念なことに今日伝えられているのは，ローマ教皇の書簡だけである。『コーデックス・カロリーヌス』は，ヴィリベルトが命じて作らせたという記述のある9世紀の写本で伝承されている。MGH 版の編者であるグントラッハの推論によれば，このヴィリベルトは，9世紀末にケルン大司教であった人物である（MGH, Ep. 3, S. 469）。ところで，この書簡集が編纂された791年にケルン大司教ヒルデバルトが，アンギルラムの後を受けて，宮廷礼拝堂司祭長に就任している（Fleckenstein, Hofkapelle, S. 49ff.）。それゆえ，この写本は，カールの命を受けて書簡集を編纂させたヒルデバルトが手元にも置こうとして作らせた写本にちがいないと推測される。他に写本が残されていないということは，この書簡集を手にした者がごく少数の宮廷関係者に限られていたことを物語るだろう。ヒルデバルトはローマ教皇と何度も個人的に会ったことがあるだけでなく，『教皇列伝』の写本を作らせたとも言われている（Wattenbach-Levison, Geschichtsquellen, 2. Heft, S. 24）。この書簡集の編纂自体，ヒルデバルトの献策であった可能性が強い。『コーデックス・カロリーヌス』に関する研究の出発点をなすのは，グントラッハの研究論文（W. Gundlach, Über den Codex Carolinus, NA 17 (1892), S. 525-66.）と同じくグントラッハによる『コーデックス・カロリーヌス』の校訂本である。また，そのほかの研究として，H. Fuhrmann, Zu kirchenrechtlichen Vorlagen einiger Papstbriefe aus der Zeit Karls des Großen, DA 35 (1979), S. 357-367; Thoma, Papst Hadrian I. und Karl der Große がある。

63) *subregulus* という肩書については，Heidrich, Titulatur und Urkunden, S. 99f. 参照。

リウスは本文の中で，カールをつねに「息子よ」（fili）と呼びかけている[64]。739年に出されたと推定される一通目の書簡は，二人の聖職者，アナスタシウスとセルギウスを通じて，フランク宮廷に届けられたものである[65]。ローマ教皇はこのとき，聖ペトロの墳墓の鍵も贈っている[66]。この書簡で，グレゴリウスは，陛下は聖ペトロと余の忠実な息子である（te esse amatorem filium beati Petri principis apostolorum et nostrum）と述べたうえで，聖なる教会と教皇の「特別な人々」（peculiaris populus）を守るために，馳せ参じるように哀訴した[67]。「永遠の命を得ようとするならば，聖ペトロと自分とわが「特別な人々」を守るように」とさえ述べている。このように，教皇は，宗教的な言説を駆使して，フランクの力を借りようと試みた。もちろん，ローマ教皇は，ローマとランゴバルト勢力との対立が宗教上の対立ではないことは百も承知であった。宗教的な言説を用いる以外に，遠方のフランク宮廷を動かす可能性がないことをよく知っていたのである。これは，ランゴバルト王国が最終的にカール大帝によって滅ぼされるまで，ローマ教皇がフランク宮廷に宛てた書簡のなかで，ほとんど常に用いたレトリックであった。

　しかし，このようなローマ教皇の切々たる哀願にもかかわらず，カール・マルテルは動かなかった。もちろん，カール・マルテルも，ローマ教皇がキリスト教世界の最高指導者であることを認めてはいた。ローマ教皇は早期からローマが第一の司教座であるとする理念を全教会に浸透させることに努めており，こうした教皇座の努力は，フランク王国においても，ある程度，実を結んではいた。だが，ローマ教皇に援軍を送り，ランゴバルトとの同盟関係を破棄する覚悟は，カール・マルテルにはなかった。そ

64）　もちろん，ローマ教皇が国王などの俗人統治者を「息子」と呼ぶことは，一般的なことであり，特殊なことではない。カール大帝にいたるまで，フランクの統治者も常に「息子」と呼ばれている。

65）　LP 1, S. 420.

66）　Ibid.; Cont. Fred. c. 22, S. 96; vgl. AMP, S. 30f.; Chronicon Moissacense, S. 291f. フランク側の史料では，ローマ教皇から，その他にも多くの品々が贈られたことが記されている。聖ペトロの墓の鍵は，特別な霊力をもつ，一種の聖遺物であると考えられていた。すでに，グレゴリウス大教皇は，鍵を各地に贈っている。これについては，Schramm, Anerkennung, S. 240 および Fichtenau, Reliquienwesen, S. 85 の記述を参照。

67）　CC Nr. 1, S. 476-477. ローマ教皇は自分の支配下にある人々のことを，『コーデックス・カロリーヌス』の数々の書簡において「特別な人々」と呼んでいる。

うした政治状況にはなかったのである。
　カール・マルテルは使者を送り，援軍を送ることのできないフランクの立場を教皇座に伝えたにちがいない。
　ランゴバルトの脅威は続き，ローマ教皇は，カール・マルテルに再度手紙を書く。ローマ教皇の書簡をカール・マルテルのもとに携えたのは，カール・マルテルの *fidelis* であるアンタートゥスという人物であった。カール・マルテルとローマ教皇とのコンタクトはずっと保たれていた[68]。ローマ教皇の書簡は，前の書簡よりもさらに切々たる調子を帯びている。まず，冒頭で述べる。「大きな辛苦に私たちはさいなまれています。夜も昼も涙がかわくことはありません」。教皇グレゴリウス3世は，カール・マルテルを *excellentissime fili, christianissime fili* と呼びかけ，ランゴバルトの王たちの嘘にだまされず，聖ペテロの教会とその「特別な人々」を守るために，ローマに進軍し，ランゴバルトの軍隊を撃退するように懇願する。教皇はカールに贈った聖ペテロの墳墓の鍵のことに言及しつつ，「使徒たちの指導者への愛よりもランゴバルト王たちとの交誼（*amicitia*）を優先させることなく」，馳せ参じるように説く。もし，そうすれば，「汝の信仰と名声はすべての民族に響きわたるだろう」と教皇は述べている。こうした文面から，教皇が難局を打開するためには，いかにカール・マルテルの力を必要としていたのかがわかる。
　ところで，この教皇の使節に関連して，『続フレデガリウス年代記』の中に，次のような注目すべき記述がある。

　　〈*eo pacto patrato ut a partibus imperatoris recederet et Romano consulto praefato principe Carlo sanciret.*〉

　この文章で最も問題とされるのは，*Romano consulto* をどう解釈するかという点である。かつては，*consulto* を *consulato* と読み替え，ローマ教皇がカール・マルテルに（栄誉的な）コンスル職を授与しようとしたのだという見解が通説としての地位を獲得していた[69]。これに対して，E. ラヴ

---

68) CC Nr. 2, S. 479; vgl. Noble, Republic of the Peter, S. 46.
69) たとえば，Caspar, Papsttum, S. 134.

第1章　伝統と変容　　　　　　　　　　　　　　　　　　　　39

ィチュカは consulato と読み替える理由がないことを様々な検討を通じて明らかにした[70]。ラヴィチュカは Romano consulto とは，「（主だった）ローマ人の賛同を得て」といった意味であると主張した。これに対してP. クラッセンは，古代末期の用法では，consultum は consolatio と同じ意味でしばしば用いられたと述べて，この語を「援助」と訳すことが可能であると主張する[71]。クラッセンの主張に従えば，上記のラテン語の文は次のように訳せることになる。

　「彼（教皇）は皇帝の側から離れ，上述の君主カールがローマを助けるという内容の条約を締結しようと欲した」

　ラヴィチュカとクラッセンの解釈のどちらが，より妥当なのか，私には判断材料がない。しかし，コンスル職が授与されたというかつての通説は，あまり説得的ではないことは確かである。なぜなら，コンスル職という表現は，これ以外の他の史料に見出されないからである。フランク宮廷だけではなく，教皇座もその後一切コンスル職に言及していない。一方的な形であれ，このとき，ローマ教皇がコンスルの称号をカール・マルテルに授与していたとすれば，教皇は少なくともフランク宮廷宛の書簡の中では，コンスルという肩書を忘れずに付記したはずである。
　いずれにしても，ローマ教皇は前回の書簡のとき以上に，カール・マルテルの助力を強く要請し，そのことがフランクの宮廷でも重く受けとめられたことは明らかである。『続フレデガリウス年代記』は，カール・マルテルがコルビー修道院長グリモとサン・ドニの修道士ジギベルトをローマに遣わし，教皇に多くの贈り物を贈ったことを伝えているが，このことはフランク宮廷の基本姿勢をよく示している[72]。
　カール・マルテルは結局教皇の要請に応じなかった。カールがイタリアの地を踏むことはなかった。イタリアに赴くことは，カール・マルテルにとって，あまりにもリスクの大きい行動であった。しかし，カールはロー

---
　　70) Hlawitschka, Karl Martell; vgl. Anton, Fränkisch-byzantinisches Verhältnis, S. 98 mit Anm. 5; Noble, Republic of St. Peter, S. 47; Jarnut, Adoption, S. 224.
　　71) Classen, Italien, S. 944-949.
　　72) Conc. Fred. c. 22, S. 178ff.

マ教皇の要請を無視したのではない。彼はおそらく外交的な手段を用いて，ローマ教皇とランゴバルトの関係の正常化に努めたものと思われる。ノーブルは，カール・マルテルはランゴバルトと教皇の仲介の労をとったのではないかと推定しているが[73]，おそらく，それは正しいだろう[74]。実際，739年の後半から742年にかけて，ランゴバルトのローマ侵攻は中断されているのである。地中海からのイスラーム勢力の侵入を食い止めるには，ランゴバルトとの協力関係の維持は不可欠であった。カール・マルテルがローマ教皇のために積極的な軍事行動を起こすことは困難な状勢にあった。カール自身がローマ遠征を望んだとしても，実行に移すための障壁は，あまりにも高かったのである。

ボニファティウスの教会改革と740年代の教会会議の基本理念

　以上に述べたように，カール・マルテルの時代には，ローマとフランクの関係は，なお微妙なものであったが，彼の子どもたちの時代になると，両者の関係は緊密さを増していく。その背景に，イタリア情勢の変化があったことはいうまでもないが，アングロ・サクソン出身の聖職者ボニファティウスの活躍があったことも看過できない。
　ボニファティウス（本名ウィンフリード）はウェセックスの貴族の家に生まれた[75]。彼は7歳で修道院に預けられ，サザンプトンの近くのナースリング修道院の修道士となった。優れた学識で頭角を現し，やがて修道院学校の校長になる。彼は40歳になる前に，ゲルマーニアの布教活動に従事することを決意した。ボニファティウスもまた，他のアングロ・サクソン

　73）　Noble, Republic of St. Peter, S. 46.
　74）　Vgl. Classen, Italien, S. 948.
　75）　ボニファティウスは，この時代に活動した伝道者のなかで，もっともよく知ることができる人物である。彼の死後，弟子によって書かれた伝記と150通にものぼる書簡が残されている。ボニファティウスに関するもっとも重要な研究は，Schieffer, Winfrid-Bonifatius である。しかし，そのほかに以下の文献を主要な研究として挙げておきたい。Levison, England; Schieffer, Angelsachsen und Franken; Büttner, Bonifatius und die Karolinger; Wallace-Hadrill, Frankish Church, S. 150-161. なお, P. ブラウンの叙述も短いが興味深い。Brown, Rise, S. 264-275.

第 1 章　伝統と変容　　　　　　　　　　　　　　　　　　　41

人修道士とともに，「故郷離別」（*peregrinatio*）の思想をアイルランド人修道士から学んでいた。彼はヴィリブロートの活躍に触発されて，716年に，フリースラントのユトレヒトで布教を開始したが，フリースラントの布教は当時困難な状況にあり，本国に帰還しなければならなかった。そして，718年に再び故郷を離れ，大陸に渡った。今度はまずローマに向かい，翌年，ローマ教皇グレゴリウス 2 世から正式にゲルマーニアの布教の任務を託された[76]。このアングロ・サクソン修道士にとって，ローマ教皇は絶対の権威者であった。すべての活動をローマ教皇との緊密な連携のうえで行うことは当然のことであった。ボニファティウスは自分を「教皇座の下僕」と呼び，すべての聴衆と弟子を教皇座に服させることこそ，自分の布教活動の目的であると考えていた[77]。これは，従来のフランク王国の聖職者たちにはみられなかったことである。このような信念をもった彼の成功が，ローマ教皇から一定の距離を置いた地方教会としての性格が強かったフランク教会を変容させ，フランクを教皇座に結びつけていく大きな原動力になったことはまちがいない。フランク王権とローマ教皇座の緊密な関係のうえに，カトリック世界がはっきりとした姿をとったこと，そして，このカトリック世界こそが「ヨーロッパ」形成の基礎になったことを考えれば，Th. シーファーが彼の主著に『ウィンフリード＝ボニファティウスとヨーロッパのキリスト教的基礎』というタイトルを与えたのは理解できる[78]。そして，まさにこの点こそが，この節で彼の活動にふれる理由である。

　ボニファティウスは，未だキリスト教が十分定着していないヘッセン地方を布教活動の拠点にすえた。722年にも再度ローマに赴き，11月に司教に叙階された[79]。ボニファティウスには特定の司教区はなかった。けれど

　76）　Bonifatius, Ep. Nr. 12, S. 17f.
　77）　たとえば，Bonifatius, Ep. Nr. 50, S. 81: *Et quantoscumque audientes vel discipulos in ista legatione mihi Deus donaverit, ad oboedientiam apostolicae sedis invitare et inclinare non cesso.*
　78）　Schieffer, Winfrid-Bonifatius.
　79）　このとき，ボニファティウスは，ローマに近い地域の司教たちが行っていたように，ローマ教皇に対する忠誠の誓いを行い，この宣誓書を聖ペトロの墓前に捧げた。Bonifatius, Ep. Nr. 16, S. 28-29. この出来事は，おそらく，ローマ教会が頭であり，他の教会はその手足にすぎないというレオ 1 世の主張の最初の実践例であった。Robinson, Church

も，このとき，ライン川以東のゲルマーニア布教の責任を正式に委託された。これはボニファティウスに難題を抱えさせることになった。なぜならライン川以東のゲルマーニアは，理念上マインツなどのライン流域の司教座の管轄下にあったからである[80]。それゆえ，ローマ教皇は予想される摩擦を避けるべく，カール・マルテルに書簡を送り，ボニファティウスを保護下におくように要請しなくてはならなかった[81]。

　しかし，カール・マルテルはボニファティウスを積極的に支援しようとはしなかった[82]。ボニファティウスは732年に新しいローマ教皇グレゴリウス3世から肩衣（パリウム）を授与され，大司教となったが，依然として教会管区をもたないままであった。737年かその翌年にボニファティウスは三度目のローマ行を行い，グレゴリウス3世からゲルマーニアの教皇特使に任命されたが，彼が教会管区を得て，抜本的な教会改革に乗り出すことは，カール・マルテルの時代には不可能であった。要するに，カール・マルテルはボニファティウスの敵対者ではなかったが，同時に積極的な支持者でもなかったのである。

　741年のカール・マルテルの死は，新たな政治状況とともに教会改革の急激な進展をもたらした。まず，新たな政治状況について簡単に述べておきたい。

　カール・マルテルは近い将来における王朝交替を念頭に置いていた。737年の国王テウデリヒ4世の死後，カールは新しい国王を擁立しようとしなかったが，それでも反乱は起こらなかった。しかし，王朝交替の困難さも同時によく自覚していた。彼はけっして急いではいなかった。カールは慎重に王朝交替の準備を進めた。亡くなる少し前になってはじめて，カール・マルテルは王朝交替のプログラムをはっきりと示した。二人の息子カールマンとピピンにフランク王国を分け与える決定を下したのである[83]。

---

and Papacy, S. 278; vgl. Congar, Ecclésiologie, S. 197.
　　80) Wallace-Hadrill, Frankish Church, S. 152.
　　81) Bonifatius, Ep. Nr. 22, S. 36-38.
　　82) Schieffer, Winfrid-Bonifatius, S. 130-133, 139-157; Büttner, Bonifatius und die Karolinger, S. 27-28; Löwe, Bonifatius und die bayerisch-fränkische Spannung, S. 269-270; vgl. Reuter, Kirchenreform, S. 48.
　　83) Schieffer, Karolinger, S. 49; Fouracre, Charles Martel, S. 161. 決定の時期については議論がある。806年ごろに書かれた『メッス年代記』では，この決定は，741年のこととさ

第 1 章　伝統と変容　　　　　　　　　　　　　　　　　　　　43

　確かに，国王のタイトルこそなく，二人の息子の肩書は依然として宮宰であったが，メロヴィング家の国王たちがおこなってきた原則にのっとって，カールは二人の息子に王国を分割譲渡し，自分が事実上の君主であることをはっきりと示した。だが，カール・マルテルがなしえたのはそこまでであった。王朝交替の問題は次の世代に先送りされた。王朝交替は確かに一筋縄ではいかなかった。二人の息子が父の死後，宮宰職につくと，まもなくしてアキタニアとバイエルンで反乱がおこった[84]。743年のはじめに二人の宮宰が語らってメロヴィング朝最後の国王ヒルデリヒ3世を擁立せざるをえなかったのには，こうした困難な状況が関わっている。王朝交替をめぐる混乱に乗じて勢力拡大をはかろうとする地方貴族たちが，好機の到来を待ちかまえていたのである。王朝交替はまだ無理であった。しかし，その一方で，フランク王国の実質的な指導者としてのカロリング家の宮宰の地位は，すでに十分に確立されてもいた。それゆえ，ピピンとカールマンは改革に着手することが可能だったのである。
　カール・マルテルの二人の遺児は父と異なり[85]，ボニファティウスの活

れている（AMP, S. 31）。しかし，一方，『続フレデガリウス年代記』では，この王国分割の決定後，ピピンがブルグントに侵攻したと書かれており，必ずしも，741年のこととはされていない。カステンは，737年にピピンがランゴバルト王の養子となっていることも考え合わせ，すでに737年には，この決定が下されていたのではないかと推測している（Kasten, Königssöhne und Königsherrschaft, S. 112）。巻末地図2参照。

84）　その理由は，カール・マルテルが，740年から741年にかけての時期に，ピピンとカールマンの異母兄弟にあたるグリフォにも，継承権を認めたことにある。スヴァナヒルデを母とするグリフォはその間に成人していたが，カール・マルテルは，グリフォにもピピンやカールマンと同等の権利を与えようとしたのである。あるいは，最近のM. ベッヒャーの大胆な仮説にしたがえば，実は晩年のカール・マルテルはグリフォを唯一の後継者と決めたのかもしれない（Becher, Verschleierte Krise, bes. S. 124f.）。いずれにしても，ピピンとカールマンはグリフォの継承権を認めず，父の死後，グリフォを拘禁した。Vgl. Kasten, Königssöhne und Königsherrschaft, S. 115. 『メッス年代記』（AMP a. 741, S. 32）の記述によれば，彼はネウストリア，アウストラシア，ブルグントにまたがる領域の領有を認められた。Vgl. Rouche, Remarques, S. 10-13. カールマンとピピンの兄弟は，自分たちと同等の権利をグリフォに認めることを承服せず，父の死後，ただちにグリフォに対して攻撃を仕掛けた。グリフォはランに立て籠もったが，やがて捕われ，幽閉された。グリフォについては，Becher, Verschleierte Krise の他に，特に以下の論文を参照。Mikoletzky, Karl Martell und Grifo; Wolf, Grifos Erbe; Kasten, Königssöhne und Königsherrschaft, S. 114ff. すでにモール（Mohr, Studien, S. 21-23）は，カール・マルテルがグリフォを単独の後継者として考えていたことがあったと推測している。

85）　カール・マルテルがボニファティウスの教会改革に消極的であった理由のひとつ

動に共鳴し，教会の刷新に着手した。二人の宮宰は742年頃から一連の改革教会会議を開催した。ボニファティウスの書簡にあるように，フランク王国では教会会議は80年近くも開催されていなかった[86]。史料上確かめられる最後の7世紀の教会会議は，670年頃にオータン司教レウデガリウスが主宰したブルグントの教会会議であり，ボニファティウスが書簡のなかで述べていることは，この記録とほぼ一致する。

742 (743) 年から747年にかけて一連の教会会議がボニファティウスの直接の指導下に，もしくは影響下に開催された。カールマンが開催した「ゲルマーニア教会会議」(742／743)[87]とレゼティンヌ教会会議 (743)，ピピンがネウストリアで開催したソワソン教会会議 (744)，カールマンとピピンが開催した，開催地不明の教会会議 (745) とデューレン教会会議 (747)[88]である。ボニファティウスがローマ教皇に宛てた書簡の表現を用

として，後にボニファティウスが名指しして非難した「ミロとその同類たち」がカール・マルテルの重要な家臣であったことが挙げられる。だとすれば，カールの死後，二人の後継者たちがボニファティウスの教会改革に積極的になったということは，二人の後継者がミロのような父の時代の家臣たちから一定の距離をおくようになったことを意味するのかもしれない。

86) Bonifatius, Ep. Nr. 50, S. 82.

87) 742年に開催されたのか，それとも743年に開催されたのかという問題はずっと論争の種になってきた。Th. シーファーは743年説を主張し，この説を受け入れる研究者もいる。Schieffer, Angelsachsen und Franken, S. 1463ff.; ders., Ar. Concilium Germanicum, LM Bd. 3, S. 114f. Jäschke, Gründungszeit, S. 71f.; Jarnut, Bonifatius und die fränkischen Reformkonzilien, S. 2f. しかし，742年説も支持者を見出してきた。たとえば，Löwe, Bonifatius und die bayerisch-fränkische Spannung, S. 110-120;. Schüssler, fränkische Reichsteilung, S. 88-91. W. ハルトマンは742年説に傾いている。Hartmann, Synode, S. 50-51 mit Anm. 14. また，両説の折衷案を提案するものとして，De Clercq, Législation religieuse, S. 117f. なお，「ゲルマーニア教会会議」という呼称は，開催地が不明のため，18世紀以来用いられるようになった名称であり，この名称に史料的根拠はない。「ゲルマーニア教会会議」に列席した司教は，わずか7名に過ぎなかったため，従来の研究では，刷新の試みは大きな抵抗にあったと一般に考えられてきた。しかし，シュスラーは別の見解を表明している。出席した7名は，おそらく，ボニファティウスが管轄する予定の大司教管区に含まれた司教区の司教たちであって，この会議は，もともとアウストラシア東部に限られて開催された会議であったというのである。Schüssler, fränkische Reichsteilung, S.90f. mit Anm. 262.

88) ヤルヌートは，これらの二つの教会会議 (745, 747) が本当に開催されたのか，疑問を呈する。Jarnut, Bonifatius und die fränkischen Reformkonzilien. しかし，これに対して，Schüssler, fränkische Reichsteilung, S. 95 mit Anm. 282a. 747年の教会会議については，特に，I. Heidrich, Synode und Hoftag von Düren im August 747, DA 50 (1994), S. 415-440 参照。

第1章　伝統と変容

いれば，これらの教会会議の主要な目的は，「長い間，軽視されてきた教会の規律を正し，改善すること（*corrigere et emendare*）にあった」[89]。「ゲルマーニア教会会議」の決議録の冒頭で，宮宰カールマンは次のように述べている。教会会議を開催することにした理由は，「以前の宮宰たちの時代に崩れてしまった神の法（*lex Dei*）と教会の制度（*aecclesiastica relegio*）を復興し，キリスト教の民（*populus christianus*）が魂の救済をはかることができ，また，人々が偽りの聖職者によってだまされないようにするためである」[90]。また，毎年一回，教会会議を開催すべきことを定めた同じ教会会議決議録の第1条においても，教会会議開催の目的は「教会法の決定や教会の法が再興され，教会制度が是正されるためである」と書かれている[91]。教会会議の開催，司教の権限の再確認，聖職者の綱紀粛正，異教の弾圧，司教による巡察などが，これらの教会会議で定められているが[92]，それは，これらのことが，この大きな目的を達成するために必要なこととみなされていたからに他ならない。

ところで，これらの教会会議の決議は，「勅令」という形で公布された。「ゲルマーニア教会会議」の決議を公布したのは，宮宰カールマンであった。このことは，第一条の「余はわが聖職者たちと有力者たちの助言にしたがって命じた」（*Et per consilium sacerdotum et optimatum meorum ordinavimus*）という表現によって，はっきりと示されている[93]。他の会議でも同様である。このように，統治者は，宗教の問題に関しても最高責任者として最終的な判断を示す立場にあった。T. ブックが指摘しているように，統治者が宗教の問題に関与し，指導的な役割を演じるのは目新しいことではない[94]。すでにメロヴィング朝の王は，勅令のなかで自分の統

---

89) Bonifatius, Ep. Nr. 50, S. 82.

90) Conc. 2. 1, S. 2: *quomodo lex Dei et aecclesiastica relegio recuperetur, que in diebus praeteritorum principum dissipata corruit, et qualiter populus Christianus ad salutem animae pervenire possit et per falsos sacerdotes deceptus non pereat.* これらの表現は，744年にピピンが主宰したソワソン教会会議の決議に受け継がれている。Conc. 2. 1, S. 34.

91) Conc. 2. 1, S. 3: *canonum decreta et aecclesiae iura restaurentur et relegio christiana emendetur.*

92) これらの教会会議で定められた内容については検討しない。De Clercq, Législation religieuse, S. 115-130, Hartmann, Synoden, S. 50-63 に個々の条項に関する詳しい分析がある。

93) Conc. 2. 1, S. 3.

治下にある者たちを「キリスト教の民」(populus cristianus) と呼び，宗教に関わる法も制定している[95]。したがって，フランク王国の人民が「キリスト教徒」として把握されているだけでなく，統治者が宗教問題に関しても責任を負い，方針を決定し，臣民にその遵守を要請することは，メロヴィング朝以来の伝統といえる。自国の人民をキリスト教徒という観点でとらえる見方，いいかえれば，フランク王国という政治体をキリスト教共同体の一部として理解する捉え方は，すでにメロヴィング朝の宮廷で受け入れられていた。だから，これらの教会会議から理解される政治と宗教の関係が革新的であるということはできない。

大きく違うのは，教皇座との関係の変化である。

この点で，747年の教会会議は，ローマ教会とフランク教会の関係の変化を示す条項を含んでおり，注目に値する。この教会会議の決議録そのものは伝承されてはいないが，ボニファティウスがイングランドの大司教に送った書簡のなかで，この教会会議の内容は詳しく述べられている。それによれば，「われらはこの度の会議によって，つぎの事項を容認し，決定した。すなわち，われらは生命のある限り，カトリックの信仰と，ローマ教会のもとでの統一とローマ教会に対する服従を忘れないこと。聖ペトロとその代理者たる教皇の命令に絶対に従うこと。毎年，教会会議を開催すること。首都大司教はローマ教皇にパリウムを求むべきこと。万事について，定められた教会法に従い，聖ペトロの命に服し，もって彼に託される子羊の一人と数えられるように努めるべきこと。われらはこの信条に皆同意し，署名し，聖ペトロの墓前にお供えした。ローマの聖職者と教皇は，このことを喜んでくれた」[96]。

このように，ボニファティウスにとって，ローマ教皇は絶対的な存在であり，それは彼の教会改革の核心のひとつであった。私たちは，フランク教会とローマ教皇の関係が，新しい段階に入ったことを想像できるように思われる。フランクの司教たちは，自分たちもローマ教皇を中心とするカ

---

94) Buck, Admonitio und Praedicatio, S. 277.
95) Childeberti I. regis praeceptum (MGH Cap. 1, Nr. 2), S. 2, Z. 28. Vgl. Guntchramni regis edictum (MGH Cap. 1, Nr. 5), S. 11.
96) MGH Conc. 2, 1, Nr. 6, S. 46-48; MGH Ep. Nr. 78, S. 351. 訳出にあたっては，C. ドウソン，野口啓祐訳『中世のキリスト教と文化』32-33頁の訳を参照した。

第 1 章　伝統と変容　　　　　　　　　　　　　　　　47

トリック教会の一員であり，このカトリック教会の中心はローマ教皇に他ならないことをはっきりと意識するにいたったのである。このような認識は，教皇との結びつきがガリアやゲルマーニアよりも深かったアングロ・サクソン出身のボニファティウスには当然のことであった。それに対して，ガリアやゲルマーニアの司教たちとローマ教皇の結びつきは必ずしも強くなかったのである。ボニファティウスとその弟子たちの活動は，フランク教会を教皇と強く結び付け，ローマ教皇を中心とするカトリック世界の形成に大きく寄与したといっていいだろう。

　ところで，この教会会議よりも少し前に（おそらく746年の11月か12月に），宮宰ピピンは，教会法の不明な点を何か所か，ローマ教皇に問い合わせ，ローマ教皇ザカリアスから教会法の抜粋を受け取っている[97]。この教皇の返書は『コーデックス・カロリーヌス』のなかに収録されているが[98]，このことは明らかにローマ教会とフランクの教会の関係の進展を示すものである。ピピンの時代のフランク王国には，教会法の知識が著しく不足し，それゆえローマ教皇に教会法の抜粋の送付を頼んだと考えるのは，誤りである。モルデクが明らかにしたように，フランク王国には歴史的に整理された教会法令集や体系的にまとめられた教会法令集が存在していた。これらの法令集には，ガリアの教会会議の決議のみならず，教皇の回勅，アフリカ，イスパニア，イングランドの教会会議の決議などが含まれていた[99]。にもかかわらず，ピピンはローマ教皇に教会法の抜粋を求めたのである。それは，ピピンとフランク教会が，ローマ教皇こそが教会の権威の拠り所であることを強く認識するようになったからに他ならない[100]。

　ボニファティウスの直接的な関与なしに，このような遣り取りが，ネウストリアのピピンの宮廷とローマ教皇座の間で行われたことは注目に値す

　　97）このことは，ザカリアスのボニファティウス宛書簡の中に記されている。Bonifatius, Ep. Nr. 77, S. 159-161. Vgl. Fuhrmann, Papsttum, S. 425ff.; Hartmann, Synoden, S. 65f.; Nonn, Zur Vorgeschichte, S. 70.
　　98）CC Nr. 3, S. 479ff.; vgl. Caspar, Papsttum, S. 137; Wallace-Hadrill, Frankish Church, S. 164-65.
　　99）H. Mordek, Kirchenrecht und Reform im Frankenreich. Die Collectio Vetus Gallica, die älteste systematische Kanonessammlung des fränkischen Gallien. Studien und Edition (Beiträge zur Geschichte und Quellenkunde des Mittelalters 1), Berlin/New York 1975.
　　100）Vgl. Mordek, Autoritäten, S. 240.

る。このことは，ネウストリアの宮廷においても，ローマ教皇とのいっそうの結びつきを推進する傾向が強まっていたことを明らかに示唆するように思われる。ローマ教皇もこの傾向を大いに歓迎した。ランゴバルト問題で苦渋するローマ教皇は，フランク宮廷とのパイプがいっそう太くなることを望んでいた。そのことは，ザカリアスがピピンに教会法の抜粋を送った際に，宛名を単に宮宰ピピンとせずに，ピピンおよび，司教，修道院長，そして，「主だった者たち」(*principes*) としていることからも，推測されるように思われる[101]。ネウストリアの宮廷におけるこのような動きの中心人物は，おそらくフルラートであった。751年の王朝交替劇は，このようなローマ教皇とフランク宮廷の関係の緊密化を背景として行われたのである。

---

[101] CC Nr. 3. S. 479.

第 2 章

新しい王朝と教皇座

王 朝 交 替

747年の秋に「神に仕えたいという絶ちがたい望みから」[1]，突然，カールマンは宮宰の職を辞し，嫡男ドローゴをはじめとする子供たちのことをピピンに託し，イタリアに旅立った[2]。ピピンは，しばらくの間は甥のドローゴの継承を認めていたように思われる[3]。また，理由ははっきりとはわからないが，この頃，軟禁状態にあったグリフォを解放し，ルマン大公領を与えた[4]。しかし，グリフォはこの地位に満足せず，バイエルンに逃

---

1) Cont. Fred. c. 30, S. 296.
2) カールマンの不可解な隠棲については，以下の文献を参照。Rodenberg, Pippin, S. 15f.; Riesenberger, Karlmann, S. 271-286; Krüger, Königskonversionen, bes. S. 175-183, 187-97, 200-202; Jarnut, Quierzy und Rom, S. 267-269; Affeldt, Königserhebung Pippins, S. 114-121; K. Sprigade, Die Einweisung ins Kloster und in den geistlichen Stand als politische Maßnahme im frühen Mittelalter, Phil. Diss. Heidelberg 1964, S. 55f; Wolf, Mögliche Gründe, S. 517-531. 国王が在位途中に退位し，修道士になる例はメロヴィング時代にはない。国王ではないとはいえ，国王に近い存在であった宮宰が退位したことは，特筆すべきことである。アングロ・サクソンの国王にはこうした事例がある。カールマンの隠棲も，ボニファティウスではないにせよ，アングロ・サクソン修道士たちの影響を強く受けたものであるように思われる。これについては，特に Schieffer, Winfrid-Bonifatius, S. 250; Krüger, Königskonversionen, S. 169ff. 参照。
3) Kasten, Königssöhne und Königsherrschaft, S. 123f. なお，ドローゴについては，特に Becher, Drogo 参照。
4) Vgl. Kasten, Königssöhne und Königsherrschaft, S. 117 mit Anm. 233.

亡し，失地回復の機会を虎視眈々と狙った。彼は国内の様々な不満分子と結託し，自らの力で統治権を得ようと画策した[5]。グリフォは，ピピンにとって自らの地位を脅かす危険人物であった。

ピピンはやがてドローゴの追い落としを画策するようになった。おそらく，それは長子カールが748年に誕生したことと関連するものと思われる。カールという後継者をもったピピンにとって，ドローゴは邪魔者でしかなくなったのであろう。カールマンの側近グループは，ピピンの動きに対抗するため，イタリアのカールマンのもとをしばしば訪れ，ピピンに対する謀反を計画したといわれる[6]。

これが，751年のピピンの国王即位の少し前の政治情勢であった。兄カールマンは，権力を自ら放棄し，異母弟グリフォはフランク国外に逃亡した。ピピンは一見すると，単独統治者としての地位をすでに確立していたかのように思われる。しかし，そうではない。カールマンに近い政治勢力も，バイエルンのアギロールフィング家と結びついたグリフォを中心とする政治勢力も，依然としてけっして弱体ではなかった。こうした状況を打開する方法をピピンが模索していたと考えても不思議ではない。そして，おそらく，熟慮の末に考え出された秘策が，自らの国王即位であったのである。

カールマンとともに743年に擁立した国王ヒルデリヒ3世を廃位し，ピピンが王位に就くのは，たしかにそう簡単なことではなかった[7]。父カー

---

5) Jarnut, Genealogie, S. 16f.
6) 滞在していたローマ近郊の修道院にあまりに多くの訪問客が訪れたために，カールマンは静寂をもとめてモンテ・カッシーノに移ったと，史料にはある。BM 52 b, c.
7) この王朝交替劇に関しては多くの文献があるが，特に重要な文献を以下にあげておく。Ernst Perels, Pippins Erhebung zum König, ZKG 53 (1934), S. 400-416 = E. Hlawitschka (Hg.), Königswahl und Thronfolge in fränkisch-karolingischer Zeit, Darmstadt 1975, S. 269-286; Kern, Gottesgnadentum und Widerstandsrecht, S. 252f.; Heinrich Büttner, Aus den Anfängen des abendländischen Staatsgedankens; die Königserhebung Pippins, in: das Königtum (Vorträge und Forschungen 3), Sigmaringen 1956, S. 155-168; Uta Reinhardt, Untersuchungen zur Stellung der Geistlichkeit bei den Königswahlen im Fränkischen und Deutschen Reich (751-1250) (Untersuchungen und Materialien zur Verfassungs-und Landesgeschichte 4) Marburg 1975, S. 9ff.; Konrad Bund, Thronsturz und Herrscherabsetzung im Frühmittelalter (Bonner Historische Forschungen 44), Bonn 1979, S. 366f.; Affeldt, Königserhebung Pippins. また，近年の研究成果として，Mathias Becher/Jörg Jarnut (Hg.), Der Dynastiewechsel von 751, Münster 2004 がある。

ル・マルテルが次の一歩を踏み出せなかった状況は，依然として変わらなかった。「虚名」[8]しかもたないとはいえ，伝統的権威を有するメロヴィング家の国王をどうすれば廃位することができるのか。

　この難問を解決するためにピピンが出した答えが，ローマ教皇の権威を借りることであった。キリスト教世界においては，神が最高の権威者であることはいうまでもない。そして神にもっとも近く，神の声をきくことができる人物こそローマ教皇に他ならなかった。とはいえ，もちろん，50年前であれば，フランク王国ではローマ教皇の権威はさほど重要視されなかったことであろう。しかし，ピピンの時代にはローマ教皇と強い繋がりをもつボニファティウスらのアングロ・サクソン修道士の活躍により，ローマ教皇の権威はフランク王国においても著しく高められていた。ピピンは749年かその翌年のはじめに，アングロ・サクソン人のヴュルツブルク司教ブルヒャルトと宮廷付司祭フルラートをローマ教皇ザカリアスのもとに派遣した[9]。使者たちは，「現在フランク王国には王の権力をもたぬ者が王位にあるが，それは善きことか否やか」という質問書を携えていた。ローマ教皇は答えた。「王の権力をもたぬ者よりも王の権力をもつ者が王と呼ばれたほうがよい。〈秩序〉がみだれないように，ピピンが王となるべきである」[10]と。この〈茶番劇〉が，ピピンとザカリアスの間の用意周到な準備のもとに行われたことは明白である。すでに述べたように，当時，教皇はランゴバルトの脅威に晒されており，フランクの援護を求めていた。749年に兄弟ラトキスに代わって王位についたランゴバルト王アイストゥルフは，ラトキスよりも攻撃的であった[11]。ピピンの提案は，フランクとの関係を強化したいローマ教皇にとって渡りに舟であった。

　ローマ教皇の回答はすぐさまフランク王国の貴族たちに披露された[12]。

　8）　Einhard, Vita Karoli c. 1, S. 3; vgl. ARF a. 749, S. 8.
　9）　『続フレデガリウス年代記』を著したヒルデブラントは，使者の名前をあげていない。二人の名前は，ずっと後に書かれた『王国年代記』ではじめて記載されている。ARF a. 749, S. 8.
　10）　ARF a. 749, S. 8.
　11）　Vgl. Jarnut, Quierzy und Rom, S. 267.
　12）　ところで，非常に興味深いことに，ザカリアスのこの書簡は，『コーデックス・カロリーヌス』に含まれておらず，書簡そのものは伝承されていない。なぜ，こういうことが起こったのだろうか。

ローマ教皇の見解に対する異論はなかった。メロヴィング家の「長い髪」(*reges criniti*)[13]に，ローマ教皇の権威が打ち勝った。ローマ教皇の権威がこの王朝交替に正統性を与えたのである[14]。

　8世紀前半におけるメロヴィング家の国王とカロリング家の宮宰の関係は，よく天皇と将軍の関係に喩えられる。この権威と権力の二元構造は確かによく類似している。しかし，その二元構造がわが国では容易に崩れなかったのに対して，フランク王国ではあっけなく崩壊した。その理由はフランク王国において，国王よりさらに高次の絶対的権威が存在したからである。それはキリスト教の神であった。アウグスティヌスらの教父たちによって確立された思想によれば，神は正義と平和のために個々の人物に王の職務を授けるのであり，国王の権威は結局のところ神に由来するのである。かつてドイツの法史学者フリッツ・ケルンは中世ヨーロッパの王権に関する今なお価値あるすぐれた研究書において，中世王権の存立基礎として，世襲思想，職務思想，適格性思想の3つの王権理念をあげたが，このキリスト教的職務思想がはじめて明確なかたちで現れるのは，まさにこの751年の王朝交替においてである[15]。

　このキリスト教的職務思想はピピンの即位式においてシンボリックに表現された。それは即位にあたって塗油式が行われたことである。特別に調合された油である「聖香油」を人の体に塗る行為は，その人物を聖別し，その者がその職務につくことが神によって認められたことを示すための儀式であった。塗油によって，神と国王のあいだに特別な絆が確立された。

---

13) メロヴィング王権の神聖性は，特にナチス時代のドイツ史学によって強調されすぎてきた。メロヴィング期の王権の神聖性については，拙稿「メロヴィング朝王位継承」および「メロヴィンガー王権の象徴と儀式」と，そこに挙げている文献を参照。私は，上記の論文においてメロヴィング王家の男子成員の長髪のもつ意味について詳しく論じたが，当時のドイツ史学の影響を受けており，現在はこの論文の見解には修正すべき点があると考えている。拙稿「征服と改宗」では，この点に関する見解を修正した。

14) しかし，もちろんヤルヌートが指摘しているように，これは明らかにピピンがローマ教皇と手を組み，対ランゴバルト政策を転換することを意味しており，この外交政策の転換が国内のすべての有力者の支持をえたとは思われない。Jarnut, Quierzy und Rom, S. 267. だとすると，ローマ教皇の権威が王朝交替に正統性を与えたことはたしかであるが，それにより，すべての反対勢力が封じ込められてしまったとは考えにくい。

15) Vgl. Kern, Gottesgnadentum und Widerstandsrecht, S. 51f.; 252f. また，拙稿『地上の夢・キリスト教帝国』36頁参照。

この旧約聖書に由来する儀式は，すでにアイルランドや西ゴートでは国王の即位式においても行われていた。しかし，従来，フランク王国では行われてこなかった[16]。おそらくメロヴィング朝時代では，即位式のなかでもっとも重要な儀式は玉座推戴式であった。ピピンの即位式は伝統を踏まえつつ[17]，しかし，塗油式を加味して行われたものと思われる[18]。即位式は751年の11月にソワソンで挙行された。家臣たちは慣例に従い，臣従の礼をとった。そしてさらに，おそらく当時フランク王国で最高の権威を有した聖職者であるボニファティウスの手により，ピピンに塗油が施され，ピピンの即位が神意に叶うものであることが示された[19]。この即位式以降，フランク王国と後継諸国家において，玉座推戴式，戴冠式とならんで塗油式が即位式の重要な構成要素のひとつとなったことを付記しておこう[20]。

---

16) このような通説に対して，T. ハックは，すでに751年以前に，塗油式はフランク王国に導入されていたのではないかと推定する。Hack, Königssalbung, S. 183-186. しかし，その論拠は充分ではない。

17) メロヴィング朝の即位式については，R. Schneider が，Königswahl und Königserhebung im Frühmittelalter: Untersuchungen zur Herrschaftsnachfolge bei den Langobarden und Merowingern (Monographien zur Geschichte des Mittelalters 3) Stuttgart 1972, S. 187-239 において，立ち入った考察を試みている。

18) Vgl. Hauck, Spätantike Randkultur, S. 68-74. ここでは，従来の通説にしたがって，751年に塗油式が行われたものとみなした。しかし，J. ゼムラーは，2004年に発表した著書のなかで，751年には塗油式は行われなかったとする大胆な仮説を発表した（Semmler, Dynastiewechsel）。今まで手堅い研究を積み重ねてきた，中世初期修道制・教会史の権威の手による新説だけに大きな反響を呼んだ。ゼムラーの新説の出発点は，ほぼ同時代の史料といえる『続フレデガリウス年代記』では，「司教たちの祝福」（consecratio episcoporum）という曖昧な表現しかなく，塗油という表現は，この出来事から40年も後に書かれた『王国年代記』ではじめてみられることである。これに対して，アンゲネントとエルケンスはそれぞれ独自の立場から伝統的な解釈を擁護している。Angenendt, Pippins Königserhebung; Erkens, Neue Überlegungen.

19) ボニファティウスが塗油礼を施したのかどうかという問題に関しては，いろいろな議論がある。この問題については以下の二編の論文を参照。Jäschke, Bonifatius; Jarnut, Pippin. ボニファティウスが塗油式に参加したことを記述した史料は，同時代のものにはなく，やや後代のものになってはじめて現れる。ヤルヌートは，前掲論文において，その理由を次のように推測している。すなわち，ピピンの存命中はなおボニファティウスに対する反感が強かったが，その後ボニファティウスの改革路線が受け入れられて，またボニファティウスが殉教者として高い評価を得たことが理由だというのである。

20) 751年のピピンの塗油礼については，とくに以下の文献を参照。Enright, Iona; Angenendt, Rex et Sacerdos. アンゲネントは前掲論文において，司教の叙階式での塗油礼と国王の塗油礼は互いに影響しあって発展したとするアイヒマン（E. Eichmann, Königs- und Bischofsweihe）の主張を退け，ローマ式典礼における洗礼後の塗油と即位式における塗

こうしてカール大帝の父ピピンは751年に正式に国王に即位し，カロリング朝が開かれた。メロヴィング家最後の王ヒルデリヒ3世は，長髪を切り落とし，サン・ベルタン修道院に入った。ヒルデリヒのその後を伝える史料は全くない。

　ところで，ピピンはローマ教皇を王朝交替の正当化のために利用しようという着想をどこから得たのであろうか[21]。

　このことを考えるには，ピピンがローマ教皇への使節に選んだ二人の人物，つまり，ヴュルツブルク司教ブルヒャルトと宮廷礼拝堂の聖職者フルラートの経歴と，宮廷内における彼らの位置を考えることが重要であるように思われる。フレッケンシュタインの研究にしたがえば[22]，宮廷礼拝堂司祭長という官職が史料上はじめて確認されるのはピピンの時代であるが，その最初の宮廷礼拝堂司祭長になったのが，フルラートである[23]。フルラートはマース川やモーゼル川流域に所領を持つ貴族の家柄に生まれた。彼はおそらく若い時から宮廷にあって，宮廷礼拝堂[24]の聖職者になった。彼は748年以降，前任者であるアマルベルトの死後，サン・ドニ修道院長に任ぜられた[25]。ピピンの信任は厚く，ローマ教皇への使者にも選ばれた。

油礼の関連性をむしろ指摘している。
　21）　Vgl. Levillain, Avènement, S. 227-228.
　22）　Fleckenstein, Hofkapelle, S. 45.
　23）　Josef Fleckenstein, Fulrad von Saint-Denis und der fränkische Ausgriff in den süddeutschen Raum, in: G. Tellenbach (Hg.), Studien und Vorarbeiten zur Geschichte des großfränkischen und frühdeutschen Adels (Forschungen zur oberrheinischen Landesgeschichte 4); ders., Hofkapelle, S. 45-49; Stoclet, Autour de Fulrad.
　24）　宮廷礼拝堂（Hofkapelle）というのは，以下に説明するような組織である。カロリング家はかなり以前から一群の聖職者を直接従えていた。本来，彼らの主たる職務は，非常に重要な聖遺物である聖マルティヌスのマント（*cappa*）を護持することにあり，それゆえ，時代とともにこれらの聖職者は *cappellani* と呼ばれるようになった。カロリング家の権力の掌握ととともに，これらの聖職者の職務も拡大するようになった。重要なのは，書記としての職務である。メロヴィング期には，俗人貴族が書記をつとめてきたが，いまや聖職者が書記の任務にあたることとなった。教会の用語や表現に熟知した聖職者たちが，宮廷の文書作成実務を担うことになった。実際の文書の作成にあたって，単なる技術面のみならず，内容面においても，これらの聖職者が大きく関わっていたことは容易に想像できる。ピピンの時代までは，宮廷礼拝堂聖職者の集団は，おそらく組織としてはなお十分確立されてはいなかった。ピピンは国王即位後，この集団を組織化し，この一群の聖職者の長を任命することにした。そして最初の宮廷礼拝堂司祭長に任命されたのが，フルラートであった。
　25）　Vgl. Semmler, Dynastiewechsel, S. 12.

教皇ザカリアスは，フルラートをピピンの *consiliarius* と呼んでいる[26]。一方，ヴュルツブルク司教ブルヒャルトはアングロ・サクソン人であり，ボニファティウスの弟子であった。王朝交替の理論的な枠組と政治プロセスを考え出したのは，おそらく，ボニファティウスの直接的，あるいは間接的な影響を受けた，これらの聖職者であった[27]。

フランク王権とローマ教皇座の新たな関係

　751年の王朝交替に際して，両者の接近が明白になった[28]とはいえ，この時点においては，フランク王権とローマ教皇座の間に一種の軍事同盟のようなものが締結されたわけではけっしてなかった。それゆえ，751年以降もランゴバルトと教皇座の間の緊張関係は変わらなかったにもかかわらず，ピピンのイタリア遠征はただちには実現しなかったのである。
　しかし，ローマ教皇は，ピピンの軍事的援助を切望していた。教皇はピピンに直接会って事態を打開しようと試みた。752年の3月にステファヌス2世がザカリアスに代わって教皇となったが，アイストゥルフは攻勢を続け，ローマを支配下に置こうと試みていた[29]。
　ステファヌスは753年に密かに使者をピピンのもとに送り，フランク王国を訪れたいので，ついては護衛の者を派遣してほしいと要請した[30]。密使が到着すると，ピピンは修道院長ドロクテガングをローマ教皇のもとに派遣した。『教皇列伝』によれば，ピピンの親書は，教皇の希望をすべて

---

26) CC Nr. 6, S. 488f.
27) 使者には選ばれなかったが，後に重要な役割を演じるメッス司教クロデガングも，こうした聖職者のひとりとして挙げることができるだろう。クロデガングは，カール・マルテルの宮廷で少年期を過ごし，742年に，カロリング家の祖先のひとりであるアルヌルフがかつてこの地の司教であった，重要な司教座，メッスの司教になった。彼は753年から翌年にかけてのローマ教皇ステファヌス2世のフランク王国訪問において，重要な役割を演じていた。そして，ボニファティウスの死後，フランク王国唯一の大司教となった。彼については，特にエーヴィヒの次の二つの論文を参照。Ewig, Saint Chrodegang; ders., Chrodegang von Metz; vgl. Stoclet, Autour de Fulrad, S. 454-462.
28) Vgl. Hauck, Spätantike Randkultur, S. 76.
29) Vgl. Jarnut, Quierzy und Rom, S. 271.
30) LP 1, S. 444.

満たすものであった[31]。ステファヌスはドロクテガングに二通の書簡を託した。一通はピピンに宛てたものだが[32]，もう一通はフランク王国の貴族たちに宛てたものであった[33]。特に後者の書簡は重要である。まず第一に，当時のフランク王国の政治はひとりピピンの決断によって動くものではなく，貴族たちの動向が政治の重要な鍵を握っていたことを，ローマ教皇がよく理解していたことを示している。第二の注目すべき点は，ローマ教皇がMGH版でわずか25行のこの書簡のなかで，6度も聖ペトロの名をあげ，聖ペトロと教皇座のつながりをフランク人貴族に想起させ，彼らの宗教感情に訴えて，行動を起こさせようとしていることである[34]。ローマ教皇は述べている。「フランク人が全力を挙げて，汝らの守護者である聖ペトロと教会の安寧のために尽力してくれることを望んでいる。この争いで立派な役割を果たす者は，永遠の救済を得るであろう」[35]。

　ピピンはローマ教皇のフランク王国訪問を実現させるために，メッス司教クロデガングと，岳父である大公アウトカールをローマに派遣した。753年の10月14日，ローマ教皇ステファヌス2世はローマを出立した[36]。その途中，ローマ教皇はランゴバルト王国の首都パヴィアを訪れ，ランゴバルト王アイストゥルフと和平交渉を試みたが，交渉は不調に終わった。教皇はついにアルプス越えを決断し，11月15日にパヴィアを去った。教皇は大サンベルナール峠を越えた。サン・モーリス・ダゴン修道院で，ステファヌスはピピンの命により教皇を出迎えるために待機していたサン・ドニ修道院長フルラートと大公ロタルトと会った[37]。教皇到着の知らせはただちにティオンヴィル（ディーデンホーフェン）の宮廷のピピンのもとに届けられた。ピピンは王子カール（後のカール大帝）を差し向けた[38]。そ

---

31) LP 1, S. 444.
32) CC Nr. 4, S. 487.
33) CC Nr. 5, S. 487-488. 差出人と受取人を記した部分では，次のように表現されている。*STEPHANUS EPISOCOPUS, SERVUS SERVORUM DEI, VIRIS GLORIOSIS NOSTRISQUE, OMNIBUS DUCIBUS GENTIS FRANCORUM*. ピピンの時代の国王と貴族の関係については，一般に以下の文献を参照。Affeldt, Mitwirkung, S. 404-23.
34) Noble, Republic of St. Peter, S. 76.
35) CC. Nr. 5, S. 488; vgl. Hauck, Spätantike Randkultur, S. 76.
36) LP 1, S. 445.
37) LP 1, S. 447.
38) Cont. Fred. c. 36, S. 300.

して，754年の1月6日（キリストの公現の日），ローマ教皇とフランク国王の会見がポンティオンで実現した[39]。これはローマ教皇とフランク王の最初の会見であるが，この席上，ローマ教皇は，ラヴェンナ総督領と「ローマ人の国家」の権利と領土の回復を「涙ながらに」ピピンに懇願したという[40]。このポンティオンの会見に関する史料はきわめて乏しく，この会見の歴史的意義については，様々な仮説を生むことになった[41]。

ローマ教皇は結局，この年の夏頃までフランク王国に滞在し，この間の外交交渉は，ピピンとローマ教皇の間に新しい関係を生み出したのである。

キエルジ会議と「教皇領寄進の約束」

ローマ教皇は春が来るまでサン・ドニ修道院に滞在することになった。ピピンは，教皇の要請を受けて，ランゴバルト王アイストゥルフのもとに使者を送り，譲歩を迫った。しかし，ランゴバルト王はピピンの仲介を拒否し，交渉は決裂した。ピピンは，そこでついにイタリア遠征を決意し，同年3月にソワソン近郊で王国会議を開催し，イタリア遠征を正式に決議しようと試みた。しかし，この計画は失敗した。ローマ教皇への急激な接近を快く思わない貴族がこの計画に抵抗したのである[42]。この事実は，ランゴバルトに対する軍事行動が，従来の外交政策の大きな転換を意味するものであったことを物語っている。すでに指摘したように，ローマ教皇は

---

39) LP 1, S. 447.

40) LP 1, S. 448; vgl. Jarnut, Quierzy und Rome, S. 273. ここで，『教皇列伝』は「ローマ人の国家」(*res publica Romanorum*) や「国家」(*res publica*) という表現を用いている。「ローマ人の国家」，「国家」は，明らかにローマ教皇の支配領域を指している。これについては，Noble, Republic of St. Peter, S. 94ff. および Delogu, Papacy, S. 214f. 参照。『続フレデガリウス年代記』でも，ローマ教皇領は，「国家」(*res publica*) と呼ばれている (Cont. Fred. c. 37, S. 304)。教皇領を「国家」と表現することが，フランク宮廷でも受け入れられていたことが想像される。

41) Haller, Karolinger, S. 38-76; Caspar, Pippin und die römische Kirche; Brackmann, Pippin, S. 400; E. Eichmann, Die römische Eide der deutschen Könige, ZRG KA 6 (1916), bes. S. 143ff.; K. Heldmann, Kommendation und Königsschutz im Vertrage von Ponthion, MIÖG 38 (1920), S. 541-70; Schramm, Versprechen, S. 150ff.; Fritze, Papst, S. 63ff.; Jarnut, Quierzy und Rom, S. 272ff.; Angenendt, Geistliches Bündnis, S. 40-57; Noble, Republic of St. Peter, S. 257ff.

42) Einhard, Vita Karoli, c. 6.

ランゴバルトをキリスト教に対する敵とみなし，ランゴバルトに対する戦争を「聖戦」と位置づけることで，フランク宮廷の決断を促してきた。だが，こうしたレトリックにもかかわらず，カール・マルテルが動かなかったことはすでに述べたとおりである。フランク宮廷も，ランゴバルト王とローマ教皇の争いが，宗教戦争ではなく，支配権をめぐる争いにすぎないことを熟知していた。こうした宗教的なプロパガンダ自体は，多少の効果はあったかもしれない。しかし，結局のところ，外交政策の転換を促す決定打とはならなかった。

　ピピンは4月14日の復活祭の日に再度キエルジで会議を開いた[43]。そして，この会議でようやくピピンのイタリア遠征が決定される運びとなり，ピピンは史上名高い「教皇領寄進の確約」(*promissio donationis*) を行った。すでにポンティオンで一般的な形で両者の合意が成立していたが，キエルジにおいて，この確約は正式に文書に書かれたのである。残念ながら，文書自体は伝承されておらず，文書の内容は，『教皇列伝』のなかに書き留められているだけである[44]。

　『教皇列伝』の記述にしたがえば，774年にカール（大帝）が754年のキエルジの確約を再度，確認したことになっているが，この確約で合意されたといわれる，教皇に譲渡されるはずの領土は，驚愕するほど広大であった。この領土は，コルシカ島を含み，ルニから，ソリアーノ，モンテ・バルノ，パルマ，レッジオ，マントヴァ，モンセリーチェにいたる地域，そしてペンタポリス，イストリア，ヴェネツィアを含む旧ラヴェンナ総督領，さらにはスポレト公領とベネヴェント公領を含んでいた[45]。この範囲はあまりに広大であり，かつ，少なくとも，この時点では，確約できるようなものではなかったから，ピピンがキエルジで本当にこれほど広範囲にわた

---

43) BM 74.

44) LP 1, S. 498. 775年にハドリアヌスがカール（大帝）に宛てた書簡のなかでも，ピピンが教皇座に対して行った約束のことが述べられている。CC Nr. 55, S. 579: *Cunctaque perficere et adimplere dignemini, quae sanctae memoriae genitor vester, domnus Pippinus rex, beato Petro una vobiscum pollicitus...*

45) LP 1, S. 498. これらの地名に関しては，Davis, Lives, S. 141f. mit Anm. 63-68 参照。ここで挙げられている教皇領の範囲のベースとなっているのは，いわゆる「ルーニ＝モンセリーチェ線」である。この境界は598年と640年の間にローマ教皇とランゴバルトの間で結ばれた和約に基づいていると推定されている。巻末地図3参照。

る領土の教皇への譲渡を確約したのかという疑問が当然生じてくる。実際，ピピンも，そしてカールも，ローマ教皇の要求をすべてにわたって認めたわけではなかった。そこで，特に19世紀以降，実に多くの研究が行われ，様々な解釈が生まれてきた[46]。『教皇列伝』の作者が主張するような文書は実際には作成されず，ピピンはキエルジでごく一般的な確約を行っただけであるとする見解がある一方で，文書自体は作成されたが，その内容は『教皇列伝』の作者によって改竄されたのだとする見解もある。いずれにせよ，ローマ教皇座が，領土の拡張に大きな関心を抱いていたことは確かである。そして，おそらく，ここで述べられているのは，もっともうまくいった場合の，「望ましい教皇領の広がり」であったといってよかろう[47]。

ところで，この「確約」の歴史的意義について，カール・ハウクがカール・エルトマンの見解を特に引き合いに出しながら展開している主張は，本論のテーマと大きく関わっているので，議論を紹介しておく。

エルトマンは有名な書物『十字軍思想の成立』の中で，ピピンと教皇座との同盟関係の成立にも言及し，次のように述べていた。十字軍思想の成立のために重要な二つの変化が1000年より前に生じた。それは，国家のキリスト教化と異教徒に対する教会の保護という思想である。国家のキリスト教化はすでにローマ帝国において始まっていたが，画期をなすのが，ピピンと教皇座の同盟関係の樹立である。この同盟によって，ピピンは教皇座のために戦争を遂行した[48]。しかし，こうした戦争は条件付でのみ聖戦と呼ぶことができる。

---

46) 主要な参考文献として以下のものを挙げておきたい。Paul Scheffer-Boichorst, Pippins und Karls des Großen Schenkungsversprechen. Ein Beitrag zur Kritik der Vita Hadriani, MIÖG 5 (1884), S. 194-197; Paul Kehr, Die sogenannte karolingische Schenkung von 774, HZ 70 (1893), S. 391-98; Adolf Schaube, Zur Verständigung über das Schenkungsversprechen von Kiersy und Rom, HZ 72 (1894), S. 199-203; Ernst Sackur, Die Promissio Pippins vom Jahre 754 und ihre Erneuerung durch Karl den Großen, MIÖG 16 (1895), S. 387; Th. Lindner, Die sogenannten Schenkungen Pippins, Karl den Großen und Ottos I. an die Päpste, Stuttgart 1896, S. 21ff.; Haller, Karolinger, S. 25ff.; Caspar, Pippin, S. 10ff.; Brackmann, Pippin; Levison, Pippin; Schramm, Versprechen; Lintzel, Codex Carolinus; Ewig, Zeitalter Karls des Großen, S. 24; Ullmann, Papal Government, S. 56; Jarnut, Quierzy und Rom, S. 275-284; Classen, Karl der Große, S. 20; Noble, Republic of St. Peter, S. 83-86.

47) Vgl. Noble, Republic of St. Peter, S. 86.

48) Erdmann, Entstehung, S. 19.

というのは，カロリング期にあっては宗教は独自の動機とはなりえず，宗教は国家の添え物にすぎなかったからである。国家の権力闘争こそが決定的であった[49]。

　これに対して，ハウクは，キエルジの「確約」で頂点を迎える一連の出来事に，このような留保をつけることは妥当ではないと主張する[50]。ハウクは，『教皇列伝』や『コーデックス・カロリーヌス』を引用しながら，ピピンとフランク人は聖ペトロのための戦いが神の御心に叶うものだという観念を受け入れており，宗教的な動機こそがキエルジの「確約」の核心であったと主張している[51]。

　たしかに，747年の信仰の一体性の表明にみられるように[52]，ローマもフランクも，ともにラテン的キリスト教世界に属し，また，ローマ教皇座がこのキリスト教世界の中心に位置することは，フランク宮廷において，すでに十分に認識されていた。この時代のフランク宮廷においても，宗教は「国家」の単なる付属物ではなく，むしろ重要な構成要素であった。ローマ教皇が，すでに根付きつつあった共属意識に訴えることによって，フランク人からの軍事援助を得ようと試みたことはまちがいない。ローマ教皇はランゴバルトに対する戦いが「聖戦」であるとフランク人に理解させようとし，また，この試みは結果的に成功を収めたのである。この点で，ハウクの主張は首肯されるべきであろう。しかし，同時に，ピピンのイタリア遠征にはなお強硬な反対勢力があったことを忘れてはならない。ローマ教皇が聖戦の必要性を訴えたからといって，ただちにフランク宮廷がイタリア出兵を決意できるような状況にはなかったことにも留意しなくてはならない。

---

　49) Erdmann, Entstehung, S. 20.
　50) Hauck, Spätantike Randkultur, S. 78f.
　51) LP 1, S. 449: *rex professus est decertari pro causa sanctae Dei ecclesiae sicut pridem... beatissimo spoponderat pontifici.*; CC Nr. 3, S. 479: *ad implorandam divinam potentiam et caelitus victoriam tribuendam adversus paganas et infideles gentes propugnatoribus vestris*; CC Nr. 7, S. 491: *nomen enim bonum est: totis viribus ad exaltionem sanctae Dei ecclesiae, per quam et salus chrostianorum existit, decertare.*
　52) 第1章注96参照。

第 2 章　新しい王朝と教皇座　　　　　　　　　　　　　　　　61

塗油式と *compaternitas*

　ところで，このピピンとローマ教皇の間の蜜月は，修道士としてモンテ・カッシーノに隠棲していたカールマンの政治的な役割を再浮上させることになった。カールマンが修道士になる決意を固め，イタリアに赴いたとき，彼の修道士誓願を受けたのはローマ教皇であり，その後で，彼はローマ近郊の修道院に入ったのであった。カールマンはボニファティウスの感化を受け，ローマ教皇に対する強い崇敬の念をもつようになったために，こうした形で修道士になる道を選んだように思われる。しかし，おそらくその後のローマ教皇の政治的方針は，カールマンを幻滅させることになった。というのは，ローマ教皇は自分の息子たちに政治的権利を認めようとしなかったピピンの国王即位に決定的な役割を演じ，ピピンとの関係を深めていったからである。このようなローマ教皇の変節がカールマンをローマから離反させる要因になったように思われる。カールマンが新たな滞在地に選んだのは，ランゴバルトの勢力範囲内にあったモンテ・カッシーノであった。こうして，カールマンはランゴバルトの対フランク戦略の持ち駒のひとつとなった。危機感を抱いたランゴバルト王アイストゥルフは，ピピンの最後通牒を拒否した後，カールマンを利用し，フランク王国内に混乱を引き起こそうとした。カールマンもこの計略に応じた。カールマンは修道院を離れ，フランク王国に向かった[53]。しかし，彼は捕らえられ，ヴィエンヌで翌年に死んだ。また，カールマンの二人の息子も修道院に送られた[54]。サン・ドニに滞在中のローマ教皇が754年の7月28日にピピンを再度塗油した背景には，このような政治問題があった。ピピンは，再度自分の統治権を示す必要を感じた。そのために，再度の塗油礼の挙行が案出されたように思われる。今度は，751年の場合と異なって，ピピンだけでなく，王妃ベルトラーダと二人の王子にも塗油が行われた[55]。サン・ド

---

53)　Tangl, Sendung, S. 16ff.; Kasten, Königssöhne und Königsherrschaft, S. 126.
54)　ARF a. 755, S. 12.
55)　『王国年代記』（ARF a. 754, S. 12）はこの出来事を端的に次のように述べている。
Supradictus apostolicus Stephanus confurmavit Pippinum unctione sancta in regem et cum eo

ニの修道士が記したといわれる『ピピン塗油記』は，ローマ教皇が次のように述べたと伝えている。「敬虔なる神が高め，聖なる使徒たちの仲立ちにより，使徒の代理人である聖なる教皇が認め，祝福した君主たちの血を引く者以外の者を王に選んではならない。さもなければ，聖務停止もしくは破門に処せられることであろう」[56]。ローマ教皇は，ピピンと王妃，そして王子たちだけを聖別することにより，カロリング家でも特にピピンとその子孫だけが神によってフランクの王に選ばれたのだと宣言し，カールマンの子孫には王位は認められないことを明白にしたのである。こうして，ローマ教皇は751年に引き続いて，自らの宗教的権威を用いてピピンの王権を正統化し，ピピンの政治的基盤の強化に寄与したのである。

　この塗油式の提案を行ったのは，ローマ教皇であろう。ローマ教皇は『コーデックス・カロリーヌス』に含まれる何通かの書簡において，この塗油式に言及しており，ローマ教皇がこの塗油を重視していたことは明らかである。たとえば，ステファヌスが755年にピピンと王子たちに宛てて書いた書簡のなかに，「あなた方に油を塗った使徒たちの指導者ペテロによって」[57]という表現があるが，これらの書簡での塗油式が751年の即位式ではなく，754年の塗油式を指していることは明白である。というのは，751年で塗油を受けたのはピピンだけであり，カールとカールマンが塗油を受けたのは754年だからである。『コーデックス・カロリーヌス』に含まれる，ローマ教皇のピピン宛のすべての書簡の宛名表記は，ほとんど，すべて *domino exellentissimo filio et nostro spiritali compatri, Pippino regi*

---

inunxit duos filios eius, domnum Carolum et Carlomannum, in regibus.

56) Clausula de unctione Pippini regis, S. 2. この文書については，1920年代の一連の論文において，M. Buchner が偽書の疑いをかけた。しかし，現在にいたるまで真正説が一般的な見解である（ただし，Haselbach, Aufstieg und Herrschaft, S. 193-200）。この文書の史料的価値については，Affeldt, Königserhebung Pippins, S. 103-109 参照。Alain J. Stoclet の二本の論文，Clausula, mises au point と Clausula, vint ans après は，この問題に関する最も包括的な研究である。前者の論文の2頁から3頁にかけて MGH 版よりすぐれた校訂テキストがある。この史料は，今日，二つの写本で伝承されているにすぎない。ブリュッセル国立図書館本（ms. 7666-71）とシュトゥットガルト州立図書館本（Theol. Fol. 188）である。いずれの写本においても，トゥールのグレゴリウスの『奇跡伝』（Libri VIII Miraculorum）の後に書かれている。おそらく，サン・ドニ修道院に伝わる伝承にもとづいて，『ピピン塗油記』は9世紀前半に書き留められた。Wolfram, Intitulatio I, S. 227 では，この史料は767年に書かれたとされているが思い違いであろう。

57) CC Nr. 6, S. 489: *per beatum Petrum principem apostorum, qui vos in reges unxit, ...*

第 2 章　新しい王朝と教皇座

Francorum et patricio であり，本文中でも，ローマ教皇はピピンのことを度々，*spiritalis compater* と呼んでいるが，この表現はおそらく，この754年の塗油によって結ばれた，カロリング家とローマ教皇との間の霊的親族関係に由来する。これについては，アンゲネントによる詳細な検討があるが[58]，彼の見解によれば，このとき，王，王妃，王子たちに施された儀式は，ローマ式典礼における堅信礼としての性格をもった。それゆえ，二人の王子たちとローマ教皇との間に，霊的な父子関係が生じ，ピピンとローマ教皇が，実父と代父の関係になったというのである。このような堅信礼は，ガリア式典礼では知られていない。ローマ教皇はローマ式典礼をガリアにも導入する好機ととらえたのかもしれない[59]。アンゲネントは，東ローマ＝ビザンツ帝国の「王たちの家族」に関するデルガーの研究[60]に触発されつつ，カロリング朝初期において，ローマ教皇が宗教的な親族関係（代父・代子関係）を梃子として，両者の間の強固な信頼関係を作り上げようと努めた過程を検討しようと試みている。この754年に行われた典礼も，ローマ教皇が宗教的な手段を駆使して自分に有利な政治状況を生み出そうと努めたことを如実に物語っている。

　実際，この典礼が聖職者たちに強烈な印象を残したことは，すでに引用した，サン・ドニの修道士が書いた『ピピン塗油記』から，うかがい知ることができる。『王国年代記』も，この塗油を記述している[61]。それに対して，『続フレデガリウス年代記』では黙殺されている。『続フレデガリウス年代記』を記述した俗人であるニーベルングには，この塗油式はローマ教皇が行った典礼のひとつとしか映らなかったのであろう。

　58）　Angenendt, Geistliches Bündnis: Vgl. Noble, Republic of St. Peter, S. 270 mit Anm. 65.

　59）　Vgl. Semmler, Dynastiewechsel, S. 48.

　60）　F. Dölger, Die Familie der Könige, in: ders., Byzanz und die europäische Staatswelt, Darmstadt 1964, S. 34-69. なお，このデルガーの研究にもとづいた渡辺金一の考察は，ローマ教皇とフランク王の関係を考える場合にも参考になる。渡辺金一『中世ローマ帝国』岩波新書，1980年，56-72頁。

　61）　ARF a. 754, S. 12; vgl. AQE a. 754, S. 13.

「ローマ人のパトリキウス」の問題

　ステファヌスは，フランク王権をローマ教皇座に結びつけるために，自分とフランク王家のあいだに霊的な親族関係を作るだけでは満足しなかった。彼は，ピピンに「ローマ人のパトリキウス」という称号を授けることで[62]，ローマに対する保護義務を常に思い起こさせようとした。その後，ローマ教皇はほとんど常にフランク王を「ローマ人のパトリキウス」と呼んだ。ところが不思議なことに，ピピンは「ローマ人のパトリキウス」を自分の称号の中に取り入れることはなかった。

　この称号は多くの研究の対象となり[63]，西欧中世史家とビザンツ学者の双方を巻き込み，多岐にわたる議論が展開されてきた。主な争点は次の二点である[64]。

　62）『ピピン塗油記』Clausula de unctione Pippini regis, S. 3, Z. 13-16: *Postea per manus eiusdemque Stephani pontificis ... in regem et patricium una cum predictis filiis Carolo et Carlomanno, in nomine sanctae Trinitatis unctus et benedictus est.* その他に『モワサック年代記』と『メッス年代記』でも，この称号のことが記されている。Chronicon Moissiacense, S. 293: *Stephanus autem papa ipsum piissimum principem Pippinum regem Francorum ac patricium Romanorum oleo unctionis perunxit secundum morem maiorum unctione sacra, filiosque eius duos felici successione Carolum et Carlomannum eodem coronavit honore*; AMP a. 754 S. 45f.: *Ordinavitque secundum morem maiorum unctione sacra Pippinum piissimum principem Francis in regem et patricium Romanorum et filios eius duos felici successione Carolum et Carlomannum, eodem coronavit honore.* 一見して明らかなように，『モワサック年代記』と『メッス年代記』の表現は酷似している。いずれの史料においても，この称号の授与がこのときに行われたとは，はっきりとは記されていない。しかし，755年のローマ教皇のフランク王宛の書簡においてすでに，この称号が用いられていることを思えば，サン・ドニで，教皇がこの称号を今後ピピンとその王子たちに対して用いることを宣言したという通説は，妥当なものといえるだろう。

　63）Ganshof, Patricius Romanorum; H. Dannenbauer, Das römische Reich und der Westen vom Tode Justinians bis zum Tode Karls des Großen, in: Ders., Grundlagen der mittelalterlichen Welt, Stuttgart 1958, S. 44-94, bes. S. 65-78; Dölger, Besprechung der Arbeit von F. Ganshof, Byzantinische Zeitschrift 45 (1952), S. 187-190; Ohnsorge, Patricius-Titel Karls des Großen; Deér, Zum Patricius-Romanorum-Titel; Classen, Karl der Große, S. 21-22; Schramm, Karl der Große als König, S. 204-206; Wolfram, Intitulatio 1, S. 225-236.

　64）「ローマ人のパトリキウス」称号をめぐる議論は，ガンスホフとデルガーの所説を中心に，渡辺金一《Patricius Romanorum》称号の解釈をめぐる論争」『一橋論叢』38-1，83-90頁において紹介されている。

第2章　新しい王朝と教皇座

　第一の争点は，754年にローマ教皇が独自の判断で称号授与を行ったのか，それとも皇帝の代理としての資格で教皇が行ったのかという問題である。ローマ教皇が独自の判断で行ったことであるという立場と，ビザンツ皇帝がピピンへの授与をローマ教皇に託したのだと考える学説が対立している[65]。

　第二の争点は，754年にパトリキウスの称号を授与されたにもかかわらず，どうしてピピンはその後自らはこの称号を用いようとしなかったのかという問題である。この点については，たとえば，オーンゾルゲは次のように解釈している。彼によれば，それには二つの理由があった。第一の理由は，パトリキウスという称号がビザンツ皇帝の代理人を意味したからである。また，第二の理由はパトリキウスという称号がフランクの宮廷用語では国王から任命される官職ないしは宮宰を意味したからである。カロリング家の者が宮宰から王になると，パトリキウスという称号はもはや意味を失ったというのである。したがって，フランク宮廷には「パトリキウス」という称号を用いることに大きな抵抗感があったという。それゆえ，ピピンは「パトリキウス」を自らの称号につけ加えることを避け，そのかわりに，754年以降はローマと教皇に対する好意的な態度を明確にするために，*defensor ecclesiae* と称するようになったとする[66]。これに対してドゥエはその理由を政治事情に求める。754年頃には，ピピンのイタリア遠征に反対する勢力があったのは周知の事実だが，これらの親ランゴバルト勢力がフランク宮廷にあったために，「パトリキウス」を用いるのをピピンは避けようとしたというのである[67]。

　この二つの争点の解明を軸に，主にフランク宮廷の視点にたって，「パトリキウス」問題を検討したい。

　まず，パトリキウスというコンスタンティヌス大帝期まで遡る称号は，真の意味の官職ではなく，名誉的な称号にすぎなかったことを確認しておく必要がある。パトリキウスという称号は，特定の官職を与えられていない者や，外国の王や将軍たちにも与えることができた[68]。これは，おそら

---

65) Vgl. Classen, Karl der Große, S. 21 mit Anm. 61.
66) Ohnsorge, Patricius-Titel Karls des Großen, S. 303.
67) Deér, Patricius-Romanorum-Titel, S. 263.
68) W. Ensslin, Der konstantinische Patriziat und seine Bedeutung im 4. Jahrhundert,

く，その後のビザンツにも受け継がれた。『ユスティニアヌス法典』（VII, 62, 38）の表現を借りれば，「パトリキウス」は，官職（*magistratus*）ではなく，位階（*dignitas*）であった[69]。だから，重要な官職であるラヴェンナの総督が一般に「パトリキウス」の称号を帯びていたとしても，驚くにはあたらない。7世紀および8世紀前半の『教皇列伝』において，ラヴェンナの総督が概して *patricius et exarchus* と呼ばれているのは，おそらく，このような事情を反映している。また，シチリア島の *strategus* であったセルギウスという人物も，『教皇列伝』においてパトリキウスと呼ばれている[70]。さらに，ローマの *dux* もしばしばパトリキウスと呼ばれており，たとえば，8世紀前半の『教皇列伝』では，Stephanusという名のローマの *dux* がパトリキウスと呼ばれている[71]。

ローマ教皇が，パトリキウスを本来皇帝が付与すべき称号であると理解していたことはまちがいない。それでは，ローマ教皇は，「ローマ人のパトリキウス」という称号をコンスタンティノープルの皇帝の代理人として，ピピンに付与したという結論を導くべきなのであろうか。

私は，そういう結論には賛同しない。むしろ，ローマ教皇は独自の判断で「ローマ人のパトリキウス」という称号をピピンに授与したと考える。その理由は二つある。

まず，第一は750年頃の政治状況である。ローマ教皇とランゴバルトの対立関係は緊張度を増していた。752年に教皇になったステファヌス2世は，ラヴェンナをすでに占拠していたランゴバルト王アイストゥルフと政治的妥協を計るべく努力していたが，その努力は実を結ばなかった。751年のピピンの国王即位を契機に，フランク王との関係は親密になっていたものの，軍事同盟が結ばれていたわけではなく，援軍を要請する道はなお閉ざされていた[72]。それゆえ，当面，ステファヌスは，ビザンツ皇帝を唯

---

in: Annuaire de l'Institut de Philologie et d'Histoire Orientales 2 (1933-34), S. 361-376; Heil, Konstantinischer Patriziat; Deér, Patricius-Romanorum-Titel, S. 278; vgl. Ders., Praxis der Verleihung, S. 7f. mit Anm. 3.

69) Ganshof, Patricius Romanorum, S. 265.
70) LP 1, S. 416.
71) LP 1, S. 426.
72) Noble, Republic of St. Peter, S. 72.

一の軍事的な援助者として期待せざるをえなかった。事実,『教皇列伝』によれば,教皇は繰り返し皇帝に援助を要請していた[73]。752年の秋には,皇帝コンスタンティノス5世の使者が教皇のもとを訪れた。使者は,奪われた領土の返還をランゴバルト王アイストゥルフに要求すべしと書かれた皇帝の親書を携えていた[74]。ステファヌスは皇帝の意向に沿うべく行動したが,事態は好転せず,皇帝に対して「悪の息子の歯」から,ローマとイタリア全土を解放してくれるように懇願した[75]。すなわち,ローマ教皇は,なお,ビザンツ皇帝との関係を保っており,少なくとも形式的には,自分の領土が帝国の一部であることを承認してはいた。また,そうすることで,いかに望みが薄いとはいえ,皇帝からの軍事的援助を期待してはいた。しかし,同時に,皇帝との距離も明確になっている。聖画像論争は,両者の関係の悪化を決定的づけた。この時期,ローマ教皇は皇帝に対して聖画像崇敬の復活を求める書簡を書いている[76]。皇帝は頼りにならないばかりか,正統信仰さえ,擁護していない。これが,おそらく教皇座の考えであった。事実,皇帝は何の具体的なアクションもおこさなかった。ローマ教皇はこのような状況にあったからこそ,最後の頼みの綱として,一種の外交革命を決断して,ピピンに望みを託さざるをえなかったのである。このような状況にあったローマ教皇が,コンスタンティノープルの皇帝の許可をわざわざ取って,もしくは皇帝の命を受けて,フランク王ピピンに「ローマ人のパトリキウス」の称号を授与した,と考えられようか[77]。

　第二の理由は,「ローマ人のパトリキウス」という称号が新たに創作された称号であったということである。このようなタイトルは,従来の史料に一切みられない。すでに述べたように,「パトリキウス」は伝統的な称号であったが,「ローマ人のパトリキウス」という称号は存在しなかった。つまり,これは新しく創出された称号なのである。教皇および教皇に近い人々が,この称号を考え出したと想像せざるをえない。皇帝が,なぜ,このようなタイトルを創案する必要があるだろうか。あるいは,ローマ教皇

---

73) LP 1, S. 442.
74) LP 1, S. 442.
75) LP 1, S. 442.
76) Jaffé Nr. 2308.
77) Noble, Republic of St. Peter, S. 279 mit Anm. 3.

がこの称号を発案したとして，なぜ，この新しい称号のピピンへの授与の許可をコンスタンティノープルに問い合わせる必要があるだろうか。しかも，もし皇帝にその許可を求めたとすれば，ローマ教皇がフランク王国に滞在しているときに，皇帝に許可をもとめる書簡を送ったことになってしまう。

　以上の二点から，ローマ教皇が独自の判断で「ローマ人のパトリキウス」という称号をピピンに授与したと考えるべきであると思われる。

　では，なぜ，ローマ教皇はこのような称号をピピンに授与したのであろうか。

　それは，なお苦境にあったローマ教皇が，キエルジで，イタリア遠征を決定し，「教皇領寄進の確約」を行ったピピンの労に報いるとともに，ピピンを持続的にイタリア問題に介入させるために，何らかの称号の付与が有効な手段となりうると考えたからではないだろうか。この点に関して，ノーブルは次のように述べている。「サン・ドニで 7 月にステファヌスは教皇領のためにピピンがなした尽力と介入に報いた。かれはピピン，王妃，そして王子たちを聖別し，塗油した。また，ピピンと王子たちに *patricius Romanorum* の称号を与えた。これは，ピピンが教皇座を擁護する義務を引き受けたことに対して，法的な資格を作り出すために計画されたものである」[78]。749 年にクーデターを起こして，兄弟ラトキスから王位を簒奪したアイストゥルフは，攻撃的な王であり，ラヴェンナや他の総督領を占領しただけではなく，自分は「ローマ人の王」であると宣言し，ローマに対する支配権も公然と要求した。実際，彼はローマの住民に貢納を要求するだけではなく，裁判権も行使しようとした。おそらく，それに対して，ローマ教皇は，フランク王を「ローマ人のパトリキウス」と呼ぶことで，ローマがフランクの保護下にあることを示そうとしたように思われる。もちろん，このタイトルに実質的な内容はない。タイトル授与の重要な目的は，ローマがフランク王の影響下にあることを示すことで，フランク王に対してさらなる積極的な介入を促すとともに，アイストゥルフの支配要求を挫くことであった。

　フランク宮廷において，「パトリキウス」というのは，すでに馴染みの

---

78) Noble, Republic of St. Peter, S. 87; vgl. S. 279.

ある称号であった。パトリキウスという言葉は，8世紀以前のフランク宮廷では，一般に二つの意味で用いられていた。このことは，特に『フレデガリウス年代記』の用例から知られる。この称号が古代末期に皇帝が地域の軍指揮者に与えたタイトルであることは，フランク宮廷でも知られていた。しかし，同時にこの語にはもっと広い意味があった。それは，皇帝ないしは王によって一定の地域の管轄を委ねられた者という意味である。宮宰が7世紀においてしばしばパトリキウスと呼ばれたのも，パトリキウスという語が，王もしくは皇帝の重要な家臣という意味に幅広く用いられていたという従来からの語法の延長線上にある[79]。このことから，フランク宮廷にあっては，パトリキウスという呼称は幅広く統治代理人を意味する言葉であったことが推測される。

　おそらく，ローマ教皇は，フランク宮廷での「パトリキウス」のこのような意味を知っていた。すでに，724年の書簡のなかで，ローマ教皇グレゴリウス2世は，宮宰カール・マルテルを「パトリキウス」と呼んでいるのも，このようなフランク宮廷での「パトリキウス」の意味を知ったうえのことであったように思われる[80]。ステファヌス2世も，このようなフランク宮廷の用語法を考慮に入れつつ，この肩書を考案し，ピピンに授与し，ローマ教皇座に対する功績を顕彰しようと考えたのであろう。ステファヌスとしては，これによって，ローマに対する保護権（当然義務を伴う）をフランク王に対して公的に承認しようとしたのであろう。ローマ教皇がフランク国王宛書簡の中で，常に「ローマ人のパトリキウス」の称号を用いていることを考えれば，教皇がこの称号に公的な意味を与えようとしたことは明らかである。ステファヌス2世は，『コーデックス・カロリーヌス』に含まれる，755年以降のピピン宛書簡のすべての宛名表記において，「ローマ人のパトリキウス」の肩書を付加している。そして，ステファヌスの後を継いだパウルス1世も，この肩書を忘れずに書き続けている。そのうえ，カールとカールマンに対しても「ローマ人のパトリキウス」の称号を宛名に付加し，ローマに対する保護義務を呼び起こそうとするのである[81]。

---

79) Heidrich, Titulatur und Urkunden, S. 92-98, 232, 234.
80) Bonifatius, Ep. Nr. 24: *Carolo excellentissimo filio nostro patricio.*
81) たとえば，CC. Nr. 6, Nr. 26; Nr. 33. 書簡の本文中でもカールやカールマンは「ローマ人のパトリキウス」と呼ばれている。CC Nr. 32, S. 539.

さらに，ステファヌス3世もハドリアヌス1世も，一貫してこの称号を利用し続けている。

　ところが，このような教皇の申し出に対するフランク宮廷の反応はかなり冷静なものであった。フランク宮廷は，この称号がローマに対する一般的な支配権ないしは監督権を認めるものであったことは理解していたと思われる。しかし，実際にピピンがローマの管轄を委ねられたとは思ってもみなかった。あくまでも，ローマに対する名誉的な称号であると受け取ったにちがいない。だからこそ，ピピンはけっして「ローマ人のパトリキウス」と自称することはなかったのである。『続フレデガリウス年代記』が，「パトリキウス」について黙殺していることも，当時のフランク宮廷がこの称号をさほど重要視していなかったことを示している。そもそも，この時点においては，ピピンはイタリアに足を踏み入れていない。それなのに，どうして *patricius Romanorum* という称号が，現実味を帯びて認識されるだろうか。

ピピンのイタリア遠征

　ピピンは二度目の塗油後，再びランゴバルトに使節を送り，譲歩を迫った。しかし，ピピンが戦いを望んでいなかったのは確かである。アルプスをはさんでフランク王国と接するランゴバルトは，アキタニアの場合と異なってフランク王国の脅威ではなかった。長年にわたり，両者は友好関係にあり，両者の関係は安定していた。先述のように，ピピン自身，ランゴバルト王と養子縁組を結んだ関係にあった。ローマ教皇座との関係のさらなる進展の必要性から，ピピンはやむを得ず，ランゴバルトと戦う決意を固めたが，ランゴバルトが，ピピンにとって，あまり戦いたくない相手であったことは否めない。ピピンは可能なかぎり，戦わずに外交的な手段で，この問題を解決しようと試みた。しかしこの試みは結局，失敗に終わり，755年の早春，ピピンはついにイタリア遠征に踏み切った。

　アイストゥルフはフランク軍のアルプス越えを阻止しようとしたが，果たせず，結局戦いに敗れた。アイストゥルフは首都パヴィアに逃げ込んだが，たちまちフランクの軍勢に包囲され，全面降伏を余儀なくされた[82]。

アイストゥルフは40人の人質の差し出し，3万ソリドゥスの賠償金，毎年5千ソリドゥスの支払い，ラヴェンナを含む占領地域の返還を約束した[83]。そこで，ピピンは軍を引き揚げ，フランキアに帰還した。しかし，これは空約束にすぎなかった。アイストゥルフは756年に全軍を挙げてローマを攻略する挙に出た[84]。ローマは大きな危機に直面した。ローマを救えるのは，ピピンしかいなかった。教皇はたびたび密使を派遣し，窮状を訴えた。しかし，ピピンはなかなか動かなかった。『コーデックス・カロリーヌス』に含まれている教皇ステファヌス2世の書簡からは，教皇の悲痛な声が聞こえてくる。ローマ教皇はピピンだけではなく，フランク王国の聖職者および俗人貴族に向けて援助を求めている。しかも，この手紙の差出人はステファヌスではなく，聖ペトロその人である。聖ペトロの名前で手紙を書いているのである。ステファヌスは，聖ペトロを利用する以外にフランクを動かす術を知らなかったのである[85]。そして，この書簡では，聖ペトロはピピン，カール，カールマンを自分の養子であると述べている[86]。このようにして，聖ペトロとの強い絆を思い起こさせることで，教皇はピピンの決断を求めた。

ピピンは，再びイタリア遠征を決意した。ピピン率いるフランク軍はアルプスを越え，イタリアに入り，ランゴバルト軍と交戦した。今度もまたフランク軍が勝利を収めた。しかし，不思議なことに，ピピンはランゴバルト王国の息の根を止めようとしなかった。『続フレデガリウス年代記』などが伝えるところによれば，そのようになったのは，アイストゥルフがフランクの聖俗貴族に仲介を頼み，そして貴族たちがランゴバルト王に対して寛大な処置をとるように王に進言したからであった。すでに述べたように，ピピンの王権は，王が全権力を掌握しているような強力な王権ではなかった。ピピンはたえず貴族の動向を注視しなければならなかったし，

---

82) Noble, Republic of St. Peter, S. 88-89.
83) LP 1, S. 450f.; ARF a. 755, S. 13; AMP a. 754, S. 47. もっとも詳しいのは，AMP の記述である。
84) LP 1, S. 451; Levillain, Avènement, S. 282-84; Hallenbeck, Rome under Attack, S. 190-222.
85) CC Nr. 10, S. 501-503.
86) CC Nr. 10, S. 501: *Ideoque ego, apostolus Dei Petrus, qui vos adoptivos habeo filios, ...*; vgl. S. 502: *vos, dilectissimi filii mei adoptive, ...*

彼らの意向を軽視することはできなかった[87]。ピピンは，人質の差し出し，王の財産の三分の一の引き渡し，毎年の貢納，占領地の返還をアイストゥルフに確約させることで，矛を収めた。

　ランゴバルト王権は今度も約束を守らなかった。したがって，ローマ教皇はピピンに使者を送り，ランゴバルト王に約束の履行を迫るように懇願した[88]。757年の4月にステファヌスが没し，彼の兄弟パウルス1世が新しい教皇に選出されたが[89]，教皇座とフランク王権の関係は変わらなかった。パウルスもピピンにイタリア問題への介入を引き続き要請した[90]。これに対して，ピピンはローマ教皇の同盟者として，外交的な手段を尽くしていたように思われる。ローマ教皇は，この時期にピピンが王国の東西の辺境の問題に忙殺されており，毎年のようにザクセンとアキタニアに遠征しなければならなかったことを知ってはいた[91]。758年にアイストゥルフの死後王位についたデシデリウスは，ピピンの軍事介入を招かないように，慎重に行動していた。ランゴバルトと教皇座の間には軋轢が生じることもあったが，パウルス1世が亡くなる767年まで概ね平和な状況が続いた[92]。

　その後のピピンはイタリア問題への介入を避けていたように思われる。767年の6月に教皇パウルス1世が亡くなった後に生じたローマの内紛において，ピピンは何ら積極的な役割を演じることはなかった。ただし，それでも教皇座がフランク王国との同盟関係の維持を依然として重要視していたことは確かである。たとえば，そのことは，パウルスの次のローマ教皇であるステファヌス3世が大規模な教会会議の開催を計画した際に，ピピンのもとに使者を派遣し，フランク王国の司教の参加を招請したことに表れているように思われる。この教会会議では，パウルス1世の死後に生じた混乱が収拾され，また，教皇選出に関する新たな規則が採択されたが，この会議には35名のイタリアの司教とならんで，13人ものフランク王国の

---

87) Cont. Fred. c. 38, S. 304.; AMP a. 755, S. 49.
88) CC Nr. 11.
89) CC Nr. 12.
90) CC Nr. 14.
91) CC Nr. 27, S. 531-532; Nr. 28, S. 532.
92) この頃の，イタリア情勢について，Noble, Republic of St. Peter, S. 99-112; Jarnut, Geschichte der Langobarden, S. 116f.

司教が列席したのである[93]。

教会法と典礼の分野におけるフランク・ローマ関係の進展

　このように，ランゴバルト問題を契機として，フランク王権とローマ教皇座の関係は，カール・マルテルの時代に比べると，格段の進展をみたといってよい。そして，それは，教会法と典礼の分野にもはっきりとあらわれる。
　まず，教会法について述べておきたい。
　国王登位後のピピンの治世には，知られている限り，五回の教会会議が開催されているが[94]，フランク教会が次第にローマとの関わりを深めていく様子を教会会議に関わる史料から垣間みることができる。757年のコンピエーニュ教会会議には，二人の教皇特使，オスティア司教ゲオルギウスと主計長官（sacellarius）ヨハネスが列席していた。彼らが個々の条項に意見を述べ，文言の決定に深く関わったことはまちがいない[95]。また，767年のジャンティーユ教会会議では，ビザンツと教皇座の神学論争にフランク教会が巻き込まれたことが示されている。767年の復活祭にビザンツ皇帝コンスタンティノス5世の使者が，パリ近郊のジャンティーユの王宮を訪れた[96]。ビザンツ皇帝は，聖画像論争などの神学論争でフランク教会の支持を得ようとしたのであろう[97]。おそらく，ビザンツからの接触は

　93）　Conc. 2, 1, S. 74-92; vgl. LP 1, S. 473-477. 新しくローマ教皇に選出されたばかりのステファヌス3世のもっとも重要な側近のひとり，セルギウスが教皇の招聘状をフランク宮廷に運んだ。セルギウスが宮廷に到着したのは，ピピンの死後であり，教皇の招聘状を実際に読んだのは，父ピピンを継承したカールとカールマンであった。二人はこの招聘を受諾し，支配下の司教の派遣に同意した。この教会会議は769年の4月12日に開催された。列席したのは，おもにローマ周辺の司教たちとフランクの司教であった。Hartmann, Synode, S. 84 mit Anm. 8; Böhringer, Römische Synode.
　94）　Ver 755, Verberie 756, Compiègne 757, Attigny 762, Gentilly 767 である。そのほかに少なくとも，もう一回開催された可能性があるが，これについては，議論がある。MGH Cap. I, S. 31f.; vgl. De Clercq, Législation religieuse, S. 131-133; Hartmann, Synode, S. 67f.
　95）　Decretum Compendiense (MGH Cap. 1 Nr. 15), c. 14, 16, 20, S. 38f. の中で，特に彼らの名が挙げられている。
　96）　ARF a. 767, S. 24. すでに，757年に，ビザンツはピピンに使節を送っている。皇帝からの贈り物にオルガンが含まれていたことは有名なエピソードである（ARF a. 757）。

このときが初めてのことではない。決議録は残念ながら伝承されていないが，このときフランク教会はローマ教皇の教義上の立場を支持し，東方教会の教義を斥けたものと思われる。ピピンの時代，フランク教会はすでに聖画像問題をめぐるコンスタンティノープルとローマの確執にも巻き込まれ，教皇座との連携を深めていたのである。

　典礼の分野でも，フランク教会の教皇座への接近には目を見張るものがあった[98]。のちにカール大帝は，ローマ式典礼のフランクへの導入は父ピピンの功績であり，自分は父の路線を継承したものであると明言している[99]。すでに，753年に，ピピンの側近メッス司教クロデガングは，教皇ステファヌスをフランク宮廷に迎えるためにローマを訪れた際に，ローマ式典礼を学び，メッスの教会にローマ式典礼とローマ式聖歌を導入した[100]。また，760年頃に，教皇パウルス1世は，フランクの宮廷に数々の典礼に関する手引書（*antiphonale, responsale, horologium nocturnum*）を他の書物とともに送った[101]。また，ピピンの異母兄弟であるルーアン司教レミギウスは760年にローマに行き，シメオンという名の聖歌隊の指導者を招聘している[102]。メッス司教クロデガングやレミギウスが中心となって，通例「8世紀のゲラシウス典礼書」と呼ばれる手引書が編纂されていったが，それは，大幅にローマ教皇座の典礼慣行を採り入れたものであった[103]。こうして，典礼の分野でも，ローマ教会との一体性がピピンの時代に促進されることになった。

　このように，典礼や教会法の分野でも，フランク教会とローマ教皇座の関係は，以前の時代に比べると，格段と緊密さを増したことは明らかである。もちろん，この時代には，宮廷や教会の指導部が新しい方向を示した

---

　　97)　Vgl. Hartmann, Synode, S. 81.
　　98)　ピピンの時代の典礼改革については，一般に，Vogel, Réforme，および Vogel, Échanges; Semmler, Dynastiewechsel, S. 87-96 参照。ただし，Y. ヘンによれば，従来の研究はピピンの時代の典礼改革を強調しすぎている。Hen, Royal Patronage, S. 44-55.
　　99)　『一般訓令』第80条（MGH Cap. 1, S. 61）および『一般書簡』（MGH Cap. 1, S. 80）。あるいは，『カールの書』（LC I, c. 6, S. 135f.）。
　　100)　Paulus Diaconus, Gesta ep. Mettensium, MGH SS 2, S. 260-270.
　　101)　CC Nr. 24, S. 529. Vgl. Vogel, Réforme, S. 210f.
　　102)　CC Nr. 41, S. 554.
　　103)　Vogel, Réforme, S. 186-195.

からといって，ただちにガリア式典礼や従来の教会法の伝統が捨てられたということではない[104]。しかし，典礼や教会法の分野での変化も，フランクのエリート層がローマを中心とする宗教世界の一員としての意識をますます強く抱くようになったことの現われである，と解釈することができるだろう。

新たなアイデンティティの模索？

　すでにみたように，ボニファティウスの影響を受けたフランク教会の変容は，フランク王国とローマ教皇座を接近させ，ローマ教皇座とフランク王国を重要な構成要素とする「カトリック世界」の概念を徐々に定着させていくきっかけとなった。すでにこの兆候は「ゲルマーニア教会会議」に認めることができる。カールマンは序文において自国の人々を「神の民」と呼んだ。これは教会会議の決議録における表現であり，宗教的見地が強調されるのは当然であるかもしれない。しかし，このような表現が公式文書に登場するのははじめてのことであり，このことは，カトリック世界のなかにフランク王国を位置づけようとする新しい意識の形成を示すものとして注目に値するように思われる。それゆえ，従来の研究が，「国王賛歌」などの典礼文や『サリカ法典』の序文（いわゆる「長い序文」）などを手掛かりに，この時期に，「フランク人」が新しい自己意識をもつようになったと推定するのも，理由が無いわけではない。しかし，ピピンの時期の諸史料を検討すると，実は通説的な見解は，さほど十分な根拠をもっているわけではないことがわかるのである。そこで，まず，従来の学説を簡単に紹介したのち，若干の史料を検討し，私の見解を明らかにしたい。

　まず，G. テレンバッハの見解を紹介する。テレンバッハは，1934年に発表した，今日もなお引用されることの多い，典礼史と政治理念史の架橋をはかった独創的な論文のなかで，8世紀中葉の若干の典礼史料で，「ローマ帝国」という表現が「フランク帝国」（*Francorum imperium*）に置き換えられていることを指摘した上で，次のように述べている。「このよ

---

104)　Vgl. Hen, Royal Patronage, S. 64.

うな考察により，フランク王国では普遍的な思想が民族意識という高波に完全に呑み込まれてしまったと考えることができるだろう。しかし，自分たちのことを偉大な民族であると考えるときに起こりがちなことだが，フランク人たちは，まさにそれゆえに，自分たちは普遍的な使命の担い手であるとみなし，帝国思想を継続するにいたったのである。その際，トロイア人からの共通の出自を主張したフレデガリウスのように，ローマ人に類似していることを名誉なことと感じる場合もあったし，『サリカ法典』の高名な序文に示されるように，かつての支配民族よりも，すぐれたキリスト教国を築いた勝利者として，誇らしく思う場合もあった。しかし，フランクの普遍意識は，ローマよりもむしろ，ユダヤ・キリスト教的普遍意識に結びついており，フランク人は自分たちは選ばれた神の民であり，イスラエル王国の後継者であると自任し，自分たちの君主を旧約の王と同一視し，ローマの普遍的帝国との連続性は，さほど重んじられなかった」。テレンバッハは，特に『ジェローンの典礼書』を例にあげて，キリスト教と結びついた選民思想がこの時期に定着したことを主張する[105]。

　このようなテレンバッハの見解は，通説としてその後の研究書や啓蒙書に強い影響を与えることになった。たとえば，D. バラは名著『カール大帝の時代』で，「ラテン的西方世界の諸王国のなかで，フランク人とその王たちのために与えられた例外的な地位は，この時期に，非常に異なる二種類のテキストでみられる改変に明らかである」と述べている。「非常に異なる二種類のテキスト」とは，テレンバッハが挙げた典礼史料と『サリカ法典』の序文である。そして，バラは「旧約，新約の神は，新しく選ばれた民を得た」と述べている[106]。

　また，「国王賛歌」という新しいタイプの史料を開拓した E. カントロヴィッツも，ピピンの時代にフランク人の自己認識が変化したと考える。『コーデックス・カロリーヌス』（第11番）でのローマ教皇の表現を援用

---

　　105) Tellenbach, Reichsgedanke, S. 361f. テレンバッハは『ジェローンの典礼書』を自分の論文の付録として編纂している。Tellenbach, Reichsgedanke, S. 406-410. また，Liber sacramentorum Gellonensis, hg. von A. Dumas und J. Deshusses (Corpus Christianorum 159-159A), Turnhout 1981.
　　106) Bullough, Age, S. 39; vgl. Ullmann, Carolingian Renaissance, S. 21 mit Anm. 1; Ewig, Christlicher Königsgedanke, S. 47f.

第 2 章　新しい王朝と教皇座　　　　　　　　　　　　　　　77

しつつ[107]，フランク人は，アラブ人たちに勝利を収めた後，神によって選ばれた民であると考えるようになっていたと述べている。彼によれば，「革命期の他の国民の場合と同じように，たとえば，ちょうどクロムウェルの時代のイギリス人のように，フランク人は自分たちが神の摂理による計画を遂行するように定められた，神に選ばれた民であると信じていた」[108]。

　このような通説は，はたして妥当なものであろうか。フランク人は自分たちを選ばれた神の民と考えるようになったのだろうか。

　まず，『サリカ法典』の序文（いわゆる長い序文）を取り上げよう。

　『サリカ法典』は，サリー・フランク人の法を書きとめたものである。おそらく，サリー・フランク人がローマ皇帝の許可を得て，「トクサンドリア」に定住するようになった頃の法の記憶を留めている[109]。『サリカ法典』は，サリー・フランク人のための法であるから，他のエスニック共同体の法も認めていたフランク王国にあっては，それは，狭義の「フランク人」のみに関わる法の集成であり，王国全土に適用される法ではなかった[110]。このことを念頭において，『サリカ法典』の序文の政治思想史上の意味について考える必要がある。

　周知のように，この有名な部族法典は何度か編纂されている[111]。フランク人の間に口承によって伝えられてきた慣習法を最初に書き留めさせたのは，クローヴィスであった。彼は治世の末期（508年と511年の間）に，フランク人のはじめての成文法を編纂させた[112]。その後メロヴィング朝

---

107) CC Nr. 11, S. 505. この書簡については，後で検討する。
108) Kantorowicz, Laudes Regiae, S. 56f.
109) Vgl. Poly, Corde au cou.
110) ピピンの『アキタニア勅令』（768年）には，次のような条項がある。「すべての者は，ローマ法であれ，サリカ法であれ，自分たちの法をもつこと。他の地域に移住する場合にも，郷土の法に従って，生活すべきこと」（Cap. 1, Nr. 18, S. 43）。
111) 『サリカ法典』の編纂過程に関しては，邦文では，邦訳『サリカ法典』に付された久保正幡氏の解説や，『西洋法制史料選』における西川洋一氏の解説などを参照されたい。欧文では，少し古いが，Buchner（Rechtsquellen, S. 15-21）が簡便にまとめている。もちろん，この法典の理解に多大な貢献をした，K. A. Eckhardt の様々な解説や R. Schmidt-Wiegand の数々の研究も忘れることはできない。
112) この編集の意味については，様々な見解がある。というのも，多くのフランク人がラテン語に慣れ親しんでいたとはいえない状況にあって，この法典がラテン語を用いて書かれ，しかも，その内容が必ずしも 6 世紀のフランク社会の状況に合致しないからである。

時代の間に二度新たな編集が行われた。そして，763年か764年に，実質的には大きな変更をすることなく，ピピンはさらなる改訂をおこなった[113]。これが，いわゆる「100章本」である。この「100章本」（D系統）の序文（いわゆる「長い序文」）の冒頭には，次のように書かれている。

「高名なるフランク族（gens Francorum inclita）は，創造主である神によって作られた。武勇にすぐれ，約束は堅く守り，思慮深く，すぐれた肉体を有し，純潔損なわれず，容姿すぐれ，勇敢，敏捷かつ毅然としており，カトリックの信仰に改宗し，異教より脱した」[114]。

「フランク人を愛する者よ，永遠なれ。キリストよ，フランク人の王国を守護したまえ，フランク人の王たちを恩寵の光で満たしたまえ。軍隊を擁護したまえ。信仰を守りたまえ。平和と幸福の時を愉しみ給え。主たる者たちの主イエス・キリストよ，敬虔なる心を守護し給え。フランク人は勇敢であったがゆえに，強大な力をもってローマ人たちの甚だ過酷な軛と戦い，軛をはずし，洗礼を受けた後は，フランク人たちは，ローマ人たちが火をもって焼き，あるいは剣で刻み，肉を裂き，野獣の前に投じた，聖なる殉教者の遺骸の上に，金や石を置いて飾った」[115]。

そのうえ，写本には，現実に用いられることをとても想定していたとは思えないような単純な誤記もしばしば見られる。それゆえ，H. ネールゼン（Nehlsen, Aktualität und Effektivität）のように，この法典が実際にはあまり用いられなかったのではないかという主張を呼び起こしたのは当然である。しかし，McKitterick の結論は異なる。McKitterick, Written Word, S. 40-60.

113) 763年あるいは764年という年代推定は，9世紀の写本（Montpellier H 136）の跋文と目次の間に記された，「わが君主フランク国王ピピン王の治世の13年目」という語句にもとづいている（Eckhardt, 100 Titel-Text, S. 47f.）。この記述は，この写本以外には伝承されていない。この写本については，Mordek, Bibliotheca, S. 276-280.

114) Lex Salica, MGH LL, c. 1, S. 3.

115) Lex Salica, MGH LL, c. 3, S. 7, 9. この序文は100章本全体とともに，この頃に作成されたと推定したのは，エックハルトである。シュミット゠ヴィーガントは，エックハルトの推論の根拠は必ずしも十分ではないとしつつも，ピピンの時代に書かれたという推論を否定はしない（Schmidt-Wiegand, Gens Francorum inclita）。「洗礼を受けた後は，フランク人たちは，ローマ人たちが火をもって焼き，あるいは剣で刻み，肉を裂き，野獣の前に投じた，聖なる殉教者の遺骸の上に，金や石を置いて飾った」という表現は，フランク王国で，

この序文はリズムをもった詩的な文体で書かれているが，755年のヴェール教会会議の決議録も，同じようなリズミカルな詩的な文体である[116]。この決議録を記したのは，757年から766年にかけてピピンの証書の作成にあたったバッディロという書記である。そこでK. A. エックハルトは，『サリカ法典』の序文を書いたのはバッディロであると推測した。これは妥当な推定であるように思われる[117]。

　バッディロは8世紀初頭に書かれた『フランク史』（Liber Historiae Francorum）を読んでいたという推論がある[118]。しかし，『サリカ法典』の序文に，フランク人のトロイア出自神話が書かれていないことは，この推論の蓋然性を疑わせる。『フランク史』においては，フランク族はトロイア人の子孫であるとされ，詳しく述べられており，しかも，『サリカ法典』の編纂自体も，この物語の中で言及されているのである[119]。

　『フランク史』では，トロイアの滅亡後，アエネイスはイタリアに向かうが，別の集団がプリアムスとアンテノルに率いられてパンノニアに向かい，それがフランク人の祖先となったとされている。周知のように，トロイア出自神話は『フランク史』だけに書かれているだけでなく，7世紀の『フレデガリウス年代記』にも記されている[120]。また，トロイア出自神話は9世紀の史料にも散見され，少なくとも，支配階層にはよく広まっていた伝説だったように思われる[121]。にもかかわらず，『サリカ法典』の序

殉教者の聖遺物が崇敬を集めていることを指している。なお，翻訳にあたっては，久保正幡訳『サリカ法典』30-31頁を参考にした。

116) MGH Cap. 1, Nr. 14, S. 33-37.
117) Bullough, Aula renovata, S. 125, 149; Garrison, New Israel, S. 132 mit Anm. 70. バッディロは，762年のプリュム修道院への国王証書（DK Nr. 16, S. 22）のアレンガにおいて，ピピンが油を注がれて，神から諸部族と諸国（*gentes et regna*）の統治を託されていることを述べている。ただし，ローマに関する言及もなければ，フランク人という表現もみられない。もっとも，法典の序文と国王証書の前書きでは，文書の性格が大きく異なるから，単純には比較できない。このアレンガについては，以下の文献に言及がある。Anton, Fürstenspiegel, S. 80. Garrison, New Israel, S. 131f.
118) Schmidt-Wiegand, Gens Francorum inclita, S. 246.
119) Liber Historiae Francorum, c. 4, S. 345.
120) フランク人のトロイア出自神話について言及した論文は多数ある。拙稿「「フランク人」の形成・変容・消滅」36頁および37頁に主要参考文献を付してある。とくに重要な文献として，Anton, Troja-Herkunft と Wood, Defining the Franks を挙げておく。
121) Vgl. Innes, Teutons or Trojans?, S. 248.

文にはトロイア出自神話は用いられていないのである。

　おそらく，その理由は，『フランク史』が書かれた 8 世紀初頭と『サリカ法典』の「長い序文」が書かれた 8 世紀中葉のあいだの数十年の変化にもとめられよう。『フランク史』が書かれたのは，カール・マルテルが宮宰であった頃である。ボニファティウスの大陸での布教活動がようやく始められたばかりであり，『フランク史』が書かれたとされるガリア北部には，その影響は全く及んでいなかった。これに対して，ボニファティウスの教会改革を経験し，ローマ教皇座と密接な関係を結んだ750年以降の時代には，トロイア出自神話よりも，フランク王国をキリスト教にもとづく国と述べたほうが，「フランク人」の自尊心をくすぐり，自分たちが他の人々より優れているという感覚を呼び起こすのに，いっそう適していると思われたのではないだろうか。その意味では，カントロヴィッツのように，フランク人は異教のローマの後継者としてローマ史に連なるよりも，イスラエルの偉業の継承者として，キリスト教の歴史の中に身をおくことを望んだのだと解釈することも，あながち見当はずれではない[122]。しかし，『サリカ法典』の序文には，旧約聖書の句も用いられていなければ，フランク王国をイスラエルと比較するような言葉もないという事実も無視すべきではない。

　すでに E. プファイルが注目しているように[123]，この序文では，異教徒であるローマ人とキリスト教徒であるフランク人という対比が重要な役割を演じている。もちろん，この序文の著者自身が冒頭に書いているように，フランク人も元来は異教徒であったことは承知している。ただし，このように描くことで，作者は信仰深き者たちとしてのフランク人の自己理解をいっそう強調できることも知っていた。だが，ここでは同時に，「武勇にすぐれ，約束は堅く守り，思慮深く，すぐれた肉体を有し，純潔損なわれず，容姿すぐれ，勇敢，敏捷かつ毅然としており」と，フランク人の外観や美徳が誇らしげに列挙されており，信仰だけがフランク人の優越性を示すものとされていない点にも注意を払う必要がある[124]。

　　122）　Kantorowicz, Laudes Regiae, S. 56.
　　123）　Pfeil, Romidee, S. 83ff.
　　124）　ギャリソンは，このような表現は聖書よりも世俗的な武勇伝の世界を思わせると，正当にも述べている（Garrison, New Israel, S. 130）。

次に,「国王賛歌」をみてみよう。「国王賛歌」(*laudes regiae*) という,戴冠式などで朗誦された特殊な典礼に着目し,中世王権の根源に迫る論考を発表したE. カントロヴィッツは,ピピンの時代からカールの治世の初期の時期に最初の「国王賛歌」が誕生したと主張した[125]。「国王賛歌」とは,連祷の一種で,「キリストが勝利し,キリストが治め,キリストが命ずる」(*Christus vincit, Christus regnat, Christus imperat*) という定句ではじまり,国王や皇帝に対する賛美の言葉を含むものである。もっとも古い「国王賛歌」は,モンペリエ薬学図書館第409番の詩篇の手書本の中のものである[126]。カントロヴィッツによれば,この詩篇の手書本は,783年から787年に作成された[127]。次に古いものは,パリ国立図書館の第13159番の写本である。これは,カントロヴィッツによれば,796年と800年の間に作成されたものである[128]。通説では,フランク王国への「国王賛歌」の導入は,ピピンの時代頃まで遡るとされている[129]。しかし,この年代比定が確固たる証拠を欠いた推論であるうえに,国王賛歌のテキスト自体からも,フランク人の選民思想を読み取ることは困難である[130]。ギャリソンによれば,「国王賛歌」では,キリストだけが「勝利し,治め,命ずる」のであって,国王はキリストや諸聖人の助けを受ける立場でしかない。また,「新しいイスラエル」という表現も,そのような思想もみられない[131]。

このように,フランクの史料では,フランク人の選民思想は,実のとこ

---

125) Kantorowicz, Laudes Regiae, S. 53-55.
126) この写本については以下の文献を参照。Philippe Lauer, Le Psatier carolingien du Président Bouhier, Montpeller Univ. H409, in: Mélanges d'histoire du Moyen Age offerts à Ferdinand Lot par ses amis et ses élèves, Paris 1925, S. 359-83; McKitterick, Written Word, S. 251-255; F. Unterkircher, Die Glossen des Psalters von Mondsee (vor 788) (Montpellier, Faculté de Médecine Ms. 409), Freiburg 1974. 最後にあげた文献は残念ながら未見である。
127) Kantorowicz, Laudes Regiae, S. 21. しかし,ギャリソンによれば,作成年代は783年と792年の間に作成されたものと推定すべきである。Garrison, New Israel, S. 140 mit Anm. 110.
128) Kantorowicz, Laudes Regiae, S. 33. ただし,オプファーマンやギャリソンは,795年と814年の間と推定している。Opfermann, Herrscherakklamationen, S. 41, 102f.; Garrison, New Israel, S. 140 mit Anm. 111.
129) Kantorowicz, Laudes Regiae, S. 53-55; Garrison, New Israel, S. 141.
130) Vgl. Garrison, New Israel, S. 141f.
131) Garrison, New Israel, S. 141.

ろ，はっきりと認めることはできないのである。

　『コーデックス・カロリーヌス』に収録されているローマ教皇の書簡[132]からも，フランク人の選民思想を推測させるような十分な証拠は見出せない。カントロヴィッツは，第11番の書簡を根拠にして，フランク人の選民思想を読み取ろうとするが[133]，そうした解釈が正しいとはいえない。この書簡において，ローマ教皇は『ルカによる福音書』の「ほめたたえよ，イスラエルの神である主を。主はその民を訪れて解放し」（I, 68）という一節を引用しつつ，ピピンを「もっとも力強い解放者」（fortissimus liberator）と呼び，モーゼとダビデに喩えている[134]。だが，ここでイスラエルに喩えられているのは，フランクではなく，ローマなのである。教皇ステファヌスは，ランゴバルトのくびきからローマを解放してくれたことをピピンに感謝し，ピピンを褒め称えているのである。教皇パウルス1世が，760年代に書かれた書簡で，ピピンを「新しいモーゼ」と呼び，賞賛するときも，まったく同じ文脈で語られている[135]。たしかに，第39番書簡では，ローマ教皇は聖句を用い，あなたがたは「聖なる民，王の系統を引く祭司，神の民」であると述べて，フランク人を褒め称えている。しかし，そのような表現はこのわずか一箇所にしか認められない[136]。そして，なぜ，この表現がこの書簡だけにあらわれるのかは，はっきりしている。それは，第39番書簡は，王に対して宛てたものではなく，フランク王国の聖俗の有力者に宛てて（理念的には，全フランク軍に対して），ローマ教皇が謝意を表すために書いた書簡だからである[137]。このように，全書簡中，わずか一箇所のみにあらわれるような理念を，フランクの宮廷が過大に受

　　132）『コーデックス・カロリーヌス』には，99通の教皇書簡が収められているが，そのうち，ピピンの時代のものは，第3書簡から第43書簡までと，第98書簡と第99書簡の全43通である。なお，この数には，ローマ教皇がピピンの存命中にカールマンとカールに宛てて書いた書簡（Nr. 26, 33, 35）などが含まれている。
　　133）Kantorowicz, Laudes Regiae, S. 55.
　　134）CC Nr. 11, S. 505. のほかの書簡でも，ピピンは，モーゼ，ダビデ，あるいはヨシュアに喩えられている。モーゼ：CC Nr. 33, 39, 42, 98；ダビデ：Nr. 33, 39, 43, 99；ヨシュア：Nr. 33.
　　135）CC Nr. 42, S. 554.
　　136）CC Nr. 39, S. 552.
　　137）この書簡は，国王ピピン宛の第38書簡と同時に，送付されたものと推定されている。CC Nr. 39 Anm. 1.

け止め，自分たちのアイデンティティの中に組み入れたとする解釈は，無理があるだろう。実際，すでにみたように，フランク側の史料からは選民思想は読み取ることができないのである。

教皇座への接近と宮廷の国家観

　カール・マルテルの時代には，フランク宮廷からは，イタリアはなお遠い地域であり，特にイタリアの政治問題への介入は，おずおずとした形で進められたにすぎなかった。カール・マルテルとランゴバルト王権は同盟関係にあった。対イスラーム勢力の戦略上も，あるいは，バイエルンとの関係においても，ランゴバルトとの友好関係の維持はフランクの基本的な外交政策であり，フランク宮廷がランゴバルトと対立関係にあったローマ教皇と緊密な関係を結ぶことはありえなかった。この段階では，ローマ教皇座との関係は，いわば形式上の，宗教組織上の関係にすぎなかったのである。
　しかし，アングロ・サクソン人ボニファティウスの活動は，次第にフランクの外交政策に軌道修正をもたらした。ボニファティウスはローマ教皇座と深い絆で結ばれており，この考え方はボニファティウスの教会改革理念に共鳴する聖職者たちに浸透していった。周知のように，ボニファティウスには反発も強かったわけだが，ピピンもカールマンもボニファティウスの教会改革を支持する立場を鮮明にし，その結果として，フランク宮廷は教皇座に接近していくことになった。王朝交替に教皇座が関与したことは，フランク宮廷と教皇座の接近を示す上で，決定的な出来事である。こうして，いわば「外交革命」が 8 世紀半ばに成し遂げられることになった。ただし，ピピンのイタリア政策は慎重であった。ランゴバルトとつながりをもつ貴族層を臣下に抱えていただけではなく，アキタニアやザクセンとの戦いを続行せざるをえなかったからである。ピピンがランゴバルトに対して勝利を収めたにもかかわらず，ランゴバルト併合まで踏み切ることができなかったのは，こうした背景があったからであろう。
　ところで，ボニファティウスの教会改革やローマ教皇座との接触により，フランク宮廷内に，以前にもまして，宗教的なメッセージが日常化する

傾向にあったことはたしかである。とくに,ローマ教皇は困難な状況の打開をはかるために,彼らの世界観にもとづいて,宗教共同体の中における重要な役割をフランク王権に担わせ,そうすることで,ローマ教皇座のために,フランク王権が行動するように働きかけた。しかし,こうした努力にもかかわらず,フランク王権の姿勢は終始慎重であったように思われる。

　ピピンは,ローマ教皇の援助を得て,王朝交替を実現した。だが,そのことによって,この王国が「教会」となったわけでもなければ,この王国の本質が変わったわけでもなかった。相変わらず,この王国を支えていたのは,宮廷という中心的な統治機構であり,国王と貴族たちの間の,相互の利害によって結ばれた個人的な関係であった。貴族たちを満足させるためには,イタリアよりも,アキタニアのほうが戦略上,重要であった。「ローマ人のパトリキウス」の称号という,ローマ教皇の巧みな「贈り物」に対しても,フランク宮廷は冷静であり,教皇座の戦略に乗ることを強く警戒していた。これは,ピピンだけではなく,後のカール大帝の行動からも認められることである。王朝交替も,フランク「国家」の基本的性格を大きく揺るがすものではなかったし,この時期に,「新しいイスラエル人」としてのフランク人の民族的自覚が生み出されたわけではなかった。従来の研究は,ピピンの時代の変化を強調しすぎている。

第Ⅱ部

カール大帝期の王権と国家

第 3 章

イタリアへ
――780年代までのフランク・ランゴバルト・ローマ教皇座――

　カール大帝は748年の4月にピピンの長子として生まれた[1]。母ベルトラーダ（ベルタ）はラン伯の娘であった。カールには三歳年下の弟があった。そのため，768年の9月24日にピピンが54歳でなくなり，祖父カール・マルテルと同じようにパリ近郊に位置するサン・ドニ修道院に埋葬されると，伝統に従って，王国は二人の王子のあいだで分割されることになった。『続フレデガリウス年代記』は，死ぬ数日前に聖俗の貴族と相談のうえ，二人の王子カールとカールマンの間で王国が分割されることになったと伝えている[2]。長子カールが得たのは，アウストラシアの北半分，ネウストリアの大半，アキタニアの西半分などであり，次子カールマンが得たのはアキタニアの東半分，ブルグント，アレマニア，アルザス，プロヴァンス，セプティマニアなどであった[3]。兄カールと弟カールマンの不仲はやがて

---

　1) かつてはカールの誕生を742年とする説が有力であり，わが国の多くの参考図書類における記載も，カール大帝が生まれたのは742年であるとしているように思われる。しかし，これは訂正されなければならない。K. F. ヴェルナーが747年誕生説を唱え，多くの研究者に受け入れられることになったからである（Werner, Geburtstag）。しかし，その後，さらに新説が現れた。ベッヒャーが748年説を唱えたからである（Becher, Geburtsdatum）。ヴェルナーもこの説を受け入れており，今後，748年説が定説となる可能性が高い。最近の概説書はほとんど748年説を受け入れているようにみえる。この新説については，拙著『地上の夢キリスト教帝国』27-30頁で，簡単に説明しておいた。
　2) Cont. Fred. c. 53, S. 322.
　3) 王国分割の重要なポイントのひとつは，現実には未だフランク王国には統合されていないアキタニアを両者がともに自分の分国に含める必要があったことである。そして，もうひとつのポイントは，イタリアへの出口を確保することである。この二つの条件を満たそ

誰の目にも明らかになり，兄弟の間の亀裂は徐々に深まっていった。そして，この亀裂のなかで，ローマ教皇は重要な役割を演じることになる。

この章の課題は，カールの戴冠をもたらした初期条件を理解することにある。教皇座との交流の進展は，どのような政治理念の進展をフランク宮廷にもたらしたのであろうか。カールの度重なるイタリア遠征とローマ教皇とカールの頻繁な交流は，カールの統治理念にどのようなインパクトを与えたのであろうか。また，イタリア遠征とランゴバルト降伏，カールの「ランゴバルト王」即位はカールの政治理念にどのような影響を与えたのであろうか。

まず，カール大帝が単独統治を開始する以前の時代の両者の関係を考察してみたい。

単独統治以前のフランク・ローマ関係

カールと弟カールマンとの亀裂は早くも769年には決定的になっていた[4]。この年，カールはヴァイファールの息子といわれるフノアルドの反乱を鎮圧するために，アキタニア討伐を決意し，共同派兵を要請するために，ポワティエ近郊で弟と会った。しかし，このときカールマンは兄の要請を断った。理由はわからない。カールマンは兄が窮地に陥ることを望んだのかもしれない。やむをえず，カールは単独でアキタニア南部に攻め込むことを決断した。カールはフノアルドを捕え，アキタニアを完全に支配下におくことに成功した。おそらく，このときカールは当然の報酬としてカールマンの領土とされていたアキタニア東部も，自分の支配下におさめたことであろう[5]。だが，カールのこの優位は長くは続かなかった。

うとして，このような分割が合意されたのではないだろうか。もし，この仮説が正しければ，フランク宮廷にとって，当時，イタリアの問題は，アキタニア問題と並んで，きわめて重要な問題であると認識されていたことになる。巻末地図4参照。

[4] 両王の不和は教皇の耳にも届いた。もっとも重要な同盟者であるフランク王権内の動揺を恐れた教皇ステファヌス3世は，カールとカールマンに書簡を送り，二人を仲直りさせようと試みている。CC Nr. 44, S. 558-560.

[5] このあたりの経緯については，以下の文献に詳しい。Lintzel, Karl der Große und Karlmann; Nonn, Königserhebung; Wolf, Königssöhne Karl und Karlmann; Jarnut,

第3章 イタリアへ

　この頃，カールに長子ピピンが生まれた。ちょうどカールが祖父の名をもらったのと同じように，自分の息子にも祖父の名を付けたのである。だが，この長子は身体に障害を負っていた。そのことは弟に大胆な行動をとらせることになった。770年に弟カールマンにも長子が誕生したが，カールマンは自分の息子にもピピンという名を与えたのである。カールマンが自分の息子こそ真の王位継承者であると宣言したのは明らかであった。カールの分国の諸侯たちのあいだに動揺が広がったにちがいない。やがては，カールの分国はカールマンの分国に吸収されてしまうのではないか。そう考えた貴族たちが，少なからずいたに違いない。カールは大きな窮地に立たされた。

　こうした事態にあって，母ベルトラーダは，兄弟の和解のために奔走した。夫の生存中は一切政治の表舞台にたつことのなかったこの女性が，突如として表舞台に登場した。ベルトラーダは兄弟間の一触即発の危機を回避するために精力的に動いた。彼女はまずアルザスに滞在していたカールマンのもとを訪れ，兄との和解を勧めた[6]。だが，カールマンは兄との和解を拒否した。ベルトラーダはこの会見の後，完全に長男カールに肩入れする。ベルトラーダは，まずカールに離婚を勧めた。身体に障害を負った王子しか生まれなかったのは，王妃のせいというわけである。新しい后を得て，健康な世継ぎをはやく持つべきだと，母は考えた。それでは，新しい王妃には誰が良いのだろうか。母ベルトラーダが選んだ王妃は，ランゴバルト王女であった[7]。もしランゴバルトの王女との縁談が整えば，カールとランゴバルトの同盟関係が成立し，そのことによってカールは劣勢を

Bruderkampf.

　6) AQE a. 770, S. 31.

　7) この婚姻政策については，一般に Delaruelle, Charlemagne; Ary, Politics 参照。この王女の名は，しばしばデシデラーダという名で呼ばれる。しかし，Wolf, Qualität, S. 398 mit Anm. 21 が示したように，これは誤解にもとづく。J. ネルソンは，この王妃の名を Gerperga であったとする（Nelson, Making a Difference, S. 183）。なお，ランゴバルト王デシデリウスには，5人の王女があったが，そのうちの二人はベネヴェント公家とバイエルン大公家へ嫁いでいた。姻戚関係を通じて，アルプスを境に隣接するこの二つの政治勢力は，友好関係を築いていた。それゆえ，ランゴバルト王女とカールの婚姻が整えば，カール，バイエルン，ランゴバルトの一大政治勢力が形成されることになり，カールがカールマンに対して圧倒的に有利な立場にたつことが期待された。この点については，また，Noble, Republic of St. Peter, S. 124; Classen, Karl der Große, S. 12 参照。

挽回し，兄弟間に勢力の均衡が生まれる。ベルトラーダはそう考えたのであろう。カールは母の考えに同意した。母はただちにランゴバルト王デシデリウスと交渉に入った。この政略は驚愕に値する。なぜなら，ランゴバルトと同盟関係を結ぶことは，ローマ教皇への背信行為になり，ピピンの外交政策を破棄することになるからである。ランゴバルトはピピンに約束した領土の返還を完全に履行しておらず，ランゴバルトと教皇座の敵対関係はなお続いていた。したがって，本来ならば，ただちにローマ教皇と外交交渉をはじめる必要があった。しかし，ローマ教皇ステファヌス3世の書簡によれば，カールの宮廷がデシデリウスとの同盟関係を決定するまえに，ベルトラーダが自分の息子とランゴバルト王女の縁組を進めているという噂が，ローマ教皇の耳に届いたようだ。この書簡によれば，ローマ教皇はベルトラーダがカールとランゴバルト王女の縁談を進めているのか，それともカールマンと王女の縁談を進めているのか，知ってはいない。しかし，770年の夏，ローマ教皇ステファヌス3世はこの噂を耳にすると，ただちにカールとカールマンに書簡を送った。ステファヌスは書く。ランゴバルト王女との結婚は，旧来の同盟関係を破滅させるものである。ランゴバルト人は嘘つきであり，いつも神の教会を攻撃し，ローマ人の領地に侵入してきた敵である。それなのに，なぜ，われらの敵と結ぼうとするのか[8]。

カールマンは，母が兄とランゴバルト王女との縁談を進めていることを知って，どう動いたのであろうか。かれはローマ教皇に近づこうとした。カールマンは息子に洗礼を授けてくれるように，教皇に頼んだ。息子の洗礼を介して，自分とローマ教皇の間に強固な絆を作り，母と兄の計略に対抗しようとしたのである。ローマ教皇はこの提案に乗り気であったように思われる[9]。このころには，ローマ教皇はランゴバルトの王女との政略結婚を進めているのは，カールであることをすでに知っていた。カールは明らかに教皇座の敵になった。教皇がカールマンとの同盟関係を強化しよう

---

[8] CC Nr. 45, S. 562: *Et quomodo nunc contra animas vestras agere contenditis et cum nostris inimicis coniunctionem facere vultis, dum ipsa periura Langobardorum gens, semper ecclesiam Dei expugnantes et hanc nostram Romanorum provintiam invadentes, nostri esse conprobantur inimici?*. Vgl. Haller, Papsttum, S. 441ff.; Nelson, Making a Difference, S. 179.

[9] CC Nr. 47.

とするのは当然であった。ローマ教皇と *compater* の関係にあったピピンの死とともに，教皇座とフランク王権の間の特別な霊的な関係は終わった。その証拠に，ステファヌス3世は，カールやカールマンを，「息子」という一般的な宗教的表現でしか呼びかけていない。カールマンの息子を教皇が洗礼することが実現すれば，カールマンとステファヌスは *compater* になったはずであった。

　しかし，実際には，〈カールとランゴバルト〉対〈カールマンとローマ教皇座〉いう対立の構図はできあがらなかった。というのは，ベルトラーダが実に巧妙に動き，カールマンを排除した形でのイタリアの新秩序の構築に成功したからである。

　ベルトラーダはまずバイエルンを訪れた。バイエルンの大公タシロ3世はランゴバルト王と姻戚関係にあったが，同時にまた，ローマ教皇とも良好な関係にあった。彼女はバイエルン大公と直談判し，ランゴバルト王への口添えを頼んだ。ベルトラーダはランゴバルト王から一定の譲歩を引き出し，それによってローマ教皇から婚姻の同意をとりつけるつもりであった。彼女は先年ランゴバルトがローマ教皇から奪った領土を教皇に返還させようとした。この計画には，バイエルン大公の力を必要とした。タシロ3世はベルトラーダの要請を受け入れ，仲介の労をとることを約束した。この満足すべき成果を携えて，ベルトラーダはただちにアルプスを越えて，ランゴバルト王国の都パヴィアに入った。デシデリウスはベルトラーダの提案を受け入れた。カールと同盟関係を結ぶために娘をカールのもとに嫁がせることに同意するとともに，ローマ教皇との関係改善を図るために，ローマ教皇から奪った領土を返還することを約束した。このような下準備を整えたうえで，ベルトラーダはローマ教皇との会見に臨んだ。ベルトラーダは事情を説明し，ローマ教皇の理解を求めた。教皇は，占領していた領土をランゴバルト王が返還する意向であることをベルトラーダから知り，態度を軟化させ，カールとランゴバルト王女の結婚を承認した[10]。こうして，ベルトラーダの外交は大きな成功を収めた。ベルトラーダはランゴバルト王女をカールのもとに送り届け，ふたりは結婚した。

　ランゴバルト王女とカールの結婚と，この縁組に対するローマ教皇の承

---

10) Chron. Moissiacense, S. 295.

認は，ローマ教皇座の反ランゴバルト勢力とカールマンを窮地に追いつめた。771年の春，クリストフォルスとセルギウスを中心とするローマ教皇座の反ランゴバルト勢力が決起した。カールマンはドドという名の家臣をローマに向かわせ，彼らを援護した。だが，この試みは失敗に終わった。ランゴバルト王は知らせを聞くとただちにローマに向かい，ローマの反乱軍に圧力をかけた。ローマ教皇のグループもやがて力を盛り返し，ついに反乱を鎮圧するのに成功した。『教皇列伝』の記述が正しければ，追いつめられたカールマンはランゴバルトと教皇座を支配下におこうと派兵を計画していた[11]。大規模な戦争が勃発することは，もはや時間の問題だった。だが，実際には大規模な紛争は起きなかった。カールマンが771年の12月4日に，若くして突然この世を去ったからである。

　以上，カールの単独統治以前のフランク宮廷と教皇座との外交関係の変遷を簡単に述べたが，本論の中心的なテーマからみれば，次の三点が重要である。

　まず第一に，カールとカールマンは，父ピピンから王位を継承してすぐに対立関係に陥った。父ピピンの血を受け継いだ二人の兄弟の当面のもっとも重要な政治問題は，互いに相手に対して優位に立つことであった。彼らのイタリア政策も，おもにその観点から遂行された。したがって，ランゴバルトにしても，バイエルンにしても，この段階では，外交を巧みに操れば，フランク軍と一戦を交えなくても済んだのである。
　第二に，フランクの親ローマ教皇座政策は既定路線ではなかった。カール（大帝）がランゴバルト王女と結婚したことはその現れである。カトリック世界におけるローマ教皇座の宗教組織上の地位は揺ぎ無きものであったが，外交政策を決定づける要因とはならなかった。ローマ教皇の度重なる宗教的色彩を帯びたメッセージにもかかわらず，フランク宮廷はつねに，多様な選択肢を考えていた。フランク宮廷と教皇座の同盟関係は，さほど強固なものではなかった。従来，この点は十分考慮されてこなかったように思われる。

---

11) LP 1, S. 487.

第三に，イタリア情勢は，フランク王権にとって次第にますます重要な問題となっていった。たしかにすでにピピンの時代にも，イタリア問題は重要な外交問題にはなっていた。だからこそ，ピピンはイタリアに遠征したし，ローマ教皇に領土の寄進を約束したのである。しかし，ランゴバルト王国の征服に興味をもたなかったことに示されるように，彼は複雑なイタリア情勢に首を突っ込むことを躊躇していた。それだけの余裕を持たなかったのである。だが，息子たちの時代になると，そうではない。アキタニア問題が処理された後では，イタリアでの影響力の行使がますます重要になっていった。イタリアに存在する二つの政治勢力，すなわちランゴバルトとローマ教皇座はともにフランク王権にとって非常に重要な政治勢力であった。それゆえ，イタリアと境を接し，ランゴバルトとローマ教皇座の両者と太い繋がりをもつバイエルンを巻き込んで，フランク宮廷の外交政策が展開されたのである。

ランゴバルト併合とカールの新しい称号

　カールは弟の訃報を聞くと直ちに行動を開始した。カールはすぐさまカールマンの分国に入り，カールマンの家臣たちの大半の支持をとりつけることに成功する。カールマンには遺児が残されていたにもかかわらず，聖俗貴族の多くはカールを王として承認した[12]。カールマンの王妃ゲルベルガと遺児たちは，わずかな家臣たちとともにランゴバルト王国に亡命せざるをえなかった[13]。ランゴバルト王デシデリウスがカールマンの王妃と王子たちを受け入れたことは，カールとデシデリウスの間に新たな緊張をもたらした。デシデリウスはこの機に乗じて対フランク関係を有利に展開し

---

12) ARF a. 771, S. 32. すでに述べたように，長子はピピンといい，770年に生まれ，その後，もう一人男児が誕生している。カールマンが亡くなったとき，長子ピピンでさえ，わずか一歳であり，統治能力は全くなかった。カールマンの家臣たちの多くが遺児たちを王と認めることなく，カールを王と仰いだ背景には，F. ケルンが主張したような適格性思想の存在があったと考えてもよいだろう。

13) BM 142a. カールと同盟関係にあったデシデリウスがカールマンの遺児を受け入れた理由については，Classen, Karl der Große, S. 14 参照。

ようと考えた。一方，カールはデシデリウスとの友好関係の維持は困難と考え，王妃をランゴバルトに送り返した[14]。こうして，ランゴバルトとカールの友好関係は解消された。いまやフランク王国の単独統治者となったカールは，明確に親ローマ政策をとり始める。

　カールはそれからほどなくして，アレマニア大公家の血筋をひくヒルデガルトを娶った[15]。この新たな結婚相手の選択に政治的意図があったことは明白である。というのはヒルデガルトの出身地であるアレマニアは，かつてカールマンの王国に帰属していたからである。カールはアレマニアの有力者の娘を王妃に選ぶことにより，旧カールマン分国の政治的安定化をはかり，カールマンの王妃と遺児を道具にしてフランク国内の攪乱をめざしたデシデリウスの企図を挫こうとした[16]。一方，デシデリウスは，娘の離縁によってカールとの敵対関係が決定的になると，次の手を打った。772年の1月24日にステファヌス3世が没し，ハドリアヌスが次の教皇に選出されたが[17]，デシデリウスはカールマンの遺児を塗油し，彼らがカールマンの後継者であることをローマ教皇の宗教的権威によって示すように，新教皇に要求した[18]。ハドリアヌスはこの要求を拒否し，逆にイタリアへの介入をカールに強く求めた[19]。

　773年の4月頃，ハドリアヌス1世の使節は，ローマから海路マルセイユを経てティオンヴィルの王宮に到着した[20]。ローマ教皇の使節がマルセイユを通らなくてはならなかったのは，アルプス越えの道がランゴバルト人によって封鎖されていたからであった。ランゴバルト王デシデリウスは，ピピンによって奪われた領土の回復をはかっていた。また，自ら兵を率い

---

14) Vita Adalhardi c. 7 (MGH SS 2), S. 525; vgl. Nelson, Making a Difference, S. 182.

15) この王妃については，Abel/Simson, Jahrbücher, Bd. 1, S. 105, 449 mit Anm. 3; Heidrich, Von Plectrud zu Hildegard, S. 10ff.

16) ついでにいえば，アレマニアはイタリアと境を接していた。したがって，この婚姻には，アレマニアの貴族勢力と結ぶことで，対イタリア戦略を有利に導く意図もあったように考えられる。

17) ハドリアヌスの選出については，特に Noble, Republic of St. Peter, S. 128 mit Anm. 146.

18) LP 1, S. 487f.

19) Jaffé, Regesta , Nr. 2396. LP1, S. 179. なお，この書簡は，『コーデックス・カロリーヌス』には，含まれていない。

20) AQE a. 773, S. 35ff.

てローマに進軍した。これには，息子のアダルキスだけではなく，ランゴバルトに亡命していたカールマンの未亡人と遺児たちが同行していた。ハドリアヌスは，デシデリウスによるローマ攻撃が間近に迫っていることを知ると，トスカーナ，カンパーニア，ローマ，ペルージャ，ペンタポリスから軍隊を召集し，ローマ防衛の準備を整えた[21]。そして，デシデリウスに対するアナテマの宣告書を書き上げ，デシデリウスのもとに3人の司教を送り，撤退を要求した。デシデリウスはこの要求を受け入れ，ローマは危機を脱した[22]。

その間，ハドリアヌスの使者がカールの宮廷に到着し，カールに派兵を要請した。カールは側近たちと協議し，ローマ教皇の要請を受けることに決定した。そして，大軍をイタリアへ向けて動かしていった[23]。ジェノヴァに入ると，軍会を開き，軍を二隊に分けることにした。カール自身は一軍を率い，モンスニ峠を越えるルートをとった。もう一隊は，彼の叔父のベルンハルトに率いられて，大サンベルナール峠から，アオスタ渓谷を下っていった。デシデリウスはここでフランク軍の勢いを止めようとしたが無駄だった。フランク軍はイタリアに侵入した。デシデリウスは首都パヴィアに退却し，息子のアダルキスはカールマンの未亡人と遺児たちとともに，ヴェローナに立てこもった。カールはパヴィアを包囲したが，パヴィア攻略は遅々として進まなかった。カールは12月になってもパヴィアの野営地にあり，この年のクリスマスはパヴィアで過ごさなければならなかった。

年が明け，カールは手勢の者を引き連れてローマに向かう。ローマ教皇はこのことを知ると，ただちに手筈を整え，「パトリキウスや太守を迎えるときのように」カールを出迎えた[24]。774年の4月2日に，カールとローマ教皇ハドリアヌス1世は会見した[25]。そして，カールはローマ教皇と

---

21) LP 1, S. 493.
22) この撤退の理由については，よくわからない。アナテマの通告が功を奏したのかもしれないし，ランゴバルト内部の理由にもとづくものであったかもしれない。Noble, Republic of St. Peter, S. 131; Davis, Lives, S. 134 mit Anm. 35.
23) LP 1, S. 494f.; ARF a. 773, S. 34-36.
24) LP 1, S. 497.
25) LP 1, S. 496. この会見の意味については，以下の文献を参照。P. Scheffer-Boichorst, Pippins und Karls des Großen Schenkungsversprechen. Ein Beitrag zur Kritik

ともに復活祭を祝った。『教皇列伝』によれば，このとき，カールは父ピピンが754年にローマ教皇に約束した領土寄進の内容を改めて確認した[26]。具体的な確認の手順は次のように行われた。まず，教皇がカールの面前で，754年のピピンの誓約書を読み上げさせ，カールにその誓約書の内容の更新を懇願した。カールはこれに同意し，全く同じ内容の文書を作成し，自ら署名し，また列席したフランクの聖俗貴族に連署させた。そして，この文書はペトロの祭壇に置かれ，カールは貴族たちとともにこの誓約の履行を誓った[27]。

カールは再びパヴィア攻略のため，野営地にもどった。そして，ついに774年の6月にデシデリウスはカールの軍門に降った。カールはデシデリウスを捕らえ，フランク王国内の修道院に幽閉するとともに，ランゴバルト王の財産をすべて奪った。息子のアダルキスが立てこもっていたヴェローナも攻略した。アダルキスはビザンツへ亡命し，またカールマンの妻と遺児は捕らえられた。ランゴバルト王国の歴史は幕を閉じた[28]。こうして，フランク王国はイタリアを直接支配下におくことに成功した。そして，このことはローマ教皇に対するフランクの立場を大きく変えることになったのである。E. カスパーは，的確にも「遠方の有力な同盟者がいまや強力な隣人となった」[29]と表現している。

カールがパヴィアを攻略した直後にパヴィアで発給した証書が，今日まで写本の形で伝えられている。この証書は，ボッビオ修道院に対して国王が土地を寄進したことを証する文書であるが，その中で注目すべきことに

---

der Vita Hadriani, MIÖG 5 (1884), S. 198f., 206; P. Kehr, Die sogenannte Karolingische Schenkung von 774, HZ 70 (1893), S. 391-393; Fritze, Papst, S. 52-55; Engels, Rombesuch.

26) Classen, Karl der Große, S. 19.
27) LP 1, S. 497: *Et descendentes pariter ad corpus beati Petri tam ... papa quamque ... Francorum rex cum iudicibus Romanorum et Francorum, seseque mutuo per sacramentum munientes, ingressus est continuo Romam* ... ハドリアヌスはカール宛書簡において，この誓約に繰り返し言及している。CC Nr. 50, S. 570; CC Nr. 51, S. 571 Z. 32-34, S. 572 Z. 8f.; Nr. 52, S. 574 Z. 10f., 14f.; Nr. 53, S. 575; Nr. 54, S. 577 Z. 4-6, 10f.; Nr. 55, S. 579; Nr. 60, S. 587; vgl. Engels, Rombesuch, S. 22f. 驚くべきことに，フランク側の史料は，やや後代に書かれた，それもカールがデシデリウスが「盗んだもの」を教皇に返還させたとだけ記す，アインハルトの記述（『カール大帝伝』第6節）を除き，沈黙している。
28) Vgl. Schmid, Zur Ablösung der Langobardenherrschaft.
29) Caspar, Papsttum, S. 153.

カールは自らを「フランク人の王にして，ランゴバルト人の王」と称している[30]。カールはランゴバルトを倒し，イタリア北部から中部にかけての地域を完全にフランクの支配下に置いた。にもかかわらず，自らを「ランゴバルト人の王」と呼んだのである。それはなぜなのだろうか。

　それは，「ランゴバルト人の王」と称することによって，カールはランゴバルト人に自分の権力を承認させ，なるべく円滑に新体制へと移行させようとしたからであるように思われる[31]。いきなり，フランク王国に統合するより，フランク王国とランゴバルト王国のいわば「同君連合」を樹立したとするほうが得策であると，カールは判断したのではないだろうか[32]。すぐ後に発給された証書ではカールは，さらに「ローマ人のパトリキウス」という称号をつけ加え，「フランク人の王にして，ランゴバルト人の王，そしてローマ人のパトリキウス」と称したが，これが800年の皇帝戴冠以前のカールの通常の称号となった[33]。ランゴバルトに対する完全な勝利は，カールの最初の大きな軍事的成功であった。そして，それはフランク王国の政治秩序を大きく変える出発点となった。

　カールはランゴバルト征服後も，774年4月の誓約を実行に移そうとはしなかった。『コーデックス・カロリーヌス』のなかに含まれているハドリアヌスの数々の書簡から，ハドリアヌスの苛立ちが浮かび上がってくる[34]。現実には，ランゴバルト王国の脅威はすでになく，ベネヴェント公

---

30) MGH DK, Nr. 81.
31) フランク人によるイタリア支配が実質的に機能しはじめたのは774年ではなく，776年になってからである。Vgl. Gerd Tellenbach, Der großfränkische Adel und die Regierung Italiens in der Blütezeit des Karolingerreichs, in: Studien und Vorarbeiten zur Geschichte des großfränkischen und frühdeutschen Adels, Freiburg 1957, S. 40-70; Hlawitschka, Franken, S. 17-53.
32) Vgl. Schramm, Karl der Große als König, S. 201. シュラムは，この称号にみられる「同君連合」は中世によくみられる「同君連合」の最初の事例であると述べている。
33) Wolfram, Intitulatio I, S. 225-235. Fichtenau, Politische Datierungen, S. 507f. によれば，*patricius Romanorum* というカールの肩書は，イタリアの証書ではほとんど登場しない。比較的多くの証書が残されているトスカーナ地方の774年から793年の証書のうち，この肩書が残されているのは，3点だけである。他の116通の証書では，この称号はみられない。このような状況が変わるのは794年のことである。この時期以降，大半の証書で，この肩書がみられるようになる。フィヒテナウは，その理由をイタリアの「フランク化」が進んだためではないか，と推定している。
34) たとえば，CC Nr. 49, S. 568. 『コーデックス・カロリーヌス』に含まれるハドリ

領やビザンツとの敵対関係が問題となるにすぎなかったが[35]，にもかかわらず，ハドリアヌスはカールに広範な領土の譲渡を迫った。一見すると，ローマ教皇の要求は，あまりに過大すぎるように思える。ローマ教皇の要請に答えて，カールはアルプスを越え，ローマ教皇の最大の敵であったランゴバルト王国を滅ぼしたのである。これ以上，何をカールに望むことがあろうか。しかし，ハドリアヌスの立場は異なっていた。約束は約束である，というのがローマ教皇の立場であった。アンゲネントが明らかにしたように，教皇とフランク王の間には，相互に義務をもつ同盟関係が結ばれていた。そして，ローマ教皇の義務はカールやカールの一族の安寧のために祈り，また戦勝を祈願することであった[36]。私は十分約束を守っている。なのに，なぜカールは約束を守らないのか，そういう理屈である。

　それでは，なぜカールは約束を果たそうとはしなかったのであろうか。

　それはやはり，ヤルヌートが述べているように，カールは，支配下におさめることに成功した「新しい王国」の広範な領域を割譲することによって，「新しい王国」を弱体化させたくなかったし，また，支配下に入ったランゴバルト人の家臣たちを動揺させたくなかったからであろう[37]。

　こうして774年以降，カールとハドリアヌスの間には，イタリアの新しい秩序をめぐって摩擦が生じた。たとえば，当時ラヴェンナ大司教レオとローマ教皇は対立していたが，カールはレオを支持し，ハドリアヌスを憤慨させていた[38]。ハドリアヌスは繰り返し，カールに774年の確約の実行を訴えた。この事実は，カールとハドリアヌスの利害が一致していなかったことを示している。ローマ教皇が年来の主張を繰り返し，イタリアの大部分に対する世俗的支配権の獲得に執着したのに対して，カールにとってもっとも重要な問題はイタリアに対する影響力を確固たるものにすることであり，ローマ教皇の問題は，その問題の一部でしかなかった。たとえば，

アヌスの書簡については，一般に，Thoma, Papst Hadrian I. und Karl der Große 参照。また，この時期のハドリアヌスとカールの関係について，Noble, Republic of St. Peter, S. 141ff. も参照のこと。

35) CC Nr. 57, S. 582; Nr. 61, S. 589; Nr. 80, S. 613; Nr. 83, S. 618; Nr. 84, S. 619f.
36) Angenendt, Geistliches Bündnis, S. 45, 50-52, 60, 74-76.
37) Jarnut, Quierzy and Rom, S. 297.
38) Jarnut, Quierzy and Rom, S. 294; Noble, Republic of St. Peter, S. 169-170.

775年の終わりに，カールはイタリアに使者を派遣したが，この使者はローマを飛び越えて，スポレトとベネヴェントに向かい，ローマ教皇を無視する結果となった[39]。

　778年の書簡で，ローマ教皇は『コンスタンティヌスの定め』の政治理論[40]を用いながら，カールに約束の履行を迫った。そして，カールを「新しいコンスタンティヌス」と呼びつつ[41]，望みうる最大限度の領土の獲得をめざして，カールに割譲を要求した[42]。しかし，フランク王はローマ教皇の支配領域の拡大にはあまり関心を寄せなかった。両者の考え方の間には大きな溝があった。そして，ついに，この年以降，ローマ教皇は，この拡張政策を事実上放棄するにいたる。かつてのラヴェンナ総督領については，領有権の譲渡を引き続き主張するものの，カール宛の書簡において，もはや他の領有権に関しては言及しないようになる[43]。しかし，ある程度の妥協と相互理解が深まるには，781年の春を待たなければならなかった。

　以上において，主に年代記史料や『教皇列伝』などをもとに，774年までのフランク王権と教皇座の関係の整理を試みた。774年にカールはランゴバルト王国の併合に成功し，イタリアの政治地図を大きく塗り替えた。年来の敵，ランゴバルト王国が消滅したこと，これはたしかに教皇座にとって，慶賀すべきことにはちがいなかった。しかし，フランク宮廷の主眼点は，新たに獲得したばかりのイタリア北部の支配権の確立にあり，教皇座に広大な領地を献上するなど，考えもしなかった。フランク王のおかげで，宿敵であったランゴバルト王国は潰えたが，教皇座は強大なフランク王を手なずけるという新たな難問を抱え込むことになったのである。ローマ教皇は，自分がペトロの後継者であるという，信仰心に訴えかけるメッセージを送りつつ，有利な状況を生み出そうと常に努力したが，フランク王権は，あくまでも権力の観点から，判断を下そうとしていた。

---

39) CC Nr. 56, S. 580.
40) これについては，後で述べる。
41) CC Nr. 60, S. 585ff.; Caspar, Papsttum, S. 157f.; Classen, Karl der Große, S. 27f. mit Anm. 83.
42) Vgl. Thoma, Papst Hadrian I. und Karl der Große, S. 50.
43) CC Nr. 75, S. 607; CC Nr. 94, S. 635; vgl. Thoma, Papst Hadrian I. und Karl der Große, S. 54.

「ローマ人のパトリキウス」

　すでに述べたように，ローマ教皇はほとんど常にフランク王を「ローマ人のパトリキウス」と呼んでいたが，ピピンは「ローマ人のパトリキウス」を自分の称号の中に取り入れることはなかった。カール大帝もランゴバルト王国を征服するまではそうであった。しかし，遅くとも775年には，「ローマ人のパトリキウス」を自分の称号の一部とし，先述したように，「フランク人の王にして，ランゴバルト人の王，そしてローマ人のパトリキウス」と称するようになった。いったい，なぜ，カール大帝は，この称号をランゴバルト征服後，自分の肩書に取り入れるようになったのだろうか。

　従来の多くの研究に対して，オーンゾルゲは新説を主張し，775年にランゴバルト王デシデリウスの息子アリキスが，亡命先のコンスタンティノープルで皇帝から「パトリキウス」の地位を授けられたことと，カールが「パトリキウス」と自称するようになったことを関連づけて説明しようと試みた。アリキスがパトリキウスの称号をビザンツ宮廷から与えられたため，対抗上カールは「パトリキウス」の称号を用いざるをえなくなったのだと，オーンゾルゲは考えた[44]。しかし，アリキスがパトリキウスに任命されたことと，カールがパトリキウスを正式に称号に採用したことを関連づけようとするオーンゾルゲの試みはドゥエによって否定された。ドゥエの反論は正当である。カールはビザンツの策動よりも早く，「ローマ人のパトリキウス」を自らのタイトルにつけ加えることに決めており，アリキスがパトリキウスの称号をビザンツ宮廷から与えられたことは，このことと無関係であるように思われる[45]。それでは，なぜカールは父ピピンとは異なり，自分の意志で「ローマ人のパトリキウス」を自分のタイトルに付加したのであろうか。

　ピピンが自らけっしてこのタイトルを用いなかったのは，この称号は実

---

44) Ohnsorge, Patricius-Titel Karls des Großen, S. 310-313.
45) Deér, Patricius-Romanorum-Titel, S. 272.

質的な意味をもっていないとみなしていたからであると，前章において述べた。もし，この仮説が正しいとすれば，カールが「パトリキウス」を称するようになったのは，この称号の意味が変わったからだと考えなくてはならない。

　父ピピンも対ランゴバルト戦争に勝利を収めた。しかし，一時的な勝利で満足し，イタリアに全面介入することはなかった。ピピンは当然ローマに関しても一切の実質的な権限をもっておらず，「パトリキウス」のタイトルは名誉的な称号にとどまった。しかし，カールはそうではなかった。カールは774年にランゴバルトを完全に併合し，自ら「ランゴバルト王」になった。ノーブルが指摘するように，確かにカールはランゴバルト併合後もローマ教皇領に関して支配権を行使しなかったかもしれない[46]。しかし，カールがローマに関して，父ピピンよりもはるかに強い立場を確立したことは明白である。「ローマ人のパトリキウス」はカールの自信の現れであると解釈できる。「パトリキウス」という称号は，たしかにローマに関する何らかの法的な権限をカールにもたらしたわけではなかった。しかし，カールは間違いなくイタリアにおけるもっとも重要な人物となり，ローマで実質的な影響力を行使しえた。カールは自分のイタリアにおける威信を自覚していたからこそ，みずからパトリキウスと称することを決意したにちがいない。カールの理解によれば，カトリック世界の維持は，ローマ教皇と自分にかかっていた。彼には「ローマ人のパトリキウス」と称する資格は十分にあったし，また，その義務があった。そのような彼および彼の宮廷の意識があったからこそ，カールは774年以降，自分のタイトルに「ローマ人のパトリキウス」という称号を付加したように思われるのである。

780年代におけるフランク王権と教皇座の関係

　ノーブルは，781年は教皇領にとってだけでなく，フランクのイタリア

---

46) Noble, Republic of St. Peter, S. 288. また，古い通説として，たとえば Hauck, Kirchengeschichte, Bd. 2, S. 87-93.

支配にとっても決定的な年であったと述べている[47]。たしかに、この年にカールのイタリア再訪が実現し、イタリア情勢に大きな変化が生じた。

774年にランゴバルトを攻略し、「ランゴバルト人の王」という肩書を得たカールであったが、その後は、ほとんどザクセン攻略にかかりきりであった。775年の冬にはランゴバルト人のフリウリ公 Hrodgaud が起こした謀反を鎮圧するために、カールは久しぶりにアルプスを越えたが、ローマを訪れることはなかった[48]。カールは反乱をただちに鎮め、この地域の統治をフランク人の伯たちに委ねた後、フランクに帰った[49]。

780年の12月になって、カールはイタリアに向かう決心をする。そしてこのときのイタリア滞在は結果的に半年間もの長きにわたることになる。

カールはすでに前年の12月には古都パヴィアに入り、クリスマスを祝った。『王国年代記』によれば、このイタリア行の目的は王妃ヒルデガルトとともにローマで祈祷するためであった[50]。しかし、翌年のカールの動きを見ると、カールが最初から大きな政治的目的をもってイタリア行を決意したことはまちがいない。イタリアに入ってからのカールの歩みは緩慢であった。王の身体を人々の前に晒し、各地の有力者と直接対面し、また直接王の威光を示すことの重要性をカールはよく自覚していた[51]。かれはしばらくの間、旧ランゴバルト王国の首都パヴィアに滞在した[52]。それからマントヴァに行き、主に裁判と治安にかかわる勅令を発した[53]。カールは3月にパルマに入り、そこでアルクインと出会い、このアングロ・サクソン人修道士をフランクへ招請した。

---

47) Noble, Republic of St. Peter, S. 166.
48) ARF a. 776, S. 42ff.
49) ARF a. 776, 42ff.; AQE a. 776, S. 43ff. Vgl. Hlawitschka, Franken, S. 24; Schmid, Zur Ablösung der Langobardenherrschaft, S. 290.
50) ARF a. 78o, S. 56.
51) 人類学者のクリフォード・ギアーツはモロッコの王の行幸に触れて、次のように述べている。「王の移動性はこのようにその権力の中心的な要素であった。そのなかに存在する文字どおり何百もの小中心との接触——その大部分は敵対的なものであった——をたえず追及することによって王国の統合——もっとも、それが統合された王国であるとはとても言い難いが——が達成された」(『ローカル・ノレッジ』岩波書店、1991年、234頁)。カールの努力も、モロッコの王と同じようなものではなかったか。
52) 『イタリア布告』(Cap. I, Nr. 88, S. 187-188) と呼ばれる勅令は、このときに出されたものと思われる。これについては次章で述べる。
53) Cap. I, Nr. 90, S. 190-191. この勅令の内容についても次章で触れる。

第3章 イタリアへ　　　　103

　4月になって，カールはようやくローマに入った。そこで，カールはハドリアヌスと協議のうえローマ教皇領の範囲に関して明確な決定を下した。ローマ教皇は754年と774年の二度にわたるフランク王の確約を反古にするが如き措置に，渋々同意せざるをえなかった。ハドリアヌスはフランク王の政治的立場を考慮し，強硬な姿勢を改め，妥協する途をえらんだ。カールは，従来からのローマ教皇の領土要求を全面的には認めなかったが，ラヴェンナ総督領を含む，広範な領土をローマ教皇に譲渡する決定を下した[54]。この領土の割譲に関する文書は，816年のいわゆる『ルードヴィキアーヌム』(Ludovicianum) に痕跡をとどめている[55]。
　また，領土問題の解決が図られただけでなく，両者の同盟関係が再確認された。アンゲネントが詳細に論じたように，このとき，両者の *compaternitas* が更新された。4月14日の復活祭前の聖土曜日に，カールの要請でローマ教皇ハドリアヌスが自ら代父となり，王子カールマンに洗礼を授けた[56]。カールマンは777年に生まれており，すでに4歳になっていた。カールはおそらくカールマンが生まれると，ローマ教皇に洗礼を授けてもらうことを考えたであろう。だが，ザクセン攻略の問題を抱え，イタリアに行く機会を失っており，この年にようやくカールマンの洗礼は実現した[57]。ローマ教皇はカールの息子カールマンの宗教的な意味での「父」になった。この宗教的行為が，カロリング家とローマ教皇の関係の強化につながる政治的パフォーマンスであったことはまちがいない。現実には両者の間にはまだ様々な問題が横たわっていた。しかし，両者の友好関係はこのような形でさらに深められた。
　カールは，こうして半年にものぼる781年のイタリア滞在の間に，イタリアの支配権を確立することに成功するとともに，ローマ教皇との関係を深めた。781年以降，ローマ教皇はもはや754年と774年の約束を振りかざ

---

　54) MGH Cap 1, Nr. 172, S. 352-55. この文書については，Noble, Republic of St. Peter, S. 166-175; H. Hahn, Das Hludowicianum, AfD 21 (1975), S. 15-135 に詳しい。
　55) Cap. I, Nr. 172, S. 354.
　56) Angenendt, Geistliches Bündnis, S. 70-90.
　57) カールマンはこのとき，ピピンと名を変えた。これはカールの継承問題を考えるとき，きわめて重要な出来事であるが，ここではこの問題に立ち入らない。このあたりの事情については，さしあたり拙著『地上の夢キリスト教帝国』を参照のこと。また，Thoma, Namensänderungen, S. 77-83 も参照のこと。

して，フランク王に約束の実行を迫ることはしなくなった。教皇座の政策は現実的な方向へと転換した。両者の利害は必ずしも一致しなかったが，両者とも，できるかぎり歩み寄ろうと試みた。ビザンツからの離脱の傾向をますます強めていた教皇座にとって，フランクの援助は必要不可欠であった。一方，フランク王権にとっても，教皇座はイタリア政策の要であり，同盟関係の維持は得策であると判断された。

786年の秋に，カールは再度のイタリア行を決意した。今度の遠征の目的は，ビザンツと同盟していたイタリア南部の反フランク勢力を屈服させることにあった[58]。カールはこの年のクリスマスをフィレンツェで過ごしている。カールは，イタリア王に任じていた9歳の王子ピピンと再会し，ローマに急いだ。ローマで，教皇ハドリアヌスと6年ぶりの再会を果たしたカールであったが，そこに思いもかけない人物が現れた。その人物とは，カールがまさに戦おうとしていた当の相手の息子であった。当時，南イタリアを支配していたベネヴェント公アリキスが，息子のロマルトをローマによこしたのである。ロマルトはたくさんの贈り物を携えて，カールに謁見をもとめた。アリキスはカールに対して恭順の意を表し，進軍を思いとどまるように懇願した。

だが，ローマ教皇もフランク人たちもアリキスの言葉を信じてはいなかった。フランク人は侵攻を開始し，たちまちカプアを攻略した。カールはアリキスに最後通牒をたたきつけた。サレルノに陣を構えていたアリキスは敗色が濃厚であることを悟り，次子グリモアルトと他の人質たちを莫大な贈り物とともにカールのもとに送り届けた。カールはアリキスを赦した。次子グリモアルトと12人の人質を取ることにし，戦いを中止した。カールは身柄を拘束していた長子ロマルトをアリキスのもとに送り返した。カールはアリキスに出頭を命じることなく，数日後使節をアリキスのもとに派遣し，忠誠を誓わせ，ローマに凱旋した。

---

58) この経緯は，Bertolini, Carlomagno e Benevento に詳しい。

第3章　イタリアへ　　　　　　　　　　　　　　　　105

カロリング・ルネサンスとイタリア

　カロリング・ルネサンスと呼ばれる文化運動が，カールのイニシアティヴのもとに，カールの宮廷を出発点として展開されたことは，周知のとおりである。この文化運動の牽引車としての宮廷は，カールのランゴバルト征服後に，はじめて姿を現す。カールはランゴバルト王国にすぐれた教養人を見出し，自分の宮廷に招聘した[59]。カールが，イタリアに長期に滞在する以前から，自国の文化発展に大きな関心を寄せていたのかどうかはわからない。また，彼が最初から，新しいタイプの国家を構築するために，学識をもった人を必要としたのかどうかもわからない。しかし，長期にわたるイタリア滞在を通じて，カールがイタリアに伝わる文化的伝統に大きな魅力を感じたことは間違いない。
　D. バラの研究にあるように[60]，当時のパヴィアの宮廷では，後のアーヘンの宮廷のモデルともなるような宮廷文化が花開いていた[61]。カールは，その宮廷に出入りしていた教養人たちに目をつけた。こうした教養人として，ピサのペトロ[62]，のちにそれぞれパヴィアとヴェルダンの司教に任命された二人の別のペトロ[63]，後にアクィレイアの総大司教となるパウリヌ

---

　59)　一般に，Brown, Carolingian Renaissance, S. 30; Garrison, Emergence, S. 117.
　60)　Bullough, Urban Change in Early Medieval Italy: The Example of Pavia, Papers of the British School at Rome 34 (1966), S. 82-131, bes. S. 94-102.
　61)　リシェ『中世における教育・文化』428-429頁。
　62)　彼については，次の文献に詳しい。Bullough, Aula renovata, bes. S. 279 mit Anm. 1. 彼はおそらく，774年の少し後に，カールの宮廷の一員となった。アインハルトによれば，彼は，カールの文法教師となった（Einhard, Vita Karoli, c. 25）。アルクインは，ある書簡のなかで，このペトロを「陛下の宮廷の文法教師として高名な」人物と呼んでいる（Alkuin, Ep. 172, S. 285）。
　63)　ヴェルダン司教に任じられたペトロについては，二つの史料がある。『フラヴィニー年代記』によれば，このペトロはカールのパヴィア攻略に際して，フランク宮廷に内通し，のちにその報賞としてヴェルダンの司教座を得た（MGH SS 8, S. 351）。一方，『ヴェルダン司教列伝』には，カールのパヴィア攻略の後，フランクの捕虜となり，その後ヴェルダン司教に任命されたとある（Gesta epi. Virdunensium c. 14, SS 4, S. 44）。アーベルはいずれの記述も信頼できないと評している（Abel/Simson, Jahrbücher, S. 251）。しかし，捕虜としてフランクに連れてこられたが，のちに栄誉あるポストを与えられたファルドゥルフの事例があ

ス[64]、『メッス司教列伝』、『ランゴバルト史』などの史書のほか、数々の韻文作品、聖書訓話集で知られるパウルス・ディアコヌス[65]、サン・ドニ修道院長に任命されたファルドゥルフ[66]などの名を挙げることができる。

　これらのイタリアからフランク宮廷に招かれた聖職者たちの多くは、単に教師として活動としただけでなく、のちに教会の要職を与えられて、フランク王国の教会政策に関わった。ただし、彼らがフランク宮廷の政治思

り、このペトロが捕虜としてフランクに渡った可能性は低くないように思われる。いずれにせよ、彼がパヴィアの宮廷と深い関係にあった人物であったことは間違いない。彼は781年にヴェルダン司教に任じられている。

　64) 彼はおそらく旧ランゴバルト王国の貴族出身で、早くからフランク宮廷に接近した人物である。776年にイタリア北部で反乱が勃発したとき、フランク側にたち、反乱の鎮圧に功績があった。そこで、彼は反乱鎮圧後の論功行賞としてカールから領地を与えられた (DK Nr. 112)。パウリヌスは、遅くとも777年には、カールの宮廷の一員となった。しばらくの間、カールの宮廷にあったが、787年にアクィレイアの総大司教に任命された。後にイスパニアのキリスト養子説をめぐる論争に一役かっている。この異端問題に関連して北イタリアの司教たちに向けて書かれた〈Libellus sacrosyllabus〉(MGH Conc. 2, 1, S. 130ff.) の作者は彼であると、一般に考えられている。

　65) フリウリ出身の貴族であった彼はすでにパヴィアの宮廷で頭角を現していた教養人であった。彼はすでに763年にランゴバルト王女アダルペルガと結婚したベネヴェント公アリキスを称える詩を書き残している (Paulus, Gedichte, Nr. 2, S. 12)。彼は宮廷聖職者であったように思われる。しかし、宮廷を離れる決意をし、やがてモンテ・カッシーノ修道院に入った。776年のフリウリの反乱に彼の兄弟アリキスが関与したとされ、アリキスは捕虜としてフランク王国に連行されたことが、パウルス・ディアコヌスがカールと出会うきっかけとなった。パウルス・ディアコヌスは兄弟の解放を懇願するために、782年にフランク宮廷のもとを訪れた。カールはすでに著名であったこの教養人を歓迎し、宮廷に招き、パウルスもこの招聘に応じた。ただし、パウルスがモーゼル河畔の滞在先からモンテ・カッシーノ修道院長テオデマールに書いた書簡 (783年1月10日付) によれば、当初彼はこの宮廷滞在を、兄弟の解放という目的が達成されるまでのやむをえざることと考えていたようである (Ep. 4, S. 506ff.)。しかし、やがて、解放が実現されると、彼は求められるがままに、さらに数年にわたり、フランクの宮廷に滞在することになった。彼は才気ある詩人、文章家として多くの韻文と散文を書き残した。王妃ヒルデガルトの追悼詩や王女たちの頌詩などをうたいあげるばかりではなく、カールの宮廷礼拝堂司祭長 (Erzkaplan) であったメッス司教アンギルラムの要請に答えて、重要な作品『メッス司教列伝』を著した。やがて、彼は宮廷を辞し、モンテ・カッシーノ修道院に戻ったが、フランク王との関係を絶ってしまったわけではなかった。王の求めに応じて、聖書訓話集を編んでいる。カールは後に勅令を発し、この説教集の利用を聖職者たちに勧めている (MGH Cap. 1, Nr. 30, S. 80f.)。このことは、彼が宮廷での文章家、詩人としてだけでなく、修道士としての資質も高く評価されていたことを示している。『ランゴバルト史』を書き上げたのもこの頃のことである。

　66) 彼は捕虜としてフランクに連行されたが、やがて宮廷聖職者のメンバーの一員に加えられた。ザクセン戦争にも随行している。そして、792年以降にサン・ドニ修道院長に任命された。彼については、Hauck, Kirchengeschichte, Bd. 2, S. 164f.; Fleckenstein,

想の展開にどのような影響を与えたのかについては，手がかりは全く欠けている。彼らは政治思想に関わる著作や，その断片を全く書き残していないからである。

要　　約

　カールの治世になってから，フランク王国とイタリアの関係は，このように大きく変わった。本章の検討から，五点ほど指摘しておきたい。
　まず，第一に指摘しておかなければならないことは，774年のランゴバルト征服の重要性である。この出来事は，単にフランク王国の拡大を意味する出来事ではなかった。これにより，カールは「フランク王」から「フランク王にして，ランゴバルト王，そしてローマ人のパトリキウス」になった。フランク人はローマ教皇の直接の隣人になったのである。フランク王権は，旧ランゴバルト王国を支配下に収め，また，宮廷から多数の「巡察使」が派遣されるようになった。これ以降，それまでよりはるかに多くのローマ教皇座に関する情報が，イタリアの他の地域に関する情報とともに，フランク宮廷にもたらされるようになったことはまちがいない。ローマはもはや遠い都市ではなくなった。
　第二は，ローマ教皇領問題に関するカールの現実的な立場が一貫してみられることである。教皇座はビザンツのイタリアでの影響力の低下とランゴバルトの軍事的圧力のなかで，世俗的な支配領域の拡大に心血を注ぎ，ローマ教皇領の理念を発展させていったが，教皇座の考える理想的な教皇領はイタリア中部を覆う広大なものであり，その実現はランゴバルトから大きな領土を奪うことによってはじめて可能となるものであった。ピピンは754年にキエルジにおいて，ローマ教皇の教皇領の構想を大筋では是認したうえで，対ランゴバルト戦に臨んだ。そして，ピピンは勝利を収め，教皇領の拡大に寄与した。しかし，第1章に述べた理由により，将来構想の実現は不可能であった。カールもまた，父の政策を継承し，774年には一度は教皇領の将来ヴィジョンの実現を約束した。そして，同年，ランゴ

Hofkapelle, S. 74.

バルトを完全に服属させることに成功し，いまやローマ教皇の年来の夢は実現するかにみえた。しかし，カールは約束を守らなかった。その理由はおそらく単純なものである。一度手中におさめた旧ランゴバルト王国の領土を手放したくなかったのである。カールとフランク宮廷の立場からみれば，確かにローマ教皇領の将来構想の問題は無視できなかった。それがローマ教皇の年来の宿願であり，また一度は約束した以上，教皇との良好な関係を保つために，教皇領問題の早急な解決は重要な外交的課題であることを，フランク宮廷はよく知ってはいた。しかし，教皇領問題は，フランクのイタリア政策の中心的な問題ではなかった。イタリアにおいて強固な支配権を確立すること，それがカールの最重要課題であった。西方キリスト教世界の宗教的中心地であるローマを擁するイタリアに対して，持続的かつ有効な支配権を確立すること，これがフランク宮廷がもっとも強く望んだことであった。教皇領問題に関する781年の政治的妥協もこのような観点から理解される。そして，全体としてみれば，780年代末までにフランクのイタリアでの立場はさらに強固になったといえるだろう。

　第三に，774年のランゴバルト征服は，ビザンツとフランクが直接国境を接するようになったことを意味した。ビザンツは，フランクの隣国となった。ビザンツとの関係が重要度を増すようになったのは当然である。たとえば，781年に，カールはおそらくローマ教皇の仲介のもと，王女ロトルートをビザンツ皇帝コンスタンティノス6世のもとに嫁がせる約束をビザンツ宮廷との間で結んだが，それはビザンツが西方のゲルマン人が建てた国であるフランク王国を，ある程度承認したことを意味する。ビザンツからみれば，当時イタリアに確実に勢力を築きつつあるフランクは，西方の脅威であった。この時点ではフランクの勢威はなおイタリア中部にとどまっていたとはいえ，南部にまで彼らの勢力が拡大し，ビザンツのこの地域での覇権を失わせていくであろうことは明らかな状勢にあった。ビザンツとしては，イタリアの完全な喪失はなんとしても避けたかった。実権を握っていたビザンツ皇帝の母后イレーネは，そのためには外交上，西方の野蛮なゲルマン人が建てた国を表面上は同等と認めることもやむなしと考えた。その後，婚約は破棄され，両国の関係は敵対的になっていくが，ビザンツの存在はフランク宮廷において，次第に大きな位置を占めるにいたった。

第四に、フランク宮廷も、キリスト教世界における宗教上の権威をローマ教皇に認めてはいたが、キリスト教世界全体の擁護および進展に関しては、ローマの優越を認めていなかった。世俗的な権力関係からみれば、フランク王はローマ教皇に対して圧倒的に優位にたっていた。広大な領土を支配するフランク王に対して、ローマ教皇はローマ周辺を支配する小規模の君主にすぎなかった。カールはローマの命運を握っていた。このような現実の力関係があったからこそ、イデオロギーの面でもフランク宮廷には独自の理論を構築する道が残されていたというべきであろう。フランク宮廷は、ローマ教皇の政治理論をそのまま受け入れることはなく、新しい道を模索していくのである。
　第五に、カールはまた、ランゴバルトの宮廷と結びついていた聖職者たちと接触し、彼らを自分の宮廷に招聘したことを挙げておかなくてはならない。これらのイタリアからフランク宮廷に招かれた聖職者たちは、単に教師として活動しただけでなく、フランク王国の教会政策に関わった。カールのイタリア滞在は、こうして、文化面においても、その後、大きな影響を及ぼしたのである。だが、実は、カールのイタリア滞在での最大の収穫は、ひとりのアングロ・サクソン人と出会い、この人物をフランク宮廷に招くことに成功したことである。この人物とは、もちろん、アルクインのことである。

第4章

統治の技法
——治世初期のカールの勅令——

───────

カール大帝以前の勅令

　W-J. オングは次のように述べている。「書かれたものがある文化のなかで用いられはじめてからしばらくたってもなお，書かれたものに高い価値が与えられないでいるということがある」と[1]。フランク時代はまさにそうした時代であった。メロヴィング期ガリアにおいては当然ラテン語の文字文化は発達していたし，文字文化はエリート層の重要な要素をなしていた。書式集の存在は，多くの証書が書かれたことを示しているし，多量に残存する教会会議の決議録は，書かれた記録の重要性がいささかも減じることはなかったことを明らかにしている。書かれた記録は，その後の教会の方針をたてるための羅針盤となった。おそらく，そうした記録がなければ，教会の改革を一歩も進めることはできなかったことだろう。670年代の教会会議以降，教会会議の決議が伝承されていないことは示唆的である。記録が残されていないことは，教会の活動そのものが低迷してしまったことを意味するのである。

　ところが，国王の立法活動はそうではない。クローヴィスによる対西ゴート戦の勝利後からメロヴィング朝滅亡までの約250年間で，国王の布告と呼べるものはわずか7点しか伝承されていないのである。確かに，その

---

1) W-J. オング『声の文化と文字の文化』藤原書店，1991年，199頁。

第4章　統治の技法　　111

ほかにも勅令に類する文書が何点か伝えられているし，また，通達を出して国王の意思を伝達していることが叙述史料から推定されるが，それにしても少ない数字ではある[2]。このことの理由のひとつは，国王の意思が口頭で与えられ，そのこと自体が重視されたことにあろうし，もうひとつの理由は，国王の命令がその都度の政治情勢に合わせて出されたものが大部分で，したがって，時間がたってしまえば，不要になってしまう類のものだったことにあるだろう。今日の私たちの社会においても，一年前に作成された文書の大部分はほとんど意味を失ってしまい，廃棄処分にしても問題ない。それと同じように，当時の人々も国王の命令書をずっと保存する必要性を感じず，処分してしまったように思われる。伝承にはもちろん偶然がつきものだが，勅令の内容も関連したのではないだろうか。単なる憶測だが，裁判の原則など，持続的な効力をもつとみなされた内容を含む勅令が生き残ったのではないだろうか。

　カロリング王権を創始したピピンも，メロヴィング朝の国王たちの先例にならって勅令を公布した。ピピンの国王在位期間は，約17年間であるが，彼の勅令は6点残されている[3]。この数字はメロヴィング期の国王たちに比べれば多いが，カール大帝に比べれば，はるかに少ない。ピピンの勅令

---

　2)　MGHの勅令集の編纂者であるボレティウスは，クローヴィスの書簡も収録している（MGH Cap. 1, Nr. 1）。しかし，近年の研究は，この書簡を「勅令」に数えない傾向にある。たとえば，Mordek, Karolingische Kapitularien, S. 58 mit Anm. 17; Woll, Merowingische Kapitularien, S. 172; Buck, Admonitio und Praedicatio, S. 250. また，MGHではグントラムとヒルデベルト2世の間で締結されたアンドロ条約も「勅令」として扱われているが，二人の王の間の条約という性格から，ヴォルはこの条約を「勅令」に含めることに否定的である（Woll, Merowingische Kapitularien, S. 175-179）。この2点の文書を除くと，メロヴィング期の「勅令」は全部で7点伝承されているということになる。ただし，カロリング期の「勅令」には，実に様々な種類の公的文書が含まれており，このような考え方は限定的すぎるという意見もあるだろう。なお，ヴォルは叙述史料から伝承されていない「勅令」の推定作業を行っている。Woll, Merowingische Kapitularien, S. 184ff. またメロヴィング期の「勅令」について，加納修「メロヴィング期にカピトゥラリアはあったのか」37頁以下参照。

　3)　MGHの勅令集では，マインツ司教ルル宛の書簡の断片（Cap. 1, Nr. 17）も収録されているが，この数に含まれている。今日伝承されているのはルル宛の書簡だけだが，この書簡は，王国内の全司教たちに送られた一種の通達であった可能性が強いように思われる。このことはすでにシュトゥツやドゥクレールによって主張されている。Stutz, Zehntgebot, S. 187-191; De Clercq, Législation religieuse, S. 145. この書簡では，すべての司教は自分の教区で連祷すべきであると述べられている。MGH Cap. 1, Nr. 17, S. 42: *ut absque ieiunio indicto unusquisque episcopus insua parrochia letanias faciat, ...*

のうち，3点は教会会議に関連して公布された勅令であるが，世俗の領域に関わる勅令もある[4]。ピピンの最後の勅令は，彼が没した768年に出された『アキタニア勅令』であるが，この勅令には彼が支配下に収めることに成功したアキタニアの統治に関する具体的な指示が記されている[5]。伝承されている勅令は僅かとはいえ，ピピンも書かれた記録の統治技法としての有用性を十分認めていたことが推定される。

　カール大帝は父ピピンと比較にならないほど多くの勅令を残したが，実のところ，弟カールマンとともに王位に就いた768年の10月から『エルスタール勅令』を公布した779年の春にいたるまでは，一点の勅令も伝えられていない。驚くべきほど長い空白期間である。これは，単に伝承の偶然によるものなのだろうか。それとも，カールは実際に勅令を公布しなかったのだろうか。カールが770年から779年まで，イタリアに遠征した774年とイスパニアに遠征した778年をのぞき，毎年王国会議を開催していたことを史料上確認できるが[6]，こうした会議で勅令を発することはなかったのだろうか。

　このことは何を物語るのだろうか。そして，779年以降のカールの勅令は彼の統治技法のどんな側面を示しているのだろうか。

戦争と危機

　カールの治世の初期はとにかく戦争と領土拡大の時代である。769年のアキタニア遠征をはじめとして，カールは毎年のように遠征を行った。メロヴィング朝初期と同じように，カロリング朝初期は，戦争と領土拡大に彩られている。カールも攻撃・掠奪を繰り返していた。770年代の戦争の舞台はおもにザクセンとイタリアであった。

　772年の夏には最初のザクセン遠征を行い，一定の成果を収めた。翌年には，春からイタリアに遠征し，終始イタリアにあって，ついには，774

---

　　4) Cap. 1, Nr. 13, S. 51f.
　　5) Cap. 1, Nr. 18, S. 42f. この勅令は，Leiden Voss. Lat. Q. 119 のみに伝承されている。Vgl. Mordek, Bibliotheca, S. 214.
　　6) 付表参照。

第4章 統治の技法　　113

年にランゴバルト王国を滅ぼした。775年の夏には再度ザクセンにかなり大規模な遠征を行う。776年には，フリウリ地方の反乱を鎮圧。776年には，ザクセンの謀反が起こり，その報復のために，ザクセンに侵入。777年にもザクセン攻略に心血を注ぐことになる。この時代にカールが一点の勅令も残さなかったのは偶然とは思われない。もちろん，口頭で，あるいは文書を用いて，彼は様々な指示を出していたことだろう。しかし，その記録は後世に一切伝えられなかった。その原因はおそらく，それらの指示がその都度の状況に対応したものにすぎず，残す必要性のある文書だと思われなかったことにあるだろう。宮廷は戦争と領土拡大に忙しく，また，戦争にある程度成功していたあいだは，重大な内政問題は持ち上がらなかった。宮廷に好意的な『王国年代記』だけではなく，すべての叙述史料がこの時期の国内問題について一言も触れていない。

　ところが，778年になると状況は変わる。カールはピレネー山脈を越えて，イスパニアに侵入したが，その帰途，フランク軍は『ローランの歌』で語り継がれる手痛い打撃を蒙ることになる。宮廷に近い執筆者によって書かれた『王国年代記』は，この敗戦について全く記述していない。このことは，とりもなおさず，この敗北が宮廷に与えた衝撃の大きさを示している。ガンスホフは，778年とその翌年を危機的な状況とみなす[7]。フランク王国は瓦解寸前であったというのである[8]。たしかに，カールは苦境にあった。ピレネー山中で，カールは重臣を含む多数の兵士を失い，命からがらオーセールにたどり着いたが，そこで，ヴィドゥキントに率いられたザクセン人たちが反旗を翻したことを知った。カールは急いでザクセン征伐の準備にかからなくてはならなかった。

　ガンスホフのいうように，778年から779年にかけての時期が，長いカールの治世において，とくに危機的な状況にあったかどうかは，わからない。ピレネー山中で大きな敗北を喫したのは確かだが，王権の存立基盤を脅かすほどの危機がこの時期に生じたという直接的な証拠はない。少なくとも，この時期に国内で謀反がおこったことを示す史料はないし，統治組織が深

---

7) Ganshof, Une crise dans le règne de Charlemagne, Les années 778 et 779, in: Mélanges Charles Gilliard, Lausanne 1944, S. 133-145.
8) Ganshof, Charlemagne, S. 18.

刻な打撃を受けたという史料もない。ただし，考慮すべきことはある。それは，779年に大きな飢饉があったことが知られていることである。『王国年代記』は，ピレネー山中での惨事と同様，この飢饉についても何も記していない。しかし，『ロルシュ年代記』は，779年の条で次のように記している。「フランキアは大飢饉に見舞われ，多くの人が命を落とした」[9]。カールが779年の3月にエルスタールで王国会議を開き，彼の最初の勅令である『エルスタール勅令』を定めたのは，このような状況においてであった。

『エルスタール勅令』

　カールの最初の勅令は何かという問題について，今まで様々な意見があった。古くは，769年ごろのいわゆる『カール大帝の最初の勅令』がそうだとする意見が支配的であった。しかし，この勅令には，かなり以前から偽文書説があった。後述するように，私は『カール大帝の最初の勅令』は少なくともその核心部分においては真正であると考えるが，769年ごろではなく，むしろ780年代に発令されたものと推定する。だから，これはカールのもっとも古い勅令ではない。また，『イタリア布告』が最も古い勅令であるという考え方もある。『イタリア布告』が776年に出されたとすれば，そういうことになるが，モルデクの最近の論文によれば，『イタリア布告』は781年に発令された文書である。このように考えると，現在の研究状況では，779年3月の『エルスタール勅令』がカールの最初の勅令ということになる。

　この勅令は非常に多くの手書本のなかに収録されている。また，「普及版」(*forma communis*) の他に，「ランゴバルト版」(*forma langobardica*) も作成されている[10]。一般に，〈実用的〉な勅令よりも〈綱領的〉な勅令

---

　9) Annales Laureshamenses (MGH SS 1), S. 31: *Fames vero magna et mortalitas in Francia.* Vgl. Annales Alamannici (MGH SS 1), S. 40; Annales Mosellani (MGH SS 16), S. 497.
　10) MGH Cap. 1, Nr. 20, S. 46-51; Mordek, Bibliotheca, S. 1081f. によれば，*forma communis* については33点の写本が，そして *forma langobaridica* については，7点の写本が伝承されている。「ランゴバルト版」について，ガンスホフは特に理由を挙げずに830年ご

第4章　統治の技法　　　　　　　　　　115

のほうが多くの写本で伝承されていることを考えると，この『エルスタール勅令』の写本の多さは，この勅令がカールの統治方針を示す〈綱領的〉文書と受けとめられたことを想像させる[11]。

　この勅令の冒頭では，次のように述べられている。「わが君主，最も栄光なカール王の治世の幸ある11年目の3月に，神の望みにより，敬虔なるわが君主の御臨席のもと，会議（sinodale concilium）に集まった司教，修道院長，貴顕の士および伯たちが目下の問題に関して合意した決議にしたがって，勅令（capitulare）が公布された」[12]。

　このように，エルスタールで開かれた会議（この勅令ではsinodale conciliumと呼ばれている）には，司教，修道院長だけではなく，伯も加わっていた。それゆえ，教会会議というよりも，王国会議が開催されたというべきである[13]。また，内容的にも教会のことだけではなく，世俗の統治に関わる事項が扱われている。

　さて，この勅令は全部で23条からなるが，最初の7条が教会に関わる条項である[14]。教会に関する条項には，目新しさはない。首都大司教制に関する第1条，司教の空位がないように促した第2条，修道院に関する第3条，教区内の聖職者に対する司教の裁治権を認めた第4条，姦通者に関する取り締まりの権限を司教に認めた第5条，他の教区の聖職者を叙階する

―――――――――
ろの公布とみなす。Ganshof, Kapitularien, S. 32. これに対して，モルデクは（Mordek, Fränkische Gesetzgebung, S. 7)，9世紀以降に出されたものであり，しかも公的な文書ではないと推定している。

　11) Vgl. Nelson, Literacy in Carolingian Government, S. 295.
　12) MGH Nr. 20, S. 47: *Anno feliciter undecimo regni domini nostri Karoli gloriosissimi regis in mense Martio factum capitulare, qualiter, congregatis in unum sinodali concilio episcopis, abbatibus virisque inlustribus comitibus, una cum piissimo domno nostro secundum Dei voluntatem pro causis oprtunis consenserunt decretum.* Vgl. Hannig, Consensus fidelium, S. 179. なお，この勅令は，*capitulare*という表現が勅令の意味で用いられた最初の勅令である。もっとも，*capitulare*は元来，条項（*capitula*）に分けられた文書一般を指しており，8世紀末においても，なお，そのような一般的な意味も持っていた。これについては，Bühler, Capitularia Relecta, S. 327-339に詳しい。
　13) もっとも，この時代には今日の意味での教会会議という概念は存在しなかった。Gerhard Schmitz, Concilium perfectum: Überlegungen zum Konzilsverständnis Hinkmar von Reims (845-882), ZRG KA 65 (1979), S. 27f. *synodus*という表現は，王国会議の意味でも用いられている。これについては，Hartmann, Synoden, S. 97 mit Anm. 4.
　14) Vgl. Abel/Simson, Jahrbücher, Bd. 1, S. 324ff.

ことを司教に禁じた第6条，いずれの条項もすでにボニファティウスの改革教会会議やピピンの時代の教会会議において定められている内容を繰り返したものである[15]。

　残りの条項の多くは，治安および社会秩序の維持に関する条項で占められている。たとえば，第14条は，徒党（*trusti*s）を禁じ，第16条はギルドを禁止する。また，第9条，第11条，第23条では，盗賊（*latrones*）に関わる規定が定められている。さらに，第22条は，フェーデに関連した条項である。カールは，家臣たちが法を守るように念を押すことも忘れてはいない。第21条はいう。「もし伯が職務を正しく遂行しなかった場合には，ただちに正しく履行されるように，わが巡察使が伯の館で必要な処置を講ずる。わが家士が法に従わなかった場合には，伯と巡察使がこの者の館に逗留し，正義を行う」[16]。

　結局のところ，この勅令では，ボニファティウスによって強く推進された教会秩序の確立が再度宣言されるとともに，治安の維持に対する王権の断固たる態度が示されているといえるだろう[17]。勅令においてこれらのことが再度表明されたのは，様々な危機を乗り越えてようやく内政に目を向ける必要性を感じるようになったカールが，父の政策の継承をあらためて宣言する必要に迫られたためであるように思われる[18]。第12条で「わが亡父が王国会議や教会会議で定めた条項を守りたく思う」[19]と述べられているのは，このようなカールの政治姿勢を明確に示している。

　おそらく，教会十分の一税[20]に関する第7条も，父王の政策の継承とい

---

15) Vgl. Hartmann, Synoden, S. 100.
16) MGH Nr. 20, c. 22, S. 51.
17) Vgl. Mordek, Studien, S. 12. 治安の維持については一般に拙稿「フランク時代の王権・教会・平和」を参照。ただし，この論文では『エルスタール勅令』には言及していない。
18) Vgl. Ganshof, Kapitularien, S. 124f.
19) Cap. 1, S. 48; *Capitula vero quae bonae memoriae genitor noster in sua placita constituit et sinodus conservare volumus*). Vgl. De Clercq, Législation religieuse, S. 158.
20) わが国の慣例にしたがって，ここでも「教会十分の一税」（*decima*）と表記するが，これを税と呼ぶことには，いささか問題がある。第一に，あとで触れるように，少なくともフランク王国においては，ピピンの時代まで，*decima* は信者の自主的な（もちろん強く推奨されてはいたが）納付金にすぎなかった。第二に，王権によって強制されるようになっても，この納付金は原則的に教区教会に納められるものであり，王権の収入になったわけではなく，王権の財政的基盤の強化に貢献したのではなかったからである。

第4章 統治の技法　　117

う観点から理解すべきだろう[21]。聖書に典拠をもち，また，6世紀のガリアの教会会議でたびたび要請されてはいるものの[22]，必ずしも信者の義務とされていなかった教会十分の一税の納付は，ピピンの時代に，国王の権威のもとに強制されることになった[23]。「十分の一税については，すべての人がその十分の一税を納めるべく，またそれは司教の指示により分配されるべし」[24]という，『エルスタール勅令』の第7条は，G. コンスタブルが述べているように，このピピンの先例を継承したものであり，ラディカルな変革を示す条項ではない[25]。このさりげない条文の中で，カールは，教会十分の一税の納付がすべての者の義務であることを明言している。775年ごろの書簡の中で，アイルランド人（アングロ・サクソン人とも推定されている）カトゥウルフは，十分の一税の不払いを国王が処罰すべき犯罪のリストのなかに入れ，処罰を当然とみなしていた[26]。ハニヒは，カトゥウルフの思想と，この勅令の内容の類似性について論じているが[27]，十分の一税に関する条項が『エルスタール勅令』に取り入れられた背景には，

---

21) この条文は，山田欣吾氏の詳細な分析の対象となった。山田氏は教会十分の一税の研究史を振り返って次のように述べている。「十分の一税に関する研究文献を調査してみて，筆者の受けた印象は，これが，西欧における中世史研究一般の恐るべき分厚さの中では，やや手薄い部分の一つに属するのではないかということである」（山田欣吾「カロリンガー時代の十分の一税」86頁）。この判断は正しい。山田氏も指摘しておられるように，たしかに教会十分の一税に関しては膨大な研究史があるが，にもかかわらず，教会に対する納付を義務付けるという，聖書に典拠をもつとはいえ，中世カトリック世界に特徴的なこの制度の歴史的意義は十分評価されているとはいいがたい。それゆえ，山田氏の論文「カロリンガー時代の十分の一税」は貴重な研究である。ただし，『エルスタール勅令』の第7条の解釈に関しては，私の解釈は異なる。この条文についての山田氏の解釈は，とくに前掲山田論文，106頁以下参照。

22) Vgl. Semmler, Zehntgebot, S. 38.

23) Bonifatii et Lulli Epistolae (MGH Ep. 3), Ep. Nr. 118, S. 408 = Cap. 1, Nr. 17, S. 42. この書簡をめぐる議論については，Constable, Monastic Tithes, S. 28 mit Anm. 2 に簡潔にまとめられている。

24) 山田欣吾「カロリンガー時代の十分の一税」106頁の訳文にしたがった。原文は次のとおり。Cap. 1, Nr. 20, c. 7, S. 48: *De decimis, ut unusquisque suam decimam donet, atque per iussionem pontificis dispensentur.* これは後述するルル宛書簡の一節である。この書簡の主旨は，凶作の時期が終わったことを神に感謝するために司教たちに祈祷をもとめたことにある。だから，教会十分の一税に関する言及は，宮廷が神への謝意を表そうとしたという文脈から理解することができる。

25) Constable, Monastic Tithes, S. 29.

26) MGH, Ep. 4, S. 504.

27) Hannig, Consensus fidelium, S. 226.

こうした聖職者の影響があったかもしれない。だが，十分の一税の納付を信者の義務とみなす考え方が，すでにピピンの書簡に示されていることは，述べたとおりである。カールも，父ピピンと同様に，教会の財政的基盤の強化に尽力しようと努めたのである[28]。

その一方で，全く新しい条項もみられる。

まず第一が，*decima et nona* に関する第13条である。この有名な条項については，コンスタブルが明快な解釈を試みている[29]。この解釈によれば，*decima et nona* とは，国王の家臣が教会から土地を借りた場合の補償金であり，カール・マルテル以来，カロリング家が教会所領を収公し，家臣に分け与えた土地に関するものであった。*decima* とあるが，教会十分の一税とは，全く無関係である。カールは借地料のほかに，生産物の2割――生産物を十等分にした場合の9番目（*nona*）と10番目（*decima*）――の支払いを命じた。これは，王権の都合で一方的に事実上土地を奪われた教会の不満を解消するための措置であった。この規定では，カールは明らかに教会の立場にたって，家臣たちに負担を強いており，家臣たちの反発は必至の措置である。そして実際，この規定は守られなかったのである。このことは，後で触れる『780年の通達』（MGH Nr. 97）が示している。

第二に，水平的な誓約団体に対する徹底的な弾圧を定める第16条も，全く新しい規定である。カロリング期にみられる誓約団体（ギルド）については，O. G. エクスレが徹底的な検討を行い，この時代の社会について新しい見方を示したが[30]，誓約による人間関係の強化は，この時代にみられる，もっとも重要な変化のひとつであり，おそらく，封建的主従関係の展

---

28) カールと側近たちが，自分の統治するフランク王国はキリスト教徒の共同体であるといっそう強く認識するようになっていたことは確かであるように思われる。しかし，自分たちの王国が「教会」だと考え始めたことを示すのだろうか。私の考えでは，そうではない。「教会」という概念は，あまりに幅広く，「国家」を越えていた。フランク王国を「教会」と呼ぶことへの障壁は高かった。だから，この教会十分の一税に関する条項も，フランク王国が「教会」と理解されはじめていたことを示すものではない。実際，この勅令においても，「教会」はただ単に個々の宗教施設の意味で用いられているにすぎないのである。たとえば，Cap. 1, Nr. 20, c. 8, S. 48.

29) Constable, Nona et decima, An Aspect of Carolingian Economy, Speculum 35 (1960), S. 224-250. 山田欣吾「カロリンガー時代の十分の一税」110頁以下参照。

30) Oexle, Gilden. 特に S. 301ff. 参照。また，森義信「フランク王国の国家原理」261頁以下参照。

開も，このような大きな変化の一部と捉えることも可能であろう。この勅令で，誓約団体の存在が触れられていることはもっと注目されてよい。第16条は次のように述べている。「ギルドを結成するような相互誓約をけっしておこなってはならない。困窮や火災や船の難破のときに相互扶助団体（*convenentiae*）を結成することは許されるが，その場合でも，けっして誓約をおこなってはならない」[31]。この規定は，誓約がいかに強固な人間関係を生み出したかをよく示している。それは，一元的なツリー型の社会秩序を生み出そうとする中央権力からすれば，大きな妨げになるような，破壊的な威力を秘めている一種の爆弾とみなされた。だからこそ，後述するように，それを逆手にとって，789年の勅令において，カールは臣民に自分に対する誠実宣誓を要求したのである。このように，カールの治世においては，誓約（宣誓）は社会秩序を構成する重要な方法の一つにまで昇華していた。『エルスタール勅令』の第16条の条文は，まさにこのことを示している。

ところで，この勅令には，『一般訓令』にみるような「司牧の次元」をまだ全くみることができないことも，注目すべきだろう[32]。この勅令においては，教会に関する様々な規定があるが，教化に関わる条項を見出すことができないのである。シュミッツやモルデクがいうように，教化を目的とする条文を勅令に含めるのがカロリング朝の君主の統治政策の特徴であるならば，このカールの治世初期の勅令には，まだ，こうした特徴がみられないことになる[33]。

---

31) Cap. 1, Nr. 20, c. 16, S. 51: *De sacramentis per gildonia invicem coniurantibus, ut nemo facere praesumat. Alio vero modo de illorum elemosinis aut de incendio aut de naufragio, quamvis convenentias faciant, nemo in hoc iurare praesumat.* Vgl. Oexle, Gilden, S. 301 Anm. 99; S. 348f. この規定は789年にアキタニアの指示書でも取り上げられている。Cap. 1, Nr. 24. c. 16, S. 66. なお，伝承される指示書には，ただ単に「ギルドについて」（*De gellonia*）と示されているだけである。

32) Buck, Admonitio und Praedicatio, S. 39, 42.

33) モルデクとシュミッツは彼らの共同執筆論文（Mordek und Schmitz, Neue Kapitularien, S. 377 = Mordek, Studien, S. 97）において，次のように述べている。「制度に関する規定だけではなく，教化に関する措置を講じる必要があると考えていたことが，カロリング朝の王たちの特徴である。具体的には，保護すべき教会の権利とか，いつ，そして何回ぐらい，そして誰が裁判集会を召集するのか，といったことだけでなく，どのような生活を送ればよいかということを臣民たちに教えるということである」。

もうひとつの『エルスタール勅令』

　ところで最近の研究で，779年の3月の王国会議で，もうひとつの勅令が公布されたことが明らかとなった。それは，従来，Capitulare episcoporum（MGH Nr. 21）という，誤解を生じかねない名称で呼ばれてきた勅令である。ボレティウスは780年ごろに出されたものとみなしていたが，ガンスホフは，この勅令の公布は792年もしくはその翌年であると推定し，公布年代を10年以上遅らせ，長い間それが定説となっていた[34]。この定説を覆したのがモルデクである。彼は詳細な検討を通じて，この勅令は779年の王国会議で公布されたという結論を導き出した[35]。ここでは，この結論に従い，779年説を採用し，内容を検討してみたい。

　これは，大飢饉対策として出された勅令である。冒頭で，これが司教の同意のもとに定められたことが述べられている[36]。内容は次の通りである。各司教は，王のため，フランクの軍隊のため，そして「目下の危機」のために，三回ミサを行い，三回詩篇を朗詠する。また，司祭は三回ミサを行い，修道士，修道女，在俗聖職者は三回詩篇を朗詠する。そして，すべての者が彼らの下僕も含めて，二日間の断食（大斎）を行う。また，富裕な司教，修道院長，女子修道院長は，財力に応じて，銀1リブラ，銀半リブラ，5ソリドゥスを喜捨する。さらに，司教，修道院長，女子修道院長は四人の飢えた貧しき者を次の収穫期まで養う。ただし，その余力がなければ，一人でも二人でも三人でもよい。財力のある伯も同様に，1リブラの

　34）　Ganshof, Note sur deux capitulaires non dates de Charlemagne, in: Miscellanea historica in honorem Leonis van der Essen, Bd. 1 (1947), S. 123-133.

　35）　Mordek, Karls des Großen zweites Kapitular von Herstal, S. 23-31. なお，この論文の末尾には，この勅令の新しい校訂が付されている。また，モルデクは Capitulare episcoporum という MGH で採用された名称は正しくないとして，Capitulare Haristallense secundum speciale という名称を与えている。これをこのまま日本語に直すと長くなるので，「特殊」（speciale）を略し，巻末の勅令一覧では，『第二エルスタール勅令』という名称にした。

　36）　Cap. 1, Nr. 21, S. 52: *Capitulare qualiter institutum est in hoc episcoporum consensu.* 『エルスタール勅令』とともに，この第二勅令でも，*capitulare* という語が現れることが注目される。

第4章 統治の技法

銀または同等のものを、それほどゆとりのない伯は銀半リブラを、200 *casata*（フーフェ？）[37]を有する *vassus dominicus*（国王の直臣）[38]は半リブラを、100 *casata* を有する *vassus dominicus* は5ソリドゥスを、50 *casata* または30 *casata* をもつ *vassus dominicus* は1ウンキアを喜捨する。彼らと、できれば、その領民も、二日間の断食を行う。断食の代わりに、財力のある伯なら、3ウンキア、それほどゆとりがなければ、半ウンキア、もっとゆとりがなければ、1ソリドゥスを喜捨することにしてもよい。そして、先述のように、自分の貧しい領民を扶養する。カールは、以上に述べたことを洗礼者ヨハネの日（6月24日）までに実施するように命じている[39]。

このように、この勅令では、宗教的な手段と慈善活動による困窮者の救済がはかられている。状況は異なるが、父ピピンが司教たちに宛てた書簡が想起される。司教たちに連祷を行うように命じたルル宛の先述の書簡である[40]。この書簡によれば、凶作が終わり、神が豊作を与えてくれたことを感謝するために、国王は司教たちに祈りを求めた。また、同じ書簡において、各人が喜捨を行い、貧者を扶養せよとも述べられている。そもそも、ピピンの書簡は飢饉時に出されたものではないから、カールの勅令がこのピピンの通達を下敷きにしているという結論を導くつもりはまったくない。文書が出された状況が異なるだけでなく、内容的にも大きく異なる。この書簡では、断食はしないでよいとされていること、また、喜捨や貧者の扶養に関する具体的な指示がないことなど、カールの勅令と父の書簡の間には重要な相違点がある。しかし、まさにこの同じ書簡の中で、教会十分の一税の徴収が述べられていることも考えるなら、父と息子の国内政策の連

---

37) *casata* という語の意味については、Mordek, Karls des Großen zweites Kapitular von Herstal, S. 13 mit Anm. 54.

38) 一般的には、*vassus dominicus* を伯の官職を授与されていない国王の直臣と考えてよいように思われる。Vgl. B. Kasten, Aspekte des Lehenswesens in Einhards Briefen, in: H. Schefers (Hg.), Einhard. Studien zu Leben und Werk, Darmstadt 1997, S. 255ff.

39) MGH Cap. 1, Nr. 21, S. 52; vgl. E. Verhulst, Karolingische Agrarpolitik: Das Capitulare de Villis und die Hungernöte von 792/93 und 805/06, Zeitschrift für Agrargeschichte und Agrarsoziologie 13 (1965), S. 185; K. O. Scherner, Ut propriam familiam nutriat. Zur Frage der sozialen Sicherung in der karolingischen Grundherrschaft, ZRG GA 111 (1994), S. 346ff.; Buck, Admonitio und Praedicatio, S. 55-66; Mordek, Karls des Großen zweites Kapitular von Herstal, S. 5-15. 森義信『カロリンガ時代の飢饉とその対策』73頁。

40) Cap. 1, Nr. 17, S. 42; vgl. Hen, Royal Patronage, S. 55f.

カール大帝は805年からその翌年にかけての飢饉の際にも、宗教的な手段を用いて危機を乗り越えようとした。というのは、飢饉は神罰であると考えられていたからである[41]。そこで、宮廷は神の慈悲を請い、連禱と断食によって罪を償おうとした。このときには、大帝は三度にわたって、すべての者に対して三日間ぶどう酒と肉を絶って断食するように命じた[42]。『ティオンヴィル勅令』では、「わが勅令を待たず、ただちに神の慈悲のために祈るように」と述べられている[43]。810年に疫病が流行し、多数の家畜が死んだときも、カールは連禱と断食を命じている[44]。この時代の宮廷にとって、宗教的な意味での罪の償いは飢饉に際して不可欠のことと考えられていた。このことはすでに『第二エルスタール勅令』で示されているのである。

　一般に、救貧対策も含めて、今日社会福祉と呼ばれている領域は、中世では教会が担うべき領域であった。司教は「貧者の父」と呼ばれ、貧しき人々の救済は教会の重要な任務とされていた。メロヴィング朝時代の勅令で、貧者の問題が扱われていないのは当然といえる。しかし、カールの勅令では異なる。カールの勅令では、貧者の問題はメインテーマのひとつをなしている。カールの勅令では、「貧者」(*pauperes*) は、頻繁に登場する言葉である。この勅令のように、祈りと経済的支援によって、貧窮者に救いの手を差し伸べようとする条項もあれば、強欲な役人から弱者を守ろうとする条項もある[45]。このように宮廷が貧者に関心をもつようになったことは、王権が従来以上に被支配者層を意識するようになったことを意味している。この時期の宮廷の人びとは、この勅令にみられるような階層秩序で社会を捉えていた。支配者層をなすのは、まず司教、修道院長といった教会のリーダーたちと、伯の地位を授けられた俗人貴族、伯職を与えられていない直臣 (*vassi dominici*) たちである。彼らが広大な王国を支える支配層を形成し、一般の人々はこうした人々の支配下にあった。国王が直

---

41) Vgl. Hen, Royal Patronage, S. 90.
42) Cap. 1, Nr. 124, S. 244ff. (Eckhardt, Kapitulariensammlung, Nr. LXIX, S. 116-119).
43) Cap. 1, Nr. 44, c. 4, S. 122f.
44) Cap. 1, Nr. 72, c. 1. S. 162; Nr. 127, S. 249.
45) 拙稿「カロリング期の王権と貧者（1）」参照。

接指示を出すのは，こうした支配層に対してである。国王は，支配層が国王の指示に従い，地域の平和と正義の実現に努めることを期待していた。

　飢饉に際して，国王が救貧対策を講じたのは，もちろん社会不安を鎮めるためであったが，良き国王は貧しき者にまなざしを向けなくてはならないという王権理念が浸透しつつあったことも関連している。7世紀にアイルランドで作成され，のちに大陸に伝えられた，偽キュプリアヌスの『12の誤謬について』では，教会や他国人，寡婦，孤児の保護とともに，貧者の救済が，国王の徳目とみなされている。このテキストにあらわれる理想的なキリスト教君主像が，この勅令の公布にも影響を与えたことが考えられる。

『780年の通達』（Epistula capitularis）

　ボレティウスが『イタリアに送られたカールの書簡』（Karoli epistola in Italiam emissa）と名づけた勅令がある。この書簡は，地域外の聖職者の受け入れ拒否を司教の許可なく行うことを禁じたり，*nona et decima* を指示通りに実施することなどを命じたものである。その内容は，明らかに『エスタール勅令』に関連しており，二度にわたって，以前に出された勅令のことが言及されている[46]。それゆえ，790年から800年の間というボレティウスの推定より，779年から781年の間に出されたとするドゥクレールの推定のほうが妥当である[47]。モルデクによれば，この勅令はおそらく780年に出された。この推論の根拠をモルデクは次のように説明している。この通達は，*nona et decima* に関する779年3月の決定が十分守られていなかったことに対応して出されている。ところで，収穫期を過ぎてしばらくたってからではないと，命令が遵守されたのかどうかはわからない。とすると，779年にこの通達が出されたと考えるのは難しい。翌年になって，国王の命令が必ずしも守られなかったことが明らかになって，次年度こそ

---

　46) Cap. 1, Nr. 97, S. 203, Z. 28: *sicut a nobis dudum in nostro capitulare institutum est*; S. 204, Z. 1: *sicut in capitulare dudum a nobis factum continetur*.
　47) De Clercq, Législation religieuse, S. 162. ガンスホフもこの推定を受け入れている。Ganshof, Kapitularien, S. 32 mit Anm. 52.

は守られるように命令を出したはずである。だから，780年の通達であると考えるべきだというのである[48]。

さて，モルデクはこの通達がイタリアだけに出されたという定説にも反論している。定説の根拠は，もっぱら，この書簡を伝承している写本がイタリアに由来するということにあった。しかし，モルデクは，明らかに王国全土に向けて出された789年の『巡察使勅令』や802年の『一般勅令』がイタリアの写本でのみ伝承されていることを例にあげ，それは根拠とはならないと主張する[49]。実際，この通達の冒頭に書かれているのは，「神の恩寵によるフランク人の王にして，ランゴバルト人の王，そしてローマ人のパトリキウスであるカールが，愛する伯，裁判官，わが家臣（*vassus*），ヴィカリウス，ケンテナリウス，すべてのわが巡察使と役人たちに」という文言である[50]。イタリアという表現はどこにも述べられていないのである。それゆえ，この通達はイタリアのみに向けられたものではなく，王国全土に対して出されたものであるとするモルデクの提案[51]は，妥当であるというべきだろう。

モルデクの主張が正しいとすると，この通達は，国王の命令がどの程度実行に移されたのかを当時の宮廷が把握し，問題があった場合に，それに対して対策を講じようとしたことを示すものといえるだろう。広い国土を統治する場合，単に地域の代表者を集めて口頭で指示を出したり，巡察使に口頭で指示を伝え，各地に派遣するよりも，文書で通達を出したほうが有効であることを，宮廷は知っていた。今日伝承されている公的文書は，実際に出された文書のうち，ごくわずかでしかないと考えざるをえない。

また同時に，この通達は中央で決めたことをすべて守らせることがいかに困難であったかを示している。*nona et decima* は，教会側の不満を和らげ，教会の財政的な基盤を強化するためになされた処置であったが，それは教会所領を安価に，もしくは借地料を支払わずに借りていた在地の俗人

---

48) Mordek, Fränkische Gesetzgebung, S. 10-13.
49) Mordek, Fränkische Gesetzgebung, S. 15.
50) Cap. 1, Nr. 97, S. 203: *Karolus, gratia Dei rex Francorum et Langobardorum ac patricius Romanorum, dilectis comitibus seu iudicibus et vassis nostris, vicariis, centenariis vel omnibus missis nostris et agentibus.*
51) Mordek, Fränkische Gesetzgebung, S. 14-17.

貴族にとっては，きわめて不都合な決定であった。決定の初年度に，早くも決定に従わない者が少なからず見出されたにちがいない。そのことを知ったカールとしては，王権の権威を保つために，翌年，再度，決定に従うように指示を出さざるをえなかったのである。この通達では，ただちに国王の命令に従わない者は，申し開きをするように命じている。しかし，命令に従わなかった場合の懲罰はとくに記されていない。罰則規定を設けても，命令を守らせるのが著しく困難であったことを，宮廷は認識していたのではないだろうか。

イタリアに関する勅令

カールがイタリアのみを対象として公布した勅令が何点か残されている。後で触れるように，征服したザクセンに対して発せられた勅令が2点伝承されているが，イタリアについても，カールは征服したばかりのこの地の事情を考慮し，勅令を公布した。

1 『イタリア布告』（781年）

イタリアに関するもっとも古い勅令が『イタリア布告』（*Karoli Magni notitia Italica*）と呼ばれる勅令である[52]。

この勅令は内容的にみると，明らかにランゴバルト王国からフランク王国へという支配権の移行によって生じた様々な社会問題の解決を目指したものである。まず，第1条では，非自由身分に陥った者たちが再び自由身分に戻れるよう，証書を破棄するように定めている。次に，第2条では，売買証書と贈与証書の問題が取り上げられている。本来の価格を越えて取引されたり，戦争の結果生じた困窮のゆえに強要された場合には，証書を無効とすることが述べられている。また，第4条では，とくに教会への土地寄進と売却の問題が扱われ，解決の困難な場合には，司教や伯たちとともに会議（*sinodus*）で審議し，結論を出すまで保留することを命じている。そして最後に，上に記されたことはあくまでも特例措置であり，戦場

---

52) Cap. 1, Nr. 88, S. 187f.

となった地域に限られると述べられている。飢饉などの理由でデシデリウスの時代に作成された証書や今後作成される証書はこの布告の対象外であり，デシデリウスの治世終了後，この勅令が公布された2月20日までに作成された証書だけが該当するとしている。

この勅令が2月20日に公布されたことは，第4条のなかに記されているのでわかっている。だが，残念ながら年表記がない。ボレティウスは，この勅令がいつ公布されたのかという問題について，776年と781年という二つの可能性を挙げるにとどめたが[53]，ドゥクレールは776年説を主張した。この説はガンスホフによって受け入れられ，長らく通説の地位を保っていた[54]。ドゥクレールの説明は次のとおりである。774年のカールのイタリア遠征のときは，6月にようやくパヴィアを占領することに成功するわけだから，2月に戦後処理の内容を含むこの勅令が出されたことはありえない，だから，774年に出されたことはありえない。次にカールがイタリアに遠征したのは776年だから，このときに出されたのにちがいないというのである。しかし，なぜ，その次にカールがイタリア遠征を行った781年ではいけないのか，彼ははっきりとした理由を述べていない[55]。

776年説に対して，モルデクは781年説をとる。その論拠は次の通りである。カールは775年にアルザスのシュレットシュタットでクリスマスを祝った。その後，フリウリ公の反乱を鎮圧するためにイタリア北部に向かったが，2月20日にすでにイタリアに入っていたかどうかわからない。そのうえ，翌776年の4月14日の復活祭の少し前になって，ようやく敵の手にあったトレヴィゾの町の攻略に成功した。こうした戦争と危機の時期にこのような勅令を公布しただろうか，と問いかける。勅令は，戦争によって生じた被害を食い止めるために公布されており，むしろ，戦争から七年たった781年に出されたと考えるべきだと結論づける[56]。

確かに，反乱の知らせを聞いてただちにイタリア遠征を決意したカールが，まだ，反乱を鎮圧してもいないのに，このような法的措置を講じよう

---

53) Boretius, MGH Cap. 1, Nr. 88, Einleitung, S. 187.
54) Ganshof, Kapitularien, S. 33 Anm. 56.
55) De Clercq, Législation religieuse, S. 161f. すでに Abel/Simson, Jahrbücher, Bd. 1, S. 255f.
56) Mordek, Fränkische Gesetzgebung, S. 21f.

としたとは考えにくい。これに対して，780年12月のイタリア入りの状況は全く違う。このとき，カールは王妃，王子たちとともにイタリアに入り，半年以上もイタリアに滞在し，支配権の確立に努めた。モルデクが主張するように，この勅令の公布は776年よりも781年に行われたと考えるべきだろう。3月15日以前にマントヴァで王国会議が開催され，次に述べる『マントヴァ勅令』が出されていることを考えると，この勅令もこのときに出された可能性が高いように思われる。

2 『マントヴァ勅令』(781年)

写本で伝承される表題には，「マントヴァの一般集会（*placitum generale*）ですべての者に告知された個々の条項について」とある[57]。

全部で13条あるが，全体としては，カロリング王国全体の統治原則をイタリアにも導入するとともに，社会秩序の安定をはかろうとしたものといえるだろう[58]。この勅令では，世俗の役人の官職名としては，*comes* しか挙げられていない。カールは，信頼できないランゴバルト人の大公（*dux*）をすでに伯に降格するか，罷免し，その一方でフランク人を伯に任命していたように思われる[59]。次に挙げるピピンの勅令からわかるように，明らかにランゴバルト人の伯もいた[60]。だが，カールはランゴバルト人の謀反に対する警戒を怠ってはいなかった。その証拠に，第11条で，素性のわからないランゴバルト人を自分の家士にしたり，家中に置くことを禁止し，この禁令に違反した場合，罰せられるとしている[61]。

また，治安の維持に関して，カールが伯だけに任せるのではなく，巡察使を派遣して，目を光らせていたことを，「盗賊」（*latrones*）に関する第10条から知ることができる。

教会，寡婦，孤児，弱者（*minus potentes*）の保護を明確に謳った第1条

---

57) MGH Nr. 90, S. 190.
58) BM 234 (225); Abel/Simson, Jahrbücher, Bd. 1, S. 373ff.; Noble, Republic of St. Peter, S. 166.
59) AQE a. 776, S. 45: *in eis (civitatibus) Francorum comitibus constitutis eadem, qua venerat, velocitate reversus est.* Vgl. Hlawitschka, Franken, S. 24 mit Anm. 10.
60) Cap. 1, Nr. 91, c. 7, S. 192, Z. 25.
61) Cap. 1, Nr. 90, c. 11, S. 191.

も興味深い[62]。この弱者保護に関する規定は，その後のカールの勅令に頻出するが，これがはじめてである。779年の『エルスタール勅令』にも，このような規定はない。なぜ，この勅令にはこのような条項が含まれているのだろうか。ランゴバルト王の勅令に原型が見出せるかもしれないと思い，調べてみたが，類似する条項は見つからなかった。さらに，第2条では，伯裁判所に3度訴えても公正に裁かれなかった場合にのみ，国王裁判所に訴えることができると定めていることも，興味深い。この条文は，おそらく，当時，係争事件が多発していたことを反映するものであろう[63]。

3 『ランゴバルトの司教との協議勅令』(781年)

イタリアの司教たちがこの文書の原案を作り，検討ののち，国王の同意のもとに作成された文書であるといわれる[64]。この勅令を発したのが，どの国王なのかは記されていない。しかし，「われらの君主たち」という表現が二度みられることから[65]，カールが王子ピピンとともにまだイタリアに滞在していた時期に作成された文書であると推定される。カールは781年の秋には「フランキア」に戻っているので，遅くとも夏ごろまでには作成されたにちがいない。この文書は概ね，すでに『エルスタール勅令』などで指示されたことのうち，教会聖職者に関わることを取り上げたものである。十分の一税の徴収についての条文もある[66]。

4 『ピピン王の第一勅令』(781-782年)

カールがイタリアを離れたのち，イタリア統治を託されたピピンの名で，勅令が公布された[67]。それが『ピピン王の第一勅令』である。もちろん，

---

62) Cap. 1, Nr. 90, c. 1, S. 190: *De iustitiis ecclesiasiarum Dei, viduarum, orfanorum, minus potentium volumus atque omnimodis precipimus ut omnes episcopi et abbates et comites secundum legem pleniter iustitiam faciant et recipiant.*

63) Vgl. Kasten, Königssöhne und Königsherrschaft, S. 332.

64) Mordek, Fränkische Gesetzgebung, S. 31. そのような性格から，この文書は，Capitulare cum episcopis Langobardicis deliberatum と名づけられたわけである。ここでは，『ランゴバルトの司教との協議勅令』と訳してみた。

65) Cap. 1, Nr. 89, S. 189, Z. 10; Z. 38.

66) Vgl. De Clercq, Législation religieuse, S. 162f.

67) ボレティウスは，782年と786年の間に公布されたものと推定している。これに対して，マナコルダは，782年ごろと推定する（Manacorda, Ricerche, S. 137）。モルデクは，

ピピンはまだ幼児にすぎず，コルビー修道院長アダルハルトが摂政を務め，実際の政治にあたった[68]。序文によれば，この勅令は司教，修道院長，伯，その他の家臣の臨席のもとに定められた。全部で10条あり，広範な問題が扱われているが，とくに興味深いのは，宮廷がランゴバルトの旧来の慣習や法を尊重する姿勢を明確にしていることである。たとえば，第7条では，フランク人の伯であれ，ランゴバルト人の伯であれ，遅滞なく，裁判を行うべきことを定め，過失が明らかになった場合，伯はそれぞれの法にしたがって懲戒処分を受けることを述べているが，「彼らの法にしたがって」という表現を三度も用いている[69]。フランク王権はイタリアを統治するにあたり，統治の原則だけを支配層に認めさせようと試み，従来の法や慣習はできるかぎり尊重し，摩擦を避けようとした。そして，何よりもまず，フランク王権は正義の具現者としてあらわれている。

この勅令の徹底を図るために，ピピン王は最後に次のように述べている。「すべての司教，修道院長，伯，わが家臣たちに対して，上記のことを命令する。上に記したすべての正義は，今から遅滞なく行われなくてはならない。長い間正義を行うことができなかった者は，ただ単に，全能なる神の慈悲と，フランク人およびランゴバルト人の王にして，ローマ人のパトリキウスたる，わが父カールの命令だけであるばかりでなく，わが布告によっても，正義を心掛けなくてはならない。聖なる復活祭後15日以内に，すべてのことを行うように。わが命令を履行したならば，報告するために，どの *judex* も使者を寄越すこと」[70]。

5 787年頃の二つのイタリア勅令

そのほかに，787年頃に出されたと推定される二点の勅令が伝承されている[71]。この二つの勅令は，カールの三度目のイタリア遠征と関連してい

781年の復活祭と782年の復活祭の間に公布されたと推定している。Mordek, Fränkische Gesetzgebung, S. 33.
 68) Kasten, Adalhard, S. 43f.
 69) Cap. 1, Nr. 91, c. 7, S. 192.
 70) Cap. 1, Nr. 91, S. 193.
 71) ボレティウスは Nr. 92（Capitulare Mantuanum primum, mere ecclesiasticum）と Nr. 93（Capitulare Mantuanum secundum, generale）に関して，787年に公布されたという推定を行っているが（MGH Cap. 1, S. 194 のボレティウスの序文参照），Mordek, Studien, S.

る。カールは，イタリア南部の反フランク勢力を粉砕することをおもな目的として，786年の晩秋にイタリアに向かった。クリスマスをフィレンツェで祝った後，ローマに入った。カールは数日後，大軍を率いて南下し，カプアを攻略した。カールは復活祭前にローマに戻り，夏前には，捕虜とともに「フランキア」に帰還した。

　まず，ボレティウスが『ピピンの勅令』と呼ぶ勅令（Nr. 95）をとりあげたい。今日では，この勅令はむしろカールによって出された勅令であると考えられている。この提案をおこなったのはドゥクレールである。彼は，次の二つの理由をあげて，この勅令の冒頭に書かれている「国王陛下」（domnus rex）[72]とは，通常考えられてきたようにピピンではなく，カールであるとする。第一の理由は，第16条で，ベネヴェント，スポレト，ロマニア，ペンタポリスから逃亡してきた難民を故郷に送還するように命じていることである[73]。第二の理由は，第14条で，783年4月に逝った王妃ヒルデガルトのことに言及されていることである。この二つの条項は，カールがまだイタリアに滞在している間にこの勅令が公布されたことを示唆するというのである。論拠が不充分であることは否めないが，おそらく，この推論はもっとも蓋然性が高いだろう。この勅令は787年の夏に出されたものと推定される。

　全部で17条のこの勅令は，イタリアに関するフランク王権の統治の技法がどのようなものであったかを教えてくれる。王権にとっては，イタリア統治の要が伯であったことはまちがいない。伯たちが王の命令を遵守し，正しく統治してくれれば，問題は生じないと考えていた。しかし，伯たちが問題を起こさないとは限らない。それゆえ，伯たちの監督を怠らなかった。そのために活用しようとしたのが国王巡察使（missi dominici）である。たとえば，第5条は，徴収した罰令違反金のうち，三分の一は伯が自分のものにしてよいが，三分の二は宮廷に納めるように，しかし，もしこ

---

20 mit Anm. 48によれば，この二つの勅令は，810年のイタリア王ピピンの死後，イタリア王に任命されたベルンハルトが統治を開始するにあたって発令したものである。付録の「カール大帝期の主要勅令一覧」の年代推定も，このモルデクの見解にもとづいている。

　72) Cap. 1, Nr. 95, S. 200: *Incipit capitulare qualiter praecepit domnus rex de quibusdam causis.*

　73) De Clercq, Législation religieuse, S. 165. 第10条と記されているが，誤記である。

第4章　統治の技法　　　　　　　　　　　　131

の規定を無視したことが疑われた場合，国王巡察使が調査し，不正が明らかになった場合は，宮廷がすべての罰令違反金を受け取ると定めている[74]。このように，文書あるいは口頭の通達により，宮廷の決定を告知し，場合によって国王巡察使を用いて，伯を統制するというのが，カロリング王権の統治の技法であった。フランク王権は，他の場合と同様，日常生活を規定する法の問題には介入しなかった。第10条で，「法がある場合には，慣習より勝り，いかなる慣習も法に優越しない」とわざわざ命じているのは[75]，従来の法を遵守させることでイタリア社会の安定を図ろうとするカロリング王権の姿勢を示すものといえるだろう。

　この頃に作成されたと思われるもうひとつの文書が，『ピピンのパヴィア勅令』(Nr. 94) である。この勅令は14条で構成されており，多様な問題が扱われている。「わがカール国王陛下が命じたように」といった表現がいくつかの条項でみられ，このピピンの勅令はカールの以前の命令を補うものであったことが想像される[76]。この勅令のタイトルは，二通り伝えられている。「ピピン王がパヴィアで諸侯とともに定めた勅令が始まる」と「わが父カール陛下の文書 (sceda) にしたがって定められた，様々な正義に関する勅令が始まる」という二種類である[77]。これらの情報によれば，この勅令がパヴィアでイタリア王ピピンによって出されたことは明確である。ところで，「フランキア」にいる夫と離れ離れに過ごす妻が不当に扱われていないかどうか，巡察使はよく監督するように命じた第10条は，787年にカールが多数の捕虜を「フランキア」に連行したことと関連するものと思われる。だとすると，この勅令は787年か，遅くともその翌年あたりに出されたと考えるべきである[78]。

---

74) Cap. 1, Nr. 95, c. 5, S. 201.
75) Cap. 1, Nr. 95, c. 10, S. 201.
76) Cap. 1, Nr. 94, c. 1, 2, 7, 8, 10, S. 198f.
77) Boretius, Einleitung, MGH Cap. 1, Nr. 94, S. 198: *Incipit capitulare quem Pippinus rex instituit cum suis iudicibus in Papia; Incipit capitula de diversas iustitias secundum sceda domni Caroli genitoris nostri.*
78) Vgl. De Clercq, Législation religieuse, S. 166. ドゥクレールは787年としているが，その翌年の可能性も排除できないように思われる。

『ザクセン地方に関する勅令』(782年)

　782年7月，カールはケルンでライン川を渡り，ザクセンに入った。そして，「リッペ川源流地」(Lippeursprung)で会議を開いた。『王国年代記』は，この会議には「ヴィドゥキントをのぞくザクセン人がすべて出席した」と述べている[79]。

　おそらく，このときにカールは，今日『ザクセン地方に関する勅令』と呼ばれる有名な布告を出したものと思われる[80]。この布告には，ザクセンの併合はザクセンのキリスト教化に他ならなかったことが，よく示されている。異教の撲滅とザクセン人のキリスト教化，そして統治体制の整備が，この布告の中心的なテーマであった[81]。この勅令は，キリスト教および教会に関する前半部（第23条まで）と伯制度を含む統治制度に関わる後半部（第24条以下）に分けられる[82]。

　まず，前半部の内容を簡単に紹介しておきたい。

　第1条で，異教の聖所を敬うのではなく，教会に敬意をはらうべきであると一般的な命令が書かれている。勅令はいう。「ザクセンに建設され，神に捧げられたキリストの教会が，かつて偶像の礼拝所が享受していた名

---

　79) ARF a. 782, S. 58-59.
　80) Capitulatio de partibus Saxoniae (MGH Cap. 1, Nr. 26, S. 68ff.). Vatikan Pal. Lat. 574 においてのみ伝承されている。この写本については，Bühler, Capitularia Relecta, S. 383ff. を参照。この勅令の翻訳が，三浦弘万『ヨーロッパの形成過程』617-625頁にある。この勅令がいつ発布されたのかという問題に関しては，777年説，780年説，782年説，785年説がある。MGH の編纂者であるボレティウスは年代の決定を避けている。このうち，特に有力なのは 782年説と785年説である。782年説の代表的な主張者はリンツェルであり（Lintzel, Capitulatio de partibus Saxoniae），785年説の代表的な主張者はアルファン (Louis Halphen, Études critiques sur l'histoire de Charlemagne, Paris 1921, S. 171ff.) である。最近では，モルデク（Mordek, Studien, S. 28）は特に理由を挙げることなく，785年説を採用している。また，トイアーカウフは，782年説，785年説のどちらが妥当であるか示していない (Theuerkauf, Rechtsauffassung und Rechtsbewußtsein, S. 47)。しかし，Schubert, Capitulatio de partibus Saxoniae, S. 7ff. が論じるように，782年説のほうが妥当であるように思われる。なお，Schubert, Capitulatio de partibus Saxoniae, S. 26ff. にはドイツ語訳がある。
　81) 個々の規定の意味などについては，前掲の Schubert の論文に詳しい。
　82) Vgl. Theuerkauf, Rechtsaufzeichnung und Rechtsbewußtsein, S. 46.

望と同様，あるいはそれ以上の名望をもつことに，すべての者が合意した（*Hoc placuit omnibus, ut ecclesiae Christi, que modo construuntur in Saxonia et Deo sacratae sunt, non minorem habeant honnorem sed mairem et excellentiorem quam vana habuissent idolorum*）」。全体で34条からなるこの勅令の実に11条で死罪が定められている。教会に押し入ったり，教会の備品を盗んだり，教会に火を放った者（第3条），やむを得ぬ理由なく，復活祭前の40日間の断食を守らなかった者（第4条），司教，司祭，助祭を殺害した者（第5条），ある者を魔法使いや人食いであると思いこみ，焼いたり，その肉を食らう者（第6条），火葬をおこなった者（第7条），異教徒のままにとどまり，受洗しようとしない者（第8条）[83]，異教の信仰にもとづいて，人身御供を行った者（第9条），異教徒と手を結んで，キリスト教徒に対して陰謀を企んだり，異教徒のもとに身を寄せ，キリスト教の敵としてとどまる者，あるいは国王とキリスト教に対する異教徒の謀略に協力する者（第10条），国王に対して刃向かう者（第11条），領主の娘を掠奪する者（第12条），領主や領主夫人を殺害する者（第13条），これらの罪人は，いずれも死罪であると定められている[84]。

　このように多くの死罪が定められていることから，この勅令は従来きわめて過酷な法であるとみられてきた[85]。しかし，E. シューベルトは，第14条で死罪を免れる道が残されていることを指摘して，通説に反論している[86]。第14条にはこう書かれている。「もし当人が自ら進んで司祭のもとを訪れ，罪を告白し，罪を償おうとするのであれば，聖職者の証言により，死罪を免れることができる」。要するに，容疑者が贖罪制度というキリスト教の道徳・刑法体系を承認し，この仕組みを利用すれば，死罪を免れることができるのである。このシューベルトの主張に従えば，この勅令は，いわば「飴と鞭」を用いて，キリスト教の浸透を図ろうとしたものであり，単に暴力的にザクセンのキリスト教化を目指したものではないというべき

83）　子どもについては，第19条で生まれた子どもは必ず一年以内に受洗させなくてはならず，もしそうしないならば貴族ならば120ソリドゥス，自由人ならば60ソリドゥス，半自由人（リーテン）ならば30ソリドゥスを罰金として支払うべきことを定めている。
84）　Vgl. Theuerkauf, Rechtsaufzeichnung und Rechtsbewußtsein, S. 38-54.
85）　たとえば，McKitterick, Frankish Kingdoms, S. 62.
86）　Schubert, Capitulatio de partibus Saxoniae, S. 12.

かもしれない。

いずれにせよ,カールは,このような方法を用いることで,ザクセンの急速なキリスト教化を強く希望していたものと思われる[87]。カールの考えは,とにかくザクセン人を武力で改宗させ,その後で徐々に彼らの心の中で本物の信仰心が育っていけば良いというものであった。また,カールはザクセンに建設されつつあった教会を経済的に支える必要を感じ,十分の一税をザクセンにも課している(第16条)。

勅令の後半の諸条項(第24条以降)は,フランク支配下における統治体制の安定化をめざしたものである。後半の11条のうち,6条で伯についての言及がある(第24条,第28条から第31条,第34条)。シューベルトやベッヒャーが主張するように,すでに782年以前に伯制度の導入が開始されていたと推定すべきであるように思われる[88]。いずれにせよ,ここで述べられている伯とは,国王から地方統治のための権限を委ねられた貴族たちのことである[89]。貴族たちを伯に任命し,彼らを積極的に活用することで,ザクセン統治を安定化させようとしたことが,この勅令から窺われる。イタリアの場合と同様,没収した非協力的な貴族の領地をフランクに協力的なザクセン人貴族とフランク貴族に分配し,彼らに伯の地位を与えたことだろう。カールは,ザクセンでも伯制度を統治の根幹に据えようとした。盗賊や他の犯罪者に関する第24条では,「伯管区」(*comitatus*)のことがはっきり述べられており,それぞれの伯の管轄区域が少なくとも理論的には定められていたことを推定することができる。また,第28条では,伯は官職(*honor*)として位置づけられており,賄賂を受け取った者は罷免される可能性があることが定められている[90]。

カールにとって,彼が任命した伯とザクセンに分け入った聖職者たちは,フランク王国への編入とキリスト教化という,表裏一体のプロセスを推進

---

87) 伝統的な布教方法とカロリング期の布教方法については,一般に R. E. Sullivan, Carolingian Missionary Theories, Catholic Historical Review 42 (1956), S. 273-295 を参照のこと。また,Padberg, Mission und Christianisierung.

88) Schubert, Capitulatio de partibus Saxoniae, S. 9; Becher, Rex, Dux und Gens, S. 110-116; vgl. Schulze, Grafschaftsverfassung, S. 278ff.

89) Vgl. Schubert, Capitulatio de partibus Saxoniae, S. 17.

90) Vgl. Becher, Rex, Dux und Gens, S. 112.

するための車の両輪であった。そのことは，勅令の最後の条項にはっきりと示されている。「わが命によって特使（*missus*）が参集を命ずる場合をのぞいて，ザクセン人が全部族集会を催すことを禁ずる。わが伯たちは各々の管轄において集会を開き，裁判を行う。聖職者たち（*sacerdotes*）は，命令通りに事が行われているかどうか，監視しなくてはならない」[91]。

いわゆる『カール大帝の最初の勅令』

　実は，かつての研究においては，現在知られているカールのもっとも古い勅令は，いわゆる『カール大帝の最初の勅令』であるとされていた。19世紀末に MGH のシリーズのなかで，カロリング期の勅令を校訂したボレティウスは，この勅令はカール大帝が出した最初の勅令であると考え，カール大帝の勅令の一番最初に置いた[92]。ボレティウスは，この勅令は769年（あるいはその少し後に）に出されたものと考えていた。
　しかし，この勅令は，その不確かな伝承のゆえに，古くから偽書の疑いをかけられてきた。この勅令は，17世紀にバリューズが編纂した『フランク王勅令集』の中ではじめて知られるようになったのだが[93]，バリューズが底本とした写本は，今日行方知れずであり，その他には，9世紀の偽造文書集として名高い，ベネディクトゥス・レーウィータの法令集の中でしか知られていないからである。ジムゾンはすでに19世紀後半に偽書の疑いをかけているが[94]，20世紀初頭にフランスの著名な中世史家 F. ロートによる論文が発表されて以来，この勅令は贋作であるという評価がほぼ定着してしまった[95]。ガンスホフですら，名著『勅令とは何か』の註記でロートの論文を挙げて，この勅令を贋作であると断定している[96]。したがって，

---

　91) Cap. 1, Nr. 26, c. 34. S. 70.
　92) Cap. 1, Nr. 19, S. 44-46. しかし，ボレティウス自身，とくに根拠があって769年頃という年代を挙げたわけではないことを認めている。Boretius, Einleitung, MGH Cap. 1, Nr. 19, S. 44.
　93) E. Baluze, Capitularia regum Francorum, 2. Aufl., Paris 1780 (1. Aufl. 1677)= J. D. Mansi, Sacrorum conciliorum nova et amplissima collectio, Bd. 17B, Sp. 189-194.
　94) Abel/Simson, Jahrbücher, Bd. 1, S. 667-670.
　95) Lot, Premier capitulaire, S. 317-323.

20世紀以来のカロリング期の政治史研究，国制史研究，あるいはカール大帝研究において，この勅令の存在はほとんど省みられることがなかったのである。だが，本当に，この勅令は贋作なのであろうか。1986年に，当時のMGHの所長H. フアマンの呼びかけで開催された「中世の偽書」と題された研究集会で，カロリング期の勅令と教会会議決議録の偽造問題を論じたG. シュミッツは，この勅令の真贋問題を論じ，この勅令が実は真正である可能性を示唆したのである[97]。ここでは，おもにシュミッツの研究に依拠しつつ，この勅令を贋作と決めつけるだけの十分な論拠がないことを明らかにしたうえで，この勅令が789年より数年前に出された可能性が高いことを示唆したい。

内容に関する分析を試みるまえに，伝承状態に関して，一言触れておこう。先に述べたように，この勅令を最初に紹介したのはバリューズであるが，彼自身はランのサン・ヴァンサン修道院所蔵の写本（veter Codex ms, S. Vincentii Laudunensis）から，この勅令を抜き出したのだと書いている。この写本は，後にパリに移管され，今日に至っている（Paris, Bibliothèque Nationale, Lat. 4788）。しかし，1835年にペルツが勅令を編纂したときには，このコーデックスに当該の勅令を見出すことはできなかった[98]。モルデクによれば，このコーデックスの保存状態はきわめて悪く，もはや判読不能となってしまった部分も多い[99]。このコーデックスの中に，この勅令があったものと想像されるが，今日では確かめようがない。

さて，『カール大帝の最初の勅令』は，ベネディクトゥス・レーウィータの勅令集の第三巻のなかにも含まれていることが知られている[100]。ベネディクトゥス・レーウィータ（助祭ベネディクトゥス）という名で後世に知られている聖職者は，アンセギスの勅令集を補うために新たな勅令集を編んだ。それが，この勅令集である。序文を信じれば，この勅令集は，ルイ敬虔帝の息子たちの時代に，すでに物故していたマインツ大司教アウ

---

96) Ganshof, Kapitularien, S. 20 mit Anm. 23.
97) Schmitz, Waffe der Fälschung. 詳しく論じてはいないものの，Mordekも同じ頃にこの勅令が真正である可能性を示唆している。Mordek, Studien, S. 179 mit Anm. 80.
98) MGH LL. 1, S. 32; vgl. Schmitz, Waffe der Fälschung, S. 83 mit Anm. 15.
99) Mordek, Bibliotheca, S. 546f.
100) MGH LL. 2, 2, S. 109f.

第 4 章　統治の技法　　137

トカールの生前の依嘱を受けて編纂されたものである。だが，実際は，この序文にもかかわらず，そもそもこれは勅令集ではなく，多種多様な法源を利用して編纂された法令集であり，勅令だけではなく，部族法典，ローマ法，教会法が含まれている。また，850年頃に，ある種の意図をもって作成されたと考えられ[101]，そしておそらく，例の『偽イシドールス教令集』と無関係ではない。ベネディクトゥス・レーウィータは，かなり自由に条文を変えており，そのことは，勅令に関しても指摘されている。だからこそ，いわゆる『カール大帝の最初の勅令』が，バリューズが利用した写本の他に，この法令集でしか伝承されていないことは，この勅令の真正性に著しく疑念を抱かせる結果を生みだしたわけである。

　しかしながら，だからといって，伝承の状態から，この勅令が偽書であると決めつけることはできない。少なくとも，この勅令のすべてが，ベネディクトゥス・レーウィータによって捏造されたものであると断定することはできない。たとえば，そのことはベネディクトゥス・レーウィータの法令集で伝承されている，カールの自称（Intitulatio）の検討からも明らかになる。

　ベネディクトゥス・レーウィータが伝えるカールの自称は，*Karolus, gratia Dei rex regnique Francorum rector et devotus sanctae ecclesiae defensor atque adiutor* である。これは，789年の『一般訓令』において知られるカールの自称，*Karolus, gratia Dei eiusque misericoridia donante rex et rector regni Francorum et devotus sanctae aeclesiae defensor humilisque adiutor* と類似している。ベネディクトゥス・レーウィータが捏造したのだとすれば，なぜ，『カール大帝の最初の勅令』に，『一般訓令』に類似した自称を記したのだろうか。ベネディクトゥス・レーウィータ自身は，この勅令がカールの治世の初期の勅令であるとは一言も書いていない。彼はただ「フランク国王カール陛下の勅令」（*Decretum domni Karoli regis Francorum*）と記しているだけなのである。彼が，カール大帝の勅令の中から，適当にこの自称を選び出したのだろうか。しかし，数ある彼の勅令の中から，今日，『一般訓令』以外には知られていない，この自称をたまたま選び出したということは考えづらいのである。

---

101)　Vgl. W. A. Eckhardt, Art. ›Benedictus Levita‹, HRG Bd. 1, Sp. 362ff.

それでは次に，バリューズ版とベネディクトゥス・レーウィータ版における，自称に続く部分を比較検討してみたい。

1　バリューズ版のカールの自称とそれに続く表現[102]

Karolus, gratia Dei rex regnique Francorum rector, et devotus sanctae ecclesiae defensor, atque adjutor in omnibus apostolicae sedis. Hortatu omnium fidelium nostrorum, et maxime episcoporum ac reliquorum sacerdotum consultu, ...

2　ベネディクトゥス・レーウィータ版の表現[103]

Karolus, gratia Dei rex regnique Francorum rector et devotus sanctae ecclesiae defensor atque adiutor in omnibus. Apostolicae sedis hortatu omniumque fidelium nostrorum et maxime episcoporum ac reliquorum sacerdotum consultu, ...

一見してわかるように，この二つの版の表現は全く同一であり，ただ「教皇座の」（*apostolicae sedis*）という部分を前の部分につなげるか，それとも，後の部分につなげるか，という点だけが異なっている。

この問題に関して，すでにシュミッツが詳細な検討を行っている[104]。シュミッツは，二つの表記のうち，どちらが正しいのか，つまり，「教皇座の」という表現が，カールの自称（*Intitulatio*）に属しているのかどうか，という疑問に対する判断を示さない。ランの写本の表記法は，ヴォルムス司教ブルヒャルトの教会法集成の表記法と同一であるが[105]，ブルヒャルトの表記法がどこに由来するのかは，明らかにすることができないからである[106]。ただし，「教皇座の」という表現が，この勅令の冒頭に用い

---

102)　Mansi, Sp. 189f. *in omnibus apostolicae sedis* の部分がカールの自称に属しているのか，それとも，次に挙げるベネディクトゥス・レーウィータ版のように，後の部分につながるのかは，検討を要する問題であり，その点については後述する。このような問題があるために，カールの肩書のみならず，その後につながる部分も記載した。

103)　LL. Bd. 2, 2, Sp. 109. ボレティウスは，ベネディクトゥス・レーウィータ版を採用している。MGH, Cap. 1, S. 44 mit Anm. a)．

104)　Schmitz, Waffe der Fälschung, S. 86-89.

105)　Burchard, Decretum, 1, 218 (Migne, PL 140, Sp. 612).

第4章 統治の技法　　139

られていることに関して，それがけっして不思議ではないことを強調している。というのは，この勅令では，742年と747年の二つの教会会議の決議がいくつかの条項で再録されているが，この二つの教会会議を主宰したのはボニファティウスであり，教皇座との結びつきが，これらの教会会議の背景にあることはよく知られているからである。「教皇座の」という表現が，カールの称号の一部なのかどうかは不明であるが，この表現がこれらの教会会議の表現に由来するものと推定できるのではないか，という[107]。しかし，その一方で，シュミッツは，ベネディクトゥス・レーウィータの法令集の別の箇所に全く同じ表現が見出されるという点も指摘している[108]。ベネディクトゥス・レーウィータがローマ教皇の権威を借りることで，自分が手を加えた文書群の正しさを印象づけようとしたことはよく知られている。

　このように，ベネディクトゥス・レーウィータが一部書き換えた部分がある可能性は否定できないが，その一方で，自称とそれに続く部分の検討からは，この勅令が偽書であることを示す決定的な証拠を見出すことはできないのである。

　それでは，内容に関してはどうだろうか。

　『カール大帝の最初の勅令』は，全部で18条からなる。裁判集会（*mallus*）を扱った第12条を除けば，すべて聖職者に関わる条項で占められている。この勅令は，740年代の改革教会会議の規定の多くを継承している。ブックが述べているように，この勅令の中心は，司祭の司牧の問題であり[109]，その全体的なトーンは，740年代のトーンと同じである。全18条のうち，5つの条項は『ゲルマーニア教会会議』の決議に一致する。また，第7条は，747年の教会会議で決議された条項である[110]。そのほか，二つの条文は，メロヴィング期の教会会議の決議を再録したものである[111]。

---

106) Vgl. Schmitz, Waffe der Fälschung, Anm. 34.
107) Schmitz, Waffe der Fälschung, S. 89.
108) Schmitz, Waffe der Fälschung, S. 89 mit Anm. 42: Benedictus Levita 3, 281, S. 120: ... *consultu sedis apostolicae et omnium nostrorum episcoporum et reliquorum sacerdotum atque maxime cunctorum fidelium nostrorum*. Vgl. Abel/Simson, Jahrbücher, Bd. 1, S. 669; E. Seckel, Studien zu Benedictus Levita VIII, NA 40 (1915), S. 49.
109) Buck, Admonitio und Praedicatio, S. 295.
110) MGH Conc. 2, 1, Nr. 6, S. 47, Z. 23-26.

きわめて興味深いのは，第12条である。この条項では，実に唐突に，教会の問題を離れて，裁判集会の問題が扱われている。次のような内容である。「いかなる者も，夏頃と秋頃に二度開かれる裁判集会に行くことを怠ってはならない。また，必要が生じ，王の命令によって召喚された裁判集会には，いかなる者も出席を怠ってはならない」[112]。定期裁判集会については，9世紀以降の勅令でも述べられているが，開催の時期まで書かれた条文はない[113]。夏と秋に二度，定期裁判集会を開くという規定はこの勅令だけにみられるものである。ベネディクトゥス・レーウィータが，この勅令の文面に若干手を入れた可能性はないとはいえない。しかし，彼が教会と全く関わらない，このような条項を意図的に挿入した理由を想像することができるだろうか。また，夏と秋に定期裁判集会を開催するという規定を捏造した理由を，見出すことができるだろうか。このように考えると，この第12条も，この勅令の真正性（少なくとも多くの条項に関する真正性）を裏付けるように思われるのである。

このように，この勅令を偽書と断定するだけの材料は乏しい。むしろ，これが真正の勅令である可能性は高いのである。

それでは，もしこの勅令が真正であるならば，いったい，いつ頃制定されたものなのであろうか。

『カール大帝の最初の勅令』でのカールの自称が789年の『一般訓令』と類似することから，この勅令が789年に近い頃に公布されたことが想像される。しかし，この勅令の内容は伝統的な政策にもとづいており，『一般訓令』の革新性はみられない。したがって789年に出されたとは思えない。むしろ，それ以前に出されたものと考えるべきだろう。イタリアに関する勅令を除くと，『一般訓令』以前のカールの勅令としては，779年の二つの『エルスタール勅令』，『780年の通達』，そして782年の『ザクセン地方に関する勅令』が挙げられるだけである。いずれも，『一般訓令』と同じ自称はみられない。そうすると，この勅令は783年と788年の間に出されたものであると考えるのが妥当であろう。

---

111) C. 17 = Conc. Paris (614) c. 4; c. 18 = Conc. Orléans (549), c. 14.
112) Cap. Nr. 19, c. 12, S. 46.
113) Cap. 1, Nr. 102, c. 14, S. 210; Nr. 110, c. 4, S. 214; vgl. Waitz, DVG, Bd. 4, S. 367ff.; Brunner, DRG, S. 296f.; Ganshof, Frankish Institutions, S. 78.

勅令と地方統治

　771年12月に弟カールマンが亡くなり，カールはカールマンの王国を併合したが，そのとき，サン・ドニ修道院がカールマンの王国に属していたために，カールマンに仕えていた院長のフルラートをおそらく空席であった宮廷礼拝堂司祭長に迎えた。フルラートは，ピピンの時代の宮廷礼拝堂司祭長であり，宮廷礼拝堂は宮廷の文書行政も管掌していたから，カールはピピンの時代の文書行政を熟知する人物を側近に加えたことになる。だが，779年に至るまで，カールはただ一点の勅令も後世に残さなかった。もちろん，劣悪な伝承状況を考えれば，カールがこの時期にも，勅令ないしは勅令に類する文書を作成させた可能性がないわけではない。しかし実際に，少なくとも記録を保存しておかなくてはならないような勅令は作成されなかったように思われる。この時期，カールとその宮廷は王国の拡大に心血を注いでいた。内政を全く無視していたわけではないだろうが，個別対応で済ますか，口頭による指示で十分処理できると判断していたのだろう。文書を使って指示を与えた場合もあったかもしれないが，受取人がその文書を保存すべきであると思わなかったものと思われる。

　だが，778年に始まる危機は新しい対応を必要とした。ロンスヴォーの敗北によって威信が低下することを恐れ，また飢饉による社会不安を憂慮した王権は王国会議を開催し，勅令を制定し，聖俗の高官たちに統治の方針を示した。史料から判断するかぎり，宮廷の統治方針は父ピピンの時代とほとんど変わっていない。宮廷はとくに改革の必要性を感じていなかった。宮廷を支配していたのは，ただ自分たちの意思が末端までなかなか浸透しないという危機感であった。

　新たに支配下に組み入れたイタリアとザクセンの統治に関する勅令は，フランク宮廷が伯制度を根幹にして支配を確立しようと努めたことをよく示している。伯は地方行政の中心的なポストであり，宮廷はフランク人と在地の貴族の双方を伯に任命することで，支配の安定化をめざした。イタリアの場合，巡察使を活用することで，伯を監視しようとしたことが窺われる。それでも，フランク支配に対する抵抗はあった。イタリアでは，

775年から翌年にかけてフリウリ公の反乱がおきている。また，ザクセンでは，キリスト教改宗の強制の問題もあり，併合は順調に進んだわけではなかった。ここでは，反乱が執拗に繰り返された。しかしながら，結果的には，フランク支配が定着の方向へと向かったことはまちがいない。このことを考えれば，宮廷の統治技法は巧妙であったといえるのではないだろうか。

第5章

教化と宣誓
――統合の試み――

　789年の『一般訓令』は画期的な文書である。それ以前に，これほど内容の多い勅令が出されたことがなかっただけではない。フランク王国がキリスト教を土台にすえた国家であることをこれほど明確に記した文書はなかったのである。この勅令で，カールは伝統的なキリスト教国家の枠を越え，新しいタイプのキリスト教国家の建設に乗り出したといってよい。もちろん，それまでも，フランク王権にとってキリスト教と教会はきわめて重要な支柱であったし，また，王権は教会改革の後押しをしてきた。しかし，王権が関与すべきことは，教会組織の刷新と聖職者の資質の向上であって，一般の臣民の教化自体は教会の仕事であった。王権は，いわば間接的な形で「教化のプロジェクト」に関与したにすぎなかった。だが，『一般訓令』のヴィジョンは異なる。この勅令で表明されているのは，国王が「教化のプロジェクト」自体に責任を負うということなのである。国王が「教化のプロジェクト」の最高責任者になること，これは全く新しい発想である。

　だが，宮廷が，この「教化のプロジェクト」と同時並行的に，臣民宣誓を通じて国家統合を図ろうとする，もう一つ別の革新的なプロジェクトを始めたことにも注目しなくてはならない。このもう一つのプロジェクトは，すべての臣民たちに国王に対する忠誠を誓わせ，求心力を強化しようとする試みであった。

　なぜ，この時期のフランク宮廷は，この二つのプロジェクトを始動させたのであろうか。

『一般訓令』(789年)と教化のプロジェクト

789年の3月23日にカールは施政方針を明確に示した勅令を発布した。それが、有名な『一般訓令』(*admonitio generalis*) である[1]。この勅令は皇帝戴冠以前のカールの統治理念を示す非常に興味深い史料である。しかし、マッキターリックが述べているように、その歴史的意義はなぜか十分評価されてこなかった[2]。マッキターリックがこの勅令の重要性に注目して以来、この勅令の史料的価値は十分認識されるようになったが[3]、H. フアマンが1981年に「『一般訓令』の構想と伝承は、個別研究を必要とする」と述べた研究状況は、今なお果たされていない[4]。この節では、この課題

---

1) MGH Cap. 1, Nr. 22, S. 52-62. 『一般訓令』という呼称は、史料にはない。跋文および第60条に *admonitio* という表現がみられることから、MGH 版を編纂したボレティウスがはじめて用いた名称であり、*admonitio generalis* という表現自体が勅令のなかに見出されるわけではない。今日、この名称は定着したように思われるが、ボレティウスの同時代の著名な学者ツォイマー (Zeumer, Anmerkung) やヴァイツ (Waitz, DVG, Bd. 3, S. 485) は、この名称に早くから批判的であった。というのも、第60条に登場する *admonitio* という表現は第1条から第59条までの教会法抜粋を指し示しているだけで、この勅令の全体の呼称としては、不適切と思われたからである。なお、De Clercq, Neuf capitulaires, S. 14-34 では、新しい校訂が試みられている。けれども、モルデクはそれを MGH 版からの後退と評している (その理由は、Mordek, Studien, S. 41 mit Anm. 89 に示されている)。ここでは、MGH 版を用いる。邦訳として、河井田研朗『カロルス大帝の「万民への訓諭勅令」』がある。また、ヨーロッパ中世史研究会編『西洋中世史料集』20-22頁に、船木順一氏による部分訳がある。なお、近年、E. Magnou-Nortier はいくつかの論考で、『一般訓令』を偽文書であると断じた。しかし、シュミッツが説得的に論じているように、こうした意見に与することはできない。G. Schmitz, Echte Quellen-falsche Quellen: Müssen zentrale Quellen aus der Zeit Ludwigs des Frommen neu bewertet werden?, in: Von Sacerdotium und regnum. Geistliche und weltliche Gewalt im frühen und hohen Mittelalter. Festschrift für Egon Boshof zum 65. Geburtstag, hg. von Franz-Reiner Erkens und Hartmut Wolff (Passauer historische Forschungen 12), Köln/Weimar/Wien 2002, S. 275-300.

2) McKitterick, Frankish Church, S. 2 mit Anm. 2. ただし、マッキターリックは先駆的な研究として以下の論考を挙げている。J. M. Wallace-Hadrill, Early Germanic Kingship in England and on the Continent, Oxford 1971, S. 94, 107-108; Louis Halphen, A Travers l'Histoire du Moyen Age, Paris 1950, S. 97; Fleckenstein, Bildungsreform, S. 68-9.

3) McKitterick, Frankish Church, S. 1-9. 邦語の研究として、多田哲「カロリング王権と民衆教化——『一般訓令』(789年) の成立事情を手懸りに——」がある。

4) Fuhrmann, Papsttum, S. 435 mit Anm. 25. Th. ブックはフライブルク大学に提出し

第 5 章　教化と宣誓

に取り組み，皇帝戴冠以前のカールの統治理念の解明に寄与したい。

　この勅令が発布された具体的な経緯については全くわからない。『王国年代記』は，この勅令について何も言及していない。しかし，この勅令が公布された時代背景については，およそのことを指摘しうる。それは，788年にフランク王国の膨張が一応完成し，カールはようやく統治体制を熟慮する余裕を得たという事情である。カールは785年にザクセンの反乱軍の最も有力なリーダーであったヴィドゥキントを投降させ，改宗させることに成功し，また788年にはついにバイエルンを併合した。ローマ教皇座との関係も深かったバイエルンの併合により，カールは，イングランドおよびアイルランドを除けば，西方キリスト教世界の唯一の君主となったのである。カールのフランク王国はカトリック世界とほぼ重なることになった。後世から考えると重要なこの事実は，当時の史料には特に記されていない。しかしながら，この領土の拡大が788年以降のフランク宮廷の政治姿勢に大きな影響を与えたことであろう。

　だが，一方において指摘しなくてはならないのは，この巨大な王国の維持がいかに困難であるかを，宮廷がすでに自覚しはじめていたことである。786年には，ハルトラートという人物を中心とする大規模な反乱が，王国東部で起こっていた。後述するが，この反乱はフランク宮廷にかなりの動揺を与えたように思われる。『一般訓令』は，このような状況下に，つまり，領土の膨張と国内の動揺という状況のなかで公布されたのである。

　カールは788年の秋から冬にかけてバイエルンにあって，当地における支配権の確立に力を尽くした後[5]，フランクに帰り，クリスマスをアーヘンの王宮で祝った[6]。カールは翌年4月の復活祭頃までの数か月をアーヘンの王宮で過ごした。カールはこの数か月の間に新しい統治ヴィジョンの構想を練ったように思われる。そして，その構想を公表し，文書化したものが『一般訓令』に他ならない[7]。カールはこの勅令を789年の3月に発令

た博士論文 Admonitio und Praedicatio の67-156頁で，写本にもとづいて，この勅令をかなり徹底的に分析している。彼はフライブルク大学の故モルデク教授の門下生で，彼の博士論文にはモルデクの研究成果が随所に利用されている。彼の研究により，『一般訓令』の研究はかなり前進したとみてよい。

  5) BM 297, 298.
  6) ARF a. 788, S. 84.

し[8]，また，巡察使（*missi*）を通じて知らしめた[9]。

　この勅令には33点の写本が現存する。これはカロリング期の勅令の写本としてはけっして少なくない数である[10]。9世紀に関していえば，12点の手書本が伝承されており，この勅令が次代に及ぼした影響の大きさの一端が示されている[11]。

　この勅令は全体として82章からなり，勅令としては長い部類に属する[12]。まず，冒頭に比較的長い前書きがあり，この訓令の目的が述べられている。前半の59箇条は，主に774年にローマ教皇から贈られた教令集「ディオニシオ・ハドリアーナ」から抜粋したものである。そして，前半部を統括する第60条をはさんで[13]，前半とは異なる内容をもつ後半部に移行する。後

---

　7) M. Fuhrmann は『一般訓令』を「一種の政府声明」と呼んでいる。Fuhrmann, Bemerkungen, S. 270. また，ブックは次のように述べている。「カール大帝の治世に関して，『一般訓令』は改革法と認められる」（S. 135）。彼によれば，皇帝戴冠後の統治計画を示しているのが，『一般勅令』（Capitulare generale, MGH Cap. 1, Nr. 33）であるとすれば，戴冠以前の統治方針を定めたものが，『一般訓令』であった（Buck, Admonitio und Praedicatio, S. 135 mit Anm. 411）。

　8) ボレティウスの MGH 版では，発行年を示す記述がなく，なぜ，この勅令が789年に出されたものであるとわかるのか，一見すると不思議である。しかし，次の第23番の勅令の冒頭の日付（Cap. 1, S. 62: *Anno dominicae incarnationis 789, indictione 12. anno 21. regni nostri actum est huius legationis edictum in Aquis palatio publico*）は，その前の第22番，すなわち『一般訓令』が公布された年を示していると考えるのが今日の定説となっている。実は，ボレティウス以前の校訂においては，通例，そのように理解されていた。これについては，Waitz, DVG Bd. 3, S. 483f.; Zeumer, Anmerkung, S. 404ff.; BM 300; Schneider, Schriftlichkeit, S. 266 mit Anm. 67; MGH Cap. 2, S. 537（Corrigendum zu Nr. 23）参照。

　9) MGH Cap. 1, Nr. 22, S. 53, Z. 40f; *Quapropter et nostros ad vos direximus missos, qui ex nostri nominis auctoritate una vobiscum corrigerent quae corrigenda essent*. アルクインは，ある書簡のなかで，類似の言い回しを用いている。Alkuin, MGH Ep. 4, Nr. 177, S. 292, Z. 30f.: *temperata consideratione corrigantur quae corrigenda sunt*, ... この部分は，ボレティウスによれば，『一般訓令』ではなく，Duplex legationis edictum（Nr. 23）の一部であるとされている。しかし，すでにヴァイツやツォイマーが指摘しているように，この部分はむしろ，おそらく『一般訓令』の一部と考えるべきである。それゆえ，フアマンはこの勅令を「国王巡察使を念頭においた訓令書」と呼んだのである（Fuhrmann, Papsttum, S. 435.）

　10) Buck, Admonitio und Praedicatio, S. 68-70. ただし，33点の写本のうち，ほぼ完全な形でこの勅令を伝承しているのは15点に限られる。

　11) Mordek, Studien, S. 41-43.

　12) 『一般勅令』の構成については，以下の二つの文献で詳細に論じられている。Scheibe, Humanismus, S. 79ff.; Buck, Admonitio und Praedicatio, S. 88ff.

　13) MGH の編者ボレティウスはこの第60条の *ammonitio* という表現を後半部に結びつけて考えた。しかし，ブック（Buck, Admonitio und Praedicatio, S. 79 Anm. 52）が明確に

半部の最初の章にあたる第61条には，*Primo omnium* という表現があり，後半部がこの条から始まることが明確に示されている[14]。後半の23箇条はオリジナルな内容のものであり，カールの統治理念をよく示す条項を含んでいる。

　それぞれの条文の冒頭に，条文に該当する人々の身分が挙げられている。「すべての者たちに対して」（*omnibus*）と書かれている条項は全部で41箇条存在する[15]。38箇条は聖職者に対するものである。残りの3箇条（第67条，第71条，第79条）のうち，第67条は「司教およびすべての者に対して」と書かれ，他の二つの条項では「あることは聖職者に，あることはすべての者に」と記述されている[16]。聖職者に該当する条項には，すべての聖職者に関する条項だけでなく，司教だけに関わる条項などがある。このような書式は，他に例をみない。内容上も，書式上も，この勅令が革新的であることをよく示している[17]。

　ところで，この文書の起草にアルクインが深く関わったという有力な説がある。このことをはじめて明確に主張したのが F. シャイベである。シャイベは主に文体上の理由から，この勅令を実質的に書いたのはアルクインであると，1958年の論文で結論づけた[18]。このような意見に対して，特に反証を挙げることなく，マッキターリックは証拠不十分と決めつけている[19]。しかし，ヴォルフラムは別の論拠をあげて，シャイベの見解を積極的に支持する[20]。シャイベ自身，後にこの勅令の起草にアルクインが関与したと主張するにとどまり，その主張はかなり弱められている[21]。モルデ

指摘しているように，この第60条の *Sunt quoque aliqua capitula quae nobis utilia huic praecedenti ammonitione subiungere visa sunt.* という文を正確に読みとろうとすれば，前半部が *ammonitio* と呼ばれ，後半部が *capitula utilia* と呼ばれていることに注目しなくてはならない。

14)　*Primo omnium praedicandum est omnibus generaliter, ...*
15)　このうち，第15条だけは，正確にいえば，*ad omnes* と表現されている。
16)　c. 67: *episcopis, omnibus*; c. 71: *aliquid sacerdos, aliquid populus* c. 79: *aliquid sacerdotibus, aliquid omnibus*.
17)　この勅令の特異性については，たとえば，Buck, Admonitio und Praedicatio, S. 84.
18)　Scheibe, Alcuin und die Admonitio generalis; Scheibe, Alcuin und die Briefe. すでに，Wallach は1953年の論文でアルクインの関与を示唆している。Wallach, Charlemagne and Alcuin, S. 153. また，Scheibe, Humanismus, S. 78-87.
19)　McKitterick, Frankish Church, S. 1f. mit Anm. 2.
20)　Wolfram, Intitulatio I, S. 239-244.

ク，フレッケンシュタイン，フアマンといった研究者は，アルクインを実質的な著者とみなす主張には難色を示すが，アルクインがこの勅令の起草に関与したことは認めている[22]。また，ハルトマンも，特に第61条以下の部分に関して，アルクインの関与の可能性が高いとしている[23]。バラもまた，この勅令に関するアルクインの関与を大きく認める。もちろん，「ディオニシオ・ハドリアーナ」からの抜粋で成り立つ前半部に関しては，アルクインの関与の証拠を見出すことはできない。しかし，それ以外の部分に関しては，そうではない。バラは述べている。「これに対して，アルクインの思想と言語の痕跡は，宛名の部分，序文の前半部（王と司教の位置づけ），実質的に後半部の序文にあたる第60条，そして，第61条から最後にいたるまでのほとんどすべての条文に認められる」[24]。

　私はここで，アルクインがこの勅令の作成にどの程度関与したかという問題を直接扱うつもりはない。しかし，アルクインの思想がこの勅令に認められるのは確かなことのように思われる。このことは以下の分析によって示されることであろう。

　『一般訓令』の序文，前半部，後半部をそれぞれ個別に考察してみたい。

1　「序文」の統治理念

　序文の冒頭で，まず次のように述べられている。「永遠にわが主イエス・キリストの治めるもとで。神の恩寵と神の愛を与えられた王，フランク王国の統治者，聖なる教会の敬虔な保護者にして献身的な援護者である朕カールが，教会のすべての位階の者と俗権のあらゆる地位の者に，主キ

　21）　Scheibe, Alcuin und die Briefe.

　22）　Fuhrmann, Papsttum, S. 435 A. 25; Fleckenstein, Art. ›Admonitio generalis‹, LM Bd. 1, S. 156; Mordek, Studien, S. 41 mit Anm. 88; Bullough, Alcuin before Frankfort, S. 579 mit Anm. 34.

　23）　Hartmann, Karolingische Reform, S. 62 mit Anm. 27. 彼は，アルクインの著作と『一般訓令』の内容の類似性を，特に次の二点を挙げて指摘している。すなわち，『一般訓令』の第62条と Alkuin, De virtutibus et vitiis c. 3（Migne PL 101, 615 CD），第66条から第69条にかけての諸条項と Migne PL 100, S. 567-570 である。また，ハルトマンは，教会十分の一税に関する条項がないのは，アルクインが教会十分の一税の徴収に慎重な態度を崩さなかったことと関係するのではないかとも述べている。Hartmann, Karolingische Reform, S. 62f. Vgl. Bullough, Alcuin, S. 382.

　24）　Bullough, Alcuin, S. 381.

第5章　教化と宣誓

リスト，永遠の神である主キリストにおいて，永遠の平和と至福の挨拶をおくる」[25]

　まず，すでに述べたように，「神の恩寵と神の愛を与えられた王，フランク王国の統治者，聖なる教会の敬虔な保護者にして献身的な援護者である朕カール」というカールの称号は，この勅令以外にはなく，いわゆる『カール大帝の最初の勅令』に類似した称号がみられるにすぎないことが指摘されなければならない[26]。この称号については，中世初期の君主の称号に関する画期的な書物を著した H. ヴォルフラムがどのような見解を表明しているのかを，まず紹介しておきたい。

　ヴォルフラムは，800年以前の国王証書にあらわれるカールの自称（Intitulatio）を次の4つのタイプに分類している。すなわち，類型1：*Francorum vir inluster,* 類型2：*gratia Dei rex Francorum vir inluster,* 類型3：*gratia Dei rex Francorum et Langobardorum*（*vir inluster*），類型4：*gratia Dei rex Francorum et Langobardorum ac patricius Romanorum*（*vir inluster*）である[27]。これに対して，『一般訓令』にあらわれる自称を類型5と呼んでいる[28]。この自称で特徴的なのは「聖なる教会の保護者」という表現である。『一般訓令』とほとんど同じ表現は，798年もしくは799年に作成されたといわれるザルツブルク大司教アルン宛書簡[29]だけに見られる。「聖なる教会の保護者」という表現のみに注目するならば，その他にイングランドのマーシア王オッファ，アンギルベルト，トレド司教エリパンド宛の書簡の冒頭にそれぞれ見られる[30]。

　ヴォルフラムは，このことはアルクインがこの勅令の起草に深く関わったことを強く示唆するものであると考える。というのは，先にあげた三通

---

25) Cap. 1, Nr. 22, S. 53, praefatio, Z. 21ff.: *Regnante domino nostro Iesu Christo in perpetuum. Ego Karolus, gratia Dei eiusque misericordia donante rex et rector regni Francorum et devotus sanctae aeclesiae defensor humilisque adiutor, omnibus ecclesiasticae pietatis ordinibus seu saecularis potentiae dignitatibus in Christo domino, Deo aeterno, perpetuae pacis et beatitudinis salutem.*

26) Capitulare primum (MGH Cap. 1, Nr. 19), S. 44: *Karolus, gratia Dei rex regnique Francorum rector et devotus sanctae ecclesiae defensor atque adiutor.*

27) Wolfram, Intitulatio I, S. 208.

28) Wolfram, Intitulatio I, S. 239.

29) Mordek, Bibliotheca, S. 975（= MGH Conc. 2, 1, S. 213f.）

30) Alcuin, Ep. Nr. 87, S. 131; Ep. Nr. 92, p. 135; Conc. 2, 1, S. 158.

の書簡は，先行研究によっていずれもアルクインが実際の起草者であることが推定されているからである[31]。また，*rector* という表現にも注目する。ヴォルフラムによれば，これはアルクインが君主の意味で好んで用いた表現である[32]。こうして，彼はこの自称にアルクインの筆致を見出す[33]。しかし，ヴォルフラムの試みに対して反論がありうる。たとえば，この自称で *rector* という表現が用いられていることに関してであるが，*rector* という表現は少なくともアウグスティヌスにまで遡りうる伝統的な表現であることが，アントンらの先行研究によって明らかになっている[34]。さらに，初期カロリング期の「君主鑑」に大きな影響を与えた『偽キュプリアヌスのこの世の12の悪徳』でも，*rector* という表現が君主に関して用いられている[35]。rector という表現の使用からアルクインの関与を導き出すのはむずかしいだろう。

ところで，私は『一般訓令』の *Intitulatio* が従来の伝統から遊離した表現であることに注目したい。この勅令の自称では，教会の保護者としてのカールの立場が強調されているが，それは今までにないことであった。そして，「教会の保護者」としての国王の立場の強調は，この「自称」(*Intitulatio*) の後に続く序文の内容に色濃く表明されている。少し長くなるが，戴冠以前のカールの統治理念を示す非常に重要な文章であるから，全文を引用したい。まず，その前半部だけを引用する。

> 「朕は，我々の聖職者および助言者たちとともに，平和を希求する敬虔な心によって判断し，我々と我々の人民に対して，王たるキリストが示し給うた慈悲の大きさに思いをなし，また，すべての思いと言葉で神に絶えず感謝を行うだけではなく，善行を絶えず積むことで神を

---

31) Wallach, Origin, S. 272.
32) Wolfram, Intitulatio I, S. 243f. Vgl. Bullough, Alcuin, S. 380 mit Anm. 132. バラは790年代のアルクインの詩や書簡のなかに，*rector* という表現が散見されることを指摘している。Ep. Nr. 87, Nr. 92, Nr. 41; Carmina Nr. 26, S. 245.
33) Wolfram, Intitulatio I, S. 244.
34) Anton, Fürstenspiegel, S. 57 mit Anm. 58; vgl. Markus, Gregory the Great's Rector and his Genesis, S. 26-33. Collins, Charlemagne, S. 109. Becher, Eid und Herrschaft, S. 166f.; Bullough, Alcuin, S. 381 mit Anm. 157.
35) Pseudo-Cyprianus, S. 51.

第5章　教化と宣誓

賛美しつづけることが必要であると考えた。そうすれば，わが王国に多大な名誉を与えてくれた神が，我々と我々の王国を自分の保護下において，永遠に守りつづけて下さることであろう。キリストの教会の牧者よ，その群れの導き手よ，この世の輝かしい光よ，聡明な汝らに願う。行き届いた配慮と熱心な訓諭によって，神の人民を永遠なる生活の牧場へと導くように努めること。迷える羊たちを教会の堅固な城壁の内側へ，良い範例と訓戒という肩の上に載せて連れ帰るように努力すること。待ち伏せしている狼が，教会法の規律を忘れたり，公会議の教父たちの教えに反する者を見つけて，——恐ろしいことだ——貪り食うことのないようにするためである。

　それゆえ，固い信仰心とぐらつくことのない忍耐力により，教父の定めた教えの中に留まるように，熱心に訓戒を与えられ，諭され，いつも強要されていなくてはならない。このような行いと努力において，朕が汝たちと共に働いていることを，聖なる貴下たちは，確実に知るべきである。それゆえ，朕は，貴下たちのもとへ，わが権威の名のもとに，貴下たちとともに正されるべきことを正すために巡察使（*missi*）を派遣したのである。」[36]

　興味深いのは，俗人の官職保持者に対しても，「神の民」を導く役割を求めていることである。迷える小羊を教会の壁の内へと誘導するのは，聖職者だけに課された職務であるだけではなく，伯などの俗人官職保持者の職務でもあるとされている[37]。「正されるべきことを正すために」巡察使を派遣したのだと述べている。「正すこと」（*corrigere*）は，この勅令全体を貫く，ひとつのキーワードであるが，聖俗の指導者は，こぞって，人々を正しい方向へと導くように，絶えず「訓告」（*admonitio*）を行うようにもとめられている。

　次に，序文の後半を引用する。

---

36) Cap. 1, Nr. 22, S. 53, Z. 26-Z. 41. 翻訳にあたっては，河井田研朗「カロルス大帝の「万民への訓諭勅令」」（125頁以下）の訳，および King, Charlemagne, S. 209 の英訳を参考にした。

37) Vgl. Nagel, Karl der Große, S. 86f.

「ところで，教会の定めた諸規定の中から，われわれに特に必要と思われることを付け加えた。願わくは，誤っていることを正し，余分なことを削除し，正しいことを鼓舞するように努めた，この敬虔な訓戒を傲慢であるとみなしたりせずに，慈愛に満ちた心で受け入れんことを。実際，我々は列王記の中で，聖なるヨシュアが，神から自分に与えられた王国をどのようにして巡回し，その誤りを糾し，警告を与えることによって，真の神への礼拝に呼び戻すよう努力したかを，読んでいる。このように言うのは，朕がヨシュアの聖性に並ぶ者であることを示そうとするためではなく，われわれにとって聖人の模範は何処においても何時でも常に従われるべきものであり，また，われらの主イエス・キリストを賛美し，その栄光を称えるために，善き生活に努め，一緒に集うことが必要だからである。それゆえ，すでに述べたように，朕は教会法の諸規定から若干の条項を引用するように命じたのである。貴下たちはこれらの条項を想起するように努め，もし他にも貴下たちにとって必要なものがあると知った場合には，同じ意図をもって訓戒を与えるように。また敬虔なる貴下たちは，神の民に有益であると見なされるものは何であれ，正当な熱意をもってそれを勧めずに，見過ごすことがあってはならない。貴下たちが努力し，民がそれに従えば，全能なる神から，永遠の祝福という褒賞を受けることができるだろう」[38]。

この文章で特に興味深いことは，カールが自らを旧約聖書に登場する王ヨシュアになぞらえていることである[39]。カロリング家の王がしばしば旧約に登場する人物に例えられていることはよく知られているが，その際，モーゼやダビデの名が挙げられるのが普通であった[40]。特にダビデは理想的な国王の例としてよく用いられた[41]。これに対して，ヨシュアが挙げられるのは異例である[42]。それだけにいっそう，『一般訓令』の意図がはっ

---

38) Cap. 1, Nr. 22, S. 53, Z. 11. この部分に関しても，河井田研朗訳を参考にした。
39) McKitterick, Frankish Church, S. 2.
40) Ewig, Christlicher Königsgedanke, S. 46ff.
41) Anton, Fürstenspiegel, S. 419ff.
42) マッキターリックはカロリング期に国王がヨシュアにたとえられている例として，

第5章　教化と宣誓　　153

きりと認められる。「いかにして，聖なるヨシュアが神に与えられた王国を巡回し，正し，訓戒を与えることで真の神の信仰へ立ち返らせたかを列王記の中に読んだ」という，カールの言葉は，この勅令の中心テーマがキリスト教信仰をいかに社会に浸透させるかということであることを，はっきりと示している[43]。この勅令のテーマは宗教である。この勅令は，宗教を国家統治の基本とすることをはっきりと宣言した文書なのである。779年のエルスタールの勅令において，カールはボニファティウスの教会改革と父ピピンの教会政策の継承をアピールしたが，キリスト教を国家統治の根本に据えるとまでは，考えていなかった。789年の『一般訓令』のトーンは明らかにエルスタール勅令と異なっている。『一般訓令』では，旧約聖書のイスラエル王権をモデルとして新しい国家ヴィジョンが紡ぎだされている。そして，794年の重要な『フランクフルト勅令』に，この勅令の条項が再録されていることに示されるように，カールの統治政策のライトモチーフとして，その後も強く意識されるようになったのである。

───────────

シャルル禿頭王の福音書のミニアチュールをあげている（McKitterick, Frankish Church, S. 3 mit Anm. 1)。そこでは，図版の上部に次のような言葉が書かれている。*CUM SEDEAT KAROLUS MAGNO CORONATUS HONORI/EST IOSIAE SIMILIS. PARQUE THEODOS (IO)*. シャルルは，こうして，偉大な法編纂者テオドシウス帝と宗教改革者ヨシュアに比せられている。Vgl. Nelson, Christian Roman Emperors, S. 97 mit Anm. 52. ヨシュアについては，ランス大司教ヒンクマールの著作の中でも言及されている。Hinkmar, De regis persona et regio ministerio (PL 125), Sp. 844. また，『一般訓令』のこの部分は，アンセギスの勅令集の冒頭に再録されている。MGH Cap. 1, S. 397. この他には，ヨシュアの名は，テオドゥルフの詩にわずかに登場するにすぎない。Theodulf, Versus contra iudices, MGH Poeta 1, Nr. 28, S. 495; vgl. Nr. 21, S. 478. これに対して，アルクインは一切，ヨシュアには言及していない。したがって，この部分の叙述に関しては，アルクインというより，むしろテオドゥルフが関わっていたのではないかと，D. バラは推定している（Bullough, Alcuin, S. 380 mit Anm. 154)。ちなみに，中世では一般に王がヨシュアに喩えられる例は少ない。しかし，聖王ルイはしばしばヨシュアに喩えられた。これについては，ジャック・ル・ゴフ著，岡崎敦他訳『聖王ルイ』新評論，2001年，486-493頁，および，J. Le Goff, Royauté et idéal monarchique médiéval: Saint Louis et Josias, in: Gilbert Dahan (Hg.), Les Juifs au regard de l'histoire. Mélanges en l'honneur de Bernhard Blumenkranz, Paris 1985, S. 157-167 参照。これらの論考において，ルゴフはカロリング期についても言及しているが，『一般訓令』には触れていない。

43)　Vgl. Staubach, Cultus divinus, S. 557.

2　前半部の検討

　アンゲネントは『一般訓令』に含まれる重要な観念として次の三点を挙げている。①神の恵みがなければ，王国の繁栄はありえない。②この恵みは正しい生活の営みと正しい典礼によってのみ達せられる。③信仰と典礼の正しさの基準はローマ教皇のみが与えるものである[44]。特に③に関しては，『一般訓令』の前半部に明確に現れている。ローマで用いられているものが唯一の正しいテキストであるとみなされている。とくに，第51条から第59条までの条項で，教皇の教令が引用されていることが注目される。もちろん，第50条までの条項も，ニカイア，カルケドン，アンティオキアといった公会議の決議からの引用であり，これもまた，教会の伝統に忠実であることを示すものとなっている。いずれも，きわめて簡潔に述べられており，第1条から第59条までのうち，最も長い条項でも，MGH版で，わずか5行である。

　これらの条文の大部分が，774年にカールのローマ遠征に際して，教皇ハドリアヌスから贈られた，教会法集成『ディオニシオ・ハドリアーナ』を典拠としていることは，繰り返し，指摘されている[45]。個々の条項の内容についてはドゥクレールが整理しており[46]，ここでは立ち入らない。

3　中間序文（第60条）

　この中間序文において，今までの条項を総括して，カールは次のような指示を与えている。

> 「第60条。司教たちに。さて，最愛なる者たちよ，熱心に，そして，献身的に，特に必要と思われることを訓告しようと努めてきた。聖なる教父たちの定めた教会法の諸条項に結びついた，永遠の幸福という報償を教父たちとともに受け取るに値するように。公会議が定めることに反し，傲慢な態度を示そうとする者が受ける破門の制裁がいかに恐ろしいものであるのか，賢明なる貴下たちは知っている。それゆえ，

---

44)　Angenendt, Karl der Große als *rex et sacerdos*, S. 270.
45)　Vgl. Hartmann, Synoden, S. 103.
46)　De Clercq, Législation religieuse, S. 172ff.

第5章 教化と宣誓　　155

重ねて熱心に訓告するのである。この恐ろしい教会罰を受けないように全霊を挙げて努め，教会の定めに従い，諍いのない平和を希求し，永遠の平和の喜びを享受できるように。今まで述べてきた訓告に付け加えるのが有益であると思われる条項を次に記す」[47]。

　この条項については，すでにシャイベやブックの詳細な分析があるので[48]，ここでは若干の指摘にとどめたい。
　この条項において，カール大帝はあらためて，司教たちにそれまで述べた条文の遵守を要請している。これらの条文は，ここでは sanctorum patrum canonica instituta, statuta universalium conciliorum, canonica instituta といった表現で呼ばれている。つまり，今まで述べられてきたことは教会の規則であることがはっきりと表現されているのである。そして，これらの法令に違反した場合には，破門 (anathematis centura)，教会罰 (execrationis iudicium) を受けることになると，述べられている。しかも，この罰は恐ろしいものである (terribilis, horribilis) と形容されている。カールはこうして，司教たちを戒める。
　そして，第59条までの部分は，「訓告」(ammonitio) と呼ばれている。その他に「訓告する」(ammonere) という語が二度も用いられていることは，この勅令を『一般勅令』と名付けた学者たちの考えが間違っていないことを物語っている[49]。
　それに加えて，前半部の諸条項の意味を再確認したこの条項が，司教に対して書かれていることにも注目したい。キリスト教にもとづく社会秩序を維持するための責任者が司教に他ならないことを，この条項は示している。

4　後半部の検討

　ハルトマンは，『一般訓令』の後半部において，聖書からの直接の引用が，他の勅令でみられないほど多く，また，モーゼ5書の中の規律や十誡

---
47) Cap. 1, Nr. 22, S. 57.
48) Scheibe, Humanismus, S. 52ff.; Buck, Admonitio und Praedicatio, S. 111ff.
49) *ammonere, admonitio* は，アルクインが好んで用いた語彙でもある。これについて，Wallach, Rhetoric, S. 61f.

が「法」(*lex*) あるいは「主の法」(*lex Domini*) として引用されていることを指摘している[50]。

まず，第61条が扱っているのは，キリスト教信仰に関する一般的な内容である。「すべての者に。まず第一に，カトリックの信仰が司教と司祭によって，すべての者に熱心に教えられ，説かれなければならない。なぜならば，これこそが全能なる主である神の第一の掟であるからである。法［モーゼの律法］にある。「聞け，イスラエルよ。我らの神，主は唯一の王である。あなたは心を尽くし，魂を尽くし，力を尽くして，あなたの神，主を愛しなさい。」［申命記，6.4-5］

ブックが指摘しているように，「まず第一に」(*primo omnium*) という表現は，明らかに，第61条が，後半部分の始まりとなっていることを示している[51]。また，同時に，彼はこの章句と類似する章句が，すでに第32条にあり，また，最後の条項にあたる第82条にも，類似する表現があることも指摘している[52]。

さて，これに続く第62条から第69条までの8箇条は，このキリスト教社会の規範を示すため，美徳と悪徳を具体的に記したものである。アルクインは，『美徳と悪徳について』(*De virtutibus et vitiis*) という有名な文章を書き残しており[53]，これらの条項はこの勅令へのアルクインの関与を示唆するものであるかもしれない。

第62条は，平和を説いた条文として非常に有名なものである[54]。少し長くなるが，以下全文を掲げる。

> 「すべての者に。司教であれ，修道院長であれ，伯であれ，裁判官 (*judices*) であれ，高位の者であれ，身分の低い者であれ，すべてのキリスト教徒 (*omnis populus christianus*) の間で，平和，和合，

---

50) Hartmann, Karolingische Reform und die Bibel, S. 61.
51) Buck, Admonitio und Praedicatio, S. 112.
52) Buck, Admonitio und Praedicatio, S. 112.
53) Alcuin, De virtutibus et vitiis, PL 101, Sp. 613-638. この文章については，Wallach, Alcuin and Charlemagne, S. 231-254 参照。
54) この条項は，アンセギスの勅令集にも収録されている。Collectio Capitularium Ansegisi (MGH Cap. Nova Series, 1), 1, 60, S. 461.

調和（*pax, concordia et unianimitas*）が保たれなければならない。というのは，福音書の中での主自身のお教えにあるように［マタイ5, 23-4］，平和がなければ，たとえ祭壇に供え物を捧げようとしても，神はお喜びにならないからである。また，これは法［モーゼの律法］の中にある第二の掟でもある。『自分自身を愛するように隣人を愛しなさい』［レビ記19, 17；マタイ19, 19］。そして，福音書にはこうも書かれている。『平和を実現する人々は，幸いである，その人たちは神の子と呼ばれる』［マタイ5, 9］。そしてこうも，書かれている。『互いに愛し合うならば，それによってあなたがたがわたしの弟子であることを，皆が知るようになる』［ヨハネ13, 35］この掟のなかでは神の子たちと悪魔の子たちが区別されている。というのは，悪魔の子がつねに不和や混乱を引き起こそうとするのに対して，神の子たちはいつも平和と愛を望むからである」。

このように，カールはこの条文において，聖句をちりばめながら，不和が起こらないように，人々に求めている[55]。アルクインが平和という概念をよく用いていることは広く知られており，この事実もアルクインの思想世界と『一般訓令』の緊密な関係を示唆するものである[56]。カロリング期の平和思想はアウグスティヌスの影響を強く受けているとよく言われるが，この通説に対して，W. ハルトマンは，正当にも次のように批判している。すなわち，アウグスティヌスは『神の国』の第19章で，キリスト教徒のみならず，異教徒の間や，盗賊の間でも平和への希求を認めているのに対して，『一般訓令』では，平和は神の子たちだけが望むものとされており，『一般訓令』の平和思想は，アウグスティヌスの平和思想と大きく異なっているというのである[57]。ここで表明されている平和についての考え方は，確かにアウグスティヌスというより，アルクインの思想である。次章で述べるが，アルクインはある詩のなかで，この第62条と全く同じことを述べているのである。アルクインによれば，異教徒は不和を本質的に好む。だ

---

55) Vgl. Ewig, Christlicher Königsgedanke S. 63.
56) この点については，すでに Kleinclausz, Alcuin, S. 122 が指摘している。
57) Hartmann, Friede, S. 2.

から，異教徒にキリスト教信仰を伝道することは，異教徒に平和の福音をもたらすことと同じことなのである。

　続く第63条は，裁判の公正（*iustitia*）を説いている。第64条は前の条項と関連し，聖書の該当箇所を引用しつつ，人々に偽誓をしないように指示している。また，第65条は占いを禁止するとともに，木，岩，泉への奉納を禁ずる。この条項は旧来のフランク王国内部の異教的信仰の撲滅を意図しただけではなく，ザクセンも念頭においた条項であるように思われる。また，第66条では，多くの聖句が引用されつつ，妬みと憎しみの問題が一般的に扱われている。

　また，第67条は殺人の禁止を命ずる。法が命じるのでなければ，いかなる者も殺害されてはならないと述べる。第68条は窃盗，誤った証言，不法な婚姻を禁じる。さらに，次の条項は，息子は父を敬うようにと述べる。

　以上の諸条項は，概括的にキリスト教社会のあるべき姿を述べ，この理念にしたがって人々が行動するように求めた条項であると解釈することができるだろう[58]。基本的な原則を述べたこれらの条項に対して，第70条以下の条項は，より具体的な指示である。

　第70条においては，司教は自分の教区内の司祭たちが信仰を正しく理解し，洗礼やミサを正しく行っているかどうかよく監督するように指示している。つづく第71条も聖職者に対して向けられたものであり，教会施設がよく整備されているかどうかをよく監督するように求めている。

　特に重要なのは第72条である。この条項は，「カロリング・ルネサンス」の精神をよく示す史料として名高い。この章の中心的な部分を訳してみる。

　　「聖職者は，自分の身の回りに非自由身分の子どもたちばかりではなく，自由身分の子どもたちを集めるように努めるべきである。子どもたちに，読み書きを学ばせるための学校を開かなければならない。すべての修道院および司教座聖堂において，詩編，速記法（*notae*），歌唱，算定法，文法を教えること。また，宗教書を正しく校訂すること。というのは，神に対してふさわしく祈ろうと思う人がいても，書物が不完全で誤りがあるために，それができない場合が生じるからである。

58）　Vgl. De Clercq, Législation religieuse, S. 174.

第 5 章　教化と宣誓

読む場合においても，書く場合においても，貴下たちの生徒たちが誤った解釈に陥ることを許してはならない。もし，福音書，詩編集，ミサ典書の写本が必要となった場合には，正確な写本を作ることのできる熟達した者がこれにあたるべきである。」[59]

　カールは学校の創設を謳っているが，具体的にどのような学校の創設を聖職者たちに求めたのであろうか。『一般訓令』の表現はあいまいであり，この点ははっきりとしない。「すべての修道院および司教座聖堂において」という表現から考えれば，修道院学校や司教座聖堂付属学校といったタイプの学校のみをカールは考えていたように思えるが，アルクインと並んでカールに非常に近かったオルレアン司教テオドゥルフが，司教令のなかで司祭に学校を開くように勧めていることから考えると，カールの考えた学校の中には，司祭が開く小教区学校の設置も含まれていたようにも思われる[60]。

　子どもに対する教育と正確な写本の作成が，このひとつの章のなかにともに書かれていることは非常に興味深い。カールとその側近たちは，この二つがともに正しいキリスト教の教えを社会へ浸透させるという大きな目

---

59)　原文は次の通りである。MGH Cap 1, Nr. 22, S. 60: ... *et non solum servilis conditionis infantes, sed etiam ingenuorum filios adgregent sibique socient. Et ut scolae legentium puerorum fiant. Psalmos, notas, cantus, compotum, grammaticam per singula monasteria vel episcopia et libros catholicos bene emendate; quia saepe, dum bene aliqui Deum rogare cupiunt, sed per inemendatos libros male rogant. Et pueros vestros non sinite eos vel legendo vel scribendo corrumpere; et si opus est euangelium, psalterium et missale scribere, perfectae aetatis homines scribant cum omni diligentia.* この章の MGH 版の原文は，おそらく正確ではない。というのは，*Psalmos ... vel episicopia* という部分がどのようにつながるのかがわからないからである。この点について，リシェは MGH 版が不十分であることを指摘している (Riché, Écoles, 71 Anm. 10 =邦訳『ヨーロッパ成立期の学校教育と教養』114頁)。ここでの試訳は，Riché, Écoles, S. 352-353 の仏訳（邦訳，368頁）にもとづいているが，この章句についてのリシェの解釈は，よく考え抜かれているように思われる。新しい MGH 版が公刊されたときには，この部分の原文は新たに書き直される公算が大きい。なお，この部分の翻訳にあたっては，以下の既訳を参考にした。H. ベッテッソン編『キリスト教文書資料集』聖書図書刊行会，156頁；リシェ著，岩村清太訳『ヨーロッパ成立期の学校教育と教養』368頁；河井田研朗「カロルス大帝の「万民への訓諭勅令」」144頁。

60)　Theodulf I, c. 20, S. 116; P. Brommer, Die bischöfliche Gesetzgebung Theodulfs von Orléans, ZRG KA 60 (1974), S. 23 によれば，このテオドゥルフによる最初の「司教令」(*capitula episcoporum*) が書かれたのは，800年頃である。

的の一部であると認識していた。すでに述べたことではあるが，この条項にカロリング・ルネサンスの精神の発露をみることは，けっして的はずれではないだろう。この『一般訓令』の条項は単なる理念の表明にとどまらない。そのことは，マッキターリックのすぐれた論考において縷々説明されている通りである。カールの治世以降，改革に熱心な司教たちは，いわゆる「司教令」を発し，司祭たちの意識改革を強く促したが[61]，そのなかで司教たちは学校の創設を司祭たちに指示した[62]。また，カールは有名な通達を出し，学問の重要性，写本の重要性を高位聖職者たちに訴えた[63]。

---

61) 司教令については特に Brommer の二編の論文を参照。P. Brommer, Capitula episcoporum. Bemerkungen zu den bischöflichen Kapitularien, ZKG 91 (1980), S. 207-236; 〈Capitula episcoporum〉. Die bischöflichen Kapitularien des 9. und 10. Jahrhunderts (Typologie des sources du moyen âge occidental, 43), Turnhout 1985. 伝承されている司教令の作者は，オルレアン司教テオドゥルフ，リエージュ司教ゲリバルト，バーゼル司教ヘイトのように，宮廷との近い関係が想定される司教に限られる。このことは，宮廷の影響力が実は地域的にもかなり限定されたものであった可能性を示唆するかもしれない。多田哲「カロリング王権と民衆教化」56頁参照。

62) 拙稿「カロリング朝の民衆教化」40頁以下参照。

63) 8世紀末頃に書かれたと思われる『学術振興に関する書簡』(Epistola de litteris colendis, MGH Cap. 1, Nr. 29, S. 78-79) は，この事情をよく示している。今日，フルダ修道院長バウグルフ宛の書簡だけが写本で伝承されているにすぎないが，この興味深い書簡のなかで，カールは次のように述べている。「ここ数年，かなりの数の修道院から，前よりもよくわれらのところに文書が送られ，そのなかで，修道院に共住する兄弟たちが競って信心深い祈りに励んでいることが示されているのであるが，そのような多くの文書の中で，その同じ人たちが正しい考えをもちながら教養のない言葉を用いていることを知った。信心深い献身によって心のなかで誠実に述べられたことを，学のない舌は妨げなしに外に表現することができなかった。それは学ぶことを怠ったからである。そのため，書くときに慎重さが足りないように，聖書の理解にあたって知恵が当然あるべきことよりもはるかに足りないのではないかと心配になってきた。言葉の誤りは危険なものではあるが，考えの誤りのほうがはるかに危険であることは，われわれ皆がよく知っている。そこで，あなたがたが学問研究を怠らないばかりでなく，いっそう容易に，また正しく神の書の秘義を洞察できるように，最も謙遜で神に嘉せられる意図をもって，しっかりと学ぶことを奨励する」(大谷啓治訳，上智大学中世思想研究所編訳『中世思想原典集成6：カロリング・ルネサンス』平凡社，1992年所収，149頁より引用。リシェ著，岩村清太訳『ヨーロッパ成立期の学校教育と教養』368頁にも翻訳がある)。この書簡の最後では，次のように述べられている。「あなたがわれらの好意を得たいと欲するなら，この手紙の写しを，すべての属司教，あなたの仲間の司教たち，およびすべての修道院に送ることを怠ってはならない」。D. バラの推定によれば，この通達の実質的な作者はアルクインであるが，宮廷礼拝堂司祭長であったアンギルラムの仲介を介して作成されたものである。Bullough, Alcuin, S. 385. Vgl. Martin, Bemerkungen, S. 252. なお，MGH の校訂テキストは，重要な写本を見逃しているため，今日では一般に次にあげる校訂が用いられている P. Lehmann, Fuldauer Studien, Neue Folge (SB München Jg. 1927, 2. Abh.)

第5章　教化と宣誓　　　　　　　　　　　　　161

　ここでは詳しく述べないが，次の第73条から第80条までは，概して聖職者に対する細かい指示である[64]。

　さて，最後の二条においては，すべてのキリスト教徒が遵守し，また留意すべきことが挙げられている[65]。第81条においては，日曜日の労働の禁止が特に記されているが，これに対して，『一般訓令』の最後に置かれた第82条においては，すべてのキリスト教徒に教えられるべきであり，また，すべての信者が理解すべきキリスト教のエッセンスが述べられている[66]。

S. 6ff; Wallach, *De litteris colendis*, S. 202-204; E. E. Stengel (Hg.), Urkundenbuch des Klosters Fulda Bd. 1, S. 246ff; Martin, Bemerkungen, S. 231-235. 最新のマーティンの校訂が，現時点では，もっとも優れたものであると一般に評価されている。この書簡の作成年代について，Wallach, *De litteris colendis*, S. 225f. は，794年と800年の間に書かれたものと推定している。これに対してマーティン（Martin, Bemerkungen, S. 266-270）は，この書簡の作成を『一般訓令』と直接関連付けている。彼によれば，この書簡は『一般訓令』の発布の少し前に書かれた。
　この有名な書簡にはカロリング・ルネサンスの目的と特徴が明確に現れている。カールと宮廷聖職者たちが学問を奨励しようとしたのは，根本的には聖職者たちに聖書とキリスト教の理解を深めさせ，教会をさらに発展させることにより，フランク王国の礎を築くことにあった。このことは『学術振興に関する書簡』よりも後に書かれた『一般書簡』のなかの次の表現，すなわち「われらの教会の状態が常により善きものへと向上すべくわれらは意を用い，われらの先輩たちの怠惰によりほとんど忘れ去られた仕事場を，学問のたえまない研鑽によって修復すべく努力し，われらの規範によってあたう限りの人たちに自由学芸への精通を勧めているのである」という言葉にも，よく示されている（Epistola generalis, MGH Cap. 1, Nr. 30, S. 80, 大谷啓治訳，上智大学中世思想研究所編訳『中世思想原典集成6：カロリング・ルネサンス』平凡社，1992年所収，150頁）。自由学芸の奨励と教会の刷新は不可分の関係にあった。カールにとっては，学芸はそれ自体として存在するのではない。キリスト教にもとづいた社会の形成につながっていくからこそ，学問は必要とされたのである。

64) このうち，特に興味深いのは，いかがわしい書物を読んだり，信じることを禁じた第78条である。この条は，カールの宮廷における異端に対する警戒心を窺わせる。この条項は，740年代に，アルデベルトという人物が天から落ちてきたキリストの手紙であるという文書を利用して，異端的な説を広めようとした記憶がまだ残っていたことを意味するかもしれない。アルデベルトについては，Hauck, Kirchengeschichte, Bd. 1, S. 515ff.; Padberg, Mission und Christianisierung, S. 228f.

65) この最後の二つの条項に関しての，アルクインの関与について，Bullough, Alcuin, S. 383f.

66) Ullmann, Carolingian Renaissance, S. 37. この条項中の *quia scimus temporibus novissimis pseudodoctores esse venturos ...* という章句は，当時イスパニアを中心に広まっていたキリスト養子説を特に念頭においたものではないかと，バラは指摘している（Bullough, Alcuin, S. 225 mit Anm. 93.）。この条項は，Buck, Admonitio und Praecatio, S. 116ff. で徹底的に分析されている。

要するに，この勅令はキリスト教に基づいた国家形成をアピールした文書なのである。いいかえれば，『一般訓令』は，カールと側近たちの体系的なプログラムを示したものである。この勅令は，すでに徐々に発展したキリスト教国家の姿を，よりドラスティックに宗教共同体として作り替えるための実践的なプログラムを示したものということができるだろう。この勅令においては，半分以上の長さにわたって，聖職者が守るべき規定が述べられるとともに，後半において一般俗人が関わる様々な社会的問題が取り上げられ，この国の抱える問題は，ことごとく宗教共同体としての立場から捉えられているのである。

　この実践的プログラムは，もちろんカロリング朝の発明品ではない。この勅令の冒頭に引き合いに出されているヨシュアや，他の史料にも頻出するダビデの名が公式文書の中にしばしば挙げられていることからわかるように，その理論的基盤は旧約聖書にあった[67]。古代のイスラエルの国家は同時に宗教共同体としての性格を色濃くもっていた。カールの念頭にあったのは，このような宗教共同体としての「国家」であった。次章で述べるように，この国家理念がアルクインから強い影響を受けたものであることは否定できない。カールはこの旧約聖書の宗教国家を統治モデルとして，フランク王国を再生させることを目指した。旧約聖書は，王朝交替においてすでに重要な政治理論上の重要な基盤を提供したが，ピピンの時代には統治モデルそのものとしては利用されてはいなかった。その点に『一般訓令』の目新しさがあるし，カールの独創性がある。カールが理想として描いた「国家」においては，宗教はもっとも重要な位置を占めていた。それゆえ，「国家」の再建が必要であると認識されたとき，カールの念頭に，旧約聖書の「国家」がモデルとして想起されたのである[68]。

　いわゆるカロリング・ルネサンスは，この統治理念の文化的側面であ

　　67）　中世初期の諸思想・諸制度に旧約聖書が与えた影響については，一般に R. Kottje, Studien zum Einfluß des Alten Testamentes auf Recht und Liturgie des frühen Mittelalters (6.-8. Jahrhundert) (Bonner historische Forschungen 23), Bonn 1964 を参照のこと。

　　68）　だが，カールのフランク王国が旧約聖書の「国家」になりえなかったことも注意しておかなければならない。その理由は，端的に言えば，ローマ教皇の存在である。宗教的権威は，フランク王国の中枢にはなく，別のところにあった。もちろん，フランク宮廷は，この宗教的な「国家」の政治的中心に位置していたが，当然ながら，宗教上の中心はローマにあった。この与件は決定的な意味をもっていた。

第5章　教化と宣誓

る[69]。ここには，カロリング・ルネサンスの精神が明瞭に姿を現している。ジル・ブラウンは「カロリング・ルネサンスは，教会の諸制度とカロリング朝の支配下にあるキリスト教徒の生活を改革（あるいは矯正）する運動とが結びついた学芸の復興であると定義されるかもしれない」と述べているが[70]，理念的な側面の強いこの勅令には，カロリング・ルネサンスの精神が表現されている。確かに，キリスト教にもとづく人々の生活の実践をもとめたというのであれば，それはすでにメロヴィング朝の国王たちが行っていたことであった[71]。しかし，教育に関する法令を発した王はひとりもいない。教育と教化を統治の重要な根幹としたのは，カールの独創である。このことを喝破したウルマンの業績は高く評価されなければならない。教育と教化が重要視されたのは，支配層における指導理念を「草の根の人々」にまで共有させ[72]，フランク王国が宗教共同体に他ならないことを「草の根の人々」にまで想像させることにあったからである。この，いわば「教化のプロジェクト」こそ，8世紀末にカロリング王権が考え出した独創的な基本政策であった。フランク王国は，広大な領土をもち，そこには，法も言語も慣習も異なる様々な人々が暮らし，また，上は貴族から，下は食うや食わずの貧民にいたるまで，全く社会階層の異なる人々を抱えていたが，8世紀末のカロリング王権は，その雑多な人々に，キリスト教徒というアイデンティティを与えることで，臣民同士，あるいは支配層と

---

69)　カロリング・ルネサンスを扱った包括的な文献として以下の論考をあげておく。A. Guerreau-Jalabert, La Renaissance carolingienne: modèles culturels, usages linguistiques et structures socials, Bibliothèque de l'Ecole des Chartes 139 (1981), S. 5-35; P. Lehmann, Das Problem der karolingischen Renaissance, SSCI 1 (1954), S. 310-57; J. Nelson, On the Limits of the Carolingian Renaissance, in: Dies., Politics and Ritual in Early Medieval Europe, London 1986, S. 49-68; E. Patzelt, Die karolingische Renaissance, Graz 1965; P. E. Schramm, Karl der Große: Denkart und Grundauffassungen: Die von ihm bewirkte Correctio (nicht Renaissance), HZ 198 (1964), S. 306-45; J. Contreni, The Carolingian Renaissance, in: W. Treadgold (Hg.), Renaissances before the Renaissance, Stanford 1984, S. 59-74; G. Trompf, The Concept of the Carolingian Renaissance, Journal of the History of Ideas 34 (1973), S. 3-26; R. McKitterick, Carolingian Culture: Emulation and Innovation, Cambridge 1994; Ph. Depreux, Ambitions et limites des réformes culturelles à l'époque carolingienne, Revue historique 304 (2002), S. 721-753.
70)　Brown, Carolingian Renaissance, S. 1.
71)　MGH Cap. 1, Nr. 2, 5, 7, 8, 9.
72)　Ullmann, Carolingian Renaissance, S. 36.

被支配層の連帯感を強め，ともにひとつの同じ宗教共同体に属していることを強く意識させることによって，平和と正義が実現される理想的な国家を建設しようと望んだのである。

よく言われるように，この目標の達成は現実には不可能に近く，カロリング・ルネサンスの時期を経ても，一般民衆の意識と高位聖職者の意識の間には，大きな相違があった。しかし，だからといって，カロリング・ルネサンスの試みを失敗と断じることは適切ではない。このような途方もない計画が立てられ，推進されたこと自体に注目しなくてはならない。そして，『一般訓令』にはじまるこの運動の結果，確かに聖職者の資質は幾分なりとも向上し，社会のキリスト教化は進んだであろうことは，カロリング・ルネサンスの重要な成果として否定されるべきではないだろう。

それでは，『一般訓令』はなぜ789年に起草されたのであろうか。この問題を解くための手掛かりのひとつは，ほぼ同じ頃に出されたと思われる二つの勅令の中にある。そして，この勅令の分析により，『一般訓令』制定の意図をいっそう正確に理解することができるのである。

臣民宣誓による国家統合の試み

『一般訓令』を発布した789年に，カールは注目すべき命令を下した。12歳以上の臣民に国王に対する忠誠を誓わせたのである。このときに出されたものと推定されている『巡察使勅令』[73]（第25番）によれば，臣民宣誓が必要となったのは，これが「古来からの慣習」（*antiqua consuetudo*）で

---

73) Capitulare missorum（MGH Cap. 1, Nr. 25）には，発行年が伝承されていない。そこで，古くから，様々な仮説が出されてきた。次に挙げる4つの説がある。1）786年説（G.-H. Pertz, G. Waitz, F. Mühlbacher, A. Kleinclausz）2）789年説（H. Brunner, C. de Clercq）3）792年説（T. Sickel, B. Simson, J. Calmette）4）792/793年説（F. L. Ganshof），である。この問題を詳しく検討したM. ベッヒャーは789年説をとる。彼の主張の論拠は多岐にわたり，ここで詳しく紹介することはしない。ただ，この勅令の発布を792年の「せむしのピピン」の反乱と結びつけて論じようとするガンスホフたちの主張の根拠は決定的に弱められたといってよいであろう。もちろん，ベッヒャーの主張も仮説にすぎない。しかし，今日，もっとも妥当な見解と認められていることは間違いない。Vgl. Mordek, Bibliotheca, S. 470. なお，この勅令は，10世紀のイタリアの写本（Paris, BN, Lat. 4613）でしか伝承されていない。

第5章　教化と宣誓

あるだけではなく，「大きな反乱」（*magnum conturbium*）を引き起こした「不忠の人びと」（*infideles homines*）が尋問を受けたときに，カールに対して忠誠を誓ったことはないと述べたからである。それゆえ，臣民宣誓を課すことにしたのだと，この勅令はいう[74]。カールは各地に巡察使を派遣し，臣民宣誓の遂行にあたらせた[75]。巡察使は国王の代理として直接，司教，修道院長，伯，国王の家士，司教代理，司祭長，在俗聖職者から臣民宣誓を受けるものとされた[76]。在俗聖職者とは異なり，修道志願者やベネディクト派の修道士は，修道院長に対して，真実を述べるという誓約を行えばよいと定められている[77]。また，他の人々に関しては，実務にあたったのは伯であり，巡察使は伯を監督する体制であったと思われる。第4条では，誰が臣民宣誓を行うべきか，細かく規定されている。まず最初に，代訴人（フォークト），ヴィカリウス，ケンテナリウスといった下僚および放浪聖職者。次に，自由農民（*pagenses*）。それから，王領地，修道院，司教，伯などの荘園に属する人々。最後に，身分的には非自由人ではあるが，恩借地を領主から与えられたり，家士として仕える人びと。この条件にあてはまる12歳以上のすべての者は，集会に出頭し，臣民宣誓をしなければならない。要するに，非自由身分の農民をのぞく大部分の人々に，臣民宣誓が要求されているのである。巡察使と伯は臣民宣誓を行った者たちの名簿を作成し，宮廷に報告すべきものとされている[78]。また，臣民宣誓を行わなかった者たちの処置方法についても，勅令は詳しく述べている[79]。

　789年に出された，もう一つの勅令，『巡察使のための二つの勅令』からは，人びとがどんな宣誓を求められたかを知ることができる[80]。第18条に，

---

74) Cap. 1, Nr. 25, c. 1, S. 66: *Quam ob rem istam sacramenta sunt necessaria, per ordine ex antiqua consuetudine explicare faciant, et quia modo isti infideles homines magnum conturbium in regnum domni Karoli regi voluerint terminare et in eius vita consiliati sunt et inquisiti dixerunt, quod fidelitatem ei non iurasset.*

75) Vgl. Ganshof, Use of the Oath, S. 113f.

76) c. 2, S. 66; vgl. Becher, Eid und Herrschaft, S. 197.

77) c. 3, S. 67.

78) ルイ敬虔帝期のこの種のリストが残されている。この名簿には，約160人の名前が記されている。Indiculus eorum qui sacramentum fidelitatis iuraverunt, Cap. Nr. 181, S. 377f.

79) c. 4, S. 67; vgl. Ganshof, Use of the Oath, S. 114.

80) 注（8）で述べたように，MGH版62頁にある発行年表記は，実はこの勅令のものではなく，この前の勅令，すなわち，『一般訓令』の発行年を示したものである。とする

次のような誓いの言葉が記されている。「私は，わがカール国王陛下と陛下の王子たちに対して，偽りなく，そして悪意をもつことなく，生涯にわたって忠実であり続けます」[81]。

実際に，このとき宮廷が巡察使に宛てて書いたと思われる指示書が伝承されている。789年に書かれたと思われる『アキタニアの巡察使への指示書』（Breviarium missorum Aquitanicum）と呼ばれる文書である[82]。これは，アキタニアの巡察使であったマンキオとエウゲリウスという人物に対して出された文書だが[83]，この文書からも，カールが各地の巡察使に対して指示を出し，臣民宣誓の実行を命じたことを知ることができる。

それでは，臣民宣誓導入の原因となった「大きな反乱」とは，具体的には何を指すのだろうか。

それは，786年春のハルトラートの反乱である。この反乱についての情報はまことに少ない。アインハルトの『カール大帝伝』には，次のように書かれている。「これ以前に一度，彼に対して大規模な反乱がゲルマーニ

と，この勅令が789年に公布されたという MGH 版の理解は根拠を失うことになる。これについては，H. ブルンナーが説得力のある議論を展開している（Brunner, DRG, S. 76 mit Anm. 15）。この年代比定は，現在受け入れられている。Vgl. Ganshof, Use of the Oath, S. 119 mit Anm. 10. なお，この勅令の名称は，MGH 版では *Duplex legationis edictum* であった。MGH 版の編者ボレティウスが *duplex* という表現を付け加えたのは，この勅令の内容が，修道院を扱った前半部と一般的な内容の後半部（臣民宣誓を含む）から成り立っているからである。また，*legatio* という表現は，ボレティウスがこの勅令の発令日を示したものと信じていた部分のなかに，*legatio* という表現があったからであった。ところが，この部分は，『一般訓令』の一部であったことが判明したため，その根拠は失われることになった。ボレティウスが MGH 版の補遺のなかで，この勅令の名称はむしろ，*Duplex capitulare missorum* のほうがよいと述べたのではそのためである。MGH Cap. 2, S. 537. ここで私が採用した日本語名称も，このような提案に基づいている。Vgl. Buck, Admonitio und Praedicatio, S. 77.

81) Duplex legationis edictum, Cap. 1, Nr. 23, c. 18, S. 63: *De sacramentis fidelitatis causa, quod nobis et filiis nostris iurare debent, quod his verbis contestari debet: Sic promitto ego ille partibus domini mei Caroli Regis et filiorum eius, quia fidelis sum et ero diebus vitae meae sine fraude et malo ingenio.* なお，この原文にある表現は，ベッヒャーによって詳細に検討されている。Becher, Eid und Herrschaft, S. 88ff.

82) Cap. 1, Nr. 24, S. 65.

83) Hlawitschka, Franken, S. 27 mit Anm. 20 によれば，マンキオ（Mancio）は，798年にスポレトで裁判を行った Mancio abbas と同一人物である。しかし，Hannig, Pauperiores vassi de infra palatio, S. 331 は，むしろ，後に，オルレアン司教テオドゥルフとともに，ガリア南部を巡察したトゥールーズの司教ではないかと推定している。また，エウゲリウス（Eugerius）については，800年頃，イタリアで活動していたことが確かめられる宮中伯 Echerigus と同一人物とみなす。

第 5 章　教化と宣誓

アで起こった。そのときの共謀者のなかのある者は目玉をくりぬかれた。しかし，他の者は無傷のまま追放刑に処せられた」[84]。『いわゆるアインハルト年代記』は，この大きな反乱（inmodica coniuratio）の首謀者が伯ハルトラートであったことを伝えている。この謀反はすぐに発覚したために，フランク王国が大きな危機に陥るには至らなかった[85]。Annales Nazariani の記述によれば，この反乱がおこったのはテューリンゲンで，囚われた者たちは，イタリア，ローマ，ネウストリア，アキタニアへと追放され，そこで，聖遺物にかけて，国王に対する忠誠を誓った。そして，彼らの財産は没収された[86]。

　これらの記述を信じれば，ハルトラートを首謀者とするゲルマーニアで起こった反乱の企ては比較的早い段階で発覚し，鎮圧された。しかし，史料が「大きな反乱」と明確に記していることを考えれば，この反乱の企てが，王国東部のかなり多くの貴族たちを巻き込んだものであったことが想像される。宮廷がこの反乱に大きな衝撃を受けたことはまちがいない。「一般的臣民宣誓」[87]（allgemeiner Untertaneneid）の導入は，この衝撃の大きさを物語る。宮廷は，この反乱が地域的に限られたものとは考えなかった。反乱の芽はどこにでも生じうると考えた。再び反乱が起こる可能性があると思っていたのである。

　ところで，『巡察使勅令』には，「一般的臣民宣誓」は「古来からの慣習」であると書かれている。もし，「古来からの慣習」であれば，789年の臣民宣誓の実施には，さほどの革新性はないことになる。「一般的臣民宣誓」は，ほんとうに「古来からの慣習」だったのだろうか。

　「一般的臣民宣誓」が，メロヴィング期のフランク王国で行われたことがあるだけではなく，ゲルマン系諸国家で広くみられる慣行だったことを

　84）　Einhard, Vita Karoli, c. 20, S. 25（邦訳，32頁）.
　85）　AQE a. 785, S. 71: *Facta est eodem anno trans Rhenum apud orientales Francos adversus regem inmodica coniuratio, cuius auctorem Hardradum comitem fuisse constabat*.; vgl. Annales Fuldenses a. 785, S. 11; Ann. Laureshamenses a. 786, S. 32; この反乱については，Brunner, Oppositionelle Gruppen, S. 47-53 を参照。なお，この反乱について，『王国年代記』は何も記していない。
　86）　Annales Nazariani a. 786, S. 41.
　87）　ドイツの学界で，「一般的」と表現されるのは，貴族たちだけが国王に対して忠誠の誓いを行う場合と区別するためである。

史料上確かめることができる[88]。たとえば，7世紀の西ゴート王国がそうであった[89]。メロヴィング期の臣民宣誓については，U. エッカルトによって詳しく検討されているが[90]，臣民宣誓は，しばしば行われた。『マルクルフ書式集』のなかには，国王が伯に対して臣民宣誓の実施を命じた文書の書式が残されている。この文書の中で，国王は自分とおそらく下王となった息子に対してすべての臣民が忠誠の宣誓を行うように命じている。伯はすべての住民を集め，聖遺物にかけて誓わせる義務を負った[91]。おそらく，この書式に明確に示されているように，メロヴィング期には，国王が臣民に忠誠の宣誓を要求することがあったように思われる。ただし，メロヴィング期のフランク王国に関しては，二つの点に注意しておく必要がある。第一は，臣民に王が忠誠の宣誓を要求する場合があったとはいえ，それが王の即位に際して必要な行為であるとされてはいなかったことである[92]。臣民宣誓は，必要に応じて行われたにすぎなかった。第二は，7世紀後半には，臣民宣誓が行われなくなることである。

　このような事情を考えると，臣民宣誓は，必ず行うべきであった「古来からの慣習」であったというより，むしろ，実施されることもあった「古来からの慣習」であったというべきだろう。宮廷が，「一般的臣民宣誓」のことをどうして知っていたのかはわからない。口承で言い伝えられてきた可能性もあるし，宮廷の人々が6世紀の歴史を記した『歴史十書』（トゥールのグレゴリウス）を読んで，かつては臣民宣誓が行われていたことを知っていた可能性もある。いずれにしても，すでに789年以前に宮廷が「一般的臣民宣誓」をイタリアで経験していたことは指摘しておかなくてはならない。ランゴバルト王国では「一般的臣民宣誓」が慣例化していたと思われるが[93]，カールは787年に南イタリアでこの慣例を利用しようと

　　88）　Brunner, DRG, S. 74.
　　89）　D. Claude, Königs-und Untertaneneid im Westgotenreich, in: H. Beumann (Hg.), Historische Forschungen für Walter Schlesinger, Köln/Wien 1974, S. 358-378.
　　90）　Eckardt, Untersuchungen.
　　91）　Marculfi Formulae, I 40 (MGH Formulae, hg. von K. Zeumer, 1886), S. 68 (= A. Uddholm (hg.), Marculfi Formularum libri duo, Uppsala 1962, S. 152). Vgl. Echardt, Untersuchungen, S. 163-168.
　　92）　Vgl. Eckardt, Untersuchungen, S. 266.
　　93）　Liutprand, Notitia de actoribus, c. 5 (Leges Langobardorum, hg. von Franz Beyerle,

第5章 教化と宣誓

試みている。787年に，カールは南イタリアのベネヴェント公国を攻め，服属させたが，『王国年代記』によれば，そのとき，「すべてのベネヴェント公国の人々は忠誠を誓った」[94]。もちろん，「すべてのベネヴェント公国の人々」という表現にもかかわらず，実際には主だった者たちだけが宣誓した可能性も排除できない。しかし，実際に，ランゴバルトの伝統にしたがって，多くの住民たちが宣誓を行ったと推定することもできるだろう。だとすると，このベネヴェント公国での経験が，789年の「一般的臣民宣誓」実施に宮廷を踏み切らせた契機のひとつとなったかもしれない。

さて，ハルトラートたち，反乱貴族が尋問を受けて，カールに対して臣民宣誓をしたことがないと答え，それが789年の臣民宣誓実施の理由のひとつとされているわけだが，よく考えてみると奇妙である。先に述べたように，カロリング朝初期には，臣民宣誓は行われなかったとすれば，当然ながら，臣民宣誓を行わなかったことは反乱の理由には全くならない。それなのに，なぜ，カールは『巡察使勅令』の第一条で臣民宣誓を行わせる理由のひとつにこのことを挙げたのだろうか。

その答えは，おそらく，この時期に宣誓（誓約）が社会関係の強化に利用され，宣誓が集団に強い凝集性を与えるようになっていたことに，宮廷が強い警戒心を示すようになっていたことにあるだろう。779年の『エルスタール勅令』の考察のなかで，宣誓にもとづく水平的な共同体であるギルドが，当時，広がりを見せていたことをすでに指摘した。先に述べた『アキタニアの巡察使への指示書』のなかにも，ギルドに関する条項がある[95]。また，まさに『巡察使のための二つの勅令』の第26条でも，ギルド（coniurationes）の問題が取り上げられ，禁じられているのである[96]。エクスレが述べているように，789年の同じ勅令のなかで，臣民宣誓の実施とギルドの禁止が扱われているのは偶然ではないだろう[97]。宣誓によって，

Witzenhausen 1962). （邦訳，「王吏達に関する布告」『ランゴバルド部族法典』410頁） Vgl. Fredegar IV 70; Paulus, Historia Langobardorum, V 39.
94) ARF a. 787, S. 74.
95) Cap. 1, Nr. 24, c. 16, S. 66.
96) Cap. 1, Nr. 23, c. 26, S. 64: *Omnino prohibendum est omnibus ebrietatis malum, et istas coniurationes quas faciunt per sanctum Stephanum aut per nos aut per filios nostros prohibemus.*
97) Oexle, Gilden, S. 303.

水平的な社会関係が構築され，それが垂直的に構成された国家体制を混乱させることを，宮廷は非常に恐れていたように思われる。『いわゆるアインハルト年代記』では，ハルトラートの反乱が，*coniurationes* と呼ばれていることにも注目したい。『いわゆるアインハルト年代記』の作者がどの程度までこの反乱のことを知っていて，この表現を用いたのかはわからないが，この反乱の参加者たちが互いに誓約しあって，軍事行動を起こそうとしたことは大いにありうることである。

　熱心なキリスト教徒である宮廷の人々は，反乱を防ぐには，宣誓させるのが一番有効な手段であると考えた。これは，今日の私たちには奇異なことであるが，当時の宮廷の人びとにとっては，真剣に考えたすえの対応策であった。偽りの誓いが神を冒瀆するものであることを，『一般訓令』の第64条は力を込めて述べている。「同じく律法の中には，「私の名を用いて偽り誓ってはならない。それによって，あなたの主なる神の名を汚してはならない」という主の教えがある。そしてまた「あなたの主なる神の名を妄りに唱えてはならない」ともある。それ故に，すべてのものは，聖なる福音，或いは祭壇，或いは聖者たちの遺物にかけてのみならず，通常の言葉を使っても，偽りの誓いを立ててはならないとの警告を，真摯に受け止めなければならない」[98]。誓いの言葉は，けっして偽ってはならないのである。ハルトラートの乱で捕まった者たちが，イタリア，ローマ，ネウストリア，アキタニアへと追放され，各地で，聖遺物にかけて，カールに対する忠誠の誓いを述べたという，Annales Nazariani の記述も，こうした宮廷の人びとの考え方を表している。カールが謀反に関わった者たちをわざわざ王国各地に派遣し，おそらくは公開の場で，忠誠の誓いを述べさせたのは，一度，国王に忠誠の誓いを立てれば，二度と背くことはないと信じていたからである。もちろん，反乱に加担した者たちが国王に恭順の意を示すことは，国王の威信を示すためのパフォーマンスでもあったにちがいないが。

　『一般訓令』が出された789年には，このような動きがあったことに注目しなくてはならない。カールはランゴバルト，ザクセン，バイエルンを併合し，フランク王国の領土拡大に成功し，カールの権力基盤は一見すると，

---

98) Cap. 1, Nr. 22, S. 58 (河井田訳, 139頁以下).

さらに強固になったように思える。しかし，国内の状況は磐石とはいえなかった。カールは，反乱を未然に防ぐように細心の注意を払わなくてはならなかったのである。それゆえ，『一般訓令』は単に統治の基本方針を定めたものではなく，キリスト教にもとづいて根底から国家統合をはかろうとする試みであったと考えるべきだろう。それには切実な理由もあったのである。

転機としての789年

　それでは，『一般訓令』と一般的臣民宣誓という施策の間に，どのような関連を見出せばよいのだろうか。
　まず，ハルラートの反乱が宮廷に与えた衝撃の大きさを考えなくてはならない。このときはじめて，宮廷はこの広大な王国を統治するためには，従来通りの方策では無理があることを自覚したのである。宮廷は，反乱を未然に防ぐための対策を講じただけではなく，フランク王国への帰属意識を根底から臣民たちに植え付けようと試みた。
　一般的臣民宣誓は，反乱を未然に防ぐために案出された方策であった。宮廷は，爾後，このような反乱が起きることを未然に防ぐために，すべての臣民に国王と王子に対して忠誠を誓わせようとした。この誠実宣誓は，おそらく，当時すでに普通であったように，聖遺物や福音書などに手を置いておこなわれた。誠実宣誓は，神に対して誓うことであったから，この約束に背くということは神を裏切ることに他ならなかった。偽誓がいかに神の教えに背くか，『一般訓令』でも強く述べられている。「わたしの名を用いて偽り誓ってはならない。それによってあなたの神の名を汚してはならない」という，『レビ記』(19, 12) の表現を含む，様々な聖句で，偽誓の罪の重さが強調されている[99]。現代の私たちからすると，宣誓にどれだけの効果があるのかと疑問に思われるかもしれない。しかし，反乱がおこったのは，国王に対する宣誓を従来させていなかったことに一因があったと考えられた。だから，誠実宣誓をさせれば，偽誓の罪の重さを知ってい

---

99) Cap. Nr. 22, c. 60 S. 58.

る人々は，国王に対して反旗を翻すことを踏み止まらせる大きな抑止力になると考えたにちがいない。ベッヒャーは，この臣民宣誓により，君主と「人民」(populus)の距離が広がり，「人民」は臣民の役割へと追いやられたと述べているが[100]，この解釈には，賛同できない。私の考えでは，むしろ，距離は縮まったのである。なぜなら，この宣誓は，国王と民衆が直接繋がっていることをそれまで以上に示すものだからである。人々は臣民宣誓をおこなうことで，国王との繋がりを意識するとともに，国王の自分たちへの眼差しを強く感じたにちがいない。自分たちが，はるか彼方の国王によって見られていることを意識したにちがいない。そのことがまさに，カールがすべての人民に誠実宣誓を課した理由であった。そして，カールはこの新しい政策を放棄することはなかった。カールは802年に再度，12歳以上のフランク王国のすべての男子に，臣民宣誓を課しているのである[101]。

　第二の政策は，旧約聖書をモデルとして，王国民をトータルに把握しようという試みであった。おそらく，アルクインの影響下に発案された「教化のプロジェクト」は，従来以上に，人々に「キリスト教徒」としてのアイデンティティを与え，これにより，王国内の法・慣習・言語の差異を後景に退かせようという試みであった。いわば，多様な人々の意識の上層に「キリスト教徒」という薄い膜を張り，この膜を通じて，王が統治するというプログラムであった。フランク王国を宗教共同体として理解することは，新しい試みであった。フランク王国の臣民は，同時にキリスト教徒であり，王国の住民は，フランク王国を構成する成員であるとともに，宗教共同体の成員であった。もちろん，宮廷が求心力を強めることだけを目的として，この政策を採用したわけではない。宮廷のメンバーにとっては，人々がキリスト教徒であることをただ単に徹底させることが重要だったにすぎないだろう。しかし，結果的には，『一般訓令』は，フランク王国を宗教共同体という側面から補強・強化する試みであったということもできるのではないだろうか。

　この二つの政策の立案者は誰だったのだろうか。

---

100) Becher, Eid und Herrschaft, S. 201.
101) 802年の一般的臣民宣誓については後述。

第5章　教化と宣誓

　すでに序論で述べたように，カールの宮廷には，聖俗の「助言者たち」がいた。俗人官職保持者に関しては，情報が少なく，彼らの政治的な意味は過小評価されがちである。しかし，アルクインもテオドゥルフも「一般的臣民宣誓」に関して一切言及しておらず，臣民宣誓は俗人官職保持者の着想であったように思われる[102]。これに対して，「教化のプロジェクト」は明らかに，宮廷に関わりの深い聖職者，とくにアルクインの発案にもとめられよう。

　この二つのプロジェクトは，支配下の住民をトータルに捕捉しようとした点で，軌を一にする。もちろん，カールの王国は近代国家ではない。国家機構は発達しておらず，カールが用いることのできる手段は限られていた。しかし，彼は，自分の王国内の住民に，神と自分に対する忠誠心を植え付けようとした。カールは父の政策をさらに前進させ，一般民衆にキリスト教教育を徹底させようとした。これは新しい構想であった。臣民にいっそう徹底的にキリスト教教育を施さなければならないという新しい構想は，アルクインやテオドゥルフの思想的な影響の中で生まれたものであろう。多様で，ひょっとすると反旗を翻すかもしれない臣民たち——こうした臣民を束ねるための手段，それがキリスト教であった。こうして，フランク宮廷は，自分たちの「国家」の宗教共同体としての色彩を強めることで，より安定した「国家」を作ろうとしたのである。

---

102) 付録1の主要宮廷要人一覧参照。多くの俗人官職保持者の名を知ることができるが，残念なことに彼らは自分で著作を書き残していないし，彼らの言動は記録に残されていない。

第 6 章

アルクインと新しい政治思想

―――――

　『一般訓令』に結実するカールの新しい構想に，アルクインが大きく関わっていたことについてはすでに述べた。カールの新しい構想には，このイングランド生まれの聖職者の政治理念がかなり反映されているといってよい。アルクインは，カールの宮廷の単なる教師ではなく，この時期の偉大な政治思想家であり，カールの有力なブレーンであった。もちろん，すべてのアイデアが彼に由来すると考えることは正しくはない。アルクインは，カールの唯一の側近ではなかった。たとえば，聖職者では，テオドゥルフの名前を挙げることができるし，宮中伯などの宮廷の官職保持者も，カールの「助言者」(*consiliari*) として，政策の決定に大きく関わったはずである。それに，彼の意見がすべて採用されたわけではないことは，ザクセンの洗礼強制をめぐる意見の食い違いにも明らかである[1]。にもかかわらず，780年代以降のカールの政策を理解するためには，アルクインの政治思想を抜きに語ることはできない。アルクインの思想は，当時のフランク宮廷の政策とほとんど合致するのである。だから，アルクインの思想を理解してはじめて，フランク宮廷の基本政策の論理を知ることができるのである。
　もっとも，アルクインは，政治思想に関してまとまった著作を書き残さなかった。彼の政治思想は書簡や詩などから断片的な形で知ることができるにすぎない[2]。しかし，これらの断片的な史料から彼の思想を読みとる

---

　　1) Alcuin, Ep. Nr. 107, Nr. 110, Nr. 113, Nr. 114. この点は次章で詳しく触れる。

第6章 アルクインと新しい政治思想

ことは不可能ではない[3]。アルクインは,これらの著作のなかで,かなり明確に自分の考えを表明している。カールに対しても臆することなく。

当たり前のことだが,彼の思想がつねに同じではなかったことに注意を払う必要がある。たとえば,カールが皇帝に戴冠された800年前後には,「キリスト教帝国」という表現がアルクインの書簡の中に登場するが,それ以前には,このような表現をアルクインの文章のなかに見出すことはできない。作成年代を無視して,彼の残した文章を一括して考察することは危険である。そのことは常に意識しておかなければならない。

さて,アルクインは中世初期の代表的な教育者・思想家と評価されており,彼に関する研究は膨大な量にのぼる[4]。当然ながら,アルクインの政治思想全体についても[5],また,カールの皇帝戴冠にアルクインが果たした役割に関しても多くの研究がある。しかしながら,彼の政治思想を具体的な統治政策と関連づける研究はまだ不十分であるように思われる。そこで,ここでは,上に述べた新しい視点から彼の政治思想を考察し,また,カールの統治政策との具体的な関連を意識して論じてみたい[6]。

---

2) Vgl. Wallach, Political Theories, S. 5.

3) 特に重要なのは,彼の書簡集である。この書簡集については,Wattenbach-Levison, Geschichtsquellen, 2. Heft, S. 235 mit Anm. 229. に紹介がある。Bullough, Alcuin, S. 35ff. には書簡集の詳細な検討がある。さらに,部分訳ではあるが,英訳もある。Allot, Alcuin; King, Charlemagne: Translated Sources. S. 308ff. 書簡の内容を年代順に考察し,アルクインの政治思想の展開過程とカールの統治姿勢の変化の相関関係を辿ることは興味深いテーマであるが,残念ながら,このような試みは不可能に近い。なぜなら,作成年代を確定できない書簡があまりにも多いからである。

4) ここでは,アルクインに関する文献を列挙しない。最新のアルクイン研究であるBullough, Alcuin だけを挙げておく。その末尾の文献目録に重要な研究が網羅されている。また,アルクインに関する最近の研究会の報告書として,次の2点がある。C. Cubitt (hg.), Court Culture in the Early Middle Ages. The Proceedings of the First Alcuin Conference, (Studies in the Early Middle Ages 3), Turnhout 2003; Ph. Depreux und B. Judic (Hg.), Alcuin de York à Tours, Rennes/Tours 2004. 後者には,佐藤彰一氏のフランス語論文,Remarques sur les exploitations rurales en Touraine au hau Moyen Âge, S. 27-36 が含まれている。

5) 古典的な研究として,R. W. und A. J. Carlyle, A History of Medieval Political Thought in the West, Bd. 1, London 1950, S. 152ff. そのほかに,Anton, Fürstenspiegel, S. 85-131; Chélini, Vocabulaire politique et social などがある。

6) 彼の書簡は804年まで及んでいる。特に,800年前後の書簡はカールの皇帝戴冠の意味を理解するうえで,きわめて重要である。しかしながら,その点は皇帝戴冠を論じた別の章で扱う予定であり,ここでは立ち入らない。

アルクインとフランク宮廷

カール大帝とアルクインの出会いについて，伝記では次のように書かれている。

> 「ヘルベルトの後継者であるエアンベルトの命を受けて，教皇から，肩衣（パリウム）を受け取るために，アルクインはローマへ向かった。彼は肩衣を受領し，帰国の途についたが，パルマでカールと出会った。カールは，この使命を終えたら，ぜひフランキアに来て欲しいと，熱望した。カールは，すでにアルクインの主人が自身のもとに使いにやってきた時から，彼のことを知っていた。他の人に役立つことを望んで，アルクインは，自分の国の王と大司教の許しを得て，必要な時期には帰国することを条件に，カールの望みに従うことにした。そして，キリストのお導きにしたがって，カール王のもとに赴いた。カールは父親のごとく，アルクインを抱きしめた」[7]。

アルクインの生年はよくわかっていないが，740年頃に生まれたのではないかと推定されている[8]。彼はイングランドのノーサンブリア王国の貴族の出であった。幼い時から，聖職者の道を歩み，ヨークの司教座聖堂付属学校で教育を受け，徐々に頭角を現した。767年には，その才覚を買われて，司教座聖堂付属学校の教師となり，778年には学校の責任者に抜擢された。『アルクイン伝』を信じれば，一度，おそらく770年代に，フランク宮廷を訪れ，カールに謁見したらしい[9]。780年に新しく就任したヨーク

---

7) Vita Alcuini c. 9, MGH SS 15, S. 190.
8) アルクインに関する伝記的研究として，もっとも重要な研究は，Bullough, Alcuin である。ここには，最新の研究成果が反映されている。しかし，古い研究も今なお有益である。アルクインの生年については，Bullough, Alcuin, S. 129 参照。アルクインに関する伝記としては，その他に以下のものがある。Kleinclausz, Alcuin, Paris 1948; E. S. Duckett, Alcuin, Friend of Charlemagne, New York 1951; C. J. B. Gaskoin, Alcuin, New York 1904. なお，哲学の分野におけるアルクインの業績に関しては，マレンボンの画期的な研究がある。J. Marenbon, From the Circle of Alcuin to the School of Auxerre, Cambridge 1981.

第6章　アルクインと新しい政治思想　　　177

大司教のパリウムをローマ教皇から受領するために，アルクインはローマに向かった。そして，このとき，カールと再会し，フランク宮廷へ招聘されたのである。アルクインは一度故国に帰った後，782年にフランク宮廷に赴き，カールの重要なブレーンとなった。アルクインはその後二度帰国している。786年と790年から793年にかけてである。彼はカールからいくつかの修道院を与えられたが，801年以降はトゥールのサン・マルタン修道院に居を定め，804年に没した。

　アルクインを「カールの宮廷学校長」と呼ぶことは，今日もはや適切ではない[10]。というのは，こうした表現は，あたかも制度的に確立した組織としての宮廷学校をイメージさせてしまうからである[11]。もちろん，宮廷に関連する教育の場 (scola palatii) があって，アルクインがそこで子ども達に教えることがあったことは確かである[12]。メロヴィング朝時代のダゴベルト1世の宮廷のように，カールの宮廷にも，多くの有能な貴族の子弟が集められていた[13]。こうした貴族の子弟に教育を施す者は必要とされていた。アルクインも，教育に深く関わったことであろう。アンギルベルトやフレデギススは，明らかにアルクインの生徒であった。また，アルクインがカールの子どもたちとも親密な関係にあったことを，書簡や詩から知ることができる。もちろん，数々の書簡や，アルクインの著作，とくに『修辞学に関する論議』(Disputatio de arte rhetorica) から知られるように[14]，カールその人とも親密な関係にあった。アルクインの関心は広い範囲にわたっていた。現在知られている彼の作品は，実に多様である。「正字法」から聖書訓解，修辞学と，当時の学問領域のあらゆる面に彼が関心を抱いていたという印象を受ける[15]。この時期に，これほど多方面にわた

---

　9)　Bullough, Alcuin, S. 316.
　10)　カールの時代の「宮廷学校」についての古典的記述は，H. Brunhölzl, Der Bildungsauftrag der Hofschule, in: Braunfels (Hg.), Karl der Große, Bd. 2, S. 28-41 にみられる。
　11)　この点については，Brown, Carolingian Renaissance, S. 31f. 参照。
　12)　Alcuin, Ep. Nr. 172, S. 285; Notker, Gesta Karoli c. 1, MGH, SRG 12, S. 39.
　13)　拙稿「宮廷と修道院」参照。
　14)　Alcuin, Disputatio de rhetorica, hg. von W. Howell, The Rhetoric of Alcuin and Charlemagne. A Translation with an Introduction, the Latin text and Notes, Princeton 1941.
　15)　彼の作品の大部分は Migne PL100, 101 に収められている。しかし，個々の作品のいくつかについては，新しい校訂本がある。

る著作を書き残した人物は他にはいない。アルクインは，まさにカロリング・ルネサンスの指導的な人物であった[16]。そのことは，政治思想にもあてはまるのである。

アルクインの政治思想を扱う前に，アルクイン以前には，どのような政治思想があったのかを概観しておきたい。それによって，いかにアルクインの思想がフランク宮廷に大きな影響を与えたのかを理解することができるからである。

アルクイン以前の政治思想

メロヴィング朝では，クローヴィスがカトリックに改宗して以来，教会と王権は緊密な関係を結ぶようになった。すでに，クローヴィスは507年の対西ゴート戦争での勝利後，ガリアの司教たちをオルレアンに招集し，フランク王国の最初の教会会議を開催した。他のゲルマン諸国家の場合と同じように，フランク王国の場合も，「地方教会」(Landeskirche) が形成された。国王は，教会に対しても大きな影響力を及ぼした。メロヴィング期には，政治思想に関わる著作は残されていない。俗人も聖職者も，「国家」がどうあるべきか，あるいは，国王はどうあるべきかという問題には，さほど関心を持たなかったように思われる。したがって，この時代の政治思想，特に王権と教会のあるべき姿に関して，当時の人々がどのように考えていたかを知ることはむずかしい。しかし，史料が全くないわけではない。興味深いのは，585年のグントラムの勅令である[17]。ここでは，国王およびその支配下の官職保持者の義務が「裁判権」(*districtio*) の行使にあるのに対して，司教の義務は「訓戒権」(*admonitio*) の行使にあるとされている[18]。これは，原理的に司教が裁判権をもっていなかったとい

---

16) バラは次のように述べている。「文学活動，教育，公共政策が絡み合っていたことが，カールの宮廷のもっとも顕著な特徴のひとつである。アルクインの役割は，よくいわれるような，宮廷学校の校長ではなかったとしても，彼の影響力は絶大であった。」(Bullough, Alcuin, S. 372)

17) この勅令の原形は，国王が教会会議で演説した原稿に依拠しているという推定がある。Woll, Merowingische Kapitularien, S. 137.

う，当時の基本的な制度に対応している[19]。この勅令からも読みとることができるように，王権の果たすべき役割は，もっぱら世俗的領域に限られていた。国王が現実には教会の運営にかなり大きな影響を与えていたにせよ，6世紀には，そのことに対して理論的な根拠を与える試みはなかった。

しかし，7,8世紀に入ると，フランク王国で活躍したアイルランド人修道士の思想的影響下に，このような状況は変わる。626年か627年に開催されたクリシー教会会議で，国王クロタール2世は，ダビデに喩えられている[20]。実に，これが，フランクの王がダビデに喩えられている最初の事例である。7世紀のある聖職者がクローヴィス2世に宛てた書簡では，理想的な君主としてソロモンやダビデがあげられている[21]。さらに，8世紀の『フランク史』では，ダゴベルト1世がソロモンに比せられている[22]。旧約聖書の王たちが徐々に理想的な君主とみなされるようになったような印象を受ける。しかし，なお，国王の職務や教会との関係についての明確な言及はない。

この点で興味深いのが，アイルランド人（あるいはアングロ・サンソン人）であるカトゥウルフである[23]。彼は775年頃にカールに書簡を送り，王権の理想像を説いた。その内容は，それまでの断片的な情報から得られる国王理念とは少し異なっている。カトゥウルフは，カールがイタリアの王位を得たことなどを賞賛したのちに，王は神の代理人であると述べる。これに対して，司教はキリストの代理人でしかない。王は，第一の場所を占め，司教は第二の場所を占めると[24]。カトゥウルフにとって，王は神か

---

18) Cap. 1, Nr. 5, S. 12. Vgl. Ewig, Christlicher Königsgedanke, S. 20.
19) これについて，拙稿「フランク時代の王権・教会・平和」49頁以下参照。
20) Conc. 1, S. 196.
21) MGH Ep. 3, Epp. Aevi merovingici collecta, Nr. 15, S. 457; vgl. Ewig, Christlicher Königsgedanke, S. 22.
22) Liber Historiae Francorum c. 42, S. 364.
23) Cathwulf の書簡については，とくに，Story, Cathwulf; Garrison, Letters; dies, Franks, S. 145ff. の記述を参照。残念ながら，彼のことを知る手がかりは残されていない。
24) Cathwulf, Ep. Nr. 7 (MGH Ep. 4) S. 503. *Memor esto ergo semper, rex mi, Dei regis tui cum timore et amore, quod tu es in vice illius super omnia membra eius custodire et regere, et rationem reddere in die iudicii, etiam per te. Et episcopus est in secundo loco, in vice Christe tantum est. Ergo considerate inter vos diligenter legem Dei constituere super populum Dei, quod Deus tuus dixit tibi, cuius vicem tenes,* ... この表現の意味については，以下の文献を参照。Scheibe, Humanismus, S. 19; Ewig, Christlicher Königsgedanke, S. 53; Anton,

らその任務を託された最高責任者であった。だから，王は「神の民」のために「神の法」を定めるために熱心に取り組まなくてはならないと説くのである。司教は第二の場所を占めるにすぎないという言い方は，カトゥウルフ独特のものであり，他の史料には見あたらない。彼にとって，王がキリスト教社会で占める役割の重さを理解してもらうことが重要なことであった。王が最高責任者として，教会の問題に関しても指導的な役割を果たすことを彼は期待していた。それゆえ，彼はあえて司教を第二の地位に置いたのである。それは，王が神の法を守らせるように努力しなければ，司教は十分自分の職責を果たすことができないと考えていたからである。

一般的にいえば，アングロ・サクソンやアイルランド系の聖職者は，大陸の聖職者たち以上に，聖書，とくに旧約聖書を重んじ，聖書を現実社会の問題の解決にも用いる傾向にあったが[25]，アルクインにも，こういう傾向が認められる。

カールがイタリアから呼び寄せた聖職者たちは，宮廷の思想の形成にどのような影響を与えたのであろうか。彼らの考え方は，いわゆる「政治詩」を通しても，知ることはできない。D. シャラーが777年頃に詠まれたものであると推定する[26]ペトロの詩や，シャラーがパウリヌスが書いたと推定する『ザクセン族の改宗についての詩』（*Carmen de conversione Saxonum*）などが，「政治詩」である[27]。シャラーによれば，この二つの詩は，ともに774年から777年にかけての時期に，カールのザクセン戦役の成功に触発されて，詠まれたものである。いずれの詩も，研究者によって「政治詩」と呼ばれてはいるものの，そこから，イタリア生まれの聖職者たちの王権観や国家観を読みとることは困難である。

Fürstenspiegel, S. 75; Angenendt, Karl der Große als *rex et sacerdos*, S. 270.
25) Vgl. Garrison, English, S. 116.
26) Schaller, Karl der Große, S. 199 mit Anm. 17.
27) MGH Poetae I, S. 380-381. この詩については，Schaller, Carmen de conversione Saxonum および Karl der Große, S. 193-198 に詳しい。この詩の作者をパウリヌスと断定したのは，シャラーであり，ここでは彼の見解に従う。

アルクインの政治思想における「神の民」と王権の役割

　アルクインによれば，キリスト教国においては，人民は単に王国を構成する臣民ではない。「神の民」であった。シェリーニやアントンはすでに適切にも，「神の民」(*populus Dei*) あるいは「キリスト教の民」(*populus christianus*) という理念がアルクインの政治思想を理解するためのひとつの鍵であることを見抜いている[28]。神学に精通したこのアングロ・サクソン人にとって，「神の民」とは，ペトロの書簡（I. Petrus II, 9）の意味での宗教的な共同体を構成する人々であった[29]。人々は受洗することによって，この選ばれた民の一員になることができると考えていた。すでに述べたように，740年代の改革教会会議の文書において，「神の民」という表現があらわれているし，カトゥウルフもこの語を用いているが，アルクインもまた人々が「神の民」であることを強調した。すべてのキリスト教徒は，キリストを上に戴く共同体の一員であった[30]。そして，この共同体の統一性を顕在化させる制度が教会であった[31]。理論上は，すべてのキリスト教徒が「神の民」として，キリストを上に戴く共同体を構成しているのであるから，この共同体は国家や民族を越えた共同体である。だとすれば，それぞれのキリスト教国家の王は，この理念的な共同体の構成員の一部を臣民として支配しているにすぎないことになる。

　キリスト教国家の王は，このことを常に意識し，臣民を支配すべきであった。このようなアルクインの思想がはっきりとわかるのは，アルクインがカールの名で書いたイングランドのマーシア王オッファ宛の書簡である[32]。この書簡において，カールはマーシア王を同じキリスト教国の君主

---

28) B. Meyer, Alkuin zwischen Antike und Mittelalter, Zeitschrift für katholische Theologie 81 (1959), S. 428ff.; Chélini, Vocabulaire politique et social, S. 71-83; Anton, Fürstenspiegel, S, 120f.
29) Alcuin, Ep. Nr. 17, S. 47; Nr. 138, S. 219; Nr. 134. S. 202f.
30) Alcuin, Ep. Nr. 17, S. 48.
31) Alcuin, Ep. Nr. 166, S. 271; Nr. 199, S. 330.
32) Alcuin, Ep. Nr. 100, S. 144-146.

として遇した。この文書の末尾にこう記している。「在天の神の優しい慈悲が，聖なる教会の王国を守り，高め，広めてくださいますように，私たちと，私たちの誠実な僕たち (fideles)，そして，すべてのキリスト教の民のために，どうか，常に仲介してくださるようにお願いいたします」[33]。アルクインにとって，国は違っても，すべてのキリスト教徒はひとつの宗教共同体の一員であった。キリスト教徒は，この共同体のいわば「市民」(cives) であった[34]。

後になると，アルクインは次第にこの共同体を〈キリスト教帝国〉という政治体としても解釈しようとし，それをカールの王国とほとんど同一視していく。そして，カールをこの「キリスト教の民」(populus christianus) 全体の指導者とみなしていくのであるが，それは800年が近づいてからのことである。その頃までは，アルクインにとって，聖なる教会という宗教的共同体と王国という政治体は，異なる概念であった。フランク王国の国王は，「キリスト教の民」が構成する宗教共同体の一部の統治を神によって託されたにすぎず，その意味では，フランク国王カールとマーシア国王オッファのようなイングランドの諸王は，全く対等の立場にあった。アルクインは，独立した国家を統治するイングランドの諸王もカールと同じく，この理念的な宗教共同体の一部を支配下においていると理解していた[35]。

アルクインは，国王たちが「神の民」を指導するという崇高な義務を果たすことを望んだ。アルクインはカールを「教会の指導者」(rector ecclesiae)，あるいは，「教会の保護者」(defensor ecclesiae) と呼んでいる[36]が，それはアルクインが宗教的分野に関する国王の指導力に強く期待していたからである。たとえば，やや後の史料ではあるが，799年の書簡でアルクインはカールに対して，次のように述べている。「在天の王の祝福が異教

---

33) Ebd. S. 146. *Pro nobis nostrisque fidelibus, immo et pro cuncto populo christiano, assiduas fieri faciatis intercessiones, deprecamur, quatenus mitissima superni Regis (bonitas) regnum sanctae aecclesiae protegere exaltare et dilatare dignetur.*
34) Alcuin, Ep. Nr, 16, S. 42; Nr. 181, S. 300.
35) Alcuin, Ep. Nr, 100, S. 146; Nr. 101, S. 147f.; Nr. 123, S. 181.
36) Alcuin, Ep. Nr. 136, S. 209; Nr. 143, S. 224; Carmina Nr. 26, S. 245; Carmina Nr. 45, S. 258.

第6章　アルクインと新しい政治思想　　　　　　　　　　183

徒に対する力を陛下に与えてくれますように，どうかキリストの民を大切にし，キリストの教会をお守りください。古の詩人たちのひとりがローマの皇帝たちを称えて，皇帝たる者は何をすべきかを詠ったことが想起されます。間違っているかもしれませんが，このようなものでした。『従う者を大切にし，奢れる者をうち負かす』［ウェルギリウス『アエネイス』6, 853］。この一節をアウグスティヌスは『神の国』で絶賛しました［第1巻六節］。しかし，もちろん，ウェルギリウスの詩よりも，福音書の教えに耳を傾けるようにしなくてはなりません。主はいわれました。『憐れみ深い人々は，幸いである。その人たちは憐れみを受ける』（マタイ，5, 7）『あなたがたの父が憐れみ深いように，あなたがたも憐れみ深い者となりなさい』（ルカ，6, 36）」[37]。

　それでは，アルクインは国王の責務を具体的にどのように考えていたのであろうか。たとえば，アルクインは，799年の書簡のなかで，王の責務として，「移動し，王国を統治し，正義を守り，教会を復興し，人々を正し，個人やそれぞれの身分にとって何が正しいかを定め，弱者を守り，法を定め，異邦人を慰め，あらゆる場所のすべての人々に清く正しい生き方を指し示すこと」を挙げている[38]。H. H. アントンがこの部分を「偽キュプリアヌス」の『12の誤謬について』と比較しているが，両者の間には基本的にはそれほど大きな違いはないことがわかる[39]。つまり，この点については，アルクインは伝統にしたがっているのである。アルクインにとっても，教会を擁護することは，国王の果たすべき重要な任務であった。国王は教会の問題に関しても当然積極的に介入すべきであった。この点では，彼の考えは，おそらく，宮廷に仕える，この時代の多くの聖職者と一致していたように思われる。

　アルクインは様々な箇所で，カールを「教会の指導者」（*rector ecclesiae*）とか「教会の保護者」（*defensor ecclesiae*）と呼んでいるが[40]，それは

37）Ep. Nr. 178, S, 294.
38）Ep. Nr. 177, S. 293: *iter agere, regna gubernare, iustitias facere, ecclesias renovare, populum corrigere, singulis personis ac dignitatibus iusta decernere, oppressos defendere, leges statuere, peregrinos consolari et omnibus ubique aequitatis et caelestis vitae viam ostendere* vgl. Wallach, Political Theories, S. 10; Anton, Fürstenspiegel, S. 105.
39）Anton, Fürstenspiegel, S. 105.

彼にとっては，ごく当然の表現であった。アルクインは教会におけるカールの指導力を高く評価し，また，王が応分の働きをすることを期待していた。かれは，カトゥウルフのように，司教は「第二の地位」にあるとは，けっして言わない。おそらく，そのような表現は，彼の考えには合致しなかったのだろう。なぜなら，いかに王の任務が重要であったとしても，王は俗人であったからである[41]。この点で，アルクインは，カールを「王にして祭司」[42]（*rex et sacerdos*）と呼んだパウリヌスとは，決定的に違う。「王にして祭司」という表現は，古くからある言い回しであり，もちろん，王に聖職者としての身分を認めるというわけではない[43]。しかし，アルクインがこうした表現を一度も用いなかったことは，彼の立場をはっきりと示すものである。

　アルクインは，教会の最高責任者がローマ教皇であることに，微塵も疑いをもっていなかった。君主に与えられている任務は，教皇が定める教義を人々に守らせることにあり，教義そのものを定めることではなかった。ローマ教皇自身がこうした立場をとっていたことはいうまでもないが，ローマ教皇の熱心な崇拝者であるアルクインもまた，こうした考え方をもっていた。アルクインはローマ教皇を「教会の光」，「教会の飾り」，「この世の光」などと呼び[44]，最大限の賛辞をおくった。アルクインにとって，教皇は聖なる使徒たちの代理人であり[45]，教義の最高責任者であった[46]。い

　　40）　Anton, Fürstenspiegel, S. 114f.
　　41）　Alcuin, Ep. Nr. 304, S. 462, Z. 30. Vgl. Anton, Fürstenspiegel, S. 119
　　42）　Paulinus von Aquileia, MGH Conc. 2. 1, S. 142: *sit dominus et pater, sit rex et sacerdos, sit omnium Christianorum moderatissimus gubernator.*「王にして祭司」（*rex et sacerdos* という表現から，この時期のフランク王権を「祭司王権」（Königspriestertum）と呼ぶ，かつての研究もある（たとえば，Ohr, Gottesstaat, S. 38, 50）。しかし，この表現は避けるべきだろう。アルクインはこの表現を一度も用いていないし，もちろん，カールの公式文書のなかにも，使われていない。すでに，フォークトは，これに関して，次のように適切に述べている。「この君主個人の資質に王権と祭司権の合一という観念を結びつけた少数のカールの同時代人がいたという点でのみ，カロリング朝に関して〈祭司王権〉という表現を用いることができよう」（Voigt, Staat und Kirche, S. 359）。Vgl. Anton, Fürstenspiegel, S. 111; Ewig, Christlicher Königsgedanke S. 64 mit Anm. 262; Voigt, Staat und Kirche 358f.; Mohr, Reichsidee, S. 15; Morrison, Two Kingdoms, S27f. mit Anm. 1.
　　43）　これについては，一般に Kampers, Rex et Sacerdos; Angenendt, Karl der Große als *rex et sacerdos* 参照。
　　44）　これらの事例については，Anton, Fürstenspiegel, S. 118 mit Anm. 232 参照。

第6章 アルクインと新しい政治思想　　　　　　　　　　185

かにカールが実力者として教会を動かしていたとしても,「教会の父」と呼べるのはローマ教皇だけであった[47]。アルクインは, カールを「教会の父」とは呼んでいない。そこに, 王と教皇の関係についてのアルクインの理解が明確に現れている。アルクインの考えでは, この世の指導原理であるキリスト教の本質や内容を考え, それを決めるのは教皇の務めであった。それに対して, 教皇が定めた教義を守るために全力を尽くすのが王の務めであった[48]。これは, ローマ教皇自身の理解でもあったし[49], おそらくフランク宮廷の人々の一般的な理解でもあった[50]。

ヴァラックは, アルクインが *regnum* と *sacerdotium* の関係を「ゲラシウスの両権力論」にしたがって理解していたと述べている[51]。周知のように,「ゲラシウスの両権力論」とは, ローマ教皇ゲラシウス（在位492-496年）が皇帝アタナシウス1世に宛てた書簡の中で展開した政治思想である。ゲラシウスは, この世には, 祭司の権威と王の権力があると説く。そのうえで, 教権が俗権よりも上位にあることを主張した[52]。ヴァラックは, アルクインはこのようなゲラシウス理論にもとづいて両権力間の関係を捉えていたと考える。はたして, こうした解釈は妥当であろうか。

第一に, アルクインがゲラシウスのこの高名な書簡を読んでいたことを

---

45) Alcuin, Nr. 27, S. 68; Nr. 94, S. 138. Z. 27: *Ecce tu, sanctissime pater, pontifex a Deo electus, vicarius apostolorum, heres patrum, princeps ecclesiae, unius inmaculatae columbae nutritor.*
46) Alcuin, Carmina Nr. 28, S. 247; Nr. 43, S. 255.
47) Alcuin, Ep. Nr. 159, S. 258.
48) Alcuin, Ep. Nr. 304, S. 462. この書簡で, アルクインはカールを「俗人」とはっきりと呼び, その立場からの教会への援助を求めている。
49) たとえば, 聖画像問題でビザンツ皇帝レオン3世と鋭く対立していたローマ教皇グレゴリウス2世は, レオン宛の書簡の中ではっきり述べている。「教義は, 皇帝が管轄する問題ではなく, 司教が管轄する問題である」(この書簡について, Angenendt, Karl der Große als *rex et sacerdos*, S. 275.)
50) 原則的には, 確かにそうであったように思える。しかし, 後述する『カールの書』の経緯から考えると, フランク宮廷には, 教義の問題に関しても, カールが指導的な役割を果たすべきだという見解も潜んでいたようにみえる。Vgl. Angenendt, Karl der Große als *rex et sacerdos*, S. 277.
51) Wallach, Political Theories, S. 10.
52) ゲラシウスの両権力論については, 以下の翻訳書の該当頁を参照されたい。シュルツェ『西欧中世史事典II』246頁, ウルマン『中世ヨーロッパの政治思想』36-40頁, パコー『テオクラシー』21-22頁。

示す明確な証拠がないことを指摘しなくてはならない。アルクインの膨大な著作のなかに，ゲラシウスの書簡のなかの表現を明確に認めることはできない。すでに，アントンが指摘しているように，そのうえ，思想上も，ゲラシウスの影響を認めることは困難である[53]。たしかに，アルクインも両権の性格の違いを認識していたが，アルクインにあっては，「世俗の権力と霊的な権力」(potestas saecularis et potestas spiritalis) は，単なるキリスト教社会の役割分担を示すものにすぎない[54]。教皇権と王権の関係をどう理解するかという問題設定は視野に入っていないのである。

アルクインはローマ教皇がカトリック世界において至高の存在であることに疑いをもっていなかった。しかし，彼にとって，重要だったのは，いかにして正しい教会の教えを定着させるかという問題であった。その正否のかぎを握っているのが，王の存在であった。このようなアルクインの考えは，カールに対する書簡からだけではなく，イングランドの諸王に対する書簡からも読み取ることができる。彼は，王を感化させることが，いかに重要なことかを熟知していた。彼にとって，王こそが，この世を動かす，最も重要な人物であった。だから，カールだけでなく，イングランドの諸王に対しても，アルクインは倦むことなく訓戒を与えようとしたのである[55]。

民衆教化・異端の撲滅・聖戦

以上に述べたように，アルクインの政治思想はアウグスティヌスにはじまり，ベーダ，偽キュプリアヌス，イシドールスを経て8世紀にいたる，概ね伝統的な王権理念を反映したものである。彼の思想には，さほど目新しいものはみられない。しかし，アルクインの政治思想には注目すべき革新的な点もある。それは，アルクインが国王の果たすべき任務として正統信仰の擁護，民衆教化，宣教の三点を特に意識し，この三点の実現を国王

---

53) Anton, Fürstenspiegel S. 124-126.
54) Ep. Nr. 17, S. 48; Ep. Nr. 255, S. 413.
55) イングランドの諸王に宛てた書簡としては，9通が伝承されている。Ep. Nr. 16, 18, 30, 61, 64, 101, 108, 109, 123.

に強く訴えたことである。彼にとって王の最も重要な任務は，キリスト教信仰を擁護し，異教徒に立ち向かうことであった。ある書簡のなかで，アルクインは，カールを「説教者」と表現したうえで，カールは教会内部を異端から守るための剣と，異教徒の攻撃から守るための剣という二振りの剣をもっていると書いている[56]。彼にとって，キリスト教信仰のために尽力することこそ，君主の崇高な使命であった[57]。

1　民衆教化の思想

社会全体にキリスト教を浸透させ，人々が真の「キリスト教徒」(populus christianus) となることを夢見ていた彼にとって，人々の教化は，国王のもっとも重要な義務のひとつであった。民衆の教化は，もちろん本来聖職者の任務であったが，それをサポートし，正しい教えを人々に広めるのは，君主の重要な責務であるとアルクインは考えていた。アルクインがカールを「説教者」と呼ぶのは，彼をこの教化活動の最も重要な担い手であると考えていたからである[58]。イスパニアのキリスト養子説を論難した『エリパンドゥス駁論』において，アルクインはカールを称え，「信仰においては正統な信仰の持ち主，権力においては王，説教においては司教，正義においては裁判官」と述べている[59]。

おそらく，この連関で重要なのは，「是正」(correctio) の概念である。J. フレッケンシュタインはかつて，「是正」(correctio) がカロリング期の教育・教会改革の大きな目的であったことを明らかにした[60]。P. E. シュラムが「カロリング・ルネサンス」という用語を放棄し，かわりに「是正」(correctio) という概念を用いるべきであると提唱したこともよく知られている[61]。「是正」(correctio) がアルクインの著作においても重要な鍵概念のひとつであることはまちがいない。796年にマーシア王オッファに宛

---

56)　Alcuin, Ep. Nr. 171, S. 282.
57)　Vgl. Anton, Fürstenspiegel, S. 113.
58)　Alcuin, Ep. Nr. 111, S. 161; Ep. Nr. 257, S. 414; vgl. Ep. Nr. 41, S. 84.
59)　Alcuin, Adversus Elipandum I, 16 (PL 101, Sp. 251D): *catholicus est in fide, rex in potestate, pontifex in praedicatione, judex in aequitate* ... vgl. Voigt, Staat und Kirche, S. 358f.; Kampers, Rex et Sacerdos, S. 499.
60)　Fleckenstein, Bildungsreform.
61)　Schramm, Correctio.

てた書簡のなかで，アルクインは次のように述べている。「陛下は神の民の賢き統治者（*populi Dei gubernator*）として，倦むことなく，陛下の民族（*gens*）を誤った慣習から正し（*corrigere*），神の定めた法をお説き下さい。民の罪により，せっかく神によってわれわれに与えられた祖国が滅びてしまわぬように」[62]。カールに宛てた書簡のなかでも同じようなことを述べている。「神によって陛下に託された民を熱心に正すように努め，無知のベールにより長い間曇らされた魂を真の信仰の光へと導くように」[63]。798年頃の書簡でも，アルクインはカールに対して，人々に訓戒を与えるとともに，規律を守らない者に対しては，懲罰を与えるように進言している[64]。

　このように，アルクインは，国王に対して，人々がキリスト教の倫理にもとづいた正しい信仰生活を送るように，全力をあげて取り組むように願ったのである[65]。

2　聖戦の思想

　「聖戦の思想」は，790年頃のアルクインの思想のなかに明確に認められる[66]。

　アルクインは790年に，あるイングランドの聖職者にあてた書簡のなかで，カールの軍事的な成功について次のように書いている。「まず，最初にあなたは神の恩寵により，神の聖なる教会がヨーロッパで平和と前進と成果を得たことを知らなくてはなりません。なぜなら，古いサクソン人（ザクセン人）とすべてのフリースラント人が国王カールの努力によって，キリスト教信仰に改宗したからです。王は飴と鞭でこのことを達成しました。また，昨年には，同じ王がヴェンド人と呼ばれるスラヴ人を攻略し，

---

62) Alcuin, Ep. Nr. 101, S. 147: *Tu vero, sapientissime populi Dei gubernator, diligentissime a perversis moribus corrige gentem tuam et in praeceptis Dei erudi illam, ne propter peccata populi destruatur patria nobis a Deo data.* Vgl. Nr. 123, S. 181: *Semper in mente habeas optimos nobilissimi antecessoris tui mores, modestiam in conversatione, et studium in corrigendo vitam populi christiani.*

63) Alcuin, Ep. Nr. 121, S. 176, Z. 20f.

64) Alcuin, Ep. Nr. 136, S. 209.

65) Vgl. Chélini, Vocabulaire politique et social, S. 23.

66) Kleinclausz, Alcuin, S. 123-137; Chélini, Vocabulaire politique et social, S. 73.

支配下に置きました。さらに二年前にギリシャ人が海上からイタリアに侵入しましたが，王［カール大帝］の家臣たちによって討たれ，自分たちの船に逃げ帰りました。四千人の兵士が殺され，千人が捕虜になったと聞きます。同じように，フン族とも呼ばれるアヴァール人がイタリアを荒らしましたが，キリスト教徒に敗れ，恥辱のうちに本国に戻りました。彼らはまたバイエルンも襲いましたが，キリスト教の軍隊に敗れ，散り散りになりました。この偉大なるキリスト教徒の国王の家臣たちは，サラセン人からイスパニアの大きな地域，沿岸地域を三百マイルにもわたって奪取しました」[67]

　アルクインの考えでは，カールの戦争はキリスト教と異教徒の戦いであった。カールはキリスト教世界の，より正確にいえば，カトリック世界の，――それは当時の理解における「ヨーロッパ」に他ならない――もっとも偉大な君主であった。アルクインによれば，カールはキリスト教世界の最高の指導者としての立場から，周囲の異教徒と戦い，またザクセン人やアヴァール人を改宗させたのである。注目すべきことに，アルクインはこの書簡のなかで，フランクの軍隊を「キリスト教の軍隊」（*exercitus christianus*）と呼んでいる。アルクインからみれば，カールの戦いは「聖戦」に他ならなかった。

　アルクインが代筆したカールのローマ教皇レオ3世宛の書簡（796年）のなかで，アルクインは述べている。「われわれの任務は，神の尊い助けをかりて，キリストの聖なる教会を，武器をとって，外からの異教徒の侵入と信仰薄き者たちの蹂躙から守り，内にあっては，カトリック信仰を守ることです。聖なる父よ，猊下の任務は，モーゼと同じように，神に手をさしのべて，われわれの戦いを助け，あなたの取りなしと神の導きと恩寵により，キリスト教の民がいつでもどこでも聖なる御名の敵に対して勝利を収め，わが主イエス・キリストの名が全世界に輝くようにすることにあります」[68]。

---

67)　Alcuin, Ep. Nr. 7, S. 32.
68)　Alcuin, Ep. Nr. 93, S. 137f.: *Nostrum est: secundum auxilium divinae pietatis sanctam undique Christi ecclesiam ab incursu paganorum et ab infidelium devastatione armis defendere foris, et intus catholicae fidei agnitione munire. Vestrum est, sanctissime pater: elevatis ad Deum cum Moyse manibus nostram adiuvare militiam, quatenus vobis*

あるいは、こうも述べる。「すべての神の教会は一致して全能なる神に感謝の気持ちを捧げなければなりません。全能なる神こそが、このような危機の時に、人々を治め、守ってくださる敬虔で賢く、公明正大な君主をお与えくださったのです。王は、不正なことを正し、正しいことを広め、聖なることを高めるように全力を挙げて、努めなくてはなりません。そして、広大な地域に神の名が広まることを喜び、はるか彼方の地域までもカトリックの信仰の光を灯そうと努力しなくてはなりません」[69]。アルクインはこのように述べて、フランク王国の拡大をカトリック世界の拡大と同一視し、カールの行為を称えている[70]。

このように、アルクインは790年以降の書簡のなかで、「聖戦の思想」を明らかに述べている。そして、おそらくそれは、この時期のフランク宮廷の公式見解ともなっていたのである。たとえば、ビザンツと対等の立場にたって、西方キリスト教世界の盟主として、ビザンツに対して自己主張を試みた『カールの書』には、異教徒を改宗させたことが誇らしげに述べられている[71]。この文章にはアルクインの考えと齟齬する点は何も存在しない。

それでは、アルクインはなぜ「聖戦の思想」を抱くようになったのであろうか。エルトマンは、アルクインはグレゴリウス大教皇の書簡[72]から強い影響を受けていたのではないかと指摘している[73]。確かに、それもあるだろう。しかし、決定的な影響を与えたのは、当時のローマ教皇の理念であったのではないだろうか。

カール・マルテル時代のローマ教皇の書簡には「聖戦の思想」はみられ

---

intercedentibus Deo ductore et datore populus christianus super inimicos sui sancti nominis ubique semper habeat victoriam, et nomen domini nostri Iesu Christi toto clarificetur in orbe. Vgl. Ep. Nr. 171, S. 282, Z. 1ff.; Nr. 202, S. 336, Z. 20ff.

69) Alcuin, Ep. Nr. 121, S. 178.
70) Vgl. Alcuin, Ep. Nr. 178, S. 294: *Parce populo tuo christiano, et ecclesias Christi defende, ut benedictio superni regis te fortem efficiat super paganos.*
71) Libri Carolini, I, 6, S. 136: *Quod non solum omnium Galliarum provinciae et Germania sive Italia, sed etiam Saxones et quaedam aquilonalis plagae gentes per nos Deo annuente ad verae fidei rudimenta conversae facere noscuntur, et ita beati Petri sedem in omnibus sequi curant, sicut illo pervenire, quo ille clavicularius exstat, desiderant.*
72) Gregor I., Registrum Epistolarum (MGH Epp. 1), Nr. 72, S. 92.
73) Erdmann, Entstehung, S. 19 mit Anm. 51.

第6章　アルクインと新しい政治思想　　　　　　　191

ない。しかし，遅くともピピンの時代には，教皇座は，最大の敵ランゴバルトと対立する中で，教皇座を助ける者を褒め称え，ランゴバルトとの戦いに宗教的な意味を与えようと試みている。ローマ教皇にとって，ランゴバルト人とは悪魔に類する人々であり，それゆえ，そのランゴバルト人たちからローマ教皇を救い出す者たちはキリスト教信仰に篤い人々とみなされる。ローマ教皇ステファヌスがローマへの援軍をピピンに要請する際に，ローマ教皇がペトロの後継者であることを強調し，キリスト教徒としての心情に訴えようとしたことについてはすでに述べた。MGHの『コーデックス・カロリーヌス』の編者グントラッハは，全99通の書簡のうち，実に20通の書簡で，異教徒に対する勝利が述べられていると指摘している[74]。ローマ教皇の「聖戦の思想」は，対ランゴバルト戦争に現れるだけではない。異教徒全体に対する戦いにも適用されていた。785年の秋に東ローマ皇帝に宛てた書簡のなかで，ローマ教皇ハドリアヌス1世は次のように述べている。「わが息子，宗教的な意味でのわが compater，フランク王にしてランゴバルト王，そしてローマ人のパトリキウスであるカールは，わが意向を汲み，あらゆる点でわが意図を充たし，すべての西方地域 (Hesperia) と西方の異教の民 (Barbara nationes) を自分の足下にひれ伏させ，彼らの全能を制し自分の王国に併合した」[75]。アルクインの思想も，このようなローマ教皇の考えと同じであった。

そして，アルクインはキリスト教信仰が異民族にも広まれば，その民族に「平和」をもたらすことになると信じていた[76]。

3　異端の撲滅

三番目の点，つまり異端の撲滅，正統信仰の擁護も，アルクインが力説した点のひとつであった。アルクインは当時問題となっていた異端である

---

74) MGH Ep. 3, S. 498 mit Anm. 1.
75) Hadrian, Ep. (Mansi 12, Sp. 1075C): *sicut filius et spiritualis compater noster dominus Carolus rex Francorum et Langobardorum, ac patricius Romanorum, nostris obtemperans monitis, atque adimplens in omnibus voluntates, omnis Hesperie occidueque partis barbaras nationes suo suis prosternens conculcavit pedibus, omnipotentatum illarum domans, et suo subjiciens regno adunavit.*
76) Alcuin, Carmina Nr. 45, S. 259.

キリスト養子説の問題に自ら深く関与するだけでなく，この異端の撲滅に関して王が積極的に関与することを期待した。

ビザンツが関わる教義問題をのぞけば，キリスト養子説は，カールの時代にみられた殆んど唯一とも言える異端の論であった。キリスト養子説は8世紀，イスパニアで広まった教義である[77]。この説を唱えた中心人物は，当時イスラーム勢力の支配下にあったイスパニアのトレド首都大司教エリパンドであった[78]。このイスパニアの異端にフランク宮廷が関心をもつようになったのは，イスパニア辺境伯領のウルヘルという町の司教であったフェリックスという聖職者が，エリパンドの教義を信奉したからである。この異端の説が自分の王国内で唱えられていることを知ったカールは，この異端の教義を断罪し，撲滅するようにただちに対策を講じた。カールは792年にレーゲンスブルクで教会会議を開催させ，この会議にフェリックスを召喚し，正統信仰への復帰を強要した[79]。フェリックスはキリスト養子説を放棄し，爾後死ぬまで正統信仰にとどまることを誓約した。この会議の後，フェリックスはローマ教皇ハドリアヌスのもとに送られ，司教職を罷免され，帰国を許された。しかし，このようなフランク王とローマ教皇の強い意志表示にもかかわらず，イスパニアの司教たちはキリスト養子説に固執した[80]。それゆえ，794年に開催されたフランクフルト教会会議において，再度この教説に対する問題が取り上げられなくてはならなかった。

アルクインは自分の名で少なくとも数度にわたって，フェリックスやエ

---

77) キリスト養子説異端に関する基本文献を以下にあげる。F. Ansprenger, Untersuchungen zum Adoptianischen Streit im 8. Jahrhundert, Berlin 1952; W. Heil, Der Adoptianismus, Alkuin und Spanien, in: W. Braufels (Hg.), Karl der Große Bd. 2, S. 95-155; K. Schäferdiek, Der adoptianische Streit im Rahmen der spanischen Kirchengeschichte, ZKG 80 (1969), 291-311, ZKG 81 (1970), S. 1-16; J. C. Cavadini, Elipandus and his Critics at the Council of Frankfort, in: Berndt (Hg.), Frankfurter Konzil von 794, Bd. 2, S. 787-807; ders., The Last Christology of the West, Philadelphia 1993; Nagel, Karl der Große, S. 19-138.

78) この時代のイスパニアの教会の状況に関しては，一般に J. Orlandis/D. Ramos-Lissón, Die Synoden auf der Iberischen Halbinsel bis zum Einbruch des Islam (711), Paderborn 1981 の記述を参照。

79) この教会会議については，Hartmann, Synoden, S. 104f. 参照。

80) Epistola episcoporum Hispaniae ad episcopos Franciae (MGH Conc. 2, 1), S. 111-119; Vgl. Nagel, Karl der Große, S. 58ff.

リパンドに手紙を送り，キリスト養子説を論難するだけではなく，『フェリックスの異端に対する反駁書』および『ウルヘルのフェリックスを駁する七章』を著した。また，カールが発した公式文書の作成に彼が関与していたことは，いろいろな研究者によって指摘されている[81]。

　アルクインがイスパニア異端に関してカールに宛てた書簡が何通か残されているが，202番の書簡では，彼は「陛下が聖なる志をもち，神より託された権力を用いることで，使徒から継承したカトリック信仰をいかなる場合にも擁護せられんことを。また，勇敢に戦って，〈キリスト教帝国〉を拡大することに努め，また，使徒から継承した真の信仰を守り，教え，伝道するように努め給わんことを」と述べている。また，やはり，フェリックスの異端に関連して，この前年に書かれた書簡で，内部の異端（$perfidorum\ doctriae$）からキリストの教会を守るとともに，外の異教徒の攻撃から教会を守るのが，王の使命であり，王はこの二振りの剣をもっていると書いている[82]。

　すでに述べたように，アルクインによれば，異端から正統信仰を擁護することも，キリスト教国の君主の重要な責務であった。この点に関する彼の主張ははっきりしている。カールも，アルクインのこのような考え方に完全に賛同していたように思われる。フェリックスの異端に関して，カールはアルクインの理念通りに行動し，重要な役割を演じたのである。

　このように，アルクインは王による統治を常に宗教的な観点から理解していた。このような理解は一見すると，それ以前の統治理念とさほど変わらないように思われる。しかし，そうではない。メロヴィング朝においては，キリスト教の擁護者および唱道者としての王権の役割は見いだされない。それは，勅令だけではなく，トゥールのグレゴリウスの『歴史十書』のような史書にも概して当てはまる。

　アルクインの書簡や詩の中に見いだされる王権理念は，まさに新しい時代の産物である。アルクインは，旧約聖書の王国を常に念頭におき，そのような国家を理想として思い描いていた。彼によれば，正しい信仰にもと

---

[81] たとえば，Wallach, Alcuin as the author, S. 147ff.
[82] Alcuin, Ep. Nr, 171, S. 282.

づく国家を作り，また正しい信仰を守り，さらに広めることこそが，王の重要な責務であった。このような新しい統治思想にカールが共鳴し，それがフランク宮廷の共通理念になっていったことは想像に難くない。アルクインの王権理念はこの時代の政治を動かす基本理念のひとつとなったのである。前章で検討した『一般訓令』は，このアルクインの基本理念の輝かしい記念碑であった。そして，アルクインの王権理念はビザンツとの対抗関係の中で，フランク王国の基本的な政治理念になったのである。

第7章

聖戦の思想

　800年の皇帝戴冠にいたるまで、カールは毎年のように戦いに出かけ、父ピピン以上の戦果をおさめた。カールが新たに獲得した領土は主に次に挙げる五つの地域、すなわち、イスパニア辺境伯領、ザクセン、バイエルン、ボヘミア、イタリアである。フランク王国はカールの時代に最大領土に達し、ローマ帝国以来の巨大な国家が「ヨーロッパ」に誕生した。しかも、この巨大な国家の政治的中心は、ローマ帝国とは異なってアルプス以北にあった。カールは非常に忍耐強く戦い、勝利を手にした。アインハルトは次のように述べている。「王はどの戦争にも、状況に応じて堪え忍び、やりとげる術を心得ていた。逆境に屈したこともなかったし、順境にあって幸運の女神の偽の媚態に同意したこともなかった」[1]。アインハルトのことばにあるように、カールは現在の西欧から中欧にかけて縦横無尽に駆けめぐり、大帝国を築いた。

　このような領土の拡大は、単にフランク王権に富と権力をもたらしただけではない。それはキリスト教世界の拡大を意味していた。デヨングが述べているように、「カロリング朝における領土の拡大は、〈キリスト教の人びと〉として概念化されていた王国に新しい人々を組み入れ、神に対する正しい信仰を広めることを意味していた」[2]。その結果、多くの戦いに「聖

---

1) Einhard, Vita Karoli, c. 8, S. 11（邦訳『カロルス大帝伝』18頁）.
2) de Jong, Charlemagne's Church, in: Story (Hg.), Charlemagne: Empire and Society, S. 125.

戦」としての高い価値が与えられることになった。戦争には宗教的な意味づけがなされ，国家の拡大を助ける効果をもった。もちろん，すべての戦争が「聖戦」としての性格をもっていたわけではない。しかし，実際，この時期の重要な戦争は，異教徒との戦い（ザクセン戦争，アヴァール戦争，対イスラーム戦争）か，ローマ教皇の敵（ランゴバルト戦役）との戦いであった。W. ヘイドリルは次のように述べている。「30年以上にもわたるカール大帝の前例のない征服戦争は，フランク人が理解していたキリスト教の激しい一面をみせつける。確かに，どの戦争も，われわれが政治的目的と呼べるような理由から始められてはいる。しかし，その多くは必ず宗教的な側面を伴っていた」[3]。

「聖戦」とは何か。

「聖戦とは，広義において，宗教的な行為と理解されるか，あるいは，宗教と直接結びついて行われた戦争のことである」と，K. エルトマンは，有名な『十字軍思想の成立』の冒頭で述べている[4]。

西方キリスト教世界においては，教会と国家の関係は，東方ほど単純な関係ではなかったために，聖戦思想は長らく開花しなかった。しかし，8世紀の間に状況は大きく変わった。戦争は宗教的な用語で語られることになった。聖戦思想は，カールの対外戦争を大きく特徴づける。そして，この思想がアルクインやローマ教皇の書簡の中にはっきりと現れていることについてはすでに指摘した。

この章では，この思想がカールの対外戦争において非常に大きな意味をもっていたことを，ザクセン戦争，アヴァール戦争，イスパニア戦争という代表的な三つの戦争の検討を通じて具体的に検証したい。

聖戦としてのザクセン戦争

ザクセン人の居住地は東部でフランク王国と境を接し，メロヴィング朝

---

[3] Wallace-Hadrill, Frankish Church, S. 181.
[4] Erdmann, Entstehung, S. 1. 西欧における聖戦思想と十字軍思想の展開については，山内進『十字軍の思想』ちくま新書，2003年参照。

第7章 聖戦の思想

以来，両者はたびたび戦闘を重ねてきたが，宗教が戦争の争点ではなかった。当時の史料がザクセン人に言及するときも，ザクセン人が異教徒であることはほとんど触れられていない。カールの父ピピンの時代にあっても，そうであった。たとえば，カールの父ピピンも747年には義兄弟グリフォを追ってザクセンに進入している。758年には，再び攻め込み，毎年三百頭の馬を貢納させることをザクセン人に約束させた。ザクセン人は古くからフランクの東進を阻んできた屈強の異教徒であった。だが，ザクセン人が異教徒であることは，ピピンの頃までは何も意識されてこなかった。彼らが戦争をしかけたのは，単に彼らがフランクとの友好関係の樹立を拒み，敵対していたからに他ならない[5]。

772年にカールがザクセン戦役を決意したとき，彼は父たちとは根本的に異なる考えにもとづいて，戦争を行おうとしたのであろうか。それとも，特別な政治目的はなく，単なる掠奪のために，ザクセンへの侵攻を計略したのであろうか。すでに772年のカールの最初のザクセン戦争において，キリスト教化が目的となっていたかどうかはわからないという，ブランディの主張は正しいのだろうか[6]。

確かに，キリスト教の布教がカールのザクセン遠征の目的であったことを直接立証する史料は存在しない。しかし，フランク軍が，ザクセン族のなかでもっともフランク王国の近くに定住していたエンゲル人の信仰の中心で，エレスブルク（ディーメル河畔のオーバーマルスベルク）にあった「イルミン聖柱」（イルミンズール）[7]を破壊していることは，この戦争が宗教戦争であることを，カールが最初から意識していたことを示しているように思われる[8]。カールはエレスブルクを制圧し，多くの富を奪い去っ

---

5) カール大帝以前のザクセン戦役については，Martin Last, Niedersachsen in der Merowinger- und Karolingerzeit, in: Geschichte Niedersachsens, Bd. 1: Grundlagen und frühes Mitelalter, hg. von Hans Patze, Hildesheim 1977, S. 543-652 に詳しい。
6) Brandi, Sachsenkriege, S. 14.
7) イルミンズールについては以下の文献を参照。Löwe, Irminsul; Freise, Frühmittelalter, S. 289, 312, 323, 333; Ernst Karpf, Irminsul, LM, Bd. 5, Sp. 663. 文献史料はすべてキリスト教側に由来する。したがって，非キリスト教徒のゲルマン人の宗教に関する記述は往々にしてステレオタイプ化していることに注意しなければならない。ウッドの論文はこの点にも留意している。I. Wood, Pagan Religions and Superstitions East of the Rhine from the Fifth to the Ninth Century, in: G. Ausenda (Hg.), After Empire: Towards an Ethnology of Europe's Barbarians, Woodbridge 1995, S. 253-268, bes. 256f.

た。彼はザクセン人との戦いが異教徒との戦いであり，聖戦であることを強く意識していた。そうでなければ，カールがザクセン人の信仰の中心である「イルミン聖柱」の破壊を目論んだことの説明がつかないだろう。「イルミン聖柱」とは一本の聖なる高木であり，ザクセン人はこの大樹を神のごとく敬っていた。カールはその木を倒したのである。この行為は，カールがザクセン人とフランク人の戦争を異教徒とキリスト教徒との戦いであると自覚していたことを示すものと考えてもよいのではないだろうか。このような推測が正しいのならば，カールはすでに彼の治世の初期の頃から聖戦思想をもっていたことになる。「私の務めは，あらゆる面で，聖なるキリストの教会を外からの異教の侵入と不信者の破壊から守り，内にあっては，カトリックの信仰を明らかに述べ受け入れることによって，その力を増大させることである」[9]という基本的な政治理念は，すでにこの段階で現れていたといってよいのではないだろうか。

773年5月に，アングロ・サクソン人修道士エアンヴルフが，カール大帝とマインツ司教ルルに宛てた書簡が遺されている[10]。この書簡の中で，グレゴリウス大教皇がケント国王エテルベルトに送った書簡が引用されていることは，注目に値する。というのも，この書簡の中で，グレゴリウス大教皇は，異教信仰を撲滅し，異教の聖地を破壊するように国王に要請しているからである。アングロ・サクソン人修道士の眼には，カールの行為はまさに，グレゴリウスがケント国王に期待していた行動に他ならなかった[11]。アインハルトが，カール大帝の有名なザクセン戦争について述べている次のような表現も，この時期のフランク宮廷の理解を示唆するように思われる。「ザクセン人は，ゲルマーニアに住むほとんどすべての民族と同様に，生まれつき獰猛で，悪魔の崇拝に身を捧げ，われわれの宗教に反感を抱き，神と人間の法を汚しても蹂躙しても不名誉とは思っていなかった」[12]。すでに772年の時点から，カールがこの戦いを「聖戦」であると強

---

8) Vgl. Hauck, Ausbreitung des Glaubens, S. 143; ders., Karl der Große, S. 206; Padberg, Paderborner Treffen, S. 15.
9) Alcuin, Ep. Nr. 93, S. 137.
10) Eandulf, Ep. Nr. 120 (in: MGH, Die Briefe des hl. Bonifatius und Lullus, S. 256).
11) Vgl. Anton, Fürstenspiegel, S. 75; Padberg, Mission und Christianisierung, S. 68 mit Anm. 32.

く意識していたことは明白であるように思われる。

　しかし，その意識の度合いと方法については，検討の余地がある。ひとつには，H. D. カールの考え方がある。カールは，おそらく戦争理論におけるエスカレーション理論の影響を受けて，カールのザクセン戦争を三段階に分けて考察し，ザクセン戦争を徐々に戦争がエスカレーションしていく過程として捉えようと試みた。まず，第一段階は，単なる平和的なキリスト教化の段階である。第二段階においては，両者の対立はエスカレートするが，同時に，平和的な形でのキリスト教化の理念も無視されてはいない。そして，第三段階になってはじめて，キリスト教化の強制とフランク王国への暴力的な併合がおこなわれた，というのである[13]。しかし，このような主張に対して，アンゲネントは根拠が不十分だとして，疑問を投げかけている[14]。H. D. カールが主張したように，カール大帝は，はじめのうちは平和的な形でのキリスト教化を進めようとしたのであろうか。それとも，アンゲネントが想定しているように，カールは最初から武力でザクセンのキリスト教化を考えていたのであろうか[15]。いずれにせよ，カールのザクセン戦役がザクセンのキリスト教化と表裏一体の関係にあったことは確かである。

　772年のカールの遠征は一時的な勝利であったにすぎなかった。翌年，ザクセン人はカールがイタリアにいる隙をねらって反撃に出た。そして，ボニファティウスが建設したフリッツラー修道院の破壊を試みた。これに対して，カールは774年から775年の冬に報復を決意した[16]。

　12）　Einhard, Vita Karoli, c. 7, S. 9（邦訳『カロルス大帝伝』15頁）．ただし，アインハルトがこの伝記を書き上げたのは，もちろん，カール大帝の死後のことである。
　13）　Kahl, Karl der Große und die Sachsen, bes. S. 50.
　14）　カール大帝のザクセン戦争およびザクセンのキリスト教化の問題に関しては，以下の文献を参照。Büttner, Mission, S. 467-475; Last, Niedersachsen; Patze, Mission und Kirchenorganisation; Schneider, Politisches Sendungsbewußtsein und Mission; Kahl, Karl der Große und die Sachsen; Beumann, Hagiographie; Lammers (Hg.), Eingliederung der Sachsen; Lintzel, Sächsische Stammesstaat; C. Ehlers, Die Integration Sachsens in das fränkische Reich (751-1024) (Veröffentlichungen des Max-Planck-Instituts für Geschichte, 231), Göttingen 2007. なお，邦文として，以下の研究がある。増田四郎「カール大王のザクセン戦役について」『西洋中世社会史研究』所収，326-352頁；野崎直治「ヴィードゥキントの反乱とカンシュタットの反乱」『ドイツ中世社会史の研究』所収，69-96頁；三浦弘万『ヨーロッパの形成過程』603頁以下。
　15）　Brandi, Sachsenkriege, S. 14.

775年の遠征では，カールはルーア川沿いに東進し，ジギブルク（Sigiburg）の要塞を占拠し，773年に再び奪取されたエレスブルク（Eresburg）を奪い返し，ヴェーザー川へと前進した。ブラウスベルク（Brausberg）でザクセンの軍隊を打ち破り，カールは二隊に分けた。カール自身はオーケル川（Oker）へと進み，ザクセンの二つの支族，AustreleudiとAngrariiを服属させることに成功し，人質を受け取った。もう一隊はヴェーザー川に沿って，北上したが，敵におそわれ，敗北を喫した[17]。しかし，やがてカールは二隊を合流させ，ウェストファリアのザクセン人を服属させた。

　翌年，カールがイタリアに滞在している間に，ザクセン人は反撃を試み，エレスブルクの要塞を破壊し，ジギブルクも攻略しようとした。これを知ったカールはただちにザクセンに向かい，ザクセン軍を打ち破り，リッペ河畔に新しい城塞を築いた。これが後にザクセン支配の拠点となるパーダーボルンである[18]。フランク人はここに王宮と教会を建てた[19]。ウェストファリアのザクセンの指導者はカールの宗主権（*ditio*）を承認し，洗礼を受けた。この出来事に関して，『王国年代記』は「すべてのザクセン人」という表現を用い，あたかも全ザクセン人がこの時点でフランクの支配とキリスト教信仰を受け入れたかのような印象を読む者に与える[20]。ほぼ同

---

16) AQE a. 775, S. 41: *Cum rex in villa Carisiaco hiemaret, consilium iniit, ut perfidam ac foedifragam Saxonum gentem bello adgrederetur et eo usque perseveraret, dum aut victi christianae religioni subicerentur aut omnino tollerentur.*

17) 例によってこの敗北は『王国年代記』では記述されておらず，『いわゆるアインハルト年代記』においてのみ伝えられている。

18) Hauck, Paderborn; Balzer, Paderborn, S. 13.

19) このとき建設された王宮と教会の遺構は，発掘調査によって明らかになっている。パーダーボルンの発掘調査の結果については，以下の文献に詳しい。M. Balzer, Paderborn als karolingischer Pfalzort, in: Deutsche Königspfalzen 3 (Veröffentlichungen des Max-Planck-Instituts für Geschichte 11/3), Göttingen 1979, S. 9-85; S. Gai, Die Pfalz Karls des Großen in Paderborn, in: Stiegemann (Hg.), 799-Kunst und Kultur der Karolingerzeit 3, Mainz 1999, S. 183-196; Lobbedey, Carolingian Royal Palaces, S. 143ff. このとき建設された宮殿と教会の大きさがほぼ同じであったことに注目しておきたい。ある年代記は，この教会を「フランク人の大きな教会」と呼んでいる。Annales Maximiani a. 777 (MGH SS 13), S. 21. 799年には，さらにその南側にもっと大規模な教会が建設された。Annales Laureshamenses a. 799 (MGH SS 21, S. 38) では，この教会は「驚くべきほどの威容をほこる教会」（*ecclesia mirae magnitudinis*）と表現されている。付図を参照。

20) ARF a. 776, S. 46: *Et Saxones perterriti omnes ... venientes ex omni parte et*

第7章　聖戦の思想　　　　　　　　　　　　　　201

時代に書かれたと思われる『王国年代記』が，このように事実を誇張して述べているのは，当時のフランク宮廷がこの776年の出来事を高く評価していた証しだろう[21]。

　そして，この翌年の777年に，カールはパーダーボルンで王国集会を開催した。通例，年に一回開催される大規模な集会が征服地で開催されることはきわめて異例のことであり，カールにとってのザクセン支配の重要性がうかがえる。そのことは，彼がパーダーボルンを「カールの都市」(*urbs Karoli*, Karlsburg) と名付けたことにもあらわれている[22]。

　ところで，なぜカールはこの城塞を「カールの都市」と名付けたのであろうか。この点については，K. ハウクが詳細に検討しているが[23]，カールがコンスタンティヌス大帝を強く意識していたことはまちがいない。というのは，ビザンツの首都コンスタンティノープルがこの都市の建設者である大帝の名にちなんで名付けられたことは，フランクの宮廷においてもよく知られていたことのように思われるからである。このことは有名なオロシウスの歴史叙述に書かれているが，この歴史叙述から，当時の人々はコンスタンティヌスによる遷都のことを知っていただけではない。たとえば，『フレデガリウス年代記』にも，このことは記述されている。また，インゲルハイムの王宮の壁画から，コンスタンティノープル建設についての当時のフランク宮廷の知識を知ることができる。この今日現存しない壁画について，ルイ敬虔帝の時代にエルモルドゥス・ニゲルスが皇帝への頌詩のなかに書き残しているが，それによれば，インゲルハイムの王宮の内部には，古代からの著名な君主たちを描いた壁画があった[24]。そして，こ

---

reddiderunt patriam per wadium omnes manibus eorum et spoponderunt se esse christianos et sub dicione domni Caroli regis et Francorum subdiderunt.

　21)　概して正確な記述を行っていると思われる『いわゆるアインハルト年代記』の記述は，もっと慎重である。AQE a 776, S. 47: *(Rex) ... inmensam illius perfidi populi multitudinem velut devotam ac supplicem, et quam erroris sui paeniteret, veniam poscentem invenit. Cui cum et misericorditer ignovisset et eos, qui se christianos fieri velle adfirmabant, baptizari fecisset ...* この点について，Kahl, Karl der Große und die Sachsen, S. 117 mit Anm. 72 参照。

　22)　Annales Petaviani (MGH SS 1), S. 16; Annales Maximiani, (MGH SS 13), S. 21; Annales Mosellani (MGH SS 16), S. 496; Honselmann, Paderborn; Padberg, Paderborner Treffen, S. 20f.

　23)　Hauck, Karl als neuer Konstantin.

れらの君主たちがそれぞれ代表的な故事とともにこの壁画に描かれていた。アッシリア皇帝ニヌス，ペルシャ皇帝キュロス，シチリア王ファラリス，ロムルスとレムス，ハンニバル，アレクサンダー大王，アウグストゥス，コンスタンティヌス大帝，テオドシウス帝，カール・マルテル，ピピン3世，そしてカール大帝である。そして，コンスタンティヌス大帝については，新都コンスタンティノープルを建設するコンスタンティヌスの姿が描かれていたのである。コンスタンティヌスはこの時代でもっとも有名な君主のひとりであったが，この時代には，コンスタンティヌスは代表的な理想的なキリスト教徒の君主であった[25]。したがって，新都の建設もキリスト教との関係で強く理解されていたにちがいない。カールが，かの偉大なコンスタンティヌスが新しい都を建設した故事を強く意識して，パーダーボルンを「カールの都市」と命名したのは確かなように思われる。カロリング王権がこの地をザクセン支配と，そしてザクセンのキリスト教化の拠点にしようとしたのは，確かだろう。そして，その際，コンスタンティヌス大帝が彼のモデルとなったことはありうることである。当時のカロリング王権にとって，ザクセンをフランクの支配下に置くことと，ザクセンをキリスト教化することは，同じことであった。征服したザクセンに建設されたこの王宮は確かにフランク王国全体からみれば，辺境にあったが，10世紀のマクデブルクのように，布教の拠点としての王宮（Missionspfalz）として，将来利用されることが計画されていたのかもしれない[26]。

　だが，パーダーボルンが「カールの都市」と呼ばれたことの歴史的意味を誇張しすぎてはならない。パーダーボルンはコンスタンティノープルのように，新しい首都として建設されたわけではないし，また「カールの都市」という呼称も長くは用いられなかった。そのうえ，半ば公式の見解を表明したものであるといわれる『王国年代記』は，この呼称を全く用いて

　　24）Ermold le Noir (Ermoldus Nigellus), Carmina in honorem Hludowici, IV, v. 245ff. ヤコブゼンによれば，この壁画の制作年代は，785年と787年の間と推定される（Jacobsen, Pfalzkonzeptionen, S. 32）．なお，この壁画の意味については，Lammers, Bildprogramm において詳細に検討されている。Vgl. Fried, Donation of Constantine, S. 50 mit Anm. 160.
　　25）中世初期の西ヨーロッパにおけるコンスタンティヌス大帝のイメージについては，Ewig, Bild Constantins が基本文献である。
　　26）Hauck, Karl als neuer Konstantin, S. 532.

第7章　聖戦の思想

いないのである。先に挙げたインゲルハイムの王宮の壁画も,「カールの都市」という命名の意味を過大評価してはならないことを示している。というのは,壁画に描かれているカール大帝の場面は,ザクセン戦争における王の勇姿であり,「カールの都市」の建設ではなかったからである[27]。このことも,パーダーボルンの建設が,ザクセン戦争の中のひとつの事件としか当時認識されておらず,パーダーボルンの建設それ自体はさほど重要な出来事と認識されていなかったことを示すように思われるのである[28]。

ところで,パーダーボルンでは,777年に王国会議とともに教会会議が開催された。この会議の決議録自体は伝承されていないが,Salonne修道院あての国王証書から,その開催を推定することができる[29]。この証書によれば,サンス大司教ヴィルカール,メッス司教アンギルラム,サン・ドニ修道院長フルラートといった主だった聖職者が出席していた。おそらく,新しい教区の問題を含むザクセンのキリスト教化の進展に伴う諸問題が話し合われたように思われる。注目すべきことに,この教会会議はカールの治世になってから開催された最初の教会会議でもある。『フルダ修道院長ストゥルムス伝』の記述によれば,このとき,ザクセンは教区に分けられたという[30]。

776年から翌年にかけての出来事は,当時のフランクの人々にとっては,画期的な年であった。たとえば,『モーゼル年代記』は,ザクセン人の大部分は洗礼を受けたと記したうえで,「教皇グレゴリウスがなくなってから,この年まで172年の歳月がかかった」と述べている。すなわち,イングランドのアングロ・サクソン人の改宗に乗り出した大教皇グレゴリウスの念願が,ようやく大陸のザクセン人にも実を結んだとして,この年のザクセン人の洗礼を理解している[31]。また,『ザクセン改宗の歌』[32]においても,カールによるザクセン改宗は取りあげられ,カールは大いに賞賛され

---

27) Ermold le Noir (Ermoldus Nigellus), Carmina in honorem Hludowici, IV, v. 281.
28) Vgl. Anton, fränkisch-byzantinisches Verhältnis, S. 99-101.
29) DK Nr. 118, S. 165; Hartmann, Synode, S. 99; Hauck, Paderborn, S. 108ff.
30) Vita Sturmi c. 23 (MGH SS 2), S. 376; vgl. Angenendt, Kaiserherrschaft und Königstaufe, S. 212; Patze, Mission und Kirchenorganisation, S. 662ff.
31) Annales Mosellani (MGH SS 16), S. 496; vgl. Annales Petaviani (MGH SS 1), S. 16.
32) De conversione Saxonum Carmen (MGH Poetae 1), S. 380f.

ている。

　しかし，実際にはすべてのザクセン人がカールに恭順の意を示したわけではなかった。ザクセンの伝説的な英雄ヴィドゥキントはキリスト教への改宗とフランクへの恭順を好まず，デーン人の王のもとに身を寄せ，報復の時が来るのを待っていた。

　778年に，カールはイスパニアに遠征し，長期にわたって自国を離れざるをえなかったが，カールの不在はザクセンの反乱を招いた。カールがザクセン人の反乱を知ったのは，オーセールに滞在していたときのことであった。ヴィドゥキントに率いられたザクセン人はライン川近くまで侵入して，荒し回り，教会に火を放った。カールはただちに兵を差し向けた。ザクセン人はヘッセンにまで退却した。フルダ付近で戦闘が行われ，フランク軍はザクセン軍を打ち破った。翌年，カールはザクセンに報復するために改めて軍を組織し，リッペハムでライン川を渡った。ザクセン人はボホルト（Bocholt）でフランク軍を迎え討ったが，敗北を喫し，退却した。フランク軍はザクセン西部のヴェストファーレンに入り，覇権を再び確立した。ヴェーザー川をはさんで両軍が向かい合ったが，ザクセン人は結局恭順の意を表し，人質を差し出した。カールは軍を引き上げた。

　780年の7月，カールはザクセンに再び大軍を差し向けた。リッペ川上流に進み，そこで作戦会議を開いたのち，破竹の勢いでザクセンを横断し，ついにはスラヴ人世界とゲルマン世界の境であったエルベ川まで到達した。

　781年には，ザクセンに入ることはなかったが，翌782年7月，カールはケルンでライン川を渡り，ザクセンに入った。そして，リッペシュプルングで会議を開いた。『王国年代記』は，この会議には「ヴィドゥキントをのぞくザクセン人がすべて出席した」と述べている[33]。おそらく，このときにカールは，今日『ザクセン地方に関する勅令』と呼ばれる有名な布告を出したものと思われるが，この勅令についてはすでに述べた。

　この会議のあと，カールはライン川を再び越え，ガリアに帰還したが，そのカールを追って，スラヴ人がザクセンやテューリンゲンに侵入したという知らせが宮廷に届いた。カールは，ただちに納戸役アダルギス，厩役ゲイロ，宮中伯ヴォラートら[34]を派遣し，東フランクおよびザクセンから

33）ARF a. 782, S. 58-59.

第7章　聖戦の思想

軍を召集し，彼らにこの軍を率いさせようとした。しかし，彼らがザクセンに到着してみると，このスラヴ人たちは実はヴィドゥキントに煽動されたものであり，ザクセン人の間に再び謀反の動きがあったことを知った。この知らせはすでにカールの耳にも届いていた。カールは親族の伯テウデリヒに一隊を与え，急ぎザクセンに向かうように命じた。フランク軍は武装したザクセン人が集結していたヴェーザー川とアラー川の合流点の近くに集結し，両軍は戦った[35]。『王国年代記』は，この戦いの勝敗について語らない。しかし，カールの死後に書かれた『いわゆるアインハルト年代記』は，正直にその結果を報告している。フランク軍の大敗北であった[36]。この戦いでアダルギス，ゲイロの他に，4人の伯を含め，多くの者が殺された。そのことをカールは知るとただちに大軍を率い，ザクセンに向かい，ザクセン軍を破り，4500人を処刑したといわれる[37]。だが，ヴィドゥキントは再び逃げ失せた。

　783年，784年もカールはザクセンとの戦いに終始した。翌785年はカールのザクセン戦役の一応の終結をもたらした年である。この年もカールはザクセンにいたが，この年のザクセン遠征には妻ファストラーダと王子，王女たちを同行させた。王の一家はエレスブルクにあって，一冬をエレスブルクで過ごし，復活祭もこの地で祝った。カールはザクセンの鎮圧に全力を注ぐとともに，ザクセンのキリスト教化，教会制度の確立に精力を注いだ。そして徐々にヴィドゥキントを追い詰めていった。

　ついに，ヴィドゥキントは敗北を悟った。改宗するならば，命を保証し，罪を問わないというカールの申し出に，ヴィドゥキントは応じた。ヴィドゥキントはフランク側から人質を受け取った後，アッティニーの王宮に赴いた。そして，仲間とともに洗礼を受けた。この集団洗礼式でヴィドゥキントたちの代父となったのは，カールであった[38]。カールはこのときヴィ

---

34)　彼らについては，付録の宮廷要人一覧参照。
35)　ARF a. 782, S. 60.
36)　AQE a. 782, S. 61.
37)　これが，いわゆる「ヴェルデンの血の沐浴」である。4500人という人数の信憑性については，様々な意見がある。
38)　政治的行為としての洗礼の意味について，アンゲネントが詳細に論じている（Angenendt, Taufe und Politik）。洗礼によって，一種の擬制的な父子関係が，代父（名付け親）と名付け子のあいだに形成された。カールが王子の洗礼に際してローマ教皇を代父に

ドゥキントに対して多くの贈り物をしたとも伝えられている[39]。

　繰り返すが，キリスト教信仰の受け入れとフランク王国へのザクセンの統合は，カールにとって表裏一体の関係にあった。それゆえ，カールにとってヴィドゥキントの洗礼式の挙行は，フランク王国へのザクセンの政治的統合とザクセンのキリスト教化という，不可分の関係にあった戦争目的の達成を示すための絶好の政治的パフォーマンスであった。カールはこのことをローマ教皇にも伝えずにはいられなかった。教皇ハドリアヌスは返書を送り，次のように述べている[40]。「ところで，私は陛下が，野蛮で敵対的な民族であるザクセン人に対して，神の加護を得て勝利を収め，聖なる，カトリックの，使徒の教会の，神の真の信仰を持つように導いたことを知りました。陛下は，主の助けと使徒の指導者であるペトロとパウロの執り成しを得て，ザクセン人たちを陛下の権力と支配のもとに置きました。また，彼らの貴族たちも軛の下に置き，神の霊感を受けたご尽力により，すべての人々（gens）を受洗させました。これは，最大限の賛辞に値します……」。

　カールの「ザクセン戦争」はここに一応の終結をみた。ザクセンのキリスト教化に成功したのである。それは単にザクセンをフランク王国に併合したことを意味するのではなかった。それは，ザクセンが「悪魔の信仰を捨て，父祖伝来の宗教を放棄し，キリスト教の信仰とその秘蹟」（アインハルト）を受け入れたことを意味した。カールは目的を達し，カールのザクセン戦争はこれで終わったかのように見えた。しかし実はカールの長い

望んだことについては，すでに述べた。アンゲネントは，795年もしくはその翌年に，カールがアヴァールの首領のひとりの代父となったことを指摘している。Angenendt, Taufe und Politik, S. 152.

　39）　Annales Mosellani, S. 497: *Widuchind tot malorum auctor ac perfidie incentor venit cum sociis suis ad Attinacho palacio, et ibidem baptizatus est, et domnus rex suscepit eum a fonte ac donis magnificis honoravit.* ヴィドゥキントのその後については，二つの推測がなされている。一つの見方によれば，ヴィドゥキントは伯に任命された（Freise, Sachsenmission, S. 81 mit Anm. 67; ders., Frühmittelalter, S. 300）。しかし，アルトホフは祈祷盟約書を手がかりに，ヴィドゥキントはその後，修道士となったと推測する（Althoff, Widukind, S. 271）。いずれにせよ，ヴィドゥキントの一族は復権し，後にザクセンの司教位に就く人物を輩出するようにさえなった。これについては，K. Schmid, Die Nachfahren Widukinds, in: Ders., Gebetsgedenken und adliges Selbstverständnis im Mittelalter. Ausgewählte Beiträge, Sigmaringen 1983, S. 59-106.

　40）　MGH Ep. 3, Nr. 76. S. 607.

ザクセン戦争はこれで終わったのではなかった。ヴィドゥキントの洗礼後も反乱の火種はくすぶりつづけていた。カールは，ヴィドゥキントたちの洗礼をもって「全人民」の改宗がほぼ達成されたと考えたのであるが，それはザクセン人に対するカールの理解が不十分であったことを示すものである。ザクセンの社会は分節社会であって，反乱軍の領袖が改宗したからといって，それがただちにザクセンの社会全体に決定的な影響を及ぼすような社会ではなかった。フランク人はこの点を見誤っていた。ザクセン戦争がヴィドゥキントの洗礼によって終わることはなかったのである。ザクセン人の反乱は毎年のように繰り返された[41]。

　797年に発布された『ザクセン勅令』(*Capitulare Saxonum*) では，カールは教化政策の軌道修正を試みた[42]。この勅令では死罪という表現は完全に消滅し，また十分の一税に関する言及もない。アルクインを中心とする聖職者の批判がこの軌道修正に大きな影響を与えたことは確かなことのように思われる[43]。アルクインはカール自身に対してのみならず，彼の友人であり，弟子でもあったザルツブルク司教アルンにも，このような軌道修正の必要性を書き送っている。洗礼強制と十分の一税の強制がけっして得策ではないことをカールに働きかけたのは，アルクインである可能性が強い。アルクインは，洗礼を強制し，キリスト教化をすすめていくことに対して，懐疑の念をいだいていた。アウグスティヌスの遠い弟子であるアルクインにとって，信仰は強要されるべきことではなく，自由意思によるものでなくてはならなかった。彼は798年にアルンに宛てた書簡のなかではっきりと書いている。「洗礼を強制することはできます。しかし，信仰を強いることはできません」[44]。

　カールはアルクインたちの献策を結局受け入れたように思われる。洗礼と十分の一税の強制が，ザクセンのキリスト教化に必ずしも有効に機能し

---

41) ザクセンの一部の地域では，なお12世紀にいたるまで異教が存続した。これについては，Schäferdiek, Sachsen I. Volk, in: Theologische Realenzyklopädie Bd. 29, S. 556.
42) Cap. 1, Nr. 27, S. 71-72.
43) Alcuin, Ep. Nr. 107, S. 153f.; Nr. 110, S. 156-159; Nr. 113, S. 163-166.
44) Alcuin, Ep. Nr. 114, S. 164: *Sed et hoc sciendum est, quod fides-secundum quod sanctus Augustinus ait-ex voluntate fit, non ex necessitate. Quomodo potest homo cogi, ut credat quod non credit? Inpelli potest homo ad baptismum, sed non ad fidem.*

ていないことをカールは認めた。カールは新しい法を発令し，軌道を修正したのである。
　すでにボニファティウスは，軍事力の後押しがなければ，改宗事業の進展は事実上困難であることを認識していた。ボニファティウスは故国のウインチェスター司教ダニエルに宛てた書簡のなかで次のように述べている。「フランク君主の保護がなければ，教会の信者を統べることも，司祭，在俗聖職者，修道士，神の修道女を守ってあげることもできません。君主の命令と彼が与える威圧がなければ，ゲルマーニアにおける異教的な儀式や偶像崇拝をやめさせることもできません」[45]。もちろん，彼の時代には，支配者が軍を率いて改宗を強制することはなかった。しかし，ボニファティウス自身，軍事力の後ろ盾がなければ，伝道は困難であることをよく認識していた。そして，君主自身が布教活動を重要な使命と感じたとき，伝道と征服の一体化への道が切り開かれたのである。『古レブイン伝』では，聖レブインがマルクローの部族集会で次のように演説したとされている。「神を信じることを望まないのならば，……隣国の王がおまえの土地に入り，征服し，荒らす用意がある」[46]。772年の最初のザクセン遠征以来，フランク宮廷は一貫してこの戦いをキリスト教世界と異教世界の戦いと理解していたと思われる[47]。ザクセン戦争は確かにフランクの国土を守り，宿敵ザクセン人を服属させるための戦いであったが，この戦いは同時にキリスト教世界を守るための戦いでもあった。ザクセンの降伏と彼らの改宗は不可分の関係にあった。異教徒を改宗させること，カールはそのことを強く意識していた。彼の「聖戦の思想」はすでにこの時点で顕著にみられるのである。

---

　　45)　Bonifatius Ep. Nr. 63, S. 130.
　　46)　Vita Lebuini antiqua c. 6, (MGH SS 30), S. 794 (= Ausgewählte Quellen zur deutschen Geschichte des Mittelalters, 4a: Quellen zur Geschichte des 7. und 8. Jahrhunderts, hg. von H. Wolfram, S. 388). この聖人伝は，850年頃に書かれたものである。この聖人伝の史料的価値については，以下の文献を参照。Padberg, Mission und Christianisierung, S. 173.
　　47)　Vgl. Angenendt, Kaiserherrschaft und Königstaufe, S. 211.

第二の聖戦——アヴァール戦争

アヴァール戦争[48]の場合にも，聖戦思想が大きな役割を果たしている。

フランク王国がアヴァール人と接触するようになったのは，そもそもバイエルンを完全にフランク王国の支配下におく過程においてであった。カールは788年にバイエルン大公タシロ3世を捕らえ，バイエルンを直接支配下に置くことに成功したが，その過程でフランク宮廷はバイエルンのさらに東方に住むアヴァール人の存在を意識するようになった。『王国年代記』の記述によれば，バイエルン大公タシロ3世は隣国アヴァールと同盟を結び，カールに対抗しようと試みたという[49]。バイエルンを併合したフランク王国はアヴァール人の王国と直接国境を接するようになり，国境線をめぐって，外交交渉が重ねられたように思われる。しかし，この交渉は決裂し，カールは791年についにアヴァール討伐に乗り出すことになったのである。

『王国年代記』は，この戦いが宗教戦争であることを印象づけようとし，カールは「アヴァール人が聖なる教会とキリスト教徒（populus christianus）に対して行った耐え難い悪行のゆえに」この遠征を決意した，と述べている[50]。これに対して，『いわゆるアインハルト年代記』では，宗教的動機には言及されていない[51]。その違いは，この二つの年代記の執筆動機にもとめられるように思われる。『いわゆるアインハルト年代記』の作成目的は，必ずしも王朝の正当化ではなかった。もし，かつての通説のように，この年代記がアインハルトによって書かれたものであるならば，それは確かに奇妙なことである[52]。しかし，G. モノーが推測したように，

---

48) アヴァール戦争に関しては，Pohl, Awarenkriege が基本文献である。なお，彼には，アヴァールに関する以下に挙げる重要な論考がある。Pohl, Awaren; ders., Ergebnisse. また，Deér, Untergang des Awarenreiches; Collins, Charlemagne, S. 89-101 参照。
49) ARF a. 788, S. 80; Einhard, Vita Karoli, c. 11, S. 14.
50) ARF a. 791, S. 88. この年代記はほぼ同時代に書かれたと言われており，その史料的価値は高い。Wattenbach-Levison, Geschichtsquellen, 2. Heft, S. 245.
51) AQE a. 790, S. 87.
52) この年代記の作者をめぐる議論は Wattenbach-Levison, Geschichtsquellen, S.

この年代記の作者が，この年代記で大きな役割を演じている伯テウデリヒ周辺の聖職者であるとするならば[53]，そのような解釈は十分成り立つであろう。もっとも，この『いわゆるアインハルト年代記』の記述は孤立している。ほぼ同時代に書かれたと思われる『ロルシュ年代記』でも[54]，もう少し後に書かれた『メッス年代記』でも[55]，アヴァール戦争を異教徒とキリスト教徒の戦いとみなす考え方がみられる。少なくとも宮廷とその周辺では，アヴァール戦争が「聖戦」と理解され，アヴァール人が異教徒であることが戦争を正当化する大きな理由とされていたことを示すものといえるであろう[56]。ただし，それが，あくまでも公式見解にすぎないことを，『いわゆるアインハルト年代記』は教えてくれるのである。

さて，カールはイタリア王ピピンに伝令を送り，アヴァール侵攻を命じた。アヴァールを挟撃する作戦であった。ピピンは，イストリアを経て，パンノニアに侵入した。一方，カール自ら率いる本隊は，ドナウ川の両岸に分かれて進んだ。そして一隻の船を航行させ，両軍の連絡にあたらせた。カール自身は南岸を行軍し，伯テウデリヒとマギンフレートが率いるザクセン人とフリース人からなる混成部隊が北岸を進んだ。エンス川との分岐点のあたりにさしかかった頃，カールは三日間にわたるミサを挙行させ，神に必勝を祈願した[57]。このミサについては，カール自身が王妃ファストラーダに宛てた書簡でも述べられている[58]。フランク軍はそこからさらに前進し，一応の軍事的成功を収めたのち，本国へ引き揚げた。

254ff. に詳しい。なお，この年代記作者は基本的には『王国年代記』に基づきつつ，加筆修正を行っているが，801年でこの作業を終えていることから，この年代記は801年頃に作成されたという推測がある。

53) G. Monod, Études critiques sur les sources de l'histoire carolingienne, 1, Paris 1898, S. 144.
54) Annales Laureshamenses (MGH SS 1), S. 34.
55) AMP a. 791, S. 78f.
56) Vgl. Deér, Untergang des Awarenreiches, S. 731. 実際には，すでにこの時代以前から布教活動は行われており，ごく少数であったかもしれないが，アヴァールの支配領域にはキリスト信者もいた。洗礼も行われていたようである。しかし，ローマ式の典礼は行われておらず，布教活動は十分な成果を挙げていたとは言いがたった。Vgl. Pohl, Awaren, S. 204f.
57) Hägermann, Karl der Große, S. 309ff.
58) MGH Ep. 4, S. 528. この書簡については Deér, Untergang des Awarenreiches, S. 728f. Vgl. McCormick, Eternal Victory, S. 352f.

第7章　聖戦の思想　　　　　　　　　　　　　　　211

　795年にカールがエルベ川の近くに遠征していたときに，「アヴァールの王国と人々に大きな力をもつTudunの使者が到着した」(『王国年代記』)[59]。使者は，Tudunがカールに服し，キリスト教信仰を受け入れる用意があると申し述べた[60]。

　翌796年，アヴァール王国内の内紛を知ったフリウリ大公エリッヒはスラヴ人ヴォニミールに軍隊を与え，アヴァール王国への侵攻を命じた。そして，ついにアヴァール王国の「首都」である「リング」を攻略し，莫大な財宝を奪った[61]。『王国年代記』によれば，カールはその財宝の大部分をローマ教皇レオに贈ったのである。そして，冬になって，Tudunは家来とともにアーヘンを訪れ，カールに服属することを誓い，洗礼を受けた[62]。同年，ザクセンへ向かったカールはイタリア王ピピンに一軍を与え，パンノニアに向かわせた。ピピンの軍は「リング」を攻略し，さらに残った財宝を奪い取った。こうして，アヴァール王国はついに崩壊したのである。

　ところで，パンノニア遠征の途中のドナウ河畔で，ピピンに随行していた司教たちによって開かれた会議は注目に値する[63]。この教会会議では，アクィレイア総大司教パウリヌスの主導のもとに，アヴァールの布教方法について，具体的な話し合いが行われた。多くの研究者が述べているように，ザクセンの強引なキリスト教化が必ずしも思うような成果をあげることができなかったという現実を直視した結果であろう[64]。アヴァールの伝

---

　59)　ARF a. 795, S. 96. Tudunとはアヴァールの君主の称号らしい。カールに使者を送ったTudunは，実際にはアヴァール王国全体の支配者ではなく，そのひとりにすぎなかったようである。この頃，アヴァール内部で，内紛が生じており，このTudunはフランクと結ぶことで権力強化を目指したものと思われる。

　60)　ARF a, 795, S. 96; Alcuin, Ep. Nr. 99, S. 143（アクレイア総大司教パウリヌス宛書簡）: *Quorum [Avarorum] missi ad dominum regem directi sunt, subiectionem pacificam et christinitatis fidem promittentes.*

　61)　「リング」については，Pohl, Awaren, S. 306-308. アヴァールの財宝の豊かさについては，アインハルトの記述 (Einhard, Vita Karoli, c. 13, S. 16) も参照。

　62)　ARF a. 796, S. 98; Annales Alamannici a. 795; Annales Maximiniani a. 796 (MGH SS 13, 22): *Tudun ibi baptizatus est cum sociis suis et a domno rege de fonte susceptus est et magnifice honoratus.* フランク王国への服属は，アヴァールの急激な変化をもたらすものではなかった。カールに名目上服すことで，この君主は今まで通り，アヴァールを統治しつづけることを承認された。これについては，Deér, Untergang des Awarenreiches, S. 769-771.

　63)　MGH Conc. 2, 1, S. 172-176.

道にあたっては，集団洗礼式を行わないこと，洗礼前に七日間から四十日間に及ぶ準備教育をおこなうことなどが申し合わされた。アヴァール伝道に深く関わったザルツブルク司教アルンへのアルクインの書簡のなかで，アヴァールのキリスト教化の方法に関する話題が述べられていることを考えると[65]，アルクインやアルンなどの意見が，ようやく宮廷にも受け入れられるようになったことが想像される。

　さて，以上に述べたことから，何がわかるだろうか。まず第一に，アヴァールとの戦争も，対ザクセン戦争の場合と同様に，邪悪な異教徒に対する正義の戦いと理解されていたことである。カールはアヴァールとの戦争を異教徒との聖なる戦いであるとみなした。また，フランク国内だけでなく，ローマ教皇や他のキリスト教世界の君主にも，この戦いが聖戦であったことを強くアピールしようとした[66]。

　第二は，ザクセン戦争との相違点である。アヴァール戦争も聖戦と理解されていた以上，アヴァールの併合とキリスト教化は，ザクセンの場合と同様，表裏一体の関係にあった。しかし，その方法は大きく異なった。ザクセン戦争の場合，カールは，上からの有無を言わさぬキリスト教化をはかった。けれども，この方法はうまく機能せず，激しい抵抗を招いた。そこで，アヴァール戦争の場合には，聖職者にアヴァールのキリスト教化を委ねることにしたものと思われる。

　さて，次にカールが行った第三の聖戦であるイスパニア戦役について述べてみたい。

対イスラーム戦争

　カールが777年にパーダーボルンで会議を開催したとき，イスパニアか

　　64）　Abel/Simson, Jahrbücher Bd. 2, S. 121ff.; Hauck, Kirchengeschichte Bd. 2, S. 474ff.; Hartmann, Synoden, S. 116.
　　65）　Alcuin, Ep. Nr. 107, S. 153-154. Vgl. Diesenberger/Wolfram, Arn, S. 86f.
　　66）　796年に，カールはイングランドのマーシア王オッファに他の贈り物とともにアヴァールの剣を贈っているが，（Alcuin, Ep. Nr. 100, S. 146），このこともこうした文脈から理解されよう。

第7章　聖戦の思想　　　　　　　　　　　　　　　　　213

らの使節が訪れ，カールにイスパニア状勢への介入を要請した[67]。

　イスパニアでは，8世紀半ばにウマイヤ朝の一族が後ウマイヤ朝を樹立したが，彼らの勢力範囲は長い間コルドバ周辺に限られており，イベリア半島北東部にはイスラーム独立勢力が依然として存続していた。しかし，776年になると，状況が大きく変化した。ウマイヤ朝の君主アブダルラーマン1世（在位756-88年）が，大きく攻勢に出て，イベリア半島の北東部への進出を開始したのである。サラゴーサ，バルセロナ，ウェスカといった町の周辺に勢力をもつ豪族たちは，ウマイヤ朝勢力の進出に脅威を感じ，カールの助力をもとめたというわけである[68]。

　つまり，この地域のイスラーム教徒の豪族たちは，ウマイヤ朝の軍門に降るよりも，キリスト教徒の有力者に助けを求めたほうが得策であると判断したわけである。このことから，この地域のムスリム指導者にとって，宗教の問題は，必ずしも重要視されていなかったことがわかる。また実際，この時期のイベリア半島のキリスト教徒たちは，一般にイスラーム教指導層から寛大な処遇を受けていたことが知られており，カールがイベリア半島に軍事介入しても自分たちの地位は保たれるだろうと，イスラーム教徒の豪族たちは，楽観的に判断していたものと推定せざるをえない。

　イベリア半島への介入の要請を受けたカールは，これをイベリア半島への領土拡大の絶好の好機ととらえた。R. コリンズが正しく指摘しているように，イベリア半島への派兵はフランクの伝統的な拡大政策の延長線上にあったことは確かなことのように思われる[69]。『いわゆるアインハルト年代記』は，端的に「イスパニアのいくつかの都市を手に入れられるだろうと当然の希望をもって」軍を動かしたと述べているが，この記述は，カールのイスパニア遠征のこうした側面を示唆するものであろう[70]。

　だが，カールが，このイスパニア遠征を異教徒に対する「聖戦」であると考えていたことも忘れてはならない。カールは778年の4月頃にローマ

---

　67)　ARF a. 777, S. 48.
　68)　この時代のイスパニアの政治状勢とカールのイスパニア遠征の経緯については，一般にコリンズの以下の論文を参照。Collins, Arab Conquest, S. 210-216.
　69)　Collins, Charlemagne, S. 66.
　70)　AQE, a. 778, S. 51: *spem capiendarum quarundam in Hispania civitatum haud frustra concipiens* ...

教皇に書簡を送り，イスラーム教徒がフランク王国への侵略を計画しており，それゆえ，イスパニアに派兵することになったのだと説明した。「アヴァール人が聖なる教会とキリスト教徒（*populus christianus*）に対して行った耐え難い悪行のゆえに」遠征を決意したというのと，同じ理屈である。邪悪で侵略的というのが，異教徒のステレオタイプ的なイメージであり，異教徒との戦いにおいては，このイメージが利用された。なぜなら，そうした宣伝は，当時次第に形成されつつあった西方キリスト教世界において，強いアピールになったからである。

　カールの書簡に対して，教皇ハドリアヌスは次のような返事を書いた。「アラブ人（*Hagarenes*）が戦争をしかけ，陛下の領土に侵入しようとしているとのことを陛下の書簡によって知りました。この知らせをお聞きし，非常に驚きました。わが主も，使徒の指導者である聖ペトロもこのようなことが行われることをお許しにならないでしょう……わが主が陛下のためにお慈悲を下さり，あのおぞましきアラブ人が陛下の足下にひれ伏し，陛下に対する彼らの企てが失敗に終わることを祈り続けましょう」[71]。ローマ教皇は，カールのイスパニア遠征を「聖戦」と理解し，この戦争の勝利を祈ることを表明しているのである。

　『王国年代記』によれば，早くも翌年の778年に，カールは自ら兵を率いてイスパニアに向かうことを決意した。カール自身はパンプローナを経由してサラゴーサに向かった。一方，ブルグント，オストマルク，バイエルン，プロヴァンス，セプティマニア，ランゴバルトから集めた混成軍は，別のルートを通って，サラゴーサを目指した。フランク軍はサラゴーサ攻略に成功し，本国に引き揚げることに決めた[72]。その帰途，『ローランの歌』で名高い悲劇がおこったことはよく知られているが，ここでは立ち入らない[73]。

　「この戦いは，いかなる意味においても，イスパニアのキリスト教徒を救おうという「前期十字軍（プロト）」ではなかった」というコリンズの指摘は正しいであろう[74]。イスパニアのキリスト教徒を解放しようという発想は，フ

---

71)　CC Nr. 61, S. 588.
72)　ARF a. 778, S. 50.
73)　「ロンスヴォーの悲劇」については，特に以下の文献を参照。Bautier, Campagne de Charlemagne. また，拙著『地上の夢・キリスト教帝国』74-77頁。

第 7 章　聖戦の思想　　　　　　　　　　　　215

ランクの同時代史料にはみられない。しかし，ザクセン戦争やアヴァール戦争と同じように，イスパニア遠征にも「聖戦の思想」を認めることができるであろう。

政治的宣伝としての「聖戦」

　ルイ敬虔帝時代の有力な聖職者であったリヨン大司教アゴバルドゥスは，「野蛮人の国々を征服し，かれらに信仰を受け容れさせ，信者の王国の国境を広げる」ことが王の重要な責務のひとつであると述べているが，まさにこうした考えはカールの時代にすでに現れていたものであった。それはカールの行動，アルクインの著作が証明している。カールが目指した国家は，宗教に立脚した国家であり，彼の戦いも宗教的な性格を帯びた。カールは異教徒との戦いの正当性を説いた。かれの領土の拡大は，キリスト教のいっそうの拡大をもたらすものであった。カールの拡大主義と聖戦の思想は切っても切れない関係にあった。アルクインの表現をもう一度引用しよう。「内にあっては，異端者の教説からキリストの教会を擁護し，外にあっては異教徒の蹂躙からキリストの教会を守り，異教徒に真の信仰を広めるのが陛下の義務です」。
　『一般訓令』にみられる「教化のプロジェクト」と聖戦思想は，表裏一体の関係にある。宮廷は，宗教を巧みに利用しようとした。こうした宗教的なメッセージを政治的目的のために大胆に利用したのは，フランク宮廷というより，むしろローマ教皇座のほうが先であった。しかし，フランクの宮廷も，アルクインのような聖職者の思想的影響下に，宗教を国家統合のために利用しようとした。戦争は聖戦として宗教的な意味を与えられた。そして，戦いに参加する人々の戦闘意欲をかきたてた。宗教による戦争の正当化が，フランク王国の拡大戦略にとって有利に働いたことはまちがいない。

---

74)　Collins, Charlemagne, S. 66.

第 8 章
ビザンツとの対抗意識の醸成

———

　宗教共同体の理念は，とくに780年代に入ってフランク宮廷において次第に重要な理念となり，「教化のプロジェクト」がこの国の重要な政策として実行に移された。その背景には，アルクインなどの外来の聖職者の影響があったことはいうまでもない。宮廷は，信仰だけでなく，キリスト教にもとづく生活様式や倫理規範を王国内に行き渡らせようと試みた。また，国内のキリスト教化とともに，多くの対外戦争に宗教的な価値が付与され，戦争は聖なる戦いとして正当化された。このこともまた，フランク王国の宗教共同体としての側面を人々に浸透させることに貢献した。宗教共同体という理念の強化は，「本来，同じ宗教共同体に属しているはずの国家」との根源的な対立を生み出した。この「本来，同じ宗教共同体に属しているはずの国家」とは，ビザンツ帝国に他ならない。
　この時代には，カトリック教会と東方正教会は，まだ完全には分離していなかった。しかし，第一章で述べたように，8世紀前半にはじまるイコノクラスムの動きは，コンスタンティノープル教会とローマ教会の間の溝を深めるきっかけとなった。教皇グレゴリウス 3 世は，イコノクラスムの動きを非難し，二つの教会は教義上も対立することになった。こうして，本来ひとつであるべきキリスト教共同体は，二つに分離する傾向を示した。ローマ教皇との密接なつながりのもとに，自分たちの王国が宗教共同体でもあることを自覚するようになったフランク王権にとっては，自分たちの奉ずる宗教は，ローマ教皇の奉ずる宗教と同じであり，また，ローマ教皇が説く信仰が唯一の正しい信仰であることは当然の前提となっていた。こ

うした立場からすると，イコノクラスムに加担し，ローマ教会と対立するビザンツ帝国の宗教上の立場は，承服できないものであった。この宗教上の対立にもとづくビザンツ帝国との対立意識の醸成は，780年代末以降のフランク王権の基本戦略を決定づけていく。そして，この対立意識の醸成こそが，カールの皇帝戴冠の重要な前提条件となるのである。

聖画像問題にみるキリスト教世界の変貌

　すでに述べたように，ビザンツの聖画像論争はビザンツの混乱を惹起したばかりではなく，東方教会と西方教会の溝を深める重大な契機となった。
　フランク教会がこの問題に対してはじめて態度を表明せざるをえなくなったのは，767年のことである。この年の復活祭にビザンツ皇帝コンスタンティノス5世の使者が，パリ近郊のジャンティーユに滞在していたピピンのもとを訪れた。そして，教会会議が開催され，三位一体および聖画像の問題が話し合われた[1]。W. ハルトマンが述べているように，ビザンツがピピンのもとに使者を送ったのは，フランク教会の教義上の立場をビザンツの陣営に引き寄せるためであったと思われる[2]。残念ながら，この教会会議の決議録は残っていないが，フランク宮廷はビザンツの主張を受け入れず，ローマ教皇に忠実な立場を貫いたようである。ローマ教皇パウルス1世はピピンに書簡を送り，正統信仰の護持者であるローマ教会に反抗するような企てには加わっていないことを褒め称えているが，この賞賛はこの件を指すように思われる[3]。
　教皇座は769年にも聖画像問題でビザンツ皇帝を激しく批判した。教皇はこのときの教会会議にフランク王国の司教を招聘していた[4]。教皇座を中心に，イタリアの諸教会とフランク教会は，ともに同じ教義を奉ずる教会として異端的な教義に固執するビザンツ皇帝に対抗したのである。
　しかし，780年代半ば頃までは，フランク王権が「信仰の擁護者」とし

---

1) ARF a. 767, S. 24.
2) Hartmann, Synode, S. 81; Depreux, Expression, S. 98 mit Anm. 125.
3) CC Nr. 37 (MGH Ep. 3), S. 547-550.
4) Hartmann, Synode, S. 81f.

ての立場から，聖画像問題で教皇と対立するビザンツ皇帝を批判することはなかった。むしろ，そうではなかったことを示す有力な証拠がある。それは，781年にビザンツ皇帝コンスタンティノス6世とカールの娘ロトルートの婚約が結ばれ，この婚約が787年まで破棄されなかったことである。この婚約を推進したのは，コンスタンティノスの母イレーネ（エイレーネ）であった。

781年の4月，ローマに滞在していたカールのもとに，イレーネは正式に使者を送り，婚約が結ばれた[5]。イレーネは，ランゴバルト王国を併合し，イタリア北部および中部の支配権を確立していたカールと手を結ぼうとした。イレーネはすでに実質的に権力を喪失していたイタリアでの支配権を無理に奪回しようとはしなかった。むしろ，西部国境地帯の安定が帝国運営全体にプラスになると考え，フランク王カールとの和平を画策したのである。カールもまた，イレーネの提案を受け入れた。当時，ザクセン問題などの大きな問題を抱え，イタリア問題に集中する余力のなかったカールは，当面ビザンツと敵対状態に陥らないほうが得策であると判断した。縁談は整ったものの，実行にはなかなか移されなかった。とはいえ，787年まで，正式に破談になることもなかった。このことは，この時期までは，聖画像問題での東方教会と西方教会の対立が，ビザンツ皇帝権とフランク王権の決定的な対立を招かなかったことを物語っている。フランク王権は，教義の問題に関しては教皇座に全幅の信頼を寄せ，教皇と完全に歩調を合わせていたが，その一方で，ビザンツと和睦することにも抵抗はなかった。すなわち，780年前半頃までは信仰と政治の問題は切り離されて考えられていたのである。このことは注目されてよい。

さて，780年代に入ると，聖画像問題に関するビザンツ宮廷の方針は，大きく転換することになった。780年に皇帝レオン4世が没し，わずか10歳のコンスタンティノス6世が単独皇帝になり，その母イレーネが摂政となった。イレーネは聖画像崇敬の承認へ向けて動き始めた。しかし，事は容易ではなかった。そのためには，聖画像の崇敬を禁止したヒエリア教会会議の決議を無効にし，聖画像の崇敬を公式に決議するための公会議を新

---

5) Einhard, Vita Karoli, c. 19; Annales Laureshamenses, S. 32; vgl. Abel/Simson, Jahrbücher, Bd. 1, S. 384-386; Noble, Republic of St. Peter, S. 165.

たに開催する必要があった。イレーネは，その布石として，784年の8月に病のために職を辞したパウロス4世に代わって，俗人の高官タラシオスをコンスタンティノープルの総主教に任命した。タラシオスはこの年のクリスマスに正式に総主教となった。新しい総主教とイレーネはただちに公会議の開催の準備に取りかかった。皇帝と摂政イレーネはローマ教皇ハドリアヌスに使者を送り，聖画像の崇敬を認めるために新たに公会議を開催する意思を表明し，公会議への出席をローマ教皇に要請した[6]。これに対して，ハドリアヌスは785年10月26日付で，イレーネとコンスタンティノスに向けて返書を送付した[7]。この文書のなかで，教皇はビザンツ皇帝が正統信仰に戻ることを歓迎し，聖書や教父著作の引用をちりばめて，再び「聖なる，カトリックの，使徒的な，非の打ち所のないローマ教会の腕に」抱かれるようにと，訓戒を与えた[8]。ハドリアヌスが皇帝に送った書簡はギリシャ語に翻訳されて，第二ニカイア公会議でも読み上げられたが[9]，公会議で読み上げられなかったラテン語の原文には注目すべき一節がある。

「ギリシャ地域（*in Graeciae partibus*）に巣くっていたこの邪説という不愉快な障害が取り除かれ，畏敬すべき聖画像が本来の位置に戻されたのであるならば，大きな喜びが世界に広まり，汝は，あらゆる異教徒の民族に対する勝利者として，聖ペトロの随行者のひとりに数えられることになろう。ちょうど，わが息子，霊的な親族，フランク王にしてランゴバルト王，そしてローマ人のパトリキウスであるカールがわが訓告に従い，わが意思をあらゆる点で充たし，異教徒を飼い慣らし，征服して自分の王国に併合することによって，イスパニアと西方世界（*occiduae partis*）のあらゆる異教徒を屈服させたように。そして，カールは努力と戦いのすえ，大きな愛情をもって，永遠に所有するようにと，使徒の教会に対して多くの贈り物を捧げたのである。そして，強き腕をもって，不実の民であるランゴバルト人が占拠していた地方，都市，城塞，他の領域を正当な持ち主で

---

6) この書簡は，9世紀後半のアナシタシウス・ビブリオテカリウスによるラテン語訳によってのみ伝承されている。Mansi 12, Sp. 984-986. Vgl. Nagel, Karl der Große, S. 156.
7) Mansi 12, Sp. 1061 B-D. Vgl. Lamberz, Studien.
8) Mansi 12, Sp. 1071f.
9) Vgl. Wallach, Diplomatic Studies, S. 3-42.

ある使徒に返還せしめたのである」[10]。

　ハドリアヌスはカールを「わが息子にして霊的な親族」と呼んだ。そして，カールを理想的な君主として描き，ビザンツ皇帝にもフランク王と同じ態度をとるように説いた。カスパーがいみじくも述べているように，それは教皇が描いた理想的なキリスト教世界であった[11]。ハドリアヌスは，ローマ教皇が東方を支配するビザンツ皇帝と西方を支配するフランク国王の両者のうえに君臨するという，彼が望む理想的なキリスト教世界を，ビザンツ皇帝に宛てた書簡のなかで描いてみせたのである。この時点では，ローマ教皇は統一的なキリスト教世界の形成をあきらめていなかったことが，この文書から示されよう。結果的には公会議の開催は失敗におわったが[12]，ローマ教皇が描いたこのヴィジョンは，その後の歴史に大きな影響を与えることになった。

　さて，『サン・ワンドリーユ修道院長列伝』の記述を信じれば[13]，カールは786年頃にこの結婚問題の下準備のために，宮廷礼拝堂司祭長でもあったサン・ワンドリーユ修道院長ヴィトボールトをコンスタンティノープルに派遣し，この婚姻の実現をはかっていた。しかし，787年になると，カールの態度は180度転換する。カールはこの年，主に南イタリア問題のためにイタリアに滞在していたが，『いわゆるアインハルト年代記』によると，カールはロトルートを迎えにきたビザンツの使節を追い返しているのである[14]。いったい，なぜ，カールは婚約解消の決断を下したのであろうか。

　代表的な見解にJ. ハラーの意見がある。ハラーによれば，カールの娘とビザンツ皇帝コンスタンティノスの婚約解消は，この公会議の失敗と密接なつながりがある[15]。ハラーは，聖画像崇敬への回帰という重大な政策

---

10) 翻訳にあたっては，Caspar, Papsstum, S. 167f. の独訳を参考にした。MGH Ep. 5, S. 56.
11) Caspar, Papsttum, S. 169.
12) これに関して，Hampe, Vertheidigung 参照。
13) この史料については，Wattenbach-Levison, Geschichtsquellen, Heft. 2, S. 344. vgl. ARF a. 786, S. 72.
14) AQE a. 786, S. 75. 不思議なことに『王国年代記』にはこのことについての記述がない。
15) Haller, Papsttum, Bd. 2, 1, S. 9.

決定をビザンツ宮廷がカールに知らせなかったために，カールが立腹し，破談になったのだと推測する。オーンゾルゲもハラーの意見にほぼ同意見である[16]。ただし，ハラーがこの事件を政治的な理由から解釈しようとしたのに対して，オーンゾルゲは宗教的な動機を強調している。

それに対して，クラッセンは，当時のフランク教会にとって，ビザンツの聖画像問題は遠い世界の話にすぎなかったとして，この主張を退ける[17]。彼は767年と781年の間，聖画像破壊運動（イコノクラスム）がビザンツで展開されていたにもかかわらず，婚約の妨げにならなかったこと，そしてフランク教会がローマ教皇座を西方教会の代表と認めていたことを，その根拠に挙げている。ただし，彼はハラー説にかわる説明を用意してはいない。

私はクラッセンの意見に賛同する。この時期においては，フランク宮廷はビザンツの聖画像問題に無関心であった。いや，おそらく聖画像問題を熟知しておらず，直接反応を示すべき事柄であるとは認識していなかった。聖画像問題に関するこの頃のフランクの史料が全くないことが，そのことをはっきりと示している。おそらく，婚約破棄は，南イタリア状勢の緊迫から生じたカールの政治判断であった。当時，南イタリアのベネヴェント公アリキスはカールに恭順の意を示そうとはせず，カールのイタリア支配の最も大きな障害となっていた。事の真偽はどうであれ，おそらくカールは，ビザンツがアリキスの背後で糸を引いていると考えたのであろう。それゆえ，カールはイタリアの支配を確立するためにはビザンツとの従来の友好関係を捨て去るべきだと考え，婚約破棄に踏み切ったのではないだろうか。

それに対して，ビザンツもあからさまにフランクに対する対抗手段を講じた。ビザンツは，アリキスに「パトリキウス」の地位を付与し，イタリアにおけるカールとの同等の地位を印象づけようとしたのである[18]。

しかし，アリキスは787年の8月にはすでに死去し，ビザンツのこの策略の効果は一時的なものに終わった。

---

16) Ohnsorge, Orthodoxus imperator, S. 66.
17) Classen, Karl der Große, S. 36; vgl. H. -G. Beck, BZ 52 (1959), S. 389; G. Ostrogorsky, BZ 46 (1953), S. 155.
18) CC Nr. 83, S. 617ff.

第二ニカイア公会議と西方教会

　787年9月，多数の司教を集めて，第二ニカイア公会議が開催された。断続的に開催された七回の会議を経て，ようやく10月20日に最終的な決議が行われた。決議はヒエリア教会会議の決議を無効とした。そして，聖画像崇敬をついに正式に承認した[19]。この会議には，教皇の特使も二名列席していた[20]。いまや，イコノクラスムは放棄され，東西教会の障壁は取り除かれたはずであった。

　ところが，ここで奇妙なねじれ現象が生じる。ビザンツ教会とローマ教会の教義上の重大な相違点が解消され，東西教会の融和が促進されようという，まさにその時に，フランク宮廷が東方教会の教義を異端として猛然と批判し始めるのである。

　事の発端は，790年頃にフランク宮廷が入手した第二ニカイア公会議の決議録のラテン語訳が重大な誤訳を含んでいたことにあった。信じがたいことに，もともとのギリシャ語の決議録では厳密に区別されていた聖画像には絶対与えられない「崇拝」と聖画像に払われるべき「崇敬」が，ラテン語訳ではいずれも「崇拝」*adoratio* と翻訳されていたのである[21]。フランク宮廷が入手した第二ニカイア公会議の決議録のラテン語訳が，ローマ教皇周辺からもたらされたことは間違いない[22]。ところが，教皇から送られてきた文書には，特にこの文書の成立事情を記した送り状がなかった[23]。そのため，フランク宮廷は，このラテン語訳がコンスタンティノープルから送られてきたものであり，単にローマ教皇はそれを仲介したにすぎないと解釈してしまった。そのことを示唆するのが『ヨーク年代記』の記述で

---

　19) この会議については，AHC 20 (1988) 掲載の諸論文参照。
　20) 二人の特使のうち，一名はペトルスといい，ローマの修道院の院長の職にあった。もう一人の名はわからない。
　21) Caspar, Papsttum, S. 185.
　22) Steinen, Entstehungsgeschichte, S. 11-28; vgl. Hampe, Vertheidigung S. 85-88; Freemann, Einleitung, S. 2.
　23) Freemann, Einleitung, S. 2.

ある。この年代記では，792年に，フランク王カールがコンスタンティノープルから自分に送られてきた本をブリタニアに送ったと書かれているのである[24]。

それでは，なぜ，教皇座は，問題のあるこのような翻訳を何の説明もせずにフランク宮廷に送付したのであろうか。

『教皇列伝』の記述を信じれば，ハドリアヌス自身が第二ニカイア公会議の記録をラテン語に翻訳することを命じ，それを書庫に保管させた[25]。教皇がフランク宮廷に送ったのは，おそらく，その写しである。教皇座はギリシャ語に明るい聖職者を多数抱えていたが，教皇座はラテン語訳を吟味し，推敲することをしなかった。あくまでも，参考程度に翻訳を作らせただけだったのであろう。ビザンツの教会の動向をフランク宮廷に知らせようとして，フランク宮廷に送っただけのように思われる。

これは確かに軽はずみな行動であった。しかし，ローマ教皇は教義の問題に関して，フランク宮廷がそれほどまでに神経質になっていると思わなかったのであろう[26]。ローマ教皇は，フランク宮廷がビザンツの教義論争に関心があるとは考えていなかった。だから，ローマ教皇はビザンツの教義論争に関する情報をフランク宮廷に流していなかった。それゆえ，フランク宮廷は，第二ニカイア公会議に教皇特使が列席し，そしてこの公会議の決定が教皇の同意のもとに行われたものであることすら，知らされていなかったのである。この点で，すでにローマ教皇の立場は明確である。教皇としては，少なくとも教義の問題に関しては自分が最高の権威者であり，カールは教皇の最大の支持者といっても，直接の担当者ではない。だから，ただ簡単なインフォメーションを与えれば充分であろうと考えていたのである。しかし，フランク宮廷の理解はそうではなかった。フランク宮廷は教義の問題に関しても，より積極的な役割を担おうとした。このようなフランク宮廷と教皇座の立場の違いは，その後の動きのなかでも鮮明に現れる。

フランク宮廷はローマ教皇ハドリアヌスに長文の批判書を送った。それ

---

24) Ex vetustis annalibus Nordhumbranis Historia regum Anglorum et Dacorum insertis (MGH SS 13), S. 155.
25) LP 1, S. 512.
26) Vgl. Freemann, Einleitung, S. 2.

が『公会議反駁書』(Capitulare adversus synodum) と呼ばれる文書である。この文書そのものは伝承されていないが、この文書に対する教皇ハドリアヌスの返書[27]から、この文書の内容をほぼ遺漏なく再構成することができる。カールが教皇に送った文書は85箇条から成っていた。フランク宮廷は、おそらくローマ教皇に自分たちの解釈が間違っていないかどうかの判断を仰ぐために、この文書を送付したものと思われる。というのは、フランク教会においては、教義の問題はローマ教皇に照会するのが当然であると思われていたからである[28]。そしておそらく、この文書が、後に書かれた有名な文書、『カールの書』の土台となったのである[29]。

興味深いのは、この文書にビザンツに対する強烈な対抗意識がみえることである。この文書では、第二ニカイア公会議に関して次のように述べられている。「どんな地域の教会であれ、この問題を検討すべきであると少なくとも以前は考えていたにもかかわらず、ギリシャ人はこの公会議で無益かつ軽率に、聖画像を崇拝しないという理由でカトリック教会を排斥しようと試みたのである」[30]。次の節ではビザンツへの敵意はさらに露わになる。「イレーネが教会会議を取り仕切ったという話だが、女性は教会会議で教示してはならないはずである」[31]。ビザンツは異端的な立場を堅持しているという先入見に固執し、フランク宮廷は、第二ニカイア公会議におけるビザンツの大きな方針転換に全く注意を払うことなく、彼らの信仰的立場をひたすら痛烈に批判するのである。

この文書は790年頃に作成されたと推定されているが、789年に『一般訓令』が発布されていることを想起すべきであろう。『一般訓令』において、カールは旧約聖書のヨシュアにならって宗教改革を行い、宗教に立脚した国家の樹立を高らかに宣言した。そして、その約一年後に、この文書が作

---

27) MGH Ep. 5, S. 5-57.
28) 825年のパリ教会会議は、カール大帝が、第二ニカイア公会議の決議に対する反駁書を書かせ、それを教皇ハドリアヌスの判断と権威によって正してもらうように (ut illius iudicio et auctoritate corrigerentur) アンギルベルトを派遣したと表現している (MGH Conc. 2, 2, S. 481)。
29) Steinen, Entstehungsgeschichte, S. 3, 48f.
30) MGH Ep. 5, S. 39.
31) MGH Ep. 5, S. 39. 『カールの書』でも、この点は再び指弾されている。LC 3, c. 13, S. 385-391.

成されているのである。両者の間には，密接な関係があるというべきであろう。カールは，『一般訓令』において，ローマ教皇の奉ずる教義と完全に一致する「カトリック信仰」を自分の国家の基本理念に据えることを宣言した。彼にとっては，「正統なる」キリスト教信仰は，自分の国家の基礎であったから，この「正統なる」信仰から逸脱した信仰を奉ずるビザンツ皇帝の姿勢は，全く受け入れがたいものであった。

　この文書に対して，ハドリアヌスは遅くとも792年までにカールに返書を送り[32]，事細かに自分の見解を述べた。ここでは神学的な議論に立ち入ることはできないが[33]，教皇が第二ニカイア公会議に関するフランク宮廷の誤解を完全に解こうとしなかったことは注目に値する。すでに述べたように，この公会議はビザンツが「正統信仰」に戻り，また，教皇の使節が出席した記念すべき会議なのである。この会議の内容をフランク宮廷は正しく理解していない。そのことは，ローマ教皇には，すぐにわかったはずである。ごく普通に考えれば，ハドリアヌスはただちにカールの主張は全くの誤解にもとづいているとはっきりと述べることができたはずである。ところが，実際には，ハドリアヌスは，はっきりとカールの誤解であると指摘せず，まことに婉曲な言い方で，カールの怒りを鎮めようと躍起になっただけだったのである。なぜ教皇はカールの誤解を指摘しなかったのであろうか。

　おそらく，その理由は，ハドリアヌスの政治的な判断に求められるものと思われる[34]。W. ハルトマンや H. ナーゲルの見解にしたがえば，この教皇返書は神学的な著作というよりも外交文書である[35]。ハドリアヌスは，ビザンツとフランクの間に挟まれて，いかに自分の立場を有利に導くかという点にのみ，汲々とし，きわめて歯切れの悪い言い方をせざるをえなか

---

32) Freemann, Carolingian Orthodoxy, S. 105 は793年にこの返書が書かれたと推定するが，ナーゲルは正当にもこの説が成り立たないことを指摘している（Nagel, Karl der Große, S. 177 mit Anm. 827）。というのは，すでに Hampe が校訂本の注で指摘するように（MGH Ep. 5, S. 57, Anm. 1），ハドリアヌスの書簡では母イレーネの名がなく，コンスタンティノス6世の名前のみがビザンツの統治者として挙げられているからである。それは790年10月から792年1月までの期間に限られる。
33) Nagel, Karl der Große, S. 168ff.
34) Vgl. Nagel, Karl der Große, S. 178f.
35) Hartmann, Konzil von Frankfurt, S. 315; Nagel, Karl der Große, S. 178.

っただろう。

　実際，ハドリアヌスは困難な立場に立たされていた。ローマ教皇の宗教的権威を認め，「正統信仰」に復帰したビザンツ宮廷との関係を尊重せざるをえない一方で，教皇座の最大の保護者であるフランク宮廷との良好な関係に水を差さないように細心の注意を払わなければならなかった。それゆえ，ハドリアヌスは慎重に言葉を選んで，返書を認めなければならなかったのである。ローマ教皇は，婉曲な表現でフランク宮廷の誤解を解きほぐそうとしたうえで，次のように述べている。「私たちは公会議［第二ニカイア公会議］の決議を受け入れました。私たちが受け入れず，彼らが今までのような唾棄すべき誤った教説にもどってしまったら，私たち以外のいったい誰が，恐ろしい神の裁きの前で，キリスト教信者の数多の魂の弁明をすることができるでしょうか」[36]。

　ローマ教皇は，返書の末尾で明確に表現しようと試みた[37]。ニカイア公会議の決定を受け入れたのは，ただ単にその決定が正統信仰への回帰を示すものであったからであり，ビザンツとの連携を深めようとは考えてはおらず，依然としてフランク王権の援助を必要としていると。今まで，ビザンツ皇帝に二つの懇願をしてきたが，従来，まったく梨の礫であった。二つの懇願とは，聖画像問題とレオン３世がローマ教皇から奪い取った諸権利の返還である。第二ニカイア公会議の決定により，聖画像問題は，望み通りに事が運んだ。しかし，もうひとつの問題に関してはそうではない。ハドリアヌスは言う。

　　「ギリシャ人たちがひとつの点に関しては誤りを認めたのは確かなことですが，もうひとつの問題に関しては誤りを犯したままです。もし，陛下が同意してくださるのなら，皇帝に訓告書を送り，聖画像の復活に謝意を表すとともに，ローマの司教区と世襲領に関して，改めてはっきりと要求し，ローマ教会に返還しないのならば，この誤りに固執するがゆえに異端として断罪すると述べましょう」[38]。

---

36) MGH Ep. 5, S. 56.
37) Vgl. Hartmann, Konzil von Frankfurt, S. 315.
38) MGH Ep. 5. S. 57; vgl. Caspar, Papsttum, S. 190.

第8章　ビザンツとの対抗意識の醸成　　　227

　ハドリアヌスは，この頃，カールにしきりに領土問題で書簡を送っており[39]，教皇が言葉巧みに聖画像問題から領土問題に，カールの関心を向けさせようとしていることがわかる。

『カールの書』

　このように，ローマ教皇は，フランク宮廷の過敏な反応に対して，実に慎重に言葉を選びつつ，友好関係にひびが入らないように努めた。しかし，フランク宮廷は教皇の思惑通りには動かなかった。フランク宮廷は当初の意図を変えることなく，さらに公式文書の作成を急いだ。それが，790年頃に書かれたと思われる『カールの書』（リブリ・カロリーニ）である[40]。カールは，この文書のなかで，ビザンツ皇帝を中心とする東方教会に対して，西方教会の代表者として，西方教会の立場を表明し，東方教会を激しく攻撃した。この文書には，カトリックの支柱としてのフランク宮廷の立場が明確に示されるとともに，ビザンツへの対抗意識が浮き彫りにされている。
　『カールの書』（Libri Carolini）は，ビザンツの聖画像破壊運動（イコノクラスム）を激しく論難した書物として名高い。しかし，この書の歴史的意義はそれにとどまらない。この文書の政治的な意味は，多くの研究者によって指摘されている[41]。たとえば，この文書はビザンツとの同等性をカールが主張した政治的文書という評価がある[42]。けれども，ビザンツとの

---

　39)　Noble, Republic of St. Peter, S. 177ff.
　40)　この文書の研究の第一人者フリーマンは，この文書を『カールの書』（*Libri Carolini*）とは呼ばず，『カール王の公会議駁論』（*Opus Caroli regis contra synodum*）と呼ぶ。彼女が編纂したMGHの校訂本においても，その名を用いている。その理由は，『カールの書』というタイトルが，この文書自体に由来する表現ではないからである。これについては，Freemann, Carolingian Orthodoxy, S. 65 mit Anm. 1. これは，もちろん，傾聴すべき意見であり，原史料に沿うものであるが，『カールの書』という従来の書名も，すでにかなり定着してしまった感がある。そこで，ここでは，『カールの書』と呼ぶことにする。「カロリーニ」をカロリング朝と訳す場合もみられるが，これは明らかに誤訳である。
　41)　たとえば，Steinen, Entstehungsgeschichte; ders., Karl der Große; Caspar, Papsttum, S. 132ff; Haller, Papsttum 2, 2, S. 449ff.; Löwe, Reichsgründung, S. 150ff.
　42)　たとえば，Ohnsorge, Orthodoxus imperator, S. 64.

同等性の主張がこの文書の唯一の重要な政治的メッセージであるとは私は思わない。確かに，この文書にはそうした側面もあるが，私の考えでは，『カールの書』は，カールが「信仰の擁護者」として，異端的な教義の信奉者であるビザンツ皇帝を徹底的に批判し，自らの立場を鮮明にした文書である。この文書では，ローマ教皇の政治的立場は一切考慮されず，返書での教皇の努力は全く顧みられなかった。この問題に関するフランク宮廷の立場は，驚くほど強固であった。

この文書はカールの名のもとに作成されたが，実際の執筆者はイスパニア出身の聖職者テオドゥルフであったといわれる[43]。793年にイングランドから帰国したアルクインが，この文書の完成に関わったことも，ほぼ確実である[44]。この文書はフランク宮廷の総力をあげて作成された文書であると結論づけてもよいだろう[45]。

後に宮廷の書庫でこの文書を読んだヒンクマールは次のように述べている。

> 「ある者は破壊されるべきだといい，そして他の者は崇敬されるべきだとする聖画像について，ギリシャ人の間で，普遍的と僭称する第七公会議［第二ニカイア公会議］が開催された。その会議はローマ教皇の権威を伴わずに開かれたが，それはそう古い話ではない。決議録はローマに送られ，ローマ教皇はそれをフランク王国に送った。それを読んで，カール大帝は教皇の命を受けて，フランク王国で大規模な教

---

43) 執筆者をめぐる論争史については，Freemann, Einleitung, S. 14ff. に詳しい。テオドゥルフ説は，A. フリーマンと E. ダールハウス＝ベルクによって主張され，通説の地位を固めつつある。特に，フリーマンは数々の論考で自説を展開し，弱点を補強してきた。かつて Wallach はアルクイン著者説を唱えたが，現在，この説は一般に否定されている。Vgl. Meyvaert, Authorship.

44) 少なくとも，第 4 章第28節については，アルクインの影響が推定されている。Freemann, Einleitung, S. 8; vgl. Bullough, Alcuin, S. 402ff.

45) カールが直接関与したとされる写本がある（Vat. Lat. 7207）。フォン・デン・シュタイネンによれば，この写本の余白に遺されているメモはカールの個人的な感想である（Steinen, Karl der Große, S. 207-280，特に220f.）。MGH LC, S. 583-586. ただし，フィヒテナウはこの説を批判している。Fichtenau, Karl der Große, S. 280-287; vgl. Wallach, Diplomatic Studies, 272f. しかし，この問題を再検討したフリーマンは，フォン・デン・シュタイネンの主張を支持している。Freemann, Further Studies III, Speculum 46 (1971), S. 597-612; dies., Einleitung, S. 48-50.

会会議[フランクフルト教会会議]を招集し，開催した。聖書や多くの教父著作をもとに，ギリシャ人の偽公会議は無効であると宣告され，完全に否定された。私は若き日に宮廷で，この無効に関する浩瀚な書物を読んだ。これは皇帝が，ある司教たちの手を通じてローマに送ったものであった」[46]。

ヒンクマールは『カールの書』を宮廷で若き日に読んでいたのである。そして，ヒンクマールはその写本を作成した。その写本は今日も遺されている。それは『カールの書』の唯一の完全な写本である（Paris, Arsenal 663）。

『カールの書』と一般によばれているこの文書の写本の数はきわめて少なく，断片的に伝承されている写本を含めてもわずか三点を数えるだけである[47]。それはなぜか。それは，このモニュメンタルな宣言文が教皇座とフランク宮廷の確執の結果，公式にはついに発表されることがなかったからである。つまり，『カールの書』は日の目をみなかった文書なのである。しかし，この文書は当時のフランク宮廷の公式な立場を示す注目すべき文書である。ビザンツに対する強烈な対抗意識に溢れたこの文書は，詳細に分析するに値する。

『カールの書』は次のような注目すべき文言ではじまる。

「わが主，わが救世主イエス・キリストの御名において。ガリア，ゲルマーニア，イタリア，そしてこれらに隣接する地域を主のご加護によって治める，光輝き，卓越し，立派な，神の恩寵によるフランク国王カールの書がはじまる。これは，聖画像を崇拝するために愚かで傲慢にもギリシャ地域（*in partibus Graetiae*）で開催された公会議に反駁するための書である」[48]。ここではっきりと「ギリシャ地域」と呼ばれるビザンツと，ガリ

---

46) Hinkmar von Reims, Opusculum LX capitulorum, PL 126, Sp. 360.
47) MGH 版における Freemann の序文を参照。
48) LC, praef. S. 97: *IN NOMINE DOMINI ET SALVATORIS NOSTRI IESU CHRISTI. INCIPIT OPUS INLUSTRISSIMI ET EXCELLENTISSIMI SEU SPECTABILIS VIRI CAROLI, NUTU DEI REGIS FRANCORUM, GALLIAS, GERMANIAM ITALIAMQUE SIVE HARUM FINITIMAS PROVINTIAS DOMINO OPITULANTE REGENTIS, CONTRA SYNODUM, QUE IN PARTIBUS GRAETIAE PRO ADORANDIS IMAGINIBUS STOLIDE SIVE ARROGANTER GESTA EST.*

ア，ゲルマーニア，イタリアを支配するフランク王国が対比されている。

　これにつづく序文のなかで，神から教会の指導を託されたフランク王権には，カトリックの教えを守り，教会の分裂を防ぐための責務があることが強調されている。「われわれは王国内の教会の指導を神から授かったのであるから，神の加護のもと，その保護と発展のために尽力しなければならない」[49]。ここには信仰の擁護者としてのカロリング宮廷の立場が明確に示されている。彼らからみれば，ビザンツ皇帝の所業はカトリックの教えに反し，神の御意にそむくものであった。これにつづく部分では，東方 (*pars orientalis*) と西方 (*pars occidua*) が対比され，ニカイア公会議の決定は，はっきりと「誤り」(*errores*) と呼ばれている[50]。

　序文では，ビザンツ皇帝が常に *rex* と呼ばれていることも注目に値する。これについては，すでにバストゲンやフィヒテナウが鋭く指摘しているが[51]，カールと宮廷聖職者たちはこれによってビザンツ皇帝とフランク国王が対等の立場にあることを強調したかったのであろう。また，序文以外の箇所では，ビザンツ皇帝コンスタンティノス6世もイレーネも，常に肩書なしで呼ばれている[52]。皇帝というタイトルを用いることはふさわしくないと，フランク宮廷は判断したのである。

　この浩瀚な文書は全部で四章から構成されているが，各章には，概ね30節が含まれている。それぞれの項目は，第二ニカイア公会議の決議の表現から採られており，ほとんど，その一字一句に反撃を加えている。各章には，本論に入る前に短い序文と目次が付されている。本書の研究目的からすると，もっとも興味深いのは第一章である。第一章は，聖画像をめぐる議論というよりも，誤った教義を奉ずるビザンツ皇帝を徹底的に非難する

---

　49) LC, praef., S. 98: *Cuius quoniam in sinu regni gubernacula Domino tribuente suscepimus, necesse est, ut in eius defensione et ob eius exaltationem Christo auxiliante toto annisu certemus, ...*

　50) LC, praefatio, S. 101: *Contra cuius errores ideo scribere conpulsi sumus, ut sicubi forte aut manus tenentium aut aures audientium inquinare temptaverit, vostri stili divinarum Scripturarum auctoritate armati invectione pellatur et inertem vel potius inermem orientali de parte venientem hostem occidua in parte per nos favente Deo adlata sanctorum patrum sententia feriat.*（下線は筆者）

　51) Bastgen, MGH Edition, S. 3 mit Anm. 2; S. 5 mit Anm. 5; Fichtenau, Karl der Große, S. 277f. 一例をあげておこう。LC. Praef., S. 99: *rex eorum Constantinus eos ab idolis liberasset, ...*

　52) LC 1, 103, 105, 115, 120, 124, 128, 131, 278, 435.

第8章　ビザンツとの対抗意識の醸成

ことに向けられている。それゆえ，特にこの章の記述から，フランク王権の政治的立場が明確に浮かび上がってくるのである。この章では，ニカイア公会議の決議そのものに対する論難に先立って，コンスタンティノス6世とイレーネが，教皇ハドリアヌスに宛てた書簡で用いている表現を問題にし[53]，まず，そこから，ビザンツの傲慢な態度を明るみに出そうとする。

第1節のテーマは，ビザンツ皇帝の自称についてである。表題はこうである。「『神が我々とともに統治する者によって』と，コンスタンティノスとイレーネが文書に書いていることについて」[54]。フランク宮廷によれば，これはまことに僭越な表現である。さらに，続く第2節でも，ビザンツ皇帝コンスタンティノスとイレーネの名で教皇に送られた書簡の中に「神の栄光を真に探し求める我々を神が選んだ」という表現があったことに過敏に反応し，反撃を加えている[55]。第3節でも同様の攻撃が続く。今度は，ビザンツ皇帝が彼らの公式書簡の中に「神の」(*divalia*) という表現を自分の称号のなかにつけ加えていることを問題にする[56]。ビザンツの文書にみられる *divus* とか *divalia* という表現は，ビザンツ皇帝権が聖書にもと

---

53) このことがはっきりとわかるのは，第二節と第四節の表題である。LC 1, c. 2. S. 115: *De eo, quod Constantinus et Haerena in [ ] epistola ad (venerabilem) papam apostolice sedis Adrianum directa scripserunt;* LC 1, c. 4, S. 124: *De eo, quod Constantinus et Haerena in epistola sua venerabili papae Adriano urbis Rome scripserunt.* ここで問題とされている書簡は，アナスタシウス・ビブリオテカリウスによるラテン語訳の形でのみ伝承されている。

54) LC 1, c. 1, S. 105: *De eo, quod Constantinus et Haerena in suis scriptis dicunt: Per eum, qui conregnat nobis Deus.* すでに『公会議反駁書』(*Capitulare adversus synodum*) のなかで，この問題が扱われていたことが，ハドリアヌスの返書より推定される。MGH Epp. 5, S. 53. アタナシウス・ビブリオテカリウスによるラテン語訳の該当箇所はおそらく次の部分である。Migne PL 129, Sp. 474B: *caeterum omnium nostrum Salvator qui vobis coimperat, quique per vos ecclesiis pacem suam concedere voluit.* しかし，別の書簡が参照された可能性もある。これについて Bastgen, Editon, S. 8 mit Anm. 1; Freemann, Einleitung, S. 105 mit Anm. 61.

55) LC 1, c. 2, S. 115. この節が問題にしているのは，おそらく皇帝書簡の次の部分である。PL 129, Sp. 199c: *usquequo Deus suscitavit nos regnare in his, qui in veritate quaerimus gloriam eius, et tenere quae tradita sunt ab apostolis suis et omnibus suis doctoribus.* 『公会議反駁書』(*Capitulare adversus synodum*) のなかでは，この問題は扱われていなかったものと推定される。というのは，教皇の返書のなかにこの条項がないからである。

56) LC 1, c. 3, S. 120: *De eo, quod Constantinus et Haerena gesta vel scripta sua divalia nuncupant.* この節が問題にしているのは，おそらく皇帝書簡の次の部分である。PL 129, Sp. 199f.; *Divalis sacra a Constantino et Irene Augustiis ad sanctissimum et beatissimum Hadrianum papam senioris Romae.* この条項も，『公会議反駁書』(*Capitulare adversus synodum*) のなかでは扱われていなかったものと推定される。

づかない異教的伝統を引きずっていることを示しているものとみなす[57]。そのような表現も，神をも恐れぬ傲慢な態度を示すものであると，フランク宮廷は考えた。フランク宮廷はビザンツの皇帝教皇主義的な立場を激しく攻撃するのである。さらに第四節においてもビザンツ皇帝がローマ教皇に宛てた書簡の中の一節をとらえて，ビザンツ宮廷のキリスト教理解がいかに正しくないかを明らかにしようとした[58]。

第五節で第二ニカイア公会議の決議が聖書の誤った解釈にもとづいていることを力説した後に[59]，第六節では次のように述べて，ローマ教皇こそが教会の中心にあることを主張する。「問題が生じた時にはつねに，信仰の問題に関しては他の教会よりも上に位置する，カトリックの使徒的な聖なるローマ教会に照会すべきこと」[60]。そして，フランク教会とローマ教会との関係がいかなるものか，さらに詳述している。少し長くなるが引用しよう。

> 「信仰の最初の頃から，フランク教会は聖なる宗教の統一性に関してローマ教会と結びついている。信仰に反するものではないが，礼拝について若干の相違があったものの，いとも尊きわが亡父ピピンの配慮と英知によって，そしてローマ教皇聖ステファヌス猊下のガリア来訪により，賛美歌についても合一をみた。……そしてわれわれも，神によってイタリア王国の統治を委ねられてから，聖なるローマ教会の地位を高めようと望み，聖なるハドリアヌス教皇猊下の尊い御言葉に従うことに努めてきた。かつては賛美歌の詠唱において使徒聖座の伝統を受け入れることを拒んできた地域の教会が，大いなる愛をもってこれを受け入れ，信仰をともにする教会が賛美歌の詠唱においても教皇座に従うように努めてきた。神の同意のもと，ガリア，ゲルマーニア，

---

57) Dahlhaus-Berg, Nova antiquitas et antiqua novitas, S. 197.
58) その表現とはこうである。*Rogamus tuam paternitatem et maxime Deus rogat, qui nullum hominem vult perire.* （LC 1, c. 4, S. 124）ここで問題とされているのは，おそらく皇帝書簡の次の表現である。Migne PL, 129, Sp. 199c: *Et rogamus vestram paternam beatitudinem: imo vero Dominus Deus rogat, qui vult omnes salvos fieri et in agnitionem veritatis venire.* 教皇の返書で，この表現は扱われている。MGH Epp. 5, S. 45.
59) 特に，LC 1, c. 5, S. 131.
60) LC 1, c. 6, S. 132.

第8章 ビザンツとの対抗意識の醸成

イタリアの全土のみならず,ザクセンや他の北方の地域も信仰を受け入れ,すべての点にわたり,聖なるペトロの座に従うように努めた。そしてついには門番(*clavicularius*)になりたいと願うほどまでになったのである」[61]。

当時のフランク宮廷の政治思想の中核が見事に表明されている。異教徒の改宗,信仰の統一性,ローマ教皇との親密な関係,こうしたフランク宮廷の基本理念が表現されている[62]。また,この中でカールの支配領域としてガリア,ゲルマニア,イタリアが挙げられているが,この書の冒頭に述べられている表現と全く同じであることが注目される。フランク王国は,イスパニアとブリタニアを除けば,かつての西ローマ帝国の領域をほとんど支配下に置いているのだ。宮廷の強い自負心が伝わってくる。

このようなフランク宮廷の基本姿勢は,第一章だけではなく,第三章や第四章でも貫かれている。

第三章の第11節では,自分たちの西方教会を *ecclesia catholica* と呼び,ニカイア公会議の決定を激しく非難する。その内容は次のとおりである。「双方の教会がこのことについて何を考えているのかを本来調べるべきであるのに,軽率かつ無益にギリシャ人たちが彼らの教会会議で,聖画像を崇敬しないという理由で,カトリック教会を破門に処すことを試みたこと」[63]。フランクの立場からすれば,これは狂気の沙汰としか言いようがない。使徒とその後継者たちによって定められたのとは異なることを,全世界の教会(*totius mundi ecclesiae*)に強要することは馬鹿げていると述べる[64]。そして,第四章の第28節ではニカイアの会議が公会議(*synodus universalis*)であることを完全に否定する[65]。

780年代後半に〈民衆教化,異端の撲滅,異教徒の改宗〉を国家理念の基本に据え,キリスト教世界の盟主としての立場を自覚するようになったカールにとって,ビザンツ皇帝との対立は不可避であった。フランク王国

---

61) LC 1, c. I, 6, 135-136. Hauck, Kirchengeschichte, Bd. 2, S. 330f.
62) Vgl. Schatz, Kirchenregierung, S. 361ff.
63) LC 3, c. 11. S. 375.
64) LC 3, c. 11. S. 376.
65) LC 4, c. 28, S. 557f.

とビザンツの対立は単なる覇権争いではなかった。ビザンツ皇帝との対立は，カールの統治理念の根幹から生じる不可避の事態であったと理解しなくてはならない。ビザンツ宮廷の宗教的立場は，フランク宮廷には承服しがたいものであった。フランク宮廷にとって，ビザンツ皇帝は打倒すべき異端の信奉者に他ならなかったのである。ビザンツとフランクという二つの巨大なキリスト教国家の上に君臨するというローマ教皇座のヴィジョンは崩壊せざるをえなかった。

フランクフルト教会会議

　すでに述べたように，『カールの書』は結局公表されなかった。それはローマ教皇との外交交渉の結果であった[66]。ローマ教皇は第二ニカイア公会議の決議内容の完全な誤解にもとづくこの過激な文書が公表され，さらにこの問題が多くの諍いを誘発することを恐れた。カールは熟慮のすえ，ハドリアヌスの意向に従うことを決心し，ビザンツとの対抗意識が横溢するこの書物の公表を断念した。だが，カールは別な形で自分の政治的，宗教的な立場を表明しようとした。それが794年にフランクフルトで開催された「ガリア，ゲルマーニア，イタリアの司教たちの大規模な教会会議」（*synodus magna episcoporum Galliarum, Germanorum, Italorum*）[67]，すなわちフランクフルト教会会議である[68]。この会議にはフランクの司教たちのみならず，ローマ教皇の特使やイングランドの聖職者が参加していた。ハルトマンが述べているように，これはフランク時代の教会会議としては異例である[69]。この会議を単なるフランク国内の教会会議とはせずに，カ

　66）　Vgl. Steinen, Entstehungsgeschichte, S. 87f.
　67）　ARF a. 794, S. 94.
　68）　フランクフルト教会会議に関する最新の成果としては，まず第一に1994年にフランクフルト千二百年祭を記念して開催されたシンポジウムの講演記録，Berndt (Hg.), Frankfurter Konzil を挙げなければならない。そのほかに，Hartmann, Konzil von Frankfurt; ders., Synoden, S. 105-115 および Fried (Hg.), 794-Karl der Große が重要である。基本文献としてはさらに下記の論考がある。Hauck, Kirchengeschichte, Bd. 2, S. 297ff.; 321ff.; Barion, Kirchenrechtlicher Charakter; Freemann, Carolingian Orthodoxy, S. 65f. また，日置雅子「フランクフルトの宗教会議（794）とカールの皇帝戴冠（800）」（その1）参照。

第8章　ビザンツとの対抗意識の醸成　　235

トリック全体の会議としての性格を持たせたかったというフランク宮廷の意向は明らかである[70]。公会議であると主張された第二ニカイア公会議に対する対抗意識がその点にも鮮明に現れている[71]。フランクフルト教会会議では，聖画像問題のみならず，イスパニアの異端，キリスト養子説などの問題も扱われた[72]。この会議で，カールは『カールの書』で明確に表明されているように，正統信仰の擁護者としての役割を果たし，教会の最高の保護者としての立場を強くアピールしようとした[73]。

　残念なことにこの教会会議の決議録そのものは伝承されていないが，その概要を記した勅令が伝承されている[74]。

　この教会会議で決議された内容を伝えるフランクフルト勅令の第2条で，聖画像問題が扱われている[75]。「この会議ではまた，コンスタンティノープルで聖画像の崇敬について開催され，三位一体と同じように聖画像を崇敬しない者は破門に処せられると文書で定めたギリシャ人の最近の教会会議を批判した。前の条で挙げた聖職者たちはその崇敬と礼拝を拒絶し，全員一致して非難した」[76]

　69）Hartmann, Synoden, S. 106.
　70）しかし，Barion, Kirchenrechtlicher Charakter によれば，フランク教会とカールは，フランクフルト教会会議を単なる地方的な教会会議としか考えていなかったとする。けれども，全体的な状況を考えれば，バリオンの主張は妥当ではないように思われる。
　71）フランク宮廷の立場では，ニカイアの教会会議は公会議ではなかった。ARF a. 794, S. 94: *Pseudosynodus Grecorum, quam falso septimam vocabant* … このような考え方は『カールの書』ですでに述べられている。LC 4, c. 28, S. 557f.
　72）Conc. 2, 1, c. 1, S. 165. キリスト養子説論争におけるフランクフルト教会会議の意味については，Cavadini, Elipandus に詳しい。
　73）Vgl. Fleckenstein, Hofgelehrten, S. 45.
　74）Conc. 2, 1, S. 165-171.
　75）ハルトマンはフランクフルト勅令を「公的な確定文書」と呼んでいる。Hartmann, Synoden, S. 106. この勅令は，性格を異にする二つの部分から成り立っている。第10条までは，フランクフルト教会会議の議事録であり，第11条以降第53条までの残りの部分は教会改革に関する条項である。そして，この部分は789年に出された二つの勅令に主に準拠している。第11条，および第14条から第18条までは『巡察使のための二つの勅令』*Edictum duplex lagationis*（*Duplex capitulare missorum*）の条項に関連し，第7条，第19条から第24条，第27条と第28条，第30条から第37条，第39条から第46条，第48条から第51条，そして第53条は『一般訓令』にもとづいている。これについては，Hartmann, Synoden, S. 112 の他に，De Clercq, Législation religieuse, S. 188f. および Mordek, Aachen, Frankfurt, Reims, S. 139-148 参照。また，日置雅子「フランクフルトの宗教会議（794）とカールの皇帝戴冠（800）（その1）」111-113頁の表を参照。

驚くべきことに，ニカイアで行われた公会議はコンスタンティノープルで開催されたとされている。それはなぜであろうか。ナーゲルはこの点に関して，フランクフルト教会会議が第二ニカイア公会議を標的にしているという印象を薄めるために，意図的にすりかえたのであろうと推測しているが[77]，それは十分考えられることである。フランクフルト教会会議には二人の教皇特使が列席しており[78]，「全員一致して非難した」という表現に示されるように，形式的には，この決議は教皇の同意のもとに行われたものであった。ローマ教皇は『カールの書』で示されたフランク宮廷のビザンツに対する強烈な対抗意識の発露を渋々と認めた。しかし，その一方で，フランク宮廷との外交交渉の過程のなかで，『カールの書』の公表を断念させることで，ビザンツの反発を可能な限り未然に防ごうとした。教皇座が勅令の中でニカイアという表現を取り入れることに難色を示したことは，大いにありうることである。ローマ教皇は，ニカイアという言葉を抹殺することによって，この条項を厳密に解釈することを困難にさせることを望んだのであろう。フランク宮廷の立場からすれば，これは本来納得できることではない。しかし，フランク宮廷は小異を捨てて大同をとることで満足した。フランク宮廷は，細かいことに関しては教皇の注文を聞き入れる一方，フランク王権が教皇とともにまさにキリスト教世界の正統な擁護者であることをアピールできることで満足したのである。

　以上の推測は，この第2条で批判の対象とされている内容が，ニカイア公会議でキュプリの司教コンスタンティノスが表明した意見を特に取り上げていることからも裏づけられる。聖なる三位一体と同様に聖画像を崇めるべきだとする，この極端な見解が特に取り上げられ，批判されているのである。この見解に対する批判はすでに『カールの書』に書かれているが[79]，この極端な意見がここで特に取り上げられているのは，フランクフルト教会会議において，教皇座とフランク宮廷の双方が合意できることが慎重に選ばれたのだとするナーゲルやハルトマンの推測は妥当であろう[80]。

---

　　76) MGH Conc. 2, 1, S. 165.
　　77) Nagel, Karl der Große, S. 195f.; vgl. Hartmann, Konzil von Frankfurt, S. 308.
　　78) この二人の特使の特定に関しては，Freemann, Carolingian Orthodoxy, S. 93 mit Anm. 112.
　　79) LC 3, c. 17, S. 412-416.

要するに，この第 2 条の表現は，フランク宮廷と教皇座の政治的妥協の産物であった[81]。

なお，この勅令の最後の二つの条項において，カール自身の提案により，宮廷礼拝堂司祭長ヒルデバルトとアルクインについて特に言及されていることにも触れておこう。宮廷礼拝堂司祭長ヒルデバルトについては，彼の前任者であるアンギルラムがローマ教皇ハドリアヌス 1 世から特別の許可を得て，任地を離れて宮廷に常駐することが認められたのと同様に，カールがヒルデバルトについても同様の措置を講じたいと教会会議に提案し，会議でこのことが了承されたという内容になっている。また，アルクインについては，カール自らがアルクインは「教会の教理の権威」であると述べ，この教会会議の祈祷共同体（consortium et orationes）の一員にアルクインを加えることへの同意を列席者に求めている。これらの条項は，宮廷内でのこの二人の人物の重要性を明確に示している[82]。

アーヘン王宮の造営

周知のように，カールはアーヘンに新しい王宮を建設させるとともに，794年から795年にかけての冬以降，アーヘンをほぼ恒久的な宮廷所在地とした[83]。

アーヘンは，「第二のローマ」として建設されたのだろうか。作者不詳の『カール頌詩』の叙述を信じれば，そうである。この詩では，カールは「第二のローマ」の君主であるとして称えられ，カールが「将来のローマ」としてアーヘンの王宮を建設したことが述べられている[84]。しかし，

---

80) Nagel, Karl der Große, S. 197; Hartmann, Synoden, S. 110.
81) Vgl. Nagel, Karl der Große, S. 196f.
82) 日置雅子「フランクフルト宗教会議（794）とカールの皇帝戴冠（800）（その 1 ）」116-117頁参照。
83) アーヘンについては，膨大な文献がある。ここでは，次の 4 点だけをあげておく。Falkenstein, Lateran; ders., Charlemagne et Aix-la-Chapelle, Byzantion 61 (1991), S. 231-289; Schlesinger, Beobachtungen; Nelson, Aachen.
84) De Karolo rege et Leone papa, S. 16, Z. 94ff. この詩については，第12章で詳しく検討する。

この詩は800年以降に書かれたものである。カールが新しい王宮を建設させ，そこを「首都」としたのは，フランク王国の「ローマ」をつくるためだったのだろうか。たしかに，アーヘンの新王宮には，ローマやコンスタンティノープルを想起させる諸要素がある[85]。だが，ほんとうに「第二のローマ」を建設するつもりで，アーヘン王宮は建設されたのだろうか。そうではなく，実はビザンツに対する対抗意識の高まりを背景にして，コンスタンティノープルにひけをとらないような都を建設することが目的だったのではなかったか。

　フランク王国における「首都」の問題と新王宮の全体プランという2つの観点から，この推論の妥当性を検討してみたい。

　まず，794年以降，アーヘンをほぼ恒久的な宮廷所在地，言い換えれば，事実上，「首都」とした，宮廷の意図を考えることにしよう。

　中世初期の「首都」の問題については，エーヴィヒとブリュールの論文に詳しい[86]。古代ローマ帝国が「首都」ローマを擁したように，ゲルマン諸国家にも，西ゴート王国の場合のトレド，ランゴバルト王国の場合のパヴィアの場合のように，一般に「首都」はあった。ただし，フランク王国の場合には，分国制のために「首都」は一箇所に定まらなかった。クローヴィスはパリを「王国の座」(cathedra regni) としたが[87]，王国分割の原則が導入されたために，宮廷所在地は複数になった。クローヴィスの息子たちの代には，フランク王国は4分割されたが，オルレアン，パリ，ソワソン，ランスがそれぞれの分国の宮廷所在地となった。6世紀フランク史の語り部であるトゥールのグレゴリウスは，王国分割に際して，それぞれの分国の都を *sedes* もしくは *cathedra* と表現しており，少なくとも，ローマ系貴族であるグレゴリウスには，それぞれの分国に「首都」があることを当然とみなしていたように思われる[88]。一般に，それぞれの「首都」

---

85)　Vgl. Fichtenau, Byzanz.
86)　Ewig, Résidence et capitale; Brühl, Remarques.
87)　トゥールのグレゴリウス『歴史十巻（フランク史）I』（兼岩正夫，臺幸夫訳，東海大学出版会，昭和50年），171頁。メロヴィング朝の宮廷所在地については，Ewig, Résidence et capitale のほかに Barbier, Système palatial franc, S. 255-285 参照。
88)　たとえば，前掲『歴史十巻（フランク史）I』291頁（4巻22節）。Vgl. Barbier, Système palatial franc, S. 262 mit Anm. 48.

第8章　ビザンツとの対抗意識の醸成　　　　　　　　　　　　　239

で教会会議は開催され，また，王や王妃の即位式や葬式が行われた。しかし，7世紀に入ると，事情が異なる。もはや，メロヴィング家の王たちは都市を政治的な拠点としない。クロタール2世は，パリ自体ではなく，パリの近郊で，おそらくサン・ドニ修道院の近くに位置したと思われるクリシー（Clichy）の王宮を好んだ。また，もう少し時代が下ると，コンピエーニュの王宮が好まれるようになる。カロリング家の宮宰たちも，この傾向を受け継ぎ，都市ではなく，農村地帯の王領地に拠点をもった。この変化にあわせて，「王国の座」(cathedra regni, sedes regni) という表現も，史料から消える。7世紀以降のフランク王国の政治世界では，「首都」は不要の存在となったのである。カール・マルテルはキエルジを政治的拠点に選び，ピピンの時代には，さらにコンピエーニュ，ヴェルベリーなどが付け加わった[89]。こうした王宮には，さほど大規模な建物はなかったものと思われる。少なくとも，王宮の建物に関する記述は一切残されていない。

　もはや，王国の特定の政治的な中心地は存在しなかった。たとえば，768年のピピンの死後，カールはノワヨンで，そしてカールマンはソワソンで即位式を挙行したが，どちらの都市もそれぞれの分国の「首都」ではない。カールも，戦争のとき以外は，各地の王宮に滞在した。794年までは，キエルジ，エルスタール，ネイメーヘン，ヴォルムス，アッティニーなどで冬を過ごすことが多かった[90]。

　このように，7世紀以来，フランク王国では，特定の政治的な拠点が消滅し，「首都」という観念は消えてしまったのである。このことを考えると，794年から795年にかけての冬以降，カールがアーヘンを政治的拠点に定めただけでなく，大規模な造営工事を行い，新しい宮殿と礼拝堂を建てさせたことはきわめて革新的なことであったといわざるをえない。

　アーヘンには温泉があったから，カールがアーヘンを好んだのは確かだ

---

89) Ewig, Résidence et capitale, S. 390f.
90) 付表参照。王宮研究は1960年代からドイツでさかんになった。代表的な論文集に以下のものがある。Deutsche Königspfalzen. Beiträge zu ihrer historischen und archäologischen Erforschungen (Veröffentlichungen des Max-Planck-Instituts für Geschichte, 11/1-5), Göttingen 1963-2001. とくに，Th. Zotz, Pfalzen zur Karolingerzeit. Neue Aspekte aus historischer Sicht, in: Deutsche Königspfalzen. Beiträge zu ihrer historischen und archäologischen Erforschungen 5 (Veröffentlichungen des Max-Planck-Instituts für Geschichte, 11/5), Göttingen 2001, S. 13-23 から，近年の王宮研究の動向を知ることができる。

ろうが[91]，それだけが理由とは思われない。彼は，明らかにアーヘンを王国の心臓部にしようとした。アーヘンには——他の王宮に関しては立証されないことだか——主だった家臣たちの邸宅が計画的に建てられていた[92]。アーヘンの新王宮は国王の一時的な滞在地としてではなく，恒常的な宮廷所在地として意識的に計画され，建設されたにちがいない。カールは，夏の戦争，秋の狩りを除けば，794年から翌年にかけての冬以降，わずかな例外を除いて，ほとんどアーヘンに滞在し，裁判を開き，証書を発給した。また，ローマ，コンスタンティノープル，ヴェネチア，ダルマチア，バグダッド，イェルサレム，ノーサンブリア，スカンディナヴィア，サラゴーサ，コルドバ，スラヴ，アヴァールなど，外国からの数々の使節をアーヘンに迎えた。大規模な王国会議もアーヘンでしばしば開催した[93]。

　カールがアーヘンに建設させた宮殿は，アプシス（後陣部）を除いて，47.42m × 20.76m，（内寸では，44.00m × 17.20m）であり，コンスタンティヌスがトリアーに建てさせたバシリカ（内寸で，54.40m × 27.20m）よりは小さいが，カールが建設させたインゲルハイムやパーダーボルンの宮殿（インゲルハイムの宮殿は，内寸で約35m × 16.50m，パーダーボルンの宮殿は 30.91m × 10.39m）より大きく，当時の最大規模の宮殿であった[94]。聖俗の有力者たちはこの宮殿に集まり，会議を行ったものと想像される。

　ブリュールはアーヘンを「首都」と呼ぶことを避けている[95]。これに対

---

91) アインハルト『カール大帝伝』22章。

92) ノートケル『カール大帝伝』30章。アインハルトは，別の著書のなかで，アーヘンに住いをもっていたことを述べている。Einhard, Translatio et Miracula SS. Marcellini et Petri (MGH SS 15), 1897, IV, 7, S. 258.

93) 付表参照。ARF a. 811, S. 134 では，アーヘンでの王国会議の開催は「慣例」（consuetudo）であったと述べられている。しかし，付表からわかるように，アーヘンで開かれるのが慣習であったといえるほどの開催記録は，史料上は残されていない。

94) Vgl. Jacobsen, Pfalzkonzeptionen, S. 42 mit Anm. 65. パーダーボルンについては，前述。インゲルハイムについては，以下の文献を参照。W. Sage, Die Ausgrabungen in der Pfalz zu Ingelheim am Rhein 1960-1970, Francia 4 (1976), S. 141-160; H. Grewe, Die Königspfalz zu Ingelheim am Rhein, in: 799-Kunst und Kultur der Karolingerzeit, S. 142-151; ders., Die Ausgrabungen in der Königspfalz zu Ingelheim am Rhein, in: Deutsche Königspfalzen 5. Beiträge zu ihrer historischen und archäologischen Erforschungen (Veröffentlichungen des Max-Planck-Instituts für Geschichte, 11/5), Göttingen 2001, S. 155-174.

第 8 章　ビザンツとの対抗意識の醸成　　　　　　　　　　　　　　241

して，J. ネルソンはアーヘンを「首都」と呼ぶことに問題はないとしている[96]。私も，ネルソンの主張に賛同する。すでに述べたように，7世紀以降には，他を圧するだけの中心性をもった宮廷所在地は存在しない。しかし，アーヘンは異なる。アーヘンは，王国の中心として，他の宮廷所在地とは異なるように設計された都なのである。

　それでは，なぜ，カールは「首都」が必要だと思い立ったのだろうか。なぜ，カールは伝統から離れようとしたのか。その理由は，やはり，ビザンツとの対抗意識に求められなくてはならないだろう。790年頃から，聖画像論争を発端として，ビザンツとの対立が激化していった。これとともに，フランク宮廷は，教会の擁護者として強い自負心をもつにいたった。フランク宮廷の人びとは，ビザンツ帝国が巨大な「首都」コンスタンティノープルを擁していたことをもちろん知っていたし，それだけではなく，コンスタンティノープルにどのような建物があったかについても，およその知識をもっていたように思われる[97]。カールと側近たちが，ビザンツ帝国のコンスタンティノープルにあたる「首都」を，フランク王国にも建設しようと考えたとしても不思議ではない。フランク宮廷の人びとは，ビザンツに対する強い対抗意識に燃えて，外国からの使節を受け入れてもけっして恥ずかしくない都を造ろうとしたのではないだろうか。

　だが，カールがアーヘンを「第二のローマ」として計画したのかといえば，答えは否である。たしかに，後述するように，800年の皇帝戴冠以降に書かれた『カール頌詩』では，アーヘンは「第二のローマ」と呼ばれている。しかし，新しく建設されたアーヘンの王宮がローマやコンスタンティノープルをモデルにしたものではなく，また，デリヤニスが主張するように[98]，ラヴェンナを模倣したものではないことは，アーヘン王宮の平面プランがよく示している。なるほど，八角形の礼拝堂は，ローマにもラヴェンナにもあった[99]。また，アーヘンの宮殿がアプシスをもったスタイル

---

　95)　Brühl, Remarques, S. 133.
　96)　Nelson, Aachen, S. 219 mit Anm. 11.
　97)　この時点ですでに入手していたかどうかは残念ながらわからないが，カールはコンスタンティノープルの町が描かれた四角形のテーブルをもっていた。Einhard, Vita Karoli, c. 33, S. 40. このテーブルについては，Deliyannis, Charlemagne's Silver Tables 参照。
　98)　Deliyannis, Charlemagne's Silver Tables, S. 177.

で，それがコンスタンティノープルにもラヴェンナにもあったことは事実である。とくに，ラヴェンナ模倣説に関していえば，カールは787年に直接訪れており，この町がカールに強い印象を与えたことは確かである。だが，個々の要素がいかにラヴェンナの影響を受けていようとも，アーヘンの王宮が「第二のローマ」でも「第二のラヴェンナ」でもないことを，アーヘンの独創的な建物配置はよく示している。アーヘンは，当時のフランク宮廷の人々が理解していた理想的な国家像を視覚化したものに他ならないのである。

　発掘調査によれば，王宮は宮殿と宮廷礼拝堂を主要な建物とし，全体が構成されていた。宮殿と宮廷礼拝堂は133mにも及ぶ直線の二階建ての回廊でつながれており，この回廊の真ん中に楼門が設けられていた。この楼門をはさんで，壮麗な宮殿と八角形の独特のフォルムをもつ礼拝堂が南北に向き合っていた。パーダーボルンに建設された王宮も，そしてインゲルハイムの王宮も，宮殿と，宮殿とほぼ同じ大きさの礼拝堂を有していた。宮殿と礼拝堂を主要な構成要素とするという意味では，アーヘンの王宮に特異性はない。しかし，パーダーボルンでも，インゲルハイムでも，アーヘンのように，礼拝堂と宮殿が見事に対称的に設置されているわけではない。アーヘンでは，明らかに他の王宮以上に，礼拝堂と宮殿の対称性が強調されているのである。このような王宮は，ビザンツにもイタリアにも見られない。まさに，独創的なプランである。なぜ，このようなプランが考え出されたのだろうか。この問題に答えを出すためには，回廊の二階に王の居住スペースが置かれていたという推定があることを考え合わせることが重要である[100]。この推定は，ノートケルの『カール大帝伝』の記述に

　99）アーヘンの礼拝堂のモデルについては，とくにUntermann, Aachener Residenzを参照。近年の研究では，一般に，アーヘンの礼拝堂の直接のモデルはラヴェンナのサン・ヴィターレ聖堂であるとされている。しかし，もちろん，コンスタンティノープルのハギア・ソフィア大聖堂も同じような建築様式であったことは，フランク宮廷にも知られていたはずである。758年以降に，ベネヴェント公アリキスがベネヴェントにハギア・ソフィア大聖堂を模して建てさせた教会のことも知られていたかもしれない。なお，八角形の聖堂が，アーヘンの礼拝堂以前に建てられた形跡はないが，9世紀にはアーヘンの礼拝堂を模していくつかの礼拝堂がこの様式で建てられている。Vgl. Untermann, Karolingische Architektur als Vorbild, S. 165-173.

　100）この推定については，Lobbedey, Carolingian Royal Palaces, S. 135.

もとづくものである。この推定が正しいとすれば、王は回廊の二階を居住スペースとなし、公務があるときは回廊を通って、北側に位置する宮殿に向かい、また、礼拝に参列するときには、南側の礼拝堂に向かったことになる。教会での祈りと宮殿での公務は、王のもっとも重要な日課であった。キリスト教は、フランク国家のバックボーンであり、ゆえに、礼拝堂は宮殿と直結しなくてはならなかったのである。アーヘンの王宮は、カールと側近たちが思い抱いていた理想的な国家の姿を視覚化したものに他ならなかった。

　アーヘンは、ローマを模したものでもなければ、ラヴェンナやコンスタンティノープルを模したものでもなかった。それは、フランク王国がキリスト教に立脚する豊かで巨大な国家であることを内外に示す記念碑であり、ビザンツに対するフランク宮廷の自己主張の表現であった[101]。

---

　101) アーヘン王宮の建設時期については、780年代から9世紀初頭まで可能性がある、とする意見もある (Lobbedey, Carolingian Royal Palaces, S. 130)。しかし、礼拝堂については、798年以前にすでに建設が終わっていたことは確実である。というのは、798年のアルクインの書簡の中で、すでにアーヘンの礼拝堂のことが記されているからである (MGH Ep. 4, S. 244)。また、787年頃に書かれたと推定されている、ローマ教皇ハドリアヌスのカール宛書簡が残されているが、その中でローマ教皇はカールの求めに応じ、ラヴェンナ宮殿の不要となった大理石の柱やモザイクなどの再利用を許可している (MGH Ep. 3, CC Nr. 81, S. 614)。この書簡の記述は、アーヘンに大聖堂を建設するためにローマやラヴェンナから大理石の柱を運ばせたという、アインハルトの記述に符合する (アインハルト『カール大帝伝』25章)。これらの史料を考えると、礼拝堂に関していえば、780年代末から798年のあいだの時期に建設されたのは確実のように思える。一方、宮殿についてであるが、ヤコブセンは800年以降になってはじめて建設が開始されたのだと主張している (Jacobsen, Pfalzkonzeptionen, S. 44)。この主張は、アーヘンの宮殿が、レオ3世が796年から800年の間にラテラノ宮殿の一画に建設させた、いわゆる「レオ3世のトリクリニウム (Triclinium)」に類似している、という事実にもとづいている。カールは皇帝戴冠のときにローマを訪れ、このレセプションホールのことをよく知るようになったわけだから、800年の皇帝戴冠以前にアーヘンに宮殿が建設されたことはありえないというのである。しかし、このヤコブセンの推定には、さほど説得力はない。たしかに、「レオ3世のトリクリニウム」もアーヘンの宮殿も、3つのアプシスをもったホールである。しかし、I. ラヴィンによれば、それはローマ時代にまでさかのぼる伝統的な建築様式であった (I. Lavin, The House of the Lord: Aspects of the Role of Palace Triclinia in the Architecture of Late Antiquity and the Early Middle Ages, Art Bulletin 44 (1962), S. 1-27)。だから、宮殿も800年以前に建設された可能性があるのである。また、宮殿はすでに789年以前に建設されていたという主張もある (Schlesinger, Beobachtungen, S. 389f.)。シュレージンガーの推論は、この年にアーヘンで王国会議が開催され、『一般訓令』が公布されたという一般的な史実にもとづいている。けれども、フランク王国では屋外で会議を開催することも稀ではなかったと思われ、論拠は薄弱である。した

正統信仰にもとづく宗教共同体

　聖画像論争が始まった頃には，ビザンツ帝国は，「本来，同じ宗教共同体に属しているはずの国家」であると理解されていた。それゆえ，フランク王権とともにビザンツ帝権もまた，統一的なキリスト教共同体を擁護し，支える責務を負う中心であると認識されていた。しかし，780年代以降の聖画像論争の進展は，こうしたイメージを結局は打ち壊すことになった。ビザンツ皇帝は，異端的な教義の信奉者であり，本来のキリスト教共同体の敵対者と位置づけられた。そして，ビザンツ世界は，自分たちの正しいキリスト教共同体の外側に位置する世界であると認識されるようになった。フランク宮廷によれば，ビザンツ皇帝は正統信仰の担い手であることを自ら放棄し，西方の正統な宗教共同体から分離した，非正統的な宗教共同体の中心に他ならなかった。ビザンツはもはや正統信仰の敵にすぎなかった。たしかに，この時点ではカールが皇帝を名乗ることもなかったし，カールの皇帝戴冠は全く話題にものぼっていなかった。しかし，すでにこの時点で，カールの皇帝戴冠のイデオロギー上の前提条件は整ったといってよい。『カールの書』によれば，ローマ帝国は過去の帝国であった。そして，ビザンツ帝国は，その過去の帝国の流れを汲む国であった[102]。ローマ帝国にかわって現れたのが「キリストの支配」であり，カールはその代理人なのである。そのうえ，カールは「ガリア，ゲルマーニア，イタリア」という，かつて西ローマ帝国支配下にあった地域の多くを支配しているのである。このようなビザンツに対する強烈な対抗意識が，800年の皇帝戴冠にいたる道を決定づけたように思われる。

　この正統な信仰にもとづく宗教共同体は，二つの中心をもっていた。フランク宮廷は，自分たちこそがこの宗教共同体を支えているという強い自負心をもつようになっており，それゆえ，異端的な教説の信奉者であるビ

がって，ここで私が主張したように，ビザンツとの対抗意識が燃え上がった頃にアーヘンの新王宮の建設計画がまとまり，その建設が実行に移されたと考えても，それを否定する材料は今のところ存在しないわけである。

　　102）　LC 3, c. 15; vgl. Fichtenau, Karl der Große und das Kaisertum, S. 278.

ザンツ皇帝を激しく攻撃した。しかし，これは，ローマ教皇座との摩擦も生んだ。ここに，この宗教共同体の根源的な二重構造をみることができる。この宗教共同体では，ローマ教皇が最高権威者としての地位を確立していた。

　フランク王は，正統信仰の最高の擁護者であり，実力者であった。この宗教共同体は，フランク国王とローマ教皇という二つの頂点をもつ共同体であった。おおまかなところでは，両者は互いの守備範囲を理解しあっていた。しかし，聖画像論争をめぐる一連の出来事がはっきりと示しているように，両者の守備範囲はあいまいであり，両者はしばしばぶつかり合った。フランク宮廷は，ローマ教皇が教義の分野では，最高の権威者であることを認めていたが，この宗教共同体を支えるもっとも重要な担い手である自分たちが正統的な教説を守るために行動することは，必要なことであると考えていた。ローマ教皇からみると，これは危険な行動であった。教義の問題は自分たちの専権事項であり，教皇座だけが発信すべきことであった。それゆえ，妥協が図られなければならなかった。フランク王国が，この正統キリスト教共同体の中核であり，カールがこの共同体の最大の実力者であったことは間違いないが，この共同体は，フランク王国だけで構成されているのではなく，イングランド諸国，アイルランド諸国なども含み，ローマ教皇の宗教上の権威を認める国々から構成される宗教共同体であった。この宗教共同体におけるカールの立場は，理論上はあくまでも最大勢力の指導者という立場にすぎなかった。それゆえ，フランクフルト教会会議では，政治的妥協が図られなければならなかったのである。

　このように，聖画像論争は，東方教会と西方教会の分裂傾向を促進しただけではなく，西方世界内の二つの中心間の緊張を生み出した。800年のクリスマスに行われたカールの皇帝戴冠の少し前の状況は，このようなものであった。

第 9 章
皇帝戴冠への道

　前章において，780年代後半には，正統な信仰の担い手としての自己認識がすでにフランク宮廷において確立し，不可避的にビザンツとの対抗意識が高まったことを明らかにした。私の考えでは，カール戴冠の道を決定づけたのは，このビザンツとの対抗意識である。

　しかし，もちろん，カールの皇帝戴冠の実現には，様々な要素があった。聖画像論争をひとつのきっかけとする一連の流れのなかで，フランク王はビザンツ皇帝と同等以上の存在であるという意識がフランク宮廷で育まれていったことは確かであるが，だからといって，カールの皇帝戴冠が政治日程にのぼっていたわけではけっしてない。アルクインの書簡も，他の史料も一切，皇帝戴冠の問題には触れていないのである。おそらく，それは偶然ではない。なぜなら，「皇帝」というのは，ローマ帝国の伝統と結びついた特殊なタイトルであると理解されていたからである。カールが，ビザンツとの強烈な対抗意識のもとに，西方の覇者としてのプライドをもつようになっていたことは『カールの書』にみられるが，ビザンツとの対抗意識はこの時点ではまだ「皇帝」というタイトルには直結していなかった。ローマ帝国は，フランク王国の政治モデルとみなされていたわけではなかった。ローマ帝国ではなく，むしろ，旧約聖書がモデルを提供したのであり，カールの帝位獲得の野心は，史料上，まったくみることができない。

　皇帝戴冠というアイデアは，明らかにローマ教皇に由来するものである。しかし，フランク宮廷がこの提案に魅力を感じなければ，皇帝戴冠が実現しなかったことは明らかである。それでは，皇帝戴冠の提案を受諾したフ

ランク側の事情とは何か。以下の叙述において，カールの皇帝戴冠が実現した理由を考えてみたい。

新教皇レオ3世の選出

　カールの皇帝戴冠のきっかけのひとつは，新教皇レオの就任とそれに伴うローマ教皇座の混乱であった。
　よく指摘されるように，8世紀半ばまでは，ローマ教皇となったのは，ギリシャ人かシリア人で，ローマ人と呼べるのはグレゴリウス2世（在位685-752）ぐらいであった[1]。その後，769年の教会会議において，いかなる俗人も教皇選挙に関与してはならないという注目すべき決議が下された[2]。理論的には，おそらくこの決議はレオ3世の選出のときも有効であった。さもなければ，ローマの出身でもなく，また貴族でもなかったレオが，新しい教皇に選ばれることはなかったであろう[3]。レオの出自に関しては，ベックの研究に詳しいが，レオはローマの出身ではなかった[4]。彼が選出された経緯は定かではないが，後の経緯をみれば，彼が当時教皇選出権を認められていた教皇座の聖職者の支持を得て選ばれたものとみて，ほぼ間違いない。『教皇列伝』は，ローマの指導者たちと人々が全員一致してレオを選出したと述べている[5]。おそらく事実，769年の決議に従って，教皇選出権を認められていたローマの聖職者たちの圧倒的な支持を得て，レオは選ばれたように思われる。だが，レオの権力基盤は不十分であった。おそらく，レオの支持層は聖職者集団に偏っていた[6]。
　俗人の貴族たちの支持基盤は脆弱であったのだろう[7]。後のトラブルの原因は，このことにもとめられよう[8]。この選出事情は，前ローマ教皇ハ

---

1) Noble, Republic of St. Peter, S. 185; Richards, Popes and the Papacy, S. 270f.
2) MGH Conc. 2, 1, S. 80f.; vgl. Zimmermann, Papstabsetzungen, S. 19ff.
3) レオ3世については，一般に次の文献を参照。Llewellyn, Contexte romain, S. 214-218; Herbers, Pontifikat Papst Leos III., S. 13-18.
4) Beck, Herkunft, S. 131-137.
5) LP 2, S. 1.
6) Vgl. Noble, Republic of St. Peter, S. 199.
7) Vgl. Caspar, Papsttum, S. 215.

ドリアヌスとは対照的である。ハドリアヌスは，ローマの聖職者のみならず，ローマ貴族層の支持のもとに選出され，辣腕を振るった。ハドリアヌスはローマの名門に生まれ，彼には広範な支持基盤があった。けれども，レオはそうではなかった。

　新しいローマ教皇に選ばれたレオは，早速カールに就任の挨拶状を送った。『王国年代記』によれば，そのとき，レオは書簡とともにペトロの墓の鍵と都市ローマの旗を贈った[9]。このことは，新たに教皇に選ばれたばかりのレオが，すでにカールを頼りにしていたことを示唆する。『いわゆるアインハルト年代記』は，さらに次のような解釈の難しい記事を遺している。「レオはカールの家臣（optimates）のうち誰かを派遣するように要請した。そして，ローマ人に忠誠を誓わせることを求めた」[10]。カスパーが述べているように，宣誓（sacramentum）が誰に対して行われるのかは，判然としない。教皇に対してなのか，カールに対してかは文面そのものからははっきりしないのである[11]。しかし，この記述に信を置くべきではないというカスパーの意見には賛同できない。確かに，この記述は『いわゆるアインハルト年代記』のみにみられるものである。けれども，この年代記が，『王国年代記』で述べられていない他の多くの詳細な情報を記し，また，その伝承の信憑性に疑いを差し挟むだけの十分な証拠がないことを思えば，この記述を疑わしいものとして直ちに葬り去ることは適当ではないだろう。この文については，さまざまな解釈が可能だろうが，レオがフランク宮廷と緊密な関係を結びたいと願っていたことは確かである。

　後で述べるレオ襲撃事件の顛末を考えると，レオの新教皇選出が，必ずしもフランク宮廷の意向に沿うものではなかった可能性はある。しかし，カールはとりあえず，レオを支えることを公式に表明することにした。彼は忠臣アンギルベルトをローマに派遣した。アンギルベルトは，前教皇ハドリアヌスに贈ろうと考えていたアヴァールの財宝とカールの返書を携えていた。この返書にはフランク宮廷の主張が明確に述べられており，引用

---

8) Vgl. Caspar, Papsttum, S. 215; Herbers, Bild Papst Leos III., S. 142.
9) ARF a. 796, S. 98. この旗の意味については，Deér, Vorrechte, S. 51f., 110f.
10) AQE a. 796, S. 99: ... *rogavitque, ut aliquem de suis optimatibus Romam mitteret, qui populum Romanum ad suam fidem atque subiectionem per sacramenta firmaret.*
11) Caspar, Papsttum, S. 215 mit Anm. 4.

するに十分な価値を有する内容を含んでいる[12]。この有名な書簡のなかで，カールは次のように述べている[13]。

「わが任務は，神のお導きにより，外に対しては異教徒の侵入と略奪から武力をもって聖なる教会を守り，内にあってはカトリック信仰を広めることを通して聖なる教会を保護することである。それに対して，猊下の任務は，モーゼのように神のほうに手を上げて，導き，与える神とともに，われらが戦いを助け，キリスト教の民がいつ何時でも聖なる御名の敵に対して勝利を収めることができるように，そして，わが主イエス・キリストが全世界で賛美されるように助けることにある」[14]

従来の文書で，これほど明確に，キリスト教社会でのフランク王権の指導的地位が述べられている文書は存在しない。ローマ教皇が，カトリック教会の中心であるとは一言も述べられていない。両者はともに教会のために大きな役割を担っているが，カール（アルクイン）はローマ教皇に祈祷の役割だけを与え，自分は教会の保護者であると自任する。ここには，ゲラシウスとはまったく異なる意味での両権力論が現れているということができるかもしれない。フランク宮廷は，ローマ教皇座との度重なる交流にもかかわらず，ローマ教皇座のイデオロギーをそのまま受け入れてはいなかった。ローマ教皇座の理念とフランク王権の理念のあいだには大きなギャップが存在した。カスパーは，この点を指摘して，次のように述べている。「このように，教皇の交替は，教皇座とパトリキウスとしてのフランク王の保護権のいっそうの緊密化をもたらしただけではなく，この同盟関係の発展の方向性と本質に関するローマとフランク宮廷の理解がいかに異

---

12) この書簡について，Padberg, Paderborner Treffen, S. 43f.
13) Alcuin, Nr. 93, S. 136. この書簡は，アルクインの書簡とともに伝承されており，このカールの返書がアルクインによって書かれたことは間違いない。D. バラは，「数箇所でアルクインの個性的な文体やレトリックが顔を覗かせている」と評している（Bullough, Alcuin, S. 455f.）。
14) Alcuin, Ep. Nr. 93, S. 138, Z. 2. ここでの翻訳はあくまでも試訳にすぎない。解釈の困難な場所が何箇所かある。翻訳にあたっては，Bullough, Alcuin, S. 457f. の考察を参照した。

なるかを，すでに明確に浮かび上がらせたのである」[15]。

　この書簡の最後のほうで，さらにカール（アルクイン）は，教会を正しく導くことができるように，特に聖なる法（カノン）を遵守し，品行方正にふるまうように，新しいローマ教皇に訓告している[16]。俗人である国王が教皇に訓戒を与えるというのは異例である。ここには，明らかに新教皇レオに対する不快感があらわれている。のちに，アルクインは有名な書簡で，キリスト教世界を指導する人物として，フランク王カール，ローマ教皇，ビザンツ皇帝の三名を挙げたうえで，ビザンツ皇帝だけではなく，ローマ教皇座も混乱状態にあるからキリスト教世界を指導することはできない，だから，キリスト教世界を指導できるのはカールだけだと述べているが，このような世界観をすでに，この書簡の中にみることができるのではないだろうか。

レオ襲撃事件

　レオは799年の4月25日，大祈願祭のときに突如襲われた[17]。首謀者はパスカリス，カンプルス，ネピのマウルスの三名であった[18]。このうち，前二者は前教皇ハドリアヌスの親族であった。おそらく，この陰謀には多くのローマの都市貴族が関与していた[19]。『教皇列伝』の記述は混乱しており，事件の正確な経過を再現することは不可能であるが[20]，ベッヒャーは，最近，もっとも合理的と思われる提案を行っており，彼の見解に概ね

---

　15) Caspar, Papsttum, S. 217.
　16) Alcuin, Ep. Nr. 92, S. 135: *ammoneas eum diligenter de omni honestate vitae suae, et praecipue de sanctorum observatione canonum, de pia sanctae Dei ecclesiae gubernatione, secundum oportunitatem conlationis inter vos et animi illius convenientiam.*
　17) この襲撃に関しては，多くの文献があるが，特に重要な論考のみを以下に挙げておく。Heldmann, Kaisertum Karls des Großen, S. 79ff.; Caspar, Papsstum, S. 123; Mohr, Römischer Aufstand; Padberg, Paderborner Treffen, S. 47ff.; Fried, Papst Leo III.; Schieffer, Attentat.
　18) LP 2, S. 5.
　19) ARF a. 801, S. 114.
　20) Vgl. Fried, Papst Leo III., S. 292; Padberg, Paderborner Treffen, S. 48ff. にレオ襲撃事件に関する史料が列挙されている。

第 9 章　皇帝戴冠への道　　　251

依拠しつつ，その後の経過を再構成してみることにしたい。

　レオが修道院に幽閉され，正式ではないにしても，少なくとも事実上廃位されたことは間違いない[21]。レオの幽閉状態は数ヶ月続いたかもしれない[22]。この間，反乱者たちが事実上，ローマを支配していたことになる。なぜ，こうしたことが可能だったのであろうか。たしかに，ローマは完全にフランクの支配下に入っていたわけではなかったが，周囲にはフランクの勢力があり，もし，反乱を起こせば，フランク軍の介入を招くことは歴然としている。にもかかわらず，どうして，謀反は起きたのか。ここから，反乱者とフランク宮廷の間には，良好な関係があったのではないかというベッヒャーの推測が生まれる[23]。レオを襲ったのは，カールとも親密な関係にあった前教皇ハドリアヌスの一族を中心とするグループであったことを考えると，反レオ派の貴族たちには，カールの支持を得ることができるかもしれないと期待する気持ちがあったのであろう。もちろん，この事件があらかじめフランク宮廷の同意を得て行われたのではなく，暴発であったことはまちがいない。だが，反乱グループがフランク宮廷の動向を注視していたことは確実だろう。反レオ派は，フランク宮廷の反応を確かめることなく，新教皇選出へと突き進むことはできなかったように思われる[24]。

　レオ襲撃の報は，おそらく直ちにアーヘンの宮廷にもたらされた[25]。第一報は，カールの家臣によってもたらされたものであったかもしれないし，レオの側近からもたらされたものかもしれない。あるいは，レオを襲ったグループからのものであったかもしれない。いずれにしても，5月中には，カールは事件を知っていたことだろう。そして，その知らせはトゥールのアルクインのもとにも届いていた[26]。そのことは，アルクインの書簡

　21）　Vgl. Zimmermann, Papstabsetzungen, S. 27 mit Anm. 7; Becher, Reise, S. 88.
　22）　ベッヒャーによれば，幽閉は少なくとも7月初旬まで続いた。Becher, Reise, S. 97.
　23）　Becher, Reise, S. 99. Vgl. Llewellyn, Contexte romain, S. 218f.
　24）　Vgl. Becher, Kaiserkrönung, S. 2.
　25）　Vgl. Padberg, Paderborner Treffen, S. 54.
　26）　Alcuin, Ep. Nr. 174. この書簡は，5月ないしは6月に書かれたものと推測されている。これについては，Classen, Karl der Große, S. 45 mit Anm. 150 および S. 46 mit Anm. 154 参照。ベッヒャーは，6月中旬もしくは下旬と推定している。Becher, Reise, S. 111. また，ザルツブルク司教アルン宛書簡の一節も参照のこと。Ep. Nr. 173, S. 286.

（174番）から知ることができる。

　この有名な書簡の内容に関しては，すでに別のところで触れたが，アルクインは教皇座の問題に関して，積極的な役割を果たすようにカールに強くもとめた。混乱したこの世界を救うことができるのは，カールだけだとアルクインは考えた。だからこそ，彼はこの書簡のなかで，ザクセンとの和睦を説いているのである[27]。レオの襲撃事件に衝撃を受けたアルクインにとって，カールが当面取り組むべき最優先の問題は，教皇座のトラブルの解決に他ならなかった。

　カールはすでに798年に教皇座の政治情勢が混沌としているという報告を受けていた[28]。予測はしていないにせよ，レオの襲撃はまったく予想外のことではなかったように思われる。カールはまず事態の正確な情報を知ろうとした。アーヘンとローマとの距離が約1550kmも離れており，一日60km進んだとしても，一月近くかかることを考えれば[29]，カールが情報収集とともにレオの救出を使者たちにすでに指示していたことも推測される。カールは，6月13日までは，アーヘンにいた[30]。それから，カール自身は軍を率いてザクセンに向かった[31]。

　『王国年代記』は，カールの「使者」（legati）の名としてスタヴロ修道院長ヴィルンドゥスとスポレト公ヴィニギスを挙げている[32]。スポレト公ヴィニギスは，アーヘンから派遣されたのではなく，もともと彼の管轄地域にいたように思われる。『小ロルシュ年代記』は，ヴィニギスが，手勢とともにローマ近郊にいたと記している。ヴィニギスは，カールの指示を受けて，不測の事態に備えてローマ近郊に待機していたのかもしれない[33]。フランク側と反乱グループとの交渉が始まったはずである。そして，交渉

27）Alcuin, Ep. Nr. 174, S. 289.
28）Alcuin, Ep. Nr. 146, S. 235f.; Ep. Nr. 159, S. 257f. アルンはアルクインに教皇座の混乱を伝えていた。教皇座の軋轢が宮廷にも伝えられていたことはまちがいない。
29）Becher, Reise, S. 97.
30）6月13日付けの国王証書が残されている。DK Nr. 190, S. 254-256.
31）AQE a. 799, S. 107.
32）ARF a. 799, S. 106.
33）Chronicon Laurissense breve, hg. v. H. Schnorr von Carolsfeld, NA 36 (1911), S. 34: *ad Winigisum ducem Spolitanum, qui circa urbem cum exercitu consederat, pervenit.* Vgl. AQE a. 799, S. 107.

第 9 章　皇帝戴冠への道　　　253

はおそらく成立した。

　『教皇列伝』は，こうした交渉のことを伝えておらず，レオの *cubicularius*[34]であったアルビヌスが，教皇を幽閉から救い出したと述べるだけである。しかし，実際に交渉が行われたと推測すると，マウルスという人物がレオ救出に関わっていたとする『マクシミリアン年代記』の記述は，意味をもつように思われる[35]。というのは，この人物は，『教皇列伝』では，反レオ派の首謀者のひとりであったとされているからである。マウルスが寝返ったという可能性もあるが，マウルスが反レオ派の指導者のひとりとして，交渉の末，レオの返還に同意し，レオをアルビヌスの手に引き渡したのかもしれない。フランク側は，ローマの内紛の処理にきわめて慎重であったようである。軍事力をもってすれば，反乱を一挙に鎮圧することは可能であったろうが，フランク人たちはそうせず，まず，レオの身柄の引渡しと，この問題の処理にあたって反レオ派の意見も十分聴くことを前提に交渉にあたったものと思われる[36]。後で明らかになるように，反レオ派には，彼らが正当と考える確かな理由があり，それを交渉にあたったフランク側に伝えたはずである。フランク側も，反レオ派の主張に一定の理解を示したものと思われる。フランク側は，彼らの主張には少なくとも黙殺すべきではない内容が含まれていると受け止めたのであろう。スポレト公ヴィニギスは，救出したレオをスポレトにかくまった。こうして，第一幕は終わった。

　アルクインがザルツブルク司教アルンに出した書簡によれば，アルクインは遅くとも 8 月頃には，レオがなぜ襲われ，廃位されそうになったのか，その事情を知るようになったらしい。この書簡のなかで，アルクインは次のように述べている。ローマ教皇は不品行あるいは偽誓の疑いを掛けられ，厳かに宣誓して身の潔白を示すように求められた。だが，教皇はそれを拒否し，幽閉された。アルクインの意見では，宣誓しなかった教皇の態度は

---

　34)　*cubicularius* とは，Noble, Republic of St. Peter, S. 224 によれば，教皇の侍従である。
　35)　Annales Maximiniani a. 799 (MGH SS 13), S. 22.
　36)　このような推論は，通説と異なる。また，Becher, Reise, S. 101 の解釈とも異なる。もちろん，交渉が行われたと述べている同時代史料は存在せず，仮説の域を出るものではない。

正しい。というのは、72人以上の証人がいなければ、裁かれないという教皇シルヴェステルの教会法があるし、また、ローマ教皇は「いかなる者によっても裁かれない」という別の教会法もあるからである[37]。アルクインは、ローマ教皇レオが実際に罪を犯したかどうか、ローマ教皇として適任かどうかは問わない。ともかく、ローマ教皇は裁かれてはならないのである[38]。それゆえ、その点ですでに反レオ派の行動は、アルクインにとっては納得できないものであった。

　レオは、7月にはスポレトを発ってパーダーボルンに向かったように思われる。フランクの援助がなければ、ローマへの帰還は不可能であり、他に選択肢はなかったのかもしれない。

　カールは宮廷礼拝堂付司祭長ヒルデバルトと伯アスヘリヒを派遣し[39]、途中までレオを出迎えるように命じた。そして、カールがザクセン戦争の指揮をとっているパーダーボルンに、レオがいよいよ到着するという知らせを聞くと、カールは王子ピピンを派遣したのである[40]。

パーダーボルン

　すでに、ステファヌス2世がアルプスを越え、フランク宮廷を訪れているが、ライン川以東の地を踏んだローマ教皇はいまだかつていない。レオはゲルマーニアを訪問した最初のローマ教皇となった[41]。

　パーダーボルンの会見でいったい何が話し合われたのか。かつては、そのことを議論するための重要な史料として、『カール頌詩』が用いられて

---

37) Alcuin, Ep. Nr. 179, S. 297, Z. 21ff. バラの意見によれば、この書簡と184番の書簡は、もともとは一通の書簡であった。Bullough, Alcuin, S. 35 mit Anm. 77. アルクインは184番書簡のなかで、このことが他の者たちに知られることがないように、自分の返書をすぐに焼き捨てさせたことを記している。

38) Vgl. Caspar, Papsttum, S. 223.

39) BM 348b; LP 2, S. 6. なお Classen, Karl der Große, S. 47 には、「二人の伯をともなって」と書かれているが、これは思い違いであろう。二人の伯が派遣されたとする史料的根拠はない。

40) BM 350e.

41) ローマ教皇と王侯貴族の会見については、一般に Hack, Empfangszeremoniell を参照。

きた。しかし，後述するように，現在の研究状況にあっては，この史料を用いることには慎重でなくてはならない。なぜなら，この詩が，カールの800年の皇帝戴冠以降に書かれたことがほぼ明らかだからである。したがって，この詩を大きな拠り所とする「アーヘンの皇帝理念」のテーゼは，史料的根拠を失ってしまったといわざるをえない[42]。そして，この詩を除けば，二人の会見内容を示唆する史料はほとんど見つからない。『王国年代記』にも，また，独特の加筆により，高い史料的価値を有する『いわゆるアインハルト年代記』にも，会談の内容に関する記述はない。

　だが，レオの廃位問題が話し合われたのは間違いない[43]。『教皇列伝』によれば，反レオ派は自分たちの主張が正しいことを訴えようと，パーダーボルンに使いを派遣していた[44]。

　しかし，カールはおそらく，事の真偽をパーダーボルンで究明しようとは思っていなかった。カールが最初からレオをローマ教皇として処遇していたことは確かである。むしろ，爾後の対応策に関して，協議を重ねたにちがいない。カールは自分がレオとともに，ローマへ赴くことも考えていたように思われる[45]。しかし，実際にはこの年，カールはアルプスを越えることはなかった。パーダーボルンの会見が行われていたのとほぼ同じ頃に，バイエルンを任されていたゲロルトが死去し，王国南東部の政治情勢が大きく変わったことが関連するのかもしれない。いずれにせよ，結局，カールは自らローマに行くことは断念し，事態の処理を側近に委ねることになった。

　42）「アーヘンの皇帝理念」（Aachener Kaiseridee）については，シュルツェ『西欧中世史事典Ⅱ』230頁以下に説明がある。「アーヘンの皇帝理念」という概念を最初に用いたのは，おそらくE. E. シュテンゲルである。C. エルトマンは，彼の壮大な「非ローマ的皇帝理念」（nichtrömische Kaiseridee）の構想のなかにこの概念を取り入れた。そして，H. ボイマンは，さらに『カール頌詩』を詳細に検討することで，この概念の定着に努力した。Stengel, Abhandlungen; Erdmann, Nichtrömische Kaiseridee; Beumann, Paderborner Epos; Beumann, Nomen imperatoris. この見方によれば，すでに教皇レオからの提案以前に，アーヘンの宮廷では，カールは皇帝にふさわしいという考え方が広まっていた。この概念は，必ずしもローマ的ではないフランク帝国のあり方を示すための用語として，800年の皇帝戴冠後のフランク皇帝権に関しても用いられる。しかし，この概念は，『カール頌詩』の解釈に依拠しすぎており，本書では，誤解を避けるためにこの概念を用いない。

　43）Vgl. Classen, Karl der Große, S. 50.
　44）LP 2, S. 6.
　45）Alcuin, Ep. Nr. 181, S. 299.

パーダーボルンでは，皇帝問題は話し合われたのだろうか。『カール頌詩』の作成年代が800年以降のことであるとするなら，パーダーボルンで皇帝戴冠の問題が語られたという推論の根拠は，かなり弱められることになる[46]。しかし，興味深いのは，『ナポリ司教事績録』の記述である。「もし，敵から身を守ってくれるのであれば，皇帝の冠を授けよう」[47]。レオはカールに対して，そのように提案したというのである。この史料は，もちろん，かなり後代に書かれた史料であり，この記述の信憑性は問題視されてきた[48]。しかし，後で触れるように，この史料は，カールの皇帝戴冠式に関しても，独自の，しかも当時の状況に合致する興味深い記述を書き残しているのである。ひょっとすると，案外この記述は，この会談で話し合われた，もっとも重要な点のひとつを書きとめていたのかもしれない[49]。

もちろん，窮地に追いつめられたレオから皇帝戴冠を打診されたとしても，それは，カールが直ちに即答できるような種類の問題ではなかった。確かに，アルクインの前述の書簡（Ep. 174）から明らかなように，これはまさにカールが自分の存在を全キリスト教世界に知らしめる千載一遇の好機であった。しかし，それにしても，皇帝戴冠はカールには全く予期せぬ提案であったことだろう。皇帝戴冠の問題は，ひとまず先送りされ，当面の課題として，むしろ，ローマの混乱の収拾方法について意見が交わされたにちがいない。

カールは，結局，護衛をつけてレオを帰国させた。重臣ヒルデバルト（ケルン大司教兼宮廷礼拝堂司祭長），ザルツブルク大司教アルン，五人の司教，三人の伯が随行した[50]。彼らは，11月29日に無事ローマに入市する。

---

46) この点について，拙稿『帝国理念の交錯』33頁参照。

47) Johannes, Gesta episcoporum Neapolitanorum, c. 48 (MGH SS Lang.), S. 428: *ut, si de suis illum defenderet inimicis, augustali eum diademate coronaret*. Vgl. Mordek, Von Paderborn nach Rom, S. 49.

48) たとえば，Waitz, DVG, Bd. 3, S. 194.

49) Vgl. Classen, Karl der Große, S. 52.

50) とくに，LP 2, S. 6f. 五人の司教とは，Cunibert, Bernard, Atto, Jesse, Erflaic である。Atto はフライジング司教，Jesse はアミアン司教，そして，おそらく，Bernard はヴォルムス司教である。残りの二人の司教の手がかりはない。また，三人の伯の名も，『教皇列伝』は記している。それによれば，Helmgoth, Rottecar, Germar である。このうち，Helmgoth（=Helmgaud）は，おそらく802年に先述のアミアン司教 Jesse とともにコンスタンティノーブルに派遣された伯と同一人物である。ARF a. 802, S. 117. 他の二名の伯につい

第9章　皇帝戴冠への道

圧倒的な軍事力をもつカールがレオ支持の姿勢を明確に打ち出したことで，レオに反旗を翻した者たちの敗北は決定的になった。『教皇列伝』によれば，カールの使者たちはその数日後，パスカリス，カンプルスを始めとする首謀者たちをラテラノ宮殿の大広間（triclinium）に召喚し，尋問した。その後，彼らを拘禁し，「フランキア」に送還した[51]。彼らは，一年後の800年11月のカールのローマ入市のときに，ローマで裁判を受けている[52]。この記述を信じれば，一年後に裁判のために彼らは再びローマに呼び戻されたということになる。この尋問のことを伝えているのは『教皇列伝』だけであり，この記述の信憑性が怪しまれるのは当然であるかもしれない。しかし，800年の11月の場合には，彼らの裁判が述べられているのに対して，799年については，単なる尋問と拘禁が述べられていることを思えば，『教皇列伝』の作者の思い違いとして片付けるべきではないだろう[53]。

　このような指示をカールが下したとすれば，それには二つの事情がからんでいたように思われる。第一の事情は，カールがローマの紛争の種を一刻も早く除去したかったということである。ローマの火種は速やかに消す必要があった。第二の事情は，にもかかわらず，ローマにおける自分の法的権限に関して，まだ判断が下せないでいたことである。はたしてローマの混乱に関して，自分が判断を下す立場にあるのだろうか。確かに，カールは「ローマ人のパトリキウス」であったから，全く無資格というわけではなかった。しかし，裁判権の行使を認められていたというわけでない。「ローマ人のパトリキウス」の権限は曖昧であった。このような事情を考えて，カールがこの時点ではまだ，裁判の開催に消極的であったことも大いに考えられることである。このような二つの事情から，カールはカンプルスたちを「フランキア」に送還したのかもしれない。この解釈が正しければ，フランク宮廷の狙いは，ともかくも，ローマの体制を元通りにし，事件の決着自体は先送りすることにあったと思われる。事件の首謀者たちの思惑が大きく外れたことは誰の目からも明らかになったが，この時点で

ては，全く知られていない。これらの人物については，Abel/Simson, Jahrbücher, Bd. 2, S. 187 mit Anm. 1 も参照。
51）LP 2, S. 6f.
52）LP 2, S. 8.
53）Vgl. Classen, Karl der Große, S. 48 mit Anm. 159.

はまだ，首謀者たちの有罪が確定したわけではなく，ただ単に政治的にはもはやレオの廃位が不可能になったことが明らかになっただけであった。

フランク宮廷の二つの「帝国」構想

さて，カール自身は，冬になるとザクセンからアーヘンに戻った。そして，翌年（800年）の3月にカールはアーヘンを離れる。向かった先はローマではない。彼はまずヴァイキングによって荒らされている沿岸地域の巡察に出かけた。そして，その後，5月頃に老師アルクインが修道院長を務めているトゥールのサン・マルタン修道院を訪れた。証拠はないが，このとき皇帝戴冠問題が話し合われたのかもしれない[54]。このとき，アルクインがカールから皇帝問題の相談を受けたとすれば，彼はどう答えただろうか。私は，アルクインはカールの皇帝戴冠に関して慎重な態度をとったのではないかと考える。そう推測する理由を説明する。

アルクインは，798年以降の書簡の何箇所かで，「キリスト教帝国」という表現を用いている。彼は，フランク王国を常にキリスト教世界という観点から考えていたが，そのことをこの頃以降，単純に「キリスト教帝国」（*imperium christianum*）と表現するようになった[55]。もちろん，この表現には，政治的な意図は含まれない。ただ単に，王国の宗教的な性格を強調するためであったにすぎない。アルクインは，すでに798年の夏頃のカール宛書簡で，「キリスト教帝国」という表現を用いて，カールが統治するフランク王国が「キリスト教帝国」に他ならないことを述べていた。アルクインは，キリスト養子説異端と関連して次のように述べていた。「敬虔なる神が陛下と陛下のご子息たちに統治と支配を託された〈キリスト教帝国〉の領域に広まる前に，この不敬な異端が完全に殲滅されますように」[56]。同じ年に書かれた別の書簡では，「キリスト教帝国」という表現がみられるとともに，フランク王国は「いとも神聖なる帝国」（*sacratissi-*

---

54) 拙稿『地上の夢・キリスト教帝国』162頁。
55) Vgl. Ganshof, Imperial Coronation, S. 43f.
56) Ep. Nr. 148, S. 241.

mum imperium）と表現されている[57]。パーダーボルンの会見の結果を知らされたアルクインが，カールに宛てた礼状のなかでも，「キリスト教帝国」という表現があらわれる。アルクインはいう。「陛下が成功を収めればこそ，「キリスト教帝国」は守られ，カトリック信仰は擁護され，正義の規律がすべての者に行き渡るのですから，陛下の美徳を祈りをもって称え，また祈りを通じてご援助申し上げることが，すべての者にとって大切なことです」[58]。アルクインは798年以前の書簡のなかでは，「キリスト教帝国」という表現を使ったことがない。アルクインがなぜ，798年以降，「キリスト教帝国」という表現を用いるようになったかは不明であるが，彼がフランク王国とキリスト教のつながりをますます深く感じ，「王国」の宗教的性格を強調するようになったことは，確かである。もちろん，アルクインの「帝国」（*imperium*）には，単に「帝国」と訳すべきではない幅広い意味が含まれていたことも忘れてはならない。たとえば，アングロ・サクソン人であるアルクインにとって，*imperium* は覇権を意味する一般的な言葉でもあった[59]。

　アルクインにとって，フランク王国は「キリスト教帝国」であった。かれの「キリスト教帝国」には，ローマ帝国の影はない[60]。アルクインの「キリスト教帝国」の理念がカールの皇帝戴冠問題にどのような影響を及ぼしたかについては，クラッセンの次のような見解が妥当であるように思われる。「アルクインの言葉遣いから，カールの皇帝権にいたる直接の道はなかった。アルクインを指導者とするカールの聖職者たちを「帝国主義

---

57) Ep. Nr. 136, S. 205.
58) Ep. Nr. 177, S. 292.
59) イングランドの「帝国」概念については，様々な議論がある。C. Erdmann, Die nichtrömische Kaiseridee, in: Ders., Forschungen zur politischen Ideenwelt des Frühmittelalters, Berlin 1951, S. 3-16; E. E. Stengel, Imperator und Imperium bei den Angelsachsen, DA 16 (1960), S. 15-72; R. Drögereit, Kaiseridee und Kaisertitel bei den Angelsachsen, ZRG GA 69 (1952), S. 24-73; S. Epperlein, Über das romfreie Kaisertum im frühen Mittelalter, Jahrbuch für Geschichte 2 (1967), S. 307-342; S. Fannig, Bede, *Imperium*, and the Bretwaldas, Speculum 66 (1991), S. 1-26. シュルツェ『西欧中世史事典Ⅱ』234頁以下。
60) H. レーヴェは，アルクインの「キリスト教帝国」概念には，後期古代の意味でのキリスト教帝国の意味はなく，むしろ，セヴィリャ司教イシドールスの「キリストの国」（*imperium Christi*）の意味で用いられていると主張する。Löwe, Von Theoderich dem Großen zu Karl dem Großen, S. 59f. Vgl. Bullough, Kaiseridee, S. 45f.

者」と呼ぶとしても，彼らは宗教的な意味での「帝国主義者」であったにすぎない。彼らの普遍主義的な傾向をもった神学思想は，フランク人の政治思想を偏狭な部族的な枠組みから解放することに寄与したかもしれない。このようにして，新しい支配形態の地ならしをしたとはいえよう。しかし，新しい支配形態は政治的現実においては，トゥールの賢者が感じていたのとはまったく異なる様相を呈していたのである」[61]。アルクインの頭にあったのは，フランク王国はキリスト教を根本に据えた国家であるということだけであり，カールが実際に皇帝の称号を帯びるということとは全く別問題であった。その証拠に，アルクインは，798年以降の書簡で「帝国」という表現を用いているものの，カールを「皇帝」と呼んだことは一度もない。「皇帝」はローマ的な概念であり，それはアルクインの思想世界の外にあった。アルクインにとって，カールはまぎれもなくキリスト教世界の卓越した指導者であり，教会の保護者であったが，そのことを表現するのに「皇帝」という称号は不要であった。

　アルクインがカールの皇帝戴冠に慎重であったと思われることは，実際にカールが皇帝になってからの彼の書簡からも想像される。後で述べるように，アルクインは，カールの皇帝戴冠後ほぼ一年間，カールを皇帝の称号で呼びかけることはしなかった。アルクインにとって皇帝戴冠は，彼の思想の外にある出来事であった。アルクインはカールの皇帝戴冠に反対ではなかったかもしれないが，賛成でもなかったことが想像されよう。

　この時期，カールは目立った政治活動を行っていない。これは皇帝戴冠問題に関する最終的な判断ができず，カール自身が迷っていたためとも考えられる。カールはアーヘンへの帰途，オルレアンを訪れ，アルクインと並ぶ，もうひとりの有力な助言者であるオルレアン司教テオドゥルフと久しぶりに会っているが，なお，決断は下せなかった。このときに書かれたテオドゥルフの詩が遺されているが，この詩のなかで，テオドゥルフは，陛下は聖職者と人民の指導者として教会の鍵を持っていらっしゃいますと述べて，カールを賞賛している。だが，皇帝戴冠のことには触れられていない[62]。この段階では，皇帝戴冠の問題は，なお未解決のままであったと

---

61) Classen, Karl der Große, S. 49f.
62) Carm. 32, MGH Poeta, 1, S. 523f. Vgl. Steinen, Karl und die Dichter, S. 82.

第 9 章　皇帝戴冠への道　　　　　　　　　　　　　　　　　　　　261

ようだ。

　だが，おそらく別の「帝国」構想が，この間にフランク宮廷の中で生まれた。そうでなければ，カールの皇帝戴冠は実現しなかったはずである。この別の「帝国」構想に与する人々にとっては，異端を信奉するビザンツの君主が皇帝と称しているのであれば，現実に広大な領土を有し，正統信仰の擁護と拡大のために邁進する自分の国の王カールが，皇帝と称するのは当然のように思われた。皇帝戴冠推進派は，ローマ教皇の提案を受け入れようとした。

　この皇帝戴冠を推進しようとしたグループのことは，具体的には何も知られていない。アルクインやテオドゥルフは，たしかに依然としてカールの親しい「助言者」であったが，すでに，宮廷から離れていた。アルクインは796年以降，トゥールのサン・マルタン修道院に隠棲していたし，テオドゥルフも遅くとも798年にはオルレアン司教に任ぜられていた。おそらく，推進派の中心人物はヒルデバルトであった。ケルン大司教ヒルデバルトは，791年のメッス司教アンギルラムの死後，宮廷礼拝堂司祭長に就任した[63]。彼は，794年のフランクフルト教会会議で，前任者のアンギルラムと同じように，司教であるにもかかわらず，その任務のために宮廷に常駐することを認められた[64]。カール大帝の遺言状では，ヒルデバルトの名前は最初にある[65]。残念なことに，彼の思想を伝える史料は何も存在しない。しかし，彼がこの時期のフランク王国の聖職者のトップとして，カールに対してもっとも大きな影響力を行使できる立場にいたことはまちがいない。

　もうひとり，この時期のカールの有力な側近として，ザルツブルク司教アルンの名を挙げることができるだろう。アルンもまた，カールの遺言状のなかに記されている[66]。アルンは，すでに785年にはザルツブルク司教

---

　63)　Fleckenstein, Hofkapelle, S. 49f. このことについては，すでに第 8 章第 4 節で述べた。
　64)　Conc, 2, 1, c. 55, S. 171.
　65)　Einhard, Vita Karoli, c. 33, S. 41.
　66)　アルンについては，とくに，Niederkorn-Bruck/Scharer (Hg.), Arn von Salzburg 参照。また，津田拓郎「カロリング期教会改革のバイエルンにおける展開――ザルツブルク大司教アルノ（785 [798]-821）の時代を中心に――」『西洋史研究』新輯34（2005），83頁以下参照。

に就任していた。まだ，タシロがバイエルン大公であった頃である。787年には，そのタシロの命で，ローマに派遣されている。その後，バイエルンはカールの統治下に入ったが，アルンはカールの信任厚い司教として，バイエルンの教会政策を担った[67]。その後，アヴァールへの布教活動にも関与し，798年4月20日，レオ3世より，パリウムを拝受し，大司教の称号をえた。アルクインの書簡の記述からは，799年4月の教皇襲撃事件のときに，アルンがローマに滞在していたことが推定される[68]。すなわち，アルンはカールの信任厚い側近であったとともに，レオともすでに面識のある，ローマ事情に詳しい人物でもあったのだ。だからこそ，カールはヒルデバルトとともに彼をローマに派遣したのである。アルンがアルクインの弟子であり，親しい友人でもあったことはよく知られているが，だからといって，アルンの考え方がアルクインと同じであったとは考えられない。新教皇レオとローマの政治情勢については，アルクインよりもはるかによく知っていたし，カールの側近の一人として，常にカールの宮廷にいたわけではないにせよ，実際の政治にも関わっていた。ヒルデバルトやアルンが，カールの皇帝戴冠問題に関して，アルクインと別の意見をもっていたことは大いに考えられることである。

　他にも，アンギルベルトや俗人の官職保持者のうち，少なくとも一部は，このグループに属していたかもしれない。しかし，残念ながら，誰がこのグループに属していたのかについては，全く手がかりが残されていない。

　ところで，カールの皇帝戴冠は，なぜ案出されたのだろうか。そして，それはこの困難な局面の打開にどのような意味をもつと考えられていたのであろうか。この問題を考えるためには，教皇座の政治理念を検討する必要がある。それには，二つの材料がある。ひとつは，レオ3世が製作を命じたモザイクであり，もうひとつは，かの高名な偽書『コンスタンティヌスの寄進状』である。

---

67) Vgl. Merta, Salzburg, S. 56ff.
68) Alcuin, Ep. Nr. 184, S. 309. Vgl. Diesenberger/Wolfram, Arn und Alkuin, S. 84 mit Anm. 25; Schieffer, Arn von Salzburg, S. 114.

第9章　皇帝戴冠への道　　　　　　　　　　　　　　263

教皇座の政治理念

1　ラテラノ宮殿のモザイク

　レオが799年から800年にかけて描かせた二つのモザイクにカールが描かれている。これは，当時の教皇座の政治理念を知るうえで貴重な史料である。
　まず，レオが新たに建設させたサンタ・スザンナ教会のモザイクをとりあげてみたい。このモザイクのことは，『教皇列伝』にも述べられている[69]。この教会の後陣（アプシス）のモザイクは1595年に破壊されてしまったが，幸いにして，16世紀末に模写されており，どのような図柄であったのかを知ることができる[70]。この壁画には9人の人物が描かれている。左から，レオ3世，スザンナ，ペトロ，マリア，イエス，パウロ，ガイウス，ガビヌス，カール，である[71]。このモザイクからは，皇帝戴冠以前に，レオがカールに対してローマですでに比類のない地位を与えていたことを知ることができるだけであるのに対して，ラテラノ宮殿に描かせたモザイクは，もっと多くのことを教えてくれる。
　レオは，ラテラノ宮殿に二つの大広間（トリクリニウム）を建設させたが，このうちの大きい方の大広間（*aula Leonina*）に著名なモザイクがあった[72]。このモザイクは1743年に建物が移築された際に一度，壊されたが，再建され，再び描かれた。今日，見ることができるのは，このモザイクである。このモザイクの中央には，アプシスがあって，そこには，イエスが布教のために弟子たちを派遣する光景が描かれている。このモザイクの左側には，キリストがペトロに鍵を与え，コンスタンティヌス大帝に旗を与える図が描かれている。しかし，これがもともと描かれていた絵と同じであったとは思えない[73]。というのは，1625年に修復される前に，すでに左

---

69) LP 2, S. 3.
70) Luchterhandt, Famulus Petri, S. 55.
71) 巻末，図1参照。
72) Vgl. Noble, Topography, S. 68; Belting, Palastaulen, S. 65.
73) ルフターハント（Luchterhandt, Famulus Petri, S. 67）は，コンスタンティヌス大

側のモザイクは失われており，この図は想像にもとづいて描かれたものだからである[74]。それに対して，モザイクの右端のカールが描かれている部分は，1625年の修復時まで保存されていたものである。したがって，このモザイクは，レオが描かせた絵と同じものであるということができる。この著名な部分の中央には聖ペトロが描かれ，その左下に教皇レオ，右下にカールが描かれている。二人とも跪いている。ペトロはレオにパリウムを，カールには旗を与えている。カールの称号は皇帝ではなく，国王であり，このモザイクが皇帝戴冠以前に製作されたものであることを明らかに示している[75]。ペトロの足元には，次のような意味の言葉が刻まれている。

　　「聖ペトロよ，教皇レオには命を，カール王には勝利を与えたまわんことを！」[76]

　おそらく，この言葉は，モザイク全体から解釈すべきである[77]。すでに述べたように，このモザイクのテーマは，伝道である。アプシスの下方には，「だから，あなたがたは行って，すべての民をわたしの弟子にしなさい」という『マタイによる福音書』の一節（28, 19）を含む文言が刻まれていた[78]。カールとレオが描かれている部分は，ペトロが教皇とカールに伝道の使命を与えたことを示しているように思われる。この二人こそ，キリスト教伝道の中心であるというわけだ。もっとも，二人がペトロの左右に描かれているからといって，両者の立場が，同等であると考えられていたわけではない。おそらく，ペトロの右手に位置する（こちらから見れば左手だが）レオの方が上位に描かれていたことは，当時の人々にあっては

帝は描かれておらず，ただ単にキリストがペトロに鍵ないしはパリウムを授与する図が描かれていただけではないかと推定している。
　74) Luchterhandt, Famulus Petri, S. 60-64. 巻末，図 2，3，4 参照。
　75) Vgl. Belting, Palastaulen, S. 62.
　76) *Beate Petre donas/Vita (m) Leoni P (a) P (a) et bicto/ria (m) Carolo regi donas.* 巻末，図 5 参照。
　77) この点は，従来の研究では十分考慮されていない。たとえば，Classen, Karl der Große, S. 54-57 では，このモザイクの「政治神学的理念」が検討されているが，このモザイク全体の意味は軽視されている。
　78) Luchterhandt, Famulus Petri, S. 55.

第 9 章　皇帝戴冠への道　　　　　　　　　　　　　　265

明確であった[79]。カールに与えられているのは，武力によってキリスト教の敵を破り，キリスト教世界を拡大することであり，それは「勝利を！」という言葉に示されている。Th. ノーブルは，すでに述べた796年のカールの教皇宛書簡と関連づけて，このイメージの意味を読み解こうとしている。この書簡で，カールはローマ教皇に祈る役割だけを与えた[80]。彼は，このモザイクはこのようなカール側の理解に対する，教皇座の少なくとも部分的な回答であったと考える。すなわち，このモザイクでは，いっそうローマ教皇の積極的な役割が強調されているとするのである[81]。

　レオが多くの貴顕の士や外国の使節に教皇の権威と権力を示すために建築したこの教皇宮殿の壁画に，ローマ教皇座の世界観を描かせたことは間違いない。遠くからみると，まず目立つのは中央のイエス・キリストである。そして，12人の使徒たちの姿である。次に目立つのが右側の聖ペトロだ（もちろん，左端にもほぼ同じ大きさでペトロに鍵を与えるイエスが描かれていたとすれば，左側のイエスも）。キリスト教伝道という大きなテーマの中で，ペトロに鍵を与えるイエス，そして，さらに，その鍵をレオに渡す聖ペトロ。このモザイクでは，全体として，教会におけるローマ教皇の比類のない地位が明確に示されている。フランク王カールに与えられている役割は，この壮大な全体像の中の一部にしかすぎない。カールに与えられているのは，異端や異教徒と闘い，教会を助けることなのだ。聖ペトロの左右に自分とともにカールを配置することで，カールに対して最大限の敬意を払いつつも，伝道の使命を与えられた使徒たち，そして，その後継者であるローマ教皇に委ねられた崇高な全体的なヴィジョンの中に，カールの役割を組み込んでいることに注目しなくてはならない。このモザイクに，ローマ教皇としてのレオ3世の断固たる意思を感じないわけにはいかない。彼は，きわめて不安定な立場に追い込まれても，教皇の地位が何であるかをよく知っていたし，その崇高な地位に対する畏敬の念をもつことを人々に求めた。そして，フランク王に対しても求めたのである。このモザイクにも，ローマ教皇とフランク宮廷の立場の違いは明瞭に現れている

---

79)　Vgl. Becher, Kaiserkrönung, S. 22 mit Anm. 104.
80)　Alcuin, Ep. Nr. 93, S. 136-138.
81)　Noble, Topography, S. 70.

のである。

2　『コンスタンティヌスの定め』

　この文書について述べるのは，いささか勇気がいることである。というのも，この文書はあまりに高名な中世の偽文書であると同時に，秘密のヴェールに包まれた文書だからである。この偽文書が作られた意図についてもはっきりしないし，文書が作成された時期に関しても諸説がある。カールの皇帝戴冠との関連にいたっては，直接的な証拠は何もない。にもかかわらず，この文書について触れるのは，この文書に含まれる政治理念を理解することによってはじめて，カールに皇帝戴冠を勧めた教皇レオの政治的な意図を推定することが可能になると考えるからである。

　『コンスタンティヌスの定め』(*Constitutum Constantini*)[82]は，全くの捏造ではない。5世紀末頃に書かれたと思われる『聖シルヴェステル伝』に依拠して書かれたものである。『聖シルヴェステル伝』は，コンスタンティヌス大帝時代のローマ教皇シルヴェステル1世を描いた聖人伝であるが，そのなかで，コンスタンティヌス大帝の回心に関する物語が記されており，その部分が『コンスタンティヌスの定め』の作者に大きなインスピレーションを与えたのである[83]。この聖人伝の作者は，皇帝との摩擦が生

---

[82]　この文書の最良のテキストは，Fuhrmann による MGH 版である。この文書は，我が国においては，欧米の研究書におけるタイトルに対応して，『コンスタンティヌスの定め』とも，『コンスタンティヌスの寄進状』とも訳されてきたが，ここでは『コンスタンティヌスの定め』というタイトルを採用する。それは，「寄進状」という名からは，どうしても単なる所領の譲渡が連想されてしまうように思われるからである。なお，この文書はけっして長いものではない。Fuhrmann の校訂本では，わずか306行にすぎない。この文書に関する研究として，膨大な研究文献の中から，以下の四点だけを挙げておく。Horst Fuhrmann, Das frühmittelalterliche Papsttum und die Konstantinische Schenkung. Meditationen über ein unausgeführtes Thema, SSCI 20 (1973), S. 257-292; Raymond-J. Loenertz, Constitutum Constantini. Destination, destinataires, auteur, date, Aevum 48 (1974), S. 199-245; Wilhelm Pohlkamp, *Privilegium ecclesiae Romanae pontifici contulit*. Zur Vorgeschichte der Konstantinischen Schenkung, in: Fälschungen im Mittelalter, Bd. 2 (MGH Schriften 33/2), Hannover 1988, S. 413-490. Johannes Fried, Donation of Constantine and *Constitutum Constantini* (Millennium-Studien, Bd. 3), Berlin/New York 2007. 最後に挙げたフリートの研究は，『コンスタンティヌスの定め』のフランク王国起源説を強力に主張しており，本書で採用した通説的な立場とは相容れない。この研究については，Jürgen Mietke によるインターネット上での書評を参照されたい。http://hsozkult.geschichte.hu-berlin.de

[83]　この点に関しては Levison, Konstantinische Schenkung und Silvesterlegende を参

じた5世紀末の困難な時期に，ローマ教皇のイデオロギー上の立場を強化するために，この物語を作り上げた。『聖シルヴェステル伝』によれば，コンスタンティヌス大帝は，ローマ帝国のすべての聖職者の首位にたつことを認める特権をローマ教会に認めた。回心して8日目にコンスタンティヌスは悔悟の涙を流し，ひれ伏すと，帝冠を脱ぎ捨てたという。『聖シルヴェステル伝』の作者がコンスタンティヌスについて書いているのはここまでで，帝冠を再びコンスタンティヌスの頭上に置いたのは誰なのか，ということは書かれていない[84]。話の筋を追えば，確かにコンスタンティヌスに帝冠を授けたのはローマ教皇に他ならないはずであるが，この聖人伝には，そのことははっきりとは書かれていない。『聖シルヴェステル伝』の作者にとっては，それで十分だったのであろう。

　しかし，『コンスタンティヌスの定め』の作者は，そうではなかった。彼は，聖人伝の作者より，さらに想像力を駆使して，物語に真実味を与えようとした。この偽書の作者は，コンスタンティヌスはすべての権標をローマ教皇に差し出したと書く。コンスタンティヌスは教皇シルヴェステルの頭上に自らの冠をかぶせようとしたが，シルヴェステルはそれを拒んだ[85]。そこで，皇帝は皇帝の居城，都市ローマ，イタリアのすべての属州，西方の全領土を教皇に譲渡しようと願ったという[86]。この記述は，コンスタンティヌスがなぜ都を東方に移したのかという説明と結びつく。作者によれば，コンスタンティヌスが遷都したのは，キリスト教の本山が置かれている場所と同じところに世俗の中心を置くのは畏れ多いと，皇帝が考えたからである[87]。はっきりと述べられているわけではないが，結局，『コンスタンティヌスの定め』の作者によれば，コンスタンティヌスが皇帝の地位にとどまったのは，ローマ教皇が彼に帝位を授けたからであった。そして，コンスタンティヌスは帝位を認められた感謝のしるしに，教皇に帝国の西方の一切の権限を譲渡し，自らは東方に新都を建設したとされる。

照。
　　84）　Vgl. Ullmann, Growth of Papal Government, S79. また，ウルマン『中世の政治思想』58頁。
　　85）　Constitutum Constantini, c. 16, S. 91f.
　　86）　Constitutum Constantini, c. 17, S. 93f.
　　87）　Constitutum Constantini, c. 18, S. 94f.

この政治理論の要点は二点ある。第一に，ローマ教皇こそが，ビザンツを含めた全キリスト教世界の中心であり，ビザンツ皇帝の皇帝権はそもそもローマ教皇から授与されたものにすぎないということである。第二に，西方におけるすべての権能が，ローマ教皇に譲渡されたことである。コンスタンティヌス以降，皇帝は東方における世俗的な統治権を保持したが，西方において，これと同じ統治権を保持するようになったのはローマ教皇であった。『コンスタンティヌスの定め』の作者は，東方において確固たる支配権を確立しているビザンツ皇帝に対して，ローマ教皇座はきわめて不安定な立場にあるにすぎないという現状を冷静に分析しながら，驚くべきほど巧妙なやり方で，ビザンツ皇帝に対するローマ教皇の優位を説くのである。

　以上に述べたことから，この高名な偽文書がいつ作成されたのかという問題への，おおよその見通しが得られる。この文書は，ビザンツ皇帝に対して，ローマ教皇座の立場を殊更強調しなくてはならない不安定な時期に書かれたということである。この時期として，もっともふさわしいのは8世紀後半である。この時期には，ローマ教皇座は聖画像論争を抱え，困難な舵取りを強いられていた。この時期に『コンスタンティヌスの定め』が作成されたという，多くの研究者の見解は妥当であろう。これに対して，作成年代を9世紀にまで遅らせようとするオーンゾルゲらの試み[88]は，あまりに根拠が薄弱である。もっとも，8世紀後半説のなかにも，作成年代をもっと特定しようという様々な試みがあるが，どの説も決定打を欠いている[89]。

　この文書の作成にあたって，教皇座が積極的に関わったとは思われない。何よりも，ローマ教皇座がこの文書を自己の立場を強化するために積極的に利用したという痕跡がないのである。それは，この文書を積極的に利用した11世紀以降の教皇座と大きな対照をなしている。『コンスタンティヌ

---

　88) Ohnsorge, Constitutum Constantini. また，同種の最近の試みとして，Hans Constantin Faussner, Anastasius Bibliothecarius und die Konstantinische und Pippinische Schenkung, in: Grundlagen des Rechts. Festschrift für Peter Landau zum 65. Geburtstag, hg. von Richard H. Helmholz, Paderborn 2000, S. 25-41.
　89) これらの諸説に関しては，Noble, Republic of St. Peter, S. 135 mit Anm. 173 に簡潔にまとめられている。

スの定め』は，おそらくローマの聖職者によって作成された私的な作品であるといわなければならない[90]。

それでは，この文書はカール戴冠前夜の時期には全く何の役割も果たしていなかったのであろうか。

この問題を考えるためには，レオの前任者であるハドリアヌスがカール宛の有名な書簡のなかで，『コンスタンティヌスの定め』を明らかに意識しつつ，カールに教皇座へのいっそうの領土の譲渡をもとめたことがあるという事実を考慮すべきである[91]。コンスタンティヌスがシルヴェステルに「西方における権限（*potestas in his Hesperiae partibus*）を譲渡した」という表現は，ハドリアヌスが『コンスタンティヌスの定め』を知っており，また，それを教皇座の世俗的な権力を理由づけるために用いたことを明らかに示している[92]。遅くとも，ハドリアヌスの時代には，『コンスタンティヌスの定め』は教皇座の政治思想の中に入り込んでいたのではないだろうか。レオが『コンスタンティヌスの定め』を知っていたとしても不思議ではない。

3　教皇座の政治理念

教皇座は次第にビザンツ帝国の支配を脱し，ランゴバルトとの対立という困難な状況の中で，独立国としての相貌を見せるようになっただけではなく，『コンスタンティヌスの定め』にみるように，キリスト教世界の中で自分の果たすべき役割についての認識を深めていった。その際，つねに，教皇座の政治理論の中心にあったのは，教皇は使徒の長である聖ペトロの後継者であり，教皇は教会の頭であり，首位権をもっているということであった。この思想は，現実の世界における困難な状況にもかかわらず，常に放棄されることはなく，それどころか，いっそう，確固たる信念にまで達していたように思われる。それゆえ，いかに教皇座がフランク王権の援

---

90) Huyghebaert, Donation; vgl. Noble, Republic of St. Peter, S. 136.
91) Classen, Karl der Große, S. 28 mit Anm. 83; vgl. Abel/Simson, Jahrbücher, Bd. 1, S. 319 mit Anm. 2.
92) CC Nr. 60, S. 587: *potestatem in his Hesperiae partibus largiri dignatus*, ... もちろん，フリートはそう考えていない。この書簡に関するフリートの見解が，Fried, Donation of Constantine, S. 41 で示されている。

助を必要としていたとしても，教皇の考える世界の見取り図において，フランク王が中心となり，教皇が脇役を務めることはありえないことであった。このことはラテラノ宮殿のモザイクの分析から示したとおりである。

就任早々，大きな困難に遭い，カールの助力を必要とせざるをえない状況に追い込まれたレオも，そうした8世紀後半に教皇座で育まれてきた理念の信奉者であったにちがいない。教皇座からみて，カールは教会と教皇を支える重要な役割を担っていたが，キリスト教世界の中心は教皇以外にはありえなかった。レオと教皇座の聖職者たちが『コンスタンティヌスの定め』に触発されて，カールの皇帝戴冠を思いついた可能性は高い。

『コンスタンティヌスの定め』の政治理論は，教皇座の基本理念から逸脱するものではなかったから，カールが帝位の申し入れを受諾するということは，ローマ教皇の基本政策の中にフランク王権が位置づけられてしまうことを意味した。ローマ教皇を中心とする政治構想に組み入れられることを意味したのである。それゆえ，教皇座側からの皇帝戴冠計画の提案は，フランク宮廷にとっては素直に喜ぶことのできない申し出だった。フランク宮廷で浸透しつつあった「帝国」構想と，ローマ教皇の「帝国」構想の間には，大きな隔たりがあった。したがって，カールの皇帝戴冠の実現とは，両者の政治的妥協の産物に他ならなかったのである。

妥協の産物としての皇帝戴冠式

カールは800年の8月，ついにマインツに軍を集め，ローマへの歩みを開始した。カールはアルプスを越え，イタリアに入り，古都ラヴェンナに到着した。一週間ほど，当地に滞在し，その間，息子のイタリア王ピピンにベネヴェント遠征を命じた。そして，ピピンと分かれ，カールだけがローマに向かった[93]。カールが，ローマから12ローマ・マイルほど離れた町メンタナに11月23日に着くと，そこにはレオが出迎えていた[94]。これは，破格の待遇であるといってよいであろう。教皇は，カールを皇帝と同格の

---

93) ARF a. 800, S. 110.
94) Deér, Vorrechte, S. 80.

第9章 皇帝戴冠への道

存在として扱ったのである。774年，781年，787年という3度にわたるローマ遠征において，カールがローマの町の外で教皇の出迎えを受けたことは一度もなかった[95]。さて，二人は朝食を共にした。だが，二人は連れ立ってローマに入市したわけではなかった。レオが先に出立し，カールは翌日にローマに入ることになったのである[96]。

　一週間後，王は集会を催し，自分がローマを訪れた理由を説明した。王は述べた。自分がローマに来たのは，レオ襲撃事件の真相を明らかにすることであると。カールは強権を発揮しようとはせず，慎重に最善の解決策を探っていた。そして，ほぼ三週間にもわたる調査の末，結論を出した。結局，レオを非難する者たちは有力な証拠を挙げることはできなかった[97]。レオは教会で自分の無実を高らかに宣誓し[98]，レオ襲撃事件は一応の決着をみた。それは12月23日，つまりカール戴冠の前々日のことであった[99]。

　『王国年代記』は，この23日にイェルサレム総大司教の使者がカールを訪問したことを記している。一方，『教皇列伝』は，他のことは伝えていない。そして，どちらの史料とも，クリスマスの皇帝戴冠式のことを述べるのである。ところが，実際には，23日に重要な会議が開催されていた。

---

　95) この点に関しては，Deér, Vorrechte を参照。Vgl. Hack, Empfangszeremoniell, S. 321f.
　96) この点については，Becher, Kaiserkrönung, S. 8f. 参照。これは，『王国年代記』の叙述による。これに対して，『教皇列伝』は，レオがメンタナでカールを出迎えたことや一緒に朝食をとったことに一切触れていない。『教皇列伝』の記述は，カールがサン・ピエトロ大聖堂を訪れたときから始まる。『教皇列伝』の作者にとって，レオがカールを皇帝のように遇したことは，明らかに書く必要のないことであった。
　97) ARF a. 799, S. 112；LP 2, S. 7. 『教皇列伝』の作者は，会議に参加した人々が，「先例に従い，教皇はいかなる者によっても裁かれない」ということで一致したと述べている。これは，まさしく，アルクインがかつてアルン宛ての書簡の中で述べた，教会法に典拠をもつ原則である。したがって，レオが行った潔白を証明するための宣誓は，法的手続きとして必要であった行為ではなく，あくまでも，レオが任意に行った行為であった。Classen, Karl der Große, S. 59.
　98) LP 2, S. 7.
　99) このように，カールは，ローマ滞在の目的はレオ襲撃事件の法的決着にあると明言していた。このことから，この裁判とカールの皇帝戴冠を関連づける研究が古くから存在している。たとえば，Sackur, Majestätsprozeß; Heldmann, Kaisertum Karls des Großen, S. 239f. これらの研究によれば，ローマ法では大逆罪を科すことができたのは皇帝だけであったから，大逆罪で首謀者たちを裁こうと考えた教皇レオと支持者たちが，カールの皇帝戴冠を思いつき，実行に移そうとしたのだとする。しかし，この問題を詳細に検討したハーゲネーダーは，これらの研究に批判的である（Hageneder, Crimen maiestatis）。

そのことを唯一伝えるのが『ロルシュ年代記』である。『ロルシュ年代記』は，23日にカールの戴冠をめぐる問題がローマ教皇を含む人たちの間で論議され，最終的な合意にいたったことを伝えている。この年代記の作者は，ロルシュ修道院長にしてトリアー大司教の職にもあったリヒボートであった[100]。リヒボートは，アルクインの弟子であり，友人であり，この時期のフランク王国の有力な聖職者のひとりであった。ただし，彼はヒルデバルトやアルンのように，目立った政治的な任務をカールから与えられたことはない。

H. フィヒテナウは，この年代記の記述は信頼できると結論づけた[101]。今日，この年代記の記述は皇帝戴冠問題の検討に利用されている。この年代記で，会議のことは次のように述べられている。

「皇帝の名は，帝国が一人の女性の手に落ちてしまったビザンツには存在しない。フランク人の王は，その昔，皇帝が居を定めるのを常としてきたローマだけではなく，イタリア，ガリア，ゲルマニアにあった皇帝の宮廷所在地を掌握している[102]。それは，神がカールに力を与えたからである。皇帝は，司教たちとキリスト教の民の選出にもとづいて神が選ぶべきものである。教皇レオ，この会議に列席したすべての教会聖職者たち，そして他のキリスト教徒を代表する俗人たちは，皇帝の名がカールに与えられるのが正当であると判断した」[103]。

---

100) この年代記については，一般に Wattenbach-Levison, Geschichtsquellen, H. 2, S. 187 mit Anm. 66; Hoffmann, Annalistik, S. 76-90. 作者はリヒボートであるという推定は，Fichtenau, Karl der Große und das Kaisertum, S. 287-309 で詳細に検討されている。アントンも，これに同意している。Anton, Trierer Kirche, S. 35 mit Anm. 73.

101) Vgl. Classen, Karl der Große, S. 58 mit Anm. 207.

102) ここで挙げられている宮廷所在地としては，イタリアのラヴェンナ，ガリアのトリアーが考えられていることは間違いない。Mayr-Harting, Warum 799 in Paderborn?, S. 4 によれば，ゲルマーニアの宮廷所在地としてパーダーボルンが考えられているという。しかし，むしろケルンを考えるべきではないだろうか。

103) Annales Laureshamenses (MGH SS 1), S. 38: *Et quia iam tunc cessebat a parte Graecorum nomen imperatoris, et feminicum imperium apud se abebant, tunc visum est et ipso apostolico Leoni et universis sanctis patribus qui in ipso concilio aderant, seu reliquo christioano populo, ut ipsum Carolum regem Franchorum imperatorem nominare debuissent, qui ipsam Romam tenebat, ubi semper Caesares sedere soliti erant, seu reliquas sedes quas ipse per Italiam seu Galliam nec non et Germaniam tenebat; quia Deus omnipotens has omnes*

第9章 皇帝戴冠への道

　この会議での考え方はこうである。現在唯一皇帝のタイトルを有しているビザンツ皇帝は，伝統に反して女帝であり，しかも帝国に混乱をもたらしており，現在ビザンツにおいて正当な皇帝がいるとはいえない。他方において，西方にはかつての西ローマ帝国とほとんど同じ広さの領土を支配するフランク王カールがいる。カールは，かつてのローマ帝国の首都ローマを統治しているばかりではなく，ラヴェンナ，ミラノ，トリアー，アルルといったかつての西ローマ帝国の拠点をすべて支配下に置いている。その彼が皇帝と称するのは当然ではないか，というのである。

　この主張は，すでにフィヒテナウが指摘しているように，『カールの書』を想起させる[104]。『カールの書』の冒頭に，次のような表現がみられる。「わが主，わが救世主イエス・キリストの御名において。ガリア，ゲルマーニア，イタリア，そしてこれらに隣接する地域を主のご加護のもとに治める，光輝き，卓越し，立派な，神の恩寵によるフランク国王カールの書がはじまる。これは，聖画像を崇拝するために愚かで傲慢にもギリシャ地域（in partibus Graetiae）で開催された公会議に反駁するための書である」[105]。ここでは，はっきりと「ギリシャ地域」と呼ばれるビザンツと，ガリア，ゲルマーニア，イタリアを支配するフランク王国が対比されているのである。『ロルシュ年代記』の叙述を信じれば，フランク宮廷は，カールの皇帝戴冠にあたり，すでに『カールの書』で表明されていたフランクの政治的立場を正当化しようとしていたことになる。

　しかし，皇帝戴冠はフランク側の思惑通り進行した政治事件だったのであろうか。『ロルシュ年代記』の記述が信頼の置けるものであるとしても，同時にこの記述がフランク側の立場の表明にすぎないことも考慮しなければならない。教皇側の唯一の同時代史料である『教皇列伝』は，この点に一切触れていない。後述するように，『教皇列伝』では，カールが皇帝に推挙された理由として別のことが挙げられているのである。

　23日に行われた会議で，カールの皇帝推挙が正式に決定された後，25日のクリスマスの日に，ついに皇帝戴冠式が挙行されることになった。即位

---

sedes in potestate eius concessit, ideo iustum eis esse videbatur, ut ipse cum Dei adiutorio et universo christiano populo petente ipsum nomen aberet.

104) Fichtenau, Karl der Große und das Kaisertum, S. 320.
105) LC, Praefatio, S. 97.

式のような重要な儀式がクリスマスのような祝祭日に行われることは，よくあることであったから，クリスマスで戴冠式を行うことが，かなり以前から事実上決定されていたことは十分考えられる[106]。

　では，カールの皇帝戴冠はどのような形でおこなわれたのであろうか[107]。この点に関する主要史料は，『フランク王国年代記』と『教皇列伝』である。まず，『フランク王国年代記』の記述を引用しよう。「まさにクリスマスの日のミサの最中に，王が祈りを終え，聖ペトロの墓前から立ち上がったとき，教皇レオがカールの頭上に冠を被せた。すると，すべてのローマの人々から歓呼の声があがった。『神によって冠を授けられ，この世に平和をもたらす偉大な皇帝，アウグストゥス，カールに，命と勝利を！』（*Carolo augusto, a Deo coronato magno et pacifico imperatori Romanorum, vita et victoria!*）。賛歌の後，かつての皇帝たちの習慣に倣って，教皇から跪拝の礼を受けた。そして，これ以降，カールはパトリキウスではなく，皇帝にしてアウグストゥス（*imperator et augustus*）と呼ばれるようになった」[108]。

　一方，『教皇列伝』はこう述べている。「それから，わが主イエス・キリストのご降誕を祝って，皆がサン・ピエトロ教会に再び集まった。寛大なる教皇が王に貴重な冠を被せた。すべての信仰篤きローマ人たちは，神と天の国の鍵をもつ聖ペトロの命にしたがって，王が聖なるローマ教会とその代理人をどれだけ愛し，また守ってきたかを知っていたので，声をあわせて叫んだ。『神によって冠を授けられた敬虔なるアウグストゥス，この世に平和をもたらす偉大な皇帝カールに，命と勝利を！』（*Karolo piissimo Augusto a Deo coronato magno et pacifico imperatore vita et victoria!*）。多くの聖人の名を連呼するとともに，聖ペトロの聖なる墓前で，彼らは三回叫んだ。こうして，すべての者により，カールはローマ人の皇帝として認められた」[109]。

---

　　106) 教会の祝祭日に，政治的に重要な出来事が行われたことについては，一般に以下の文献を参照。H. M. Schaller, Der heilige Tag als Termin mittelalterlicher Staatsakte, DA 30 (1974), S. 1-24.
　　107) Classen, Karl der Große, S. 62-70 において，戴冠式の式次第が詳しく分析されている。
　　108) ARF a. 801, S. 113.

次の三点が注目される。
　まず第一点は，『教皇列伝』では，カールが皇帝に推挙された理由として，ローマ教皇座に対する支援が挙げられていることである。ビザンツとの対抗関係が，前面に強く打ち出されている『ロルシュ年代記』の叙述とは対照的である。『教皇列伝』の作者によれば，カールが皇帝に推挙されたのは，カールがローマ教皇座を支えたからに他ならない。『教皇列伝』の作者は，あくまでも教皇座を中心にして，カールの皇帝戴冠を理解しようとするのである。
　第二点は，歓呼の表現が，フランク宮廷で国王の出席するミサにおいて用いられたとされる「国王賛歌」（laudes regiae）の表現にきわめて類似していることである。伝えられている「国王賛歌」の表現は次のようである。『神によって冠を授けられ，この世に平和をもたらし，偉大な，フランク人とランゴバルト人の王にして，ローマ人のパトリキウスである類い希なるカールに，命と勝利を！』[110]（Carolo excellentissimo et a Deo coronato atque magno et pacifico regi Francorum et Langobardorum ac patricio Romanorum vita et victoria!）。ビザンツ皇帝の称号に影響を受けて作られたと思われる，こうした表現はすでにフランク宮廷において馴染み深いものであった。そしておそらく，カールがローマで列席した数々のミサにおいても用いられていた。このことは，戴冠式の準備に関与したローマ・フランク双方の聖職者が，可能な限り従来の伝統に配慮したことを示すように思われる。
　第三点は，このカールの戴冠式が徹頭徹尾，宗教的な雰囲気のなかでおこなわれたことである。このことは，年代記作者の表現にもあらわれている。『サンタマン年代記』の「レオは彼を皇帝に聖別した」という表現や，『ロルシュ年代記』の「教皇レオ猊下の聖別（consecratio）により，皇帝の名を得た」という表現は，このことを的確に表現している[111]。ビザンツでは，競馬場に集まった人々による皇帝万歳の歓呼の声こそが，新帝の即位においてもっとも重要であった。しかし，この800年のカールの皇帝

---

109) LP 2, c. 23, S. 7.
110) Kantorowicz, Laudes Regiae, S. 15.
111) Annales sancti Amandi (MGH SS I), S. 44; Annales Laureshamenses (MGH SS I), S. 38.

戴冠式ではそうではない。なるほど，教会に集まった人々は，おそらく教皇の合図にしたがって歓呼の声をあげた。しかし，カールを新しい皇帝に選んだのはローマ市民ではなかった。新しい皇帝を選んだのは神であり，そしてそのことは皇帝戴冠式がクリスマスの礼拝のなかで行われたことにも，よくあらわれているのである。

　この点については，特にカールの皇帝戴冠式についてのK. J. ベンツの主張に，耳を傾ける必要がある[112]。ベンツは，この時期のローマの典礼史料を比較検討した後，カールの皇帝戴冠式は，ローマの司教叙階式に準拠して行われたと結論づける[113]。彼によれば，当時，教皇座はビザンツの即位式を単に模倣するだけでは満足せず，カールの皇帝戴冠のための新しい儀式を模索したが，そのなかで新しい儀式の骨格として利用しようとしたのが，ローマの司教叙階式だったというのである。典礼という枠組みの中で行われた皇帝戴冠式のなかで，もっとも重要な行為は，ローマ教皇レオによる加冠であった。教皇は，この戴冠式でもっとも重要な役割を演じたのだと述べている。

　全体としてみるならば，皇帝戴冠式はローマとフランクの二つの帝国理念の妥協の産物として理解されるように思われる。ローマ教皇は，戴冠式において中心的な役割を果たすことに完全に成功した。しかし，その一方で，フランク宮廷も，この儀式のなかに従来からの伝統を感じ取ることができたであろう。儀式全体は礼拝の枠組みのなかで行われ，「国王賛歌」で慣れ親しんでいたパフォーマンスが戴冠式でも用いられていたのである。

同　床　異　夢

　カールの皇帝戴冠は，宗教国家のヴィジョンを強力に打ち出していたフランク宮廷と，フランク宮廷との関係の強化を望むローマ教皇座の思惑が一致したところに生じた政治事件であった。

　キリスト教共同体への帰属意識を強化しつつあったフランク宮廷にとっ

---

112) Benz, Kaiserkrönung.
113) Benz, Kaiserkrönung, S. 362f.

第 9 章　皇帝戴冠への道　　　　　　　　277

て，聖画像崇敬を認めようとしないビザンツは，攻撃の対象となった。フランク宮廷は，コンスタンティノープルへのライバル意識を剥き出しにし，ビザンツ皇帝の姿勢を攻撃し，カールこそが，正統信仰の最高の擁護者であることを内外に示そうと試みた。790年代前半の『カールの書』とフランクフルト教会会議は，こうしたフランク宮廷の姿勢を示している。しかし，この段階では，帝位も帝国も全く問題ではなかった。フランク宮廷とカールが帝位に関心を示したことを推定させる史料は，ただのひとつも存在しない。多くの宮廷人にとって，「皇帝」はローマ皇帝を意味し，「帝国」はローマ帝国を意味した。これは，ビザンツ宮廷の自己認識であったが，フランク宮廷の理解でもあった。『カールの書』で書かれているように，フランク宮廷からみれば，ローマ帝国の伝統はけっして好ましいものでなかった。なぜなら，「キリストの支配」は，ローマ帝国に替わって登場したものだからである。この段階では，カールの皇帝戴冠は全く想像できなかったといってよい。しかし，こうした状況は，その後の 5 年間に大きく変貌することになる。

　まず，「帝国」イメージを変えることに貢献したのが，アルクインであった。アルクインの「帝国」は，ローマ的な意味をもたず，また，政治共同体の意味では用いられていなかった。アングロ・サクソン人であるアルクインにとって，*imperium* は，ヘゲモニーという一般的な意味をもっていた。彼が「キリスト教帝国」という言葉を使うとき，彼の脳裡には，ローマ帝国はなかった。アルクインは「キリスト教帝国」という表現を宗教共同体の意味でただ漠然と用いたにすぎなかったと思われる。必ずしも，フランク王国が「キリスト教帝国」と同一視されていたわけではなかった。アルクインが言いたかったのは，フランク王国もキリスト教共同体に属しており，しかも，この王国の君主であるカールは，このキリスト教共同体の指導者であるということである。アルクインにとっては，カールと宮廷の成員がこのことを自覚し，カトリック教会の擁護と発展という崇高な責務を果たすことが重要であった。その意味では，アルクインの「キリスト教帝国」が，カールの皇帝戴冠の直接的な要因であったということはできない。しかし，アルクインの言説を通じて，「帝国」という表現が，宮廷の人々に，従来以上に馴染み深い言葉になったことは確かなことのように思われる。また，「帝国」と「キリスト教」との結びつきが，フランク宮

廷の「帝国」イメージを変化させることに役立ったかもしれない。もっぱら，ローマとの結びつきしか感じられなかったこの言葉に，キリスト教的な意味を吹き込んだのは，まさしくアルクインであった。

とはいえ，800年のカールの皇帝戴冠の直接のきっかけを作ったのは明らかに799年に生じたローマの内紛である。反対派に襲われ，苦境に立たされたレオにとって，カールが唯一の救世主であり，カールをいかに利用し，自分たちの立場を逆転させるかがレオ陣営の課題であった。そこで考え出されたのが，カールの皇帝戴冠であった。カールからの積極的な支援が期待できるだけではなく，『コンスタンティヌスの定め』の政治理論にもとづいて，その後のローマ教皇の立場を強化できる。そのような戦略ではなかっただろうか。

ローマ教皇の提案は，直ちに受け入れられたわけではなかった。フランク宮廷の人々は，アルクインを通じて，「帝国」概念に以前よりは馴染むようになっていたとはいえ，この提案を直ちに受け入れるだけの政治思想は育ってはいなかった。ただし，正統な教義を守ろうとはせず，異端的な教えに固執するビザンツの君主が皇帝と称しているのであれば，現実に広大な領土を有し，正統信仰の擁護と拡大のために邁進するフランク国王カールこそが，むしろ皇帝にふさわしいのではないか，という感覚はあったかもしれない。そして，結局，フランク宮廷の政治的判断は，このような感覚に沿うものであったのである。

このようにして，800年のクリスマスに，ローマでカールの皇帝戴冠式が挙行されることとなった。カールの皇帝戴冠には，フランク宮廷とローマ教皇の「異夢」が重なっていた。ローマ教皇座は，これにより，ローマが単なる宗教上の中心だけでなく，政治上の中心ともなることを期待した。また，この「帝国」において，教皇が重要な役割を果たすことを願っていた。しかし，フランク宮廷は，ローマ教皇に必要以上に大きな役割を認めることを警戒していた。

したがって，カールの皇帝戴冠によって誕生した「帝国」は，単純に「ローマ帝国」と呼べるものではなかったし，「西ローマ帝国」と呼べるものでもなかった。ここに，フランク宮廷の苦悩がはじまる。「帝国」をフランク王国の国家体制の中にどのように位置づけたらよいか。それは，宮廷にとって，実に悩ましい問題であった。

第 10 章

皇帝戴冠の波紋

―――――――

　教皇座とフランク宮廷の「同床異夢」から誕生した「帝国」は，その後どういう運命を辿ったのであろうか。また，カールの皇帝権はその後の政治情勢にどのような波紋を投げかけたのだろうか。それは，フランク王国を「帝国」に変えてしまう革新的な出来事であったのだろうか。この疑問に答えを与えるのが本章の課題である。「帝国」という要素をフランク王国の伝統的な国家理念に付け加えるのが，いかに難しい問題であったのかを，カールの皇帝戴冠の直後から802年頃までの時期の史料は教えてくれるのである。
　ここでは，次に挙げる三つの問題を特にとりあげることによって，皇帝戴冠の波紋を検討してみたい。
　第一は，都市ローマの支配権をめぐる問題である。カールは，774年のランゴバルト征服後，「フランク人の王にして，ランゴバルト王，そしてローマ人のパトリキウス」と自称し，ローマ教皇座に対して保護権をもっていることを公式に表明するようになった。もっとも，このローマに対する権限は，名目的なものにすぎず，その意味において，ローマ教皇は「ローマ人のパトリキウス」というカールの肩書を理解していたし，カール自身もそのように捉えていたように思われる。フランク王権がローマの問題に直接介入するようになるのは，ようやくカールの皇帝戴冠前夜のことである。都市ローマの内部の問題に介入することに関しては，フランク宮廷はきわめて慎重であった。それでは，皇帝戴冠によって，カールのローマでの地位は一変したのであろうか。それとも，カールのローマでの地位は，

「ローマ人のパトリキウス」という肩書をもっていた時代と，さほど変わらないものだったのであろうか。カール大帝は，ローマを完全に自分の支配下にある都市として理解したのであろうか。また，教皇は新しい皇帝の統治権をどのように理解しようとしたのであろうか。

　第二は，フランク宮廷が，産声をあげたばかりの「帝国」をどのように理解しようとしたのかという問題である。フランク宮廷とローマ教皇座の帝国理解は大きく異なっていたにちがいないが，それにしても，カールがローマで，しかもローマ教皇の手から帝冠を授かったということは動かしがたい事実であった。フランク宮廷は，この事実をどのように解釈しようとしたのであろうか。

　第三は，ビザンツとの関係である。カールの皇帝戴冠はビザンツに対する強烈な対抗意識を背景に実行に移されたわけであるが，フランク王権はカールの皇帝戴冠後，どのような対ビザンツ政策を遂行したのであろうか。また，この新しい事態に対して，ビザンツはどのように反応したのであろうか。

都市ローマの支配権

　皇帝戴冠後，カール大帝はローマを完全に自分の支配下にある都市として理解したのであろうか。また，ローマ教皇レオは，ローマに対する皇帝の統治権をどのように理解しようとしたのであろうか。

　この問題を考える際の出発点となるのは，シュラムの『皇帝としてのカール大帝の承認』と題する画期的な論考と，このシュラムの論考の修正を試みた，ドゥエの精緻な論考である[1]。この二編の論文のおかげで，個々の点に関して議論があるにせよ，どのようなことがローマで皇帝の特権とみなされていたのかを，ある程度知ることができる。もちろん，シュラムとドゥエの論考の目的は，800年の皇帝戴冠以前に，カールが皇帝の特権

---

　1) Schramm, Anerkennung; Deér, Vorrechte. シュラムもドゥエの論文も，それぞれ新たに論文集に再録されるにあたり，注を書き加え，相互に反論を試みている。ここでは，どちらの論文とも，再録された論文集の頁番号にしたがって引用する。

第 10 章　皇帝戴冠の波紋　　　　　　　　　　　　　　　281

の少なくとも一部をすでにローマ教皇から認められていたのかどうか，という点の解明にあり，カールのローマでの政治的地位を明らかにすることが目的ではなかった。しかし，この二編の論文と，シュラムの別の論文から[2]，戴冠後のカールのローマにおける政治的地位に関する重要な情報を得ることができるのである。様々な論点のうち，ここではローマにおけるカールの地位の変化をもっとも明確に示すと思われる二つの点を論じてみたい。その二点とは，教皇文書の発行年表記と貨幣である。

　まず，教皇文書の発行年表記の変遷を考えてみたい。

　8世紀半ばまでは，教皇の発する文書では，ビザンツ皇帝の在位年を記載するのがふつうであった。その慣行を捨て去ったのがハドリアヌスである。ハドリアヌスは，遅くとも781年以降，しかし，おそらくは774年以降，皇帝の在位年を記載せず，自分の在位年と会計年度のみを記すようになった[3]。ハドリアヌスは，自分の文書の日付の表記にあたって，ビザンツ皇帝の在位年も，カールのイタリア統治の在位年も，全く記していないのである。このことは，ビザンツとの決別を宣言するとともに，フランク王権の支配下にも入っていないことを示そうとする，ローマ教皇の当時の政治的立場をはっきりと示している[4]。

　しかし，ハドリアヌスの後継者レオは，このような立場を放棄した。権力基盤の弱かった彼は，自らの後ろ盾としてのカールの威光を必要とした。それゆえ，カールがローマの統治に関与していることを示すほうが，政治的にみて得策であると判断した。こうして，レオは公文書に自分の在位年を記すだけではなく，カールのイタリア支配が始まってから何年目にあたるかという表記を付加したのである[5]。これが，カールの皇帝戴冠前の教

---

　2)　Schramm, Karl der Große als Kaiser.
　3)　Deér, Vorrechte, S. 38. たとえば，781年12月1日付のサン・ドニ修道院宛の特権状（Jaffé, Nr. 2435）の発行年は次にように表記されている。*regnante Domino et salvatore nostro Jesu Christo, qui vivit et regnat cum Deo patre omnipotente et spiritu sacto per immortalia secula, anno pontificatus nostri in sacratissima (sede) beati apostoli Petri sub die Deo propitio decimo, indictione quinta.*
　4)　この注目すべきローマ教皇は，Noble, Republic of St. Peter, S. 132ff. に詳しい。
　5)　Jaffé, Nr. 2497, 2498, 2499, 2503: *(anno) Deo propitio pontificatus domni nostri in apostolica sede ... , atque domni Caroli excellentissimi regis Francorum et Langobardorum et patricii Romanorum, a quo cepit Italiam ...* ; vgl. A. Menzer, Die Jahresmerkmale in den Datierungen der Papsturkunden bis zum Ausgang des 11. Jahrhunderts, Römische

皇文書における日付の記載方法であった。それでは，カールの皇帝戴冠後，公文書の日付の記載方法にはどんな変化が生じたのであろうか。

　レオは，カールの皇帝戴冠後，自分の在位年の表記をやめてしまった。レオは，自分の発給する文書にカールの皇帝としての在位年のみを記すようになったのである[6]。

　このことは，レオが皇帝としてのカールのローマ統治権を公式に認めたものと解釈することができるだろう。カールの皇帝戴冠以前は，レオは，「ローマ人のパトリキウス」としてのカールの保護権を承認しつつも，ローマに関する教皇の統治権の維持に腐心した。しかし，戴冠後の法的状況は変わったのである。カールはローマ皇帝になったのであり，皇帝としてのカールのローマ支配権を否定することは不可能であった。カールの皇帝戴冠から何年という形で公文書の発行年を記すことにし，自らの在位年を記載するのをあきらめたのは，そのようなレオの意識の現れであろう。カールがローマで皇帝になった以上，ローマは世俗的な意味では，カールの「ローマ帝国」の統治下に正式に入ったのであり，公式文書において，カールの在位年を記すのが当然である，というのが教皇座の見解であった。皇帝戴冠は，明らかにローマにおけるカールの政治的立場の強化をもたらしたのである。

　貨幣鋳造権に関しても，同様のことが確かめられる。

　この時代，貨幣の鋳造権は支配者の重要な特権のひとつと考えられていた。たとえば，カールは788年にベネヴェント公に使いを送り，証書と貨幣に自分の名を記すように要求しているが，それは，証書と貨幣に名を記すことが支配下に入ったことを公式に認める重要な行為であると当時考えられていたからに他ならない[7]。ローマでは，ハドリアヌスの時代には教皇の名と胸像を刻んだデナリウス銀貨しか鋳造されなかったが[8]，そのことは，ハドリアヌスの時代には，カールのローマに対する実質的な統治権が認められていなかったことを示している。

Quartalschrift 40 (1932), S. 31, 63.
　6）　Mentzer, Jahresmerkmale, S. 31; Schramm, Anerkennung, S. 225.
　7）　Erchempertus, Historia Langobardorum Beneventanorum, c. 4 (MGH rer. Lango.), S. 236. Vgl. Bertolini, Carlomagno e Benevento, S. 646ff.; Grierson, Coronation, S. 828f.
　8）　Schramm, Herrschaftszeichen und Staatssymbolik, Taf. 24, Abb. 31 g, h.

第10章 皇帝戴冠の波紋

レオの時代になっても同様であった。カールの皇帝戴冠以前にローマで鋳造された貨幣には，カールの名もなければ，その彫像も刻まれていない。表には DN LEONI PAPAE，そして裏には SCS PETRVS（聖ペトロ）という文字とペトロの胸像が描かれた貨幣が鋳造されただけであった[9]。カールが「ランゴバルト王」であり，「ローマ人のパトリキウス」であったことは，貨幣の図柄に何ら影響を及ぼしていない。このことは明らかに貨幣鋳造権がローマ教皇にあり，カールにはなかったことを示している。

しかし，レオは，カールの皇帝戴冠後には，こうしたタイプの貨幣の鋳造を断念し，新しいタイプの貨幣を鋳造する。新しいタイプの貨幣の表には帝位を記したカールの像が描かれ，裏面にはレオのモノグラムと S (an) C (tus) PETRVS という銘が刻まれている[10]。これは確かに画期的なことであった。レオは，貨幣鋳造権に関してもカールに自分の特権を明け渡したのである[11]。

上記の点からわかることは，ローマ教皇レオが，戴冠以前に認めていなかった権限を皇帝戴冠後のカールに譲渡し，ローマに対するカールの統治権を公式に承認したということである。もともと，カールの皇帝戴冠は，苦しい政治的立場にあったレオが対立勢力を封じ込めるために考え出したアイデアであった。レオにとっては，ローマの対立勢力を完膚無きまでにたたきのめすのが第一の目的であり，カールが皇帝戴冠後，どのような権限をローマで行使するのかという問題は，二次的な問題にすぎなかった。

しかし，カールが単に名目的にではなく，実質的にもローマを支配することを教皇が心から望んでいたのかといえば，答えは否である。それは，今まで述べたような「国家シンボル学」（Staatssymbolik）という研究視角からだけではみえてこない。このことは，レオを襲った人々の処分をめぐる一連の政治的動きから推察することができる。

『王国年代記』によれば，カールは，皇帝戴冠の数日後，レオを襲撃した首謀者たちを召喚し，「ローマ法にしたがって」死罪を宣告した[12]。し

---

9) Schramm, Herrschaftszeichen und Staatssymbolik, Taf. 24, Abb. 31 i-k.
10) Schramm, Herrschaftszeichen und Staatssymbolik, Taf. 24, Abb. 31 l; vgl. Deér, Vorrechte, S. 46.
11) Schramm, Karl der Große als Kaiser, S. 265. Vgl. Grierson, Coronation, S. 829.
12) ARF, a. 801, S. 114: *et habita de eis questione secundum legem Romanam ut*

かし，レオは彼らに恩赦を与えるようにカールに嘆願した。カールはレオの願いを聞き入れ，罰を一等減じ，パスカリス，カンプルスといった首謀者たちは追放刑に処せられることになった[13]。

　この裁判については，二つの相反する解釈がある。かつての通説によれば，レオは自分を追い落とそうとした者たちを法的に裁くために，カールに帝冠を授ける必要があった。大逆罪のような重大な裁判権は皇帝の権利としてみなされていたために，カールに皇帝になってもらう必要があったというわけである。このように，かつての通説は，この裁判と皇帝戴冠の因果関係をはっきりと指摘する。この解釈は，少なくともランケまでさかのぼることができるが[14]，1901年にこの問題に関する専門的な論文を著したE.ザックールも，この説の熱心な信奉者であった[15]。カールの皇帝戴冠の古典的な著作を著したE.ヘルトマンも，この学説を受け入れた[16]。また，この説を支持する比較的最近の研究者としては，P.クラッセンの名をあげることができる。クラッセンは，従来の研究者ほど断定的にではないが，やはり，この学説を受け入れている[17]。

　しかし，この説には大きな問題点がある。それは，教皇側の史料である『教皇列伝』が，皇帝としてのカールの裁判権について全く言及していないことである。『教皇列伝』は，カールが首謀者たちを召喚したことを記しているが，大逆罪を理由に彼らに死刑を言い渡したとは書いていない。『教皇列伝』は，ただ単に，「皇帝は，彼らがいかに残忍でずる賢いかがわかったので，フランキアに追放した」と述べているだけである[18]。もし，教皇座が，ローマ法の伝統にしたがえば，反逆者たちに極刑を科すことができるのは皇帝だけであると考えて，カールの戴冠を画策したのであれば，なぜ，教皇に近かったはずの『教皇列伝』の作者が，そのことを記さなかったのであろうか。死刑宣告がフランク側の史料においてのみ伝えられて

---

maiestatis rei capitis dampnati sunt. Vgl. AQE a. 801, S. 115; Annales Maximiniani (MGH SS 13), S. 23; LP 2, S. 8.
　13）これらの一連の出来事について，Hägermann, Karl der Große, S. 435-437 参照。
　14）L. von Ranke, Weltgeschichte, Bd. 3, Leipzig 1895, S. 232.
　15）Sackur, Majestätsprozeß.
　16）Heldmann, Kaisertum Karls des Großen, S. 239f.
　17）Classen, Karl der Große, S. 52.
　18）LP 2, S. 8.

いるのは，なぜなのだろうか。O. ハーゲネーダーが従来のテーゼに疑問を覚えたのも無理はないと言わなければならない。

　ハーゲネーダーは，従来の通説とは全く異なる説明を用意する。彼は，フランク側の史料だけに大逆罪による死罪という判決が述べられている点に注目して，この大逆罪を理由とした判決は，皇帝としての地位を利用し，ローマにおけるカールの立場を強化したいフランク宮廷の思惑から生じたことであると解釈するのである[19]。彼によれば，新しい皇帝に裁判官の役を割り振ることは，教皇レオの本来の意図ではなかった。しかし，フランク宮廷の立場は異なった。フランク宮廷は，ローマ法に準拠して，宮廷や「国家」(*res publica*) に対する陰謀を大逆罪として裁くことを望んだ。カール大帝とフランク宮廷は，その際，ローマ法の法源としてよく知られていた『アラリック抄典』(*Breviarium Alarici*)[20]を援用したのではないかと，ハーゲネーダーは推測する[21]。

　ハーゲネーダーの主張には，説得力がある。従来の通説とハーゲネーダーの新説とを比較すると，明らかに新しい説のほうが妥当であるように思われる。ハーゲネーダーの主張に論駁できる材料はないのではないだろうか。すでに皇帝戴冠について論じた前章において，フランク宮廷と教皇座の立場の相違について一般的に論じたが，レオに対する謀反の後処理をめぐる動きも，教皇座とフランク宮廷の，カール皇帝戴冠についての理解の微妙な差異を示唆し，カールの皇帝戴冠が政治的妥協の産物としての側面をもっていたことを示している。

　レオは，彼の地位を安定させ，政敵を完全に排除するためにカールの権力を利用しようと考え，『コンスタンティヌスの定め』の政治理論を援用して，皇帝戴冠をカールに進言しただけにすぎなかった。だから，政敵を排除することに成功し，自分を中心とする政治体制の安定が確保できれば，レオにとっては，カールの皇帝戴冠の効果は十分であった。レオは，確かに貨幣鋳造権などに関しては，カールの皇帝としての権限を承認した。しかし，ローマ内部の統治権の問題と直接関わる裁判権の問題に関して，カ

---

19) Hageneder, Crimen maiestatis.
20) Lex Romana Visigothorum, hg. von G. Haenel, Lepzig 1849, S. 440f., 5, 31, 1.
21) とくに，Hageneder, Crimen maiestatis, S. 78.

ールの権利を承認することには，強い抵抗感があったように思われる。

そのことは，たとえば，カール大帝の死後ほどなくして起こった教皇レオに対する新たな謀反事件に対する教皇座の態度に明確に現れている。

815年にレオの殺害を企てた新たな謀反が発覚したとき，レオは皇帝に事前の許しを得ることなく，ローマ法にしたがって首謀者たちを極刑に処した[22]。このことを知ったルイ敬虔帝は激怒し，事実究明のための使節団をローマに派遣したという[23]。要するに，レオはローマにおける裁判を，自分の権限であると考えていたのである[24]。おそらく，801年の裁判に関しても，同じような見解の相違が生じたにちがいない。

フランク宮廷は，皇帝戴冠という事実から，ローマに対する実質的な支配権を導きだそうと考えた。そして，カールは皇帝として，この事件を裁こうとしたのである。このような解釈は，フランク宮廷が801年に発布した『イタリア勅令』において，ローマ法を援用して，大逆罪にはっきりと言及したことにも現れているように思われる[25]。フランク宮廷は，カールが皇帝になったことによって，ローマに対する実質的な支配権が，ローマ

---

22) Astronomus, Vita Hludwici imperatoris, c. 25, S. 358. 後世，〈天文学者〉（Astronomus）と呼ばれることになった『皇帝ルイ伝』の作者は，このようにはっきりと，教皇レオの謀反人に対する裁判が「ローマ法にしたがって」（lege Romanorum）行われたと記している。それに対して『王国年代記』は，この裁判が教皇の独断で行われたことしか述べていない（ARF a. 815, S. 142）。この興味深い事実については，Hageneder, Crimen maiestatis, S. 73 参照。

23) この問題は，817年の国王特許状〈Hludowicianum〉でも，とりあげられている。皇帝ルイはローマ教皇に与えたこの特権状のなかで，結局譲歩し，教皇に裁判権の自立性を認めた。この文書については，以下の文献を参照。Hageneder, Crimen maiestatis, S. 74; A. Hahn, Das Hludowicianum. Die Urkunde Ludwigs des Frommen für die römische Kirche von 817, AfD 21 (1975), S. 133; Ewig, Zeitalter Karls des Großen, S. 74; Noble, Republic of St. Peter, S. 299-308. 皇帝と教皇は824年に再び条約を結んだ（Constitutio Romana = MGH Cap 1, Nr. 161, S. 322-324）. ここでも，裁判権の問題が取り上げられている（この文書については，一般に Noble, Republic of St. Peter, S. 308-322 参照）。ハーゲネーダーは，この条約によって，教皇は裁判権を失ったと推定する。Hageneder, Crimen maiestatis, S. 75f.

24) Capitulare italicum Cap. 1, Nr. 98, c. 3, S. 205.

25) ベッヒャーは，788年のバイエルン大公タシロに対する裁判について，『いわゆるアインハルト年代記』のみが，タシロが大逆罪（reus maiestatis）を犯したからであると述べているのは，800年以降の支配者像の変化を反映したものであると推定している。Becher, Eid und Herrschaft; vgl. Hannig, Consensus fidelium, S. 141f. なお，フランク時代の大逆罪については，一般に，以下の文献を参照。Brunner, DRG, Bd. 2, S. 83ff.; M. Lemosse, La lèse-magesté dans la monarchie franque, Revue du Moyen Age Latin 2 (1946), S. 5-24.

教皇座から承認されたものと，あるいは承認されるべきものと考えたように思われる[26]。『教皇列伝』がこの裁判に触れず，ただ単に首謀者たちが追放刑に処せられたと述べているのは，このような措置に対する教皇座の不満を示しているのではないだろうか。フランク宮廷は，皇帝戴冠によって，ローマに対する実質的な支配権も承認されたと考えて，大逆罪というローマ法の罪を用いて，謀反者を裁いた。しかし，教皇座は，カールがローマの支配者として強くローマの問題に干渉することに必ずしも賛成ではなかった。貨幣鋳造や証書の年代表記が示すように，レオは確かにカールの皇帝戴冠を仕掛けた中心人物であり，ローマに対する支配権を承認せざるをえないことは，承知してはいた。しかし，その一方で，カールがローマの唯一の支配者として振る舞い，ローマにおける教皇の世俗的地位が霞んでしまうことを警戒したように思われるのである。

この裁判事件をめぐる両者の反応の違いは，中世を通じて通奏低音のように響く，「教皇国家」の統治をめぐる最初の不協和音とみなすことができるかもしれない。

『王国年代記』はこの裁判の顛末を述べた後，次のように述べている。「都市ローマ，教皇，そして全イタリアの公的な問題，教会の問題，私的な問題の解決が図られた後，――皇帝はそのために一冬を費やしたのである！――ようやく息子のピピンにベネヴェントへの再遠征を命じた」[27]。カールは皇帝としての権威をイタリアで浸透させるために数ヶ月を要した[28]。カールは皇帝になったことで，ローマとイタリアの問題に関して，いっそう大きな問題を抱え込むようになった。

カールの肩書にみるフランク宮廷の「帝国」理解

さて，カールが現実に皇帝となったという事実を，フランク宮廷はどのように受け止めたのであろうか。異なる帝国構想が交錯する中で，フラン

---

26) ARF a. 801, S. 114.
27) ARF a. 801, S. 114.
28) Wolfram, Intitulatio II, S. 206-235; 日置雅子「カール大帝の Intitulatio」。

ク宮廷は，この新たな事態にどのように対応しようとしたのであろうか。この問題を検討するための手掛かりを与えてくれるのが，この時期にカールが発給した文書での彼の肩書である。周知のように，ランゴバルト王国の征服後，皇帝になるまでの証書におけるカールの通常の肩書は *Carolus gratia Dei rex Francorum et Langobardorum* であり，ときにこれに *patricius Romanorum* という肩書が附加された[29]。この肩書は，彼の王権が，キリスト教という宗教的基盤（=「神の恩寵」 *gratia Dei*），フランク王国に対する実効的支配権（=「フランク王」 *rex Francorum*），フランク王国とは別の政治共同体であると当時認識されていた旧ランゴバルト王国に対する支配権（=「ランゴバルト王」 *rex Langobardorum*），ローマ教皇座に対する保護の使命（=「ローマ人のパトリキウス」 *patricius Romanorum*）から成り立っていたことを示している。

それでは，この肩書は，彼の皇帝戴冠後，どのように変化したのであろうか。そして，その肩書の変化は何を意味するのだろうか。

現在まで伝えられる戴冠後の最初の証書は，801年3月4日付の，アレッツォとシエナの教会の争いに関する文書である[30]。この文書で，カールはアレッツォとシエナの教会の争いを教皇レオの裁定に委ねているが，驚くべきことに，この文書での彼の肩書には「皇帝」という表現はどこにも見いだせない。9世紀の写本では，*Carolus gratia dei rex Francorum et Romanorum adque Langobardorum* であり，他のいくつかの写本では，*Carolus gratia dei rex Francorum et Langobardorum ac patricius Romanorum* となっている。いずれにせよ，「皇帝」の表現はない。それゆえ，なぜ「皇帝」という表現が見出されないのか，様々な議論を呼んできた。この証書は原本ではなく，写本という形で伝承されているため，当然のことながら，この証書の表記の信頼性に関しても議論がなされてきた[31]。もっとも徹底的な分析を行ったフィヒテナウは，この証書におけるカールの肩書に関して，様々な可能性を検討しつつ，結局，この肩書が写字生の不注意や捏造によるものではなく，原本に忠実である可能性を示唆

---

29) DK Nr. 196, S. 263f.
30) Classen, Karl der Große, S. 73 mit Anm. 282; vgl. Schramm, Anerkennung, S. 266.
31) Fichtenau, Politische Datierungen, S. 510ff.

第10章　皇帝戴冠の波紋

している[32]。

それでは，カールはなぜ「皇帝」と自称しなかったのだろうか。

様々な仮説が考えられようが，もっとも妥当な解釈は，カールが「皇帝」と自称することに居心地の悪さを感じていたからだと思われる[33]。カールは都市ローマの真の統治者となったことには疑問を感じてはいなかった。自分はローマの支配者であり，皇帝戴冠により，都市ローマの統治者としての権限を認められたのだと考えた。だから，「ローマ人の王」と自称することには，ためらいを感じてはいなかったものと思われる。

確かに，理論上はカールは皇帝に即位したのであるから，公式文書においても「皇帝」と称するのが自然であった。しかし，従来の理解にしたがえば，「皇帝」という呼称には，かつての「ローマ皇帝」というイメージが強すぎた。フランク宮廷はアルクインの「キリスト教帝国」のイメージの薫陶を受けていたから[34]，「帝国」の概念をかなり柔軟に考えており，「帝国」イメージは必ずしもかつてのローマ帝国に直結しなかった。だから，フランク宮廷が考えていた「帝国」理念とは異なる，ローマ的帝国理念が独り歩きし，その間違ったイメージが固定されてしまうことを懸念していたにちがいない。実際，カールはローマにずっと滞在しており，「西ローマ帝国の再興」という，わかりやすいイメージが定着してしまう恐れは大いにあった。しかし，そのようなイメージの定着が行き着くところは，ローマを首都とする新しいフランク王国＝西ローマ帝国の構築である。公式文書において「ローマ皇帝」と称すれば，カールがローマを中心とした「西ローマ帝国」の再興を果たしたのだという見方が広まってしまうのではないか。フランク宮廷は，そのことを極度に警戒したのではあるまいか。H. ボイマンは，*imperator Romanorum* という表現は，あまりにもローマを強調しすぎるゆえに，フランク宮廷はこのような称号の採用をためらったのだと述べているが，事情はそのとおりだったのであろう[35]。

カールはどのような肩書を採用すべきなのか。フランク宮廷がこの問題に結論を出すには，しばらく時間が必要であった。フランク宮廷には，新

---

32) Vgl. Classen, Romanum gubernans imperium, S. 118.
33) Vgl. Becher, Kaiserkrönung, S. 25f.
34) Beumann, Nomen imperatoris, S. 184f.
35) DK Nr. 197, S. 265.

たな事態に対応する十分な用意ができていなかったのである。そして，熟慮ののち，はじめて採用されたのが，*Karolus serenissimus augustus (a) Deo coronatus magnus pacificus imperator Romanum gubernans imperium qui (et per) misericordiam Dei rex Francorum (et) Langobardorum* という長く複雑なタイトルだった。

このタイトルは，801年の5月29日付の証書ではじめてみられるが[36]，その後，813年の5月9日付のカールの最後の国王証書[37]にいたるまで，伝承されている22点の国王証書のすべてにおいて記されている。この肩書（*Intitulatio*）のもつ意味に関しては，多くの研究があるが，もっとも重要な研究は，いうまでもなくヴォルフラムによるものである。

ヴォルフラムは，この複雑なタイトルが正当にも主に三つの部分から成り立っていることを指摘している。すなわち，皇帝戴冠式での歓呼賛同の表現を自分の肩書へと改変した部分（*Karolus serenissimus augustus (a) Deo coronatus magnus pacificus imperator*），古代末期以来の皇帝の肩書を踏襲した部分（*Romanum gubernans imperium*），フランクおよびランゴバルトの王号の部分（*rex Francorum (et) Langobardorum*）である[38]。

まず，第一の部分についてであるが，『教皇列伝』によれば，カールの皇帝戴冠式に際して人々は，「神によって冠を授けられた敬虔なるアウグストゥス，この世に平和をもたらす偉大な皇帝カール」（*Karolus piissimus augustus a Deo coronatus magnus et pacificus imperator*）と叫んだとされており[39]，一見して分かるとおり，両者の表現はきわめて類似している。*serenissimus* と *piissimus* という表現が異なるにすぎない。さらにいえば，カールの肩書のこの部分は，8世紀の教皇文書の日付表記（*dominus piissimus augustus N. a Deo coronatus magnus (et pacificus) imperator*）にも似ている。これらのことから，カールの肩書は，ローマの慣習にもとづいたものであったことが推定される[40]。

---

36) DK Nr. 218. S. 291.
37) Classen, Romanum gubernans imperium, S. 4 mit Anm. 1, S. 21f. mit Anm. 68 und 70; ders., Karl der Große, S. 73 mit Anm. 282; Fichtenau, Karl der Große und das Kaisertum, S. 318f.; ders., Politische Datierungen, S. 495, S. 510; Ganshof, Last Period, S. 250 mit Anm. 1.
38) Wolfram, Intitulatio II, S. 28.
39) LP 2, S. 7

第10章　皇帝戴冠の波紋

　第二の部分である *Romanum gubernans imperium* に関しても，カールが従来の慣習を継承していることが確かめられる。すでにクラッセンが，この表現は従来考えられていたようにカールとフランク宮廷が創出したものではなく[41]，6世紀以来イタリアでよく用いられた表現であったことを明らかにしている[42]。ヴォルフラムは，このクラッセンの見解を全面的に受け入れている[43]。

　三番目の部分に関しても，ヴォルフラムは検討を欠かしていない。彼によれば，この表現が肩書に附加されたのは，現実の政治の動きに対応したものであった。カールは父ピピンの後継者として *gratia Dei rex Francorum vir inluster* になり，ランゴバルト王国の首都パヴィアを占領し，ランゴバルトの支配者層の承認の下に，ランゴバルト王国にまで支配を広げることができた。「部族主義」（Gentilismus）はけっして放棄されなかったため，この称号は維持されたのだと，ヴォルフラムは考えている[44]。

　以上に述べた由来を異にする要素にさらに「神の憐れみによる」（*per misericordiam*）という，宗教的な表現を付け加えてできあがったのが[45]，カールが皇帝戴冠後，国王証書において通例用いるようになった，この称号なのである。

　この称号について，二点ほど指摘しておきたい。

　まず第一に，カールが戴冠以前からの伝統を尊重したことを指摘しなければならない。彼が選んだタイトルの主要な部分は，すでに戴冠以前にローマ教皇との相互交流のなかで形成されていた肩書の延長線上にあった。また，新しい肩書は，イタリアの伝統を重んじながら形成された表現でもあった。彼は皇帝戴冠によって，自分の政治的な地位を根本的に変えてしまうことを望まなかったように思われる。カールは従来の肩書に大きな変更を付け加えることなく，皇帝戴冠後の称号を模索した。第二に注目すべ

40）Classen, Romanum gubernans imperium, S. 105.
41）Classen, Romanum gubernans imperium, S. 105.
42）Classen, Romanum gubernans imperium, S. 105.
43）Wolfram, Intitulatio II, S. 38.
44）Wolfram, Intitulatio II, S. 48ff.
45）Wolfram, Intitulatio II, S. 47f.

きことは，カールが熟慮のすえに用いるようになったタイトルの中に，従来の肩書の一部であった，*rex Francorum et Langobardorum* という表現が継承されていることである。そのことは，帝位がカールの政治的立場の一部を表すにすぎないというフランク宮廷の立場を示しているように思われる。彼はローマ皇帝になったことにより，それ以前の地位を捨ててしまったのではない。カールは依然として，「フランク国王」であり，また「ランゴバルト人の王」である。フランク宮廷はこのことを強調しようとした。

このような解釈に対して，当然反論が予想される。確かに，証書以外の史料に目を向けると，カールは *rex Francorum et Langobardorum* とは呼ばれていない。皇帝戴冠後の最初の勅令である『イタリア勅令』では，カールは *Karolus, divino nutu coronatus, Romanum regens imperium, serenissimus augustus* と自称しているにすぎない[46]。また，802年に制定した有名な『一般勅令』（『一般巡察使勅令』）では，カールは *serenissimus et christianissimus domnus imperator Karolus* と呼ばれており，*rex Francorum et Langobardorum* という表現は見出せない[47]。そのうえ，この勅令の第2条では，臣民宣誓のことが述べられているが，皇帝の名において宣誓するようにと指示されており，やはり *rex Francorum et Langobardorum* という文言は省かれているのである[48]。

しかし，806年の『王国分割令』のいくつかの写本で伝承されるカールの呼称は，*Karolus serenissimus augustus, a Deo coronatus magnus pacificus imperator, Romanum gubernans imperium, qui et per misericordiam Dei rex Francorum atque Langobardorum* であったし，*rex Langobardorum* という表現はないものの，別の写本で伝えられる呼称（*Imperator Caesar rex Francorum invictissimus et Romani rector imperii pius felix victor ac triumphator semper augustus*）でも，*rex Francorum* という表現は含まれている[49]。皇帝戴冠後も，カールはフランク国王である

---

46) Cap. 1, Nr. 98, S. 204.
47) Cap. 1, Nr. 33, S. 91.
48) Cap. 1, Nr. 33, S. 92: *qui antea fidelitate sibi regis nomine promisissent, nunc ipsum promissum nominis cesaris faciat;* ...
49) Cap. 1, Nr. 45, S. 126 mit Anm. a. カールの呼称が二種類，伝承されていることにつ

ことには変わりはなかった。その点では,「パトリキウスという名を捨て,皇帝にしてアウグストゥスと呼ばれるようになった」という『王国年代記』の記述[50]は,フランク宮廷の政治理念をよく示しているように思われる。皇帝戴冠により,カールは「ローマ人のパトリキウス」から,いわば「皇帝」に格上げされたわけであるが,その一方で,カールがフランク国王であることは不変であった。帝位は,カールにとっては従来の国制の一新を必要とするような事柄ではなかった。およそ,このように,*rex Francorum et Langobardorum* という称号が,皇帝戴冠後も依然としてカールの称号のなかで用いられている事実を解釈することができるのではあるまいか。

このような考察から,フランク宮廷のどのような「帝国」理解を推測することができるのであろうか。

フランク宮廷は,「キリスト教帝国」の理念を前面に押し出すことにより,新しい帝国理念を模索し,確立しようとはしなかった。ローマおよびイタリアの従来の慣行をできる限り,継承しようとし,ローマとの対立を避けようとした。政治的妥協の産物である「帝国」に関して,新しい定義を示すことなく,あいまいな形のまま,皇帝戴冠の現実を受け入れようとしたように思われる。しかし,自分たちの国家が「西ローマ帝国」になることに関しては,はっきりと反対の意思表示を示した。*rex Francorum et Langobardorum* という肩書を放棄しないことで,そのことを明確に示したのである。フランク宮廷は,カールがビザンツ皇帝と同じ意味でローマ皇帝になったとは思っていなかった。フランク宮廷の理解によれば,彼らの国家はフランク王国のままであり,カールの戴冠によって,けっしてローマ帝国になってしまったわけではなかったのである。

ビザンツの反応

カールの皇帝戴冠はビザンツとの関係にどのような影響を与えたのであ

いて,後述。
  50) ARF a. 801, S. 112.

ろうか。ビザンツはカールの皇帝戴冠をどのように受けとめたのだろうか。

不思議なことに、ビザンツ側の直接的な反応は802年にいたるまで全く伝えられていない。カールの皇帝戴冠に大きな歴史的意義を見いだす今日の一般的な歴史解釈からすれば、カールの皇帝戴冠がただちにビザンツ皇帝の直接的な抗議行動を生んだにちがいないと思うところであるが、意外なことに、事実は全く異なった。

もちろん、ビザンツはカールの皇帝戴冠がローマで行われたことを知っていたし、その経緯についての情報も入手していた。そのことをよく示すのが、『テオファネスの年代記』である。年代記は述べている。「亡き教皇ハドリアヌスの親族が人々を唆し、教皇レオに対して蜂起し、レオを監禁し、目をつぶそうとした。しかし、完全に失明させることはできなかった。というのも、実行しようとした人々は冷酷になりきれず、レオをかばったからである。レオはフランク人の王のもとに逃げた。王は断固たる処置をもってレオを敵から解放し、彼を教皇座に復位させた。教皇はカールに報いるためにサン・ピエトロ教会でカールをローマ人の皇帝に推戴し、頭から足下にいたるまで聖香油を施し、彼に皇帝の衣装を着せ、冠を授けた」[51]。

ビザンツの反応を考えるために、この記述で興味深いことが二点ある。

まず、第一点は、テオファネスがカールの皇帝戴冠をローマ教皇の恩返しと解釈していることである。テオファネスは、レオ襲撃事件とカールの皇帝戴冠を結びつけて考えていた。彼によれば、皇帝戴冠を推進したのはローマ教皇にあった[52]。テオファネスは、本来ビザンツ皇帝の臣下であるはずのローマ教皇が、全く個人的に軽率にもフランク王の援助に報いるために何がよいかと考え、帝位を持ち出してきたのだと考えていたようである。

第二点は、皇帝戴冠式で塗油式も行われたと明言していることである。ビザンツの皇帝即位式では塗油式は全く行われていなかったから、テオフ

---

51) The Chronicle of Theophanes Confessor, Byzantine and Near Eastern History AD 284-813, hg. von Cyril Mango, Roger Scott, Oxford 1997, am 6289, S. 649. この年代記については、一般に Ilse Rochow, Byzanz im 8. Jahrhundert in der Sicht des Theophanes. Quellenkritisch-historischer Kommentar zu den Jahren 715-813 (Berliner byzantinische Arbeiten 57), Berlin 1991 参照。

52) Ohnsorge, Orthodoxus Imperator, S. 68.

第10章　皇帝戴冠の波紋

ァネスがビザンツの皇帝即位式から類推して，このように書いたとは考えられない。クラッセンは，実際に塗油礼がこのとき行われたのであり，テオファネスはそれを伝聞して書き留めたにすぎないという立場をとる[53]。確かに，フランクやローマの史料では塗油礼が実際に行われたことを示す明確な史料はない。しかし，クラッセンは，信頼のおける史料である『ロルシュ年代記』や『サンタマン年代記』が，「聖別」(consecratio) という表現を用いていることに着目し[54]，この consecratio という幅広い表現の中に，塗油式 (unctio) を読みとろうとする。彼によれば，塗油式が行われたという，テーガンの『皇帝ルイ伝』の記述は事実にもとづいている[55]。『教皇列伝』には，カール大帝の同名の息子カールがこのとき塗油を受けたと記されているので，テーガンやテオファネスが勘違いしたのだという解釈も成り立たないわけではない。しかし，クラッセンが述べているように，このとき実際に塗油式がおこなわれたとしても不思議ではないだろう。

しかし，塗油が実際に行われたものであるにしても，「頭から足下にいたるまで聖香油を施し」というテオファネスの表現は，明らかに悪意に満ちている。西方世界の即位儀礼のひとつとしての塗油式では，全身への塗油は行われたことがない。全身への塗油は，死者に対する終油を思わせる[56]。

少なくとも，テオファネスからみれば，カールの皇帝戴冠は，ローマ教皇が演出した，まことに滑稽な出来事にすぎず，真剣な対応を必要とする事件ではなかった。当時のビザンツ宮廷の人々が皆このように考えていたと想像するだけの根拠は全くないが，801年の年末にいたるまで，ビザンツが何のリアクションも起こさなかったことを考えれば，ビザンツはカールの皇帝戴冠をさしあたり黙殺してもかまわない事柄と理解していたよう

---

53) Classen, Karl der Große, S. 68.
54) 拙稿「帝国理念の交錯」38頁参照。
55) Thegan, Gesta Hludowici, c. 1, S. 176: *Pippinus rex genuit Karolum, quem Leo Romanus pontifex consecravit et uncxit ad imperatorem ...*
56) Dölger, Byzanz, S. 296f.; Classen, Karl der Große, S. 84; Becher, Karl der Große, S. 86; Chrysos, Ereignis von 799, S. 8f.: ARF a. 802, S. 117: *Herena imperatrix de Constantinopoli misit legatum nomine Leonem spatarium de pace confirmanda inter Francos et Graecos, ...*

に思われるのである。フランク側がビザンツを刺激することを避けたこともあって、カールの皇帝戴冠は、少なくとも当初は、ビザンツとフランクの間の大きな政治問題とならなかった。そして、それどころか、興味深いことに802年になると、ビザンツはフランクに対して積極的な友好政策を展開するのである。

802年の復活祭より前に、イレーネからの使節がアーヘンに到着した。『王国年代記』は、このことを簡潔に次のように述べている。「皇帝イレーネはコンスタンティノープルから皇帝付護衛官（spatarius）レオを使節として派遣し、フランク人とギリシャ人の和平を求めてきた」[57]。レーヴェが取りあげたケルン大聖堂図書室の第82番手書本の「ギリシャから使者が訪れ、カールに帝位を授与しようとした」という記述は[58]、おそらくこの802年の使節のことである[59]。実際には、『王国年代記』にあるように、ビザンツ宮廷はカールとの和平をもとめてきただけであろう。

しかし、皇帝戴冠により、今まで以上に強い自負心を抱くようになったフランク宮廷の人々は、ビザンツ皇帝がカールの帝位を認めたのだと解釈しようとしたのかもしれない。

イレーネは内政においても、対外的にも困難を抱え、西方の守りを固めるべく、和平を申し出たように思われる。カールの皇帝戴冠は、和平提案の妨げとはならなかった。というのは、カールが皇帝戴冠後、ビザンツに対して敵対的な態度をとらず、ビザンツとの全面対立の道を選んでいなかったからである。カールの慎重な政策は、ビザンツ宮廷を安堵させた。カールが戴冠後、何をしたかといえば、ローマとイタリアの権力基盤の強化に努めただけだったのである。軍事行動といえば、イタリア王ピピンをベネヴェントに送り込んだだけであって、皇帝戴冠と直接つながるような目新しい対外政策を何も行わなかったのである。このようなカールの態度から、カールの「皇帝僭称」をとりあえず不問に付してもよいのではないかとビザンツ宮廷が考える素地が、生まれたのではないだろうか。その意味においては、フランク宮廷は実に巧みに対外政策を遂行したといえるのか

---

57) ARF a. 802, S. 117.
58) Vgl. H. Löwe, Eine Kölner Notiz zum Kaisertum Karls des Großen, RhV 14 (1949), S. 7-34.
59) これに対して Fried, Papst Leo III., S. 281-326.

第10章　皇帝戴冠の波紋　　　　　　　　　　297

もしれない。フランク宮廷はイレーネの使節の和平の提案を受け入れ，ア
ミアン司教イエッセと伯ヘルムガウトをコンスタンティノープルに派遣し
た[60]。
　ところで，テオファネスはこの使節に関して驚くべき話を記している。
カールの使節が，イレーネとカールの結婚を提案してきたというのである。
イレーネ自身は同意したが，側近たちは反対したという[61]。
　ビザンツ史家のオーンゾルゲは，これはありうる話だと考える。彼によ
れば，この結婚計画を立案したのはローマ教皇レオ3世である。ローマ教
皇は，二人を結婚させることで，両皇帝権を結びつけ，その両者の上に君
臨するという，かつてのハドリアヌス1世の構想を実現しようとしたのだ
とする[62]。これに対して，すでにシュラムは，こうした解釈を完全に退け
ている[63]。様々な傍証をあげて，シュラム以上に，この話の虚構性を主張
するのがクラッセンである。彼によれば，どのような観点から考えても，
カールの側にも，イレーネの側にも，結婚話を持ち出す理由は全く見あた
らないし，そもそも，両者の結婚は全く実現不可能なことである。
　しかし，クラッセンは，この話をテオファネスの作り話とは考えない。
彼は，この話は，コンスタンティノープルで広まっていた噂をテオファネ
スが書き記したものであると推測する。そして，この噂が，イレーネの失
脚を謀るニケフォロスのグループによって意図的に流された可能性を示唆
している[64]。
　おそらく，クラッセンの推測は妥当なものであろう。オーンゾルゲが指
摘しているように，確かにフランクの王族とビザンツの皇族の婚姻計画に
は先例がある。しかし，皇帝同士の結婚となれば，話は別である。カール
がコンスタンティノープルに居を移すことは考えられないし，イレーネが
アーヘンに輿入れすることもありえない。この話はテオファネスの全くの
作り話ではないだろうが，テオファネスの筆致には，イレーネとカールに
対する底意地の悪さを感じずにはいられない。カールの戴冠を茶化したの

---

60)　ARF a. 802, S. 117.
61)　Chronicle of Theophanes, am 6293, 6294, S. 653f.
62)　Ohnsorge, Orthodoxus Imperator, S. 73; vgl. Ders., Kaisertum der Eirene, S. 66.
63)　Schramm, Karl der Große als Kaiser, S. 291.
64)　Classen, Karl der Große, S. 86.

と同じ気持ちが働いているように思われる。テオファネスは，この結婚によって，カールは二つの帝国を一つの帝国にしようと願ったと書いているが，このエピソードは，皇位簒奪者カールの思い上がりを示そうとしたものではないだろうか。

イレーネはカールの使者たちがコンスタンティノープルに到着後ほどなくして，失脚し（802年10月31日），ニケフォロスが帝位についた。新帝ニケフォロスは，カールの使節の帰国に際して，外交使節を随行させ，友好関係の存続をもとめてきた。『王国年代記』は次のように記している。「彼らはゲルマーニアのザーレ河畔のザルツで皇帝に謁見し，和平条約文書を受け取った」[65]。ビザンツの使者たちはローマを通ってコンスタンティノープルに戻った。

友好関係をうたった，ニケフォロスに宛てた書簡（811年）が残されているが，ビザンツの使節は，それと同じような文面の書簡を託されていたように思われる[66]。その後の直接的な反応が知られていないことを考えれば，二人の皇帝が並立するという根本的な問題は，このとき一切話し合われなかったように思われる。ただ単に，互いに当分の間，敵対しないということを確認するだけで，二人の皇帝はともに満足したのであろう[67]。

「帝国」の微妙な性格

カールの皇帝戴冠が生み出した直接的な波紋について述べてきたが，ど

---

65) ARF a. 803, S. 118: *Qui venerunt ad imperatorem in Germania super fluvium Sala, in loco qui dicitur Saltz, et pactum faciendae pacis in scripto susceperunt.*

66) MGH Ep. 4, Nr. 32, S. 546-548.

67) ビザンツの使者たちは，東西皇帝権の相互の承認と，両国の領土の承認を求めるカールの親書を持ち帰ったとする推測がある。Caspar, Papsttum, S. 235; Classen, Karl der Große, S. 87. しかし，カールがこの時点で積極的に自らの立場を主張したことは疑わしいように思われる。少なくとも，そう推測するだけの十分な根拠はない。もし話し合われたとすれば，このとき以前から両者の間で軍事衝突が起きていた，ヴェネツィアやダルマチアの問題である。このときの交渉で，フランク側はヴェネツィアおよびダルマチア諸市に対する宗主権の断念を表明したという推測がある。Berschin, Ost-West-Gesandtschaften, S. 162 mit Anm. 27. ヴェネツィアおよびダルマチアをめぐる争いについては，Classen, Karl der Große, S. 91-93 に詳しい。

第10章　皇帝戴冠の波紋

のようなことを結論として述べることができるであろうか。

　カールの皇帝戴冠の大きな原動力であったローマ教皇座は，カールがもはや「ローマ人のパトリキウス」ではなく，皇帝になったという事実を認め，皇帝にふさわしい権利をカールに渋々認めた。レオの前任者ハドリアヌスは，ローマをビザンツから独立させることを望んだが，脆弱な政治的立場にあったレオは自分の政治的立場を強化するために，強大な権力をもった信仰篤き王カールを利用することによって，ローマが再び「帝国」の支配下に入ることを自ら推進した。こういう経緯があったため，教皇座はカールの皇帝権をあらゆる点で承認せざるをえなかった。教皇座はローマに関するカールの統治権を全面的に承認し，証書の日付においてカールの在位年を記すとともに，新たに鋳造した貨幣にカールの像を刻ませた。対立勢力の一掃を緊急の課題としていた教皇レオにとって，これはやむをえない選択肢であった。しかし，その一方でレオはカールがその権限を根拠にして，ローマの内政問題に深く介入することをできるだけ避けようとした。それは，犯罪者の処分をめぐる両者の不一致に露呈されている。このように，カールの皇帝戴冠直後に早くも教皇座とフランク宮廷の立場の違いが表面化しており，カールの皇帝戴冠が「同床異夢」の産物であったことを強く示唆する。

　カールの皇帝戴冠をどう自分たちの政治的立場の中に位置づけるかという問題は，フランク宮廷の指導者たちにとって大きな難問であった。そのことは，特に「キリスト教帝国」の理念と「ローマ帝国」の理念をどう結びつけるかという問題にあらわれている。

　カールが皇帝戴冠の提案を受け入れた背景のひとつには，アルクインの「キリスト教帝国」の理念があったが，皇帝戴冠の実現は，このような漠然とした帝国理念を後景に退かせる結果をもたらした。その理由のひとつは，この理念自体の曖昧さにある[68]。アルクインは様々な書簡でこの概念を用いているが，この概念を用いて政治理論を作り上げることはなかった。フランク宮廷は，この理念の影響を受けたにちがいないが，自分たちの政治的立場を明確にするためにこの概念を利用することはなかった。証書のカールの称号に「神の憐れみによる」(per misericordiam) という，宗教

---

68) Vgl. Fichtenau, Karl der Große und das Kaisertum, S. 332.

的な表現を付け加えることで満足した。そうせざるをえなかったのは，そもそもカールの皇帝戴冠計画がローマ教皇側から発案されたからである。戴冠式はローマで行われ，この式典ではローマ教皇は中心的な役割を演じた。当然ながら，ローマと皇帝権のつながりが強く強調された。最初から，カールの皇帝権をローマの皇帝権から引き離すことは不可能なことであった。かれの帝国を単純に「キリスト教帝国」と表現する道は，こうして閉ざされてしまったのである。

　そのような状況のなかで，フランク宮廷は，カールの皇帝戴冠という事実の重みを感じながら，皇帝権にいかなる政治的意味を付与すればよいのかという問題に取り組んだ。この問題の解決は容易なものではなかった。おそらく，そのことをフランク宮廷は認識していたがゆえに，ビザンツを刺激するような政策を避けようとした。また，従来の「フランク＝ランゴバルト王国」を「ローマ帝国」に再編するための行動を起こそうともしなかった。誕生した「帝国」の性格は，あまりにも微妙なものだったのである。

第11章

改革の試み
―― 第二の転換点 ――

　カールはその後，夏頃には大サンベルナール峠を越えて，アーヘンを目指した。そして，801年のクリスマスをアーヘンで祝い，そのまま803年の春まで彼はアーヘンを離れることがなかった。『ロルシュ年代記』はいう。「この年，カール皇帝陛下は「フランク人」とともに軍征を行わず，アーヘンの王宮で平和に過ごした」[1]。そして，この時期こそ，多くの研究者が認めるように，カールが皇帝戴冠という新しい事態を受けて，統治体制の刷新を目指した注目すべき時期であった。ガンスホフは述べている。「カール大帝が801年の最後の数ヶ月と，802年の最初の数ヶ月を自分の権力の変質に取り組むために費やしたことは間違いないように思われる。もっと具体的に言えば，彼は，何が新しい義務であるのか，そしてどうしたら責務をうまく果たすことができるのか，検討しようとしていたにちがいない」[2]。

　カールの大帝国は，表面上は安泰であった。だからこそ，カールはアーヘンに腰を落ち着けていることができたわけである。しかし，宮廷は，この大帝国が大きな困難を抱え込んでいたことを，よく知っていたにちがいなかった。『一般訓令』の公布と一般的臣民宣誓が行われた789年をカールの統治の第一の転換期とすれば，『一般勅令』を含む数々の勅令の公布と二度目の一般的臣民宣誓の実施によって特徴づけられる802年を第二の転

---

1) Annales Laureshamenses, S. 38.
2) Ganshof, Charlemagne's Programme, S. 56.

換期と呼ぶことができるだろう。

　それでは，この802年の一連の改革には，どんな狙いがあったのだろうか。これについては，ガンスホフは，802年の改革全体を「王権の強化」を目指した改革とみなすことを否定する。たしかに，一連の改革には，国王罰令権（bannum）の遵守や兵役義務などを扱った条項など，王権の強化を図ったものもある。しかし，ガンスホフによれば，改革の目的はそればかりではない。重要なのは，精神的，宗教的意味での「復興」（renovatio）であった。それは聖職者ばかりではなく，すべてのキリスト教徒の生活において，実践すべきことであった。そして，この「復興」は，西方世界の帝国の復興と密接に結びついているというのである[3]。このように，ガンスホフは間接的な形で，皇帝戴冠と802年の改革を結びつけて理解しようと試みる。ただし，彼は皇帝戴冠がどのように802年の立法活動と関連するのかを明らかにしていない。それは，比較的最近のブックの論文「『皇帝勅令』（Capitularia imperatoria）：カール大帝の皇帝立法について」[4]でも同様である。

　はたして，ガンスホフのいうように，皇帝戴冠と802年の改革は密接な連関があるのだろうか。802年の改革はなぜ行われたのだろうか。私の考えでは，フランク宮廷は，フランク王国を「帝国」として再構築することを望んだわけではなく，また，「教会」という理念を強く意識して改革を実行しようとしたわけでもなかった。カールと宮廷にとって，問題だったのは，いかにこの広大な王国に平和と正義を実現するかということであった。そのためには様々な方策が考えられた。従来からの方策だけではなく，新しい試みも行われた。複雑な出自をもつ人々をまとめあげ，フランク王国というひとつの政治体の中に統合しようとする，フランク宮廷の強い意志を感じるべきではないだろうか。

　以下，この仮説の妥当性を検証してみたいが，まず，個々の勅令の意味を考察する前に，改革の全体を俯瞰してみることにする。

---

3) Ganshof, Charlemagne's Programme, S. 70.
4) Buck, Capitularia imperatoria.

802年の改革

　例によって,『王国年代記』は,この内政改革を完全に無視しており,王国会議の開催にすら言及していない。しかし,皇帝戴冠に関する貴重な証言を書き残した『ロルシュ年代記』は,802年の改革に関しても,重要な記述を残している。少し長くなるが,翻訳してみたい。

　「皇帝陛下は,国内の「貧しき者たち」(*paupers*) が十分正義を守られていないことに憐憫の情を催し,裁判の際に賄賂を受け取るような「宮廷の貧しき家士」(*de infra palatio pauperiores vassi*) を派遣することを欲せず,罪のない者たちから賄賂を受け取ることのない,大公,伯,大司教,他の司教,修道院長を王国内から選び出し,教会,寡婦,孤児,貧者,すべてのキリスト教徒に正義をもたらすために,王国中に彼らを派遣した。10月に先述の場所で教会会議 (*universalis synodus*) を開催し,司教,司祭,助祭たちに聖なる教会会議が承認する普遍的な教会法,教勅を取りまとめるように命じた。そして,すべての司教,司祭,助祭の前で,教示することを命じた。同様に,同じ会議に出席していた修道院長と修道士たち全員を集めた。彼らも会議を開き,聖なる父ベネディクトゥスの戒律を読みあげ,修道院長と修道士たちが見守る中,識者たちが解説をおこなった。それから,司教,修道院長,司祭,助祭,一般の聖職者全員に対して,次のような陛下の命があった。司教区でも修道院でも,どの教会でも,各人がそれぞれの位階に応じ,教父が定めたことにしたがって生活するように,律修聖職者は戒律にしたがって生活するように。もし,聖職者や民衆のなかに罪や懈怠が見出されたときには,教会法の権威にしたがって是正すべし。修道院で,修道士が聖ベネディクトゥスの戒律に反する行為に及んだ場合,聖ベネディクトゥスの戒律自体によって,是正されるべし。さらに皇帝はこれらの会議が行われている間,法律の専門家 (*legislatores*) とともに,大公,伯,他のキリスト教の民を集めた。王国内のすべての法を読み上げさせ,それぞれの部族にそれぞれの法

を解説させた。そして，必要なところがあれば，修正のうえ，修正した法を成文化するように命じた。裁判官が法文によって判決を下し，賄賂を受け取らず，豊かな者であれ，貧しき者であれ，王国内のすべての者たちが，正義を享受することができるようにするためである」[5]。

『ロルシュ年代記』の記述から，さしあたり，以下の諸点を指摘することができる。

まず，第一に，少なくとも『ロルシュ年代記』の執筆者（おそらくはトリアー大司教リヒボート）によれば，この改革で重要な点は，正義の実現であった。「豊かな者であれ，貧しき者であれ，王国内のすべての者たちが，正義を享受することができるようにするためである」という最後の一文は，このことをよく表している。「賄賂を受け取らず」という表現が3度も現れていることも，このことと関連する。王国全土において，公正な

---

5) Annales Laureshamenses, S. 38f.: *sed recordatus misericordiae suae de pauperibus, qui in regno suo erant et iustitias suas pleniter abere non poterant, noluit de infra palatio pauperiores vassos suos transmittere ad iustitias faciendum propter munera, sed elegit in regno suo archiepisopos et reliquos episcopos et abbates cum ducibus et comitibus, qui iam opus non abebant super innocentes munera accipere, et ipsos misit per universum regnum suum, ut ecclesiis, viduis et orfanis et pauperibus et cuncto populo iustitiam facerent. Et mense Octimbrio congregavit universalem synodum in iam nominato loco, et ibi fecit episcopos cum presbyteris seu diaconibus relegi universos canones, quas sanctus synodus recepit, et decreta pontificum, et pleniter iussit eos tradi coram omnibus episcopis, presbyteris diaconibus. Similiter in ipso synodo congregavit universos abbates et monachos qui ibi aderant, et ipsi inter se conventum faciebant, et legerunt regulam sancti patris Benedicti, et eum tradiderunt sapientes in conspectu abbatum et monachorum; et tunc iussio eius generaliter super omnes episcopos, abbates, presbyteros, diacones seu universo clero facta est, ut unusquisque in loco suo iuxta constitutionem sanctorum patrum, sive in episcopatibus seu in monasteriis aut per universas sanctas ecclaesias, ut canonici iuxta canones viverent, et quicquid in clero aut in populo de culpis aut de negligentiis apparuerit, iuxta Canonum auctoritate emendassent; et quicqnid in monasteriis seu in monachis contra regula sancti Benedicti factum fuisset, hoc ipsud iuxta ipsam regulam sancti Benedicti emendare fecissent. Sed et ipse imperator, interim quod ipsum synodum factum est, congregavit duces, comites et reliquo christiano populo cum legislatoribus, et fecit omnes leges in regno suo legi, et tradi unicuique homini legem suam, et emendare ubicumque necesse fuit, et emendatum legem scribere, et ut iudices per scriptum iudicassent, et munera non accepissent; sed omnes homines, pauperes et divites, in regno suo iustitiam habuissent.* あとで述べるように，若干の重要な相違点がみられるものの，『モワサック年代記』の記述も，『ロルシュ年代記』とほとんど同じである。Chronicon Moissiacense a. 802, S. 306f.

第11章　改革の試み

裁判を行うことが重要な改革目的であった。第二に，この目的を果たすために，聖俗の有力者が巡察使として，派遣されたということである。これがいわゆる国王巡察使制度の改革であるが，この改革の主要な目的は正義の実現にあった。第三に，法令遵守の徹底である。聖職者は教会法を，そして，修道士はベネディクト戒律を，さらに一般の人々は部族法を守るべきである，と改めて指示がなされたことである。第四は，文書の重視である。いまだ成文化されていなかった部族法に関しても，皇帝は成文化の指示を与えた。裁判官が適切な判決を下すためには，成文法が必要であると判断したからである。

以上，四点を挙げたが，王国内の正義の実現こそが，この改革のメインテーマであるとみなされていたことがわかるだろう。

さて，『ロルシュ年代記』から明らかになる，802年の改革は，カールの皇帝戴冠とどのような形で結びつくのだろうか。この問いかけに答えるためには，さらに詳細な検討が必要である。

まず，この時期に公布された勅令をざっと概観してみることにしよう。第一に挙げるべきは，ボレティウスのMGH版で33番という番号を与えられ，今日『一般勅令』と呼ばれるようになった「綱領的勅令」である[6]。そして，次に挙げられるべきは，『特殊国王巡察使勅令』(Nr. 34)である。しかし，このときに出された勅令は，実はこれだけではない。J.ゼムラーは，従来，単に『ロルシュ年代記』を写しただけにすぎないとみなされていた『モワサック年代記』の叙述のなかに違う表現があることに注目し，このときに，全部で17の勅令が出されたものと推定した[7]。この推定が正しければ，33番と34番という高名な勅令ばかりではなく，この時期に出されたと思われる勅令をすべて視野に収めなければ，802年の改革の全体像はつかめないことになる。

また，各種の史料を総合すれば，この年に大きな会議が二度開かれたのは確実である[8]。

---

6) Ganshof, Charlemagne's Programme, S. 56.
7) Cap. 1, Nr. 33-42, Nr. 57, Nr. 59, Nr. 68, Nr. 69, Nr. 77, Nr. 120, Nr. 121. Semmler, Reichsidee, S. 37 mit Anm. 3, S. 63-65.
8) すでに，ヴェルミングホフが主張している。MGH Conc. 2, 1, S. 229. また，Semmler, Mönche und Kanoniker, S. 97. Vgl. Ganshof, Charlemagne's Programme, S. 71 mit Anm. 8.

まず，第一回目は3月に開催された。このことをはっきり伝えているのが『大ザルツブルク年代記』である[9]。また，『サンタマン年代記』は「皇帝はアーヘンの王宮で王国会議を開き，すべての者に誠実宣誓を求めた。修道士も律修聖職者も同様に行った」と述べて，臣民宣誓を行わせるために会議が開催されたことを伝えている[10]。『ヴォルフェンビュッテル年代記』は，801年にアーヘンで会議が開催され，国王巡察使が派遣されたと述べている[11]。この大規模な帝国会議において，『一般勅令』（Nr. 33）が公布され，国王巡察使が皇帝の意向を遍く報せるべく，各地に散っていったのである。

　そして，引用した『ロルシュ年代記』で述べられているように，二回目の会議が10月に開催された。これらの情報を総合すれば，この年に内政上の大きな変革が行われたのは明白である。

　802年に二度，会議が開催されて大きな改革が行われたことは，この改革が，国王巡察使制度の改革や一般的臣民宣誓の導入のみならず，二回目の会議で取りあげられたと思われる，教会改革や部族法典の改革も視野に収めて分析しなければならないことを強く示すものである。

「綱領的勅令」（802年）の構成と内容

　802年の「綱領的勅令」は，10世紀にイタリアで作成されたと推定される，たった一つの写本（Paris BN Lat. 4613）においてのみ伝承されている[12]。これほど重要な勅令であるにもかかわらず，なぜひとつの写本でしか伝承されていないのかは，大きな謎として残されている。その重要性においても，また，内容の豊かさにおいても，789年の『一般訓令』と遜色

　9）　Annales Iuvavenses, (MGH SS 1), S. 87; (MGH SS 3), S. 122. (MGH SS 30-2), S. 736.
　10）　Annales sancti Amandi, (MGH SS 1), S. 14: *Carlus imperator ad Aquis palatium concilium habuit, ut ei omnes generaliter fidelitatem iurarent, monachi, canonici, ita et fecerunt.*
　11）　Annales Guelferbytani, a. 801, (MGH SS 1), S. 45.
　12）　この写本については，Mordek, Bibliotheca, S. 469-476; Ganshof, Charlemagne's Programme, S. 72 mit Anm. 14.

第11章 改革の試み

がない。にもかかわらず,『一般訓令』が非常に多くの写本で伝承されているに対して,この勅令は一通だけが今日まで伝承されているにすぎないのである。

MGHの編者ボレティウスは,この「綱領的勅令」を『一般巡察使勅令』(*Capitulare missorum generale*) と名付けた。しかし,写本にタイトルが書かれているわけではない。ガンスホフにならって,国王巡察使への指示書という性格をもつ文書を「巡察使勅令」と呼ぶこととすれば[13],この文書は「巡察使勅令」ではない。これは,ごく一般的な内容をもった勅令である。それゆえ,むしろ,『一般勅令』(*Capitulare generale*) と呼ぶべきであるという意見がある[14]。『一般勅令』というのは,あまりに漠然とした名称であり,必ずしも適切な名称とは思えないが,ここでは,この見解にしたがって,この名称を用いたい。

この勅令は全体で40箇条から成る。内容上,この勅令は四つの部分に分類される。第一部は第9条までである。皇帝の命令が下り,すべての者が皇帝に対して誠実宣誓を行うべきことが述べられている。第10条から第24条までの第二の部分は,教会に関する条項が占めている。それに対して,第25条以下の第三の部分では世俗の事柄が扱われている。そして,最後の第40条で全体が総括されている。

まず,序文(第1条)について検討する。少し長くなるが,全文を引用してみたい。

「第1条。皇帝陛下が派遣する特使について。いとやんごとなき,キリスト教信仰篤きカール皇帝陛下(*serenissimus et christinianissimus domnus imperator Karolus*) は,有力者 (*optimates*) のなかから,見識があり,学識豊かな大司教や他の司教たち,修道院長,敬虔な俗人を選び出した。そして,王国全土 (*universum regnum*) にこの者たちを派遣し,この特使たちを通じて,すべての臣民に,正しい法に従って (*secundum rectam legem*) 生きる権利を保障した。しかし,また,法のなかで,正しく公正ではないものが定められている場合に

---

13) Ganshof, Kapitularien, S. 28-33; S. 77-83.
14) Buck, Admonitio und Praedicatio, S. 318.

は，このことを熱心に調査し，陛下に知らせるように命じられた。陛下が神の御意にしたがって，改善をお望みになっていらっしゃるからである。多くの者たちが常としているように，狡猾にも，定められた法や正義に逆らうようなことがあってはならない。神の教会，貧者，寡婦，未成年者のみならず，その他のいかなるキリスト教徒に対しても。いかなる者も神の掟にしたがい，正しい判断をもち，正しく生活し，自分の地位や身分を自覚するように。共住聖職者（*canonici*）[15]は不当な利益を得ようと考えることなく，戒律にしたがった生活を守るべきである。また，修道女もよく自戒して生活すべきであり，そして俗人や在俗聖職者も邪なことを考えることなく，法を正しく守るべきである。すべての者は互いに完全に平和に，かつ，慈愛をもって生きるべきである。もし，誰かが不当な扱いを受けたと訴えた場合には，全能なる神に従い，また，陛下に対して約束したことを守るため，国王巡察使たちは熱心に調査し，あらゆる点で，そしていかなる場所においても，教会のことでも，貧者，未成年者，寡婦，そして他のすべての者たちについても，神の御心と神への畏れにしたがい，法を保つように努めなければならない。地域の伯とともに，法を守るように努め，あやふやな点なく，報告書を提出し，判断を仰がなければならない。有力者の圧力に屈したり，親類を守ろうとしたり，追従や賄賂により，正義の道が遮られてはならない」[16]。

　まず，すぐに気づくのは，この第1条の表現が，『ロルシュ年代記』の叙述に酷似していることである。『ロルシュ年代記』の作者がトリアー大司教ラトボートであるなら，これは不思議ではない。彼は皇帝の側近のひ

　15）　ここでの *canonici* は，共住生活をする聖職者一般を指しており，そのなかには修道士も含まれている。この条文で修道女についての言及があるのに，修道士に関する言及がないということがこの解釈のひとつの根拠であるが，第22条の記述もこの解釈を示唆する。第22条には，次のような表現がある。MGH Cap. 1, Nr. 33, c. 22, S. 95: *Canonici autem pleniter vitam obserbent canonicam, et domo episcopali vel etiam monasteria cum omni diligentiam secundum canonica disciplina erudiantur.* すなわち，司教の館に住む聖職者も，修道院に住む修道士たちも，ともに *canonici* と呼ばれているのである。この点については，Pokorny, Brief-Instruktion, S. 69 参照。以上のことから，ここでは「共住聖職者」と訳してみた。
　16）　MGH Cap. 1, Nr. 33, S. 91f.

とりであり，そもそも，この勅令の草案作りに関与した可能性がきわめて高いからである。その彼が，この勅令の写しを手元に置いて，この年代記を執筆したことは大いにありうることである[17]。ただ残念なことに現在残されている写本は，イタリアで作成されたものであり，ロルシュ修道院ないしはトリアーに由来する写本は残されていない。

さて，内容の検討に移ろう。

まず第一に，カールが「いとやんごとなき，キリスト教信仰篤きカール皇帝陛下」(serenissimus et christinianissimus domnus imperator Karolus) と呼ばれていることが注目される。この表現は，801年の『イタリア勅令』のカールの肩書に類似しているが，この時期のフランク宮廷が，カールの皇帝戴冠という事実を重視していたことを物語るものである。実際，この勅令のなかで，カールはすべて皇帝と呼ばれている。すでに，この第1条の冒頭部分で，「皇帝陛下が派遣する特使について」(De legatione a dom [i] no imperatore directa) と述べられている。そして，他の条項でも，「皇帝陛下」(dom [i] nus imperator) という表現は，数多くみられる[18]。それに対して，カールが「国王陛下」と呼ばれている箇所はひとつもない。宮廷がカールの皇帝称号を重要視していたことは，臣民宣誓を扱った第2条から，いっそう明確にわかるが，すでにこの第1条で，このことは明確に示されている。

第二に，この勅令の大きな主題は法 (lex) や正義 (iustitia) であることが，この第1条で明確に表明されていることを指摘できる。すべての者が正しい法にしたがって生きることが，この勅令の主要目的である。なぜ，それが目指されるかといえば，法は「神の掟」(Dei praeceptum) だからである。法を破ることは，神の定めた秩序を乱すことになる。そこで，法を破れば，それを「是正する」(emendare) ように全力を挙げて取り組まなければならない。

そして，第2条以下の諸条項において，一般の人々が服すべき規律が

---

17) ただし，言い回しが同じではないことにも注意を払う必要があるだろう。たとえば，『一般勅令』の執筆者は，omnino という言葉を好む傾向にある (c. 1, S. 92, Z. 15; c. 35, S. 98, Z. 1; c. 36, S. 98, Z. 8)。しかし，『ロルシュ年代記』には，そのような文体の癖はない。

18) c. 2, S. 92, Z. 29f.; c. 3, S. 92, Z. 35; c. 4, S. 92, Z. 38; c. 5, S. 93, Z. 2; c. 6, S. 93, Z. 4; c. 7, S. 93, Z. 6; c. 8, S. 93, Z. 9; c. 28, S. 96, Z. 28; c. 29, S. 96, Z. 33; c. 30, S. 96, Z. 36; c. 31, S. 97, Z. 3

lex，聖職者が服すべきものが *canones*，修道士が服すべき規律が *regula* と呼ばれ，それぞれの規律の遵守がもとめられている。いずれにしても，それは「神の掟」であるという基本的な立場が，ここでは明らかにされている。教会，寡婦，孤児，貧しき者などに対する正義の実現が必要であるのは，まさに，神がそれを望んでいるからである。すなわち，この第1条では，巡察使の派遣が述べられているわけであるが，それはまさに神の掟である「法」を守らせるために実施されることが強調されているのである。

　ベッヒャーは，この序文が，偽キュプリアヌスの『12の誤謬について』にみられる王権理念と符号することを指摘している[19]。この書物は，実際には7世紀にアイルランドで作成されたものの，教父キュプリアヌスによって書かれた書物であると当時考えられ，広く読まれていたものである。この書物は，1910年にヘルマンによって校訂本が出版された[20]。また，エーヴィヒ，アントンらによって，その歴史的意義が明らかにされている[21]。確かに，ベッヒャーの指摘するように，偽キュプリアヌスのなかに，先述した序文のなかで記されている基本理念がみられるのである。偽キュプリアヌスにおいても，国王の徳目は正義 *Iustitia* であり，そして，この正義の主要な要点のひとつとして，弱者の保護が挙げられており，それは偽キュプリアヌスの『12の誤謬について』が強調していることである[22]。この勅令の執筆に関わった者が偽キュプリアヌスの『12の誤謬について』を読んでおり，また，この書物を参考にしたことはありえることである。だが，それだけでは，この勅令で法や正義が取り上げられたことを説明することはできないだろう。なぜ，この勅令でカールはあらためて法と正義の遵守を訴えなければならなかったのか。カールが皇帝になったからだろうか。この問題に答えるためには，他の条項も検討する必要がある。

　第2条は臣民宣誓について述べた条項であり，それに続く第3条から第9条において，国王巡察使が人々に伝達しなくてはならない事項が列挙さ

---

19) Becher, Eid und Herrschaft, S. 206.
20) Pseudo-Cyprianus, De XII abusivis saeculi, hg. von S. Hellmann (Texte und Untersuchungen zur Geschichte der altchristlichen Literatur 34), Leipzig 1909.
21) Ewig, christlicher Königsgedanke, S. 37-41; Anton, Fürstenspiegel, S. 67-74; ders., Pseudo-Cyprian.
22) Pseudo-Cyprianus, S. 51.

第11章　改革の試み

れている。この条項に関して、ベッヒャーの詳細な分析がある[23]。彼の分析を参照しつつ、臣民宣誓の意味を考えたい。まず、第2条の条文を引用する。

　「皇帝陛下に対する誠実宣誓について（*De fidelitate promittenda domno imperatori*）。以前に、陛下に対して王の名において宣誓を行った、王国全土のすべての者は、聖職者であれ、俗人であれ、それぞれの地位と誓願に応じて、今度は皇帝の名において宣誓すること。今まで、このような宣誓を行ったことのない12歳以上の者もすべて、同様に行うこと。すべての者がこのことがいかに重要で、宣誓すべき内容が多いかを理解できるように、公の場で告知すべきである。宣誓すべきことは、今まで人々が考えてきたように、皇帝陛下がこの世にある限り、忠誠を尽くし、裏切りをはかって敵をわが国に導いたり、誰かの謀反の企てに関わったり、黙認しないことを誓うだけではない。すべての者は、この宣誓には以下の内容が含まれていることを知るべきである」[24]。

　上述のように、この文章では、臣民宣誓がいかに新しい内容を含むものかが強調されている。そして、実際、以下のような従来みられない内容が含まれているのである。それは、第3条から第9条にかけて述べられている次の7点である。1）すべての者は自分で神に仕えるように努力すること（第3条）。2）王領地の農奴や国境地帯の人々や王領地を盗んではならない。また、王領地から逃亡した農民を匿ったり、働かせてはならない

---

23)　Becher, Eid und Herrschaft, S. 201-210.
24)　*De fidelitate promittenda domno imperatori. Precepitque, ut omni homo in toto regno suo, sive ecclesiasticus sive laicus, unusquisque secundum votum et propositum suum, qui antea fidelitate sibi regis nomine promisissent, nunc ipsum promissum nominis cesaris faciat; et hii qui adhuc ipsum promissum non perficerunt omnes usque ad duodecimo aetatis annum similiter facerent. Et ut omnes traderetur publice, qualiter unusquisque intellegere posset, quam magna in isto sacramento et quam multa conprehensa sunt, non, ut multi usque nunc extimaverunt, tantum fidelitate domno imperatori usque in vita ipsius, et ne aliquem inimicum in suum regnum causa inimicitiae inducat, et ne alicui infidelitate illius consentiant aut retaciat, sed ut sciant omnes istam in se rationem hoc sacramentum habere.*

（第4条）。3）いかなる者も，教会，寡婦，孤児，巡礼者に対して，不正を働いてはならない。というのは，皇帝は，彼らの保護者（protector et defensor）として神によって任命されているからである（第5条）。4）皇帝の恩貸地（beneficium）を荒廃させたり，自分の土地にしてしまわないこと（第6条）。5）皇帝の動員令（(h)ostilis bannus）に従うこと。不当に免れようとしてはならない（第7条）。6）皇帝の罰令権（bannus）には，必ず従うこと。また，皇帝に対する納付金（debitum et census）をきちんと納めること（第8条）。7）裁判を適正におこない，必要があれば，国王巡察使などのもとに当該者を連れて行くこと。近親者に有利な裁判を行ったり，賄賂を受け取って不当な裁判を行わないこと（第9条）。このように，宣誓すべき内容について述べられた後，第9条は次のような表現で結ばれている。「皇帝に対して宣誓を行い，上に挙げたすべてのことを守ることを誓わなければならない」[25]。

　いったいなぜ，カールは臣民宣誓の内容を拡充したのだろうか。この問題に対するベッヒャーの答えは，カール大帝時代に君主倫理が発展したからだというものである。まず，神に対する義務が挙げられている。また，弱者の保護も誠実義務として挙げられている。それは，こうした君主倫理の発展を示すものだというのである[26]。だが，君主倫理の発展という解答は，あまりに抽象的に過ぎるように思われる。

　この問題を考えるには，802年の一般的臣民宣誓が，すべての成人自由人男子を対象としつつも，おもに，王国各地で裁判を主催し，また，兵を率いて，王国軍に参加する有力者たちを標的とし，彼らの皇帝への忠誠を求めていることに注目しなくてはならない。第3条は王領地などを奪い取るだけの力をもった豪族層を，おもに念頭に置いたものであるように思えるし，また，第5条にある弱者の保護は，まさに「強い者」（potentes）[27]に対する条項である。第6条も，皇帝から恩貸地を与えられている者が対

---

25) Cap. 1, Nr. 33, c. 9, S. 93: *Hec enim omnia supradicta imperiali sacramento observari debetur.*

26) Becher, Eid und Herrschaft, S. 211f.

27) *potentes* という表現は，この勅令ではみられない。しかし，その後の多くの勅令の中で，「弱者」（*pauperes*）と対比されて用いられている表現である。これについては，拙稿「カロリング期の王権と「貧者」（1）」で詳しく論じた。

第11章　改革の試み

象となっている。もちろん，原則的にはすべての条項は，臣民全体にかかわっている。しかし，にもかかわらず，カール大帝がここで強く忠誠を求めているのは，各地の有力者たちであるように思われるのである。

この点は，次節で取り上げる『特殊国王巡察使勅令』(Nr. 34) にある宣誓文からも明らかになる。宣誓文は 2 種類伝承されている。(波線は筆者)

Sacramentale qualiter repromitto ego, quod ab isto die inantea fidelis sum domno Karolo piissimo imperatori, filio Pippini regis et Berthanae reginae, pura mente absque fraude et malo ingenio de mea parte ad suam partem et ad honorem regni sui, sicut per drictum debet esse homo domino suo[28]*. Si me adiuvet Deus et ista sanctorum patrocinia quae in hoc loco sunt, quia diebus vitae meae per meam voluntatem, in quantum mihi Deus intellectum dederit, sic attendam et consentiam*[29].

Sacramentale quialiter repromitto ego: domno Karolo piissimo imperatori, filio Pippini regis et Berthanae, fidelis sum, sicut homo per drictum debet esse domino suo, ad suum regnum et ad suum rectum. Et illud sacramentum quod iuratum habeo custodiam et custodire volo, in quantum ego scio et intellego, ab isto die inantos, si me adiuvet Deus, qui coelum et terram creavit, et ista sanctorum patrocinia[30].

これらの宣誓文の内容については，ベッヒャーが詳細に検討しているので[31]，繰り返さない。ここでは，ただ単に波線を引いた部分，すなわち，*sicut homo per drictum debet esse domino suo* という部分に注目したい。

---

28) Paris 9654 および Vatic. Pal. 585 では，*per drictum debet esse homo domno* のかわりに，*iustitia obediens atque consentiens, sicut recte debet esse homo domno suo* と書かれている。これについては，Becher, Eid und Herrschaft, S. 90 mit Anm. 361. 後で述べるように，このヴァリエーションは，サンスの巡察使管区で使用されたものと推定される。

29) MGH Capl. Nr. 34, S. 101, Z. 32-37.

30) Cap. 1, Nr. 34, S. 102, Z. 1-6.

31) Becher, Eid und Herrschaft, S. 88ff.

この箇所は，一般に家士宣誓を意味するものと解釈されている。誠実宣誓は，9世紀初頭の段階では，まだ必要不可欠なことではなかった[32]。家士（vassus）という言葉は，もともとは不自由人にかかわり，不自由人が主人に対して託身（commendatio）を行い，主人の家士になった。だが，この関係が次第に社会の上層にも広がるにしたがって，誠実宣誓も次第に行われるようになってきたのである。ベッヒャーの仮説では，『王国年代記』においてバイエルン大公タシロが託身と並んで誠実宣誓を行ったと書かれているのは，こうした変化に対応したものである[33]。このことは，家士制，さらには恩貸地制と結びついた封建制度の発展を如実に示している[34]。「家臣（homo）が主人（dominus）に行うように」という表現は，誠実宣誓が必要不可欠ではなかったにせよ，かなり浸透するようになっていたことを示しているように思われる。そして，宣誓文のなかに，こうした表現が付け加えられていることは，『一般勅令』で命じられている宣誓が，特に，社会の比較的上層部に封建的主従関係が浸透しつつあったことを，念頭においているものであることを強く示唆する。こうした点を考えてはじめて，『一般勅令』で命じられている臣民宣誓のなかに，恩貸地や王領地に関する条項があることが理解されるのである。

この時代には homo という言葉は，二重の意味で用いられていたことに注意しておきたい。『一般勅令』の第2条の homo[35] が臣民を指すのに対して，この宣誓文の homo は明らかに家来を意味している[36]。宮廷は，封建的主従関係が浸透しつつあったという当時の状況下に，ちょうど家来が主君に対して忠誠を尽くすように，とくに各地の有力者たちの忠誠心を呼び起こそうとしたように思われる。このような布告を出さなくてはならなか

---

32) Becher, Eid und Herrschaft, S. 158.
33) Becher, Eid und Herrschaft, S. 163.
34) このプロセスについては，あまりに抽象的過ぎるが，今なお，ミッタイス『ドイツ法制史概説 改訂版』，126頁以下の記述が参考になる。また，この初期封建制の発展については，Ganshof, Lehenswesen などを参照。
35) Cap. 1, Nr. 33, c. 2, S. 92, Z. 23.
36) ただし，homo（homines）はおそらく同じく家来を表す言葉である vassus などよりは，幅広い概念である。Odegaard によれば，homines はある者に仕えるようになった人を指し，それゆえ，司教や聖職者を homines と表現することができた。Odegaard, Vassi und fideles, S. 53.

ったということは，この広大な帝国を統治する方法を考えたとき，地方貴族の統制がフランク宮廷の大きな課題であると認識されたことを示すと言ってよいのではないだろうか。そして，この広大な国家を統治するための工夫のひとつが国王巡察使制度の改革であり，そしてもうひとつの工夫が宣誓という手段を用いて皇帝の命令への服従を徹底することであった。

802年の臣民宣誓は，789年の臣民宣誓の場合と異なって，大規模な反乱が起きたために，計画されたものではない。789年の臣民宣誓が，ハルトラートの謀反を教訓にした新しい試みであったことについては，すでに述べたが，カールはその後，毎年，臣民に誠実宣誓を課したわけではなかった。802年の臣民宣誓は実に13年ぶりの出来事であった。カールは，その後も何度か，臣民宣誓を課しているが，それまで宣誓を行ったことのない者だけを対象としていたようであり，その点を考えても，この802年の一般的臣民宣誓はきわめて特筆すべきことである[37]。また，カール大帝の死後，このような試みが実施されていないことを考えると[38]，この802年の一般的臣民宣誓の実施の理由が問題となろう。789年の場合は，大規模な謀反が関係していた。次の大きな謀反は792年の王子ピピンの謀反である。だが，少なくとも史料上は，この謀反の後に臣民宣誓が行われた証拠はない[39]。ベッヒャーが指摘しているように[40]，このときの謀反に関わったのは，宮廷とつながりをもち，王妃ファストラーダに反感をもっていた貴族たちであった[41]。一般の臣民たちが関わったものではなかったのであろう。それゆえ，この謀反の後，一般的臣民宣誓の実施は考えられなかったように思われる。

802年の一般的臣民宣誓は，謀反があったために計画されたものではなく，国内政治を見直したときに，必要な政策として浮上してきたものにち

---

37) 805年 (Cap. 1, Nr. 44, c. 9, S. 124)；806年 (Cap. 1, Nr. 46, c. 2, S. 131)；811年 (Cap. 1, Nr. 80, c. 13, S. 177). Vgl. Ganshof, Use of the Oath, S. 117, S. 123 mit Anm. 49.
38) Vgl. Ganshof, Framework, S. 103.
39) すでに述べたように，この謀反後に臣民宣誓が行われたとするガンスホフの見解もあるが，ベッヒャーの見解にしたがって，臣民宣誓は行われなかったという立場をとった。
40) Becher, Eid und Herrschaft, S. 82.
41) Einhard, Vita Karoli c. 20, S. 25: *primores Francorum*; Annales Mosellani a. 792, S. 498: *plures ex nobilissimis invenibus seu senioribus Francorum*; AQE a. 792, S. 91: *quibusdam Francis, qui se crudelitatem Fastradae reginae ferre non posse adseverabant.*

がいない。臣民宣誓の実施は，国王巡察使制度の改革と密接に関連している。地方の貴族層を王権に結びつけ，フランク王国を法治国家とするための方策であった。789年の臣民宣誓において，カールはすべての臣民に忠誠を求めた。しかしながら，地方統治が機能していない現実があった。それゆえ，宮廷は新たな方策を考えることを迫られたのである。ただ単に，忠誠を求めるだけでは実効性に乏しいことを認めざるをえなかった。新しい政策が必要であった。

宣誓によって守るべきこととして求められていることの中に，「弱者」の保護が挙げられていることも，この観点から解釈すべきであるように思われる。年代記などの史料を読む限り，この時期の王国が危機に瀕していたということはできない。「貧しき者」(*pauperes*) の保護は，802年以降の勅令の中に頻出するようになるが，19世紀のドイツ社会経済史学の主流であった「自由人没落説」のように，この時期に急激に自由人の「没落」が進行しつつあり，それに対処するために，皇帝は一般の自由人を保護する必要があったと考えることはできない[42]。むしろ，J. シュミットやベッヒャーのように，キリスト教的王権理念の深化と関連づけるべきだろう[43]。しかし，宮廷は地方貴族の倫理感に訴えるだけで問題が解決できるとは思っていなかった。勅令の中で遵守すべき義務を明記することで，王国内の社会秩序を維持しようと試みたのである。

さて，第10条から第24条までは，聖職者に関する条項である。聖職者がそれぞれの立場に応じて規律を正しく守ることがメインテーマとなっている。たとえば，第10条では，「司教と司祭は教会法（*canones*）にしたがって生活し，他の者たちに教えること」と述べられている[44]。同様に，第12条では，「修道院長は，もし修道士であるならば，修道士たちとともに戒律（*regula*）にしたがって生活し，教会法（*canones*）を熱心に学び，遵守すること。女子修道院長も同様に行うこと」と書かれている[45]。

---

42) カロリング期の勅令の弱者保護条項に関する解釈をめぐる学説史については，拙稿『カロリング期の王権と貧者（1）』，1-6頁参照。

43) Schmitt, Liberi Homines, S. 192-211.

44) Cap. 1, Nr. 33, c. 10, S. 93: *Ut episcopi et presbiteris secundum canones vibant et itaque caeteros doceant.*

45) Cap. 1, Nr. 33, c. 12, S. 93: *Ut abbate, ubi monaci sunt, pleniter cum monachis*

第25条以下の条項は，世俗の役人たちおよび一般の人々に関することを扱う。内容は多岐にわたるが，注目されるのは，次の三点である。
　まず第一に，定められた法にしたがった，法の正しい執行が述べられている。この部分の序文というべき第25条では，次のように述べられている。「伯とケンテナリウスはすべての者に法を守らせるように努めること。また，それぞれの管区において，信頼が置け，法と正義を遵守する部下をもつこと。けっして，貧しき者を圧迫せず，お追従や賄賂で，何かの口実で，盗人，盗賊，殺人者，姦淫者，呪術者，魔術師，占い師などのすべての神を冒涜する人々を匿ってはならない。神の恵みにより，これらのすべての悪がキリスト者から遠ざけられるように，法にしたがって，正され，罰せられなければならない」。続く第26条は，「裁判官（iudices）は，恣意によらず，書かれた法にしたがって裁かなければならない」と述べている[46]。そして，一般の人々は，裁判官（iudices）の執行を妨げてはならない（第31条）。
　第二は，この会議において改革が決定された国王巡察使に関連した条項があることである。国王巡察使が遅滞なく職務を遂行できるような配慮を伯やケンテナリウスにもとめた第28条，国王巡察使と協力して，「最も悪い犯罪」である偽誓を防ぐように求めた第36条があげられる。第36条でとりあげられている偽誓は確かに，すべての裁判の宣誓に関連するものであるが，おそらく第２条から第９条にかけて取り上げた一般的臣民宣誓にも関わる規定であるように思われる。
　第三は，殺人や姦淫といった，教会が伝統的に関わってきた罪に関する条項である。第32条，33条，37条がこれにあたる。このうち，一般的に殺人の罪について論じた第32条は，全体を通じてもっとも長い条項のひとつであり，ブックが『一般訓令』第67条の規定と比較し，詳細な分析を行っている[47]。『一般訓令』においては，復讐や欲や強盗行為のために殺人を

---

secundum regula vibant adque canones diligenter discant et observent; similiter abbatissae faciant.

46）　Cap. 1, Nr. 33, c. 26, S. 96: *Ut iudices secundum scriptam legem iuste iudicent, non secundum arbitrium suum.* 文書の重視は，『ロルシュ年代記』に書かれているし，802年から翌年にかけての一連の改革の大きな柱のひとつである。勅令が多数公布されるようになるのも，このことと関連するだろう。

犯してはならず，殺人者は法の裁きを受けなくてはならない，と述べられているにすぎない。これに対して，802年の勅令の第32条は，キリスト教の倫理から説き起こし，ひとつの短い訓話と呼べる内容をもっている。すでに，ガンスホフはこの条項の特徴を次のように述べている。「皇帝は命じているだけではない。訓戒しているのである」[48]。皇帝は次のように述べている。「多くのキリスト教徒の命を奪う殺人を，あらゆる手段を用いて防ぎ，禁じなければならない。主ご自身が，あらゆる憎しみと不和を信者に禁じておられる。人を殺めることは，なおさらである。息子や隣人を殺めた者が，神の恵みを受けることなどありえようか。主イエス・キリストが，兄弟を殺した者に恩寵を与えることがありえようか」[49]。殺人は例外なく犯罪行為であり，それは神の怒りをかう行いであることが強調されている。

　この「綱領的勅令」を全体としてどのように評価すべきだろうか。

　この勅令の命題は，フランク王国をいかに法治国家にするかということである。皇帝の法，部族法，教会法，これらは，いずれも神の定める規律であって，人々はこれらの規律にしたがって生活し，もし，問題が生じた場合には，それぞれの法にしたがって解決する。これが当時のフランク宮廷が思い描いた理想的な国家であり，理想的な社会の姿であった。789年の『一般訓令』と，802年の『一般勅令』のあいだに生じた，フランク宮廷の国家理念の変化は，大きい。『一般訓令』では，キリスト教にもとづく国家体制の確立こそが，問題となっていたことであった。そのため，ディオニシオ＝ハドリアーナにもとづいて，重要な教会法の規定が再録されるとともに，教育・文化・社会全体に関わる様々なことが訓示された。それは，まさに「訓令」としての性格をもっていた。802年の『一般勅令』は違う。それは，今日の私たちがふつうに考える意味での勅令であり，国王の罰令権を背景にした布告である。宮廷は，国内の正義を実現させるためには，何が必要なのかを考え，布告の中に表現した。理想的な国家に近づくためには，地方貴族をコントロールする必要があった。従来の統治体

---

47) Buck, Admonitio und Praedicatio, S. 326ff.
48) Ganshof, Last Period, S. 244.
49) Capl. Nr. 33, c. 32. S. 97, Z. 7-11.

制では，地方貴族を統制する方法が不十分であった。そこで，カールは国王巡察使制度を改革するとともに，地方の有力者たちが果たすべき義務を明確にしたのである。

　このような政策を進言したのは，誰だろうか。アルクインはすでに宮廷を去っており，この政策に関わったようには思えない。彼の書簡にも，この改革に関わることは一切書かれていない。一方，アルクインと同じく宮廷をすでに去っていたとはいえ，テオドゥルフはこの改革に関わった可能性がある。というのは，テオドゥルフは，レイドラード（後のリヨン大司教）とともに，国王巡察使としてローヌ川流域を巡察し，その見聞をもとに，裁判官を非難し，カールに公正さと正義の大切さを説いた有名な詩を書き残しているからである[50]。彼は801年のローマの裁判にも関わっており，この時期も依然としてカールの信任が厚かったように思われる。もちろん，彼だけが関わっていたわけではない。この時期にあっては，やはり宮廷礼拝堂司祭長であったケルン大司教ヒルデバルトも，カールの側近として指導的な役割を演じたと考えるべきだろう[51]。宮廷礼拝堂司祭長という要職にあったヒルデバルトが，この勅令の作成だけでなく，国王巡察使の改革や一般的臣民宣誓の計画に大きく関わったことは間違いない。『ロルシュ年代記』の作成にも携わったと思われるトリアー大司教リヒボートも関与したことであろう。また，この頃，宮廷の要職に就いていた俗人貴族たちも立案に関与したものと思われる。

国王巡察使制度の改革と「巡察使勅令」

　この802年の改革の目玉のひとつとなっていたのが，国王巡察使制度の改革であることについては，すでに述べた。クラウゼなどの古典的な研究によれば，カール大帝時代の国王巡察使の原型は，カール・マルテル時代

---

　50) Theodulf, Contra iudices, MGH Poeta 1, S. 493ff. この詩については，Gabriel Monod, Les moeurs judiciaires, RH 35 (1887), S. 1-20. Vgl. Wallace-Hadrill, Frankish Church, S. 218.
　51) ヒルデバルトについては，Fleckenstein, Hofkapelle, S. 49ff.

の「巡察使」(missi discurrentes)にもとめられる[52]。しかし，ハニヒの研究によれば，カール・マルテル時代の「巡察使」は，主に王領地で貢租の徴収などに従事した役人たちであり，780年代以降の巡察使とは，職務内容においても，活動範囲においても全く異なっている[53]。カール大帝が設置した国王巡察使は，彼の創意による役職である。彼は主にバイエルン，アキタニア，イタリアなどの周辺地域の政治的安定を図るために，必要に応じ，司教，修道院長，伯などを国王巡察使に指名した。国王巡察使は国王の代理人として，紛争を調停し，伯を監督した。テオドゥルフが，レイドラードとともに，国王巡察使として巡察したのもこの時期のことである。

それでは，802年の改革により，いったい何がどう変わったのであろうか。

国王巡察使制度の実態および歴史的意義に関しては，長い間，クラウゼの研究が通説の地位をかちえていたが，近年，ハニヒ，エックハルト，ヴェルナーらの研究により，大きな展開がみられた[54]。私も，不十分ながら，かつて，国王巡察使制度を検討したことがある[55]。これらの近年の研究のなかで，802年の改革に関して，もっとも重要なのはエックハルトの研究である。彼の画期的な研究成果により，802年の国王巡察使改革の意味は，かなり明らかになったといってよい。

エックハルトは，ボレティウスがMGHで『特殊国王巡察使勅令』(Capitularia missorum specialia)(NR. 34)と呼んでいる勅令に着目する[56]。そして，ボレティウスがとりあげた4種類の写本を検討し，また，他の史料も利用することにより，全部で6つの国王巡察使管区を明らかにすることに成功したのである[57]。別表にその詳細を掲げるとともに，地図

---

52) Krause, Geschichte des Institutes, S. 197ff.
53) Hannig, Pauperiores vassi de infra palatio, S. 351ff.
54) Hannig, Pauperiores vassi de infra palatio; Eckhardt, Capitularia missorum specialia; Werner, Missus-Marchio-Comes, S. 112-127 (S. 195-210).
55) 拙稿『国王巡察使制度とフランクの国制』。
56) Eckhardt, Capitularia missorum specialia; Cap. 1, Nr. 34.
57) なお，ザルツブルク大司教アルンが，このときに国王巡察使に任命された可能性もある。Vgl. Krause, Geschichte des Institutes, S. 261 Nr. 30, 31. また，803年頃に編纂された『エーワ・カマウォールム』(MGH LL 5, Lex Francorum Chamavorum, S. 272) の第8条には，missus dominicus と missatica という表現がみえる。すでに，802年の時点で，この部族法典がおもに適用されていたと思われるライン川下流地域(ハマーラント)にも，国王巡察

第11章　改革の試み　　　　　　　　　　　　　321

	管区名	聖職者の巡察使	俗人の巡察使	史料典拠
1	アキタニア管区	不明	不明	Leiden Voss. Lat. 119
2	パリ管区	サン・ドニ修道院長ファルドゥルフ	パリ伯ステファヌス	Paris Lat. 4995
3	ルーアン管区	ルーアン大司教マゲナルト	伯マデルガウト	Paris Lat. 4995
4	サンス管区	サンス大司教マグヌス	伯ゴトフレート	Rom Pal. Lat. 582/Hs. Paris Lat. 9654
5	ランス管区	修道院長（後にランス大司教）ヴルファル	不明	Flodoard, Historia Remensis ecclesiae 2, c. 18, S. 172.
6	リエージュ管区	リエージュ司教ゲルバルト	不明	Berlin Lat. F. 626

で管区を示した[58]。

　この表や地図から明確になるように，802年以前の国王巡察使とは異なり，この改革で創設された国王巡察使制度では，国王巡察使は一定の管区（missatica）を与えられていた。しかも，K. F. ヴェルナーが指摘しているように，巡察使管区に分けられた地域は，ネウストリア，アウストラシア，ブルグントといった，伝統的な中核地帯に限定され，フランク王国全体が巡察使管区に分けられたのではなかった[59]。おそらく，ゲルマーニア，アキタニア，イタリアといった地域では，巡察使制度は十分根づかなかったように思われる[60]。

　国王巡察使は国王から特定の目的を与えられて派遣される役職ではなく，地方行政の円滑な遂行のために国王から広範な権限を付与された役職とな

使管区が設けられた可能性がある。Vgl. Werner, Missus-Marchio-Comes, S. 122 mit Anm. 50.
　58）　巻末地図5参照。
　59）　Werner, Missus-Marchio-Comes, S. 121f.
　60）　Werner は，独特の「レグナ」（regna）の理論にもとづいて，中核地帯である「巡察使管区」（missatica）の外側には，regna の地域が広がるとしている。Werner, Missus-Marchio-Comes, S. 123ff. 彼のレグナ理論については，シュルツェ『西欧中世史事典 II』8-9頁に紹介がある。ただし，missatica の領域と，regna の領域という分け方は，一種の理念型と考えるべきだと思われる。

った。巡察使管区は大司教管区と必ずしも同一ではなかった。また，それぞれの管区で伯と高位聖職者が一組になっていたことが確かめられる。管区の地理的範囲については，まず最初に巡察使としてふさわしい人物の選定が行われ，それに合わせて範囲を確定していったように思われる。残念ながら，国王巡察使の任期に関する史料は全くない[61]。いずれにしても，802年以前にはみられないことであり，カールの改革への強い意志を伺わせるものである。

いったい，この勅令は，何のために，そして誰によって作成されたのであろうか。

エックハルトは，特に，825年のルイ敬虔帝の勅令で，国王巡察使である大司教および伯たちは，文書長官から勅令の写しを受領すべしと記されていること[62]と，808年の『軍隊動員令』で，条文を四部作成し，一部を文書局に保管しておくように定められていること[63]を例にあげて，この勅令が文書局によって作成されたものと推定している[64]。この推論は妥当なものであろうと思うが，その作成事情を考えるために，若干の検討を付け加えたい。まず，この勅令の特徴をいくつか列挙しておきたい。

1　第1条に臣民宣誓の履行のことが簡単に書かれている。
2　『特殊国王巡察使勅令』にあるのに，『一般勅令』にはない項目がある（たとえば，教会十分の一税の徴収に関する第17条）。
3　『特殊国王巡察使勅令』のそれぞれの版の内容は，だいたい同じである。
4　しかし，重要な違いもある。まず，第13条の追加条項がアキタニア，サンス，パリの巡察使管区用の写本では付加されている。これは，沿岸警備に関する条項であり，沿岸警備のために船を準備しておくことと，召集があったときに，沿岸に住む者たちは遅滞なく応じることを定めたものである[65]。

---

61) Krause, Geschichte des Institutes, S. 215 は，毎年，任命されたと考えている。しかし，その根拠は十分ではない。
62) Cap. 1, Nr. 150, c. 26, S. 307.
63) Cap. 1, Nr. 50, c. 8, S. 138.
64) Echkardt, Capitularia missorum specialia, S. 508.

第 11 章　改革の試み

5　メモを記しただけのような書き方である。たとえば，第1条には臣民宣誓の履行のことが書かれているが，「すべての者は，宣誓すること」と記されているだけで，どんなことを宣誓すべきなのかということについては，全く触れられていない[66]。

　以上の点から類推される第一の点は，この勅令は『一般勅令』からさほど日を置かずに書かれているということである。臣民宣誓のことが第一に挙げられていることから，このことはわかる。王国会議で基本方針が認められたが，まだ，臣民宣誓が実行されていない段階で書かれたものである。第二に，管区が異なっていても，内容がほとんど同一のものであることから，この勅令は宮廷で作成されたことが想像される。しかし，第三に，この勅令がメモ書きにすぎないことを考えれば，この勅令は国王巡察使たちへの補足説明文書として，文書局が作成したことが推定されるのではないだろうか。実際，臣民が宣誓すべき内容について，このメモでははっきり記されていない。このメモだけでは，巡察使は何を宣誓させるべきか，わからないのである。第四に，文書局が実情に合わせて，この勅令を作成したことが想像される。この勅令には『一般勅令』のすべての条項が含まれていない一方で，教会十分の一税に関する第17条のように付加条項がある。
　上記の推測が正しければ，宮廷は地域の実情に合わせて細やかな配慮を行っていたことが推測される。宮廷と親密な関係をもっていた，国王巡察使に任命された聖俗の有力者たちは，802年3月の王国会議の正式決定を受けて，管轄区域の人々に皇帝に対する臣民宣誓を行わせるとともに，伯の監督にあたることになった。しかし，宮廷は，宣誓を実施するにあたり，『一般勅令』にはない点も含めて，特に留意すべき点を付け加えた。ボレティウスが34番という番号を与えたこの文書は，おそらく上記のような性格をもった文書である。

---

65) Cap. 1, Nr. 34, c. 13a, 13b, S. 100.
66) Eckhardt. Capitularia missorum specialia, S. 500: A 写本：*De fidelitatem eius iurandum omnes repromittant.*；B/C 写本：*De fidelitatis iurandum omnes repromittant*；D 写本：*De fidelitate iusiurandum, ut omnes repromittant.*

もうひとつの「巡察使勅令」（Nr. 35）

ところで，さらに国王巡察使自身が便宜を考えて作成したと思われる勅令が遺されている。それは，ボレティウスが *Capitulare missorum item speciale* と呼んだ勅令である[67]。この勅令の検討から，カールによって任命された国王巡察使たちの活動の一端を知ることができるように思われる。

この勅令は全59箇条からなるが，大部分の条項は『一般訓令』と『特殊国王巡察使勅令』から取られたものである[68]。エックハルトによれば，この文書は宮廷の文書局で作成されたものではなく，国王巡察使自身が作成したものである。それゆえ，これは勅令（*Capitularia*）ではない。だから，エックハルトはこの文書を *Capitula missorum dominicorum* と呼んでいるのである[69]。興味深いのは，教会に関しては，789年の『一般訓令』を用い，世俗のことに関しては，802年の『一般勅令』を引用していることである[70]。それはなぜか。

ひとつの仮説をたてることが可能である。それは，この勅令が書き留められたときには，教会に関する新しい基本方針がまだ示されていなかったという仮説である。そう考えると，10年以上前に出された『一般訓令』を利用していることを説明できる。もし，そのような推定が正しいとすると，

---

67) MGH Cap. 1, Nr. 35, S. 102-104. より良いテクストは，Eckhardt, Kapitulariensammlung, S. 84-86. この勅令についてはまた，Buck, Admonitio und Praedicatio, S. 339-342 が詳しく論じている。

68) 『一般訓令』に由来する条項として，第1条から第18条，第21条から第26条，第28条，第29条，第31条，第36条から第46条。『特殊国王巡察使勅令』を用いた条項に，第27条，第32条から35条。第47条から第59条。

69) Eckhardt, Kapitulariensammlung, S. 31.

70) 『一般訓令』のテキストはそのまま引用されてはいない。たいていは，簡潔に書かれている。その一方で，敷衍されている場合もある。これについては，Eckhardt, Kapitulariensammlung, S. 26; Buck, Admonitio und Praedicatio, S. 341. また，すべてのキリスト教徒は使徒信経と主祷文を覚えなくてはならないと定めた第30条に対応する条項は，『一般訓令』にはない。もっとも，第29条で司教や司祭は熱心に使徒信経や主祷文を読んで，人々に教えなくてはならないという条項があり，これに近い内容は『一般訓令』にもある（第61条，第72条）。したがって，第30条は第29条の内容をさらに発展させた条項であるということができる。これについては，Buck, Admonitio und Praedicatio, S. 341f. 参照。

この国王巡察使の指示書は802年の10月以前に出されたということになる。なぜなら，802年の10月の教会会議では，教会に関する基本方針がはっきりと示されているからである。

　従来の研究では，この勅令の発布年代に関する見解は様々である。たとえば，ボレティウスは特に根拠をあげることなく，この勅令を802年に発せられたものとする。これに対して，エックハルトは806年説を唱え[71]，ガンスホフやモルデクによって受け入れられている[72]。しかし，ガンスホフやモルデクは，特にエックハルトの推論の根拠を吟味したうえで，806年説を主張したわけではない。すでにゼムラーは1960年に書いた論文のなかで，802年説の可能性もなくなったわけではないことを示唆している[73]。

　上記の推論が正しいとすれば，この勅令は802年の10月以前に出されたものと考えるべきである[74]。

教会に関する勅令

　すでに述べたように，802年の10月に大規模な教会会議が開催された。この会議については，『ロルシュ年代記』と『モワサック年代記』がはっきりと述べており，この10月の教会会議が3月の全体会議の決定に関連することは明確である。残念ながら，この重要な教会会議の決定録は伝承されていない。しかし，おそらく，この教会会議での決定はいくつかの勅令の形で伝承された。『ロルシュ年代記』は述べていないが，『モワサック年代記』は，この会議で，司教教会におけるローマ式典礼の問題，聖歌隊（schola cantorum）の問題，修道院でのベネディクト戒律に従った典礼の問題も取り上げられたことを伝えている[75]。

---

71) Eckhardt, Kapitulariensammlung, S. 25ff.
72) Ganshof, Kapitularien, S. 107 mit Anm. 280; Mordek, Bibliotheca, S. 1083.
73) Semmler, Reichsidee, S. 37 mit Anm. 3.
74) 臣民宣誓に関する条項は欠落しているので，臣民宣誓が行われた後に作成されたものかもしれない。もし，このような推測が許されるならば，この文書は概ね4月以降に作成されたものであるということができるだろう。
75) Chronicon Moissacense a. 802, S. 306f. Vgl. Semmler, Reichsidee, S. 63.

ボレティウスが36番，37番，38番という番号を与えた3つの文書，*Capitula a sacerdotibus proposita* (Nr. 36)，*Capitula ad lectionem canonum et regulae s. Benedicti pertinentia* (Nr. 37)，*Capitula de examinandis ecclesiasticis* (Nr. 38) は，すでにボレティウスが考えているように，802年に出されたことは間違いないように思われる[76]。ただし，この名称と性格については，一言説明しておかなくてはならない。というのは，ボレティウスがこれらの文書を *capitulare* と呼ばずに *capitula* と呼んだことからわかるように，彼はこれらの文書は勅令というより，司教令であると考えていたからである。その意味では，第36番を P. ボロマーが明確に司教令とみなし，MGH の司教令集（*capitula episcoporum*）に収録した[77]のは，このボレティウスの考え方を一歩推し進めたものといえるかもしれない。しかも，ボロマーは，この勅令はリエージュ司教ゲルバルトによって出されたものであると考え，『ゲルバルト第一司教令』と呼んでいる。だが，これには，すでに様々な批判がある[78]。この文書もカールの勅令であるという意見もある[79]。第37番の文書の性格についても議論がある。エックハルトは，これは司教や修道院長がアーヘンの会議で皇帝に提出した趣意書もしくは提案書ではないかと推定している[80]。第38番に関しては，ブックによれば，司教令ではなく，皇帝が発令した文書である。もっとも，文書自体は，より正確にいえば，皇帝の命令により，聖職者の巡察使のための手引きとして作成された文書である[81]。このように，この3つの文書の性格については，それぞれ議論があるが，いずれも802年の改革に関連して作成された文書であると結論づけてよいように思われる。
　また，その他，ブックが詳細に検討している *Missi cuiusdam admonitio*（MGH Nr. 121）も，おそらく802年に出された文書である[82]。ゼムラーが802年の改革と関連して公布されたと推定している他の勅令については，

---

76) Buck, Admonitio und Praedicatio, S. 343-355.
77) MGH Cap. Ep. 1, S. 16-21.
78) Hartmann, Synoden, S. 123; Pokorny, MGH Cap. Ep. 3, S. 4 mit Anm. 3.
79) Buck, Admonitio und Praedicatio, S. 345.
80) Eckhardt, Kapitulariensammlung, S. 348.
81) Buck, Admonitio und Praedicatio, S. 352f.
82) Buck, Admonitio und Praedicatio, S. 157-238.

ブックは判断を下していないし，今のところ，他の研究者による詳細な検討はなく，私には判断材料がない。しかし，いずれにしても，802年の10月に教会会議が開催され，そこで多くの方針が定められ，司教や修道院長に対してだけでなく，彼らを監督すべき国王巡察使にも伝達され，その履行が図られたことは確かなことのように思われる。

法典附加勅令と部族法典の成文化

カールの802年の改革はこれにとどまらない。宮廷は人々の生活を規定する部族法の改善と成文化を試みた。

部族法の改革に関して，アインハルトの『カール大帝伝』の次のようなことばが有名である。「皇帝の称号を受けとった後，自国民の法律に不備な点が多いことに気がついた。つまり，フランク人には二つの法典があり，これらが多くの点で，ひどく食い違っていたので，欠けている点を補足し，矛盾している点を統一し，誤謬とか不正な記述を訂正しようと考えた。けれども結局，彼は，二つの法典についてはわずかの，それも不完全な項目をこれに加えたことを除くと，他にはいかなる手も加えなかった。しかし，彼の支配下にあったすべての民族の，それまで書かれていなかった慣習法を寄せ集め，書き取らせたのである」[83]。

実際，カールは二つの方策を用いて部族法の改善に努めた。ふたつの方

---

83) Einhard, Vita Caroli, c. 29, S. 33f.（邦訳，アインハルト『カール大帝伝』第29章，38-39頁）. アインハルトは，カールの皇帝戴冠に関して述べた第28条に続く冒頭で，このことを記している。アインハルトは，今まで述べてきたカールの802年の改革をすべて黙殺する一方で，この部族法典の改革に関することを記す。このことも，アインハルトの著述のあり方が，彼個人の判断を反映していることを示唆する。では，なぜアインハルトは802年の改革全般について述べることなく，ただ単に部族法の改正について述べたのだろうか。おそらく，彼の生い立ちとその後の彼の人生に関連している。アインハルトはフランケン地方生まれのゲルマン系の人間であっただけでなく，この地の修道院長として暮らした。おそらく，この部族法の問題は，直接自分の生活に大きく関わったので，特に取り上げたのだろう。カール大帝が1月から12月までの名称や方位のゲルマン語の名称を定めたというアインハルトの記述理由も，このことから説明できるだろう。だが，宮廷自体は，あくまでも802年の全般的な改革の中で，部族法の改善と成文化を指示したのである。このことを忘れてはならない。

策とは，すでに成文化されている部族法に関しては，さらに実態に合わせた法にするために法を附加することであり，もうひとつは，口承されているだけの部族法を成文化することである。

まず，すでに成文化されている法典の改善について述べたい。

カール大帝は，803年に研究者が「法典附加勅令」(capitularia legibus addenda) と呼ぶ勅令を発して，既存の部族法典の改善を試みた[84]。

まず第一に挙げられるべきは，『サリカ法典附加勅令』(Capitulare legibus additum, MGH Nr. 39) である。この勅令に関しては，かなり多くの写本が残されている[85]。非常に興味深いのは，10世紀のフランス北部の写本 (Paris Lat. 4995) である[86]。この写本には，伯ステファヌスがこの勅令をパリの集会 (mallus publicus) で告示し，参審人 (scabini)[87]の前で読み上げたという記述がある。この写本では，続けてさらに，すべての者が同意し，すべての参審人，司教，修道院長が署名したと述べられている[88]。パリ伯ステファヌスは，802年の改革で任命された国王巡察使であった[89]。つまり，国王巡察使が，主だった者たちを集めた集会でこの法典附加条項を告知し，同意の署名を書かせ，爾後，この勅令の条項が効力をもつことを明確にしたわけである[90]。この勅令とほぼ同じ頃に出されたと

---

84) 「法典附加勅令」(capitularia legibus addenda) については，一般に Ganshof, Kapitularien, S. 28-31 参照。

85) 写本のリストは，Mordek, Bibliotheca, S. 1083f. に掲載されている。

86) Mordek, Bibliotheca, S. 551.

87) 参審人とは，カール大帝が裁判制度の円滑な運用のために導入した，名望家出身の判決発見人のことである。ミッタイス『ドイツ法制史概説』174頁以下参照。Vgl. Ganshof, Frankish Institutions, S. 77.

88) Cap. 1, Nr. 39, S. 112: *Sub ipso anno haec facta capitula sunt et consignata Stephano comiti, ut haec manifesta faceret in civitate Parisius mallo publico et illaegere faceret coram scabineis; quod ita et fecit. Et omnes in uno consenserunt, quod ipsi voluissent omni tempore observare usque in posterum; etiam omnes scabinei, episcopi, abbates, comites manu propria subter signaverunt.*

89) 彼については，Eckhardt, Capitularia missorum, S. 505. また，Hennebicque-Le Jan, Prosopographica neustrica, Nr. 265, 264. 彼は明らかにパリ周辺を基盤とする貴族の家柄の生まれであった。この改革当初は，国王巡察使は中央権力の代理人として任命されていたが，後に土着化が生じ，国王巡察使の本来の機能は失われたとする，クラウゼの古典学説 (Krause, Geschichte des Institutes, S. 220) は，エックハルトが指摘するように根拠がない。Eckhardt, Capitularia missorum, S. 509f.

90) MGH Cap. 1, Nr. 39, S. 112; vgl. Ganshof, Kapitularien, S. 92f.; Bühler, Capitularia

思われる『巡察使勅令』(Nr. 40) には，この記述に対応する表現がある。すなわち，「新しく法典に附加された条項について，人々に説明し，すべての者が同意した後，勅令に署名させること」という条項があるのである[91]。これらのことから考えると，それぞれの部族法典が主に用いられている地域の巡察使が，新たに附加された条項を集会で読み上げ，署名させることで，効力をもたせようとしたことは，明確であるように思われる。宮廷は，単に附加勅令を定めることで満足していたわけではない。あくまでも，附加勅令で定めた内容を実際に守らせることを考えていたのである。

『リブアリア法典附加勅令』(*Capitulare legi Ribuariae additum*, MGH Nr. 41) も803年に出されている。写本の伝承状況をみると，この勅令を伝承している写本は，すべて先述の『サリカ法典附加勅令』も伝承している。このことは，『リブアリア法典』だけを主に用いていた地域が，当時少なかったことを物語るかもしれない。

また，バイエルン法に関しても，おそらく，803年ごろに二つの勅令が作成されている[92]。これらの勅令の存在は，カールが実際，すでに成文化されている部族法典に関しても，改善を指示したことをよく示している。成文化された法典の実効性に関して，かつて H. ネールゼンは疑いを表明したが[93]，少なくとも，カール大帝が，実際の裁判で法典を用いることを念頭に附加勅令を発令したことは間違いないように思われる[94]。

カールは口承されていた部族法の成文化にも努めた[95]。

1) 『エーワ・カマウォールム』：カマーウィー人とは，イーゼル川およびライン川下流域のハマーラントあたりに住んでいた人々のことである。これは，いわゆるヴァイストゥーム (判告集) としての性格をもってい

Relecta, S. 450; Krah, Kapitulariengesetzgebung, S. 569.

 91) MGH Cap. 1, Nr. 40, c. 19, S. 116: *Ut populus interrogetur de capitulis quae in lege noviter addita sunt; et postquam omnes consenserint, subscriptiones et manufirmationes suas in ipsis capitulis faciant.*

 92) Capitula ad legem Baiwariorum addita (MGH Cap. 1, Nr. 68); Capitulare Baiwaricum (MGHCap. 1, Nr. 69).

 93) Nehlsen, Aktualität und Effektivität.

 94) Vgl. Mordek, Herrschergesetzgebung, S. 350f.; McKitterick, Carolingians and the Written Word, S. 17ff.

 95) Vgl. Schott, Stand der Leges-Forschung, S. 41f. ミッタイス『ドイツ法制史概説』146頁。

2）『ザクセン法典』：この法典は803年ごろに作成されたものである。9，10世紀ごろの2つの写本で伝承されているにすぎない[97]。全部で69条からなり，『リブアリア法典』や『ザクセン地方に関する勅令』の条項が利用されている。しかし，ザクセンの伝統的な法慣習も採録されてもいる。法典としては，あまりに断片的であり，人々の日常を規定するには，あまりにも少しの条項しかない[98]。

3）『テューリンゲン法典』：この法典は，いわゆるテューリンゲン人全体というよりも，ウンストルート付近，ザーレ川とエルスター川の間あたりに住んでいた，アンゲル人とヴァルン人の法を記したものであると考えられている[99]。この法典も19世紀に発見されたわずかひとつの写本と，今は失われてしまった写本を用いている，16世紀のバーゼルの法学者ヘロルト（Herold）の刊本（1557年）によって知られるにすぎない[100]。

4）『フリースラント法典』：ショットによれば，もっとも謎に満ちた法典である[101]。ヘロルトの刊本によって知られるだけで，写本は今日全く伝承されていない。

このような伝承状況を考えれば，カールが新たに作成を命じた法典は，実際にはほとんど用いられることがなかったと言わざるをえない。

---

96) Vgl. Buchner, Rechtsquellen, S. 42; Schmidt-Wiegand, Lex Francorum Chamavorum. HRG 2, Sp. 1915f.
97) Buchner, Rechtsquellen, S. 40.
98) Vgl. Schmidt-Wiegand, Lex Saxonum, HRG 2, Sp. 1962-65.
99) Buchner, Rechtsquellen, S. 41; Schmidt-Wiegand, Lex Thuringorum. HRG 2, Sp. 1965-66; Theuerkauf, Rechtsaufzeichnug und Rechtsbewußtsein, S. 86ff.
100) この法典については，一般に次の文献を参照。Peter Landau, Die Lex Thuringorum-Karls des Großen Gesetz für die Thüringer, ZRG GA 118 (2001), S. 23-57.
101) Schott, Stand der Leges-Forschung, S. 42; vgl. H. Siems, Lex Frisorum, HRG 2, Sp. 1916-1922.

膨張主義の終焉と第二の転換点

　789年をカール大帝の治世の第一の転換期と呼ぶなら，802年は第二の転換期である。
　カール大帝は789年に『一般訓令』を発して，宗教に立脚した国づくりを進めることを宣言した。この統治方針を実現させるためには，臣民にキリスト教を理解させる必要があった。そこで，彼は「教化のプロジェクト」を発想し，キリスト教の浸透をはかろうとした。この基本方針の策定にあたっては，アルクイン，テオドゥルフといった，いわば「カロリング・ルネサンス」の第一世代と呼ぶべき聖職者が関わった。だが，この段階では，宮廷は具体的な統治体制の工夫を行ってはいなかった。たしかに，カールは同じ年に「一般的臣民宣誓」を王国全土に導入し，臣民と王との直接的な関係を築こうと試みた。だが，宮廷は，組織改革を行うことはなかった。「教化のプロジェクト」を実現するための「道具」は乏しかったし，中央と地方を結びつける有効な手段を考え出すことはなかった。802年にいたるまで，カールは内政面において，強固な国家を築くための改革をほとんど実行していない。勅令の内容は，ともすれば，倫理的，規範的な内容に傾きがちであり，制裁を伴った法的措置を講ずるにはいたらなかった。
　802年から803年にかけての改革は，おそらく，こうした統治体制上の不備を認識した結果，打ち出されたものである。この改革のキーワードのひとつは，国王罰令権（*bannum*）の明確化である[102]。おそらく，802年から803年の間に作成されたと思われる『国王罰令金摘要』（MGH Nr. 110: Summula de bannis）は，60ソリドゥスの国王罰令金を課す次の8つのケースを定めている。教会に対する不法行為，寡婦に対する不法行為，孤児に対する不法行為，「貧しき者たち」に対する不法行為，婦女掠奪，放火，

---

　102) *bannum* については，一般に Ganshof, Frankish Institutions, S. 11f. この言葉は，すでに『ザクセン勅令』のなかでみられる。Capitulare Saxonicum c. 1, S. 71. 勅令での *bannum* の使用例については，Ganshof, Frankish Institutions, S. 106 mit Anm. 50 に挙げられている。

家宅侵入，軍隊忌避，である[103]。この文書が国王文書局で作成され，各国王巡察使の便宜に供するために渡されたものであるのか，それとも，ある巡察使が自分のために作成したものであるのかはわからない。しかし，この時期に国王罰令金が課される具体的な事例が明確に定められるようになるとともに，従来，ただ単に，いわば訓令という形で指示されていたことが，臣民が必ず守らなくてはならない，罰則を伴う法になったことは特筆してよいだろう。

　カール大帝は802年以降の数々の勅令において，国王の権威を強調し，再度臣民に誠実宣誓させて，国王に対する義務を思い起こさせようとした。ここに，789年のときには果たすことのできなかった，宮廷の強い姿勢をみることができる。すでに789年の『一般訓令』で，「神の法」(lex Domini) が繰り返し強調されているが，「神の法」が何であるのかが，この802年の改革では，その基本方針を定めた『一般勅令』で具体的に詳細に述べられ，規定されている。聖職者も俗人もそれぞれ服すべき法に従って，生活するように具体的に命令されている。しかし，紛争は避けられず，それゆえ，カール大帝は公正な裁判を行わせることで，国王の義務である「正義」(jusititia) の実現を図ろうとした。国王巡察使制度の改革も，このような文脈に位置づけられる。

　もうひとつ強調すべきことは，文書主義の採用である。802年以降の勅令の量の多さも，従来成文化されていなかった法典の成文化も，勅令の中で，恣意によらず，文書にもとづいて判決を下すように伯たちに求めていることも，こうした変化に関わる。これは，780年代からはじまる「カロリング・ルネサンス」の成果により，文書利用が促進されたことを意味するだろう。もちろん，文書主義の採用といっても，あらゆる命令が文書で書かれ，また，文書が保管されたことを意味しない。勅令自体の文書の効力の限界に関しては，多くの研究者によって指摘されているし[104]，また，

---

　　103) この勅令では，国王罰令金が課される8つの場合が簡単に列挙されているだけであり，どう考えてもメモにすぎず，よく推敲された文章ではない。写本の冒頭には，「わが君主が60ソリドゥスの徴収を命ずる8つの国王罰令権について」という文言がある。国王文書局が作成したのかもしれないし，国王巡察使が実務に用いるために作成したものかもしれない。この勅令は，Bamberg, Staatsbibliothek, Jur. 35 でのみ伝承されている。この写本については Mordek, Bibliotheca, S. 17f.

驚くべきことに，公文書を保管する体制がカール大帝の宮廷自体でも整ってはいなかった[105]。書記を務める有能な宮廷聖職者がカールの宮廷に集まってはいたものの，彼ら自身の行政能力は高くなく，彼らは行政や法を学んだ専門家でもなかった。ここに確かに限界はあった。カールは教育を重視し，具体的な指示を出して，教育に力を注ぐように聖職者たちに指示した。宮廷および修道院は教育機関としての役割を担い，高位聖職者だけではなく，俗人貴族にも，ラテン語の基礎教養は定着する傾向にあったと思われる[106]。だが，専門知識を身につけた官僚群が組織されるにはいたらなかった。宮廷は，文書使用の有用性を高く評価していたが，文書行政に熟知したエリートの養成は，遠い目標にとどまった。しかし，文書使用の慣行がピピンの時代よりもはるかに浸透し，行政および司法の領域で用いられるようになったことは確かである[107]。文書の活用は，「カロリング・ルネサンス」の成果である。

この改革は，カール大帝の晩年の統治政策の基礎となった。この時期の改革にもとづいて，文書局は多数の勅令を作成し，カールはそれを公布し，国王巡察使を通じて，その遵守を求めた。改革の意思の存続は，ガンスホフが「改革勅令」と呼ぶ『ティオンヴィル勅令』が805年に出されていることからも知ることができる[108]。

それでは，この改革は，カールの皇帝戴冠と直接関連するのだろうか。

ガンスホフの意見については，すでに冒頭で紹介したが，それは彼だけの意見ではない。たとえば，国王巡察使制度の改革に関してではあるが，クラウゼも，皇帝戴冠と改革の関連を強調している。クラウゼは述べる。「フランクの国王は，800年にローマ皇帝になった。カール大帝は，もは

---

104) Vgl. Mersiowsky, Regierungspraxis und Schriftlichkeit, S. 165.
105) 周知のように，ルイ敬虔帝期にアンセギスがすべての勅令を集めて勅令集を編纂しようと試みたが，入手できた勅令は一部にすぎなかった。Vgl. G. Schmitz, Einleitung, in: Die Kapitularien des Ansegis, hg. von G. Schmitz (MGH Cap. Nova Series, 1), Hannover 1996, S. 13.
106) これについては，拙稿『宮廷と修道院』参照。
107) Vgl. Ganshof, Use of the Written Word, S. 133. 公布年代を特定できない勅令も多く，また，散逸してしまった勅令が多数あったことを考えれば，統計的な数字を出すことに意味があるとは思われないが，付録の主要勅令一覧をみれば，802年以降に実に多くの勅令が出されていることがわかるだろう。
108) Cap. 1, Nr. 44, S. 122-126; Ganshof, Impact of Charlemagne, S. 145.

やフランクの大王としてではなく,ローマ皇帝として,中央権力を行使した。王国統治は,国王による王国統治から,皇帝による王国統治に変わったのである」[109]。

私は,この802年の改革で公布された数多くの勅令で,「帝国」という表現が一度も,用いられていないことに注目すべきだと思う。皇帝戴冠と改革を関連付けようとする,従来の多くの研究は,『一般勅令』の第2条の「皇帝陛下に対する誠実宣誓」を指摘し,強調してきた。たしかに,この条項では,皇帝としてのカールに対する宣誓がもとめられている。しかし,帝国という表現はみられない。皇帝という称号を新しく獲得した国王に対する,再度の誠実宣誓が臣民に要求されているだけである。

全体としてみると,この時期の勅令では,カールの皇帝戴冠によって,「国家」のあり方に根本的な変化が生じたのだという,宮廷の意識を示す証拠は,まったく見られない。フランク王国が「帝国」と認識され,新しい統治制度が導入されたわけでもなく,新しい国家理念が投入されているわけではない。この改革でみられるのは,789年の『一般訓令』の延長線上に位置する改革である。この時期に公布されたすべての勅令において,皇帝戴冠は,カールの肩書の変更以外には,ほとんど何の影響も与えていない。たとえば,コンスタンティヌス大帝の名は勅令に一切登場しないし,ローマ法を典拠したと思われる条項もない。カールが800年以降に立法活動を活発に行うようになるのは,カールが皇帝になり,立法者としての皇帝の機能を継承したからであるという,P. ウォーマルドの意見[110]は,根拠を欠いていると言わざるをえない。

むしろ,802年の改革は,800年前後にフランク王国の軍事的な拡大が終焉を迎えたことに関するTh. ロイターの議論と結びつけて論じるべきであるように思われる。ロイターは,ただ単に800年前後から,フランク王国の膨張が止まったことを指摘するだけでなく,800年以降の様々な史料を取上げて,いかに,800年以降に宮廷内で「防衛志向」が浸透していたかを説明している[111]。彼によれば,命令があれば,速やかに軍備を整え

---

109) Krause, Geschichte des Institutes, S. 219.
110) Wormald, Lex Scripta, S. 129.
111) Reuter, End of Carolingian Military Expansion, S. 394ff.

ることを人々に命じた『一般勅令』の第34条も，その現れである[112]。侵略ではなく，むしろ，防衛が重視されるようになったがゆえに，迅速な行動が求められるようになったというのである。

冒頭で述べたように，801年のクリスマスをアーヘンで祝い，そのまま803年の春までアーヘンを離れることがなかった。冬が終われば，軍事行動を起こすのが常態化していたにもかかわらず，大帝は遠征しようとしなかった。宮廷は，明らかに膨張主義を放棄したのである。なぜ，膨張主義が放棄されたのかはよくわからない。実際，フランク王国と境を接する異教徒たちが，かなり手強かったのは事実ではあるが，おそらく，それだけが理由ではないだろう[113]。いずれにしても，宮廷は801年から803年の間に方針を転換し，膨張主義を放棄した。もはや，軍事遠征が最大の政治課題ではなくなった。それに代わって，国内の治安と法制度の整備が最優先の政治課題とみなされた。宮廷のエネルギーは，国外ではなく，国内に向けられるようになった。このように，802年の改革は皇帝戴冠よりむしろ膨張主義の放棄と関連するのである。

---

112) Cap. 1, Nr. 33, c. 34. S. 97: *Ut omnes pleniter bene parati sint, quandocunque iussio nostra vel annuntiatio advenerit.* Vgl. Nr. 52 (a. 808), c. 1: *De marcha ad praevidendum: unusquisque paratus sit illuc festinanter venire, quandocumque necessitas fuerit.*

113) その理由については，ロイターが様々な検討を試みている。Reuter, End of Carolingian Military Expansion, S. 401ff.

第12章
「ダビデ」と「皇帝」のあいだ

　第10章で述べたように，フランク宮廷は，皇帝戴冠の解釈で苦慮し，一応の結論を出すまで，かなりの時間を要した。フランク宮廷は，基本的には帝位は王位を高めるものにすぎないという立場を貫こうとし，フランク王国がローマ帝国の後継国家とみなされてしまうことを強く警戒した。ローマを支配下に置きつつ，しかし，その一方でローマと常に距離を保つことが，フランク宮廷の基本戦略であったといってよい。フランク宮廷がこのような立場をとったのは，「帝国」という観念がフランク王国の伝統にとって異質な存在だったからである。

　「帝国」は，フランク王国の伝統的な国家理念には適合しなかった。また，「帝国」は，カールが目指した基本政策の到達点ではなかった。そもそも，8世紀の80年代以降，カールと宮廷は，キリスト教を根底に据えた国家像を模索しており，その際，コンスタンティヌスの「ローマ帝国」ではなく，むしろ，旧約聖書の宗教国家を理想像としていた。

　この立場は，カールの皇帝戴冠以降に鍛造された貨幣の図柄によく示されている[1]。月桂冠を被ったカール大帝のポートレートを描いた貨幣が残されているが，それは二種類に大別される。第一のグループは，裏面に教会が描かれ，XPICTIANA RELIGIO（＝キリスト教）[2]の銘が刻まれ，鍛

---

1) 貨幣の図柄については，一般に以下の文献を参照。Grierson, Money and Coinage, in: Karl der Große, S. 501-536; Karl Frederick Morrison/Henry Grunthal, Carolingian Coinage, 1967; Schramm, Karl der Große als Kaiser, S. 281.
2) XPIC はギリシャ語表記に由来する。つまり，これはギリシャ語とラテン語を混合

造場所の記載がない。第二のグループは，教会が描かれておらず，鍛造場所が刻まれている。第一のグループには19枚のデナリウス銀貨が発見されている。そして，このグループの貨幣は，800年の皇帝戴冠と関連して鍛造されたものと推定されている[3]。月桂冠を戴いた皇帝の横顔と神殿（＝教会）という組み合わせは，明らかに帝政期ローマの貨幣を模倣したものである。しかし，XPICTIANA RELIGIO といった表現を刻んだ貨幣はローマ時代にはなく，ここに独創性を認めることができる[4]。この表現は，カールの帝権が依然として，本質上，ダビデ的王権に他ならなかったことを示している。王権の任務は，教会を守り，また，教会の教えを広めることであった。貨幣の図柄にみられる，こうした理解がフランク宮廷でいかに広まっていたのかを，種類の異なる二つの史料を通して，スケッチしてみたい。

アルクインの書簡におけるカール

　まず，最初に取り上げるのは，アルクインの書簡である。アルクインは，カールの皇帝戴冠のときには，すでに宮廷を離れ，トゥールのサン・マルタン修道院に暮らしていたが，彼は依然として宮廷とは深い関係にあった。801年以降の書簡もかなり多数残されている。それゆえ，アルクインがカールの皇帝戴冠をどのように受けとめたのかを，書簡の分析により，明らかにすることができる。

　戴冠の翌年の801年には，アルクインの書簡は比較的数多く残されているが[5]，アルクインはカールの帝位に関して，まことにそっけない[6]。ア

させた不思議な表記なのである。当時，西方世界でのギリシャ語能力がかなり落ち込んでいたことを考えれば，これはきわめて奇妙なことである。これについては，Renate Schumacher-Wolfgarten, XPICTIANA RELIGIO. Zu einer Münzprägung Karls des Großen, Jahrbuch für Antike und Christentum 37 (1994), S. 122-141. しかし，Ildar H. Garipzanov (The Image of Authority in Carolingian Coinage, Early Mediaeval Europe 8 (1999), S. 204) によれば，聖なる名であるキリストを XPC もしくは XPS と略して表記することは，ラテン語圏でも広まっていた。巻末，図6参照。
  3) Kluge, Nomen imperatoris und Christiana Religio, S. 87.
  4) Vgl. Schramm, Karl der Große als Kaiser, S. 281.

ルクインは戴冠前と同じように，大帝を相変わらず，ダビデと呼びかけている。たとえば，この年に大帝の同名の息子カールに宛てた書簡のなかで，大帝のことを *dominus excellentissimus David* と呼んでいる[7]。少なくとも，801年の秋頃までのカール大帝宛の書簡の宛名でも，同様である。これらの書簡での宛名は次のようである。

1　*domino desiderantissimo et omni honore dignissimo David patri patriae*[8]
2　*domino desiderantissimo David regi*[9]
3　*domino piissimo David regi*[10]
4　*domino merito laudabili et omni caritatis officio amplectando, nobisque nimium desiderantissimo David regi*[11]
5　*David, Christo domini*[12]

驚くべきことに，アルクインがカール宛の書簡の宛名の部分に皇帝の称号を入れるようになるのは，カール戴冠から実に一年近くたってからのことである。

1　*domino excellentissimo atque omni honore dignissimo Carolo regi imperatori atque augusto victoriosissimo maximo optimo atque serenissimo*[13]（801年の終わり頃か，802年）
2　*domino glorioso Karolo imperatori augustissimo atque christianissimo*[14]（801年から804年）

---

5)　アルクインの書簡に関しては，すでに触れたように，Bullough, Alcuin に詳しい。著者がこの本を書き上げる途中で亡くなったため，この本では，800年以降に関しては，残念なことに詳しい検討がなされていない。
6)　Vgl. Classen, Karl der Große, S. 77.
7)　Alcuin, Ep. Nr. 217, S. 360. ただし，同じ書簡の S. 361 には，*imperator* の表現もある。
8)　Alcuin, Ep. Nr. 229, S. 372.
9)　Alcuin, Ep. Nr. 231, S. 375.
10)　Alcuin, Ep. Nr. 238, S. 383.
11)　Alcuin, Ep. Nr. 240, S. 385.
12)　Alcuin, Ep. Nr. 307, S. 466. この書簡は801年から804年に書かれたものと推定されている。しかし，後に述べる書簡と同じであるが，この書簡では皇帝を示す言葉がなく，この書簡は801年の秋以前に書かれた可能性が高い。
13)　Alcuin, Ep. Nr. 249, S. 401. MGH の校訂者 Dümmler はこの書簡が書かれたのは801年の年末頃か802年であるとしている。

第 12 章 「ダビデ」と「皇帝」のあいだ　　339

3　*domino semper venerabili semperque desiderabili, piissimo sanctae ecclesiae tutori, gratia dei semper augusto Karolo*[15]（801年から804年）
4　*rege regum Deo Christo donante, Karolo regi, imperatori augusto optimo maximo perpetuo*[16]（801年から804年）
5　*serenissimo augusto Karolo*[17]（809年？）[18]

　上記の2，3，4は，801年以降に書かれたものと推定されているが，カールの宛名をみると，801年の秋までに書かれたと思われる書簡の宛名と明らかに異なっており，いずれの書簡もほぼ802年以降に書かれたのではないかと思われる。

　皇帝戴冠後にアルクインがカール大帝に宛てた書簡の宛名を検討すると，801年頃に書かれた書簡には皇帝のタイトルは全く書かれていないのに対して，後の書簡は，「皇帝」と呼びかけられている。明らかに，アルクインは皇帝戴冠から一年ほどの間は，カールを皇帝と呼ぶことにためらいを感じていたのである。先に触れたように，カールは公式文書のなかに皇帝のタイトルを付け加えることに慎重であったと思われるが，この検討結果はこのことと符合する。

　それでは，なぜ，アルクインは皇帝という称号を用いるのを一年も避けたのであろうか。それは，アルクインにとってカールの皇帝戴冠はカールの地位を根本的に変化させたものではなかったからであろう。アルクインにとって，カールは皇帝戴冠後もダビデであった。そのことは，アルクインの書簡の内容からも明らかになる。アルクインは，戴冠前と同じように，カールに君主の務めを説く。801年秋の書簡においては，アルクインは，カールを相変わらずダビデと呼ぶとともに，カールの「英知」（*sapientia*）を褒め称えている[19]。この書簡のなかで，皇帝としての任務や徳目は全く述べられていない。

　この点で，もっとも興味深い書簡が第257番である。この書簡は，802年

---

14)　Alcuin. Ep. Nr. 257, S. 414.
15)　Alcuin, Ep. Nr. 306, S. 465.
16)　Alcuin, Ep. Nr. 308, S. 471.
17)　Alcuin, Ep. Appendix, Nr. 3, S. 490. この書簡は809年頃のものとされている。
18)　括弧内の年代は，いずれも Dümmler によるものである。
19)　Alcuin, Ep. Nr, 229, S. 372-373.

にアルクインが大帝に自著『三位一体論』を献呈したときに書かれたものである。少し長くなるが、この書簡の最初の部分を引用してみたい。

「皇帝の位階（*dignitas imperialis*）は、神によって命じられたものです。人々を統率し、そして人々の役にたつために、このような高い位階が考えられたものと思われます。そこで、神は、選ばれた者に、力と知恵（*potestas et sapientia*）を与えました。力というのは、奢れる者を抑え、不正な者たちから弱き者たちを守る力です。そして、知恵というのは、敬虔なる配慮をもって、臣下の者たちを統治し、教え諭すためです。聖なる皇帝よ、この二つの贈り物を得て、神の恩寵により、陛下の名は、同じ名や権威の前任者たちをはるかに凌駕しました。あらゆる場所のあらゆる民族はあなたの力を畏怖し、かつてはやっとのことで陛下に服すようになった者たちが、今は自ら進んで服すようになりました」[20]

アルクインは801年の春頃に、カール大帝の同名の王子カールに王位授与を祝賀する書簡を書き、そのなかで、大帝を〈*rector et imperator populi christiani*〉と呼んでいる[21]。この表現に、アルクインの「帝国」理解の核心が現れているように思われる。アルクインは、実際にカールが皇帝の称号を得てからも、カールを理念的な「キリスト教帝国」の指導者とみていたのである。801年の終わり頃か、802年に書かれた、オルレアン大司教テオドゥルフとの有名なアジール事件[22]に関する書簡において、カールを文中で、*dominus meus David imperator christianissimus et omni honore Dei devotissimus* とか、*christianissimus et serenissimus imperator domnus*

---

20) Alcuin, Ep. Nr. 257, S. 414-415. Vgl. Padberg, Paderborner Treffen, S. 103; Angenendt, Frühmittelalter, S. 318. 翻訳にあたっては、King, Charlemagne, S. 326-327 の英訳を参照した。

21) Alcuin, Ep. Nr. 217, S. 361.

22) この法制史や社会史の観点から注目すべき有名な事件に関しては、特に Wallach の二つの論文を参照。Wallach, The Quarrel with Charlemagne concerning the Law of Sanctuary, in: Ders., Alcuin und Charlemagne, S. 97-102; Alcuin's Theory of the Law of Sanctuary and the Reception of the *Breviarium Alaricianum*, in: Ders., Alcuin und Charlemagne, S. 127-140.

Carolus augustus と呼びかけて[23]，キリスト教世界の指導者としての立場を強調しているのも，このようなアルクインの基本理解の現れと解釈することができるだろう。

　要するに，アルクインは皇帝戴冠にカールの政治姿勢の大きな転換点をみない。彼によれば，皇帝戴冠は連続する線のひとつの通過点に過ぎなかったのである。

　すでに249番の書簡におけるカールの肩書については言及したが，この書簡ではアルクインは確かにカールを皇帝と呼んでいる。また，最後のほうでは，*domine desiderantissime optime atque augustissime pater patriae* と呼びかけている[24]。だが同時に，書簡の最後の行では，アルクインはカールをダビデと呼んでいることも忘れてはならない。アルクインにとっては，帝位は単なる付加価値でしかない。アルクインは，相変わらず，「キリスト教帝国」の理念に執着し，キリスト教世界の指導者としてのカールに期待を寄せているのである。

『カール頌詩』

　この詩については，すでに少し触れた。この詩は，かつては，799年のパーダーボルンの会談直後に書かれた作品であると考えられていた。そして，この詩のなかに，アウグストゥスという皇帝を指し示す明確な表現があることから，この詩は，カールのクリスマスの戴冠以前に，フランク宮廷においてカールをすでに事実上皇帝に近い存在とみなす，いわゆる「アーヘンの皇帝理念」を示す決定的な証拠とみなされてきた[25]。また，この詩の作成目的に関しては様々に推定されてきた。H. ボイマンの主張によれば，この詩は，教皇がパーダーボルンに到着してから，ローマ教皇に対するカールの立場を強める目的で書かれた[26]。また，K. ハウクの見解では，この詩は，レオをパーダーボルンに迎えるための歓迎の意を込めて，

---

23) Alcuin, Ep. Nr. 245, S. 397.
24) Alcuin, Ep. Nr. 249, S. 404.
25) Erdmann, Forschungen zur politischen Ideenwelt des Frühmittelalters, S. 19f.
26) Beumann, Paderborner Epos.

カールの命で書かれたものである[27]。一方, A. エーベンバウアーによれば, この詩はパーダーボルンでの会見後から, カールのローマ遠征前までの間に称賛文として作られたものである[28]。

1976年の D. シャラーの画期的な論文は, 二つの重要な点で, 従来の通説に再考を迫るものであった[29]。まず第一に, 彼によれば, この詩は従来考えられてきたように, ひとつの完全な詩ではなかった。この詩はウェナンティウス・フォルトゥナートゥスの『聖マルティヌス伝』の強い影響を受けており, この詩が『聖マルティヌス伝』と構成上も非常に類似していることを考えると, 伝承されているのは全体の一部にすぎないのではないかと彼は推定する。この詩は, おそらく本来全体で四部からなっており, 伝承されているのは第三部だけである。第二に, 彼によれば, この詩はパーダーボルンですぐに書かれたものではない。パーダーボルンの会見後, そして, おそらくは, カールが皇帝に戴冠してから数年後になってはじめて書かれたものである。

この説を信じれば, 従来の「アーヘンの皇帝理念」という学説が完全に崩壊することになる。そして, シャラーの画期的な学説はその後一般に広く受け入れられ[30], 従来の通説は完全に覆されてしまったのである。したがって, この詩をかつてのように800年前夜のフランク宮廷の政治理念を示すものとして利用することは, もはや不可能になってしまった。しかし, そのことにより, この史料が無価値になってしまったわけではけっしてない。こうして, この史料は確かに, 皇帝戴冠以前の政治理念を把握するための史料としては不適切になってしまったのであるが, 戴冠以降の政治理念を考えるには, きわめて重要な史料となったのである。ここで, アルクインの書簡と詩の分析に引き続いて, この詩をとりあげることは, そうした理由にもとづいている。

---

27) Hauck, Ausbreitung des Glaubens, S. 165.
28) A. Ebenbauer, Carmen Historicum. Untersuchungen zur historischen Dichtung im karolingischen Europa 1, Wien 1978, S. 86.
29) Schaller, Aachener Epos, S. 129-163, 419-422; vgl. Schaller, Interpretationsprobleme, S. 164-183, 422.
30) たとえば Ratkowitsch, Karolus magnus, S. 9f.; Padberg, Paderborner Treffen, S. 66ff.

第12章 「ダビデ」と「皇帝」のあいだ

この詩が，ウェナンティウス・フォルトゥナートゥスの『聖マルティヌス伝』の強い影響を受けて書かれたことについては，すでに触れたが，同時にこの詩がヴェルギリウスの『アエネイス』の影響下にあることも，すでに研究者によって指摘されている。しかし，さらにシャラーは，この詩がコリップスの『ユスティヌス賛歌』[31]も利用していることを指摘した。つまり，『カール頌詩』は，ヴェルギリウスの『アエネイス』，ウェナンティウス・フォルトゥナートゥスの『聖マルティヌス伝』[32]，コリップスの『ユスティヌス賛歌』から抜粋した情景を組み合わせて，巧みに作られたものなのである。もちろん，単なる模倣ではなく，それぞれの表現や構成に関する知恵を拝借しているだけである。この詩の作者は，この詩の主人公であるカール大帝を称賛するための手法をこれらの先駆者たちから学んだ。

全体の構成も，これらの詩から大きな影響を受けている。第一部は，序とカール賛歌からなる。第二部は，カールによるアーヘンの建設を謳う。第三部は，猪狩りの情景を謳う。そして，ラトコヴィッチによれば，第二部と第三部のつながりは，おそらく意識的にアエネイスを模倣したものである[33]。というのは，『アエネイス』においても，カルタゴの建設が謳われた後で，森の情景が描かれているからである。そして，ようやく第四部において，ローマを追われた教皇レオがパーダーボルンのカールの宮廷を訪れる様子が描かれる。

それでは，カールは，この詩のなかで，どのように描かれているのだろうか。そして，そこで描かれているイメージは，アルクインの理念と一致するのであろうか。

まず，『カール頌詩』の最初の部分から，検討してみることにしよう。

序章の10行以下には，次のように書かれている。

　　東からそよぐ，柔からな風に，帆はすばやく膨む

---

　31) この詩は，ビザンツ皇帝ユスティニアヌス大帝の後継者，ユスティヌス2世を讃えた詩であり，6世紀に書かれたものである。Corippus, In laudem Iustini, Paris 1981.
　32) Venantius Fortunatus, Vita S. Martini (MGH AA 4, 1), S. 293-370. この聖人伝については，Wallace-Hadrill, Frankish Church, S. 86ff. 参照。
　33) Ratkowitsch, Karolus magnus, S. 30.

いまや，わたしを全速力で高台へとつれていく
　　そこでは，ヨーロッパに聳える灯台が明るく照らしている
　　そして，そこでは，国王カールが星々にとどくまで，名声をとどろかせている
　　太陽が輝きに満ちているように，ダビデは慈愛の光を地上に照らしている[34]

　この一節の表現は，確かに『聖マルティヌス伝』を模倣したものである。しかし，きわめて重要な変更点がある。それは，『聖マルティヌス伝』の「ガリアの高き灯台」という表現が，「ヨーロッパに聳える灯台」という表現に変えられていることである[35]。あとでも，触れるように，「ヨーロッパ」という表現は，この時代にはきわめて稀であるが，このことばをガリアに代えて用いていることは，この詩人の意識を理解するうえで，きわめて重要なことのように思える。ここでいう「ヨーロッパ」とは，前後の文脈から考えて，カールの支配領域を指している。カールの支配領域は，ガリアだけではなく，イタリアもゲルマーニアも含んでいる。だから，詩人はガリアと表現することに抵抗を感じ，「ヨーロッパ」という，当時の感覚からすれば，いささか古風な表現を用いることとしたのであろう。
　この箇所でもうひとつおもしろいのが，「東風」という表現である。この表現は，おそらくコリップスの『ユスティヌス賛歌』から取られたものであるが，ラトコヴィッチは，東方から西方へ帝位の移転，すなわち，いわゆる「帝国移転論」(*translatio imperii*) を，詩人が詩で表現しようとしたのではないかと推定している[36]。しかし，私はこの解釈には賛成しない。というのは，そのすぐ次の箇所で，カールは「王」(*rex*) と呼ばれ，また，ダビデとも呼ばれているからである[37]。詩人が思い浮かべているカ

---

34) De Karolo rege et Leone papa, S. 10: *Vela movet placidus tremulis cita flatibus Eurus, /Cogens me rapido nunc tendere in ardua gressu, /Europae quo celsa pharus cum luce coruscat, /Spargit ad astra suum Karolus rex nomen opimum. /Sol nitet ecce suis radiis: sic denique David /Inlustrat magno pietatis lumine terras.*
35) Ratkowitsch, Karolus magnus, S. 17.
36) Ratkowitsch, Karolus magnus, S. 18; vgl. S. 13.
37) De Karolo rege et Leone papa, S. 10, v. 13: *Karolus rex;* v. 15: *David.*

第12章　「ダビデ」と「皇帝」のあいだ　　345

ールの姿は，あくまでもダビデを理想とするキリスト教君主のイメージであり，皇帝のイメージではない。もし，詩人がこの箇所で「帝国移転論」を詩的に表現しようとしたのなら，なぜ，詩人はここで，カールを皇帝と呼ばなかったのであろうか。

　27行目以下で，詩人はカールのあらゆる徳を列挙し，王を褒め称えている。

　　　武勇にすぐれたカール，敬虔で常勝の勝利者，
　　　王は，地上のすべての王たちを善において凌駕する
　　　すべての王たちより公正で，すべての王たちより力をもつ
　　　大いなる愛で，大公や伯たちを公平に褒め称える
　　　正しき者たちには，優しく，すべての人々に寛容である
　　　正義の権化として，正義を守るすべての者を愛し，
　　　自ら公正さを示し，すべての者たちに自ら模範を示す[38]

　引用した部分のなかにある，「武勇にすぐれたカール，敬虔で常勝の勝利者，王は，地上のすべての王たちを善において凌駕する」（*Armipotens Karolus, victor pius atque triumphans/Rex, cunctos superapt reges bonitate per orbem*）という詩句と，63行目にあらわれる「公正にして敬虔，素晴らしき英雄，王にして君主」（*iustus, pius, inclitus heros/Rex, rector, venerandus apex, augustus, opimus*）という詩句を引き合いに出して，H. H. アントンは，この二か所において，ビザンツ皇帝の称号と密接に結びついた表現が用いられていると指摘する。確かに，すでにクラッセンが述べているように，ユスティニアヌスからヘラクレイオス１世にいたるまで，ビザンツ皇帝の通常の修辞句は，*pius felix inclitus victor ac triumphator semper Augustus* である[39]。『カール頌詩』のこの表現が，ビザンツ皇帝の称号を意識していることは確実であり，アントンのこの指摘は，まことに重要であると言わなければならない。アントンはこのことに関して，さら

　　38）　De Karolo rege et Leone papa, S. 10ff.
　　39）　Classen, Karl der Große, S. 89 mit Anm. 342. これは，同時に，『コンスタンティヌスの定め』の中の皇帝の肩書にも類似している。Anton, Beobachtungen, S. 172.

に次のように述べている。「『頌詩』は、もはや非ローマ的皇帝理念を示すものでない。むしろ、意図的にローマ的な表現を用いることで、ビザンツとの対抗関係を暗示して、新しい皇帝の地位を表現しようとしたフランク陣営の努力を示す証拠になったように思われるのである」[40]。アントンのいうように、ビザンツとの対抗意識の強さが、この『カール頌詩』にはみられるのであろうか。それを考えるには、詩全体の分析が必要である。

さて、先ほどの詩句の分析に戻ろう。

ここでは、まず、正義（Iustitia）がカールの徳目として強調されている。この部分に関して、ラトコヴィッチは、ヴェルギリウスの『アエネイス』、ウェナンティウス・フォルトゥナートゥスの『聖マルティヌス伝』、コリップスの『ユスティヌス賛歌』の観念世界がひとつに結び付けられていると述べている[41]。表現の由来としては、確かにそうかもしれない。しかし、同時に、公正さこそ、皇帝戴冠後のカールの内政改革の主要なモチーフであったことも、想起する必要があろう。

公正さに続いて称賛されているのが、カールの英知（sapientia）である。

> 才能豊かなカール、賢く、節度があり、
> 勉学において傑出し、知恵において他を凌駕する
> 地上においてカールが名声を得たのは当然である
> 彼は人々の大切な光（cara lux）であり、国（terrae）にとっては愛すべき知恵である[42]

詩人は60行目以下で、繰り返しを恐れずに、ありとあらゆる美辞麗句でカールを褒め称えた後、自由七科に関して、いかにカールが優れた英知をもっているかを力説する。詩人はいう。

> 彼が王として、支配権の高さ（imperii culmine）により、他の王たち

---

40) Anton, Beobachtungen, S. 172.
41) Ratkowitsch, Karolus Magnus, S. 21.
42) De Karolo rege et Leone papa, S. 12: *Strenuus ingenio Karolus, sapiensque, modestus,/Insignis studio, resplendes mente sagaci,/Nomen et hoc merito karolus sortitur in orbe./Haec cara est populis lux et sapientia terries;*

を凌駕しているように，教養においても，他の王たちよりも秀でている[43]

このようにして，詩人はカールの特に *iustitia* と *sapientia* を褒め称えている。この二つの君主の特質は，前節で取り上げたアルクインの書簡のなかで，カールに向けてアルクインが挙げている内容と一致することに注意を向ける必要があるだろう。もちろん，いろいろな点で，この作品がアルクインによって書かれたものではないことははっきりしている。しかし，この詩人の理想的な君主像とアルクインの君主像は，きわめて類似している。詩人は，この101行目まで続く序論的な部分の最後のほうで次のように改めて述べている。

いと正しき王カール，世界の頭，人々から愛される誉れ，ヨーロッパの敬愛すべき頂，寛大な父，英雄にしてアウグストゥス，御身の振る舞いは，われを圧倒す[44]

詩人はこのようにカールを「ヨーロッパ」の統治者，帝位の保持者として褒め称えたうえで，アーヘンの都の描写にテーマを移す。

それでは，この詩人にとって，アーヘンはどんな都市であろうか。

カールが王宮を建設したアーヘンの町は，この詩人にとっては，「第二のローマ」であった。

王は，第二のローマの君主である
そこには，新たに栄え，壮麗な建物が天まで聳え，
円蓋で覆われた建物は，星まで届く
慈愛に満ちたカールはそこに居り，それぞれの場所を指し示し，
将来のローマの巨大な壁をどこに築くのか，決する

---

43) De Karolo rege et Leone papa, S. 14: *Scilicet imperii ut quantum rex culmine reges/Excellit, tantum cunctis praeponitur arte.*

44) De Karolo rege et Leone papa, S. 16: *Exsuperatque meum ingenium iustissimus actis/Rex Karolus, caput orbis, amor populique decusque, Europae venerandus apex, pater optimus, heros,/Augustus.*

王は命ずる。ここには広場を，ここには尊い元老院を
そこで，人々は法や法律，聖なる命令を受け取るのだ[45]

　アーヘンが「第二のローマ」と呼ばれていることに関して，すでにボイマンは，「この世には三人の人物がいる」と述べた799年のアルクインの有名な書簡において，ビザンツ皇帝が帝位と「第二のローマ」（コンスタンティノープル）を所有していると述べられていることに注意を促している[46]。たしかに，この『カール頌詩』とほぼ同時期に作成されたとされるモドゥインの詩でも，アーヘンは「新しきローマ」，「黄金のローマ」として謳われている[47]。また，シャラーは，この部分に関して，詩人がアエネイスと並んで，コリップスの『ユスティヌス賛歌』から影響を受けていることを指摘している[48]。
　この詩の「第二のローマ」という表現の意味を考えるためには，104行目以下の次の表現，「港を掘り，競技場（theatrum）の基礎を深く築く」[49]という句に注意を向ける必要がある。実際には，アーヘンには港もなければ，競技場もないのだ。もちろん，詩人はアーヘンには港も競技場もないことをよく知っている。しかし，カールが建設した「首都」アーヘンを「第二のローマ」として称賛するためには，アーヘンには港と競技場がなくてはならなかった。なぜなら，ローマにもコンスタンティノープルにも，港と競技場があるからである。ありもしない元老院が99行目に謳われているのも，そのためである。

---

　　45) De Karolo rege et Leone papa, S. 16, Z. 94ff.: *sed et urbe potens, ubi Roma secunda/flore novo, ingenti, magna consurgit ad alta/mole, tholis muro praecelsis sidera tangens. Stat pius arce procul Karolus loca singula signans, altaque disponens venturae moenia Romae./Hic iubet esse forum, sanctum quoque iure senatum,/ius populi et leges ubi sacraque iussa capessant.*
　　46) Beumann, Paderborner Epos, S. 19f.
　　47) Moduin, Ecloga (MGH Poeta 1, S. 382-391), S. 385, Z. 24-27: *Prospicit alta novae Romae meus arce Palemon,/Cuncta suo imperio consistere regna triumpho,/Rursus in antiquos mutataque secula mores./Aurea Roma iterum renovate renascitur orbi.* Vgl. Godman, Poetry of the Carolingian Renaissance, S. 190-196.
　　48) Schaller, Corippus-Rezeption, S. 355.
　　49) De Karolo rege et Leone papa, S. 16, Z. 104f.: *Effodiunt portus, statuuntque profunda theatri fundamenta … .*

このことがはっきりと示すように、『カール頌詩』は古典の教養にもとづく文学作品であり、この時代の政治意識を探るには、慎重な態度が必要である。はたして、詩人はカールの皇帝としての側面をどのように考えていたのであろうか。アーヘンは、詩人にとって、やはり「第二のローマ」だったのであろうか。答えを急がずに、もう少し、先までこの詩のあらすじを追ってみたい。

続いて場面は、猪狩りの情景に移る。

この狩りのシーンにおいて、王族たちが次々に賛辞をもって表現されているが、王族の中で最初に登場するのはもちろん、カール大帝である。カールは、「ヨーロッパの灯台」（Europae veneranda pharus）という、すでに一度用いられている表現で賛美されている。

　　ついに、王が多くの家臣たちをひきつれて、姿を現す
　　ヨーロッパの尊敬すべき灯台が、城外へと歩みを進める[50]

カール大帝に続いて、王妃リウトガルトと二人の王子カールとピピンが描写されている。王子カールは、「姿も振る舞いも父に瓜二つ」と最大限に賛辞されている。「祖父にちなんで名付けられた」、弟のイタリア王ピピンに関しては、その有能な将軍ぶりが賞賛されている。この二人の王子に続いて、王女たちの紹介がある。ロトルート、ベルタ、ギゼラ、ロトハイト、テオドラーダ、ヒルトルートと、年齢の順に紹介されている。

さて、この狩りの情景の描写のあと、場面は一転して、教皇襲撃事件の話に移る[51]。この部分は非常に長く、パートベルクによれば、遺されているテキスト全体の40％を占める[52]。教皇レオの襲撃とローマ脱出の顛末が詩的に表現されているが、研究者が一致して述べているように、詩人はカールに、ローマ教皇に救いの手をさしのべる救世主、キリスト教世界のリーダーとしての役割を与え、褒め称えようとしている。レオは、狂言回しの役を務めるにすぎない。

---

50) De Karolo rege et Leone papa, S. 20: *Egreditur tandem; circum stipante caterva, /Europae veneranda pharus se prodit ad auram,*
51) De Karolo rege et Leone papa, S. 32ff.
52) Padberg, Paderborner Treffen, S. 78.

この詩全体を通して，カールはキリスト教世界の指導者として描かれている。たしかに，詩人はカールが建設したアーヘンを「第二のローマ」と呼び，賞賛している。だが，カールを「ローマ皇帝」として賛美しているわけではない。詩人は何箇所かで，カールを「皇帝」(augustus) と呼んでいる[53]。その一方で，依然として，カールを王 (rex) と呼び，ダビデと呼ぶ。このことは，宮廷サークルにおいては，カールのイメージが皇帝戴冠前後で，さほど変わらなかったことを示している。

　この詩の作者は誰かという問題は，長い間議論されてきた。カール大帝期の代表的な宮廷詩人たちは，ほとんどすべて候補者として挙げられてきたといってよい。初期の代表的な詩人，ヒベルニクス・エクスル，アンギルベルト，マインツ大司教リクルフ，ナソ（モドイン），アルクイン，テオドゥルフなど[54]。これほど，多くの仮説が出されてきたのは，それだけ，作者を特定することの困難さを物語っている。しかし，近年，もっとも，有力視される仮説がある。それは，アインハルト説である。アインハルト説を打ち出したのは，シャラーである[55]。彼の仮説を受け入れる専門家もいる[56]。しかし，アインハルトの韻文は，ひとつも伝承されておらず，推論を基礎付ける資料を欠いている。

「ダビデ」と「皇帝」のあいだ

　以上に述べたように，カールは公式には皇帝と呼ばれるようになったものの，宮廷サークルにおいては，カールのキリスト教世界における指導者としての立場が強調されており，歴代のローマ皇帝の後継者とみなされることはなかったのである。アルクインの書簡でも，『カール頌詩』でも，相変わらず，カールはダビデであり，コンスタンティヌスではなかった。これが，フランク宮廷の人々の一般的な理解であったとみなしてもよいよ

　53）　De Karolo rege et Leone papa, Z. 64f., 92ff., 331, 406.
　54）　Padberg, Paderborner Treffen, S. 68f.
　55）　Schaller, Aachener Epos, S. 158-163.
　56）　Godman, Poets and Emperors, S. 82ff.; ders., Poetry of the Carolingian Renaissance, S. 22; Ratkowitsch, Karolus magnus, S. 76.

うに思われる。シャラーが述べているように，800年以降も旧約聖書的な王権理念は意味を失ってはいなかった[57]。カールは皇帝になったが，依然としてフランク王権の本質は変わっていない。それが，おそらく，宮廷の人びとの共通した考え方であった。

---

57) Schaller, Aachener Epos, S. 148.

第 13 章

『王国分割令』(806年) と二帝問題

　カールは806年2月6日,ティオンヴィル(ディーデンホーフェン)の王宮で会議を開き,将来のフランク王国の青写真を示した。『王国年代記』の806年の条には次のような記述がある。「彼ら[ダルマチアの使節たち]を送り返した後,皇帝はフランクの貴族たち(*primores et optimates Francorum*)と会議を開き,息子たちのあいだの平和を維持し,王国を三分割し,父君より長生きしたら,どの地域を守り,統治したらよいかを王子たちが知ることを望んだ」[1]。この決定は,「遺言状」(*testamentum*)という形で文書化された[2]。それゆえ,通常の勅令とは異なり,文書形式上,むしろ国王証書に類似する書式が採られている。諸侯たちは,王子たちも列席した会議で,その文書の内容を誓約して承認した。カール大帝は,貴族たちがこの王位継承計画を承認するだけでは満足しなかった。彼は,ローマ教皇レオの同意も望んだ。そこで,皇帝の命を受けて,アインハルトがこの文書をローマに持参し,教皇レオ3世の署名をもらった[3]。カール大帝は,その後,船でネイメーヘンに向かい,復活祭を祝った。大帝は,このとき,巡察使に対して勅令を発しているが,その中の第2条において,この文書の内容に同意することを示すために,すべての者に対して宣誓を課すように,巡察使に指示している[4]。この文書こそが『王国分割令』

---

1) ARF a. 806, S. 121.
2) A. a. O.
3) A. a. O.
4) Cap. 1, Nr. 46, c. 2, S. 131: *De sacramento. Ut hi qui antea fidelitatem partibus nostris*

第13章 『王国分割令』(806年) と二帝問題

(*Divisio regnorum*) と呼ばれる文書に他ならない[5]。

この文書は，811年に作成されたカールの「私的な遺言状」[6]と対照的に，「政治的遺言」とも呼ばれている[7]。カールが自分の死後，王位継承をめぐって紛争がおこることを懸念して，このような文書を作成しようとしたのは確実であるが，この文書がなぜこの時期に作成されたのかは今まで解明されていない。

この文書は，この時期のフランク宮廷の「王国」理解，「帝国」理解を示す，貴重な証言である。この文書の前年には『ティオンヴィル勅令』(Nr. 44)，また，同じ年の3月には『ネイメーヘン勅令』(Nr. 46) のような，広範囲にわたる条項を含む勅令が出されている。

これらの勅令は，宮廷が社会の不正や問題点に対応し，対策を講じたことを示している[8]。しかし，この二つの勅令には，この時期の国家理念を示唆する手がかりは含まれていない。それゆえ，この章では，『王国分割令』を手がかりに，806年前後のフランク宮廷の国家理念を検討してみたい。

---

non promiserunt promittere faciant, et insuper omnes denuo repromittant, ut ea quae inter filios nostros propter pacis concordiam statuimus pleniter omnes consentire debeant.

5) 『王国分割令』という名称は，大英博物館本 (London Egerton 269) の注記，INCIPIT DIUISIONES REGNORUM に由来する。Boretius, MGH Cap. 1, S. 126; vgl. Mordek, Bibliotheca, S. 231. ラテン語の原文通りに訳せば，王国が複数形であるから，『諸王国分割令』である。

6) Einhard, Vita Karoli, c. 33, S. 37-41. この「私的遺言状」については，とくに B. Kasten, Zur Dichotomie von privat und öffentlich in fränkischen Herrschertestamenten, ZRG GA 121 (2004), S. 158-199 参照。また，M. Innes, Charlemagne's Will, Piety, Politics and the Imperial Succession, The English Historical Review 112 (1997), S. 833-855.

7) Vgl. Hägermann, Karl der Große, S. 495ff. 『王国年代記』には，この「私的遺言状」についての記述がない。それに対して，アインハルトの記述は，実に詳細であり，大帝が自分の遺産をどのように考えていたかを知ることができる。大帝は，基本的には，自分の財産と家具を帝国内の21の大司教管区に平等に遺贈しようと欲した。その中には，ローマも含まれている。この遺言状は，司教，修道院長，伯の立会いのもとに定められた。そのリストを付録に掲載した。このときに出席できた者の名前だけがこのリストに挙がっているにすぎないが，このリストに挙がっている人々が，この時期の宮廷および帝国運営の主要メンバーであったといってよいだろう。

8) たとえば，恩貸地の問題を扱った，『ネイメーヘン勅令』の第6条，第7条の冒頭 (Cap 1, Nr. 46, S. 131) は，「われわれは聞いた」という表現 (c. 6: *Auditum habemus ... .*; c. 7: *Audivimus ...*) で始まり，宮廷が入手した情報にもとづいて，宮廷が対応策を検討し，勅令の条項を作成したことがわかる。

先　行　研　究

　この文書に関しては，すでに多くの研究があるが，もっとも重要な研究は，W. シュレージンガーの論文である[9]。彼は，この文書を詳細に分析し，この時期のカールが帝国の問題をどのように理解していたのかという，本書の論点に深く関わる点を鋭く論じている。シュレージンガーはまず，モールによって唱えられた改竄説を完全に退け，ボレティウスによって校訂されたテキストが真正であることを明らかにする[10]。そして，写本の伝承状況に関して議論した後で，カール大帝の称号が二種類伝えられているという事実に着目する。(a) *Imperator Caesar Karolus, rex Francorum invictissimus et Romani rector imperii, pius felix (victor) ac triumphator semper augustus* と，(b) *Karolus serenissimus augustus, a Deo coronatus magnus pacificus imperator, Romanum gubernans imperium, qui et per misericordiam Dei rex Francorum et Langobardorum* である。ただ一つの写本においてのみ伝承されている (b) の肩書が，カールの通常の肩書であるのに対して，(a) の肩書は他に類をみない。シュレージンガーによれば，どちらの写本も原本に忠実である。とすると，もともと，若干異なる二種類の文書が806年に作成されたことになる。それでは，なぜ二種類の文書が作成されたのだろうか。彼は，おもに二種類のカールの称号を詳細に分析することで，この疑問に対する答えを得ようとする。

　シュレージンガーは，まず，特異な肩書 (a) に着目し，この肩書が何

---

　9) Schlesinger, Kaisertum und Reichsteilung. Zur Divisio regnorum von 806. 初出は，Forschungen zu Staat und Verfassung. Festgabe für Fritz Hartung, Berlin 1958, S. 9-52. この論考は，次の二つの論集に収録されている。W. Schlesinger, Beiträge zur deutschen Verfassungsgeschichte, Bd. 1., Göttingen 1963, S. 193-232; G. Wolf (Hg.), Zum Kaisertum Karls des Großen (Wege der Forschung 38), Darmstadt 1972, S. 116-73. ここでは，前者の論文集のページ番号を記載する。

　10) Schlesinger, Kaisertum und Reichsteilung, S. 194-197. この問題については，日置雅子『カール大帝の帝国分割令（806年）――信憑性問題について（その1）――』参照。日置氏は，第17条以下の部分に関しては，改竄説に賛同する。現在の多くの研究者は，改竄は全くなかったという立場をとる。ここでは，この問題には立ち入らない。

第13章 『王国分割令』(806年) と二帝問題

に由来するのかを明らかにしようとする。そして, 独創的な結論に達する。それは, この肩書は『コンスタンティヌスの定め』に依拠しているというものである。彼は『コンスタンティヌスの定め』のなかのコンスタンティヌスの自称が, この肩書と類似することを発見する。『コンスタンティヌスの定め』では, コンスタンティヌスの肩書は次の通りである。
Imperator Caesar Flavius Constantinus in Christo Iesu, uno ex eadem sancta trinitate salvatore domino deo nostro, fidelis, mansuetus, maximus, beneficus, Alamannicus, Gothicus, Sarmaticus, Germanicus, Britannicus, Hunnicus, pius, felix, victor ac triumphator, semper augustus.[11] シュレージンガーによれば, この肩書にも *Caesar* という表現があることも, 『王国分割令』におけるこの肩書が『コンスタンティヌスの定め』に依拠することを示すものである。そして内容上も, 『王国分割令』の政治理念は『コンスタンティヌスの定め』のそれに近いと考える。彼は, 従来からカールが「新しいコンスタンティヌス」と呼ばれていたことを指摘し, カールは806年の時点では, 自分の帝国をコンスタンティヌスの「ローマ=キリスト教帝国」を再興した国家であるとみなしていたとする[12]。

シュレージンガーは, この二種類の称号の考察にもとづいて, カールが二重の仕方で帝権を基礎づけようとしたのだと結論づけている。ひとつは, コンスタンティヌスの後継者としての「ローマ帝国の再興」(*Renovatio Romani imperii*) という側面であり, もうひとつは, 神に祝福された, 常勝のフランク人の頂点にたつカロリング家による, 全キリスト教徒に対する覇権的な地位という側面である。彼によれば, 後者の理念は, 『メッス年代記』のなかに明瞭に認められるだけではなく, 「フランク王国の再興」(*renovatio regni Francorum*) という, ルイ敬虔帝時代の印璽にみられる[13]。

それでは, なぜ二種類の文書が作成されたのだろうか。いったい, それ

---
11) Constitum Constantini, S. 56 (シュレージンガーはまだ Fuhrmann による新しい校訂本を利用することができなかったので, シュレージンガーが論文中に引用しているコンスタンティヌス大帝の呼称の表記はここでの表記と少し異なっている。しかし, それはごくわずかな違いにすぎない。)
12) Schlesinger, Kaisertum und Reichsteilung, S. 204.
13) Schlesinger, Kaisertum und Reichsteilung, S. 230.

ぞれの文書は誰に宛てて書かれたのであろうか。シュレージンガーによれば，ローマ教皇が（a）の肩書の文書を受け取ったことは確実である。そして，（b）の肩書のある文書は主に一般の世俗諸侯のために作成されたものである[14]。

　シュレージンガーの論文の内容は多岐にわたるが，およそ上記のように彼の主張をまとめることができよう。彼自身，自分の主張が史料のかなり強引な解釈にもとづいていることを認めているが，彼の論文がこの勅令の再解釈の可能性に大きく貢献したことは否めない。たとえば，クラッセンも，大筋ではシュレージンガー説を承認している[15]。

　クラッセンは，別の角度から，この文書の研究を前進させた[16]。クラッセンは，カール大帝の王位継承計画全体の流れの中で，この文書を考察した。彼が明らかにしたもっとも重要な点は，この文書は一見すると，メロヴィング朝時代以来の王国分割の伝統をただ踏襲しただけのように思われるが，そうではないと主張したことである。確かに，広さという点では，均等に領土を分けるという伝統にしたがって，カール，ルイ，ピピン（カールマン）の3人の王子に領土は均等に分けられたかもしれない。しかし，実際には，この806年の王位継承計画では，明らかに年長のカールが優遇されているのである。なぜなら，年長のカールが，カロリング家の故地を含み，広大な直轄領を有する「フランキア」を単独で統治することが定められているからである。これは明らかに，この806年の王位継承計画が伝統から逸脱した内容を含んでいたことを意味する，とクラッセンは主張する[17]。

　ヘーガーマンは，こうしたクラッセンの主張に反論する[18]。彼によれば，それは伝統からの逸脱ではない。その理由として，とくに，この『王国分割令』の第4条で，まさに，カール青年王が死亡した場合，フランキアの

---

　14) Schlesinger, Kaisertum und Reichsteilung, S. 231.
　15) Classen, Karl der Große, S. 89 Anm. 342. ただし，クラッセンは，『王国分割令』のカールの特異な呼称は，565年から628年にかけてビザンツで用いられていた皇帝呼称をモデルとしており，『コンスタンティヌスの定め』だけではなく，フランク側に知られていたビザンツの史料を用いて作成された可能性があることを指摘している。
　16) Classen, Thronfolge, S. 205-229.
　17) Classen, Thronfolge, S. 227.
　18) Hägermann, Reichseinheit und Reichsteilung, S. 306.

第13章 『王国分割令』(806年) と二帝問題　　　357

分割が予見されていることを挙げている。そして，ボスホーフも，ヘーガーマンの見解を支持している[19]。

　この章においては，そもそも，なぜ806年にカール大帝は『王国分割令』を発布したのかという問題を含めて，この勅令のテキストを詳細に分析し，806年の時点におけるフランク宮廷の政治理念を明らかにするように試みたい。

　だが，その前に806年にいたるまでのカールの後継者問題に関する動きを簡単に整理しておこう。この文書の意味を正確に理解するためには，特にカール大帝の名を受け継いだカール青年王の政治的立場の推移を理解する必要があるからである。

『王国分割令』以前の王位継承計画

　カールの長子は，769年か770年頃に王妃ヒルミトゥルーデとの間に生まれたピピン（せむしの）である。父ピピンがカール自身に祖父の名前を与えたように，カールが自分の父の名を長子に与えたことは，彼がこの男児を将来の自分の王位継承者のひとりとみなしていたことを示している。カールの三番目の王妃，ヒルデガルトから，772年か773年に次子カールが誕生すると，カールは次子には自分の名を与えた。ピピンとカールが将来フランク王国の中核地帯であるフランキアを分割統治することがほとんど既定路線となっていたのに対して，三男カールマンと四男ルイは，780年にはそれぞれ，イタリア，アキタニアを与えられた。そのとき，カールマンはまだ四歳，ルイは三歳であった[20]。

　781年に，カールはイタリアを訪問し，ローマ教皇と会った際に，息子のカールマンをピピンと改名させる。長子ピピンがいるにもかかわらず，である[21]。B. カステンは，784年に記されたと思われる，ザルツブルクのザンクト・ペトルス教会の兄弟盟約祈祷書においても，そしてまた，783

---

19) Boshof, Einheitsidee und Teilungsprinzip, S. 170 mit Anm. 47.
20) Annales sancti Amandi, Continuatio a. 780, S. 12: *Carlus rex divisit sua regna inter filios suos, et perrexit ad Romam*. Vgl. Kasten, Königssöhne und Königsherrschaft, S. 138.
21) これについては，拙著『地上の夢・キリスト教帝国』81頁以下参照。

年と792年の間に作られたと思われる,「国王賛歌」(Laudes regiae) においても, 長子ピピンの名が, 次子カールの名の前に記されていることを理由に, 長子ピピンがその後も依然として王位継承資格を有していたと推測している[22]。しかし, カールマンのピピンへの改名という大帝の不思議な行動は, やはり長子ピピンの事実上の廃嫡を示すものとしか考えられない。この命名変更以前には, カロリング家においても, またかつてのメロヴィング家においても, 兄弟が同じ名を与えられたことは一度もないのである。

いずれにせよ, 長子ピピンは792年に謀反を起こしたかどで, 完全に王位継承から排除された。この段階で, 王位継承者は, カール, ピピン(カールマン), ルイの3名になった。カステンの推論によれば, カール(青年王)は, 789年にネウストリアを統治領域として与えられた[23]。しかし, 正式に次子カールの戴冠式が行われたのは, 800年のクリスマスである。カール(青年王)は, ようやく, この時点で, ローマ教皇レオの聖別を受け, 王号を得た[24]。こうして, 800年の段階で, カール大帝の死後には, カール青年王がフランキアの統治者となり, ルイをアキタニアの, そしてピピン(カールマン)をイタリアの統治者とする王国分割が行われることは, 誰の目にもほとんど明らかになったように思われる。それでは, 大帝が文書をあえて作成した意図はどこにあったのであろうか。大帝はなぜ「遺言状」の作成を指示したのだろうか。

この問題を考えるには, まず文書そのものに目を向ける必要があるだろう。

文書の構成

カール大帝は前文で, この文書が自分の死後の王国分割を定めた文書であることを述べている[25]。また, 各自が自分に与えられた分国(portio)

---

22) Kasten, Königssöhne und Königsherrschaft, S. 145.
23) Kasten, Königssöhne und Königsherrschaft, S. 142.
24) LP 2, S. 7; Alcuin, Ep. Nr. 217, S. 360.
25) Cap. 1, Nr. 45, S. 127, Z. 3ff.: ... *ita et hoc vobis motum fieri volumus, quod eosdem per Dei gratiam filios nostros regni a Deo nobis concessi donec in corpore sumus consortes habere,*

第13章 『王国分割令』(806年) と二帝問題　　　359

で満足し，外敵から国境を守り，兄弟同士，「平和と愛」(*pax et caritas*)に努めるように命じる[26]。第1条から第3条までは，それぞれの王子の領土を具体的に定めている。興味深いのは，第1条がルイの領土，第2条がピピンの領土，第3条がカールの領土，という順番に書かれていることだ。このような順に書かれているのは，すでにルイとピピンがそれぞれアキタニアとイタリアの下王となっていたためとも考えられるが，それ以外の理由があるかもしれない。

　第4条は，兄弟が後継者を残さず，死亡した場合の問題を扱う。カール青年王が死亡した場合は，ちょうどカール大帝とカールマンの間で分割したように，王国分割を行う。ピピンが死んだ場合は，カール青年王とルイがともにローマへの道を確保することができるようにイタリアを分割する。また，ルイが死亡した場合は，ピピンがプロヴァンスなどの地中海沿岸地域を支配し，残りをカールが統治することが定められている[27]。第5条は，それぞれの王に王子が生まれた場合である。この有名な条項において，カール大帝は，人々が望むなら，叔父たちの同意のもとに王子たちが王位を継承できることを定めている。これは，規定としては明快であるが，実際問題としては，紛争を引き起こしかねない規定である。人々が望めば，継承を認めるということは，望まなければ，叔父たちの間での王国分割を認めるということでもある。

　さて，第6条は，すでに前文で述べられている，兄弟間の協調体制の維持を改めて命じたものである。カール大帝は，兄弟間に争いが起こらないように，強く訓戒している。「わが権威にもとづく定めに従い，われわれが息子たちに望んでいる平和を永久に維持するために，けっして自分の兄弟の辺境地域や国境を侵犯してはならず，また，策を弄して，国内を攪乱したり，辺境地帯を動揺させたりしてはならない。むしろ，兄弟を助け，

---

et post nostrum ex hac mortalitate discessum a Deo conservati et servandi imperii vel regni nostri heredes relinquere, si ita divina maiestas adnuerit, optamus.

　26) S. 127 Z. 10ff.: *eo videlicet modo, ut sua quisque portione contentus iuxta ordinationem nostram, et fines regni sui qui ad alienigenas extenduntur cum Dei adiutorio nitatur defendere, et pacem atque caritatem cum fratre custodire.* Vgl. Schneider, Brüdergemeine, S. 102.

　27) 巻末地図6参照。

王国内でも，さらに外の民族に対しても，できる限り，兄弟たちに援助の手を差し伸べるべし」[28]。

　第7条から第14条まで，兄弟間の争いを防ぐための細かいルールが定められている。とくに第10条までは，封建的主従関係に関する規定が続く。これらの規定の存在は，この時代の封建的主従関係の発展を示すものといってよい。カール大帝は，王国分割が行われた場合，封建的主従関係をどう扱えばよいか，そのルールを定めようとした。厳密な意味での王国分割，すなわち，下王国を含まない王国分割は，771年にカールマンが没して以来，すでに30年以上にわたって行われていなかった。封建的主従関係をどう扱うかは，大きな問題となったといってよい。宮廷の判断は，封土（知行）については，それぞれの分国王から受け取ることとし，また，家臣たちは，それぞれの分国王に対して臣従礼を行うというものであった。大帝は一定のルールを決めることで，紛争をできるだけ回避しようとした。

　第7条は，他の分国の家臣（homo）を受け入れてはならないことを，そして，第8条は，領主のもとから逃亡しようとする者を受け入れてはならないことを定める。また，第9条は，各々の分国の家臣は，カール大帝の死後は，自分の王から恩貸地を付与されるように定める[29]。その一方で，世襲領については，他の分国にあっても，領有はそのまま認められるとされている。第10条は，まだ臣従礼を行っていない場合，あるいは，封主が死んだ場合には，自由に他の分国王に臣従礼を行ってもよいとしている。

　また，第11条は，分国を越えた，土地の売買について，第12条は異なる分国に住む者同士の婚姻について，そして第13条は人質について定める。第14条は，国境紛争が生じた場合，戦争によらず，十字架による神判によって決着すべきことを命じている。第15条は，ローマ教会および他の教会を保護し，守ることを定めている。また，第16条は，もし，この遺言状の

　28）C. 6, S. 128: *Post hanc nostrae auctoritatis dispositionem placuit inter praedictos filios nostros statuere atque praecipere, propter pacem quam inter eos perpetuo permanere desideramus, ut nullus eorum fratris sui terminos vel regni limites invadere praesumat neque fraudulenter ingredi ad conturbandum regnum eius vel marcas minuendas, sed adiuvet unusquisque illorum fratrem suum et auxilium illi ferat contra inimicos eius iuxta rationem et possibilitatem, sive infra patriam sive contra exteras nationes.*

　29）Vgl. Waitz, DVG, Bd. 4, S. 221.

条文に反することが行われた場合，すみやかに是正するように求めている。

　さて，このようにして，できるかぎり分国間の争いが起こらないように細かい規則を定めたのちに，カール大帝は彼の子孫たちの処遇について言及する。

　まず，第17条で，大帝は娘たちの行く末を案じ，自分の死後，本人たちの希望次第で，どの分国に身を寄せても，大事にするように命ずる。また，修道院に入ることを望むなら，できる限り，支援するように求める。また，婚姻に関しても同様である。第18条では，娘たちと同様，甥たちも不当に扱うことがないように定めている。第19条では，今後，この遺言状が加筆修正されることがあれば，それも遵守すべきであると述べる。そして，最後の第20条で，この遺言状の遵守について，大帝は改めて念を押している。

　このように，実に仔細に，大帝は自分の死後のフランク王国の将来を定め，紛争を回避しようと試みた。特に，前文と第6条で明確に述べられているように，兄弟間の平和の維持が，この遺言状の大きなテーマであったといってよい。この内容は文書化され，国王巡察使を通じて全国に知らされた。

分国の理念と「帝国」の統一性

　以上に述べたように，カール大帝はこの「政治的遺言状」において，自分の死後，伝統にしたがって国を分けることを明確に示した。確かに第5条にみられるように，大帝は，分国制のルールにしたがって，フランク王国全体が際限なく分割されていくことを懸念していた。しかし，そうした懸念を認識していたにもかかわらず，カール大帝は，分国制に固執した。その点においては，彼は保守的であった。カール自身，弟カールマンとフランク王国を分割統治し，その結果として，多くの不和の種を抱え込んだ。にもかかわらず，大帝は，第4条にあるように，分割継承の道を選んだのである。この道は，780年にカールマン（ピピン）とルイをイタリアとアキタニアの下王に任じた時点で，カールがおそらく予見していたことであった。

その後，カールが皇帝になるという，それまで全く予測できなかった事態が生じたが，にもかかわらず，伝統的な王位継承原則[30]に固執することを，宮廷は，この「遺言状」により内外に示した。「伝統の力」は，それだけ強固なものであったといわざるをえない。カールは，総手的支配（Samtherrschaft）という伝統的な考え方に固執したのである[31]。さらにそれだけではなく，伝統的な「兄弟共同体」（Brüdergemeine）の理念をさらにキリスト教的友愛精神（caritas）で強化した[32]。しかも，皇位継承に一切言及することなく，宮廷は教皇レオの同意を得ようとした。大帝がなぜレオの同意を得ようとしたのかという問題については，後で詳しく論じてみたいが，分割継承への執着は，ローマ教皇にとっては，必ずしも予想されたことではなかったように思われる。この王位継承計画には，権力の中枢部においても，議論があったかもしれない。

この時期に書かれたと思われる詩の中で，オルレアン司教テオドゥルフは，3人の王子たちの間の分割継承を強く批判している[33]。ファウルハーバーが推定しているように，テオドゥルフは聖句も引用した詩を作成することで，側近たちの議論に影響を与えようとしたのかもしれない[34]。テオドゥルフの意見に賛同者がいたことを示す史料はないが，こうした意見があったということは，『王国分割令』で示された継承計画が自明のもので

---

30) メロヴィング期からカール大帝期までの王位継承を考察したエールケンスは，王国分割原理（Teilungsprinzip）は，けっして強制力をもった規則であったわけではなく，いわば指針にすぎなかったと述べている。Erkens, Teilungspraxis und Einheitsstreben, S. 467. たしかに，これが単なる指針に過ぎなかったことは，この原則にもかかわらず，王位継承をめぐる紛争が絶えなかったことに示されている。メロヴィング期の王位継承と王国分割については，拙稿『メロヴィング朝の王位継承』参照。

31) Vgl. Mitteis, Vertrag von Verdun, S. 67.

32) Vgl. Schneider, Brüdergemeine, S. 101ff.; Beumann, Unitas ecclesiae, S. 535.

33) Theodulf, Quod potestas impatiens consortis sit, XXXV, MGH Poeta 1, S. 526: *Gentibus unus erat pridem ferme omnibus usus, /Unus ut e fratrum corpore sceptra gerat, /Cetera nitatur magni pars esse senatus, /Ut regni solidus continuetur apex.* テオドゥルフの脳裏には，「内輪で争えば，どんな国でも荒れ果て，家は重なり合って倒れてしまう」（ルカ，11，17）という聖書の言葉があったように思われる。Vgl. Erkens, Teilungspraxis und Einheitsstreben, S. 470.

34) Faulhaber, Reichseinheitsgedanke, S. 21; vgl. Schneider, Brüdergemeine, S. 102. ファウルハーバーによれば，テオドゥルフがカール青年王に贈った詩（Theodulf, Ad Carolum regem, Nr. 35, MGH Poeta 1, S. 527）にも，このような彼の主張が現れている。

第13章　『王国分割令』（806年）と二帝問題　　　　　　　　363

はなかったことを強く示唆する。

　別の方面からの議論もあったかもしれない。それは，カール青年王のことである。カール青年王は，謎めいた人物である[35]。彼は，806年の時点で34歳になっていたにもかかわらず，独身であり，子もいない。これは，実に異常なことである。一度，サンヴァンドリユ修道院長ゲルヴォルトが派遣されて，イングランドのマーシア王オッファの王女をカール青年王の妻に迎える話が進められたことがあったが，結局破談になった[36]。縁談自体，これ以外伝えられていない。すでに，ピピンもルイも結婚し，子どももいたが，年長のカールには子どももおらず，伴侶もいなかったことになる。その理由はわからない。だが，このことがカール青年王の立場を著しく弱めたことは，確かである。カール大帝の死後，慣例にしたがって，王国分割が行われたとしても，遅かれ早かれ，カール青年王の分国は消滅してしまうのである。カール大帝の死後も，果たして，多くの有力な貴族がカール青年王に仕えてくれるだろうか。大帝が不安に思ったとしても不思議ではない。大帝の兄弟，カールマンが没したとき，遺児があっても，幼かったために有力な貴族たちはカールに仕えようとした。青年王カールは成人した王子であるが，いずれ消えてしまう国の王に仕えることに不安を覚えることは予想されることである。もし大帝が青年王カールに格別な愛情を抱いていたとすると，同名の王子のために何ができるのか，大帝が考えたのは自然である。大帝は，遺言状を書くことで，カール青年王の領土を確保し，将来トラブルが起こることを未然に防ごうとしたのではないだろうか。そして，もし，側近たちのなかにテオドゥルフのような王国分割反対派もいたとすれば，なおのこと，大帝は自分が生きているうちに継承問題を解決しておく必要を感じたはずである。おそらく，806年に「政治的遺言状」が書かれた，もっとも大きな動機はこの点にもとめられよう。

35）　彼については，Classen, Thronfolge, S. 206-209 に詳しい。
36）　Vgl. Kasten, Königssöhne und Königsherrschaft, S. 143.

帝位継承問題

　それでは，帝位の継承について，カールがどのように考えていたのかという重要な問題を検討してみたい。これについては，すでに紹介したシュレージンガーの研究が出発点となる。まず，シュレージンガー説の重要な根拠である，カールの肩書を，今日の研究状況にもとづいて再検討しよう。
　MGH の編者であるボレティウスは，『王国分割令』には写本が四種類あることを知っていた。
1)　大英博物館本（London, British Library, Egerton 269）
2)　ゴータ本（Gotha Memb. II 189）
3)　ヴァチカン本（Vatikan Vat. Lat. 3922）
4)　ピトゥ本（in editione Pithoiem Annalium et historiae Francorum）
　これに加え，すでに MGH, Cap. 2, S. XXXIV で補記されているように，のちに新しい写本が発見された。
5)　ダルムシュタット本（Darmstadt 231）
　さらにモルデクはもう一通の写本を付け加えることができた。
6)　ローマ本 Rom Vallicell. C. 16
　このうち，4) にあげた，1594年に刊行されたピトゥの書物に含まれているテキストを除いて，それぞれの写本の特徴と，そこで書かれているカールの称号を，モルデクの基礎的な研究に依拠しつつ整理しておきたい。

1)　大英博物館本（London Egerton 269）
　この写本は，10世紀初めごろ，フランス北部で作成されたと考えられている。この写本は，もともと，Egerton 2832 と Paris, BN, Lat. 4633 とともに一体のものであったが，後に三分割された。興味深いことに，『王国分割令』は様々な部族法典のあとに書かれている。冒頭に，次のような表現がある。
　INCIPIT DIUISIONES REGNORUM. IN NOMINE PATRIS ET FILII ET SPIRITUS SANCTI. Carolus serenissimus augustus a deo coronatus magnus pacificus imperator, Romanum gubernans imperium,

qui et per misericoridiam Dei rex Francorum atque Langobardorum, ...

　これは，この時期のカールの通常の肩書（肩書（b））を記す唯一の写本である。モルデクは，この写本はコルビー修道院に由来するのではないかと記している[37]。

2 ）　ゴータ本（Gotha, Forschungsbibiliothek, Memb. II 189）[38]
　10世紀前半の写本。
DECRETA KAROLI IMPERATORIS. In nomine patris et filii et spiritus sancti Imperator caesar karolus rex francorum inuictissimus et romani rector imperii pius felix victor ac triumphator semper augustus ...

3 ）　ヴァチカン本（Vatikan, Bibiliotheca Apostolica Vaticana, Vat. Lat. 3922）[39]
　16世紀の写本。
TESTAMENTUM CAROLI MAGNI Imperatoris. IN Nomine Patris et filii et spiritus sacti Imperator Cesar Carolus rex francorum inuictissimus et romani rector imperii pius felix victor ac triumphator semper augustus ...

　この写本には，フランス王フランソワ1世の書簡（1517年付と1533年付）[40]が含まれており，クラッセンはこの写本が直接もしくは間接にフランスに由来するものであろうと述べている[41]。

5 ）　ダルムシュタット本（Darmstadt, Hessische Landes-und Hochschulbibliothek, 231）[42]
　15世紀，おそらく低地地方。1418年に亡くなった Nieheim の Dietrich

---

37) Mordek, Bibliotheca, S. 226.
38) この写本については，Mordek, Bibliotheca, S. 152f. のほかに，R. Schieffer, Zwei karolingische Texte über das Königtum, DA 46 (1990), S. 1-12 参照。
39) Mordek, Bibliotheca, S. 863f.
40) Mordek, Bibliotheca, S. 631-639.
41) Classen, Thronfolge, S. 217 mit Anm. 61.
42) Mordek, Bibliotheca, S. 118ff.

が Gesta Karoli Magni imperatoris を書いた際に収集した資料のなかに含まれていたと思われる。

In nomine patris et filij et spiritus sancti amen. Imperator Cesar Karolus Rex Francorum inuictissimus et romani rector imperii pius felix victor ac triumphator semper augustus

6) ローマ本（Roma, Bibliotheca Vallicelliana, C. 16）
16世紀の写本。9世紀後半の勅令や教会会議の会議録が書かれているなかで、『王国分割令』は異彩を放っている。

In NOMINE Patris, et Filii, et Spiritus sancti Imperator Caesar Rex francorum Inuictissimus, Et Romanni Rector Imperii, Pius foelix victor ac triumphator semper augustus

以上のことから、大英博物館本と他の写本では、カールの肩書が違うという、シュレージンガーの研究の出発点となった事実は、現在の研究状況においても認められる。大英博物館本のみが、通常のカールの肩書を伝えているわけであるが、特に疑いの掛けられている写本群のなかに含まれているわけではなく、また、称号だけを偽造する理由も見当たらない。二種類の文書が作成されたとするシュレージンガーの結論は、妥当なものだといってよいだろう。

それでは、なぜ、二種類の文書が作成されたのだろうか。シュレージンガーの推論の蓋然性は高いだろうか。

私は、彼の推論のうち、次の二点、すなわち、1）カールの特異な肩書が書かれた『王国分割令』のテキストは、ローマ教皇に送られたものであるということと、2）その肩書は『コンスタンティヌスの定め』の中のコンスタンティヌス大帝の肩書に類似しており、その使用は『コンスタンティヌスの定め』の政治理論と関連する、という二つの推論を、妥当なものと考える。文書局が『コンスタンティヌスの定め』の中の皇帝の肩書に近いものをわざわざ文書に記したとすれば、それは、レオ宛ての文書に意図的に記したものとしか考えられないだろう。おそらく文書局は、明白な意図をもって、この肩書を記すことにしたのである。それでは、なぜ、『コンスタンティヌスの定め』の中の皇帝の肩書に近い肩書を教皇に送った文

第13章 『王国分割令』(806年)と二帝問題

書のなかに記したのだろうか。

この問題を考える際に重要なのは，『王国分割令』の本文の中に，帝位継承に関する言及が全くないことである。この政治的遺言に書かれていることは，カールが三人の王子に対して，自分の死後，どの地域の支配権を認めるかということであり，帝位のことは全く述べられていない。たしかに，カールは明らかに自分の支配領域が「帝国」でもあることを認めていた。彼は，三箇所において，「王国」を「帝国」と言い換えている[43]。だが，帝位継承問題は全く無視されている。それは，なぜだろうか。この問題を考えるためには，次の三点を考察する必要がある。すなわち，1）フランク宮廷・ローマ教皇座・ビザンツ帝国の相互関係，2）『王国分割令』におけるイタリア重視，3）教皇に文書の承認をもとめるのは例外的であったこと，である。

1）まず，802年から806年ごろまでの，フランク宮廷，ローマ教皇座，ビザンツの三者の関係を簡単に概観しておきたい。

802年までのフランク宮廷とビザンツとの関係については，すでに述べた。ビザンツでは，802年にイレーネが失脚し，ニケフォロスが皇帝になった。新しい皇帝は，803年にフランク宮廷に使者を送り，和平を申し出た[44]。そして，事実，806年にいたるまで，両者の間に軍事衝突はおこっていない。おそらく，この和平の提案にはビザンツ皇帝がカールを西ローマ帝国の皇帝として認めるという内容は含まれていなかった。ビザンツはただ単に事態が紛糾し，ビザンツの西部国境地帯が不安定になることを恐れたにちがいない。ビザンツは，フランク王国と全面衝突することを望まなかった[45]。教皇座は，この間，完全にビザンツとの関係を絶ち，フラン

---

43) MGH Cap. 1, pf. S. 127: *a Deo conservati et servandi imperii vel regni nostri heredes*; c. 1, S. 127: *Divisiones vero a Deo conservati atque conservandi imperii vel regni nostri tales facere placuit, ...* ; c. 20, S.1 30: *a Deo conservatum regnum atque imperium istud.* これについては，拙稿「「王国」・「教会」・「帝国」」14頁で言及した。Vgl. Boshof, Einheitsidee, S. 170. ただし，この表現は，『コンスタンティヌスの定め』の次のような文言，すなわち，*Unde congruum prospeximus, nostrum imperium et regni potestatem orientalibus transferri ac transmutari regionibus ...* (CC c. 17-18, S. 94) の影響を受けているかもしれない。これについては，Beumann, Unitas ecclesiae, S. 544 mit Anm. 55 参照。もし，この推測が正しければ，フランク宮廷は『王国分割令』の文書化にあたって，『コンスタンティヌスの定め』をかなり意識していたことになる。それにもかかわらず，この両者の政治理論は全く異なっている。

44) ARF a. 803, S. 118.; Vgl. Classen, Karl der Große, S. 86.

ク王国（帝国）に組み込まれたといってよい。そして，このような政治情勢にあった804年11月に，レオはカール大帝に，クリスマスを一緒に祝いたい，どこか都合のよい場所を連絡してほしいという内容の書簡を使者に持たせたのである。

　この書簡を読んだ大帝は，教皇の提案を受け入れ，カール青年王をサン・モーリス・ダゴン修道院に派遣し，レオを出迎えさせた。そして，ランスで再会し，それから，キエルジまで行き，そこでクリスマスを祝った[46]。なぜ，レオは，再びカールと会う必要性を感じたのか。そして，カール大帝はなぜアーヘンでローマ教皇と会わずに，キエルジで会ったのか。

　キエルジで会ったのは，案外，病気の妹ギゼラをシェル修道院に見舞うという事情と関連するのかもしれない[47]。しかし，クラッセンが示唆するように，特別な政治的な意味があった可能性もある[48]。

　この会見で，アクィレイアの教会の問題が扱われたのは確かである[49]。だが，それだけではなく，レオにはカール大帝と話し合わなければならない重要な問題があったように思われる。その重要な問題とは，オーンゾルゲが推測したように，はたして，『コンスタンティヌスの定め』の政治理論をカールに承認させることだったのであろうか[50]。これについては，結論を出すだけの材料が全く存在しない。ただ，一般的な状況を考えると，カール大帝の権力を背景に再びローマに地歩を固めることに成功したレオが，『コンスタンティヌスの定め』の政治理論を利用して，ビザンツおよびフランクに対して，自分の政治的立場を有利にするとともに，いっそう安定的な政治状況を作りあげようとした可能性はあるように思われる。

　2）　すでにボイマンが指摘しているように，『王国分割令』では，教皇座およびイタリアに対して，大帝が大きな配慮を示していることが注目される[51]。第15条では，「聖ペトロの教会」の擁護がとくに言及されている

---

45)　Einhard, Vita Karoli, c. 16, S. 19f.
46)　ARF a. 804, S. 119. Vgl. Classen, Karl der Große, S. 88f.
47)　AMP, S. 92.
48)　Classen, Karl der Große, S. 88.
49)　Classen, Karl der Große, S. 89.
50)　Ohnsorge, Konstantinische Schenkung, S. 90ff. 彼は周知のように，レオが『コンスタンティヌスの定め』をこの頃に作成させたのだという，ユニークな仮説を出している。
51)　Beumann, Unitas ecclesiae, S. 542f.

し，第3条や第4条においても，緊急時に教皇座に派兵することができるように，王国分割の線引きが工夫されていることがはっきりと述べられている。とくにカールの領土について述べた第3条では，いざというときに兄弟を助けにイタリアに行くことができるように，領土分割が計画されたことが明確に述べられていることが注目される[52]。

　3）ローマ教皇に文書の承諾を求めるのは，前代未聞である。その特異性にも注目しなくてはならない。こうした事例は知られていない。しかも，これはローマ教皇に直接関係しない文書なのである。この継承計画が実施されると，教皇座が大きな困難に直面するわけではない。普通，考えるなら，この文書内容をレオに伝達すれば，済むことである。だが，カールは文書を送付するだけではなく，署名をもとめているのである。なぜ，署名による承認を求めたのだろうか。

仮　　説

　どのように考えれば，上記の三つの事実に整合する合理的な説明を行うことができるのだろうか。私には，以下のように推論するのがもっとも妥当であるように思われる。

　──すでに高齢に達していた大帝は，自分の死後，混乱が生じないようにしておく必要性を感じ，遺言状の作成を指示した。遺言状作成の動機を作ったのは，カール青年王の問題であった。この大帝と同名の王子は，妻もなく，息子もいなかった。ほうっておけば，大帝の死後，混乱が起きるのは必定であった。そこで，宮廷は，後継者問題をはっきりさせておく必要性を感じた。しかし，大帝の側近者たちの意見は同じではなかった。従来の王国分割の原則からの離脱を求め，後の『帝国統一令』に結実するような，テオドゥルフのような意見を持つ者もあった。だが，結局，このような意見は少数意見にとどまった。この意見が少数意見にとどまった最大の理由は，カール青年王の問題だったように思われる。かりに，後に大帝

---

[52] Cap. 1, Nr. 45, c. 3: *ita ut Karolus et Hluduwicus viam habere possint in Italiam ad auxilium ferendum fratri suo, si ita necessitas extiterit, ...*

がルイを共治皇帝にしたように，カール青年王を皇帝に指名し，自分の死後，単独統治者にする決定を下した場合，その先をどうするかという問題が必ず生じる。大帝の死後，青年王が単独統治者になったとして，青年王の死後，いったい誰が王位継承者もしくは皇位継承者となるのか。それゆえ，宮廷の多数派は，伝統的な王位継承原則の枠組みの中で，大帝死後の王国の姿を考えざるをえなかったのではないだろうか。

　この遺言状の中に皇帝権の問題をどう位置づけるのか。この問題については，すでに教皇座から一定方向の圧力がかかっていたように思われる。

　802年にイレーネは失脚し，ニケフォロスがビザンツ皇帝となった。新しい皇帝はカールとの直接対決を当面避けるために，使者を派遣した[53]。再びローマに地歩を固めたレオは，この安定した政治情勢を利用して，教皇座の立場をさらに強化するために，『コンスタンティヌスの定め』を積極的に活用し，その枠組みの中で，フランク宮廷が皇帝権を解釈することを望んだ。『コンスタンティヌスの定め』の理論によれば，皇帝権の授与者はまさにローマ教皇に他ならなかったからである。804年にローマ教皇レオがカール大帝との会談を望んだ最大の理由は，この点にあったと思われる。しかし，西方皇帝権の位置づけについて，熟慮を重ねていたフランク側は，レオの提案の危険性をよく知っており，この提案を受け入れれば，政治理論上，教皇座の立場がフランク帝権の上位に位置してしまい，その後の政治戦略に大きく支障をきたすようになることを懸念し，拒否もしくは今後検討することを約束した。フランク宮廷は，『コンスタンティヌスの定め』の政治理論を受け入れるつもりはなかった。

　フランク宮廷は慎重に検討を重ねた。結論として，宮廷は根本的な結論を先送りする一方で，ある戦略を練った。それは，とりあえず，『コンスタンティヌスの定め』の政治理論を採用することを本文で述べない一方で，カールの肩書には，『コンスタンティヌスの定め』の肩書を用いた文書を作成し，ローマ教皇レオとの政治的妥協を図ることであった。つまり，将来，『コンスタンティヌスの定め』の政治理論を受け入れるかもしれないということを，教皇座に匂わせることで，当面この問題を先送りすることへのレオの同意を求めた。そこで，フランク宮廷はフランクの側近たち宛

---

53) Ohnsorge, Zweikaiserproblem, S. 26 の解釈は全く異なる。

の文書とは異なる肩書を付した文書を，教皇向けに別途作成した[54]。そして，本文のなかでは，皇帝権の継承の問題には言及しないものの，イタリアおよびローマ教皇座に対する配慮を明確に示すことで，教皇の政治的妥協を引き出そうとしたのではないだろうか。

---

54) Classen, Karl der Große, S. 91 の解釈によれば，レオに対して署名が要求されたのは，フランク王国の司教の筆頭として扱われたことを意味する。しかし，このような解釈では，なぜ，大帝の肩書の異なる二通りの文書が作成されたのかを解釈することはできない。

第 14 章

「王国」「教会」「帝国」

　カール大帝が亡くなるのは，814年のことである。この章では，806年の『王国分割令』以降のフランク王国の政治問題を考えたい。前章でみたように，カール大帝は，なおビザンツとの関係が不透明であることを強く認識し，「帝国」問題の決着を先送りにした。その一方で，伝統的な王位継承の原則を基本的には踏襲し，三人の王子たちによる総手的支配を定めた。だが，周知のように，『王国分割令』は実行に移されなかった。810年以降，多くの点で政治情勢は変わり，王位継承問題は新たな方向へと向かった。また，カール大帝は，813年に大規模な教会会議を開催し，フランク王国がどこに向かうべきかを明確にした。カール大帝が813年に下した二つの政治的な決断は，いわば，大帝の最後の「政治的遺言状」とも呼ぶべきものであった。

　最晩年のカール大帝の下した政治的な決断とはいかなるものだったのだろうか。そして，その決断で示される，カール大帝とその側近たちが追い求めた理想的な国家とは，どのような国家であったのだろうか。また，その理想的な国家像のなかでは，「教会」や「帝国」はどのように位置づけられているのだろうか。

イタリア王ベルンハルトと『王国分割令』の空文化

　カールと側近たちが練り上げた王位継承計画は，810年に意味を失った。

第14章 「王国」「教会」「帝国」　　　　　　　　　373

　この年の7月8日に，イタリア王ピピンが33歳で亡くなったのである[1]。
『王国分割令』はカール大帝よりも三人の王子たちが長生きすることを前
提として作成された文書であったから，このことにより，この文書が効力
を失ったことは明白となった。ピピンにはベルンハルトという名の王子が
いた。この若き王子は，フルダ修道院で教育を受けていたようである[2]。
しかし，ピピンの死後，大帝は，まだ成人していなかったこの王子を姉妹
たちとともに自分の宮廷に引き取った[3]。また，当面イタリアの統治をコ
ルビー修道院長アダルハルトにゆだねることとした[4]。したがって，この
時期には，イタリアは再びカール大帝の直接統治領となったことになる[5]。
　811年の12月4日には，青年王カールも没する[6]。こうして，大帝は相次
いで二人の王子を亡くし，王位継承問題は完全に白紙状態になった。青年
王カールには子がなく，この段階で，ルイとベルンハルトしか大帝の後継
者はいなくなった。
　カール大帝の決断は，812年のアーヘン王国会議で表明された。このこ
とを伝える『王国年代記』は，ただ単に，ベルンハルトをイタリアに送っ
たとしか述べていない[7]。しかし，すでに812年以降，イタリアの私証書に
ベルンハルトの名が記されていることからわかるように，明らかにカール
はこのとき，ベルンハルトをイタリア王に即位させたのである[8]。そして，

---

　1) ARF a. 810, S. 132.
　2) ベルンハルトが父の死後，フルダ修道院で養育されることになったのか，それとも，
父が亡くなる以前から，フルダで教育を受けていたのかは，わからない。
　3) Depreux, Königtum Bernhards, S. 5.
　4) Kasten, Adalhard, S. 69.
　5) Depreux, Königtum Bernhards, S. 2.
　6) ARF a. 811, S. 121.
　7) ARF a. 812, S. 136f. J. フリートは，「皇帝陛下は息子のカールとルイの同意のもとに，
ピピンの息子，ベルンハルトを父の代わりにイタリア王にした」（MGH SS 13, S. 231:
*Domnus imperator consensu filiorum suorum Karoli et Lodowici Bernardum, filium Pippini,
regem Italiae pro patre suo restituit*）という，『ロップ年代記』の叙述をもとに，皇帝が『王
国分割令』の第5条にもとづいて，他の二人の王子たちの同意をもとめたのだと推測してい
る（Fried, Elite und Ideologie, S. 84 mit Anm. 47)。もちろん，フリート自身が認めているよ
うに，この記述には問題がある。これは，811年の条に書かれているが，ベルンハルトは812
年にイタリア王になっているからである。だが，青年王カールが生存しているときに，ベ
ルンハルトのイタリア王即位が二人の王子の同意のもとに話し合われた可能性はあると，フ
リートは考える。このフリートの推論はたいへん興味深い。史料的な根拠は薄弱ではあるが，
その可能性がないとは言い切れないからである。

ベルンハルトの成人を待って，このことが行われたことは間違いない[9]。

　ベルンハルトをイタリア王にした大帝の決断は，かなり強引であった。なぜなら，ベルンハルトは大帝の子ではなく，孫であり，その王位継承権自体疑わしいものであるうえに，ベルンハルトは庶子であったからである[10]。この政治的決断は明らかに，大帝の唯一の王子ルイと彼の側近グループの利益を大きく損なうものであった。大帝の死後，ルイがベルンハルトを謀反のかどで処刑するが，それはこうしたルイ側の不満があったからに他ならない。ルイにすでに与えていたアキタニアを除く全領土を，直接

---

8) Depreux, Königtum Bernhards, S. 7.

9) ベルンハルトは797年に生まれており，812年に15歳になったと思われる。Vgl. Wendling, Erhebung Ludwigs des Frommen, S. 230 mit Anm. 278.

10) テーガンは，ベルンハルトの母は *concubina* であったと述べている。Thegan, Gesta Hludowici, c. 22, S. 596: *Bernhardus, filius Pippini ex concubina natus.* ところが，アインハルトはこのことに触れていない（Einhard, Vita Karoli, c. 19, S. 24. 他の史料は BM 515b にまとめられている）。これについては，実に様々な意見が出されている。K. F. ヴェルナーは（Werner, Nachkommen, S. 445），ザンクト・ガレン修道院の祈祷盟約書を根拠に，テーガンの記述は信頼性があるとする。その一方，P. クラッセンは（Classen, Thronfolge, S. 228），テーガンの記述の偏向性を理由に，テーガンの記述を受け入れない。たしかに，後にベルンハルトは謀反の罪でルイ敬虔帝によって処刑されており，『ルイ皇帝伝』を書いたテーガンが，ベルンハルトの出自を貶めることで，ルイの行為を正当化しようとした可能性がないわけではない。また，D. ヘーガーマン（Hägermann, Karl der Große, S. 598）のように，ピピンとベルンハルトの母の関係は，ベルンハルトの誕生後，正式に承認されたという推定もある。興味深いのは，ベルンハルトという名そのものである。カロリング家でベルンハルトという名を持つ者には，この他にカール・マルテルの息子とカール肥満王の息子の二人がいる。カール・マルテルの息子のベルンハルトの母については，よく知られていないが，側室にすぎなかった可能性が高い（Hlawitschka, Vorfahren, S. 78, Nr. 32）。この女性はカール・マルテルとの間に，ベルンハルトの他に，ヒエロニムス，レミギウス（レメディウス）という二人の王子を産んでいる（Hlawitschka, Vorfahren, S. 80, Nr. 43; S. 81, Nr. 44）。この二人の王子の名は，カール・マルテルが最初から将来聖職者にしようと思っていたことを示している。ベルンハルトの母は正室ではなく，ベルンハルトが他の二人の王子とともに，庶子とみなされていたことは間違いない。カール肥満王の王子ベルンハルトについても同様のことがいえる（Werner, Nachkommen, Nr. 24, S. 45）。以上のことを考えると，カール・マルテルの時以来，ベルンハルトはカロリング家の庶子に与えられる名のひとつになったということができる。この推定が正しければ，イタリア王ピピンの息子ベルンハルトの母を *concubina* であったとするテーガンの記述は，信頼が置けるものであると考えたほうが自然である。E. トレンプのように，ピピンとベルンハルトの母の関係は合意婚（Friedelehe）だったのではないかという推論もあるが（Tremp, Studien, S. 95-98; vgl. Wolf, Aufstand, S. 373），カール・マルテルの母に関して述べたように，この時代に合意婚という婚姻形態があったことを示す明確な史料はそもそも存在しない。したがって，合意婚という選択肢は無視していいように思われる。

自分の支配下に置き，自分の死後は，唯一生き残った王子ルイを単独統治者とするのが，もっとも無難で反対者の少ない方法であった。大帝がベルンハルトをイタリア王にする必要性は，どこにもないのである。にもかかわらず，大帝がベルンハルトをイタリア王にしたのは，アインハルトが述べているように，孫に対する大帝の格別の愛情の現われだったのだろうか[11]。

「西の帝国」「東の帝国」

　803年のザルツでの和平協約により，しばらくの間は軍事衝突がなかったが，ヴェネツィアの覇権をめぐって，フランクとビザンツはしだいに対立するようになった。806年にビザンツはヴェネツィアおよびダルマチア周辺に艦隊を派遣し，フランク軍に対して軍事的な圧力をかけようと試みた。また，809年にも，ビザンツはこの海域に艦隊を派遣し，フランク勢力の駆逐を試みた。これに対して，イタリア王ピピンは，自ら軍を率いて迎撃を試みている[12]。

　両国間の関係は，810年に変化する。ビザンツ帝国はブルガール人との深刻な戦争状態にあり，皇帝ニケフォロスはフランク王国と友好関係を結ぶことで，西方の国境地帯での軍事的な負担を軽くしようと試みた。

　ニケフォロスは810年にイタリアでの和平を確立するために，アルサフィオスをピピンのもとに派遣したが，ピピンは同年7月8日に没しており，やむなく，アルサフィオスはカール大帝と会談するために，アーヘンを目指した。この年の10月，ビザンツの使節はカール大帝と会談した。『王国年代記』は，このとき，大帝がビザンツにヴェネツィアを返還したと簡単に記している[13]。翌年になってアルサフィオスが帰国すると，カール大帝はビザンツとの友好関係を固めるために，バーゼル司教ハイト，トゥール伯フーゴ，フリウリのランゴバルト人アイオをコンスタンティノープルに派遣した[14]。彼らがコンスタンティノープルに到着する前に，ニケフォロ

---

11) Einhard, Vita Karoli c. 19, S. 24: *In quibus rex pietatis suae praecipuum documentum ostendit, ...*
12) Vgl. Classen, Karl der Große, S. 93.
13) ARF a. 810, S. 133.

スはブルガール人との戦いで戦死し，ミカエル1世が皇帝になっていた。ハイトはフランクに帰国後，*Odoporicum* という題の一種の旅行記を記したが，残念ながら散逸してしまった[15]。しかし，幸いなことに，このとき，カール大帝がニケフォロスに送った書簡が残されている。

　この書簡の写本には，最初の部分が欠落しており，ビザンツ皇帝に対する書簡の中で，カールの肩書がどう書かれていたのか，また，ビザンツ皇帝がどのように呼ばれていたかはわからない。だが，大帝がビザンツ皇帝との関係をどう理解していたのかを，考えるための手がかりはある。まず，注目されるのは，カール大帝が両者の関係を *fraternitas* と表現していることである[16]。大帝はこの書簡のなかでわざわざ使節を送ってくれたことに謝辞を述べるとともに，王子ピピンが亡くなったために，使節がアーヘンに向かわざるをえなかったことなどを記し，和平の提案を受け入れたことを書いている。大帝は *fraternitas* という表現を用いることで，両者の間の外交上の同等性を示そうと試みているように思われる。この書簡に対するビザンツの対応を考えると，ニケフォロスはすでにアーヘンで，フランク側がヴェネツィアを完全に放棄することを前提に，イタリアでの和平に合意するならば，カールの皇帝権を正式に承認することを提案していた可能性が高い。この解釈が正しければ，大帝が書簡のなかで *fraternitas* という表現を用いても，それがビザンツ皇帝の不興を招かないことをフランク宮廷はあらかじめ十分知っていたのではないだろうか。

　ミカエル1世は，大帝の使節が帰国する際に自分の外交使節も随行させた。そして，このビザンツの使節は812年の夏，アーヘンで大帝に謁見した。『王国年代記』によれば，彼らはアーヘンの聖ペトロ教会で大帝から和平協定文書を手渡された。それに対して，ビザンツの使節たちはギリシャ語で賛歌を歌い[17]，カールを「皇帝にしてバシレオス」（*imperator et*

---

　14) ARF a. 811, S. 133.
　15) Berschin, Ost-West-Gesandtschaften, S. 163.
　16) MGH Ep. 5, Nr. 32, S. 546: *In cuius nomine atque honore legatum fraternitatis tue, quem ad bonae recordationis filium nostrum Pipinum regem misistis, ... ; ... legatos nostros praeparavimus ad tuae amabilem fraternitatis amorem dirigendos.* （下線は筆者）
　17) ノートケルは，『カール大帝伝』第二巻第7節で，カール大帝がこのギリシャ語の賛歌に魅せられ，それをラテン語に訳させたことを伝えている。Berschin, Ost-West-Gesandtschaften, S. 164によれば，この賛歌はかなり正確な形で880年ごろにメッスで製作された写本で伝承されているという。なお，ノートケルはこのとき，ビザンツの使節がオル

第 14 章　「王国」「教会」「帝国」　　　　　　　　　　　　377

basileus）と呼んだ。ビザンツの使節たちはコンスタンティノープルへの帰途，ローマに向かい，聖ペトロ教会でローマ教皇の手から再び，この和平文書（*pacti seu foederis libellus*）を受け取った[18]。アーヘンの教会のみならず，ローマの教会で和平文書の授与が行われたことは，ビザンツ側がこの和平の維持にきわめて大きな期待を寄せていたことを示すもののように思われる。

　カール大帝もまた，ビザンツ皇帝ミカエル 1 世のもとに，再び使節を派遣した。このときに，大帝がミカエルに送った書簡の写本が残されており，このとき合意された両者の関係がどのようなものであったかを知ることができる。大帝は，自分を *Karolus divina largiente gratia imperator et augustus idemque rex Francorum et Langobardorum* と呼び，ビザンツ皇帝に対して，*dilecto et honorabili fratri Michaeli glorioso imperatori et augusto* と呼びかけている[19]。クラッセンが指摘しているように，カールは自分の肩書の中から，おそらく意図的に「ローマ」という表現を削除している[20]。そして，その一方でミカエルを「兄弟」*frater* と呼び，同等性を明確に表現している。前に述べたように，両者の同等性はすでに確認されていたことだった。大帝はこのさほど長くない書簡の本文の四か所で *fraternitas* という表現を用いて[21]，このことを強調し，再確認しようとしたように思える。大帝は，さらに，「長い間，希求され，つねに要望されていた和平を東の帝国と西の帝国の間で確立すること」が，今回の協約の目的であると述べている[22]。このように，カールは，フランク王国を「西の帝国」（*occidentale imperium*），ビザンツ帝国を「東の帝国」（*orientale*

ガンを贈り物として持参してきた話を伝えている。ノートケルは同じ巻の第 6 節で，ビザンツに赴いた使節のエピソードを伝えているが，正確にも，バーゼル司教ハイトの名を挙げている。エピソード自体はいかにもできすぎているが。

18) ARF a. 812, S. 136.
19) Epp. 4, Nr. 37, S. 556.
20) Classen, Karl der Große, S. 95.
21) Epp. 4, Nr. 37, S. 556, Z. 19, 20, 31, 36.
22) Epp. 4, Nr. 37, S. 556, Z. 8f.: *diu quaesitam et semper desideratam pacem inter orientale atque occidentale imperium stabilire* ... 805 年に作成されたとされる『メッス年代記』が，ピピン 2 世の時代に関してではあるが，すでに次のような表現を用いていることが興味をひく。AMP, S. 13: *Dispositis autem prudenter omnibus in occidentis regni gubernaculis, ad orientalis imperii sui sedes cum summa Gloria et exultatione revertitur.*

imperium）と表している。これは，けっして挑発的な表現ではない。両者の思惑が一致した結果なのである。

　このようにして，810年から813年にかけて，確立した両帝国の友好関係と相互承認は，フランク王国における皇帝権の継承問題に大きな影響を及ぼすことになった。

ルイの皇帝戴冠（813年）

　806年の『王国分割令』では，まだ，ビザンツとの関係は不透明であり，皇帝権をどう理解すべきなのか，フランク宮廷は最終的な判断を下すことができなかった。しかし，810年以降の外交交渉の結果，皇帝権の相互承認が実現し，皇帝権はカール大帝の死後も存続することが明確になった。この点で，私は，シュレージンガーの解釈，すなわち，カールは806年の王位継承計画の中でもつねに皇帝権のことを考えていたという解釈は，妥当ではないと考えている。このときにいたって，はじめて，宮廷は皇帝権の継承の問題を真剣に検討することができる条件が整ったのである。その際，フランク宮廷が，ビザンツの皇位継承を参考にしたことは間違いない。なぜなら，813年にカール大帝はルイを共治皇帝にしたが，それはまさにビザンツで行われていた制度を模倣したものだからである[23]。カールはすでにベルンハルトをイタリア王に据えていたが，イタリアを除く地域に関していえば，唯一の嫡子であるルイの王位継承は明白であった。それゆえ，大帝はもはや「王国分割令」のような「政治的遺言状」を新たに作成する必要性を感じなかった。誰が考えても，カール大帝の後継者はアキタニア王ルイしかいなかったのである。

　しかし，皇帝権はちがう。フランク王国では，カール大帝以前には皇帝はおらず，帝位の継承規則もなければ，慣習もなかった。大帝は806年の時点では，帝位の継承への言及を避けた。だが，813年の時点では，状況は完全に変わった。三人の王子のうち，カールとピピンはこの世になかった。その一方で，カールの皇帝権はビザンツから外交的に承認を受け，そ

23）　Vgl. Fichtenau, Karl der Große und das Kaisertum, S. 330.

第 14 章　「王国」「教会」「帝国」　　379

の称号の保持は明確になった。こうした状況のなかで，フランク宮廷は，ルイを共治皇帝とすることを決定した。

　この出来事に関する史料はいくつかあるが，若干，齟齬がみられる[24]。W. ヴェントリングが詳細に検討しているが[25]，もっとも信頼のおける記述はテーガンの『ルイ皇帝伝』である[26]。テーガンによれば，ルイの皇帝戴冠は次のように行なわれた[27]。

　　「死期が近いことを悟ったカール大帝は，ルイを呼び寄せるとともに，全軍，司教たち，修道院長たち，大公たち，伯たち，その代理たちを招集した。アーヘンで一般集会（generale colloquium）を開いた。その会議で，大帝は息子のルイに対して忠誠を示すように訓戒を与えるとともに，皇帝の名をルイに譲渡してもよいかどうか，身分の高い者から低い者まで全員に尋ねた。皆，歓声をあげて，神の御意であると答えた。この会議の後の日曜日（9月11日）に，大帝は正装を身に纏い，教会に入り，主イエス・キリストに捧げられた，もっとも高い祭壇の前に進み，自分が今戴いている冠とは別の黄金の冠を置いた。大帝とルイは，祭壇の前で長い間祈りを捧げた。そして，その後，司教や貴族たちが見守るなかで，とくに全能なる神を愛し，畏怖し，神の命に従い，悪い人々から守るように，大帝は息子に訓戒を与えた。そして，妹や弟たち，甥や他のすべての一族の者たちに対して，つねに変わらぬ温情を示すように命じた。また，父の如く聖職者たちを敬い，息子の如く人民を愛し，傲慢で邪悪な人々に救済の道を示し，修道院の慰安者，貧者の父となることも命じた。それから，不正な賄賂を忌

---

　24)　主要な史料は以下のとおりである。ARF a. 813, S. 138; Chronicon Moissiancense, S. 310f.; Ermold le Noir (Ermoldus Nigellus), Poème sur Louis le Pieux et Épîtres au roi Pépin, S. 54-58; Einhard, Vita Karoli, c. 30, S. 34; Thegan, Gesta Hludowici, c. 6, S. 180ff.; Astoronomus, Vita Hludowici, c. 20, S. 342ff.
　25)　Wendling, Erhebung Ludwigs d. Fr., S. 202-207.
　26)　Thegan, Gesta Hludowici, c. 6, S. 180ff.
　27)　テーガンなどのルイ敬虔帝期の叙述などから，813年の出来事を再構成するのは方法上問題であるという，J. フリートの指摘は正しい（Fried, Elite und Ideologie, S. 79 mit Anm. 29）。しかし，テーガンの記述を，他の史料と矛盾しない限りにおいて，また，その史料上の問題点を常に意識しつつ，813年の出来事の再構成に用いることはけっして誤っていないであろう。

み嫌い，神を畏れる忠実な僕を任命するとともに，さしたる理由もないのに，栄誉を奪ってはならない，いつも神とすべての民の前で一点の曇りもないことを示すように。大帝は，こうした言葉を述べた後に，このような訓戒に従うかどうか，ルイに尋ねた。ルイは，喜んで訓戒に従い，神の助けを借りて，父の命令を守りますと答えた。それから，父は，すべての訓戒を忘れないようにするために，祭壇に置かれた冠を自分の手で取り，自分で冠を被るように，ルイに命じた。ルイは大帝の指示通りにした。この後で，礼拝を聞きながら，一緒に宮廷へと向かった」

このテーガンの記述がもっとも詳しいが，三点だけ，他の史料をもとに修正をしておくべきことがある。

まず第一に，ルイのアーヘン到着と王国会議の招集がほぼ同じ頃であったとするテーガンの記述は，不正確であるように思われる。『ルイ皇帝伝』の著者「アストロノムス」（天文学者）は，ルイがすでに9月の王国会議に先立って，夏にアーヘンの宮廷に滞在していたと記している[28]。『モワサック年代記』によれば，813年の3月に王国会議が開かれた[29]。ヴェントリングは，これらの記述から，3月の王国会議で，すでに後継者問題が取り上げられたのではないかと推定している[30]。第二に，『モワサック年代記』では，戴冠式の後，歓呼の声が上がり，「ルイ皇帝万歳！」と人々が叫んだと記されている[31]。第三に，アインハルトの『カール大帝伝』によれば，大帝はルイを共治皇帝としただけではなく，フランク王国全体の後継者として指名した[32]。たしかに，嫡子はもはやルイしかおらず，ルイが継承することは間違いなかった。しかし，一方で，カールはイタリア王

---

28) Astronomus, Vita Hludowici, c. 20, S. 617.「アストロノムス」は，この皇帝伝の作者が天文学の豊富な知識をもっていることから，後世の学者によってつけられた渾名であり，この皇帝伝の作者は不詳である。
29) Chronicon Moissiacense, S. 310.
30) Wendling, Erhebung Ludwigs d. Fr., S. 205.
31) Chronicon Moissiacense, S. 311.
32) Einhard, Vita Karoli, c. 30, S. 34: *congregatis sollemniter de toto regno Francorum primoribus, cunctorum consilio consortem sibi totius regni et imperialis nominis heredem constituit ...* .

ピピンの遺児ベルンハルトにイタリア王位を与えていた。カールの死後，ルイとベルンハルトの関係はどうなるのかは，必ずしも明確ではなかった。したがって，大帝はこのときに，ルイを共治皇帝とするだけではなく，自分の死後，ルイが単独統治者となることを宣言したように思われる。すなわち，大帝の存命中は，ルイはアキタニア王であり，そして，ベルンハルトはイタリア王であったが，二人の王の位置づけは下王であり，あくまでもカール大帝から，一定の領域の統治を委ねられたにすぎなかった[33]。しかし，大帝の死後は違う。ルイは皇帝の地位を継承するだけではなく，全フランク王国の統治権を継承する。それに対して，ベルンハルトは下王の立場にとどまり続けるのである[34]。この決定は，実際，814年に大帝が没したとき，実行に移された。ルイ敬虔帝はベルンハルトをアーヘンに呼び寄せ，下王としての地位を認めている[35]。

このように，813年の時点ではじめて，宮廷は皇帝問題に関して明確な判断を示し，皇帝権が爾後も存続し，フランク王国の統治者の称号として継承されることを明らかにしたが，重要なことは，この皇帝戴冠がローマ教皇の介在なく行われたことである。ルイの皇帝戴冠はローマではなく，アーヘンで行われ，教皇は無視された[36]。すなわち，皇帝権の継承の問題は，完全にフランク王国の国内問題として扱われたのである。カール大帝の皇帝戴冠式の場合，歓呼の声を挙げたのはローマの市民であったが，この813年の皇帝戴冠式で歓呼の声を挙げたのは，フランク王国の聖俗の貴族たちであった。フランク宮廷はこの時点で，「コンスタンティヌスの定め」の政治理論を完全に無視した。ビザンツによっても承認された西方皇帝権は，ローマ教皇の介在を必要としない，フランク王国固有の権利であり，称号であると，フランク宮廷は考えた[37]。

---

33) 下王国の問題については，一般に Eiten, Unterkönigtum を参照。
34) Vgl. Wendling, Erhebung Ludwigs d. Fr., S. 237.
35) ARF a. 814, S. 141. なお，このとき，ルイ敬虔帝は，長子ロタールをバイエルンの下王に，そして，次子ピピンをアキタニアの下王に任じている。
36) Vgl. Schlesinger, Karlingische Königswahlen, S. 96 mit Anm. 42; Beumann, Unitas ecclesiae, S. 545; Schramm, Karl der Große als Kaiser, S. 297.
37) 816年に新しい教皇に選出されたステファヌス4世は，ルイ敬虔帝に対して臣民宣誓をおこなうよう，すべてのローマ人に命じた。Thegan, c. 16, S. 196. おそらく，このことはローマ教皇座が，ルイの皇帝権を承認していたことを示すものであろう。新教皇ステファ

おそらく，この時期においては，皇帝権の問題というのは，ビザンツとの同等性の問題に尽きた。フランク宮廷は，「西方の巨大国家」であるフランク王国がビザンツと同格であることが内外に示せればよかったのである。これが，フランク宮廷にとっては，聖画像論争にはじまる，ビザンツとの長い対抗関係の終着点であった。この「帝国」がローマ帝国の後継国家であるのかどうか，西ローマ帝国を復興したものであるのかどうか，といった問題は明らかにどうでもよいことであった。ルイ敬虔帝が自分の印章に「フランク王国の復興」(Renovatio regni Francorum) と刻ませたのは，このような宮廷の観念を示しているように思われる[38]。たしかに，「帝国」の位置づけは，カール大帝の治世末期の政治問題のひとつであったが，それは，フランク王国の本質を変える根底的な問題ではなかった。

813年の教会会議

　大帝がルイを共治皇帝としたのは，813年の秋のことであったが，その年の5月から6月にかけて，彼は，アーヘンの王国会議で，「教会の状況を改善するために」(super statu ecclesiarum corrigendo) ガリアの五か所で教会会議を開催することを明らかにした。五か所とは，マインツ，ランス，トゥール，シャロン，アルルである。『王国年代記』によれば，これらの教会会議で決議された条項は，皇帝の主宰する王国会議で取り纏められることになっていた[39]。ハルトマンが述べるように，複数の場所で教会

ヌスは816年にランスでルイと会見し，ルイに冠を授けた。これについては，Brühl, Fränkischer Krönungsbrauch, S. 368ff. 参照。
　38) Vgl. Schramm, Karl der Große als Kaiser, S. 295.
　39) ガンスホフによれば，811年の『司教と修道院長が協議すべき案件に関する勅令』(Capitula de causis cum episcopis et abbatibus tractandis) (Cap. 1, Nr. 72) は，この813年の審議事項をとりまとめるために作成されたものである。Ganshof, Note sur les «Capitula de causis cum episcopis et abbatibus tractandis» de 811, Studia Gratiana 13 (1967), S. 16. おそらく，カール大帝はかなり前から大規模な教会会議の開催を計画していた。G. シュミッツが推測しているように (G. Schmitz, Die Reformkonzilien von 813 und die Sammlung des Benedictus Levita, DA 56 (2000), S. 2 mit Anm. 6)，宮廷は教会会議の開催の直前にはあらためて，かなり詳細な文書を用意し，審議事項に関する具体的な指示を与えていたはずである。また，各教会会議の決議録は813年9月に開催された王国会議のときに集められ，比較検討

第14章 「王国」「教会」「帝国」

会議が同時に開催されるのは，教会会議の歴史において，全く新しいことであり，メロヴィング朝フランク王国でも，西ゴート王国でも，後期古代のローマ帝国でも前例がなかった[40]。

　なぜ，こうした革新的な形で，大帝は教会会議を開催しようとしたのだろうか。この疑問に対して手がかりを与えてくれるのは，マインツ，ランス，トゥール，シャロン，アルルという開催地である。実は，これらの都市は，シャロンを除いて，後期古代に作成された『ガリア要覧』(notitia Galliarum) に記載されている属州の中心都市である[41]。ゲルマーニア，ベルギカ，アキタニア，ルグドネンシス，ナルボネンシスという，ローマ帝国の時代の属州に対応しているのである[42]。宮廷がこうした形での教会会議の開催を思いついたのは，ローマ時代の統治制度を利用しようと考えたからに他ならない。当時の宮廷がローマ帝国を強く意識するようになったことを示している。前節で取り上げたように，ルイが共治皇帝になったのは，この年の秋のことであり，皇帝継承問題はまだ最終的な解決をみていなかった。しかし，すでにこの時期には，皇帝継承問題の基本方針はすでに定まり，また，二帝問題に関しても，ビザンツとフランクの間に一定の了解が出来上がっていたように思われる。ランス教会会議の序文には，「全キリスト教帝国」(totum Christianum Imperium) という，アルクイン的な表現がみえるが[43]，フランク王国が同時に帝国でもあることは，宮

された後，勅令という形で公布される予定であったものと思われる。ARF a. 813, S. 138. Vgl. Chronicon Moissiacense a. 813, S. 310. しかし，実際には，何らかの事情で勅令の公布にはいたらなかった。次にあげる文書は，この勅令そのものではないが，この比較検討作業と関連して作成されたものと推測されている。Capitula e canonibus excerpta (Cap. 1, Nr. 78, S. 173-175 = Conc. 2. 1, S. 294-297); Concordia episcoporum (Conc. 2, 1, S. 297-301); Annotatio capitulorum synodalium (Conc. 2, 1, S. 301-306); Caputula e conciliis excerpta (Cap. 1, Nr. 154, S. 311-314). Vgl. De Clercq, Législation religieuse, S. 248f.; Dahlhaus-Berg, Nova antiquitas et antiqua novitas, S. 222; Mordek, Studien, S. 64 mit Anm. 52; Schmitz, Reformkonzilien, S. 3.

　40）Hartmann, Synoden, S. 130.
　41）Vgl. Hartmann, Einige Probleme, S. 11 mit Anm. 13; Fuhrmann, Papsttum, S. 441 mit Anm. 38.
　42）ルグドネンシスの中心都市は，本来，リヨンであった。当時の人々はそのことをよく知っていたように思われる。その証拠に，シャロン教会会議の決議録の冒頭には，わざわざ，次のように記されている。MGH, Conc. 2, 1, S. 274: ... convenimus episcopi et abbates totius Galliae Lugdunensis in urbem Caballonensem ... Vgl. Hartmann, Synoden, S. 130.
　43）Conc. 2, 1, S. 254.

廷に連なる人々の間の共通理解になっていたといってもよいだろう。

ところで，この813年の教会会議に関して，もっとも鋭い分析を行ったのが，J. フリートである[44]。フリートは，813年の教会会議の意義を検討するにあたり，モルデクとシュミッツによって1983年に新たに発見された二つの勅令を出発点とする。二つの勅令とは，Capitulare ecclesiasticum Caroli Magni (a. 805-813) と Capitulare generale Caroli Magni (a. 813) である[45]。フリートは，これらの大帝の治世の晩年に公布された勅令にみられる平和思想に着目する。どちらの勅令においても，平和と協調 (*pax et concordia*) が，守られるべきこととして，特に取り上げられている[46]。そして，平和と協調は，まさに813年の教会会議のテーマのひとつになっているのである[47]。また，彼は従来，814年に作成されたと推定されていたザンクト・ガレンの祈祷盟約書[48]を811年ないし812年に遡らせることによって，この時期に最古の祈祷盟約書が作成されたのは，平和を維持するための宗教的な手段としてであったと主張している[49]。

それではなぜ，カール大帝は，この時期に平和を特に望むようになったのだろうか。この点について，フリートはガンスホフの「国家危機説」[50]

---

44) Fried, Elite und Ideologie.

45) これらの勅令のテキストは，H. Mordek und G. Schmitz, Neue Kapitularien und Kapitulariensammlungen (in: Mordek, Studien, S. 81-160. Zuerst DA 43 (1987), S. 116-143)。なお，これらの勅令は，Mordek, Bibliotheca, S. 981-994 にも再録されている。ただし，再録されたテキストでは注記が割愛されている。

46) Caroli Magni Capitulare ecclesiasticum, c. 2, S. 119 (= Bibliotheca, S. 983); Caroli Magni Capitulare generale, c. 1, S. 134 (= Bibliotheca, S. 990).

47) Conc. Moguntinense, c. 5, MGH Conc. 2, 1, S. 261; Conc. Arelatense, c. 12, MGH Conc. 2, 1, S. 251f.; Conc. Cabillonense c. 20, MGH Conc. 2, 1, S. 277; Conc. Turonense c. 32, MGH Conc. 2, 1, S. 290.

48) この年代推定は，K. シュミットによるものである。K. Schmid, Zur historischen Bestimmung des ältesten Eintrags im St. Galler Verbrüderbuch, in: Ders., Gebetsgedenken und adeliges Selbstverständnis im Mittelalter. Ausgewählte Beiträge, Sigmaringen 1983, S. 481-513 による。だが，他の意見もある。すでに，D. ゴイエニヒは，ザンクト・ガレン修道院の祈祷兄弟団盟約書は，812年に死亡した修道院長ヴェルドの時代に書かれたものと推定している。D. Geuenich, Die Sankt Galler Gebetsverbrüderungen, in: Die Kultur der Abtei Sankt Gallen, hg. von Werner Vogler, Zürich 1990, S. 30 ［邦訳：ヴェルナー・フォーグラー編，阿部謹也訳，『修道院の中のヨーロッパ―ザンクト・ガレン修道院にみる』朝日新聞社，1994年，23頁］。

49) Fried, Elite und Ideologie, S. 80.

50) Ganshof, Last period.

を完全に否定する[51]。カール大帝の治世の晩年には，王国の分裂の兆候がみえ，それゆえ，こうした教会会議を開催することで，危機に瀕した王国の統治体制を維持しようとしたのだというのが，ガンスホフの「国家危機説」である。それに対して，フリートは，大帝が晩年に国内の不和を心配したのは，後継問題を含めて，自分の死後のフランク王国の行く末を案じていたからにすぎないと主張する。このようなフリートの見解は，おそらく妥当なものだろう[52]。

813年の一連の教会会議は，晩年のカール大帝が抱いた理想的な国家像を示す資料としても利用することが可能だろう。ここでは，個々の条項の詳細な分析を行うのではなく，とくにそれぞれの教会会議の序文に注意を払いながら，これらの教会会議から見えてくる国家像を考えてみたい。

まず，指摘すべきは，この教会会議の基本的性格が王国会議に著しく接近していたということである。このことは，次の二点から明らかにすることができる。

第一に，それぞれの教会会議の主宰者が皇帝の「使者」(missi) と呼ばれている，二つの決議録があることである。それは，アルル教会会議とマインツ教会会議の場合である。アルル教会会議を主宰したのは，アルル大司教ヨハネスとナルボンヌ大司教ニブリディウスであったが，彼らは，*venerabiles missi glorisissimi ac piissimi domni nostri* と呼ばれている[53]。同様に，マインツ教会会議でも，主宰者であったケルン大司教（宮廷礼拝

---

51) Fried, Elite und Ideologie, S. 75; vgl. Hartmann, Synoden, S. 128 mit Anm. 2. ハルトマンは次のように述べている。「ガンスホフは，カールがいっそう改革に力を注いでいることから，王国と教会が改革を必要としていたという結論を導き出した。私の考えでは，これは誤った結論である。変化と改革の試みは，衰徴と解体の証拠ではなく，新しい活動の証拠として評価しなくてはならない」。

52) ただし，カール大帝の最晩年の頃のデーン人の活動は，フランク宮廷にとって，かなり深刻な問題であったように思われる。例によって，『王国年代記』は，デーン人の侵入とその首領であるゴトフリートについては，淡々と記しているだけである。しかし，アインハルトは『カール大帝伝』（第14章）の中で，もし暗殺されなければ，ゴトフリートがアーヘンに大軍を率いて攻め上ったかもしれないと述べている。彼は，ゴトフリートが「もう少ししたら，王宮のあるアーヘンに，大軍を率いて到着するであろう」と豪語していた，という話を伝えている。もし，こうした話がアーヘンの宮廷で当時広まっていたとすると，デーン人の動きに宮廷がかなり神経を尖らせ，また，宮廷がかなり危機感を抱いていたことが想像されるだろう。

53) Conc. Arelatense, Conc. 2, 1, S. 249.

堂司祭長）ヒルデバルト，マインツ大司教リクルフ，ザルツブルク大司教アルン，ヴォルムス司教ベルンハリウスが，*missi vestri* と呼ばれている[54]。おそらく，ここでの *missi* の意味は，国王巡察使という意味ではない。皇帝の命を受けて全権を委ねられた者という意味であろう。彼らはまさに大帝の命令にしたがって，教会会議を開催した。この二つの教会会議で，主宰者が *missi* と呼ばれていることは，この会議が王国統治の一環として開催されたことをはっきりと示している。

第二に，この教会会議には，俗人も参加していたことがマインツ教会会議の決議録からわかることである。会議の進行をもっとも詳しく伝える，この決議録の序文で，この教会会議には，聖職者だけではなく，俗人も参加していたことが知られる[55]。第一部会は，書記を伴った司教たちの部会である。聖書，教父著作，グレゴリウス大教皇の『司牧の書』，教会法などを参照して，議論を進めた。第二部会は，修道院長たちと許可された修道士たちの部会である。聖ベネディクト戒律を読み，改善点を話し合った。そして，第三部会は，伯や裁判官（*judices*）によって構成される。世俗法（*mundani leges*）をもとに，裁判のあり方を検討した[56]。この描写は，すでに述べた802年の教会会議の様子を連想させる。もし，このような形で会議が進められたとすれば，これは，教会会議というよりも，むしろ，主に教会や宗教の問題を扱った王国会議というべきものであったといえるだろう。すでに指摘したように，この時代には，用語のうえでは，王国会議と教会会議は明確に区別されていなかった。皇帝と宮廷は，地域レベルでこのような会議を開催することで，中央の意思を伝え，彼らの考えを地方にも浸透させることを望んだのである。他の四箇所の教会会議の序文には，こうした記述はないが，俗人に関する規定も盛り込まれていることを考えるならば[57]，他の教会会議でも，少なくとも少数の俗人が参加した可

---

54) Conc, Moguntinense, Conc. 2, 1, S. 259.
55) Conc. Moguntinense, Pref. S. 259: *Incipientes igitur in nomine Domini communi consensu et voluntate tractare pariter de statu verae religionis ac de utilitate et profectu Christiane plebis, convenit in nobis de nostro communi collegio clericorum seu laicorum tres facere turmas, sicut et fecimus.*
56) Conc. Moguntinense, Pref. S. 259f. Vgl. Hartmann, Synoden, S. 131.
57) Hartmann, Synoden, S. 138-140.

能性もあるだろう。
　このように，これらの教会会議は，いわば，主に教会の問題を扱う王国会議として，カール大帝の直接の統治下にある地域で開催されたわけである。
　それでは，この教会会議では，国家はどのように理解されていたのだろうか。各教会会議の序文を比較検討しておくことにしよう。
　まず，もっとも詳細な序文が伝承されているマインツ教会会議の決議の序文では，カール大帝は，*gloriossimus et christianissimus imperator, Karolus Augustus, verae religionis rector ac defensor sanctae Dei ecclesiae* と呼ばれている。ここでは，会議の目的は，「真の信仰のあるべき姿」（*status verae religionis*）と「キリスト教徒の利益と前進」（*utilitas et profectus Christianae plebis*）であると述べられている。だから，この会議の序文では，「王国」についての言及も，「帝国」についての言及もない。ただし，すでに述べたように，この会議の主宰者たちは *missi* と呼ばれ，また，この会議が皇帝カールの命令で開催されたことは明示されており，この会議が「帝国」行政，「王国」行政の一環として開催されたことは，はっきりしている。
　アルル教会会議は，*serenissimus ac religiosissimus praedictus domnus noster Karolus imperator*[58] の命令で開かれたと述べられている。この会議の序文では，「自分に託された王国の統治」（*comissa sibi regni gubernacula*）[59] という表現がみえる。
　ランス教会会議では，カールの肩書は，*domnus Karolus pissimus Casar* である。また，この教会会議が「かつての皇帝たちの先例にしたがって」（*more priscorum imperatorum*）開催されたものであることが述べられている。さらに，この会議の目的は，「聖なる御名の賛美と栄光のために，先に述べた偉大なるわが陛下のために，さらには，全キリスト教帝国の改善（*correctio*）のために」であったことが書かれている[60]。
　シャロン教会会議の序文では，大帝の呼称は，*serenissimus atque incli-*

---

58) Conc. Arelatense, S. 248; vgl. S. 249, Z. 4f.
59) Conc. Arelatense, S. 248, Z. 24.
60) Conc. Remense, S. 254.

tus augustus Karolus である[61]。この決議録の序文は，伝承されている限り，きわめて短く，ただ単に改善が必要と思われることが議論され，決議されたと述べているだけで，序文には「帝国」や「王国」という表現も，「教会」という表現もない。

一方，トゥール教会会議の決議録の序文も短い。しかし，ここでは「帝国」という表現も，「王国」という表現も登場する。まず，ここで議論されるのは，「神によって陛下に授けられた帝国の」(*ipsius imperii sibi a Deo dati*) 事柄であると述べられている。また，「神の寛大さによって陛下に委ねられた王国で」(*in regno sibi divina largitate collato*) という表現もみえる[62]。つまり，『王国分割令』と同じように，大帝の支配領域は，「帝国」とも「王国」とも呼ばれているわけである。それに対して，聖職者たちは，「教会を指導する」(*eclesiae gubernacula tenentes*) 者たちであると表現されている[63]。この教会会議の決議録では，「帝国」と「王国」はほとんど同義語として用いられているが，「教会」が別のことを意味しているのは明らかである。フランク王国ないしはフランク帝国が「教会」とみなされていたわけではけっしてない。「教会」は，「王国」や「帝国」とは次元の異なる概念であった。

しかし，大帝はフランク王国もキリスト教共同体の一部であることを強く意識していた。彼は，キリスト教徒であることを臣民たちに改めて徹底しようと欲した[64]。そして，宮廷と臣民たちの間に介在する聖職者たちの果たすべき役割がいかに大きいかを，聖職者たちに理解させようとしたのである。王位および帝位の継承問題を解決した大帝は，同時に，今一度，この国家の基礎が宗教にあることを示そうとした。これは，大帝の残した

---

61) Conc. Cabillonense, S. 274, Z. 9f.; vgl. Z. 34f.: *domnus Karolus, vir singularis mansuetudinis, fortitudinis, prudentiae, iusticiae et temperantiae, ...*
62) Conc. Turonense, S. 286.
63) A. a. O.
64) 813年に作成されたものと推定されている，二つの勅令が伝承されている（Nr. 83: Capitula missorum; Nr. 84. Capitula vel missorum vel synodalia）。どちらの勅令においても，簡潔に教会に関わる規律が書かれている。これらの勅令の作成事情に関しては，議論があろう。しかし，国王巡察使に与えられた簡潔な指示書である可能性がある。このような推測が正しければ，カール大帝は，この一連の教会会議の決議をもとに，あらためて，教会と信仰のあるべき姿を模索し，その結果を人々に徹底させようとしたように思われるのである。

最後のメッセージであった[65]。

65) カール大帝は，晩年，とくに813年に，教会関係以外の条項も含む多くの勅令を公布した可能性がある。モルデクは大帝の晩年の立法活動がまだ充分研究されていないことを指摘しているが，おそらく，そうした研究により，最晩年の大帝がなお精力的に国家運営に尽力したことが明らかにされるだろう。Mordek, Studien, S. 98 mit Anm. 90.

結　　論

　カール大帝時代に，フランク王国は最大領土に達した。カールはイタリアのランゴバルト王国を滅ぼし，バイエルンを併合し，ザクセンを長期にわたる戦役ののち，服属させることに成功した。東部辺境ではドナウ川の流域のアヴァール人をも破り，その一方，西部辺境ではピレネー山脈を越え，イベリア半島に侵入し，イスラーム教徒と戦い，スペイン辺境伯領を設置した。このように，フランク王国は，カール大帝の時代に大帝国となった。とくに，イタリア問題への積極的な介入とイタリア支配の開始は，フランク宮廷に新しい「国家」像の構築をせまることになった。
　フランク王権にとって，イタリアは独自の高度な文化と伝統をもつ世界であり，フランク王国への急速な統合は不可能であると思われた。それゆえ，バイエルン，ザクセンなどとは異なり，フランク王権はイタリアには最初から半独立的な地位を用意し，カールは，「フランク人の王にして，ランゴバルト人の王」と称することになった。イタリア支配の開始により，ローマ教皇座を支配下に置くようになったことは，フランク王権とローマ教皇座がさらに深い関係で結ばれたことを意味した。ただし，これは，フランク王権が一方的にローマ教皇座を自分の思うとおりに動かせるようになったことを意味しない。宗教的な中心であることを自認するローマ教皇座のイデオロギー的磁力は強力であり，それに対して，フランク王権は，理論的に対抗する手段を持っていなかった。ローマは，ペトロの後継者であるという立場から，一貫してフランクの軍事力を利用し，ローマを中心とするキリスト教世界を確立しようと試みた。フランクによるイタリア支配の確立は，フランク王国とビザンツ帝国が直接の隣人になったことを意味した。アーヘンの王宮の造営にみることができるように，すでに，780年代後半には，フランク宮廷は，かなりビザンツ帝国を意識するようにな

っていたと思われる。

　カールとその宮廷は，アルクインなどの外国生まれの聖職者の思想的な影響下に，789年になると，新しい独自の国家理念を基本方針に定めた。その基本方針を定めたものが，『一般訓令』である。この文書は，フランク宮廷の，いわば「教化のプロジェクト」を表明したものである。王権は，フランク王国に宗教共同体としての色彩を与え，臣民たちがキリスト教徒であることを徹底して教えこもうとした。こうして，教化もまた，国家の重要な任務となった。宮廷は，旧約聖書をモデルとして，王国民をトータルに把握しようと試みた。「教化のプロジェクト」は，従来以上に，人々に「キリスト教徒」としてのアイデンティティを与え，これにより，王国内の多様な法・慣習・言語間の差異を後景に退かせようという試みであったともいえる。いわば，多様な人々の意識の上層に「キリスト教徒」という薄い膜を張り，この膜を通じて，国王が統治するというプログラムであった。

　しかし，フランク宮廷にとって，「王国」を宗教共同体と理解し，教化を推し進めていくプログラムは，唯一の統治計画ではなかった。カールの宮廷の主要メンバーが全員聖職者ではなかったことも忘れてはならない。ときには，軍指揮者として辺境地帯に派遣される宮廷官職保持者もまた，宮廷の重要な構成メンバーであった。『一般訓令』が出された789年に，カールは王国内の全自由人男子に，自分に対する誠実宣誓を課したが，これは，おそらく，こうした俗人の宮廷高官の発案であろう。

　フランク宮廷は，ビザンツの聖画像論争に関わることで，ビザンツとの対抗関係を先鋭化していった。790年ごろに作成されたと思われる『カールの書』は，ビザンツとの対抗関係の先鋭化を示す記念碑である。カールは，この書物の中で，異教徒の改宗，信仰の統一性，ローマ教皇との親密な関係を強調しつつ，自分がすでに，イスパニアとブリタニアを除けば，かつての西ローマ帝国全域を支配していると述べ，「東のローマ帝国」であるビザンツ帝国との対抗意識を露わにする。だが，『カールの書』が結局，公表されなかったこと自体，フランク王権の政治理論上の立場の弱さを示唆する。『カールの書』の内容に，ローマ教皇は強い難色を示した。これに対して，カールはローマ教皇の主張を無視することなく，むしろ，妥協する道を選択するのである。

「帝国」問題が浮上するのは，796年に就任した新しい教皇レオ3世が，政争に巻き込まれ，パーダーボルンのカールに助けを求めてきてからのことである。たしかに，その少し前から，アルクインは「キリスト教帝国」の表現を時々用いており，「帝国」という言葉は，以前に比べれば，宮廷でも馴染み深い言葉になっていたように思われるが，アルクインの表現の中には，カールが実際に皇帝になるという意味は一切含まれていない。レオの提案があってはじめて，皇帝戴冠問題が検討課題となったのである。

フランク宮廷は，ローマ教皇の提案をただちに受け入れたわけではなかった。宮廷の人々は，アルクインを通じて，「帝国」概念に以前よりは馴染むようになっていたとはいえ，この提案を直ちに受け入れるだけの政治思想はフランク王国には育ってはいなかった。ただし，正統な教義を守ろうとはせず，異端的な教えに固執するビザンツの君主が皇帝と称しているのであれば，現実に広大な領土を有し，正統信仰の擁護と拡大のために邁進するフランク国王カールこそが，むしろ皇帝にふさわしいのではないか，という感覚はあったかもしれない。そして，結局は，フランク宮廷の政治的判断は，このような感覚に沿うものであったのである。800年のクリスマスに，ローマでカールの皇帝戴冠式が挙行されたが，カールの皇帝戴冠には，フランク宮廷とローマ教皇の「異夢」が重なっていた。ローマ教皇座は，これにより，ローマが単なる宗教上の中心だけでなく，政治上の中心ともなることを期待した。また，この「帝国」において，教皇が重要な役割を果たすことを願っていた。しかし，フランク宮廷は，必要以上に大きな役割をローマ教皇に認めることを最初から警戒していた。

両者の思惑が一致したところにはじめて，カールの皇帝戴冠は実現した。だが，「皇帝」と「帝国」が実際どのような意味をもっているのかは，当事者にとっても，はっきりとはしなかった。フランクの立場と教皇座の立場は同じではなかった。はたして，フランク王国は「ローマ帝国」になったのだろうか。これが，いかにフランク宮廷を悩ます問題となったかを，801年から802年にかけての様々な史料が示唆する。宮廷は，単純にフランク王国を「帝国」に作り変えようとはしなかった。新たに誕生した「帝国」の性格は，あまりにも微妙なものであり，結局のところ，フランク王国では「帝国」は，新しい統治プログラムとはならなかった。

802年に，膨張主義を放棄したカール大帝と宮廷は統治改革に踏み出し

た。789年をカール大帝の治世の第一の転換期と呼ぶなら，802年は第二の転換期である。宮廷は従来の統治方法の欠点を自覚し，国王の義務である平和と正義の実現のために，国王巡察使制度を改革し，地方への統制を強め，「貧しい者たち」(*pauperes*)に対する保護義務を「強い者たち」(*potentes*)に思い起こさせようとした。宮廷は，多くの文書を作成し，国王巡察使に指示した。このようなことが可能になったのは，宮廷主導の「カロリング・ルネサンス」によって，聖職者であるのか俗人貴族であるのかにかかわらず，文字文化がエリート層に浸透しつつあったからである。この802年の改革では，宗教共同体モデルは，それほど全面には現れていない。もちろん，宮廷が『一般訓令』で打ち出した宗教共同体モデルを放棄してしまったわけではない。むしろ，焦点が理念から具体的な法整備へと移ったというべきだろう。しかし，802年の『一般勅令』には，単に宮廷が宗教共同体のみに固執していなかったことを示す多様な条項が含まれている。このことは特にこの勅令の第2条から第9条にかけての条項から明らかになる。ここでは，フランク宮廷が，「王国」を宣誓共同体としても理解していたことを如実に示している。さらにまた，宮廷は法治国家としての内実をこの「国家」に与えようと努力した。「法」(*lex*)はこの勅令のキーワードのひとつである。法典附加勅令と部族法典の成文化も，おそらく，このような文脈の中に位置づけることができるだろう。

　カール大帝は806年に政治的遺言状というべき『王国分割令』を公布したが，それは概ね伝統的な王位継承原則に沿った内容のものであった。ビザンツとの関係が不透明な状況の中で，彼は皇位継承問題に関して態度を表明することを避け，自分の死後，フランク王国が三人の王子たちの間で分割されることを定めた。三人の王子の立場は基本的には同等であった。おそらく，大帝がこのような文書を定めたのは，カール青年王に嗣子がなく，自分の死後，たちまち，相続争いが生じることをおそれたからであったと思われる。このような伝統的な王位継承原則の採用は，フランク宮廷内の少なくとも主流派が，国内外の環境の大きな変化にもかかわらず，依然として，伝統的な価値観に執着していたことを示している。

　この『王国分割令』で示された王位継承計画は，810年のイタリア王ピピンの死，811年のカール青年王の死去により，意味を失った。最晩年のカール大帝は，813年に二つの重要な政治的決断を下した。すなわち，唯

一生き残っている王子ルイを共治皇帝とするために，アーヘンで皇帝戴冠式を挙行するとともに，この年に大規模な教会会議を開催させたのである。これは，大帝のいわば最後の「政治的遺言状」であった。

　810年から813年にかけて，ビザンツ帝国との関係は急速に改善した。ビザンツ皇帝ミカエル１世は812年に使節をアーヘンに派遣し，フランクとビザンツの間で和平条約が締結された。フランク側はもともと，自分たちの「帝国」が「ローマ帝国」の後継国家であるとは考えていなかった。カールの帝位が承認され，ビザンツ皇帝との同等性が確認できれば充分であった。813年のルイの皇帝戴冠式は，このようなビザンツとの外交関係の進展があってはじめて実現した。大帝はともかくも，帝位が継承されるべき称号であることを内外に示した。大帝と宮廷は，ルイの皇帝戴冠式をローマではなく，アーヘンで挙行し，これによって，ビザンツによって承認された西方皇帝権がローマ教皇の介在を必要としない，すなわち，「コンスタンティヌスの定め」の政治理論に依拠しない皇帝権であることを表明した。フランク宮廷が依然として「ローマ帝国」を国家モデルとしていなかったことは，大帝がイタリア王ピピンの遺児ベルンハルトにイタリア王位を継承させたことにも示されている。宮廷の主流派が考える「帝国」とは，ビザンツと同等の，フランク流に解釈された巨大な国家に他ならなかったのである。

　カール大帝のもうひとつの「政治的遺言状」は，フランク王国の五か所で開催された教会会議である。このような形で教会会議が開催されたことは，フランク王国では一度もない。大帝は，フランク王国も（帝国と呼んでもいいが）キリスト教共同体の一部であり，臣民たちがキリスト教徒に他ならないことを示すとともに，宮廷と臣民たちの間に介在する聖職者たちの果たすべき役割の大きさを，聖職者たちに理解させようとしたのである。王位と帝位の継承問題について決断を下した大帝は，同時に，今一度，この国家の基礎が宗教にあることを示そうとした。

　フランク王国は膨張を基礎に置いた国家であり，膨張が不可能なときは，分国間の紛争が，貴族たちの野心を満足させていた。それにもかかわらず，フランク王国が解体しなかったのは，すでに強固な王朝的神話力が生じ，指導者層の間に，フランク王国への帰属意識が育っていたためである。フランク人のトロイア出自神話も，こうした帰属意識の発展と関連するだろ

う。しかし，残された史料から判断する限り，宮廷がこの伝承を積極的に活用しようとしたことは認められない。むしろ，国家統合を強める働きをもったのは宗教である。ボニファティウスの教会改革やローマ教皇座との接触により，フランク宮廷内には，以前にもまして，宗教的なメッセージが日常化される傾向にあった。とくに，ローマ教皇は困難な状況の打開をはかるために，彼らの世界観にもとづいて，フランク王権の積極的な行動を促そうとした。しかし，こうした努力にもかかわらず，フランク王権の姿勢は終始慎重であったし，フランク王国の国家理念に強力な宗教的な色彩を与えようとはしなかった。

カールは，旧約聖書の宗教国家をモデルにして「教化のプロジェクト」を立案し，フランク王国の臣民にキリスト教徒としての自覚を与え，共同体の構成員たちに共通の倫理や価値観を与えようと試みたが，宮廷がつねに「教化のプロジェクト」に固執していなかったことにも注意しなければならない。それは共同体全体の方向性を示した一つの方法であったが，唯一の方法であったわけではない。宮廷は，当時の社会で広がりつつあった宣誓という手段を用いて，王国の構成員を王権の意思に服属させようとも試みた。あるいは，また，文字文化の上層階層への浸透を背景に，勅令という手段を用いて，支配者のメッセージを隅々まで行き渡らせようと試みた。もちろん，この試みが完全に成功を収めたということはできない。しかし，宮廷が複数の手段を用いて，国家を維持しようと試みたことは忘れてはならない。

ルイ敬虔帝は，父カール大帝の基本理念をどのように受け継いだのであろうか[1]。ルイは基本的には晩年の父の政策を踏襲しようとしたように思われる。814年の大帝の死後，ルイはアーヘンの宮廷に入り，単独皇帝となったが，すぐさま，19歳の長子ロタールをバイエルン王に，そして17歳の次子ピピンをアキタニア王にした。しかし，この三年後には，有名な『帝国計画令』(Ordinatio imperii) を発令し，ロタールを共治皇帝

---

1) ルイ敬虔帝については，Godman/Collins (Hg.), Charlemagne's Heir と E. Boshof, Ludwig der Fromme, Darmstadt 1996 が基本文献である。また，この論集については，ドゥブリューの書評を参照。Ph. Depreux, Louis le Pieux reconsidéré? À propos des travaux récents consacrés à „l'héritier de Charlemagne" et à son règne, Francia 21 (1994), S. 181-212.

（*consors et successor imperii*）とする決定を下し，他の二人の王子，ピピンとルートヴィヒにそれぞれ，アキタニア周辺地域とバイエルン周辺地域を分国として与えることを定めた[2]。この有名な勅令には多くの研究があり，ここでは細かいことは検討しない[3]。ただ，この文書において，「帝国」（*imperium*），「王国」（*regnum*），「教会」（*ecclesia*）が，それぞれ異なる意味をもって用いられていることに注目しておきたい。まず，「帝国」は，フランクの政治共同体全体を指し示す[4]。一方で，「王国」は「帝国」と同じように，政治共同体全体を表すとととに，分国も表現する（たとえば，「イタリア王国」（*regnum Italiae*）[5]。また，「教会」と「帝国」は異なる概念である。それは，たとえば，「すべての人々の救済と教会の安定と帝国の統一性のために」という表現に明らかである[6]。フランク王国は表面上，「帝国」でもあった。しかし，伝統的な王国分割慣行は存続し，また，宗教共同体を表現する「教会」と，国家を意味する「王国」ないしは「帝国」は，完全には一致しなかった。

ルイ敬虔帝は，825年にカール大帝の『一般訓令』に比すべき『王国のすべての身分への訓令』を公布した[7]。この文書では，「帝国」という言葉は二ヶ所で登場するだけであるのに対して，「王国」は，八ヶ所で用いられている。自分たちの国家を「帝国」と捉えることが，必ずしも定着していなかったことを示すものだろう[8]。この訓論のなかで，ルイは王としての職務を神から授けられたことを述べたうえで，すべての者に身分に応じ

---

2) MGH Cap. 1, Nr. 136, S. 270-273.

3) 主要な参考文献に以下のものがある。Faulhaber, Reichseinheitsgedanke, S. 24-35; Schlesinger, Karlingische Königswahlen, S. 97-102; Ganshof, Some Observations; Boshof, Einheitsidee; Kasten, Königssöhne und Königsherrschaft, S. 168-182. 日置雅子「ルードヴィヒ敬虔帝の「帝国整備令（817年）」（１），（２）」。

4) c. 1, S. 270, Z. 34: *propter ... totius imperii nostri utilitates pertractandas*; Z. 39: *unitas imperii*; S. 271, Z. 7: *consortem et successorem imperii*; Z. 12: *propter utilitatem imperii*; Z. 17: *salva in omnibus nostra imperiali potestate*.

5) S. 273, Z. 11.

6) S. 273, Z. 16f.: *propter omnium salutem et ecclesiae tranquillitatem et imperii unitatem*; vgl. *propter ecclesiasticas vel totius imperii nostri utilitates pertractandas ...*

7) MGH Cap. 1, Nr. 150. この勅令については，Mayer, Staatsauffassung, S. 174f.; Guillot, Une ordination méconnue および Kasten, Königssöhne und Königsherrschaft, S. 183-185；拙稿「「王国」・「教会」・「帝国」」19-21頁参照。

8) 拙稿「「王国」・「教会」・「帝国」」15頁以下。

て，君主の職務（*ministerium*）の遂行に関与するように求めた。この訓諭で展開される「職務イデオロギー」[9]は，父カールの時代にはみられないものである。こうして，ルイもまた，フランク王国という国家のあり方について独自の模索を行っているのである[10]。しかし，この「職務イデオロギー」も国家秩序の安定には寄与しなかった。その後の父子戦争，兄弟戦争を経て，840年のフォントノワ条約，843年のヴェルダン条約にいたる経緯については，もはや述べる必要はないだろう。カール大帝のフランク王国はゆるやかに解体の方向に向かい，やがては，もともと，独立性を保持し続けていたイタリアだけでなく，残りの地域に関しても，次第に二つに分裂していく。それぞれの領域は別個の国家，すなわち「フランス」と「ドイツ」へと発展していくのである[11]。このような帰結を生み出した要因は，すでにカール大帝期にみられるといわなければならない。

---

9) Kasten, Königssöhne und Königsherrschaft, S. 178.
10) ルイ敬虔帝は，全臣民に誠実宣誓を課すという父の方法を継承しない一方で，直接の臣下の者たちに対しては，誠実宣誓を要求した。Die Kapitulariensammlung des Ansegis 2. 1-26 (MGH Cap. N.) hg. von G. Schmitz, S. 517-545, bes. S. 526: *Proinde monemus vestram fidelitatem, ut memores sitis fidei nobis promissae et in parte ministerii nostril vobis commissi ...* これは，伯に対する誠実宣誓を表す史料であるが，司教たちも誠実宣誓を行ったことが別の史料からわかる。MGH Conc. 2, 2, Nr. 56 A, c. 12, S. 710. B. カステンは，こうした宣誓が封建制度の宣誓とは関係なく，一種の服務宣誓（Amtseid）であることに注目している（Kasten, Königssöhne und Königsherrschaft, S. 184）。少なくとも，ルイ敬虔帝期までは，フランク宮廷は，封建制度を国家秩序の維持のために積極的に活用しなかったように思われる。
11) 「フランス」と「ドイツ」の分離過程については，さしあたり，Brühl, Deutschland-Frankreich; ders., Geburt zweier Völker 参照。

付録 1

カール大帝期の宮廷要人一覧[1]

───────

1　王の血縁者

ADALHARD（アダルハルト）

ピピン3世の兄弟，ベルンハルトの息子。彼の伝記を著したパスカシウス・ラドベルトゥスによれば，後のカール大帝と一緒に養育された（MGH SS 2, S. 525）。771年から，コルビー修道院の修道士。780年頃，同修道院の院長に就任。781年にイタリア王になったピピンの摂政に任ぜられる。802年頃には，おそらくイタリアを離れる。アントニウスの渾名で宮廷サークルに属し，アルクインやパウルス・ディアコヌスと交流をもつ。809年のアーヘン教会会議に参加。同年，ローマ教皇レオ3世に特使として派遣される（ARF a. 809, S. 129）。イタリア王ピピンの遺児ベルンハルトがカール大帝によってイタリア王に任ぜられると，再び摂政となり，イタリア統治の責任を負った。『宮廷について』を叙述。カール大帝の死後，ルイ敬虔帝の不興を買い，追放処分。821年に恩赦。826年没。LM Bd. 1, Sp. 105; Depreux, Prosopographie, Nr. 8; Kasten, Adalhard von Corbie.

THEODERICHUS（テウデリヒ）

肩書としては，伯（*comes*）。782年にスラヴ遠征の指揮官のひとりとして参加（AQE a. 782）。

793年のザクセン人との戦いでも指揮をとるが，惨敗を喫す（AQE a. 793）。Hlawitschka の推定によれば，彼はピピン2世（カール大帝の曽祖父にあた

───────

[1]　宮廷に関連したすべての人物を記載しているわけではない。ルイ敬虔帝期の宮廷に関する人物をとりあげた Depreux, Prosopographie のような完全な人物事典の作成が目的ではない。あくまでも，カールの宮廷に関連する主だった人々の主要情報を収集し，宮廷のイメージをつかむための基礎資料として作成したものである。宮廷官職保持者と宮廷礼拝堂司祭長については，それぞれ，在職年代が古い人物から順に記載した。その他の場合については，アルファベット順である。

る）の妻プレクトゥルーデの姉妹 Chrodelind の血筋を引いている。Hlawitschka, Vorfahren, S. 76f. Vgl. Bullough, Shaping of the Early Carolingian Court, S. 88.

WALA（ヴァラ）

アダルハルトの兄弟。772年から780年の間に生まれる。アダルハルトと同じように，後のカール大帝と一緒に育てられた。カールの治世の後半には，宮廷で大きな影響力を行使したものと思われる。アボドリット人に対して軍指揮官として活躍。811年には，デーン人との和平交渉に参加（ARF a. 811, S. 134）。パスカシウス・ラドベルトゥスは，彼を，*echonomus totius domus* であったと述べている（Epitaphium Arsenii I, 6, S. 28）。H. ケラーは，この記述をもとに，ヴァラは納戸役（*camerarius*）であったと推定している。Keller, Zur Struktur der Königsherrschaft, S. 128. *echonomus* という表現から，たしかに会計を掌っていたのではないかと想像されるだろう。しかし，Niermeyer, Mediae latinitatis lexicon minus, S. 365 の指摘によれば，ザンクト・ガレンのエッケハルト4世の叙述には，*mensae regiae et victualium yconomis* という表現がある（MGH SS 2, S. 113）。

これはもちろんカール大帝期よりも後代の史料だが，この史料にしたがえば，*echonomus* という表現からは，内膳役であったことを推定することができる。ただし，そう考えてしまうと，問題が生じる。というのは，811年のカール大帝の私的遺言書の「伯」（*comites*）の中にヴァラがあげられているが，そのリストには内膳役 AUDULFUS が含まれているからである。そう考えると，ヴァラが納戸役となっていた可能性も排除されないように思われる。

812年には，ヴァラはイスラム勢力との戦いのためにイタリアに派遣された。そして，カール大帝の死後，コルビー修道院に入った。822年のルイ敬虔帝の悔悛以後，再び，宮廷に復帰。836年没。Weinrich, Wala; Depreux, Prosopographie, Nr. 269.

2　宮廷官職保持者

1）宮中伯（*comes palatii*）

ANSELMS（アンセルムス）

彼の名は，775年のサン・ドニ修道院とパリ司教の間の紛争を扱った国王証書にみえる（DK Nr. 102）。また，同年に発給されたと思われる別の証書にも宮中伯として，名前が記載されている（DK Nr. 110）。777年，サン・ドニ修道院長フルラートの遺言書にも署名（NA32 (1906), S. 210; ChLA 622, 623, 624 H）。フルラートとの親密な関係を推定させる。778年にロンスヴォーで戦死（Einhard, Vita Karoli, c. 9）。Hennebicque-Le Jan, Prosopographica, Nr. 34.

WORAD（ヴォラート）

781年の証書に初出（DK Nr. 138）。その他の証書として，DK Nr. 148（782年？）。782年にスラヴへ軍を率いる（AQE a. 782）。

ADALHARD（アダルハルト）

彼の名は，『ルマン勅令』（MGH Cap. 1, Nr. 31, S. 82）においてのみ，登場する。この勅令は，800年に公布されたと考えられている。

HELMGAUDUS（ヘルムガウドゥス）

799年，ローマまでレオ3世に随行（LP2, S. 6）。802年には，コンスタンティープルに特使として赴く（ARF a. 802, S. 117）。さらに，808年にもローマに派遣されたようである。これらの記述では，彼の肩書は，ただ *comes* と書かれているにすぎない。しかし，テオドゥルフの追悼詩（MGH Poeta, S. 532）に，*Namque palatina fuit hic praefectus in aula* とあり，この記述が，彼を *comes palatii* であったとみなす根拠になっている（Meyer, Pfalzgrafen, S. 463）。だが，ただの伯にすぎなかったという意見もある（Fleckenstein, Karl der Große und sein Hof, S. 51 mit Anm. 132）。彼は，おそらく，モーを拠点とする貴族の家柄の出身であった。Vgl. Abel/Simson, Jahrbücher, Bd. 2, S. 187; Hennebique-Le Jan, Prosopographica, Nr. 152.

AMALRICUS（アマルリクス）

812年にアーヘンで発給された国王証書だけに，彼の名がみえる（DK Nr. 216）。Vgl. Meyer, Pfalzgrafen, S. 459.

2） 内膳役（*senescarius, regia mensae praepositus*）

EGGIHARDUS（エッギハルドゥス）

778年にロンスヴォーで戦死（Einhard, Vita Karoli, c. 9）。MGH Poeta, S. 109f. に彼の追悼詩がある。それによれば，彼の名は父の名と同じであり，若くして戦死した。

AUDULFUS（アウドゥルフス）

786年，ブルターニュ戦役に参加（ARF a. 786, S. 72）。宮廷サークルの詩では，Menalcas という綽名で登場。Abel/Simson, Jahrbücher, Bd. 2, S. 326. Taubargau の伯でもあったように思われる。Vgl. Werner, Adelsfamilien, S. 137. 805年の対スラヴ戦役においては，Werinarius とともに，バイエルン軍を指揮（Chronicon Moissiacense, S. 307: *...alium exercitum cum Adulfo et Werinario, id est cum Baioariis*）。Abel/Simson, Jahrbücher, Bd. 2, S. 324f. また，805年の『ネイメーヘン勅令』にもその名がみえる。Cap. 1, Nr. 44, c. 7, S. 123. 811年のカール大帝の私的遺言状の Otulf は，おそらく同一人物である。Abel/Simson, Jahrbücher, Bd. 2, S. 453 mit Anm. 6.

3) 献酌役 (*buticularius, magister pincernarum*)
BENEDICTUS（アニャーヌのベネディクトゥス）
ルイ敬虔帝時代の有力な側近のひとり。751年頃に生まれた。彼の伝記を著したアルドによれば，彼の父は Maguelonne の伯であった。父は彼をピピン3世の宮廷に，教育のために送った（Ardo, Vita Benedicti, c. 1, MGH SS 15/1, S. 201)。やがて，献酌役に任命された。そして，おそらく，ピピンの死後は，カールの宮廷の献酌役になった。アルドの表現では，*pincernae sortitur offitium*（Ardo, Vita Benedicti, c. 22）。彼の年齢を考えると，献酌役といっても，その長ではなく，下僚であった可能性が高い。774年には，宮廷を去り，Saint-Seine 修道院の修道士となった。Depreux, Prosopographie, Nr. 43.

EBERHARD（エベルハルト）
781年に，助祭 Riculfh（宮廷礼拝堂のメンバー）とともに，使者としてバイエルン大公タシロのもとへ（ARF a. 781, S. 58）。

4) 厩役 (*comes stabuli*)
GEILO（ゲイロ）
782年に Adalgis, Worad とともに東方辺境に派遣され，戦死。AQE a. 782, S. 61.

BURCHARD（ブルクハルト）
大帝の命により，807年にコルシカ島へと艦隊を率いる。ARF a. 807, S. 124.

5) 納戸役 (*camerarius*)
ADALGIS（アダルギス）
782年，スラヴ人の反乱に対処するため，派遣される。AQE a. 782, S. 61.

MEGINFRID（メギンフリート）
791年，対アヴァール戦争では，軍指揮者として活躍。AQE a. 791, S. 89.
アルクインは796年の書簡で，彼を *regalis palatii arcarius*（MGH Ep. 4, Alcuin, Ep. Nr. 111, S. 159), *dispensator thesaurorum*（A. a. O, S. 161）と呼んでいる。Vgl. Alcuin, Ep. Nr. 149, S. 242（798年）。彼は，カール大帝の命令で，イタリア王ピピンが行ったベネヴェント遠征に従軍し，そこで没した。Alcuin, Ep. Nr. 211, S. 351（800-801年）。彼は宮廷の有力なメンバーであり，アルクインの親しい友人であった。宮廷サークルの人々の詩では，Thyrsis という名で登場する（Alcuin, Carmina Nr. 26, S. 246; Angilbert, Carmina Nr. 2, S. 362; Theodulf, Carmina, Nr. 25, S. 486）。Abel/Simson, Jahrbücher, Bd. 2, S. 221, 548. Hennebique-Le Jan, Prosopographica, Nr. 207.

EBERHARD（エベルハルト）

806年の国王証書で，*camerarius* と呼ばれている（DK Nr. 273）。献酌役に同名の人物がいるが，時期が違うので，別人と思われる。

3　宮廷礼拝堂司祭長

FULRAD（フルラート）
サン・ドニ修道院長。ピピンの時代の宮廷礼拝堂司祭長。ピピンの死後，サン・ドニ修道院がカールマンの分国に属したため，カールマンの宮廷礼拝堂司祭長となる（DK Nr. 43）。

しかし，カール大帝とも良好な関係は保っていたようだ（Vgl. DK Nr. 55）。771年のカールマンの死後，サンス大司教ヴィルカリウスとともに，いち早く，カールの陣営につく。そして，カールの宮廷の宮廷礼拝堂司祭長になる。784年没。Fleckenstein, Hofkapelle, S. 45ff. LM, Bd. 4, Sp. 1024.

ANGILRAM（アンギルラム）
768年にメッス司教。784年以降，宮廷礼拝堂司祭長。791年没。LM, Bd. 1, Sp. 635; Fleckenstein, S. 48f; O. G. Oexle, Die Karolinger und die Stadt des heiligen Arnulf, FMST 1 (1967), S. 293-301.

HILDEBALD（ヒルデバルト）
ケルン大司教。794年のフランクフルト教会会議では，宮廷礼拝堂司祭長として現れる。799年には，ローマに赴き，レオ襲撃事件の調査にあたる。LP 2, S. 6; Depreux, Prosopographie, Nr. 151.

4　宮廷礼拝堂のメンバー[2]

ANSEGIS（アンセギス）
Fontenelle 修道院で修道士になった後，宮廷に入った。そして，宮廷礼拝堂の一員になったものと思われる。807年以降，アーヘンの宮廷の *exactor operum regalium* に任命された（Gesta abbatum Fontanellensium, S. 50）。823年には，Fontenelle 修道院長になった。827年に，『勅令集』を編纂する。833年没。Fleckenstein, Hofkapelle, S. 66; Depreux, Prosopographie, Nr. 30.

ATTO（アットー）
フルラートとともに，ローマに派遣され，聖遺物の遷座を願う。助祭。CC

2）宮廷礼拝堂のメンバーかどうかは，史料上十分確認できない場合がほとんどであり，ここで挙げた人々については，大部分，Fleckenstein, Hofkapelle の推測にもとづいている。

Nr. 82.
CLEMENS（クレーメンス）
アイルランド人。宮廷学校の教師。宮廷礼拝堂のメンバーであると推定されている。Fleckenstein, Hofkapelle, S. 74; Depreux, Prosopographie, Nr. 66.

FARDULF（ファルドゥルフ）
ランゴバルト人であったが，ランゴバルト王国滅亡後，フランク宮廷入り。792年にイタリアの謀反を察知し，通報。おそらく，まず宮廷礼拝堂の一員となり，その後，サン・ドニ修道院長のポストを与えられた。Fleckenstein, Hofkapelle, S. 74 mit Anm. 220; Hauck, Kirchengeschichte, Bd. 2, S. 164f.

FRIDUGUS（フリドゥグス）
アルクインの弟子。カール大帝の宮廷サークルでは，Nathanael と呼ばれていた。おそらく，宮廷礼拝堂のメンバーであり，808年以降，アルクインの後継者として，トゥールのサン・マルタン修道院長となる。811年のカール大帝の遺言状に署名。

GERWARD（ゲルヴァルト）
宮廷図書室長（*bibliothecarius palatii*）。アーヘンの王宮の建設事業にも携わる。

Einhard, Translatio ss. Marcellini et Petri IV, 27, MGH SS 15, S. 268. Fleckenstein, Hofkapelle, S. 66; Depreux, Prosopographie, Nr. 116.

JESSE（イエッセ）
宮廷礼拝堂の助祭たちの統率者（Alcuin, Poeta, Nr. 26, S. 246）。799年には，レオ3世のローマへの帰還に随行（LP 2, S. 6）。802年から803年にかけて，コンスタンティノープルに特使として派遣される（ARF a. 802, S. 117; a. 803, S. 118）。のちにアミアン司教。Depreux, Prosopographie, S. 408-409.

JOSEPH（ヨセフ）
CC Nr. 82. 彼はアイルランド人で，アルクインの弟子だった。MGH Ep. 4, Alkuin, Nr. 8, S. 33; Fleckenstein, Hofkapelle, S. 59 mit Anm. 105.

RICHBOD（リヒボート）
アルクインの宮廷入り以前にすでに宮廷に滞在。おそらく，宮廷礼拝堂のメンバー。綽名は，Macharius。784年，ロルシュ修道院長に就任。791年にトリアー大司教。804年死亡。Fleckenstein, Hofkapelle, S. 72.

RICULF（リクルフ）
アルクインの宮廷入り以前から，宮廷で教育を受けはじめていたようである。アルクインの弟子のひとり。宮廷では，Flavius Damoetas と呼ばれていた。781年に，バイエルン大公タシロへの使者（ARF a. 781）。ザクセン戦争に随行し，また，フランクフルト教会会議では，重要な役割を演じたようである。マ

インツ大司教（787-813）。811年のカール大帝の遺言状の証人の一人。彼の死後，マインツ大司教になった Otgar の叔父。Fleckenstein, Hofkapelle, S. 72.

RORO（ロロ）
ハドリアヌス宛の書簡にその名がみえる。CC Nr. 80. Fleckenstein, Hofkapelle, S. 59.

WITBOLD（ヴィトボルト）
コンスタンティノープルへの使節を務める。(Gesta abbatum Fontanellensium, S. 46)

5 文書局長官[3]（cancellarius）

HITHERIUS（ヒテリウス）
768年から777年まで在任。ピピンの時代に，すでに *notarius* として登場。DK Nr. 55-DK Nr. 114. 775年からトゥールのサン・マルタン修道院長。DK Nr. 97; Fleckenstein, Hofkapelle, S. 76f.

RADO（ラド）
777年から799年まで在任。アラースの St.-Vaast 修道院長。DK Nr. 116-DK Nr. 188。

ERCAMBALD（エルカンバルト）
799年から812年まで在任。DK Nr. 187-DK Nr. 217. 彼の名は，Rado が文書長官であった時期に，*notarius* として記録（778年の DK Nr. 119, 794年の DK Nr. 176, 799年の DK Nr. 188）。

Alcuin の詩では，Zacchus（Alcuin, Poeta, Nr. 26）．

6 文書局の他のメンバー[4]

MAGINARIUS（マギナリウス）
カールマンの宮廷の文書長官。771年のカールマン死後，カールの宮廷の文書局に入る。すでに Hitherius が文書長官であったため，彼は文書長官にはな

---

[3] cancellarius に定訳はない。ここでは，文書局長官と訳しておく。カロリング期の文書局については，一般に次の文献を参照。R.-H. Bautier, La chancellerie et les actes royaux dans les royaumes carolingiens, BECh 142 (1984), S. 5-80.

[4] 国王証書から，MAGINARIUS 以外にも多くの書記（*notarius*）の名を知ることができるが，彼らについては，名前以外には全く情報がない。それゆえ，ここでは省略した。Nelson, Aachen, S. 240 に書記のリストがある。

らなかった。784年, サン・ドニ修道院長。彼は, のちにイタリアに派遣されている。CCNr. 82; Fleckenstein, Hofkapelle, S. 59.

7 宮廷での特定の肩書をもたない聖俗の宮廷要人

ALCUIN (アルクイン)

740年頃生まれる。ノーサンブリア王国のヨーク司教座付属学校で研鑽を積み, 頭角を現す。780年から781年にかけて, ヨーク大司教エアンバルトのパリウムを教皇から拝領するために, ローマに派遣され, パルマでカールと出会い, フランク宮廷に招聘される。786年, フランク宮廷へ。宮廷の政治と文化に大きな影響を与える。789年の『一般訓令』の原案作りに関与。ノーサンブリアに一度帰国するが, 793年には, 再びフランク王国に戻る。796年にトゥールのサン・マルタン修道院に。804年に死亡。A. Kleinclausz, Alcuin, Paris 1948; E. S. Duckett, Alcuin, Friend of Charlemagne, New York 1951; Bullough, Alcuin. 宮廷礼拝堂との関係については, Fleckenstein, Hofkapelle, S. 70.

ANGILBERT (アンギルベルト)

750年頃に生まれる。814年没。貴族の家柄に生まれ, 宮廷で養育された。宮廷礼拝堂の一員であったかもしれない (MGH Ep. 5, S. 7)。ピピンの宮廷でも若くして頭角を現し, 重用されるようになっていたらしい (MGH SS 15, 1, S. 180)。アルクインと親密な関係を結び, 宮廷仲間では, ホメロスと呼ばれた。外交使節として, 何度も重要な任務を帯びてイタリアに派遣された (Abel/Simson, Jahrbücher, Bd. 2, S. 35, 80, 108, 113)。少なくとも一時期は, イタリア王ピピンの宮廷礼拝堂を統率していた。789年もしくは790年から, サン・リキエ修道院長。カール大帝の王女ベルタを事実上の妻に迎えた。『ルイ皇帝伝』を著したニタルトは, 彼の息子。彼は, アインハルトと同じように, 高い教養を有した人物であったが, 俗人にとどまった。LM Bd. 1, S. 634f.; Fleckenstein, Hofkapelle, S. 66f.; Hennebicque-Le Jan, Prosopographica, Nr. 241. (Vgl. MGH Ep. 4, S. 37); Nelson, Cour impériale, S. 186f; Bullough, Alcuin, S. 345.

EINHARD (アインハルト)

770年頃に生まれる。マインガウの豪族の生まれ。幼くして, フルダ修道院に教育のために預けられる。勉学に秀で, 頭角を現し, 院長バウグルフの推挙で, 794年頃に, カールの宮廷に参内する。宮廷サークルに受け入れられ, その文才を愛された。宮廷礼拝堂のメンバーになったかどうかは, 議論がある。Fleckenstein, Hofkapelle, S. 68-70. アルクインが宮廷を離れてからは, 宮廷の文芸サークルの中心人物となった。技芸にも造詣が深く, 王宮の造営にも携わったようだ (Poeta, 2, S. 237)。806年には, 『王国分割令』の承認を受けるため

に，ローマに派遣された。また，813年のルイの皇帝戴冠においては，重要な役割を演じた。カール大帝の死後も，一定の政治的役割を果たしていたが，次第に政界から遠ざかり，840年頃没。Vgl. Bruuner, Oppositionelle Gruppen, S. 83-95.

WULFHARD（GULFARD）（ヴルフハルト）

トゥールのサン・マルタン修道院長。773年に，カールの命でイタリアに派遣された。『教皇列伝』では，*Gulfardus religiosus abbas et consiliarius* と表現されている（LP 1, S. 494）。彼は，すでにピピンの治世から，教皇座への使節として，重要な役割を演じてきた。CC Nr. 14, 26, 28, 37. 彼はおそらく774年のランゴバルト征服にも随行し，それからほどなくして死んだ。Bullough, Shaping of the Early Carolingian Court, S. 76 mit Anm. 12.

8 宮廷との関係が深い司教

ARN（アルン）

740年代にフライジング司教区で生まれる。カール大帝やアルクインと親交を結び，785年にザルツブルク司教となる。バイエルン大公タシロとフランク宮廷の仲介も行った。798年，大司教。799年には，教皇レオをローマまで随行する。811年のカール大帝の遺言状の証人のひとり。821年没。LM Bd. 1, S. 993f.

BEORNRED（ベオルンレッド）

Willibrord の親族で，イングランドから伝道のために大陸に渡った。775年にエヒテルナハ修道院長。785年には司教。その後，サンス大司教に抜擢された。797年没。Levison, England and the Continent, S. 165.

GEORGE（ゲオルゲ）

オスティア司教。754年から，764年にかけて何度も教皇の特使としてフランク宮廷に赴いた。その功績のゆえに，ピピンの治世（もしくはカールの治世初期に）アミアン司教の地位も授けられた。773年には，フランク宮廷からイタリアに派遣された（LP 1, S. 494）。

780年代には，ローマ教皇のために，イングランドに渡っている。Bullough, Shaping of the Early Carolingian Court, S. 75; Levison, England and the Continent, S. 127-29.

GHAERBALD（GERBALDUS）（ゲルバルト）

785年もしくは787年にリエージュ司教となる。おそらく，彼を司教に推挙したのは，カール大帝である（MGH Cap. 1, Nr. 124, S. 245: *Ghaerbaldo episcopo cum universis tibi omnipotente Deo et nostra ordinatione commissis.*）。アーヘ

ンはリエージュ司教区に属し，ゲルバルトがカール大帝の信任厚い司教のひとりであったことはまちがいない。彼の手になる3点の司教令と2点の書簡が残されている。また，カール大帝がゲルバルトに宛てた書簡も一通伝承されている（MGH Cap. 1, Nr. 122）。809年没。Eckhardt, Kapitulariensammlung, S. 74f. 多田哲「リエージュ司教と民衆教化」。

HEITO（ヘイト）

762年か763年頃に生まれる。幼くして，ライヒェナウ修道院に入る。後に（802年か，803年），バーゼル司教。宮廷礼拝堂のメンバーであったことはないが，宮廷とは近い関係にあった。カールによって，コンスタンティノープルに派遣され，811年のカール大帝の遺言状の証人の一人でもある。また，ザクセン人の人質を預かってもいる（Cap. 1, Nr. 115）。彼が，「司教令」を作成していることも，宮廷との密接な関係の現われとみることができよう。823年に公職から引退。836年没。Depreux, Prosopographie, Nr. 142.

JESSE（イエッセ）

アミアン司教。799年，ケルン大司教ヒルデバルト，ザルツブルク大司教アルンらとともに，ローマに帰る教皇レオに随行。802年から803年にかけて，カール大帝の特使としてコンスタンティノープルに派遣される。811年の遺言状の立会人のひとり。836年か，その翌年に没する。

LAIDRAD（ライドラート）

798年か799年にリヨン大司教に選ばれる。アルクインの数々の書簡から，彼がアルクインの親しい友人であったことが想像される。811年の遺言状の立会人のひとり。カール大帝宛の書簡が三通残されている（MGH Ep. 4, S. 539-544）。Depreux, Prosopograhie, Nr. 183; E. Boshof, Erzbischof Agobard von Lyon, Köln/Wien 1969, S. 20-24.

THEODULF（テオドゥルフ）

760年頃におそらく，イスパニアで生まれる。780年代はじめに，カールの宮廷に入る。アルクインとともに，宮廷詩人としてだけでなく，優れた神学者として活躍した。『カールの書』の起草にも関わった。遅くとも，798年には，フルーリー修道院長兼オルレアン司教に抜擢された。800年の教皇レオの裁判にも列席し，レオの弁護をした。恩義を感じたレオから，彼は大司教位を授けられた。彼は，その後もカール大帝の有力な側近であり続けた。811年の大帝の遺言書には，証人のひとりになっている。また，813年の改革教会会議でも重要な役割を演じた。814年の大帝の死後も，しばらくの間はルイ敬虔帝と良好な関係を保っていたが，817年のベルンハルトの謀反に関与したという疑いを掛けられ，翌年，罷免された。アンジェに追放され，820年に没した。Brommer, Theodulf; Dahlhaus-Berg, Nova antiquitas et antique novitas;

Depreux, Prosopographie, Nr. 263.

WALTCAUD（ヴァルトカウト）
810年,リエージュ司教。811年の遺言状の立会人のひとり。831年没。
Depreux, Prosopographie, S. 410.

（注記） 世俗の宮廷官職については,一般に以下の文献を参照。P. Schubert, Die Reichshofämter und ihre Inhaber bis die Wende des 12. Jahrhunderts, MIÖG 34 (1913), S. 427-501; W. Rösener, Hofämter an mittelalterlichen Fürstenhöfen, DA 45 (1989), S. 485-550.

付録2

811年の私的遺言状の立会人となった聖俗の宮廷関係者一覧

司教

Hildebald	宮廷礼拝堂司祭長，ケルン大司教
Richolf	マインツ大司教
Arn	ザルツブルク大司教
Wolfar	ランス大司教
Bernoin	ブザンソン大司教
Laidrad	リヨン大司教
Johannes	アルル大司教
Theodulf	オルレアン司教
Jesse	アミアン司教
Heito	バーゼル司教
Waltgaud	リエージュ司教

修道院長

Fredugis	サン・マルタン修道院長（トゥール）
Adalung	ロルシュ修道院長
Engilbert（=Angilbert）	サン・リキエ修道院長
Irmino	サン・ジェルマン・デ・プレ修道院長

「伯」（俗人官職保持者）

Wala	ヴァラ
Meginher	サンス伯?
Otulf（=Audulf?）	内膳役
Stephan	パリ伯，802年の国王巡察使
Unruoch	ヴァラ，ブルヒャルトなどとともに，811年のデーン人との和約の際のフランク側代表の一員。彼の一族（Unruochinger）について，Werner, Adelsfamilien, S. 133-137.

付録2　811年の私的遺言状の立会人となった聖俗の宮廷関係者一覧　411

Burchard	厩役
Meginhard	デーン人との和約の際の一員
Hatto	?
Rihwin	ポワトゥ伯かトゥルガウ伯
Edo	?
Ercangar	ブライスガウ伯?
Gerold	オストマルク辺境伯
Bero	バルセロナ伯
Hildigern	?
Hroccolf	?

(注記)
　人名の同定については，Abel/Simson, Jahrbücher, Bd. 2, S. 452-454; BM 458; Bruuner, Oppositionelle Gruppen, S. 71-95 を参考にした。これらの人物に関するより詳しい情報は，上記の文献にある。伯 Hatto は，Cap. I, Nr. 115 の Hitto *comes* と同一人物かもしれない。
　アインハルトは，その時出席できた者だけを記したと書いている。したがって，ここに宮廷および帝国運営の全主要メンバーが挙げられているわけではない。しかし，多くの者の名前が挙がっているといってよいだろう。15名の伯のうち，4名は，811年にデーン人とのあいだで結ばれた和平条約のときのフランク側の列席者である。
　司教と修道院長を合わせるとちょうど15名であり，伯と全く同数である。大帝が聖俗のバランスを考えて，立会人の数を調整したことが想像される。このことは，フランク王国の統治が，高位聖職者と俗人貴族の両者に支えられていたことをよく示している。聖俗協調体制は王国運営の基本原則であった。
　アインハルトは遺言状の立会人となった俗人を「伯」(*comes*) と表現しているが，内膳役の Otulf (=Audulf?) や厩役の Burchard も，リストの中にあげられており，ここでの「伯」とは官職保持者一般を指すように思われる。

付録3

カール大帝期の王国会議と教会会議

年	開催時期	開催場所	ARF	AQE	その他の史料	特記事項
769						王国会議の記録なし
770	E-W	ヴォルムス	synodus	conventus generalis		
771	E-W	ヴァランシエンヌ	synodus	conventus generalis		
772	E-W	ヴォルムス	sinodus	generalis conventus		王国会議の後, ザクセン討伐に出発
773	E-W	ジュネーヴ	synodus		magi campus (AA; AG)	王国会議の後, ランゴバルト討伐に出発
774						この年は, イタリア遠征
775	7月?	デューレン	synodus	generalis conventus	magi campus (AA; AN)	王国会議の後, ザクセン討伐に出発
776	夏?	ヴォルムス	synodus placitum publicum	conventus		王国会議でザクセン遠征を決定。この会議の後, 遠征
777	E-W	パーダーボルン	synodus publicus	generalis populi sui conventus		この会議のとき, ザクセン人の洗礼が行われる。また, 外国の使者が到着。このとき, 王国会議とは別に教会会議が開催された可能性がある。
778						イスパニア遠征
779	3月	エルスタール			sinodale concilium (Cap. 1, Nr. 20)	『エルスタール勅令』公布

付録3　カール大帝期の王国会議と教会会議　　　　　413

	5月か6月	デューレン	sinodus	generalis conventus		王国会議の後，ザクセン討伐に出発
780	E-W	リップシュプリンゲ	synodus			ザクセン滞在中
781	2月?	マントヴァ			placitum generale (Cap. 1, Nr. 90)	『マントヴァ勅令』公布
	E-W	ヴォルムス			magnus Francorum conventus; magiscampus (AM)	バイエルン大公タシロ出頭
782	7月	リップシュプリンゲ	synodus	generalis conventus		多くのザクセン貴族が参加。ノルマン人の使者やアヴァールの使者来訪
783						ザクセン遠征
784						ザクセン遠征
785	6月?	パーダーボルン	sinodus publicus	publicus populi sui conventus		
786	8月?	ヴォルムス	synodus		sinodus episcoporum et conventus magnificus (AL)	ハルトラートの反乱に加担した者たちの処分が扱われた。
787	夏	ヴォルムス	synodus	generalis populi sui conventus		
788	夏	インゲルハイム	synodus	generalis populi sui	conventus	バイエルン大公タシロの拘禁
789	3月	アーヘン				『一般訓令』の発布。史料には，王国会議開催の記録はないが，開催された可能性は高い

790	6月?	ヴォルムス			placitum (AM) conventus; magiscampus (AL=CM) magnus conventus (AP)	
791						アヴァール遠征 王国会議の記録 なし
792	7月	レーゲンスブルク			magnum placitum (AP)	
	夏	レーゲンスブルク		concilium episcoporum		キリスト養子説を信奉するウルヘル司教フェリックスの断罪
	冬	レーゲンスブルク			conventus Francorum et aliorum fidelium suorum (AL=CM)	長子ピピンの反乱に関わった者たちの処分
793						王国会議の記録なし
794	6月1日	フランクフルト	synodus magna episcoporum	generalis populi sui conventus, concilium episcoporum		フランクフルト教会会議。AQEによれば、教会会議とは別に王国会議が開催された
795	夏	マインツ郊外のコストハイム	placitum	conventus generalis		
796						王国会議の記録なし
797	秋?	アーヘン			concilium (ASA)	
798						王国会議の記録なし

付録3　カール大帝期の王国会議と教会会議　　　　　　　　415

799	夏?	リッペウアシュプルング		generalis conventus	
800	8月	マインツ		generalis conventus	
801					王国会議の記録なし
802	3月	アーヘン		concilium (AL)	
	10月	アーヘン		synodus; imperator…congregavit duces, comites et reliquo christiano populo (reliquum populum christianum) cum legatoribus (AL=CM)	史料によれば，このとき大帝は司教，修道院長などの聖職者を集めた教会会議（synodus）と俗人官職保持者を集めた会議を同時に並行して開催した。
803	夏	マインツ		conventus (AL=CM)	
804	夏	リッペウアシュプルング		generalis conventus (AMP)	
805					王国会議の記録なし
806	2月6日		conventus cum primoribus et optimatibus Francorum		『王国分割令』の発布
807		インゲルハイム?		placitum (ASA)	
808					王国会議の記録なし
809	11月	アーヘン	concilium		聖霊発出論争に関する教会会議

810						王国会議の記録なし
811	5月か6月	アーヘン	placitum generalis secundum consuetudinem			
812		アーヘン	generalis conventus			
813	9月	アーヘン	generalis conventus			ルイの皇帝戴冠。なお，本文で記したとおり，この王国会議の他に，この年の5月から5箇所で教会会議が開催された。

1) 開催時期の列のE-Wは，復活祭とクリスマスのあいだの時期を意味する。
2) 原則的にARFおよびAQEの表現のみを掲載しており，他の史料の表現が記載されているのは，ARFやAQEに記載がない場合である。
3) 史料の略号は以下の通りである。

    ARF=Annales regni Francorum   AM=Annales Mosellani
    AQE=Annales qui dicuntur Einhardi   AMP=Annales Mettenses priores
    AA=Annales Alamannici   AN=Annales Nazariani
    AG=Annales Guelferbytani   ASA=Annales sancti Amandi
    AL=Annales Laureshamenses   CM=Chronicon Moissiacense

付録 4

カール大帝期の主要勅令一覧

MGH の番号[1]	MGH のタイトル[2]	本書で用いた日本語タイトル	本書で推定した作成年代[3]	MGH で推定されている作成年代	Ganshof によって推定された作成年代[4]
20	Capitulare Haristallense (primum, generale)	エルスタール勅令	779	779	
21	Capitulare episcoporum (Capitulare Haristallense secundum, speciale)	第二エルスタール勅令	779	780?	792/793
97	Karoli epistola in Italiam emissa (Epistula capitularis)	780年の通達	780	790-800	779-781
88	Notitia Italica	イタリア布告	781	776 あるいは 781	776
90	Capitulare Mantuanum	マントヴァ勅令	781	781?	781
89	Capitulare cum episcopis Langobardicis deliberatum	ランゴバルトの司教との協議勅令	781	ca. 780-790	
91	Pippini Italiae regis capitulare (Capitulare Pippini regis Italiae primum)	ピピン王の第一勅令	781-782	782-786	782-787
26	Capitulatio de partibus Saxoniae	ザクセン地方に関する勅令	782	775-790	785
19	Karoli Magni capitulare primum	カールの最初の勅令	783-788	769年あるいは少し後	偽書
111	Memoratorium missis datum ad papam Adrianum legatis		784/785	785?	

30	Karoli epistola generalis	一般書簡	786-801	786-800	786-801	
95	Pippini capitulare (Karoli Magni Capitulare Italicum)	カールのイタリア勅令	787	ca. 790	787	
94	Pippini capitulare Papiense	ピピンのパヴィア勅令	787/788	787		
29	Karoli epistola de litteris colendis	学術振興に関する書簡	789年より少し前？	780-800	8世紀末	
22	Admonitio generalis	一般訓令	789	789		
23	Duplex capitulare missorum	巡察使のための二つの勅令	789	789		
24	Breviarium missorum Aquitanicum	アキタニアの巡察使への指示書	789	789		
25	Capitulare missorum	巡察使勅令	789	792年か786年	792-793	
96	Capitula cum Italiae episcopis deliberata		790-800?	790-800?		
28	Capitulare Franconofurtense	フランクフルト勅令	794	794		
27	Capitulare Saxonicum	ザクセン勅令	797	797		
32	Capitulare de villis	御料地令	8世紀末	800vel ante?	770-800	
31	Capitulum in pago Cenomannico datum	ルマン勅令	800	800		
100	Pippini Italiae regis capitulare		800-810?	800-810?		
104, c. 1	Capitula Francica, c. 1		801年以前		805年12月以前	
98	Capitulare Italicum	イタリア勅令	801	801		
33	Capitulare missorum generale (Capitulare generale)	一般巡察使勅令（一般勅令）	802	802		
34	Capitulare missorum specialia	特殊国王巡察使勅令	802	802		

付録4　カール大帝期の主要勅令一覧　　　　　　　　　419

35	Capitulare missorum item speciale		802	802?	806?
36	Capitula a sacerdotibus proposita		802	802?	
37	Capitula ad lectionem canonum et regulae S. Benedicti pertinentia		802	802?	おそらく802年
38	Capitula de examinandis ecclesiasticis		802	802？	
121	Missi cuiusdam admonitio		802?	801-812	
59	Capitula a misso cognita facta		802年か，その少し後	803-813	802 vel paulo post
77	Capitulare Aquisgranense	アーヘン勅令	802/803	801-813	802-803
7*	Capitulum de sacrilegis		802/803?		
110	Summula de bannis	国王罰令金摘要	802/803?		
122	Karoli Magni ad Ghaerbaldum epistola et Ghaerbaldi ad dioceseos suae presbyteros epistola		802-805	803-811	おそらく802-805年
99	Karoli Magni capitulare missorum Italicum		802-810	781-810	802-810
57	Capitula omnibus cognita facienda		802-813	801-814 (801-806?)	802-813
58	Responsa misso cuidam data		802-813	801-814?	802-813
60	Capitulare missorum		802-813	802-813	
39	Capitulare legibus additum	サリカ法典附加勅令	803	803	
40	Capitulare missorum		803	803	
41	Capitulare legi Ribuariae additum	リブアリア法典附加勅令	803	803	

68	Capitula ad legem Baiuvariorum addita	バイエルン法典附加勅令	803?	801-813	おそらく803年
69	Capitulare Baiuvaricum	バイエルン勅令	803?	801-813	おそらく803年
67	Capitula per missos cognita facienda		803?	803-813	805-813
42	Capitula ecclesiastica ad Salz data	ザルツ勅令	803/804	803-804	おそらく803年
56	Capitula Karoli Magni		803-813	803-813	
43	Capitulare missorum in Theodonis villa datum primum, mere ecclesiasticum	ティオンヴィル教会勅令	805	805	
44	Capitulare missorum in Theodonis villa datum secundum, generale	ティオンヴィル一般勅令	805	805	
124	Karoli ad Ghaerbaldum episcopum epistola		805	807	805
*12	Caroli Magni capitulare ecclesiasticum		805-813		
45	Divisio regnorum	王国分割令	806	806	
46	Capitulare missorum Niumagae datum	ネイメーヘン勅令	806	806	
49	Capitula de causis diversis		806	807?	806
85	Capitula a missis dominicis ad comites directa		806	801-813	おそらく806年
47	Capitula excerpta de canone		806	806 vel post?	
75	Karoli ad Fulradum abbatem epistola		806	804-811	806
102	Pippini regis capitulare Italicum		806-810	801(806?)-810	

付録4　カール大帝期の主要勅令一覧　　　421

103	Karoli Magni ad Pippinum filium epistola		806-810	806-810	
55	Capitula post a. 805 addita		806-813	806-813	
48	Memoratorium de exercitu in Gallia occidentali praeparando		807	807	
50	Capitulare missorum de exercitu promovendo	軍隊動員令	808	808	
51	Capitula cum primis conferenda		808	808	
52	Capitula cum primis constituta		808	808	
61	Capitulare Aquisgranense		809	809	
62	Capitulare Aquisgranense primum		809	809	
63	Capitulare Aquisgranense alterum		809	809	
64	Capitulare missorum Aquisgranense primum		810	810	
65	Capitulare missorum Aquisgranense secundum		810	810	
66	Capitula de missorum officiis		810	810	
128	Brevium exempla ad describendas res ecclesiasticas et fiscales		ca. 810		
81	Capitula ecclesiastica		810-813?	810-813?	

71	Capitula tractanda cum comitibus, episcopis et abbatibus		811	811	
72	Capitula de causis cum episcopis et abbatibus tractandis		811	811	
73	Capitula de rebus exercitalibus in placito tractanda		811	811	
74	Capitulare Bononiense		811	811	
80	Capitulare de iustitiis faciendis		811	811–813	811
*10	Capitulare missorum de villis inquirendis		811		
76	Praeceptum pro Hispanis		812	812	
78	Capitula e canonibus excerpta		813	813	
92	Capitulare Mantuanum primum, mere ecclesiasticum		813	787?	
93	Capitulare Mantuanum secundum, generale		813	787?	
154	Capitula e conciliis excerpta		813	826/827?	
83	Capitulare missorum		813?	813?	
84	Capitula vel missorum vel synodalia		813?	813?	
*13	Caroli Magni capitulare generale		813?		

1) カールの時代に出された勅令および勅令に類似する国王文書の多くを年代順に記載した。ただし、公布された年が確定できない勅令も多く、その点は諒とされたい。なお、イタリア王ピピンの勅令もリストに含んでいる。＊は、Mordek, Bibiotheca に収録されている新発見の勅令の番号である。

付録4　カール大帝期の主要勅令一覧　　　　　　　　　423

2）　（　）内のタイトルは，最近の研究によって提案されているタイトルである。日本語訳は一般にこの提案を受け入れている。
3）　原則的には，年代推定は，Mordek, Bibliotheca; Buck, Admonitio und Praecatio などの近年の研究成果に基づいている。また，Nr. 21, 88-91, 97 については，Mordek, Fränkische Gesetzgebung の提案を，Nr. 67 については，Mordek, Zweites Kapitular von Herstal, S. 15 の提案にしたがっている。ただし，本論で説明したが，独自の提案を行った勅令もある。
4）　Ganshof, Kapitularien, S. 163ff. の付表にしたがっている。Ganshof が年代に関して独自の提案を行っていない場合には，何も記していない。

文 献 表

主 要 史 料

Alkuin, Epistolae, hg. von E. Dümmler (MGH Epp. 4), 1895, S. 1-481.
Annales Fuldenses, hg. von F. Kurze (MGH SRG 7), 1891.
Annales Laureshamenses, hg. von G. -H. Pertz (MGH SS 1), 1826, S. 22-39.
Annales Mettenses priores (=AMP), hg. von B. Simson (MGH SRG 10), 1905.
Annales Maximiniani, hg. von G. Waitz (MGH SS 13), 1881, S. 19-25.
Annales Nazariani, hg. von G. -H. Pertz (MGH SS 1), 1826, S. 23-31, 40-45.
Annales qui dicuntur Einhardi (=AQE), hg. von F. Kurze (MGH SRG 6), Hannover 1895.
Annales regni Francorum (=ARF), hg. von F. Kurze (MGH SRG 6), Hannover 1895.
Annales sancti Amandi, hg. von G. -H. Pertz (MGH SS 1), Hannover 1826, S. 6-14.
Astronomus, Vita Hludowici imperatoris, hg. von E. Tremp (MGH SRG 64), Hannover 1995.
Bonifatius, Die Briefe des hl. Bonifatius und Lullus, hg. von M. Tangl (MGH Ep. sel. 1), Berlin 1916.
Chronicarum quae dicuntur Fredegarii scholatici libri IV (=Fredegar) cum continuationibus (=Cont. Fred.), hg. von H. Wolfram, Darmstadt 1982, S. 44-325.
Chronicon Moissiacense, hg. von G. H. Pertz (MGH SS 1), 1826, S. 257-259, 280-313.
Clausula de unctione Pippini, hg. von A. Stoclet, Francia 8 (1980), S. 2-3.
Codex Carolinus (=CC), hg. von W. Gundlach (MGH Epp. 3), 1892, S. 469-657.
Constitutum Constanti (Konstantinische Schenkung), hg. von H. Fuhrmann (MGH Fontes Iuris 10), Hannover 1968.
Einhard, Vita Karoli Magni, hg. von G. Waitz und O. Holder-Egger (MGH SRG 25), Hannover/Leipzig 1911. (国原吉之助訳『カロルス大帝伝』筑摩書房, 1988年)
Ermold le Noir (Ermoldus Nigellus), Poème sur Louis le Pieux et Épîtres au roi Pépin, hg. von E. Faral (Le classiques de l'histoire de France au moyen âge, 14), Paris 1964.
Flodoard von Reims, Die Geschichte der Reimser Kirche (Flodoardus Remensis, Historia Remensis Ecclesiae), hg. von M. Stratmann (MGH SS 36), Hannover 1998.

Hinkmar von Reims, De ordine palatii, hg. von Th. Gross und R. Schieffer (MGH Fontes Iuris 3), Hannover 1980.
Jaffé, Regesta Pontificium Romanorum ab condita ecclesia ad a. 1198, Berlin 1885-88.
Lex Salica, hg. von K. A. Eckhardt (MGH LL 4, 1), Hannover 1962.（久保正幡訳『サリカ法典』創文社，1977年）
Lex Salica: 100 Titel-Text, hg. von K. A. Eckhardt, Weimar 1953.
Liber Historiae Francorum, hg. von H. Wolfram, Darmstadt 1982, S. 338-382.
Libri Carolini (=LC), hg. von A. Freeman/P. Meyvaert (MGH Conc. 2, Suppl. I), Hannover 1998.
Le Liber pontificalis (=LP), hg. von L. Duchesne, 2 Bde, Paris 1892.
Mansi, G. D. (Hg.), Sacrorum conciliorum nova et amplissima collectio...., Venedig 1769-73.
Notker, Gesta Karoli imperatoris, hg. von H. F. Haefele (MGH SRG 12), Berlin 1859.（国原吉之助訳『カロルス大帝伝』筑摩書房，1988年）
Paulus Diaconus, Gesta episcoporum Mettensium, hg. von G. H. Pertz (MGH SS 2), Hannover 1829, S. 260-270.
Paulus Diaconus, Historia Langobardorum, hg. von G. Waitz (MGH SRG 48), Hannover 1878.
Paulus Diaconus, Gedichte, hg. von K. Neff, München 1908.
Pseudo-Cyprianus, De XII abusivis saeculi, hg. von S. Hellmann (Texte und Untersuchungen zur Geschichte der altchristlichen Literatur 34), Leipzig 1909, S. 32-60.
Thegan, Gesta Hludowici imperatoris, hg. von E. Tremp (MGH SRG 64), Hannover 1995.
Die Urkunden Pippins, Karlmanns und Karls des Großen, hg. von E. Mühlbacher (DK 1), Berlin 1906.
『西洋中世史料集』（ヨーロッパ中世史研究会編）東京大学出版会，2000年。
『中世思想原典集成6：カロリング・ルネサンス』（上智大学中世思想研究所編訳）平凡社，1992年。

主要参考文献

Abel, Sigurd/Simson, Bernhard: Jahrbücher der fränkischen Reiches unter Karl dem Großen, 2 Bde., Leipzig 1883, 1888.
Affeldt, Werner: Das Problem der Mitwirkung des Adels an politischen Entscheidungsprozessen im Frankenreich vornehmlich des 8. Jahrhunderts, in: Dietrich Kurze (Hg.), Aus Theorie und Praxis der Geschichtswissenschaft: Festschrift für Hans Herzfeld zum 80. Geburtstag, Berlin 1972, S. 404-423.
―――: Untersuchungen zur Königserhebung Pippins, FMST 14 (1980), S. 95-187.
Allot, Stephen: Alcuin of York, York 1974.

Althoff, Gerd: Der Sachsenherzog Widukind als Mönch auf der Reichenau. Ein Beitrag zur Kritik des Widukind-Mythos, FMST 17 (1983), S. 251-279.

Angenendt, Arnold: Taufe und Politik im frühen Mittelalter, FMST 7 (1973), S. 143-168.

―――: Das geistliche Bündnis der Päpste mit den Karolingern (754-796), HJB 100 (1980), S. 1-94.

―――: Rex et Sacerdos. Zur Genese der Königssalbung, in: Norbert Kamp und Joachim Wollasch (Hg.), Tradition als historische Kraft: Interdisziplinare Forschungen zur Geschichte des früheren Mittelalters, Berlin/New York 1982, S. 100-118.

―――: Kaiserherrschaft und Königstaufe. Kaiser, Könige und Päpste als geistliche Patrone in der abendländischen Missionsgeschichte (Arbeiten zur Frühmittelalterforschung 15), Berlin, New York 1984.

―――: Das Frühmittelalter. Die abendländische Christenheit von 400 bis 900, Stuttgart 1990, 2. Auf. 1995.

―――: Karl der Große als *rex et sacerdos*, in: Berndt (Hg.), Frankfurter Konzil, S. 255-278.

―――: Pippins Königserhebung und Salbung, in: Becher/Jarnut (Hg.), Dynastiewechsel, S. 179-210.

Anton, Hans Hubert: Fürstenspiegel und Herrscherethos in der Karolingerzeit, Bonn 1968.

―――: Pseudo-Cyprian. De duodecim abusivis saeculi und sein Einfluß auf den Kontinent, insbesondere auf die karolingischen Fürstenspiegel, in: Die Iren und Europa im früheren Mittelalter, hg. von Heinz Löwe (Veröffentlichungen des Europa Zentrums Tübingen: Kulturwissenschaftliche Reihe), Bd. 2, Stuttgart 1982, S. 568-617.

―――: Zur neueren Wertung Pseudo-Cyprians („De duodecim abusivis saeculi") und zu seinem Vorkommen in Bibliothekskatalogen des Mittelalters, in: St. Kilian. 1300 Jahre Martyrium der Frankenapostel=Würzburger Diozösangeschichtsblätter 51 (1989), S. 463-474.

―――: Beobachtungen zum fränkisch-byzantinischen Verhältnis in karolingischer Zeit, in: Rudolf Schieffer (Hg.), Beiträge zur Geschichte des Regnum Francorum (Beihefte Francia 22), Sigmaringen 1990, S. 97-119=Ders., Königtum-Kirche-Adel: Ideen, Räume von der Spätantike bis zum hohen Mittelalter, hg. von Burkhard Apsner und Thomas Bauer, Trier 2002, S. 151-178.

―――: Die Trierer Kirche und das nordliche Gallien, in: Ders., Königtum-Kirche-Adel: Ideen, Räume von der Spätantike bis zum hohen Mittelalter, S. 15-38.

―――: Troja-Herkunft, origo gentis und frühe Verfaßtheit der Franken in der gallisch-fränkischen Tradition des 5. bis 8. Jahrhundert, MIÖG 108 (2000), S.

1-30.

―――: Antike Großländer, politische-kirchliche Tradition und mittelalterliche Reichsbildung, ZRG KA 86 (2000), S. 33-85

―――: Solium imperii und Principatus sacerdotum in Rom, fränkische Hegemonie über den Okzident/Hesperien-Grundlagen, Entstehung und Wesen des karolingischen Kaisertums, in: Von Sacerdotium und regnum. Geistliche und weltliche Gewalt im frühen und hohen Mittelalter. Festschrift für Egon Boshof zum 65. Geburtstag, hg. von Franz-Reiner Erkens und Hartmut Wolff (Passauer historische Forschungen 12), Köln/Weimar/Wien 2002, S. 203-274.

Ary, Mikel V.: The Politics of the Frankish-Lombard Marriage Alliance, Archivum Historiae Pontificae 19 (1981), S. 7-26.

Atsma, Hartmut (Hg.): La Neustrie. Les pays au nord de la Loire de 650 à 850 (Beihefte der Francia, Bd. 16), Sigmaringen 1989.

Balzer, Manfred: Paderborn im frühen Mittelalter (776-1050), in: Jörg Jarnut (Hg.), Paderborn: Geschichte der Stadt in ihrer Region, Bd. 1: Das Mittelalter, Paderborn 1999.

Barbier, Josiane: Le système palatial franc: genèse et fonctionnement dans le nord-ouest du *regnum*, BECh 148 (1990), 245-299.

Barion, Hans: Der kirchenrechtliche Character des Konzils von Frankfurt 794, ZRG KA 19 (1930), S. 139-170.

Bautier, Robert-Henri: La campagne de Charlemagne en Espagne (778), in: Ders., Recherches sur l'histoire de la France médiévale (Variorum 351), Great Yarmouth 1991 (=Zuerst in: La bataille de Roncevaux dans l'histoire, la legnde et le myth, Bayonne 1979, S. 1-51).

Becher, Matthias: Drogo und die Königserhebung Pippins, FMST 23 (1989), S. 131-151.

―――: Neue Überlegungen zum Geburtsdatum Karls des Großen, Francia 19 (1992), S. 37-60.

―――: Eid und Herrschaft. Untersuchungen zum Herrscherethos Karls des Großen (Vorträge und Forschungen, Sonderband 39), Sigmaringen 1993.

―――: Der sogenannte Staatsstreich Grimoalds. Versuch einer Neubewertung, in: Jörg Jarnut, Ulrich Nonn und Michael Richter (Hg.), Karl Martell in seiner Zeit (Beihefte der Francia 37), Sigmaringen 1994, S. 119-147.

―――: Karl der Große, München 1999.

―――: Rex, Dux und Gens: Untersuchungen zur Entstehung des sächsischen Herzogtums im 9. und 10. Jahrhundert (Historische Studien, 444), Husum 1996.

―――: Die Kaiserkrönung im Jahr 800. Eine Streitfrage zwischen Karl dem Großen und Papst Leo III., RhV 66 (2002), S. 1-38.

―――: Die Reise Papst Leos III. zu Karl dem Großen. Überlegungen zu

Chronologie, Verlauf und Inhalt der Paderborner Verhandlungen des Jahres 799, in: Godman, Jarnut, Johanek (Hg.), Am Vorabend der Kaiserkrönung, S. 87-112.

――――: Eine verschleierte Krise: Die Nachfolge Karl Martells 741 und die Anfänge der karolingischen Hofgeschichtsschreibung, in: Johannes Laudage (Hg.), Von Fakten und Fiktionen. Mittelalterliche Geschichtsdarstellungen und ihre kritische Aufarbeitung, Köln/Weimar/Wien 2003, S. 95-134.

Becher, Mathias/Jarnut, Jörg (Hg.), Der Dynastiewechsel von 751, Münster 2004.

Beck, Hans-Georg: Die Herkunft des Papstes Leos Ⅲ., FMST 3 (1969), S. 131-137.

Benz, Karl Josef: ›Cum ab oratione surgeret‹. Überlegungen zur Kaiserkrönung Karls des Großen, DA 31 (1980), S. 337-369.

Belting, Karl: Die beiden Palastaulen Leo Ⅲ. im Lateran und die Entstehung einer päpstlichen Programmkunst, FMST 12 (1978), S. 55-83.

Berndt, Rainer (Hg.): Das Frankfurter Konzil von 794. Kristallisationspunkt karolingischer Kultur, 2 Bde., Mainz 1997.

Berschin, Walter: Die Ost-West-Gesandtschaften am Hof Karls des Großen und Ludwigs des Frommen (768-840), in: Butzer (Hg.), Karl der Große und sein Nachwirken, Bd. 1, S. 157-172.

Bertolini, Ottorino: Carlomagno e Benevento, in: Braunfels (Hg.), Karl der Große, Bd. 1, S. 609-671.

Beumann, Helmut: Zur Entwicklung transpersonaler Staatsvorstellungen, in: Königtum, S. 185-224.

――――: Nomen imperatoris, in: Wolf (Hg.), Kaisertum, S. 174-215.

――――: Das Paderborner Epos und die Kaiseridee Karls des Großen, in: Wolf (Hg.), Kaisertum, S. 309-383.

――――: Unitas ecclesiaeb-unitas imperii-unitas regni. Von der imperialen Reichseinheitsidee zur Einheit der regna, SSCI 27 (1981), S. 531-571.

Beumann, Helmut: Die Hagiographie bewältigt: Unterwerfung und Christianisierung der Sachsen durch Karl den Großen, SSCI 28 (1982), S. 129-163.

Böhringer, Letha.: Zwei Fragmente der römische Synode von 769 im Codex London British Library, Add. 16413, in: Aus Archiven und Bibliotheken, Festschrift für Raymond Kottje, hg. von Hubert Mordek, Frankfurt 1992, S. 93-105.

Boshof, Egon: Einheitsidee und Teilungsprinzip in der Regierungszeit Ludwigs des Frommen, in: Godman, Collins (Hg.), Charlemagne's Heir, S. 161-189.

Brackmann, Albert: Pippin und die römische Kirche, in: Ders., Gesammelte Aufsätze, Weimar 1941, S. 397-421 (=Zuerst in: Göttingische Gelehrte Anzeigen, 1918, S. 401-425).

Brandi, Karl: Karl des Großen Sachsenkriege, in: W. Lammers (Hg.), Die Eingliederung der Sachsen in das Frankenreich, Darmstadt 1970, S. 3-28.

Braunfels, Wolfgang (Hg.): Karl der Große. Lebenswerk und Nachleben, 4 Bde., Düsseldorf 1965-1967.

Brown, Giles: Introduction: the Carolingian Renaissance, in: Rosamond McKitterick (Hg.), Carolingian Culture: Emulation and Innovation, Cambridge 1994, S. 1-51.

Brown, Peter: The Rise of Western Christendom, Triumph and Diversity AD 200-1000, Oxford 1997.

Brühl, Carlrichard: Fränkischer Krönungsbrauch und das Problem der Festkrönungen, HZ 194 (1962), S. 265-326.

―――: Remarques sur les notions de „capitale" et de „résidence" pendant le haut moyen âge, in: Ders., Aus Mittelalter und Diplomatik. Gesammelte Aufsätze, Bd. 1, Hildesheim/München/Zürich 1989, S. 115-137.

―――: Deutschland-Frankreich. Die Geburt zweier Völker, Köln/Wien 1990.

―――: Die Geburt zweier Völker. Deutsche und Franzosen (9. -11. Jahrhundert), Köln/Wien 2001.

Brunner, Heinrich: Deutsche Rechtsgeschichte, Bd. 2, neu bearb. von Claudius Freiherrn von Schwerin, München/Leipzig 1928.

Brunner, Karl: Oppositionelle Gruppen im Karolingerreich, Wien/Köln/Graz 1979.

Buchner, Rudolf: Deutschlands Geschichtsquellen (Wattenbach-Levison), Vorzeit und Karolinger: Die Rechtsquellen, Weimar 1953.

Buck, Thomas Martin: Admonitio und Praedicatio: Zur religiös-pastralen Dimension von Kapitularien und kapitulariennahen Texten (507-814) (Freiburger Beiträge zur mittelalterlichen Geschichte 9), Frankfurt a. M. 1997.

―――: „Capitularia imperatoria". Zur Kaisergesetzgebung Karl des Großen von 802, HJB 122 (2002), S. 1-26.

Bühler, Arnold: Capitularia Relecta. Studien zur Entstehung und Überlieferung der Kapitularien Karls des Großen und Ludwigs des Frommen AfD 32 (1986), S. 305-501.

Büttner, Heinrich: Bonifatius und die Karolinger, Hessisches Jahrbuch für Landesgeschichte 4 (1954), S. 21-36 = ders., Zur frühmittelalterlichen Reichsgeschichte am Rhein, Main und Neckar, Darmstadt 1975, S. 129-144.

―――: Mission und Kirchenorganisation des Frankenreiches bis zum Tode Karls des Großen, in: Braunfels (Hg.), Karl der Große , Bd. 1, S. 454-487.

Bullough, Donald: The Age of Charlemagne, London 1965.

―――: Urban Change in Early Medieval Italy: the Example of Pavia, Papers of the British School at Rome 34 (1966), S. 82-131.

―――: Albinus deliciosus Karoli regis: Alcuin of York and Shaping of the Early Carolingian Court, in: Institutionen, Kultur und Gesellschaft im Mittelalter. Festschrift für Josef Fleckenstein zu seinem 65. Geburtstag, Sigmaringen 1984, S. 73-92.

―――: Aula renovata: the Carolingian Court before the Aachen Palace,

Proceedings of the British Academy 71 (1985), S. 267-301, Wiederabdruck in: Ders., Carolingian Renewal: Sources and Heritage, Manchester 1991, S. 123-160.
―――: Alcuin before Frankfurt, in: Berndt (Hg.), Franfurter Konzil, S. 571-85.
―――: Die Kaiseridee zwischen Antike und Mittelalter, in: Stiegemann (Hg.), 799-Kunst und Kultur der Karolingerzeit, S. 36-46.
―――: Alcuin. Achievement and Reputation, Leiden/Boston 2004.
Bund, Konrad: Thronsturz und Herrscherabsetzung im Frühmittelalter (Bonner historische Forschungen 44), Bonn 1979.
Busch, Jörg W.: Vom Attentat zur Haft. Die Behandlung von Konkurrenten und Opponenten der frühen Karolinger, HZ 263 (1996), S. 561-588.
Butzer, Paul, Kerner, Maxund Oberschelp, in: Ders. (Hg.), Karl der Große und sein Nachwirken. 1200 Jahre Kultur und Wissenschaft in Europa, Turnhout 1997.

Caspar Erich: Papst Gregor II. und der Bilderstreit, ZRG KA 52 (1933), S. 29-70.
―――: Das Papsttum unter fränkischer Herrschaft, ZKG 54 (1935), S. 132-264.
―――: Pippin und die römische Kirche. Kritische Untersuchungen zum fränkisch-päpstlichen Bunde im VIII. Jahrhundert. Berlin 1914.
Cavadini, John: The Last Christology of the West, Philadelphia 1993.
―――: Elipandus and his Critics at the Council of Frankfort, in: Berndt (Hg.), Frankfurter Konzil, S. 787-808.
Chélini, Jean: La vocabulaire politique et social dans la correspondance d'Alcuin, Aix-en-Provence 1959.
Chrysos, Das Ereignis von 799 aus byzantinischer Sicht, in: 799-Kunst und Kultur der Karolingerzeit, S. 7-12.
Classen, Peter: Italien zwischen Byzanz und dem Frankenreich, in: Ders., Ausgewählte Aufsätze, hg. von J. Fleckenstein (Vorträge und Forschungen 28), Sigmaringen 1983, S. 85-116 (Zuerst in: SSCI 1979, S. 919-971).
―――: Romanum gubernans imperium. Zur Vorgeschichte der Kaisertitulatur Karls des Großen, in: Ders., Ausgewählte Aufsätze, S. 187-204 (Zuersrt in DA 9 (1952), S. 103-121; Wiederabdruck, in: Wolf (Hg.), Kaisertum Karls des Großen, S. 4-29.
―――: Karl der Große und Thronfolge im Frankenreich, in: Ders., Ausgewählte Aufsätze, S. 205-229 (Zuerst in: Festschrift für Hermann Heimpel, Bd. 3, Göttingen 1972, S. 109-134).
―――: Karl der Große, das Papsttum und Byzanz. Die Begründung des karolingischen Kaisertums, hg. v. Horst Fuhrmann und Claudia Märtl (Beiträge zur Geschichte und Quellenkunde des Mittelalters, 9), Sigmaringen 1985.
Collins, Roger: The Arab Conquest of Spain, 710-797, Oxford 1989.
―――: Charlemagne, London 1998.
Congar, Yves: l'ecclésiologie du haut Moyen-Age, Paris 1968.

Constable, Giles: Nona et decima: An Aspect of Carolingian Economy, Speculum 35-2 (1960), S. 224-250.

―――: Monastic Tithes, from their Origins to the Twelfth Century, Cambridge 1964.

Dagron, Gilbert: Der Ikonoklasmus und die Begründung der Orthodoxie, in: Die Geschichte des Christentums, Bd. 4, Freiburg 1994, S. 97-175.

Dahlhaus-Berg, Elisabeth: Nova antiquitas et antiqua novitas. Typologisches Exegese und isidorianisches Geschichtsbild bei Theodulf von Orléans (Kölner Historische Abhandlungen 23), Köln 1975.

Davis, Raymond: The Lives of the Eighth-Century Popes (Liber Pontificalis), Liverpool 1992.

de Clercq, Carlo: La Législation religieuse franque de Clovis à Charlemagne. Etude sur les actes de conciles et les capitularies, les statuts diocésains et les règles monastiques (507-814) I, Louvain/Paris 1936.

―――: Neuf capitulaires de Charlemagne concernant son oeuvre reformatrice par les ›missi‹ (Universita degli Studi di Camerino, Insituto Giurdico. Testi per essercitazioni, Sezione V, n. 3, Milano 1968.

Deér, Josef: Karl der Große und der Untergang des Awarenreiches, in: Braunfels (Hg.), Karl der Große, Bd. 1, S. 719-791.

―――: Zur Praxis der Verleihung des auswärtigen Patriziats durch den byzantinischen Kaiser, Archivum Historiae Pontificiae 8 (1970), S. 7-25.

―――: Die Vorrechte des Kaisers in Rom (772-800), in: Wolf (Hg.), Kaisertum, S. 30-115.

―――: Zum Patricius-Romanorum-Titel Karl des Großen, in: Wolf (Hg.), Kaisertum, S. 240-308.

Delaruelle, Etienne: Charlemagne, Carloman, Didier et la politique du mariage franco-lombard (770-771), RH 170 (1932), S. 213-224.

Delius, Walter: Die Bilderfrage im Karolingerreich, Diss. Halle 1928.

Deliyannis, Deborah Mauskopf: Charlemagne's Silver Tables. The Ideology of an Imperial Capital, Early Medieval Europe 12 (2003), S. 159-177.

Delogu, Paulo: Papacy, Rome and the Wider World, in: Smith, Julia M. H. (Hg.), Early Medieval Rome and the Christian West: Essays in Honour of Donald A. Bullough, Leiden 2000, S. 197-220.

Depreux, Philippe: Das Königtum Bernhards von Italien und sein Verhältnis zum Kaisertum, QFIAB 72 (1992), S. 1-25.

―――: Prosopographie de l'entourage de Louis le Pieux (781-840), Sigmaringen 1997.

―――: L'expression *statutum est a domno rege et sancta synodo* annonçant certaines dispositions du capitulaire de Francfort (794), in: Berndt (Hg.), Frankfurter

Konzil, S. 81-102.

―――: Le rôle du comte du Palais à la lumière des sources relatives au règne de l' empereur Louis le Pieux (814-840), FMST 34 (2000), S. 94-111.

Dierkens, Alain: Carolus monasteriorum multorum eversor et ecclesiasticarum pecuniarum in usus proprios commutator? Notes sur la polique monastique du maire du palais Charles Martel, in: Jarnut (Hg.), Karl Martell in seiner Zeit, S. 277-294.

Diesenberger, Maximilian und Wolfram, Herwig: Arn und Alkuin 790 bis 804: zwei Freunde und ihre Schriften, in: Meta Niederkorn-Bruck und Anton Scharer (Hg.), Erzbischof Arn von Salzburg, Wien/München 2004, S. 81-106.

Dölger, Franz: Byzanz und die europäische Staatenwelt, Ettal 1953.

Dupraz, Louis: Contribution à l'histoire du Regnum Francorum pendant le troisième quart du VIIe siècle (656-680), Freiburg 1948.

Ebenbauer, Alfred: Carmen historicum. Untersuchungen zur historischen Dichtung im karolingischen Europa I (Philologica Germanica 4)., Wien 1978.

Eckardt, Uwe: Untersuchungen zu Form und Funktion der Treueidleistung im merowingischen Frankenreich, Marburg 1976.

Eckhardt, Wilhelm Alfred: Die Kapitulariensammlung Bischof Ghaerbalds von Lüttich (Germanenrechte Neue Folge, 5), Göttingen 1955.

―――: Die Capitularia missorum specialia von 802, DA 12 (1956), S. 498-516.

Eichmann, Eduard: Die Adoption des deutschen Könige, ZRG KA 37 (1916), S. 291-312.

―――: Königs-und Bischofsweihe (Sitzungsberichte der Bayerischen Akademie der Wissenschaften. Philosophisch-Philologische und Historische Klasse 6. Abhandlung) 1928.

Eiten, Gustav: Das Unterkönigtum im Reiche der Merowinger und Karolinger (Heidelberger Abhandlungen 18), Heiderberg 1907.

Engels, Odilo: Zum päpstlich-fränkischen Bündnis im 8. Jahrhundert, in: Dieter Berg, Hans-Werner Goetz (Hg.), Ecclesia et regnum. Beiträge zur Geschichte von Kirche, Recht und Staat im Mittelalter. Festschrift für Franz-Josef Schmale zu seinem 65. Geburtstag, Bochum 1989, S. 21-38.

―――: Zum Rombesuch Karl des Großen im Jahre 774, in: Jürgen Schneider und Gerhard Rechter (Hg.), Festschrift für Alfred Wendehorst zum 65. Geburtstag (Jahrbuch für fränkische Landesforschung 52, 1), Neustadt a. d. Aisch 1992, S. 15-24.

Enright, Michael J.: Iona, Tara and Soissons. The Origin of the Royal Anoiting Ritual (Arbeiten zur Frümittelalterforschung, 17), Berlin/New York 1985.

Epperlein Siegfried: Über das romfreie Kaisertum im frühen Mittelalter, Jahrbuch für Geschichte 2 (1967), S. 307-342.

Erdmann, Carl: Die Entstehung des Kreuzzugsgedankens, Stuttgart 1935, Darmstadt 1980.

――: Die nichtrömische Kaiseridee, in: Ders., Forschungen zur politischen Ideenwelt des Frühmittelalters, hg. von F. Baethgen, Berlin 1951, S. 1-51.

Erkens, Franz-Reiner: Divisio legitima und unitas imperii. Teilungspraxis und Einheitsstreben bei der Thronfolge im Frankenreich, DA 52 (1996), S. 423-485.

――: Auf der Suche nach den Anfängen: Neue Überlegungen zu den Ursprüngen der fränkischen Königssalbung, ZRG KA 121 (2004), S. 494-509.

Ewig, Eugen: Zum christlichen Königsgedanken im Frühmittelalter, in: Königtum (Vorträge und Forschungen 3), Lindau/Konstanz 1956, S. 7-73 (auch in: Ders., Spätantikes und fränkisches Gallien Bd. 1 (Beihefte der Francia, 3/1) Zürich/München 1976, S. 3-71).

――: Das Bild Constantins des Großen in den ersten Jahrhunderten des abendländischen Mittelalters, in: Ders., Spätantikes und fränkisches Gallien Bd. 1, S. 72-113.

――: Résidence et capitale pendant le haut moyen âge, in: Ders., Spätantikes und fränkisches Gallien Bd. 1, S. 362-408.

――: Noch einmal zum Staatsstreich Grimoald, in: Ders., Spätantikes und fränkisches Gallien Bd. 1, S. 573-577.

――: Milo et eiusmodi similes, in: Ders., Spätantikes und fränkisches Gallien Bd. 1, S. 189-219.

――: Beobachtungen zur Entwicklung der fränkischen Reichskirche unter Chrodegang von Metz, in: Ders., Spätantikes und fränkisches Gallien Bd. 2, S. 220-231.

――: Saint Chrodegang et la reforme de l'église franque, in: Ders., Spätantikes und fränkisches Gallien Bd. 2, S. 232-259.

――: Die Zeitalter Karls des Großen, in: H. Jedin (Hg.), Handbuch der Kirchengeschichte, 3, 1 Freiburg/Basel/Wien 1966, S. 62-118.

――: Überlegungen zu den merowingischen und karolingischen Teilungen, SSCI 27 (1981), S. 225-253.

Falkenstein, Ludwig: Der ›Lateran‹ der karolingischen Pfalz zu Aachen (Kölner Historische Abhandlungen, 13), Köln/Graz 1966.

Fanning, Steven C.: Lombard Arianism Reconsidered, Speculum 56 (1981), S. 241-258.

Faulhaber, Roland: Der Reichseinheitsgedanke in der Literatur der Karolingerzeit bis zum Vertrag von Verdun (Historische Studien, 204), Berlin 1931.

Fischer, Johannes: Der Hausmeier Ebroin, Diss. Bonn 1954.

Fichtenau, Heinrich: Das karolingische Imperium. Soziale und geistige Problematik eines Großreiches, Zürich 1949.

―――: Byzanz und die Pfalz zu Aachen, MIÖG 59 (1951), S. 1-54.

―――: Karl der Große und das Kaisertum, MIÖG 61 (1953), S. 257-334 (=mit einer Einleitung zum Nachdruck, Darmstadt 1971).

―――: Politische Datierung des frühen Mittelalters, in: Wolfram (Hg.), Intitulatio II, S. 453-548.

―――: Zum Reliquienwesen des früheren Mittelalters, in: Ders., Beiträge zur Mediävistik, Stuttgart 1975, S. 108-144.

Fleckenstein, Josef: Fulrad von Saint-Denis und der fränkische Ausgriff in den süddeutschen Raum, in: Gerd Tellenbach (Hg.), Studien und Vorarbeiten zur Geschichte des großfränkischen und frühdeutschen Adels (Forschungen zur oberrheinischen Landesgeschichte, 4), Freiburg i. Br. 1957, S. 71-136.

―――: Die Bildungsreform Karls des Großen als Verwirklichung der Norma rectitudinis, Freiburg i. Br. 1953.

―――: Die Hofkapelle der deutschen Könige, Bd. 1: Grundlegung. Die karolingische Hofkapelle (Schriften der MGH 16/1), Stuttgart 1959.

―――: Das Großfränkische Reich: Möglichkeiten und Grenzen der Großreichsbildung im Mittelalter, in: Ders., Ordnungen und formende Kräfte des Mittelalters, Göttingen 1989, S. 1-27.

―――: Karl der Große und sein Hof, in: Ders., Ordnungen und formende Kräfte des Mittelalters, S. 28-66.

―――: Die Struktur des Hofes Karls des Großen im Spiegel von Hinkmars De ordine palatii, in: Ders., Ordnungen und formende Kräfte des Mittelalters, S. 67-83.

―――: Karl der Große, seine Hofgelehrten und das Frankfurter Konzil von 794, in: Berndt (Hg.), Frankfurter Konzil, S. 27-48.

Folz, Robert: Le couronnement imperial de Charlemagne, Édition revue et mise à jour, Paris 1989.

Fouracre, Paul: Observations on the Outgrowth of Pippinid Influence in the Regnum Francorum after the Battle of Tertry (687-705), Medieval Prosopography 5/6 (1984), S. 1-13.

―――: The Age of Charles Martel, Harlow 2000.

Freemann, Ann: Theodulf of Orléans and the „Libri Carolini", Viator 16 (1957), S. 663-705.

―――: Further Studies in the „Libri Carolini", I/II, Speculum 40 (1965), S. 203-289. III, Speculum 46 (1971), S. 597-612.

―――: Carolingian Orthodoxy and the Fate of the „Libri Carolini", Viator16 (1985), S. 65-108.

―――: Additions and Corrections to the „Libri Carolini". Links with Alcuin and the Adoptionist Controversy, in: S. Krämer und M. Bernhard (Hg.), Scire litteras. Forschungen zum mittelalterlichen Geistesleben (Abhandlungen der bayeri-

schen Akademie der Wissenschaften, Phil. -hist. Klasse 99), München 1988, S. 159-169.
―――: Art. Libri Carolini, LM, Bd. 5, Sp. 1953f.
Fried, Johannes: Der karolingische Herrschaftsverband im 9. Jh. zwischen „Kirche" und „Königshaus", HZ 235 (1982), S. 1-43.
――― (Hg.): 794 - Karl der Große in Frankfurt am Main. Ein König bei der Arbeit. Ausstellung zum 1200-Jahre-Jubiläum der Stadt Frankfurt am Main, Sigmaringen 1994.
―――: Le Jan (Hg.), Royauté, S. 71-110.
―――: Papst Leo III. besucht Karl den Großen in Paderborn oder Einhards Schweigen, HZ 272 (2001), S. 281-326.
―――: Donation of Charlemagne and *Constitutum Constantini* (Millennium-Studien, Bd. 3), Berlin/New York 2007. Fritze, Wolfgang: Papst und Frankenkönig. Studien zu den päpstlich-fränkischen Rechtsbeziehungen von 754 bis 824 (Vorträge und Forschungen, Sonderband 10), Sigmaringen 1973.
Fuhrmann, Horst: Konstantinische Schenkung und abendländisches Kaisertum, DA 22 (1966), S. 63-178.
―――: Das Papsttum und das kirchliche Leben im Frankenreich, SSCI 27 (1981), S. 419-456.
Fuhrmann, Manfred.: Bemerkungen zu Theodulfs Paraenesis ad iudices, in: K. Luig und D. Liebs (Hg.), Das Profil des Juristen in der europäischen Tradition. Symposion aus Anlaß des 70. Geburtstages von Franz Wieacker, Ebelsbach 1980, S. 257-277.

Ganshof, François Louis: Note sur deux capitulaires non datés de Charlemagne, in: Miscellanea Historica in honorem Leonis van der Essen, Bd. 1, Louvain-Bruxelles 1947, S. 123-133.
―――: Notes sur les origines byzantines du titre ›Patricius Romanorum‹, Annuaire de l'Institut de Philologie et d'Histoire orientales et slavers 10 (1950), S. 261-282.
―――: Was waren die Kapitularien? Mit Berücksichtigung der französischen Ausgabe aus dem Niederländischen übertragen von W. A. Eckhardt, Weimar und Darmstadt 1961.
―――: Note sur les ‹Capitula de causis cum episcopis et abbatibus tractandis› de 811, Studi Gratiana 13 (1967), S. 1-25.
―――: Frankish Institutions under Charlemagne, New York 1968.
―――: Charlemagne, in: Ders., The Carolingians and the Frankish Monarchy, übersetzt von Janet Sondheimer, Ithaca 1971, S. 17-27.
―――: The Imperial Coronation of Charlemagne: Theories and Facts, in: Ders., The Carolingians and the Frankish Monarchy, S. 41-54.

———: Charlemagne's Programme of Imperial Government, in: Ders., The Carolingians and the Frankish Monarchy, S. 55-85.

———: The Institutional Framework of the Frankish Monarchy: A Survey of its General Characteristics, in: Ders., The Carolingians and the Frankish Monarchy S. 86-110.

———: Charlemagne's Use of the Oath, in: Ders., The Carolingians and the Frankish Monarchy, S. 111-124.

———: The Use of the Written Word , in: Ders., The Carolingians and the Frankish Monarchy, S. 125-142.

———: The Impact of Charlemagne on the Institutions of the Frankish Realm, in: Ders., The Carolingians and the Frankish Monarchy, S. 143-161.

———: The Last Period of Charlemagne's Reign: A Study in Decomposition, in: Ders., The Carolingians and the Frankish Monarchy, S. 240-255.

———: Charlemagne's Failure, in: Ders., The Carolingians and the Frankish Monarchy, S. 256-260.

———: Some Observations on the Ordinatio Imperii of 817, in: Ders., The Carolingians and the Frankish Monarchy, S. 273-288.

Garrison, Mary: The Emergence of Carolingian Latin Literature and the Court of Charlemagne (780-814), in: Rosamond McKitterick (Hg.), Carolingian Culture: Emulation and Innovation, Cambridge 1994, S. 11-140.

———: The English and the Irish at the Court of Charlemagne, in: Butzer, (Hg.), Karl der Große und sein Nachwirken, S. 97-124.

———: Letters to a King and Bibical Exempla: The Examples of Cathuulf and Clemens Peregrinus, Early Miedieval History 7 (1998), S. 305-28.

———: The Franks as the New Israel? Education of an Identity from Pippin to Charlemagne. in: Yitzhak Hen und Matthew Innes (Hg.), The Uses of the Past in the Early Middle Ages, Cambridge 2000, S. 114-161.

Geary, Patrick J.: Aristocracy in Provence. The Rhône Basin at the Dawn of the Carolingian Age, Stuttgart 1985.

Gerberding, Richard A.: The Rise of the Carolingians and the Liber Historiae Francorum, Oxford 1987.

Gockel, Michael: Karolingische Königshofe am Mittelrhein (Veröffentlichungen des Max-Planck-Instituts für Geschichite 31), Göttingen 1970.

Godman, Peter: Poetry of the Carolingian Renaissance, Norman 1985.

———: Poets and Emperors. Frankish Politics and Carolingian Poetry, Oxford 1987.

Godman, Peter und Collins, Roger (Hg.), Charlemagne's Heir. New Perspectives on the Reign of Louis the Pious (814-840), Oxford 1990.

Godman Peter, Jarnut, Jörg, Johanek, Peter (Hg.): Am Vorabend der Kaiserkrönung, Berlin 2002.

Goetz, Hans-Werner: Regnum: Zum politischen Denken der Karolingerzeit, ZRG

GA 104 (1987), S. 110-189.

Grierson, Philipp: The Coronation of Charlemagne and the Coinage of Pope Leo III, Revue belge de philologie et d'histoire 30 (1952), S. 825-833.

―――: Money and Coinage under Charlemagne, in: Braunfels (Hg.), Karl der Große, Bd. 1, S. 501-536.

Grotz, Hans: Beobachtungen zu den zwei Briefen Papst Gregor II. an Kaiser Leo III, Archivum Historiae Pontificae 18 (1980), S. 9-40.

Guillot, Olivier: Une ordination méconnue. Le Capitulaire de 823-825, in: Godman (Hg.), Charlemagne's Heir, S. 455-486.

Haar, Karl-Heinz: Studien zur Entstehungs-und Entwicklungsgeschichte des fränkischen Maior Domus-Amts. Zur Kontinuität einer spätrömischen Institution und ihrer Stellung bei den Franken vornehmlich bis zum Ausgang des 6. Jahrhunderts. Diss. Augsburg 1968.

Hack, Achim Thomas: Das Empfangszeremoniell bei mittelalterlichen Papst-und Kaiser-Treffen (Forschungen zur Kaiser-und Papstgeschichte des Mittelalters, Beihefte zu J. F. Böhmer, Regesta Imperii 18), Köln 1998.

―――: Zur Herkunft der karolingischen Königssalbung, ZKG 110 (1999), S. 170-190.

Hägermann, Dieter: Reichseinheit und Reichsteilung. Bemerkungen zur Divisio regnorum von 806 und zur Ordinatio Imperii von 817, HJB 95 (1975), S. 278-307.

―――: Karl der Große. Herrscher des Abendlandes, Berlin/München 2000.

Hageneder, Othmar: Das crimen maiestatis, der Prozeß gegen die Attentäter Papst Leos III. und die Kaiserkrönung Karls des Großen, in: Aus Kirche und Reich. Studien zu Theologie, Politik und Recht im Mittelalter. Festschrift für Friedrich Kempf, Sigmaringen 1983, S. 55-79.

Hallenbeck, Jan T.: Rome under Attack: An Estimation of King Aistulf's Motives for the Lombard Siege of 756, Medieval Studies 40 (1978), S. 190-222.

―――: Pavia and Rome: The Lombard Monarchy in the Eighth Century, Philadelphia 1982.

Haller, Johannes: Die Karolinger und das Papsttum, HZ 108 (1912), S. 38-76.

―――: Das Papsttum. Idee und Wirklichkeit, 2 Bde., Basel 1951.

Hampe, Karl: Hadrians I. Vertheidigung der zweiten nicaenischen Synode, NA 21 (1896), S. 85-88.

Hannig, Jürgen: Consensus fidelium: Frühfeudale Interpretationen des Verhältnisses von Königtum und Adel am Beispiel des Frankenreiches (Monographien zur Geschichte des Mittelalters 27), Stuttgart 1982.

―――: Pauperiores vassi de infra palatio? Zur Entstehung der karolingischen Königsbotenorganisation, MIÖG 91 (1983), S. 309-374.

Harrison, Dick: The Lombards in the Eary Carolingian Epoch, in: Butzer (Hg.), Karl der Große und sein Nachwirken, S. 125-154.

Hartmann, Wilfried: Das Konzil von Frankfurt 794 und Nizäa 787, AHC 20 (1988), S. 307-324.

――: Zu einigen Problemen der karolingischen Konzilsgeschichte, AHC 9 (1977), S. 6-28.

――: Die karolingische Reform und die Bibel, AHC 18 (1986), S. 58-74.

――: Die Synoden der Karolingerzeit im Frankenreich und in Italien (Konziliengeschichte, hg. von W. Brandmüller, Reihe A: Darstellungen), Paderborn 1989.

――: Der Frieden im frühen Mittelalter. Zwei Studien (Beiträge zur Friedensethik 12), Barsbüttel 1992.

Haselbach, Irene: Aufstieg und Herrschaft der Karolinger in der Darstellung der sogenannten Annales Mettenses priores. Ein Beitrag zur Geschichte der politischen Ideen im Reiche Karls des Großen (Historische Studien 412), Lübeck/Hamburg 1970.

Hauck, Albert: Kirchengeschichte Deutschlands, Bd. 1, Leipzig 1887. Bd. 2. Leipzig 1890.

Hauck, Karl: Ein Utrechter Missionar auf der altsächsischen Stammesversammlung, in: Das erste Jahrtausend: Kultur und Kunst im werdenden Abendland an Rhein und Ruhr. Textband 2, hg. v. Victor H. Elbern, Düsseldorf 1964, S. 734-745.

――: Von einer spätantiken Randkultur zum karolingischen Europa, FMST 1 (1967), S. 3-93.

――: Die Ausbreitung des Glaubens in Sachsen und die Verteidigung der römischen Kirche als konkurrierende Herrscheraufgaben Karls des Großen, FMST 4 (1970), S. 138-172.

――: Karl der Große in seinem Jahrhundert, FMST 9 (1979), S. 202-214.

――: Paderborn, das Zentrum von Karls Sachsen-Mission 777, in: Josef Fleckenstein und Karl Schmid (Hg.), Adel und Kirche: Gerd Tellenbach zum 65. Geburtstag dargebracht von Freunden und Schülern , Freiburg/Basel/Wien 1980, S. 92-140.

――: Karl als neuer Konstantin 777. Die archäologischen Entdeckungen in Paderborn in historischer Sicht, FMST 20 (1986), S. 513-540.

Heidrich, Ingrid: Titulatur und Urkunden der arnulfingischen Hausmeier, AfD 11/12 (1965/66), S. 71-279.

――: Von Plectrud zu Hildegard. Beobachtungen zum Besitzrecht adliger Frauen im Frankenreich des 7. und 8. Jahrhunderts und zur politischen Rolle der Frauen der frühen Karolingerzeit, RhV 52 (1988), S. 1-15.

――: Les maires du palais neustriens du milieu du VIIe au milieu VIIIe siècle, in: Atsma (Hg.), Neustrie, S. 217-229.

Heil, Wilhelm: Der Adoptianismus, Alkuin und Spanien, in: Braunfels (Hg.), Karl der

Große, Bd. 2, S. 95-155.

―――: Alkuinstudien I, Düsseldorf 1970.

Heldmann, Karl: Das Kaisertum Karls des Großen: Theorie und Wirklichkeit, Weimar 1928.

Hen, Yitzhak: The Royal Patronage of Liturgy in Frankish Gaul to the Death of Charles the Bald (877), London 2001.

Hennebicque-Le Jan, Régine: Prosopographica neustrica: Les agents du roi en Neustrie de 639 à 840, in: Atsma (Hg.), Neustrie, Bd. 1, S. 231-269.

Hentze, Wilhelm (Hg.), De Karolo rege et Leone Papa, Paderborn 1999.

Herbers, Klaus: Der Pontifikat Papst Leos III. (795-816), in: Stiegemann (Hg.), 799 - Kunst und Kultur in der Karolingerzeit, S. 13-18.

―――: Das Bild Papst Leos III. In der Perspektive des Liber pontificalis, in: Niederkorn-Bruck (Hg.), Arn von Salzburg, S. 137-154.

Hlawitschka, Eduard: Franken, Alemannen, Bayern und Burgunder in Oberitalien (774-962) (Forschungen zur oberrheinischen Landesgeschichte 8), Freiburg i. B. 1960.

―――: Zur landschaftlichen Herkunft der Karolinger, RhV 27 (1962), S. 1-17.

―――: Die Vorfahren Karls des Großen, in: Braunfels (Hg.), Karl der Große, Bd. 1, S. 51-82.

―――: Karl Martell, das römische Konsulat und der römische Senat: Zur Interpretation von Fredegarii Continuatio cap. 22, in: W. Besch (Hg.), Die Stadt in der europäische Geschichte: Festschrift Edith Ennen, Bonn 1972, S. 74-90.

―――: Adoptionen im mittelalterlichen Königshaus, Beiträge zur Wirtschafts-und Sozialgeschichte des Mittelalters: Festschrift für H. Helbig, Köln 1976.

―――: Zu den Grundlagen des Aufstiegs der Karolinger. Beschäftigung mit zwei Büchern von Matthias Werner, RhV 49 (1985), S. 1-61.

Hoechstetter, Mathilde: Karl der Große, König, Patrizius und Kaiser als Rector ecclesiae, Diss. München/Augsburg 1934.

Hoffmann, Hartmut: Untersuchungen zur karolingischen Annalistik (Bonner historische Forschungen 10), Bonn 1958.

Honselmann, Klemens: Paderborn 777-›Urbs Karoli‹: Karlsburg, Westfälische Zeitschrift 130 (1980), S. 398-402.

―――: Die Bistumsgründungen in Sachsen unter Karl dem Großen mit einem Ausblick auf spätere Bistumsgründungen und einem Exkurs zur Übernahme der christlichen Zeitrechnung im frühmittelalterlichen Sachsen, AfD 30 (1984), S. 1-50.

Hürten, Heinz: Alkuin und der Episkopat um Reiche Karls des Großen, HJB 82 (1963), S. 22-49.

Hugot, Leo: Die Pfalz Karls des Großen in Aachen, in: Braunfels (Hg.), Karl der Große, Bd. 3, S. 534-572.

Huyghebaert, Nicolas: La donation de Constantin ramenée à ses véritables dimensions, Revue d'histoire ecclésiastique 71 (1976), S. 45-69.

Innes, Matthew: Teutons or Trojans? The Carolingians and the Germanic Past, in: Yizhak Hen und Matthew Innes (Hg.), The Uses of the Past in the Early Middle Ages, Cambridge 2000, S. 227-249.

Jäschke, Kurt-Ulrich: Bonifatius und die Königssalbung Pippins des Jüngern, AfD 23 (1977), S. 25-54.

―――: Die Gründungszeit der mitteldeutschen Bistümer und das Jahr des Concilium Germanicum, in: Helmut Beumann (Hg.), Festschrift für Walter Schlesinger, Bd. 2, 1974, S. 71-136.

Jacobsen, Werner: Die Pfalzkonzeptionen Karls des Großen, in: L. E. Saura-Jeltsch (Hg.), Karl der Große als vielberufener Vorfahr: Sein Bild in der Kunst der Fürsten, Kirchen und Städte, Sigmaringen 1994, S. 23-48.

Jarnut, Jörg: Quierzy und Rom. Bemerkungen zu den ›Promissiones Donationis‹ Pippins und Karls, HZ 220 (1975), S. 265-297.

―――: Bonifatius und die fränkischen Reformkonzilien (743-748), ZRG KA 66 (1979), S. 1-26.

―――: Geschichte der Langobarden, Stuttgart 1982.

―――: Wer hat Pippin 751 zum König gesalbt?, FMSt 16 (1982), S. 45-57.

―――: Chlodwig und Chlothar. Anmerkungen zu den Namen zweier Söhne Karls des Großen, Francia 12 (1985), S. 645-651.

―――: Ein Bruderkampf und seine Folgen: Die Krise des Frankenreiches 768-771, Georg Jenal (Hg.), Herrschaft, Kirche, Kultur. Beiträge zur Geschichte des Mittelalters. Festschrift für Friedrich Prinz zum 65. Geburtstag. Stuttgart 1994, S. 165-176.

Jarnut/Ulrich Nonn/Michael Richter (Hg.), Karl Martell in seiner Zeit (Beihefte der Francia 37), Sigmaringen 1994.

―――: Die Adoption Pippins durch König Liutprand und die Italienpolitik Karl Martells, in: Jarnut (Hg.), Karl Martell in seiner Zeit, S. 217-226.

――― (Hg.): Am Vorabend der Kaiserkrönung. Das Epos „Karolus Magnus et Leo Papa" und der Papstbesuch in Paderborn, Paderborn 2000

―――: Genealogie und politische Bedeutung der agilolfingischen Herzöge, MIÖG 99 (1991), S. 1-22.

Joch, Waltraud: Karl Martell - ein minderberechtigter Erbe Pippins Martell - ein. ?, in: Jarnut (Hg.), Karl Martell in seiner Zeit, S. 149-169.

―――: Legitimität und Integration. Untersuchungen zu den Anfängen Karl Martells (Historische Studien 456), Husum 1999.

Jussen, Patenschaft und Adoption Jussen, Bernhard: Patenschaft und Adoption im frühen Mittelalter. Künstliche Verwandtschaft als soziale Praxis (Veröffentlichungen des Max-Planck-Instituts für Geschichte 98), Göttingen 1991.

Kahl, Hans-Dietrich: Karl der Große und die Sachsen. Stufen und Motive einer historischen ›Eskalation‹, in: Herbert Laudat und Christoph Schwinges (Hg.), Politik, Gesellschaft, Geschichtsschreibung. Giessener Festgabe für František Graus zum 60. Geburtstag, Köln/Wien 1982, S. 49-130.

Kampers, Franz: Rex et Sacerdos, HJB 45 (1925), S. 495-515.

Kantorowicz, Ernst H.: Laudes Regiae. A Study in Liturgical Acclamations and Mediaeval Ruler Worship (University of California Publications in History 33), Berkeley 1946.

Kasten, Brigitte: Adalhard von Corbie. Die Biographie eines karolingischen Politikers und Klostervorstehers, Düsseldorf 1986.

―――: Königssöhne und Königsherrschaft. Untersuchungen zur Teilhabe am Reich in Merowinger-und Karolingerzeit (Monumenta Germaniae Historica, Schriften 44), Hannover 1997.

Keller, Hagen: Zur Struktur der Königsherrschaft im karolingischen und nachkarolingischen Italien. Der 'consiliarius regis' in den italienischen Königsdiplomen vom 9. bis 11. Jahrhundert, QFIAB 47 (1967), S. 123-223.

Kern, Fritz: Gottesgnadentum und Widerstandsrecht im früheren Mittelalter. Zur Entwicklungsgeschichte der Monarchie, hg. v. R. Buchner, Darmstadt 1954.

King, P. David: Charlemagne: Translated Sources, Lancaster 1987.

Kleinclausz, Arthur: Alcuin, Paris 1948.

―――: Königtum. Seine geistlichen und rechtlichen Grundlagen (Vorträge und Forschungen 3), Lindau/Konstanz 1956.

Koller, Heinrich: Die Awarenkriege Karls des Großen, Mitteilungen der österreichischen Arbeitsgemeinschaft für Ur- und Frühgeschichte 15 (1964), S. 1-12.

Korzeniewski, Dietmar: Hirtengedichte aus spätrömischer und karolingischer Zeit, Darmstadt 1976.

Krah, Adelheid: Zur Kapitulariengesetzgebung in und für Neustrien, in: Atsma (Hg.), Neustrien. S. 565-581.

Krause, Victor: Geschichte des Institutes der missi dominici, MIÖG 11 (1890), S. 193-300.

Krüger, Karl Heinrich: Königskonversionen im 8. Jahrhundert, FMSt 7 (1973), S. 175-202.

Lammers, Walter: Ein karolingisches Bildprogramm in der Aula regia von Ingelheim, in: Festschrift für Hermann Heimpel zum 70. Geburtstag Bd. 3 (Veröffentlichungen des Max-Planck-Instituts für Geschichte 36), S. 226-289.

――― (Hg.): Die Eingliederung der Sachsen in das Frankenreich, Dramstadt 1970.
Last, Martin: Niedersachsen in der Merowingerzeit und Karolingerzeit, Geschichte Niedersachsens, hg. von Hans Patze, Bd. 1, Grundlagen und Frühes Mittelalter, Hildesheim 1977, S. 543-652.
Lamberz, Erich: Studien zur Überlieferung der Akten des VII. Ökumenischen Konzils: Der Brief Hadrians I. an Konstantin VI. und Irene (JE 2448), DA 53 (1997), S. 1-43.
Lehmann, Paul: Fuldauer Studien, München 1927.
Le Jan, Régine (Hg.): La royautéet les élites dans l'Europe carolingienne, Paris 1998.
Levillain, Leon: Avènement de la dynastie carolingienne et les origines de l'état pontifical (749-757), BECh 94 (1933), S. 225-295.
―――: Le couronnement impérial de Charlemagne, Revue d'histoire de l'église en France 18 (1932), S. 5-19.
Levison, Wilhelm: Pippin und die römische Kirche, Historische Vierteljahrschrift 20 (1920/21), S. 330-337; jetzt in: Ders., Aus rheinischer und fränkischer Frühzeit, Düsseldorf 1948, S. 383-389.
―――: Konstatinische Schenkung und Silvester-Legende, in: Miscellanea Francesco Ehrle, Bd. 2, Roma 1924, S. 159-247, jetzt in: Ders., Aus rheinischer und fränkischer Frühzeit, S. 390-465.
―――: England and the Continent in the Eighth Century, Oxford 1946; ND 1966.
Lilienfein, Heinrich: Die Anschauungen von Staat und Kirche im Reiche der Karolinger. Ein Beitrag zur mittelalterlichen Weltanschauung (Heidelberger Abhandlungen zur mitteren und neueren Geschichte 1) 1902.
Lintzel, Martin: Karl der Große und Karlmann, HZ 140 (1929), S. 1-22, jetzt in: Ders., Ausgewählte Schriften, Bd. 2, Berlin 1961, S. 10-26.
―――: Der Codex Carolinus und die Motive von Pippins Italienpolitik, HZ 161 (1940), S. 33-41, jetzt in: Ders., Ausgewählte Schriften, Bd. 2, Berlin 1961, S. 3-9.
―――: Der sächsische Stammesstaat und seine Eroberung durch die Franken (Historische Studien 227), Berlin 1933.
―――: Die Capitulatio de partibus Saxoniae. Untersuchungen zur Geschichte der alten Sachsen VX, in: Sachsen und Anhalt 13 (1937), S. 65-77; wiederabgedruckt in: Ders., Ausgewählte Schriften, Bd. 1, Berlin 1961, S. 380-389.
Llewellyn, Peter: Le contexte romain du couronnement de Charlemagne. Le temps de l'Avent de l'année 800, MA 96 (1990), S. 209-225.
Löwe, Heinz: Die karolingische Reichsgründung und der Südosten. Studien zum Werden des Deutschtums und seiner Auseinandersetzung mit Rom (Forschungen zur Kirchen-und Geistesgeschichte 13), 1937.
Lobbedey, Uwe: Carolingian Royal Palaces: The State of Research from an Architectural Historian's Viewpoint. in: Catherine Cubitt (Hg.), Court Culture in the Early Middle Ages, Turnhout 2003, S. 129-154.

―――: Die Irminsul und die Religion der Sachsen, DA 5 (1941), S. 1-22.

―――: Bonifatius und die bayerisch-fränkische Spannung: Ein Beitrag zur Geschichte der Beziehungen zwischen dem Papsttum und den Karolingern, Jahrbuch für fränkische Landesforschung 15 (1955), S. 85-127.

―――: Von Theoderich dem Großen zu Karl dem Großen, in: Ders., Von Cassiodor zu Dante, Berlin/New York 1973, S. 33-74.

―――: Religio christiana. Rom und das Kaisertum in Einhards Vita Karoli magni, in: Studi in onore di E. Duprè Theseider 1, Roma 1974, S. 1-20.

Lot, Ferdinand: Le premier capitulaire de Charlemagne, in: Ders., Recueil des travaux historiques de Ferdinand Lot, Bd. 2, Genève 1970, S. 317-323.

Luchterhandt, Manfred: Famulus Petri. Karl der Große in den römischen Mosaikbildern Leo III., in: Stiegemann (Hg.), 799 - Kunst und Kultur der Karolingerzeit, Bd. 1, S. 109-122.

Manacorda, Francesco: Ricerche sugli inizii della dominazione dei Carolingi in Italia, Instituto storico italiano per il medio evo, Studi Storivi, fasc. 71-72, Rome 1968.

Markus, Robert: Gregory the Great's Rector and his Genisis, in: Jacques Fontaine, Robert Gillet und Stan Pellistrandi (Hg.), Gregoire le Grand, Paris 1986, S. 137-46 = ders., Gregory the Great and his World, Cambridge 1986.

Martin, Thomas: Bemerkungen zur Epistola de litteris colendis, AfD 31 (1985), S. 227-272.

Mayer, Theodor: Staatsauffassung in der Karolingerzeit, in: Königtum, S. 169-184.

Mayr-Harting, Henry: Warum 799 in Paderborn?, in: Stiegemann (Hg.), 799 - Kunst und Kultur der Karolingerzeit, S. 2-6.

McCormick, Michael: Eternal Victory. Triumphal Rulership in Late Antiquity, Byzantium and the Early Medieval West, Cambridge 1986.

McKitterick, Rosamond: The Frankish Church and the Carolingian Reforms, 789-895, London 1977.

―――: The Frankish Kingdoms under the Carolingians, 751-987, London/New York 1983.

―――: The Carolingians and the Written Word, Cambridge 1989.

Mentzer, A: Die Jahresmerkmale in den Datierungen der Papsturkunden bis zum Ausgang des 11. Jahrhunderts, Römische Quartalschrift für christliche Altertumskunde und Kirchengeschichte 40 (1932), S. 27-103.

Merta, Brigitte: Salzburg und die Karolinger im Spiegel der Königsurkunden, in: Niederkorn-Bruck/Scharer, Arn von Salzburg, S. 56-67.

Meyer, Hans Eugen: Die Pfalzgrafen der Merowinger und Karolinger, ZRG GA 42 (1921), S. 380-463.

Meyvaert, Paul: The Authorship of the Libri Carolini. Observations Prompted by a Recent Book, Revue bénédictine 89 (1979), S. 29-57.

Michels, Helmut: Zur Echtheit der Briefe Papst Gregors II. an Kaiser Leon III., ZKG 99 (1988), S. 376-391.
Mikoletzky, Hans Leo: Karl Martell und Grifo, in: Festschrift E. E. Stengel, Münster 1952, S. 130-52.
Miller, David Harry: The Roman Revolution of the Eighth Century: A Study of the Ideological Background of the Papal Separation from Byzantium and Alliance with the Franks, Medieval Studies 36 (1974), S. 79-133.
Mitteis, Heinrich: Der Vertrag von Verdun im Rahmen der karolingischen Verfassungspolitik, in: Theodor Mayer (Hg.), Der Vertrag von Verdun 843, Leipzig 1943, S. 66-100 (ND. in: Ders., Die Rechtsidee in der Geschichte. Gesammelte Abhandlungen und Vorträge, Weimar 1957, S. 425-458).
Mohr, Walter: Studien zur Charakteristik des karolingischen Königtums im 8. Jahrhundert, Saarlouis 1955.
―――: Die karolingische Reichsidee, Münster 1962.
―――: Karl der Große, Leo III. und der römischer Aufstand von 799, Archivum Latinitatis medii aevi. Bulletin du Cange 30 (1960), S. 39-98.
Mordek, Hubert: Kirchenrechtliche Autoritäten im Frühmittelalter, in: Peter Classen (Hg.), Recht und Schrift im Mittelalter (Vorträge und Forschungen 3), Sigmaringen 1977, S. 237-255.
―――: Rom, Byzanz und die Franken im 8. Jahrhundert. Zur Überlieferung und kirchenpolitischen Bedeutung der Synodus Romana: Papst Gregors III. vom Jahre 732, in: G. Althoff, D. Geuenich, O. G. Oexle, J. Wollasch (Hg.), Person und Gemeinschaft. Festschrift K. Schmid, Sigmaringen 1988, S. 123-156.
―――: Bibliotheca capitularium regum Francorum manuscripta (MGH, Hilfsmittel, 15), München 1995.
―――: Aachen, Frankfurt, Reims. Beobachtungen zu Genese und Tradition des *Capitulare Fracofurtense* (a. 794), in: Berndt (Hg.), Frankfurter Konzil, S. 125-148.
―――: Studien zur fränkischen Herrschergesetzgebung, Frankfurt a. M. 2000.
―――: Die Anfänge der fränkischen Gesetzgebung für Italien, QFIAB 85 (2005), S. 1-35.
―――: Karls des Großen zweites Kapitular von Herstal und die Hungernot der Jahre 778/779, DA 61 (2005), S. 1-52.
Morrison, Karl F.: The Two Kingdoms. Ecclesiology in Carolingian Political Thought, Princeton 1964.

Nagel, Helmut: Karl der Große und die theologischen Herausforderungen seiner Zeit (Freiburger Beiträge zur mittelalterlichen Geschichte 12), Frankfurt a. M. 1998.
Nehlsen, Hermann: Zur Aktualität und Effektivität germanischer

Rechtsaufzeichnugen, in: Peter Classen (Hg.), Recht und Schrift im Mittelalter (Vorträge und Forschungen 23), Sigmaringen 1977, S. 449-502.

Nelson, Janet L: Queens as Jezebels: Brunhild and Balthild in Merovingian History, in: Dies.: Politics and Ritual in Early Medieval Europe, London 1986, S. 1-48.

――――: Literacy in Carolingian Government, in: R. McKitterick (Hg.), The Uses of Literacy in Early Medieval Europe, Cambridge 1990, S. 258-96.

――――: Translating Images of Authority: The Christian Roman Emperors in the Carolingian World, in: Dies., The Frankish World, 750-900, London/Rio Grande 1996, S. 89-98.

――――: Making a Difference in Eighth-Century Politics: The Daughters of Desiderius, in: Alexander Callander Murray (Hg.), After Rome's Fall: Narrators and Sources of Early Medieval History. Essays presented to Walter Goffart, Toronto/Buffalo/London 1998, S. 171-190.

――――: Aachen as a Place of Power, in: Mayke de Jong und Frans Theuws (Hg.), Topographies of Power in the Early Middle Ages (The Transformation of the Roman World 6), Leiden/Boston/Köln/Brill 2001, S. 217-242.

――――: Was Charlemagne's Court a Courtly Society?, in: C. Cubitt (Hg.), Court Culture in the Early Middle Ages, Turnhout 2003, S. 39-57.

Niederkorn-Bruck, Meta/Scharer, Anton (Hg.): Erzbischof Arn von Salzburg, Wien/München 2004.

Noble, Thomas F. X.: The Republic of St. Peter. The Birth of the Papal State, 680-825, Philadelphia 1984.

――――: Topography, Celebration and Power: The Making of a Papal Rome in the Eighth and Ninth Centuries, in: Mayke de Jong und Frans Theuws (Hg.), Topographies of Power in the Early Middle Ages (The Transformation of the Roman World 6), Leiden/Boston/Köln/Brill 2001, S. 45-91.

Nonn, Ulrich: Das Bild Karl Martells in den lateinischen Quellen vornehmlich des 8. und 9. Jahrhunderts, FMST 4 (1979), 70-137.

――――: Vom maior domus zum rex. Die Auffassung von Karl Martells Stellung im Spiegel der Titulatur, RhV 37 (1973), S. 107-116.

――――: Zur Königserhebung Karls und Karlmanns, RhV 39 (1975), S. 386f.

――――: Die Schlacht bei Poitiers 732. Probleme historischer Urteilsbildung, in: R. Schieffer (Hg.), Beiträge zur Geschichte des Regnum Francorum (Beihefte der Francia 22), Sigmaringen 1990, S. 37-56.

――――: Zur Vorgeschichte der Bildungsreform Karls des Großen, in: Butzer (Hg.), Karl der Große und sein Nachwirken, Bd. 1, S. 63-78.

Odegaard, Charles Edwin: Vassi and Fideles in the Carolingian Empire, Harvard 1945.

Oexle, Otto Gerhard: Gilden als soziale Gruppen in der Karolingerzeit, in: Herbert Jankuhn, Walter Janssen, Ruth Schmidt-Wiegand, Heinrich Tiefenbach (Hg.), Das Handwerk in vor-und Frühgeschichtlicher Zeit, Teil 1 (Abhandlungen der Akademie der Wissenschaften in Göttingen, Philologisch-Historische Klasse, 3. Folge 122), Göttingen 1981, S. 284-354.

Ohnsorge, Walter: Das Zweikaiserproblem im früheren Mittelalter, Hildesheim 1947.

―――: Das konstantinische Schenkung, Leo III. und die Anfänge der kurialen römischen Kaiseridee, in: Ders., Abendland und Byzanz, Darmstadt 1958, S. 79-110.

―――: Orthodoxus Imperator: Vom religiösen Motiv für das Kaisertum Karls des Großen, in: Ders., Abendland und Byzanz, S. 64-78.

―――: Renovatio regni Francorum, in: Ders., Abendland und Byzanz, S. 111-30.

―――: Das Kaisertum der Eirene und die Kaiserkrönung Karls des Großen, in: Ders., Konstantinopel und der Okzident, Darmstadt 1966, S. 49-92.

―――: Das Constitutum Constantini und seine Entstehung in: Ders., Konstantinopel und der Okzident, S. 92-162.

―――: Das Patricius-Titel Karls des Großen, in: Ders., Kontstantinopel und der Okzident, S. 1-28.

Ohr, Wilhelm Ludwig: Der karolingische Gottesstaat in Theorie und Praxis, Diss. Leipzig 1902.

Opfermann, Bernhard: Die liturgischen Herrscherakklamationen im Sacrum Imperium des Mittelalters, Weimar 1953.

Padberg, Lutz E. von: Mission und Christianisierung, Stuttgart 1995.

―――: Das Paderborner Treffen von 799 im Kontext der Geschichte Karl des Großen, in: Henze (Hg.), De Karolo rege et Leone papa, S. 9-104.

Patze, Hans: Mission und Kirchenorganisation in karolingerzeit, in: Patze (Hg.), Geschichte Niedersachsens, Bd. 1, Hildesheim 1977, S. 653-712.

Pfeil, Elisabeth: Die fränkische und deutsche Romidee des frühen Mittelalters (Forschungen zur mittelalterlichen und neueren Geschichte 3), München 1929.

Pohl, Walter: Die Awaren. Ein Steppenvolk in Mitteleuropa 567-822 n.Chr., München 1988.

―――: Die Awarenkriege Karls des Großen 788-803, Wien 1988.

―――: Ergebnisse und Probleme der Awarenforschung, MIÖG 96 (1988), S. 247-274.

Poly, J. -P: La corde au cou: Les Francs, la France et la loi salique, in: Genèse de l'Etat moderne en Méditerranée, Roma 1993, S. 287-320.

Pontal, Odette: Die Synoden im Merowingerreich, Paderborn 1986.

Ratkowitsch, Christine: Karolus magnus-alter Aeneas, alter Martinus, alter Iustinus. Zur Intention und Datierung der ›Aachener Karlsepos‹ (Wiener Studien, Beiheft 240), Wien 1997.

Reck, Alfons: Das Staatskirchentum Karls des Großen in der deutschsprachigen Forschung seit 1870, Diss. Freiburg 1948, Innsbruck 1952.

Reuter, Timothy: Kirchenreform und Kirchenpolitik im Zeitalter Karl Martells: Begriffe und Wirklichkeit, in: Jarnut (Hg.), Karl Martell in seiner Zeit, S. 35-60.

―――: The End of Carolingian Military Expansion, in: Godman (Hg.), Charlemagne's Heir, S. 391-405.

Riché, Pierre: Ecoles et enseignement dans le Haut Moyen Age, Paris 1979.

Richter, Michael: Die ›lange Machtergreifung‹ der Karolinger. Der Staatsstreich gegen die Merowinger in den Jahren 747-751, in Uwe Schulz (Hg.): Große Verschwörungen. Staatsstreiche und Tyrannensturz von der Antike bis zur Gegenwart, München 1998, S. 48-59.

Rieber, Ernst: Die Bedeutungen alttestamentlicher Vorstellungen für das Herrscherbild Karls des Großen und seines Hofkreises, Diss. Tübingen 1949.

Riesenberger, Dieter: Zur Geschichte des Hausmeiers Karlmann, Westfälische Zeitschrift 120 (1970), S. 271-286.

Robinson, Ian Stuart: Church and Papacy, in: J. H. Burns (Hg.), The Cambridge History of Medieval Political Thought c. 350-c. 1450, Cambridge 1988, S. 252-305.

Rodenberg, Carl: Pippin, Karlmann und Papst Stephen II. (Historische Studien 152), Berlin 1923.

Rosenthal, Joel T.: The Public Assembly in the Time of Louis the Pious, Traditio 20 (1964), S. 25-40.

Rotter, Ekkehard: Abendland und Sarazenen. Das okzidentale Araberbild und seine Entstehung im Frühmittelalter, Berlin/New York 1986.

Rouche, Michel: L'Aquitaine des Wisigoths aux Arabes 418-781. Naissance d'une region, Paris 1979.

―――: Remarques sur la géographie historiqueNeustrie (650-850), in: Atsma (Hg.), Neustrie, Bd. 1, S. 1-24.

Ruengeler, Josef: Das Bild Karl des Großen in der zeitgenössischen Annalistik und in der Gedichts-und Briefliteratur, Diss. Münster 1937.

Sackur, Ernst: Ein römischer Majestätsprozeßund die Kaiserkrönung Karls des Großen, HZ 87 (1901), S. 385-406.

Schaller, Dieter: Das Aachener Epos für Karl den Kaiser, in: Ders., Studien zur lateinischen Dichtung des Frühmittelalters, Stuttgart 1995, S. 129-163, 419-422.

―――: Interpretationsprobleme im Aachener Karlsepos, in: Ders., Studien zur lateinischen Dichtung des Frühmittelalters, S. 164-183, 422.

――: Der Dichter des Carmen de conversione Saxonum, in: Ders., Studien zur lateinischen Dichtung des Frühmittelalters, S. 313-331, 429-430.

――: Frühkarolingische Corippus-Rezeption, in: Ders., Studien zur lateinischen Dichtung des Frühmittelalters, S. 346-360.

――: Karl der Große im Lichte zeitgenössischer politischer Dichtung, in: Butzer (Hg.), Karl der Große und sein Nachwirken, Bd. 1, S. 193-219.

Schatz, Klaus: Königliche Kirchenregierung und römische Petrus‐Überlieferung im Kreise Karls des Großen, in: Berndt (Hg.), Frankfurter Konzil, S. 357-372.

Scheibe, Karolingischer Humanismus. Studien zu Geist und Ausdrucksform des Imperium christianum, Diss. Würzburg 1956.

――: Alcuin und die Admonitio generalis, DA 14 (1958), S. 221-229.

――: Alcuin und die Briefe des Karls des Großen, DA 15 (1959), S. 181-193.

Schieffer, Rudolf: Die Karolinger (Urban-Taschenbücher 411), Stuttgart 1992.

――: Vor 1200 Jahren: Karl der Große läßt sich in Aachen nieder, in: Butzer (Hg.), Karl der Große und sein Nachwirken, S. 3-21.

――: Das Attentat auf Papst Leo III., in: Godman (Hg.), Am Vorabend der Kaiserkrönung, S. 75-86.

――: Arn von Salzburg und die Kaiserkrönung Karls des Großen in: Bayern und Italien. Politik, Kultur, Kommunikation (8. -15. Jahrhundert) . Festschrift Kurt Reindel, hg. v. H. Dopsch, S. Freund und A. Schmid, München 2001, S. 104-121.

Schieffer, Theodor: Angelsachsen und Franken: Zwei Studien zur Kirchengeschichte des 8. Jahrhunderts (Akademie der Wissenschaften und der Literatur Mainz, Abhandlungen der Geistes- und Sozialwissenschaftlichen Klasse), Jahrgang 1950.

――: Winfrid-Bonifatius und die christliche Grundlegung Europas, Freiburg 1954, ND mit Nachwort, Darmstadt 1972.

Schlesinger, Walter: Die Auflösung des Karlsreiches, in: Braunfels (Hg.), Karl der Große, Bd. 1, Düsseldorf 1965, S. 792-858.

――: Kaisertum und Reichsteilung, Zur Divisio regnorum von 806, in: Ders., Beiträge zur deutschen Verfassungsgeschichte, Bd. 1, Göttingen 1963, S. 193-232 (Erstdruck: Forschungen zu Staat und Verfassung. Festgabe für Fritz Hartung, Berlin 1958, S. 9-52: auch in: G. Wolf (Hg.), Kaisertum, S. 116-73).

――: Karlingische Königswahlen, in: Ders., Beiträge zur deutschen Verfassungsgeschichte, Bd. 1, S, 88-138.

――: Beobachtungen zur Geschichte und Gestalt der Aachener Pfalz in der Zeit Karl des Großen, in: Wolf (Hg.), Kaisertum, S. 384-441. Erstdruck, in: Martin Klause u. a. (Hg.), Studien zur europäischen Vor- und Frühgeschichte, Neumünster 1968, S. 258-281.

Schmid, Karl: Zur Ablösung der Langobardenherrschaft durch die Franken, QFIAB 52 (1972), S. 1-36; Wiederabdruck, in: Ders., Gebetsgedenken und adliges Selbstverständnis im Mittelalter. Ausgewählte Beiträge, Sigmaringen 1983, S. 268-304.

Schmidt-Wiegand, Ruth: Gens Francorum inclita. Zu Gestalt und Inhalt des längeren Prologes der Lex Salica, in: Festschrift A. Hofmeister, Halle 1955.

Schmitt, Johannes: Untersuchungen zu den Liberi Homines der Karolingerzeit (Europäische Hochschulschriften 83), Frankfurt a. M. 1977.

Schmitz, Gerhard: Die Waffe der Fälschung zum Schutz der Bedrängten?: Bemerkungen zu gefälschten Konzils- und Kapitularientexten, in: Forschungen im Mittelalter, Teil 2 (Schriften der MGH 33, 2), Hannover 1988, S. 82-94.

Schneider, Reinhard: Brüdergemeine und Schwurfreundschaft (Historische Studien, 388), Lübeck/Hamburg 1964.

―――: Schriftlichkeit und Mündlichkeit im Bereich der Kapitularien, in: Peter Classen (Hg.), Recht und Schrift im Mittelalter, Sigmaringen 1977, S. 257-279.

―――: Karl der Große - politisches Sendungsbewußtsein und Mission, in: Knut Schäferdiek (Hg.), Kirchengeschichte als Missionsgeschichte, Bd. 2/1: Die Kirche des früheren Mittelalters, München 1978, S. 227-248.

―――: König und Königsherrschaft bei den Franken, in: Festschrift für Egon Boshof zum 65. Geburtstag, hg. von Franz-Reiner Erkens und Hartmut Wolff (Passauer historische Forschungen 12), Köln/Weimar/Wien 2002, S. 11-26.

Schott, Clausdieter: Der Stand der Leges-Forschung, FMST 13 (1979), S. 29-55.

Schramm, Percy Ernst: Herrschaftszeichen und Staatssymbolik (Schriften der MGH, 13/1), Stuttgart 1954.

―――: Das Versprechen Pippins und Karls des Großen für die Römische Kirche (754-774), in: Ders., Kaiser, Könige und Päpste, Bd. 1, Stuttgart 1968, S. 149-192.

―――: Karl der Große als König (768-800) im Lichte der Staatssymbolitik, in: Ders., Kaiser, Könige und Päpste, Bd. 1, S. 193-214.

―――: Die Anerkennung Karls des Großen als Kaiser (bis 800), in: Ders., Kaiser, Könige und Päpste, Bd. 1, S. 215-63.

―――: Karl der Große als Kaiser (800-814) im Lichte der Staatssymbolik, in: Ders., Kaiser, Könige und Päpste, Bd. 1, S. 264-301.

―――: Karl der Große: Denkart und Grundauffassungen. Die von ihm bewirkte ›Correctio‹ (nicht ›Renaissance‹), in: Ders., Kaiser, Könige und Päpste, Bd. 1, S. 302-356.

Schubert, Ernst: Die Capitulatio de partibus Saxoniae, in: Dieter Brosius u. a. (Hg.): Geschichte in der Region. Zum 65. Geburtstag von Heinrich Schmidt, Hannover 1993, S. 3-28.

Schüssler, Heinz Joachim: Die fränkische Reichsteilung von Vieux-Poitiers (742) und die Reform der Kirche in den Teilreichen Karlmanns und Pippins. Zu den Grenzen der Wirksamkeit des Bonifatius, Francia 13 (1985), S. 47-112.

Schulze, Hans K.: Die Grafschaftsverfassung der Karolingerzeit in den Gebieten östlich des Rheins, Berlin 1973.
Semmler, Josef: Zur pippinische-karolingischen Sukzessionskrise 714-723, DA 33 (1977), S. 1-36.
―――: Reichsidee und kirchliche Gesetzgebung Ludwigs des Frommen, ZRG 71 (1960), S. 37-65.
―――: Mönche und Kanoniker im Frankenreich Pippin III. und Karls des Großen, in: Untersuchungen zu Kloster und Stift (Studien zur Germania Sacra 14), Göttingen 1980, S. 78-111.
―――: Zehntgebot und Pfarrtermination in karolingischer Zeit, in: Aus Kirche und Reich. Studien zu Theologie, Politik und Recht im Mittelalter, Festschrift für F. Kempf, hg. von H. Mordek, Sigmaringen 1983, S. 33-44.
―――: Zeitgeschichtsschreibung und Hofhistoriographie unter den frühen Karolingern, in: Johannes Laudage (Hg.), Von Fakten und Fiktionen. Mittelalterliche Geschichtsdarstellungen und ihre kritische Aufarbeitung, Köln/Weimar/Wien 2003, S. 135-164.
―――: Der Dynastiewechsel von 751 und die fränkische Königserhebung, Düsseldorf 2003.
Sprengler, Anneliese: Gebete für den Herrscher im frühmittelalterlichen Abendland und der König als Vicarius Christi, Diss. Göttingen 1950.
Staab, Franz: *Rudi populo rudis adhuc presul.* Zu den wehrhaften Bischöfen der Zeit Karl Martells, in: Jarnut (Hg.), Karl Martell in seiner Zeit, S. 249-276.
Staubach, Nikolaus: ›Cultus divinus‹ und karolingishe Reform, FMST 18 (1984), S. 546-581.
Steinen, Wolfram von den: Entstehungsgeschichte der Libri Carolini, QFIAB 21 (1929/30), S. 1-93.
―――: Karl der Große und die Libri Carolini, NA 49 (1932), S. 202-280.
―――: Karl der Große und die Dichter, in: Braunfels (Hg.), Karl der Große, Bd. 2, S. 63-94.
Stengel, Edmund E.: Abhandlungen und Untersuchungen zur Geschichte des Kaisergedankens im Mittelalter, Köln/Graz 1965.
Stiegemann, Christoph, Wemhoff, Matthias (Hg.): 799 - Kunst und Kultur der Karolingerzeit, 3 Bde., Mainz 1999.
Stoclet, Alain: La ›Clausula de unctione Pippini regis‹: mises au point et nouvelles hypotheses, Francia 8 (1980), S. 1-42.
―――: Autour de Fulrad de Saint-Denis (v. 710-784), Genève/Paris 1993.
―――: La Clausula de unctione Pippini Regis, vint ans après, Revue Belge de phil. et d'hist. 78 (2000), S. 719-771.
Story, Joanna: Cathwulf, Kingship, and the Royal Abbey of Saint-Denis, Speculum 74 (1999), S. 1-21.

―――― (Hg.): Charlemagne: Empire and Society, Manchester/New York 2005.

Tangl, Georgine: Die Sendung des ehemaligen Hausmeiers Karlmann in das Frankenreich im Jahre 754 und der Konflikt der Brüder, QFIAB 40 (1960), S. 1-42.

Tellenbach, Gerd: Römischer und christlicher Reichsgedanke, Wiederabdruck in: Ders., Ausgewählte Abhandlungen und Aufsätze, Bd. 2, Stuttgart 1988, S. 343-410.

Theuerkauf, Gerhard: Lex, Speculum, Compendium iuris. Rechtsauffassung und Rechtsbewußtsein in Norddeutschland vom 8. bis 16. Jahrhundert (Forschungen zur Deutschen Rechtsgeschichte 6), Köln/Graz 1968.

Thoma, Gertrud: Papst Hadrian I. und Karl der Große. Beobachtungen zur Kommunikation zwischen Papst und König nach den Briefen des Codex Carolinus, in: Karl R. Schnith und Roland Pauler (Hg.), Festschrift für Eduard Hlawitschka zum 65. Geburtstag (Münchener Historische Studien, Abteilung: Mittelalterliche Geschichte 5), Kallmünz 1993, S. 37-58.

――――: Namensänderungen in Herrscherfamilien des mittelalterlichen Europa (Münchener Historische Studien, Abteilung Mittelalterliche Geschichte 3), Kallmünz 1985.

Thomas, Heinz: Die Namenliste des Diptychon Barberini und der Sturz des Hausmeiers Grimoald, DA 25 (1969), S. 17-63.

Tremp, Ernst: Studien zu den Gesta Hludowici imperatoris des Trierer Chorbischofs Thegan (MGH Schriften 32), Hannover 1988.

Ullmann, Walter: The Growth of Papal Government in the Middle Ages, London 1955.

――――: The Carolingian Renaissance and the Idea of Kingship, London 1969.

――――: Leo I and the Theme of Papal Primacy, in: Ders., The Church and the Law in the Earlier Middle Ages (Variorum Reprints), London 1975, S. 25-51.

Untermann, Matthias: *Opere mirabilis constructa*. Die Aachener Residenz Karls des Großen, in: Stiegemann (Hg.), 799 - Kunst und Kultur der Karolingerzeit, S. 153-164.

――――: Karolingische Architektur als Vorbild, in: Stiegemann (Hg.), 799 - Kunst und Kultur der Karolingerzeit, S. 165-173.

Vogel, Cyrille: La réforme cultuelle sous Pepin et sous Charlemagne, in: Erna Patzelt, Die karolingische Renaissance, 2. Aufl., Graz 1965, S. 173-242.

――――: Les échanges liturgiques entre Rome et les pays francs jusqu'à l'époque de Charlemagne, SSCI 7 (1960), S. 185-295.

Voigt, Karl: Saat und Kirche von Konstantin d. Gr. bis zum Ende der Karolingerzeit,

Stuttgart 1936.

Waitz, Georg: Deutsche Verfassungsgeschichte (=DVG), Bd. 3, Kiel 1860; Bd. 4, Kiel 1861.

Wallace-Hadrill, J. M.: The Frankish Church, Oxford 1983.

Wallach, Luitpold: Alcuin and Charlemagne: Diplomatic Studies in Carolingian Epistography, Traditio 9 (1953), S. 127-154; auch in: Ders., Alcuin and Charlemagne, Ithaca 1959, S. 147-177.

―――: The Political Theories of Alcuin, in: Ders., Alcuin and Charlemagne, S. 5-28.

―――: The Rhetoric as a Treatise on Kingship, in: Ders., Alcuin and Charlemagne, S. 60-72.

―――: Alcuin as the author and Editor of Official Carolingian Documents, in: Ders., Alcuin and Charlemagne, S. 147-177.

―――: Charlemagne's *De litteris colendis* and Alcuin, in: Ders., Alcuin and Charlemagne, S. 198-226.

―――: The Origin of the Manuscript Collections of Alcuin's Letters in: Ders., Alcuin and Charlemagne, S. 266-274.

―――: Diplomatic Studies in Latin and Greek Documents from the Carolingian Age, Ithaca/London 1977.

Wattenbach-Levison, Deutschland Geschichtsquellen im Mittelalter: Vorzeit und Karolinger, 1. Heft, bearbeitet von Wilhelm Levison, Weimar 1952; 2. Heft, bearbeitet von Wilhelm Levison und Heinz Löwe, Weimar 1953; Rechtsquellen von Rudolf Buchner, Weimar 1953.

Weinrich, Lorenz: Wala. Graf, Mönch und Rebell (Historische Studien 386), Lübeck/Hamburg 1963.

Wendling Wolfgang: Die Erhebung Ludwigs d. Fr. zum Mitkaiser im Jahre 813 und ihre Bedeutung für die Verfassungsgeschichte des Frankenreiches, FMSt 19 (1985), S. 201-238.

Werner, Karl Ferdinand: Die Nachkommen Karls des Großen bis um das Jahr 1000 (1. -8. Generation), in: Braunfels (Hg.), Karl der Große, Bd. 4, S. 403-484.

―――: Das Geburtsdatum Karls des Großen, Francia (1973), S. 115-157.

―――: Missus-Marchio-Comes. Entre l'administration centrale et l'administration locale de l'Empire carolingien, in: Ders., Vom Frankenreich zur Entfaltung Deutschlands und Frankreichs, Sigmaringen 1984, S. 108-156. (Erstdruck, in: W. Paravicini, K. F. Werner (Hg.), Histoire comparée de l'Administration (IVe-XVIIIe siècles), München/Zürich 1980, S. 191-239.

Werner, Matthias: Der Lütticher Raum in frühkarolingischer Zeit. Untersuchungen zur Geschichte einer karolingischen Stammlandschaft (Veröffentlichungen des Max-Planck-Instituts für Geschichte 62), Göttingen 1980.

―――: Adelsfamilien im Umkreis der frühen Karolinger. Die Verwandtschaft

Irminas von Oeren und Adelas von Pfalzel (Vorträge und Forschungen, Sonderband 28), Sigmaringen 1982.

Wolf, Gunter: Die Königssöhne Karl und Karlmann und ihr Thronfolgerecht nach Pippins Königserhebung 751, ZRG GA 108 (1991), S. 282-296.

─────: Mögliche Gründe für Karlmanns des Ältestens Resignation 747, ZRG KA 78 (1992), S. 517-531.

─────: Grifos Erbe, die Einsetzung König Childerich III. und der Kampf um die Macht. Zur karolingischen Hofhistoriographie, AfD 38 (1992), S. 1-17.

─────: Die Qualität der fränkish-langobardischen Verbindungen 770/71 und die sonstigen Verbindungen Karls des Großen, ZRG GA 113 (1996), S. 397-411.

───── (Hg.): Zum Kaisertum Karls des Großen, Darmstadt 1972.

Wolfram, Herwig.: Intitulatio I: Lateinische Herrscher- und Fürstentitel im neunten und zehnten Jahrhundert (MIÖG, Ergänzungsband 21), Graz/Köln/Wien 1967.

─────: Lateinische Herrschertitel im neunten und zehnten Jahrhundert, in: Ders. (Hg.), Intitulatio II (MIÖG, Ergänzungsband 24), Wien/Köln/Graz 1973.

─────: Karl Martell und das fränkische Lehenswesen, in: Jarnut (Hg.), Karl Martell in seiner Zeit, S. 61-78.

Woll, Ingrid: Untersuchungen zu Überlieferung und Eigenart der merowingischen Kapitularien (Freiburger Beiträge zur mittelalterlichen Geschichte 6), Frankfurt a. M. 1995.

Wood, Ian: The Merovingian Kingdoms 450-751, London/New York 1994.

─────: Defining the Franks: Frankish Origins in Early Medieval Historiography, in: S. Forde/L. Johnson/A. V. Murray (Hg.), Concepts of National Identity in the Middle Ages, Leeds 1995, S. 47-57.

Wormald, Patrick: Lex Scripta and Verbum Regis: Legislation and Germanic Kingship, from Euric to Cnut, in: P. H. Sawyer, I. N. Wood (Hg.), Eary Medieval Kingship, Leeds 1977, S. 105-138 (auch in: Ders., Legal Culture in the Early Medieval West. Law as Texte. Image and Experience, London/Rio Grande 1999, S. 1-45).

Zeumer, Karl: Anmerkung über die sogenannte Admonitio generalis und das angebliche Duplex legationis edictum vom Jahre 789, in: Georg Waitz, Abhandlungen zur Deutschen Verfassungs-und Rechtsgeschichte, hg von K. Zeumer, Göttingen 1896, S. 403-410.

Zimmermann, Harald: Papstabsetzungen des Mittelalters, Graz 1968.

五十嵐修『地上の夢・キリスト教帝国──カール大帝の〈ヨーロッパ〉』講談社，2001年。

─────,「メロヴィング朝の王位継承」『西洋史論叢』5 (1983)，15-29頁。

─────,「カロリング朝の民衆教化──その理念と現実」『西洋史学』147 (1987)，

34-49頁。

———,「国王巡察使制度とフランクの国制」『歴史学研究』586 (1988), 101-110頁。

———,「カロリング期の王権と貧者 (1)」『東洋英和女学院短期大学研究紀要』32 (1994), 1-12頁。

———,「Der Bischof Leodegar von Autun (663-678) und Neustrien-Burgund in seiner Zeit (1) (2)」『東洋英和女学院短期大学研究紀要』33 (1995), 99-109頁；34 (1996), 95-105頁。

———,「フランク時代の王権・教会・平和」『史観』132 (1995), 47-61頁。

———,「教会巡回裁判の誕生」『西洋史学』184 (1996), 1-17頁。

———,「贖罪と刑罰」『東洋英和女学院大学短期大学部研究紀要』35 (1997) 年, 1-11頁。

———,「公の罪を犯した者は〈公の贖罪〉に服すべし——公的贖罪制度の展開とカロリング的テオクラシー」『史学雑誌』109-6 (2000) 年, 37-58頁。

———,「帝国理念の交錯——カール戴冠再考」『東洋英和女学院大学・人文・社会科学論集』19 (2002), 19-50頁。

———,「「帝国」のゆくえ——カールの皇帝戴冠 (800年) 直後のフランク・ローマ・ビザンツ」『東洋英和女学院大学・人文・社会科学論集』21 (2004) 年, 1-22頁。

———,「「王国」・「帝国」・「教会」—— 9世紀フランク王国の「国家」をめぐって」『東洋英和女学院大学・人文・社会科学論集』23 (2006), 1-50頁。

———,「「フランク人」の形成・持続・消滅——中世ヨーロッパのエスニック共同体の一事例」『現代史研究』(東洋英和女学院大学現代史研究所) 2 (2006), 2-6, 36-37頁。

———,「宮廷と修道院——中世初期における貴族の教育」, 佐久間弘展・浅野啓子編『教育の社会史——ヨーロッパ中・近世』知泉書館, 2006年, 13-30頁。

———,「カール大帝期の宮廷とエリート」, 井内敏夫編『ヨーロッパ史のなかのエリート——生成・機能・限界』太陽出版, 2007年, 58-84頁。

大月康弘「ピレンヌ・テーゼとビザンツ帝国——コンスタンティノープル・ローマ・フランク関係の変容を中心に」『岩波講座・世界歴史』第7巻, 岩波書店, 1998年, 241-266頁。

加納修「メロヴィング期にカピトゥラリアはあったか——フランク時代の国王命令と文書類型」『歴史学研究』795号 (2004), 32-43, 63頁。

河井田研朗「カロルス大帝の「万民への訓論勅令」(Admonitio Generalis) (789年) の試訳」『ノートルダム清心女子大学キリスト教文化研究所年報』27 (2005), 117-150頁。

———,「カロルス大帝の「万民への訓論勅令」(Admonitio Generalis) (789年) の注解 (1)」『福岡大学人文論集』36-4 (2005), 1273-1295頁。

多田哲「カロリング王権と民衆教化——『一般訓令』(789年) の成立事情を手懸りに」『西洋史学』178 (1995), 45-58頁。

―――,「カロリング王権による民衆教化政策の展開」『歴史学研究』688 (1996)，17-31頁。

―――,「リエージュ司教と民衆教化――『ゲルバルドゥス蒐集』(806年) にみられる司教の施策」『西洋史研究』新輯26 (1997)，144-158頁。

野崎直治『ドイツ中世社会史の研究』早稲田大学出版部，1995年。

日置雅子「カール大帝の宮廷人脈」『愛知県立大学十周年記念論集』1975，173-188頁。

―――,「カール大帝のIntitulatio」『愛知県立大学文学部論集 (一般教育編)』26 (1977)，39-56頁。

―――,「カール大帝の帝国分割令 (806年) ――信憑性問題について (その1)」『愛知県立大学文学部論集 (一般教育編)』27 (1977)，33-46頁。

―――,「カール大帝の帝国分割令――第4条，第5条の信憑性をめぐる諸問題」『西洋史学』116 (1979)，40-59頁。

―――,「西洋中世初期における国家理念」『史境』1 (1980)，26-34頁。

―――,「ルードヴィヒ敬虔帝の「帝国整備令 (817年)」(1) (2)」『愛知県立大学文学部論集 (一般教育編)』29 (1980)，33-48頁，30 (1980)，1-35頁。

―――,「フランクフルトの宗教会議 (794) とカールの皇帝戴冠 (800) (その1)」『愛知県立大学外国語学部紀要 (地域研究・国際学編)』33 (2001)，103-126頁。

増田四郎『西洋中世社会史研究』岩波書店，1974年。

三浦弘万『ヨーロッパ世界の形成過程』杉山書店，1993年。

森義信「カロリンガ時代の飢饉とその対策」『史学雑誌』88-10 (1979)，64-88頁。

―――,「フランク王国の構造」『中世史講座』第4巻，学生社，1985年，80-102頁。

―――,『西欧中世軍制史論――封建制成立期の軍制と国制』原書房，1988年。

―――,「フランク王国の国家原理」『岩波講座・世界歴史』第7巻，岩波書店，1998年，241-266頁。

山田欣吾「「教会」としてのフランク帝国――西ヨーロッパの初期中世社会の特色を理解するために」『西洋中世国制史 I: 教会から国家へ――古相のヨーロッパ』創文社，1992年，19-84頁。

―――,「カロリンガー時代の十分の一税」『西洋中世国制史 I: 教会から国家へ――古相のヨーロッパ』85-182頁。

ヴァルター・ウルマン著，朝倉文市訳『中世ヨーロッパの政治思想』御茶の水書房，1983年。

ハンス・K・シュルツェ著，千葉徳夫他訳『西欧中世史事典』ミネルヴァ書房，1997年。

ハンス・K・シュルツェ著，五十嵐修他訳『西欧中世史事典II』ミネルヴァ書房，2005年。

アントニー・D・スミス著，巣山靖司，高城和義他訳『ネイションとエスニシティ――歴史社会学的考察』名古屋大学出版会，1999年。

マルセル・パコー著，坂口昂吉・鷲見誠一訳『テオクラシー』創文社，1984年。

ミッタイス=リーベリッヒ著，世良晃志郎訳『ドイツ法制史概説』創文社，1971年。
ピエール・リシェ著，岩村清太訳『中世における教育・文化』東洋館出版社，1988年。
ピエール・リシェ著，岩村清太訳『ヨーロッパ成立期の学校教育と教養』知泉書館，2002年。

付　図

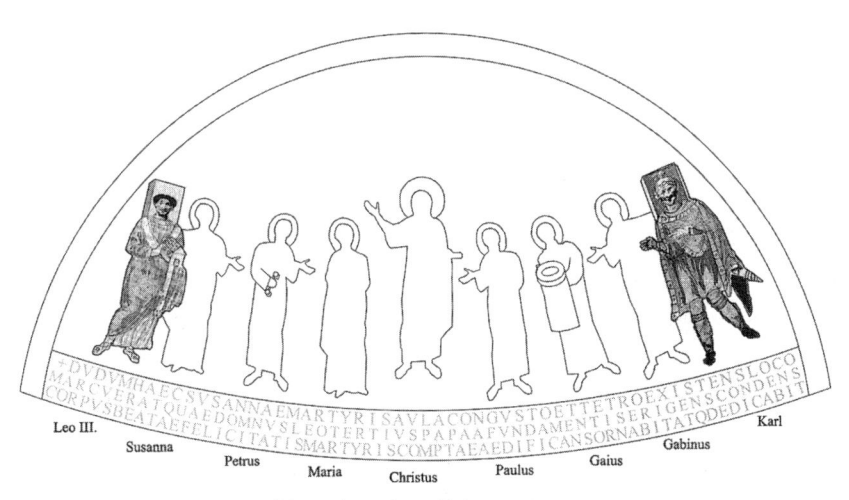

図1　聖スザンナ教会のモザイク
（出典：von. C. Stiegemann und M. Wemhoff (hrs) 799 Kunst und Kultur der Karolingerzeit: Beiträge zum Katalog der Ausstellung, S57）

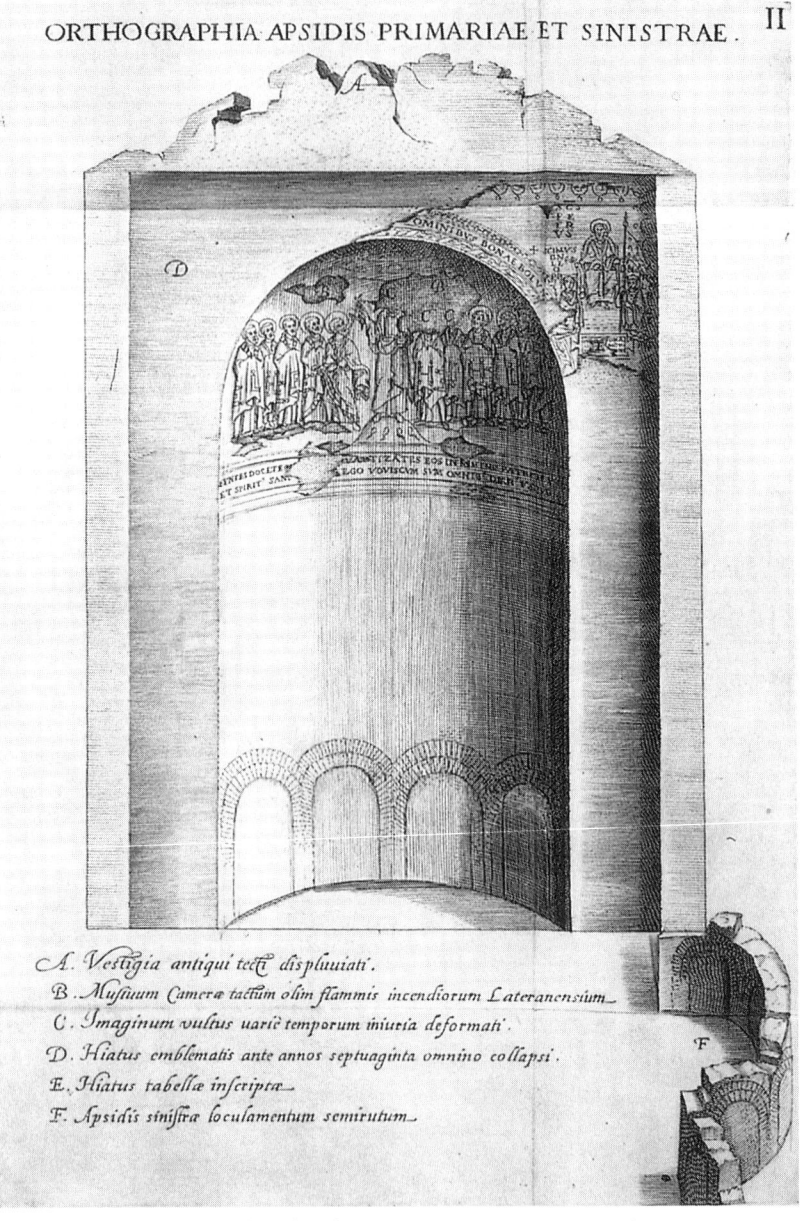

ORTHOGRAPHIA APSIDIS PRIMARIAE ET SINISTRAE.   II

A. Vestigia antiqui tecti displuuiati.
B. Musiuum Cameræ tactum olim flammis incendiorum Lateranensium.
C. Imaginum vultus uariè temporum iniuria deformati.
D. Hiatus emblematis ante annos septuaginta omnino collapsi.
E. Hiatus tabellæ inscriptæ.
F. Apsidis sinistra loculamentum semirutum.

図 2　1625 年の復元前のモザイク（出典：前掲書, S. 60）

TRICLINII LEONIANI APSIS PRIMARIA RESTITVTA.

A. Vultus imaginum suppleti ex alijs eorumdem temporum.
B. Historia renouata ad exemplum ab Antiquarijs olim exceptum cum deflueret.
C. Tabula nullis notata litteris exceptorum incuria.
D. Nomen Pontificis desideratur.
E. Inscriptas tabellæ acclamationes seruauit Angelus Massareltus.
F. Ædificij descriptio verbis Anastasij Bibliothecarij.
G. Instaurati operis monumentum.

図3　1625年の復元後のモザイク（出典：前掲書, S. 61）

図4　ベネディクトゥス14世によって復元されたラテラノ宮殿のモザイク
（出典：前掲書，S. 56）

図5 レオ3世とカールが描かれたモザイク（出典：前掲書，S. 59）

図6 カール大帝のデナリウス銀貨（出典：前掲書, S. 84)

付　図　　　　　　　　465

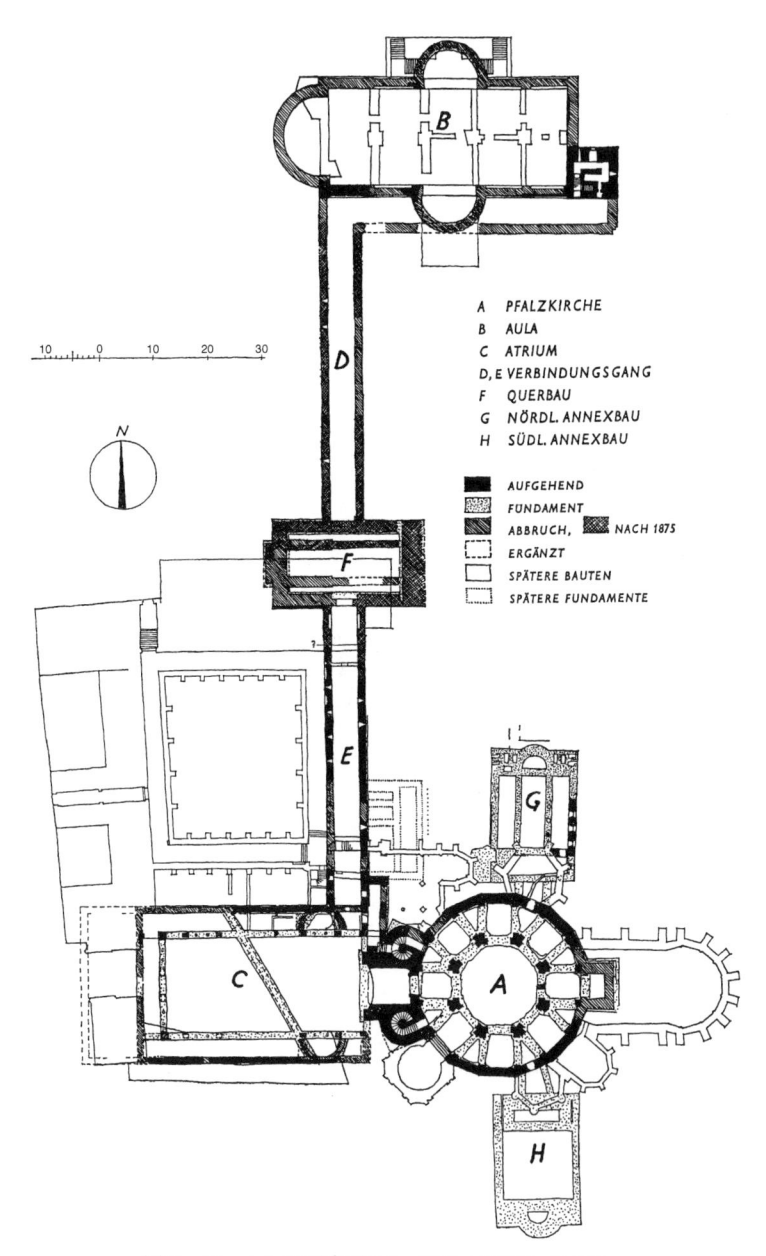

A　PFALZKIRCHE
B　AULA
C　ATRIUM
D, E　VERBINDUNGSGANG
F　QUERBAU
G　NÖRDL. ANNEXBAU
H　SÜDL. ANNEXBAU

AUFGEHEND
FUNDAMENT
ABBRUCH, NACH 1875
ERGÄNZT
SPÄTERE BAUTEN
SPÄTERE FUNDAMENTE

図7　アーヘンの王宮プラン（出典：前掲書, S. 153）

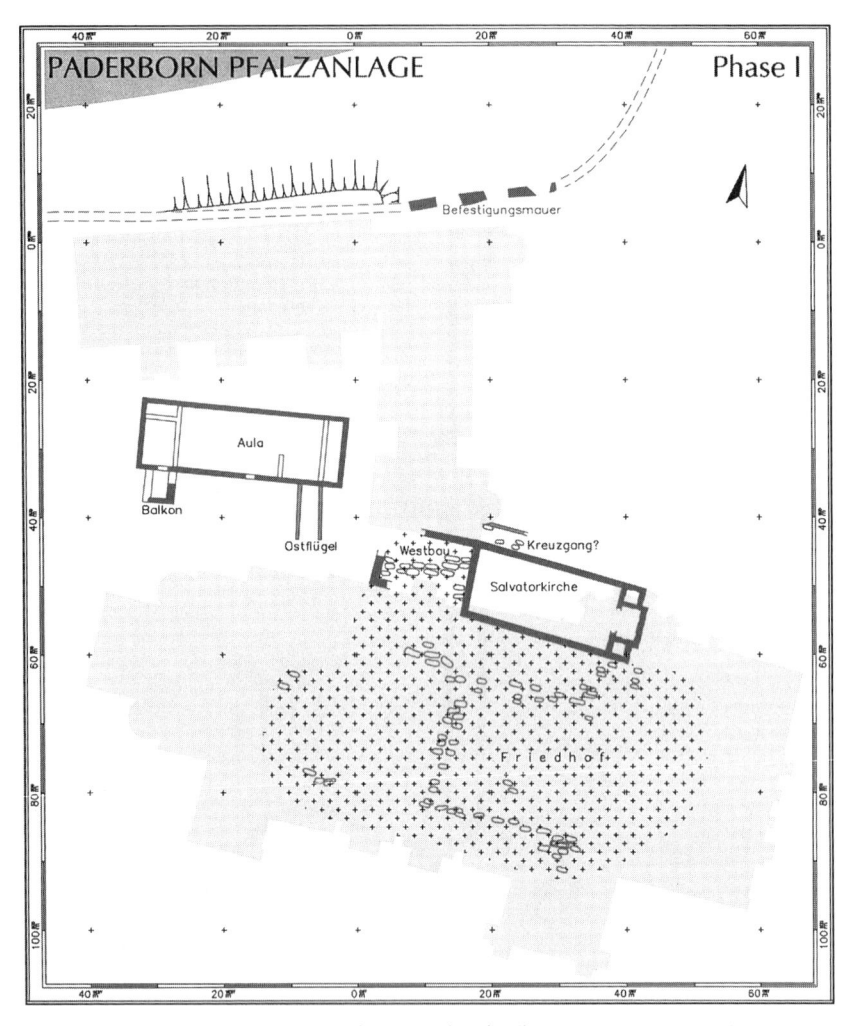

図8　パーダーボルンの王宮プラン（776年頃）（出典：前掲書, S. 184）

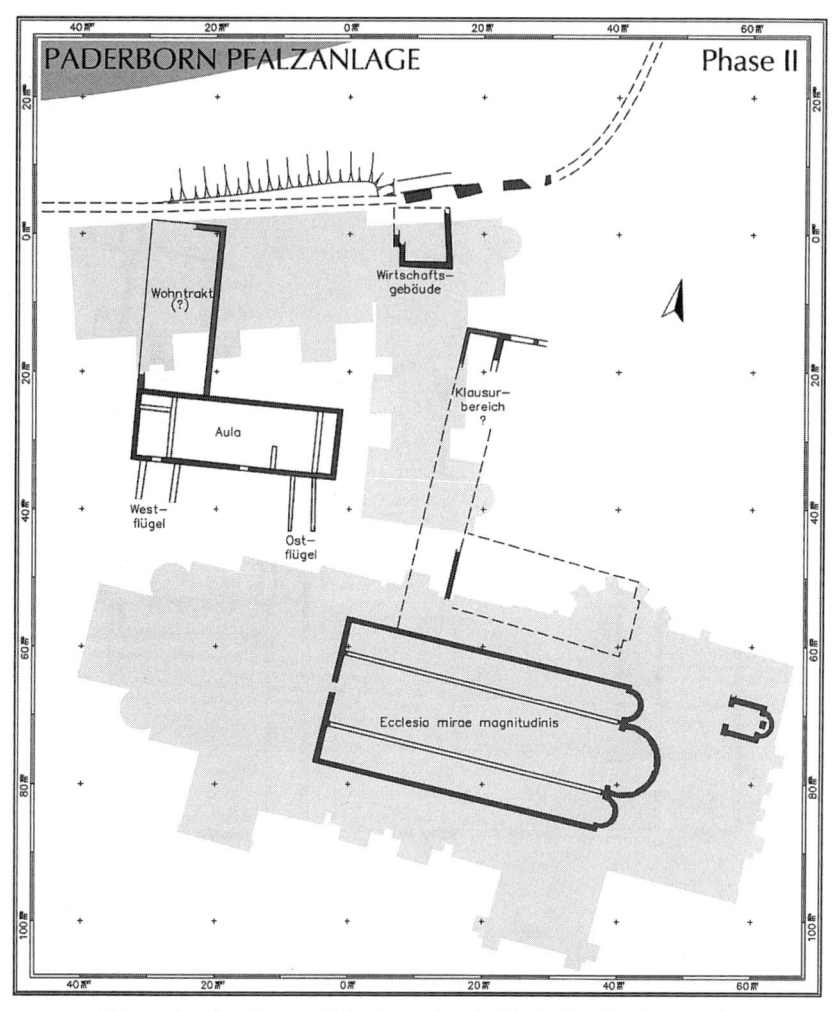

図9　パーダーボルンの王宮プラン（799年頃）（出典：前掲書，S. 188）

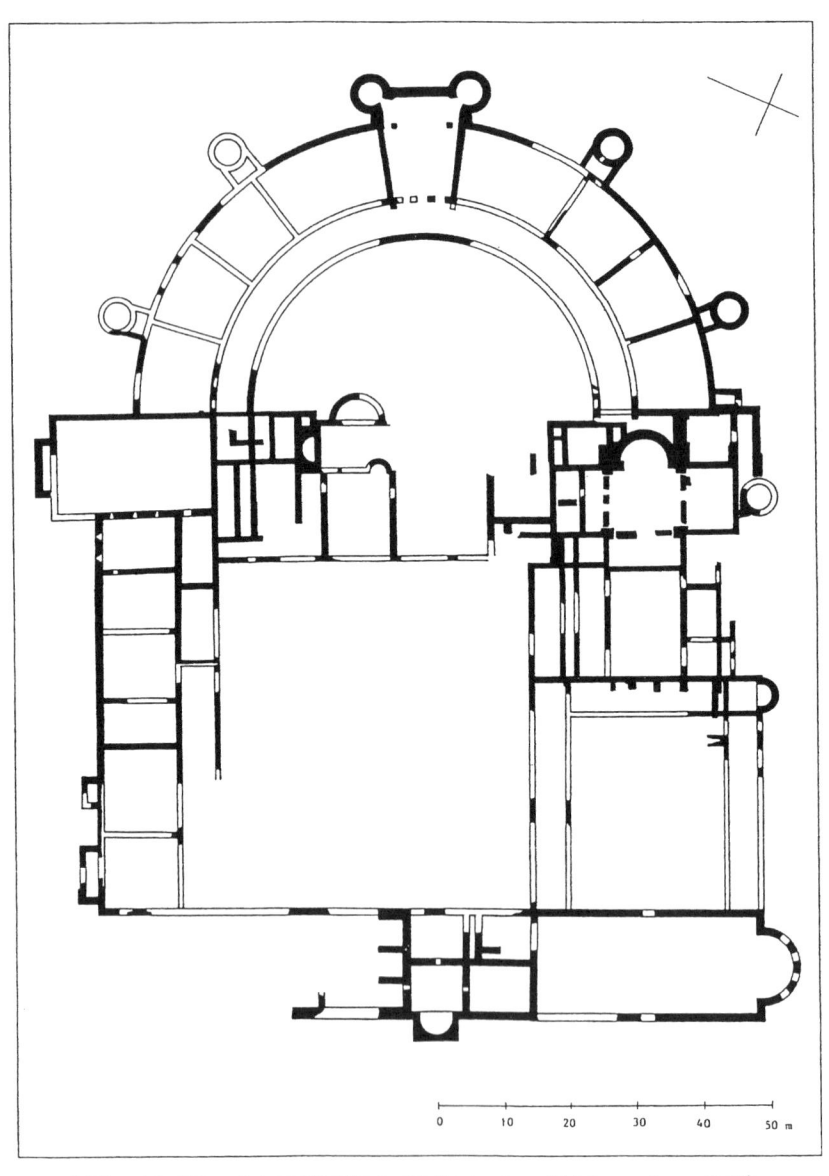

図10　インゲルハイムの王宮プラン（出典：Jacobsen Pfalzkonzeptionen, S. 28）

地　　図

地図1　8世紀初頭のイタリア

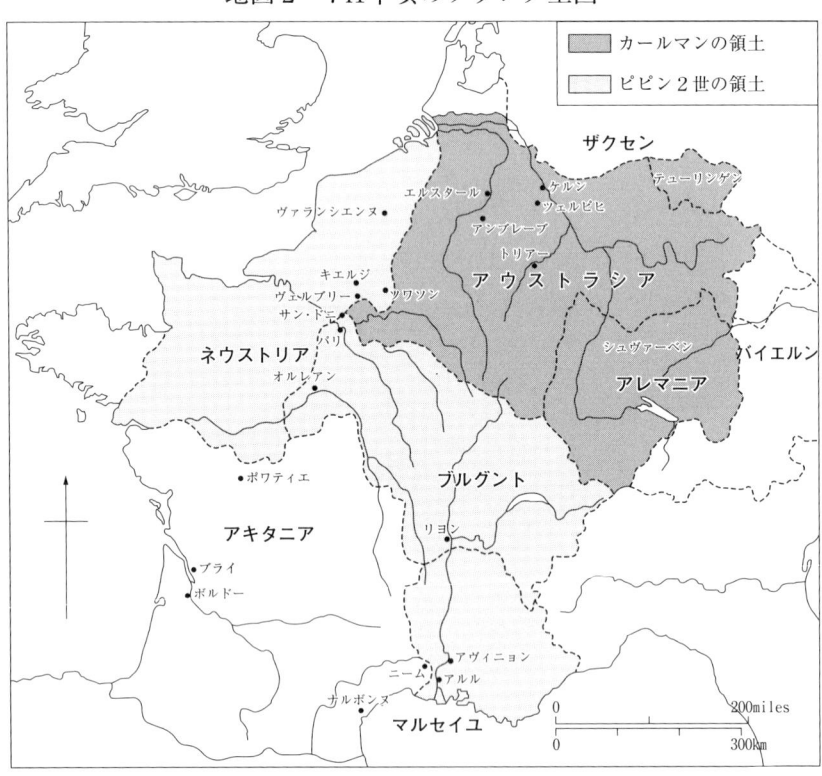

地図2　741年頃のフランク王国

地　図　　　　　　　　　　　471

地図3　ルーニ＝モンセリーチェ線

○パヴィア

ヴェネツィア
モンセリーチェ○
マントヴァ○

イストリア

パルマ○
　レッジオ○
ベルチェート○

ルニ○

ラヴェンナ○

テヴェレ川

○ローマ

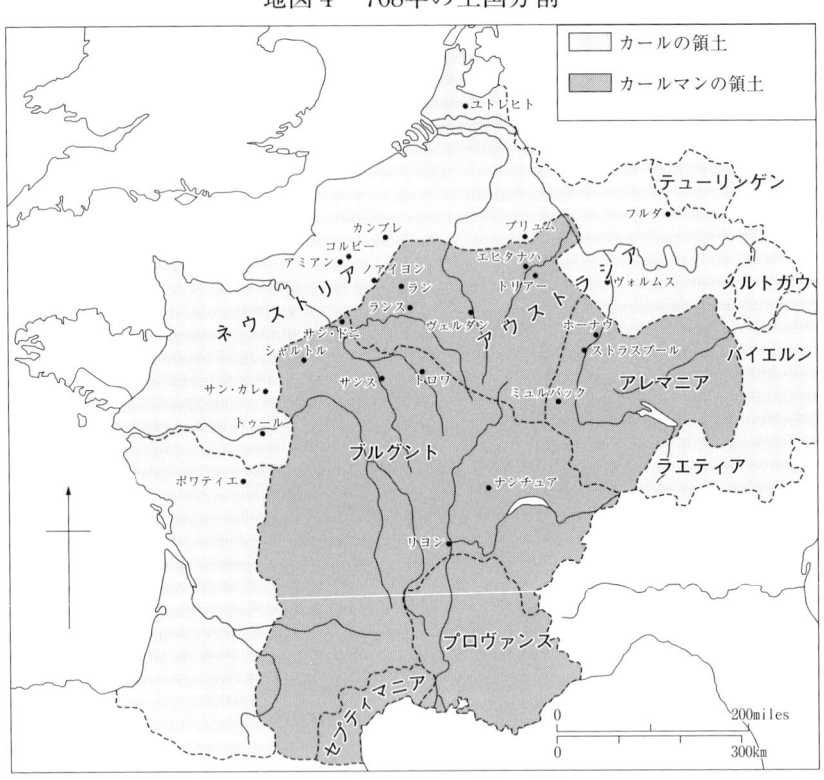

地図4 768年の王国分割

地　図　　　473

地図 5．802年の国王巡察使管区

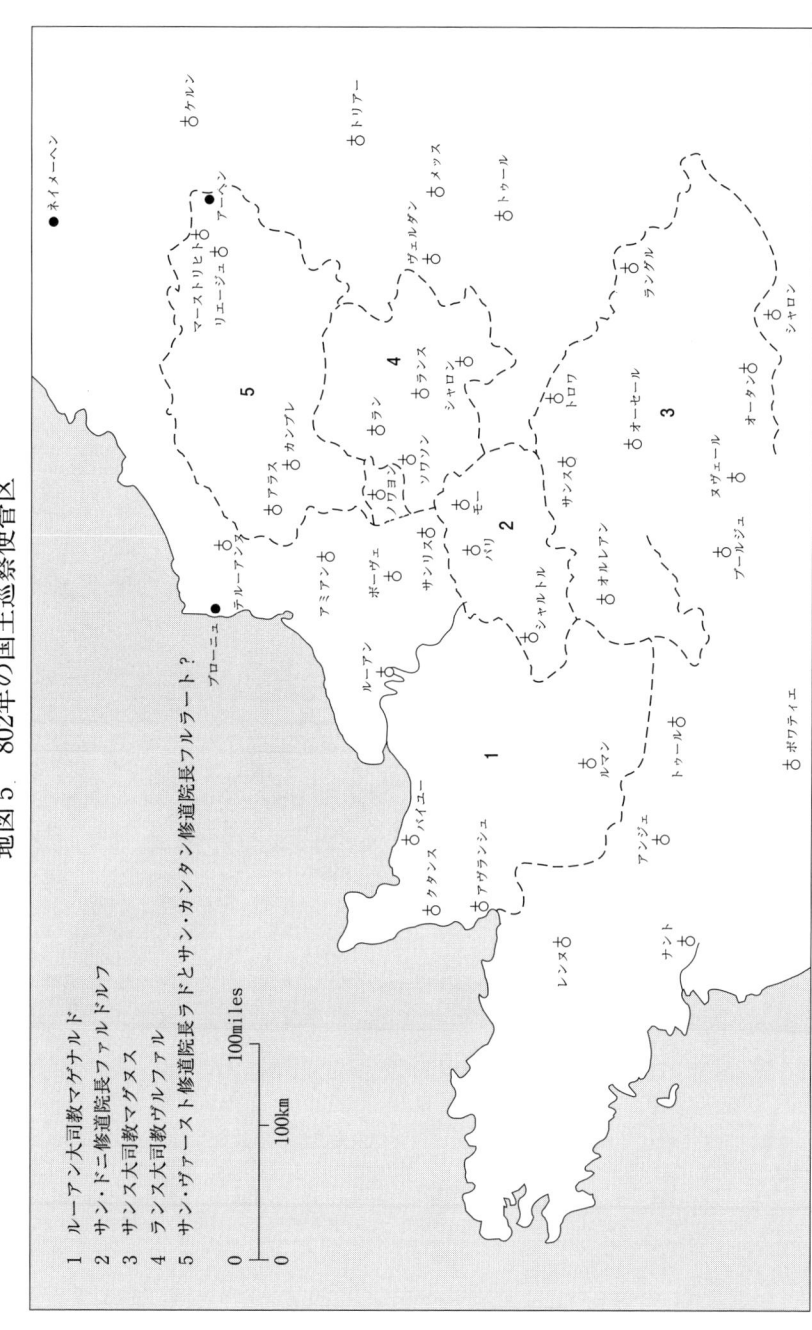

1　ルーアン大司教マグナルド
2　サン・ドニ修道院長ファルドルフ
3　サンス大司教マグヌス
4　ランス大司教ヴルファル
5　サン・ヴァースト修道院長ラドとサン・カンタン修道院長フルラード？

地図

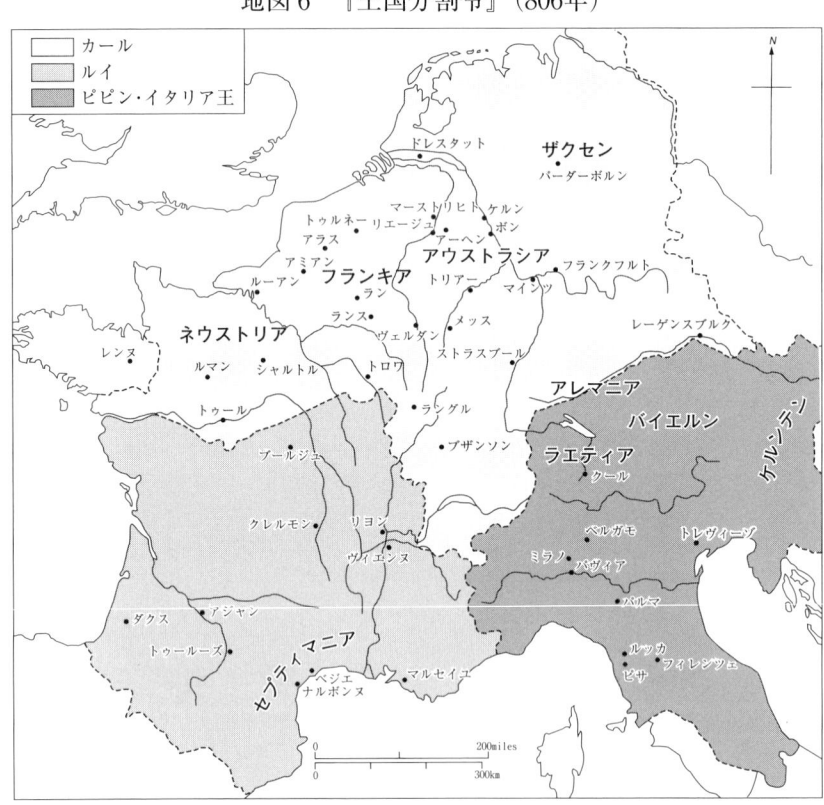

地図6 『王国分割令』(806年)

カロリング家の系図

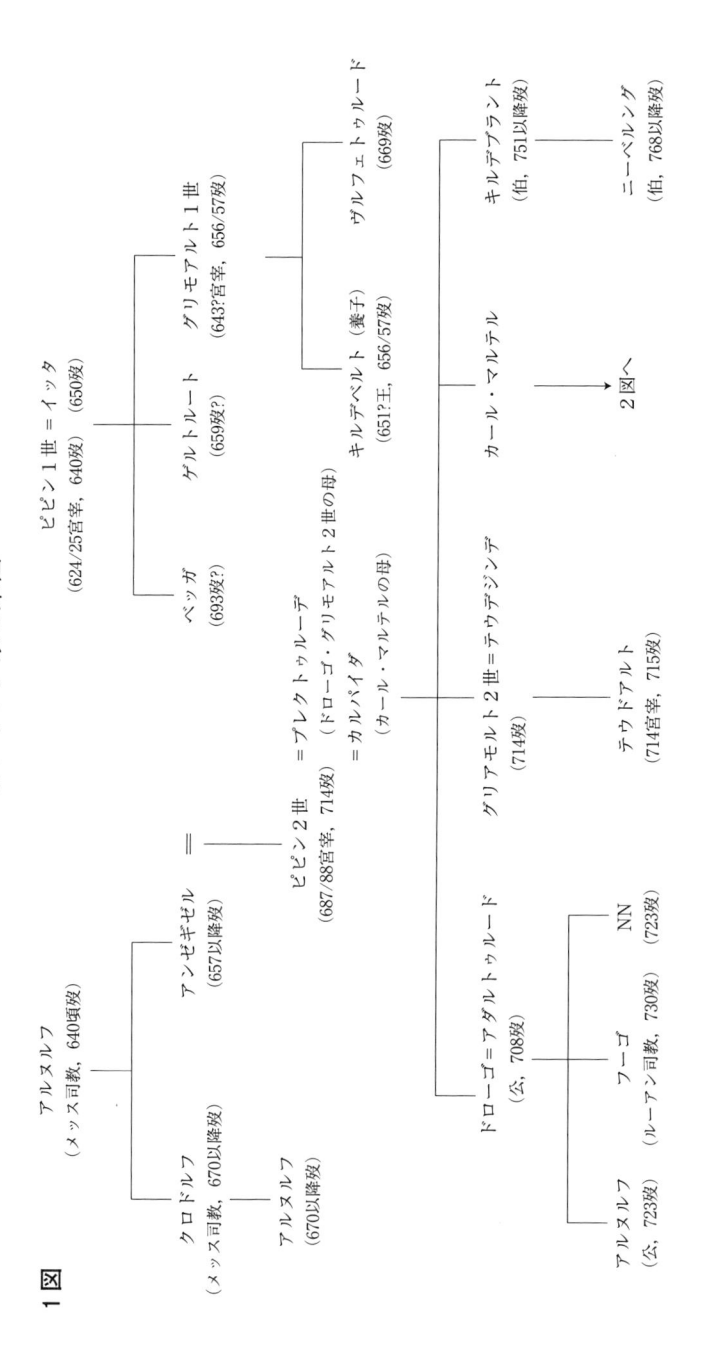

1図

- アルヌルフ（メッス司教, 640頃歿）
  - クロドゥルフ（メッス司教, 670以降歿）
  - アンゼギゼル（657以降歿）
    - アルヌルフ（670以降歿）
    - ピピン2世（687/88宮宰, 714歿） ＝ プレクトゥルーデ（ドローゴ・グリモアルト2世の母） ＝ カルパイダ（カール・マルテルの母）

- ピピン1世 ＝ イッタ（624/25宮宰, 640歿）（650歿）
  - ベッガ（693歿?）
  - グルトルート（659歿?）
  - グリモアルト1世（643?宮宰, 656/57歿）
    - キルデベルト（養子）（651?王, 656/57歿）
  - ヴルフェトゥルード（669歿）

ピピン2世 ＝ プレクトゥルーデ の子:
- ドローゴ＝アダルトゥルード（公, 708歿）
  - フーゴ（ルーアン司教, 730歿）
  - アルヌルフ（公, 723歿）
  - NN（723歿）
- グリモアルト2世 ＝ テウデジンデ（714歿）
  - テウドアルト（714宮宰, 715歿）

ピピン2世 ＝ カルパイダ の子:
- カール・マルテル → 2図へ

ヴルフェトゥルード系:
- キルデブラント（伯, 751以降歿）
- ニーベルンク（伯, 768以降歿）

カロリング家の系図

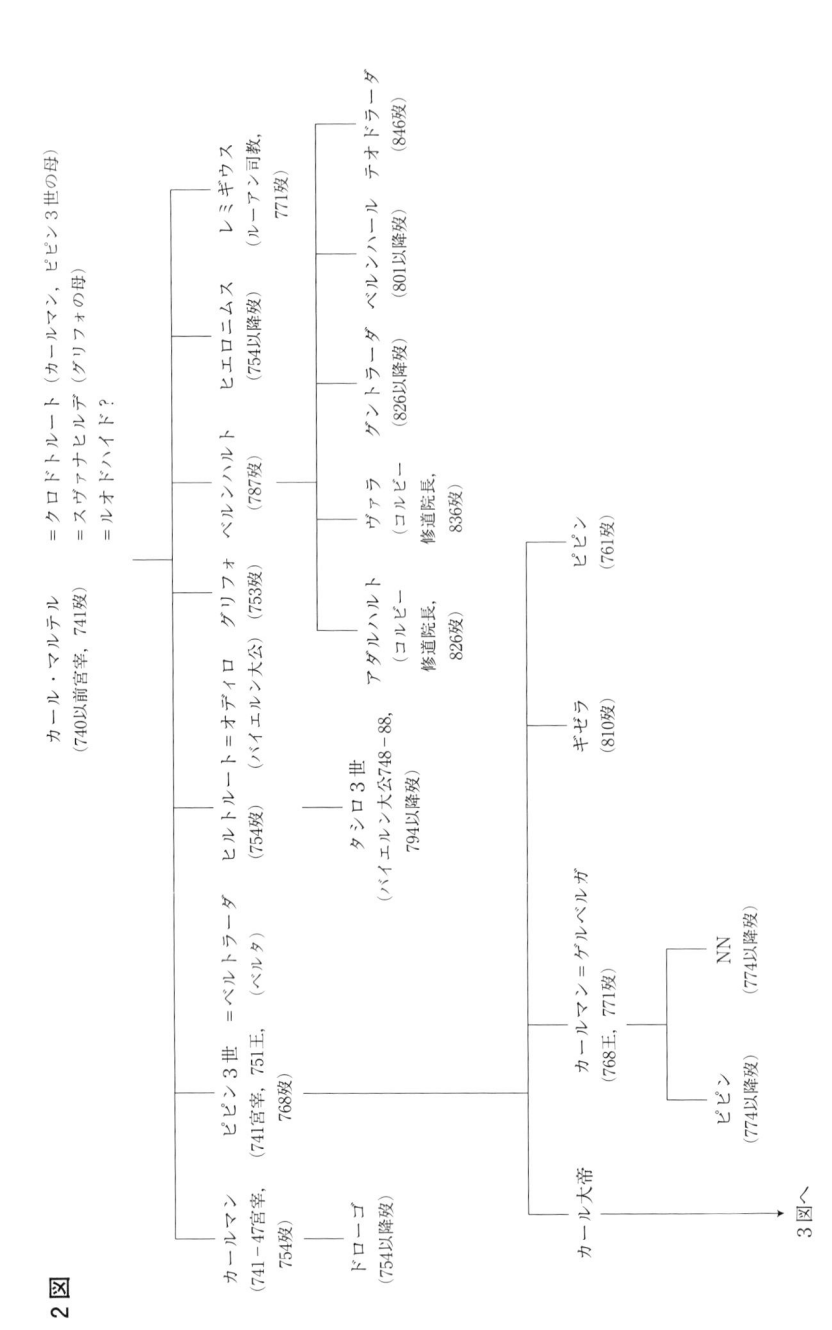

2図

カール・マルテル (740以前宮宰, 741歿)
 = クロドトルート (カールマン, ピピン3世の母)
 = スヴァナヒルデ (グリフォの母)
 = ルオドハイド？

- カールマン (741-47宮宰, 754歿)
  - ドローゴ (754以降歿)
- ピピン3世 (741宮宰, 751王, 768歿) = ベルトラーダ (ベルタ) (754歿)
  - カールマン = ゲルベルガ (768王, 771歿)
    - ピピン (774以降歿)
    - NN (774以降歿)
  - カール大帝 → 3図へ
  - ギゼラ (810歿)
  - ピピン (761歿)
- ヒルトルート = オディロ (754歿) (バイエルン大公)
  - タシロ3世 (バイエルン大公748-88, 794以降歿)
- グリフォ (753歿)
- ベルンハルト (787歿)
  - アダルハルト (コルビー修道院長, 826歿)
  - ヴァラ (コルビー修道院長, 836歿)
- ヒエロニュムス (754以降歿)
  - ゲントラーダ (826以降歿)
  - ベルンハール (801以降歿)
  - テオドラーダ (846歿)
- レミギウス (ルーアン司教, 771歿)

3図 カロリング家の系図

カール大帝 (768王, 800皇帝, 814歿)
= ヒルミトゥルーデ (せむしのピピンの母)
= デシデリウスの娘
= ヒルデガルト (カール青年王, カールマン, 敬虔帝ルイの母)
= ファストラーダ
= リウトガルト

カール大帝の子女

- ピピン (せむしの) (811歿)
- カール (青年王) (800王, 811歿)
- アーデルハイト (774歿)
- ロトルート = ロリコ (伯) (810歿)
  - ルートヴィヒ (ルイ) (サン・ドニ修道院長, 867歿)
- カールマン (ピピンに改名, 781イタリア王, 810歿)
  - ベルンハルト (イタリア王, 818歿)
    - ピピン (伯, 840以降歿)
- ルイ (敬虔帝) (781アキタニア王, 813皇帝, 840歿)
  = NN
  = イルミンガルト (ロタール1世, ピピン1世, ルードヴィヒ・ドイツ人王の母)
  = ユーディット (シャルル禿頭王の母)
- ベルタ = アンギルベルト (823以降歿)
  - □
  - □
- ギゼラ (814以降歿)

→ 4図へ

ルイ敬虔帝の子孫

- アルバイス = ベーゴ (伯) (852以降歿)
- アルヌルフ (伯, 841以降歿)
- ロータル1世 (814中フランク王, 817皇帝, 855歿)
- ピピン1世 (814アキタニア王, 838歿) = リンガルト
  - ピピン2世 (838-52アキタニア王, 864以降歿)
  - カール (マインツ大同教, 863以降歿)

→ 4図へ

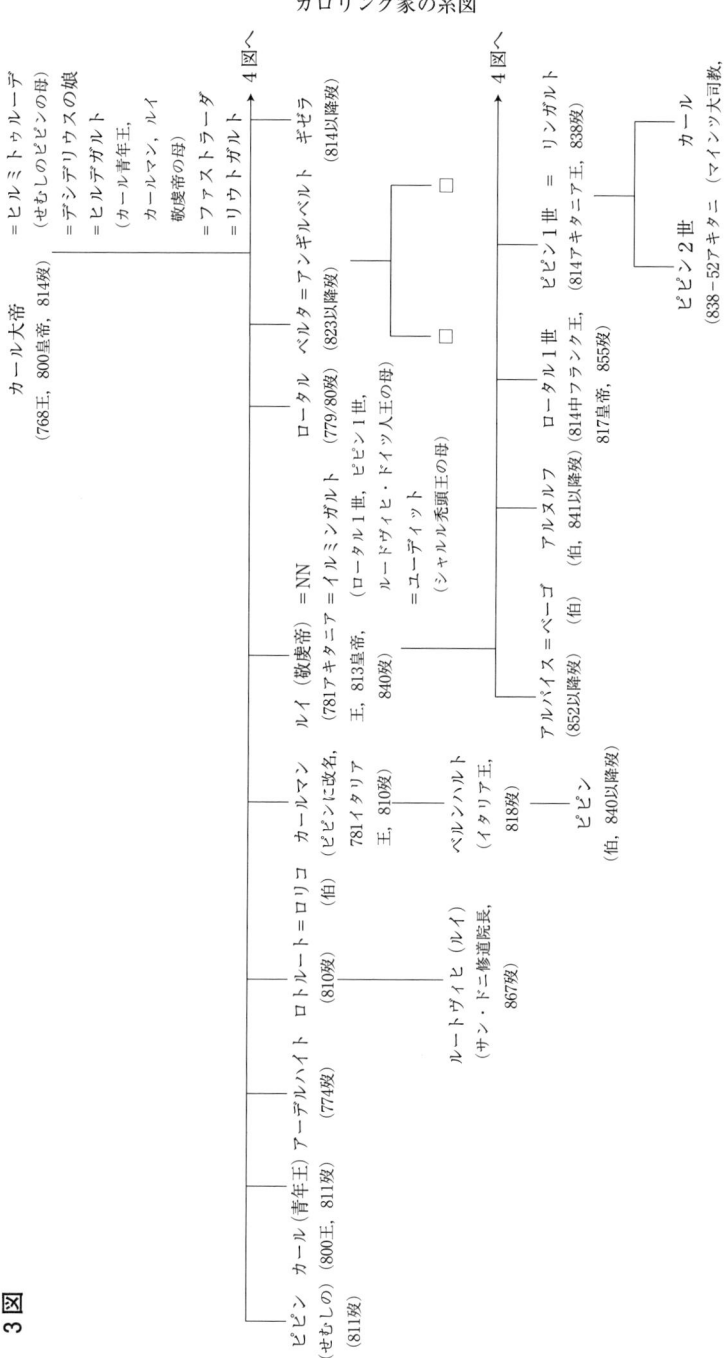

477

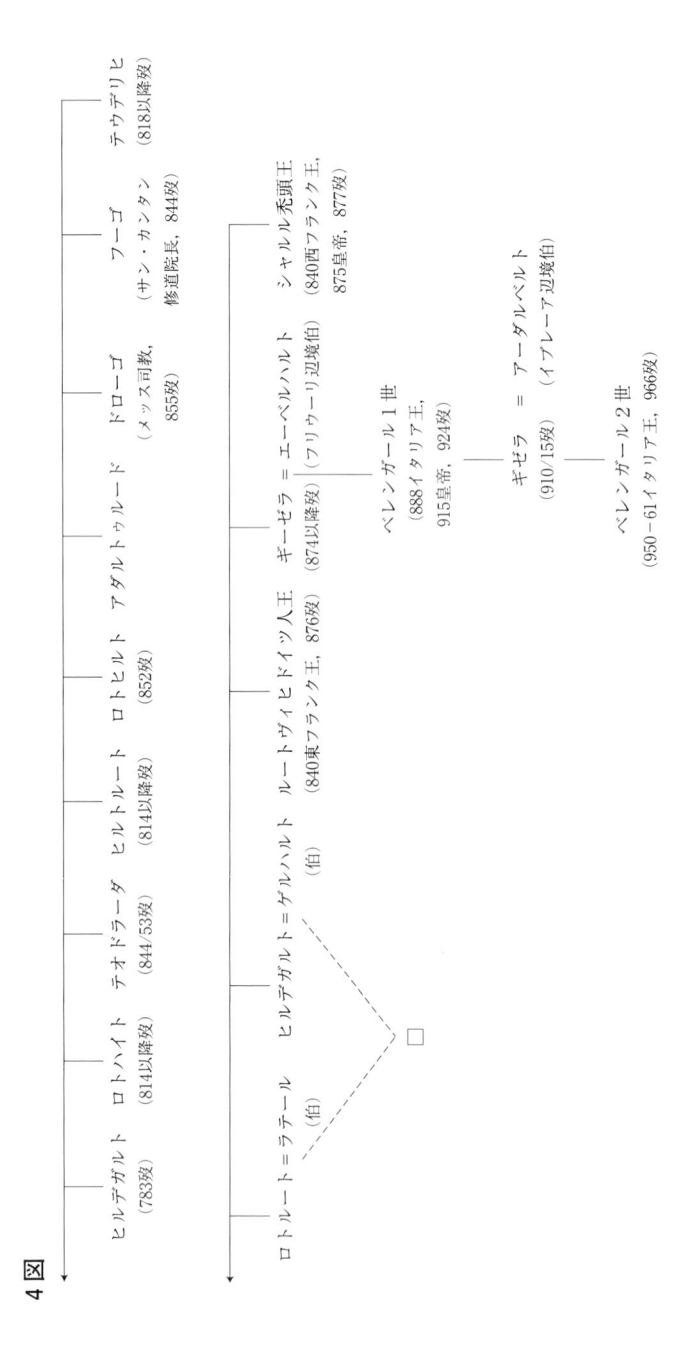

478　カロリング家の系図

図4

- ヒルデガルト (783歿)
  - ロトハイト (814以降歿)
  - テオドラーダ (844/53歿)
  - ヒルトルート (814以降歿)
  - ロトヒルト (852歿)
  - アダルトゥルード
  - ドローゴ (メッス司教, 855歿)
  - フーゴ (サン・カンタン修道院長, 844歿)
  - テウデリヒ (818以降歿)

- ロトルート=ラテール (伯)
  - ヒルデガルト=ゲルハルト (伯)
  - ルートヴィヒドイツ人王 (840東フランク王, 876歿)
  - ギーゼラ=エーベルハルト (フリウーリ辺境伯) (874以降歿)
  - シャルル禿頭王 (840西フランク王, 875皇帝, 877歿)
  - □

ベレンガール1世 (888イタリア王, 915皇帝, 924歿)

ギーゼラ ＝ アーダルベルト (イブレーア辺境伯) (910/15歿)

ベレンガール2世 (950-61イタリア王, 966歿)

あ と が き

　ヨーロッパ統合を論ずるとき，中世ヨーロッパ世界の成立とカール大帝の戴冠の歴史的意義がしばしば問われます。本書『王国・教会・帝国―カール大帝期の王権と国家』は，まさにこの問題に正面から取り組んだ著作ともいえましょう。五十嵐修氏は，中世ヨーロッパ世界の成立をフランク王国カロリング時代に求め，王国・教会・帝国をキーワードとして，カール大帝期の王権による新たな政治秩序の形成を理念と現実の両面から検討しました。主要な論点は，1．教皇座とイタリアの政情，2．王権の基本政策，3．大帝と聖俗廷臣の活動，4．カールの皇帝戴冠の四つであり，中世キリスト教世界を特徴づける皇帝と教皇の二つの中心をもつ楕円的統治構造が出現した事情を解明しています。そしてカールの皇帝戴冠には，フランク宮廷とローマ教皇の「異夢」が重なり，カールの夢は「ローマ皇帝」になるのでなく，「キリスト教帝国」の建設であったのではないかとの独自の見解にいたりました。全体として欧米および日本の学界の研究を踏まえ，多くの史料と文献を利用して立ち入った分析がおこなわれ，その成果が年代を追って平明に論述されており，斬新なカロリング時代史ともなっています。

　しかし残念なことに，五十嵐氏は病気療養中のところ2009年4月逝去され，わが国の西洋史学界はひとりの優れたフランク史家を喪いました。幸いに長年の研究は，生前にその一端が講談社選書メチエとして公刊され，ついで本書の題名となった学位請求論文に集大成され，2007年早稲田大学から博士（文学）の学位が授与されたのです。その審査には，学外からフランク国制史の泰斗，大妻女子大学大学院の森義信教授が参加され，早稲田大学西洋史研究室の井内敏夫教授と小倉欣一の三名が担当いたしました。五十嵐氏はその後，公開審査会での質疑をも考慮し，内容と文章に加筆していっそう充実し完成度の高い原稿に仕上げ，出版を計画しました。知泉書館の小山光夫社長は，ご遺族の意向に添い，その計画を実行されたので

す。早稲田大学の故・佐久間弘展教授は出版を気遣い，大学院生小山寛之氏は参照・引用史料の照合と校正および索引作成を引き受け，東洋英和女学院大学は飽戸弘前学長のご高配により出版を助成してくださいました。多くの方々のご厚情とご支援に心から感謝いたします。

　五十嵐氏は，1957年埼玉県大宮市（現さいたま市）に生まれ，県立浦和高等学校を卒業し，早稲田大学第一文学部，大学院文学研究科史学（西洋史）専攻前期課程・後期課程に進み，満期退学しました。修士論文は「メロヴィング朝の王位継承」であり，早稲田大学『西洋史論叢』第5号（1983年12月）に掲載されました。大学院では野崎直治教授の指導を受け，トリアー大学に留学し中世初期の君主鑑と政治思想の研究で令名高いハンス・フーベルト・アントン（Hans Hubert Anton）教授のもとで学んでいます。1988年関東学園大学非常勤講師となり，1992年東洋英和女学院短期大学専任講師に就任，その後東洋英和女学院大学社会科学部専任講師，助教授を経て，2007年国際社会学部教授に昇格，学科主任として学部改革に取り組まれたとのことです。その間早稲田大学でも非常勤講師とヨーロッパ文明史研究所客員研究員を勤め，研究と教育の両面で精力的に活躍されました。

　主要な業績には，『地上の夢・キリスト教帝国─カール大帝の〈ヨーロッパ〉』（講談社，2001年10月），「教会裁判の誕生」（『西洋史学』第184号，1996年3月），「公の罪を犯した者は〈公の贖罪〉に服すべし─公的贖罪制度の展開とカロリング的テオクラシー」（『史学雑誌』第109編6号，2000年6月），「「王国」・「帝国」・「教会」─9世紀フランク王国の「国家」をめぐって」（『東洋英和女子大学・人文・社会科学論集』第23号，2006年3月），「宮廷と修道院─中世初期における貴族の教育」（浅野啓子・佐久間弘展編『教育の社会史─ヨーロッパ中・近世』知泉書館，2006年12月）などがあります。翻訳も手がけ，ハンス・K・シュルツェ著『西欧中世史事典─国制と社会組織』（共訳，ミネルヴァ書房，1997年6月），同『西欧中世史事典Ⅱ─皇帝と帝国』（共訳，ミネルヴァ書房，2005年11月）を刊行しています。

　マールブルク大学のシュルツェ教授は，「お別れの会」で朗読された五十嵐夫人への弔辞のなかで夫君の高い学識を讃え，「人は子供たちのなかに，学者は著作のなかでも生き続けるのです」（Ein Mensch lebt in seinen Kindern weiter, ein Gelehrter auch in seinem wissenschaftlichen Werk）

あとがき

と結んでいます。五十嵐修氏の生涯をかけた労作が，ヨーロッパの歴史に関心をもつ多くの読者に歓迎され，長い生命をもつよう念じてやみません。

 2010年　秋冷の候

小倉　欣一

＊　本書の出版にあたっては平成22年度東洋英和女学院大学出版助成の交付を受けた。

人名索引

アイオ　375
アイストゥルフ　51,55-57,61,66,67,72
アインハルト　96,105,166,198,199,209,211,240,243,352,353,375,380,385
アウグスティヌス　52,150,183,186,202,207
アウグストゥス　202,274,347
アウトカール　56,136
アエネイス　79,348
アゴバルドゥス　213
アスヘリヒ　254
アタナシウス1世　185
アダルギス　95,204,205
アダルハルト　15,129,373
アダルペルガ　106n
アナスタシウス　37
アブダルラーマン1世　213
アブラハム　31
アマルベルト　54
アリキス　106n,242
アルクイン　7,16,17,102,105,109,149,155,159,160-62,172,180,192,196,216,243,246,256,261,271,272,331,342,343,348,350,383,391
アルサフィオス　375
アルヌルフ　24,25
アルン　149,251,253,256,271,272,320,386
アレクサンダー（大王）　202
アンギルベルト　149,177,224,262,350
アンギルラム　36,106n,160,203,237
アンセギス　136,153,156,333
アンゼギゼル　24,25
アンタートゥス　38

アンテノル　79
イエッセ　297
イシドールス（セヴィリャ司教）　186,259
イルミナ　26
イレーネ　108,218,224,225,230,298,367,370
ヴァイファール　88
ヴィドゥキント　113,132,145
ヴィトボールト　220
ヴィニギス　253
ヴィリブロート　41
ヴィリベルト　36
ヴィルカール　203
ヴィルンドゥス　252
ウェナンティウス・フォルトゥナートゥス　342,343,346
ヴェルギリウス　346
ヴェルド　384
ヴォニミール　211
ヴォラート　204
ヴルファル　321
エアンヴルフ　198
エアンベルト　176
エテルベルト　198
エリッヒ　211
エリパンド　149,192
エルモルドゥス・ニゲルス　201
オッファ　149,181,182,187,363
オロシウス　201

カール（青年王，カール大帝の息子）　295,338,340,349,356,357,359,362,363,369,370,373,378
カール（肥満王）　374
カール・マルテル　16,24,25,27,37-

40, 42-43, 50, 55, 58, 69, 73, 80, 87, 118, 190, 202, 239, 319, 320
カールマン（カール・マルテルの息子，ピピン3世の兄） 42-45, 49, 50, 75, 83
カールマン（ピピン3世の息子，カール大帝の弟） 71, 87-95, 112, 141, 360, 361, 363
カールマン（カール大帝の息子，後にピピンに改名） 103, 356, 358, 361 → ピピン
ガイウス 263
カトゥウルフ 180, 181
ガビヌス 263
カンプルス 250, 284
偽キュプリアヌス 123, 183, 186
ギゼラ 349, 368
キュプリアヌス 310
キュロス 202
クリストフォルス 92
グリフォ 49, 50, 197
グリモ 39
グリモアルト1世 25, 26
グリモアルト2世 26-28
グレゴリウス（トゥールの） 62, 168, 193, 238
グレゴリウス1世（大教皇） 5, 33, 190, 386
グレゴリウス2世 33, 41, 69, 185, 247
グレゴリウス3世 33, 34, 38, 216
クローヴィス 3, 21, 22, 77, 110, 111
クローヴィス2世 179
クロタール2世 25, 179, 239
クロデガング 56
クロムウェル 77
グンドヴァルト 4, 23
ゲイロ 204, 205
ゲヴァリオブ 29
ゲオルギウス 73
ゲラシウス 249
ゲリバルト 160
ゲルヴォルト 363

ゲルバルト 321, 326
ゲルベルガ 93
ゲルマノス 33
ゲロルト 255
ゴトフレート 321
コリップス 343, 344, 346, 348
コンスタンティヌス（大帝） 65, 201, 240, 267-269, 350, 366
コンスタンティヌス5世 67
コンスタンティノス（キュプリの司教） 236
コンスタンティノス5世 73, 217
コンスタンティノス6世 108, 218-220, 225, 230, 231

ザカリアス 48, 51
ジギベルト 39
ジギベルト3世 25
シメオン 74
シャルル（禿頭王） 153
シルヴェステル1世 254, 266, 269
スヴァナヒルデ 43
スザンナ 263
ステファヌス（パリ伯） 321
ステファヌス2世 55, 56, 62, 64, 66-68, 71, 72, 74, 82, 191, 232, 254
ステファヌス3世 70, 72, 73, 88, 91, 94
ステファヌス4世 381
聖レブイン 208
セルギウス 37, 66, 73, 92

タシロ3世 91, 314
ダゴベルト 25,
ダゴベルト1世 177, 179
ダニエル 208,
ダビデ 31, 152, 162, 336, 337, 338, 344, 345, 350
テウデベルト 12
テウデリヒ 205, 210
テウデリヒ4世 42
テウドアルト 28

人 名 索 引

テーガン　295,374
テオデマール　106n
テオドゥルフ　7,15,160n,166n,174,
　320,331,340,350,363,369
テオドシウス帝　153,202
テオドラーダ　349
テオファネス　294,298
デシデラータ　89
デシデリウス　72,89,91,100
ドゥンガル　15
ドド　92
ドローゴ　26,27
ドロクテガング　55,56

ナソ（モドイン）　350
ニーベルンゲン　63
ニケフォロス　297,367,370
ニヌス　202
ニブリディウス　385
ノートケル　242,377

ハイト　375-377
パウリヌス　15,105,106n,180,184
パウルス・ディアコヌス　25,35,106
パウルス1世　69,74,82,217
パウロス4世　219
バシヌス　29
パスカリス　250,257,284
ハドリアヌス1世　58,70,94-96,104,
　191,192,206,214,224,227,232,234,
　243,250,251,294,237,297,299
ハルトラート　145,166,169-71
ハンニバル　202
ヒエロニムス　374
ピピン（せむしの，カール大帝の長子）
　164,315,357
ピピン（カール大帝の息子，カールマン
　から改名）　103,104,127,128,270,287,
　296,356,358,361,363,375,376,378,
　381,393,394　→カールマン
ピピン（ルイ敬虔帝の息子）　395,396
ピピン1世　24

ピピン2世　26,27,29,30,377n
ピピン3世　12,15,16,42,44,60,76,
　91,92,94,121,162,195,202,232,291,
　333,
ヒベルニクス・エクスル　350
ヒルデガルト　102,106n,130,357
ヒルデバルト　254,256,272,386
ヒルデブラント　35,51
ヒルデベルト2世　111
ヒルデリヒ　21
ヒルデリヒ3世　43,50,54
ヒルトルート　349
ヒルミトゥルーデ　357
ヒンクマール　15,153,228
ファストラーダ　205,210,315
ファラリス　202
ファルドゥルフ　105,106n,321
フーゴ　29,375
フノアルド　88
フランソワ1世　365
プリアムス　79
ブルヒャルト　51,54,55
フルラート　48,51,55,203
プレクトゥルーデ　28
フレデガリウス　76
フレデギッス　177
ヘイト　160
ベーダ　186
ベッガ　24,25
ペトロ（ピサの）　15,105,106n,180
ベネディクトゥス・レーウィータ（助祭
　ベネディクトゥス）　135，136，140
ヘラクレイオス1世　345
ベルタ　349
ベルトラーダ　61,87,90
ヘルベルト　176
ヘルムガウト　297
ベルンハリウス　386
ベルンハルト　15,95,130,372,378,394
ボニファティウス　40,43,49,51,61,
　75,84,139,153,199,395

マウルス（ネピの）　250
マウロントゥス　35
マギンフレート　210
マグヌス　321
マゲナルト　321
マデルガウト　321
ミカエル1世　376,377,394
ミロ　29n,44
モーゼ　31,152,155-157,189,249
モドゥイン　348

ユード　30
ユスティニアヌス（大帝）　343,345
ユスティヌス2世　343
ヨシュア　31,82,162,224
ヨナス　15
ヨハネス　73,385

ラガンフレート　28
ラトキス　51,68
ラトボート　308
ランケ　284
リウトヴィン　29
リウトガルト　349
リウトプラント　32,34-36
リクルフ　350,386

リヒボート　272,304,319
ルイ　356,383,395-97
ルイ（聖王）　153
ルイ（ルートヴィヒ）（敬虔帝）　17,136,165n,201,286,322,333,355,359,361,363,373-75,374,379,375,381,382,395,396
ルートヴィヒ（ドイツ人王）　8,396
ルル　111,198
レイドラード　319,320
レウデガリウス　44
レオ（ラヴェンナ大司教）　98
レオ1世　4,42
レオ3世　189,243,262,263,265,272,274,278,280,281,285,287,296,299,341,343,352,358,362,371,392
レオン3世　34,185,226,297,352
レオン4世　218
レミギウス（レメディウス）　374
レムス　202
ロータル　381
ロタルト　56
ロトハイト　349
ロトルーデ　108,218,220,349
ロマルト　104
ロムルス　3,202

固有名索引
(n は脚注)

ア　行

アイルランド　53,123,145,245
アーヘン　105,145,237-43,244n,251,252,255n,258,260,296,297,301,306,326,335,343,347-50,368,375,376,377,379-82,385n,390,394,395
アヴァール　240
アヴィニョン　31
アウストラシア　25,26,28,29n,30,43n,44n,87,321
アヴランシュ　29n
アキタニア　28,30,43,70,72,83,84,87,88,93,112,166,167,170,320-22,357,358,359,361,374,383,396
アクィレイア　105,368
アッティニー　205,239
アフリカ　47
アルザス　87,126
アルル　273,382,383
アレッツォ　288
アレマニア　30,87,94
アンティオキア　154
イェルサレム　240
イストリア　32,58,210
イスパニア　47,106n,112,113,161n,187,189,192,193,204,212-15,219,228,233,235
イリリクム　34
イタリア　3,229,230,267,273,283,291,293,296,309,320,344,357,358,359,361,367,368,371,375,376,396
イングランド　46,47,145,174,176,182,186,188,203,228,234,245,259n,363

インゲルハイム　201,203,240,242
ヴィエンヌ　61
ウェスカ　213
ヴェストファーレン　204
ウェストファリア　200
ウェセックス　40
ヴェネツィア　32,58,240,298n,375,376
ヴェルダン　105
ヴェルベリー　239
ヴェローナ　95,96
ヴォルムス　239
ウルヘル　192
ウンストルート　330
エルスタール　114,115,239
エレスブルク　197,200,205
オーセール　113,204
オーバーマルスベルク　197
オストマルク　214
オルレアン　178,238,260

カ　行

カプア　104
カラブリア　32
ガリア　4,47,63,80,110,117,166n,178,204,229,232-34,244,272,273,344,382
カルケドン　154
カルタゴ　343
カンパーニア　95
キエルジ　58-60,68,107,239,368
ギリシャ　219,229,273,296
クリーシー　239
ゲルマーニア　40-42,47,166,167,198,208,229,230,232-34,244,272,273,

298,321,344,383
ケルン　132,204,272n
コルシカ島　58
コルドバ　213,240
コンスタンティノープル　3-5,12,32,
　　66-68,74,100,201,202,216,219,220,
　　223,235,236,238,240-43,256n,277,
　　296-98,348,375,377
コンピエーニュ　239

サ　行

ザクセン（サクソン）　72,83,103,
　　112,113,125,132-35,141,142,158,
　　170,174,180,188,189,195,197,199,
　　204-08,211,233,258,330,390
サザンプトン　40
サラゴーサ　213,214,240
ザルツ　375
ザルツブルク　357
サレルノ　104
サン・ドニ　39,61,63,64n,68
サンス　321,322
シエナ　288
ジェノヴァ　95
ジギブルク　200
シチリア　34,66
シャロン　382,383
ジャンティーユ　73,217
シュレットシュタット　126
スカンディナヴィア　240
スポレト　99,130,166n,253,254
スラブ　240
セプティマニア　87,214
ソリアーノ　58
ソワソン　53,57,238,239

タ　行

ダルマチア　240,298n,352,375
ティオンヴィル（ディーデンホーフェ
　　ン）　56,94,352

テューリンゲン　167,204
トゥール　30,177,251,258,260,261,
　　337,382,383
トゥールーズ　166n
トクサンドリア　77
トスカーナ　95,97n
トリアー　240,272n,273,309
トレド　238
トロイア　23n,79,80,394

ナ　行

ナポリ　32
ナルボネンシス　383
ニカイア　154,235n,236
ネイメーヘン　239,352
ネウストリア　26,28,29n,30,43n,44,
　　47,48,87,167,170,321,358
ノーサンブリア　176,240
ノワヨン　239

ハ　行

バーゼル　330
パーダーボルン　200-03,212,240,
　　242,254-56,259,272n,341-43,392
バイエルン　43,50,83,89n,91,92,
　　145,170,189,195,209,214,255,262,
　　320,329,390,396
バイユー　29n
パヴィア　32,56,70,91,95,96,102,
　　105,106n,126,131,238,291
バグダッド　240
ハマーラント　329
パリ　29n,73,136,217,238,239,321,
　　322,328
バルセロナ　213
パルマ　58,102,176
パンノニア　79,210,211
パンプローナ　214
フィレンツェ　104,130
フェラーラ　32

固有名索引

ブラウスベルク　200
フランキア　71,114,128,130,131,176,257,284,356-58
フランクフルト　234
フリースラント　28,30,41,188
フリウリ　106n,113
ブリタニア　223,233
ブルグント（ブルグンディア）26n,43n,87,214,321
フルダ　204
プロヴァンス　35,36,87,214,359
ヘッセン　41,204
ベネヴェント　99,130,242n,270,287,296
ペルージャ　32,95
ベルギカ　383
ペンタポリス　32,58,95,130
ボヘミア　195
ボホルト　204
ポワティエ　30,88
ポンティオン　57,58

マ 行

マインツ　42,270,382,383
マクデブルク　202
マルクロー　208
マルセイユ　94
マントヴァ　58,127
ミラノ　273
メッス　55n,74
メンタナ　270
モンセリーチェ　58
モンテ・カッシーノ　50n,61
モンテ・バルノ　58

ヤ 行

ユトレヒト　41
ヨーク　176
ヨーロッパ　344

ラ 行

ラヴェンナ　34,66,68,71,241-43,270,272n,273
ラン　43n,136
ランゴバルト　170,214
ランス　29n,238,321,368,382,383
リエージュ　321
リジュー　29n
リッペシュプルング　204
リッペハム　204
リヨン　383n
リング　211
ルーアン　29n,321
ルグドネンシス　383
ルニ　58
レーゲンスブルク　192
レッジオ　58
ローマ　5,32,34,35,37,39-41,50n,55,61,69-71,74,76,79n,82,88,92,94,95,99,101,102,104,107-09,130,154,162n,167,170,176,177,191,218,226,228,237,238,240,241,243,247-49,251-53,255-58,262,263,267,269-76,278-83,285-87,289,290,293-96,298-300,319,336,342,347-49,353n,359,368,370,377,381,390,392,394
ロマニア　130
ロンスヴォー　141,21

事項索引

(n は注頁)

Angrarii　200
Annales Nazariani　167, 170
Austreleudi　200
Capitulare　115
Capitulare episcoporum　120
Salonne 修道院　203

ア　行

アーヘン王国会議　373
アーヘンの皇帝理念　255, 341, 342
アヴァール　206, 209-12, 240, 248, 262, 390
　──王国　211
　──人　189, 209, 210, 214
　──戦争　196, 209, 210, 212, 215
アウグストゥス　274, 290, 293, 341
『アエネイス』　183, 343, 346
『アキタニア勅令』　77, 112
『アキタニアの巡察使への指示書』166, 169
アギロールフィング家　50
アジール事件　340
アナテマ　95
アプシス（後陣部）　240, 241, 263, 264
『アラリック抄典』（Breviarium Alarici）285
アリウス派　32
『アルクイン伝』　176
アルヌルフ家　24
アルル教会会議　385, 387
アレマニア大公　94
アレマン人　23
アンセギスの勅令集　153, 156
アンドロ条約　111
イェルサレム総大司教　271

イコノクラスム（聖画像破壊運動）33, 34, 216, 217, 221, 222, 227
イスパニア戦争　196
イスパニア辺境泊領　192, 195
イスラエル　80-82, 84, 156, 162
　──王国　76
イタリア王国　232, 396
『イタリア勅令』　286, 292, 309
『イタリアに送られたカールの書簡』123
『イタリア布告』　102, 114, 125
『一般訓令』　13, 14, 16, 74, 119, 137, 140, 143-46, 148-50, 152-55, 157, 159-62, 164-66, 170-72, 174, 194, 215, 224, 225, 235, 243, 301, 306, 307, 317, 318, 324, 331, 332, 334, 335, 391, 393, 396
『一般巡察使勅令』　292, 307
『一般書簡』　74
『一般勅令』　13, 124, 146, 155, 292, 305, 306, 314, 322-24, 332, 334, 335, 393
一般的臣民宣誓　167-69, 171-73, 301, 306, 312, 314, 317, 319, 331
イルミン聖柱（イルミンズール）197, 198
『いわゆるアインハルト年代記』　167, 170, 201, 205, 209, 210, 213, 220, 248, 255, 286
ヴァイキング　258
ヴァイストゥーム（判告集）　329
ヴィカリウス　124, 165
ヴィドーネン家　29
ヴェネツィア総大司教　33
『ヴェルダン司教列伝』　105
ヴェルダン条約　397
ヴェンド人　188

事項索引

『ヴォルフェンビュッテル年代記』 306
ウマイヤ朝 213
『ウルヘルのフェリックスを駁する七章』 193
『エーワ・カマウォールム』 320,329
エリコの戦い 31
『エリパンドゥス駁論』 187
『エルスタール勅令』 112,114-17,119,120,123,128,140,153,169
エンゲル人 197
『王国年代記』 51,53,63,102,113,114,145,167,169,200-02,204,205,209-11,214,248,252,255,271,283,286,287,293,296,298,303,314,352,353n,373,375,376,382,385n
『王国のすべての身分への訓令』 396
『王国分割令』 17,292,352,353,355-57,362,364,366-68,372,373,378,393
恩貸地（制） 353n,314,360

カ　行

『カール大帝伝』 96,166,242,327,376n,380,385n
『カール大帝の最初の勅令』 114,135-37,139,140,149
『カールの書』（リブリ・カロリーニ） 74,185,190,224,227-29,234-36,244,246,273,277,391
『カール頌詩』 17,237,241,254-56,341,343,345,346,348-50
家士（vassus） 116,314
　──制 314,
カトリック 6,32,75,101,145,156,178,186,189,190,193,198,206,216,219,225,227,232-34,249,259,277
貨幣鋳造権 283,285
『神の国』 157,183
ガリア式典礼 63,75
『ガリア要覧』 383

ガロ＝ローマ人 23
カロリング 4,9,10,12,14,24,25,54,55,60,65,111,119,131,135,136,146,150,152,157,162,163,187,195,230,239,374n
　──・ルネサンス 12,105,158-64,178,187,331-33,393
　──王 202
　──家 24-26,28,35,43,52,62,63,103,118,152,356,358
『偽イシドールス教令集』 137
『偽キュプリアヌスのこの世の12の悪徳』 150
キエルジ会議 57
『奇跡伝』 62
宮宰 25
『宮廷について』 15
『旧約聖書』 80,153,162,172,179,193,246,336,391,395
教会の指導者（rector ecclesiae） 182,183
教会の保護者（defensor ecclesiae） 182,183
教皇領寄進の確約 58
『教皇列伝』 33,36,55,57-60,66,67,92,96,99,223,247,250,253,255-57,263,271,273-75,284,287,290,295
兄弟共同体（Brudergemeine） 362
ギリシャ人 224,226,235,247,296
キリスト教帝国（inperium christianum） 175,182,193,258,259,277,289,293,299,300,340,341,392
キリスト養子説 106n,161,187,192,193,235,258
ギルド（誓約団体 coniurationes） 116,118,119,169
クリシー教会会議 179
『軍隊動員令』 322
グントラムの勅令 178
下王 168,359,361,381
　──国 360
ゲラシウスの両権力論 185

『ゲルバルト第一司教令』　326
ゲルマーニア教会会議　44, 45, 75, 139
ケンテナリウス　124, 165, 317
合意婚（恋愛婚）　27, 374n
『公会議反駁書』　224, 231
後陣（アプシス）　263
『皇帝勅令』　302
皇帝付護衛官（spatarius）　296
『皇帝ルイ伝』　286, 295
綱領的勅令　305-07, 318
『コーデックス・カロリーヌス』　36, 37, 47, 51, 60, 62, 69, 71, 76, 82, 97, 191
国王賛歌（laudes regiae）　75, 76, 81, 275, 276, 358
国王巡察使（missi dominici）　130, 131, 306, 307, 312, 317, 319-25, 328, 332, 333, 361, 386
　──制度　17, 306, 315, 316, 319-21, 332, 333, 393
国王罰令金　331, 332
　『──摘要』　331
国王罰令権（bannum）　302, 331, 332
国家危機説　384, 385
『御料地令』　14
コルビー修道院　365
『古レブイン伝』　208
『コンスタンティヌスの寄進状』　262, 266
『コンスタンティヌスの定め』（Constitutum Constantini）　99, 266-70, 278, 285, 345n, 355, 356n, 366, 367n, 368, 370, 381, 394
コンスル　3, 38, 39
コンピエーニュ教会会議　73
コンピエーニュ近郊の戦い　28

サ　行

ザクセン　72, 83, 102, 103, 112, 113, 125, 132-35, 141, 142, 145, 158, 170, 174, 180, 195, 197, 199-208, 211, 218, 233, 252, 254, 258, 330, 339
『──改宗の歌』　203
──人, 188, 189, 196-200, 203-208, 210
──戦争（戦役）　196-99, 203, 205-08, 212, 215
『──族の改宗についての詩』　180
『──地方に関する勅令』　132, 140, 204, 330
『──勅令』　207, 331
『──法典』　330
サラセン人　189
サリー・フランク人　77
『サリカ法典』　22, 75-77, 79, 80
『──附加勅令』　328, 329
サン・ヴァンサン修道院　136
サン・ヴィターレ聖堂　242
サン・ジュミエージュ　29
サン・ドニ修道院　57, 62, 87, 141, 239
サン・ピエトロ教会　274, 294
サン・ピエトロ大聖堂　271
サン・ベルタン修道院　54
サン・マルタン修道院　30, 177, 258, 261, 337
サン・モーリス・ダゴン修道院　56, 368
『サン・ワンドリーユ修道院長列伝』　220
サン・ワンドリーユ　29
ザンクト・ガレン　384
　──修道院　374n, 384n
ザンクト・ペトルス教会　357
サンタ・スザンナ教会　263
『サンタマン年代記』　275, 295, 306
『三位一体論』　340
シェル修道院　368
『ジェローンの典礼書』　76
『司教と修道院長が協議すべき案件に関する勅令』　382
司教令　160
『司牧の書』　386
私的な遺言書　353
シャロン教会会議　383n, 387

事 項 索 引

ジャンティーユ教会会議　73
シャンパーニュ公　26
『修辞学に関する論議』　177
自由人没落説　316
『12の誤謬について』　123, 183, 310
十分の一税（decima）　116-18, 148, 207, 322, 323
巡察使（missi）　146, 151, 165, 166, 320, 323, 329, 352
巡察使管区　321, 322
巡察使制度　321
『巡察使勅令』　124, 164, 167, 169, 307, 324, 329
『巡察使のための二つの勅令』　165, 169, 235
『小ロルシュ年代記』　252
『諸王国分割令』　353n
シリア人　247
臣従礼　360
人的結合国家　23
臣民宣誓　164-66, 168, 169, 172, 173, 306, 309-12, 315, 316, 322, 323, 325, 381
スペイン辺境伯領　390
スポレト公　36
スポレト公国　32
スポレト公領　58
スラヴ　240
　　──人　188, 204, 205
聖画像論争　5, 17, 73, 217, 245, 246, 391
聖歌隊（schola cantorum）　325
誠実宣誓　119, 171, 172, 306, 307, 311, 314, 315, 332, 334, 391
政治的遺言状　361, 363, 372, 378, 394
『聖シルヴェステル伝』　266, 267
聖ペトロ教会　376, 377
『聖マルティヌス伝』　342-44, 346
聖マルティヌスのマント（cappa）　54
誓約（宣誓）　119
誓約団体　→ギルド
全キリスト教帝国（totum Christianum Imperium）　383, 387
総手的支配（Samtherrschaft）　362, 372
『続フレデガリウス年代記』　31, 35, 38, 39, 43, 51, 53, 57, 63, 70, 71, 87
ソワソン教会会議　44, 45

タ　行

『大ザルツブルク年代記』　306
代訴人（フォークト）　165
『第二エルスタール勅令』　122
第二ニカイア公会議　219, 222-26, 28, 230, 232, 234-36
第二のローマ　237, 238, 241, 242, 347-50
託身（commendatio）　314
超人格的国家観念　10
勅令（カピトゥラリア）（Capitularia）　12, 13, 111, 115, 324
『ディオニシオ・ハドリアーナ』　146, 154
『ティオンヴィル勅令』　122, 333, 353
帝国移転論　344, 345
『帝国計画令』　395
『帝国統一令』　369
デーン人　204, 385n
デナリウス銀貨　282
テューリンゲン人　23
『テューリンゲン法典』　330
テルトリーの戦い　26
トゥール・ポワティエ間の戦い　27, 30, 31
トゥール教会会議　388
東方正教会　216
『特殊国王巡察使勅令』　305, 313, 320, 322, 324
トロイア人　76

ナ　行

ナースリング修道院　40

事項索引

『780年の通達』 118, 123, 140
『ナポリ司教事績録』 256
ニカイア公会議 226, 230, 231, 233, 236
西ゴート 15, 53, 238
　——王国 383
西ローマ帝国 233, 273, 278, 289, 293, 367, 382, 391
『ネイメーヘン勅令』 353
ノーサンブリア王国 176

ハ　行

バイエルン大公 35, 89
ハギア・ソフィア大聖堂 242
伯管区 134
バシリカ 240
8世紀のゲラシウス典礼書 74
パトリキウス 65, 66, 68-70, 95, 100, 101, 249, 274, 293
破門 155
パリウム 42, 46, 176, 177, 262, 264
ヒエリア教会会議 218, 222
ビザンツ 4-6, 11, 16, 32, 33, 63, 73, 96, 98, 100, 104, 107, 108, 192, 194, 201, 216-21, 223-27, 229, 231-34, 236, 238, 241-44, 272, 273, 275, 276, 278, 280, 281, 293-99, 346, 367, 368, 372, 375-78, 381-83, 393, 394
　——帝国 7, 17, 269, 390, 391, 394
『美徳と悪徳について』 156
『ピピン王の第一勅令』 128
ピピン家 24
『ピピン塗油記』 62-64
『ピピンの勅令』 130
『ピピンのパヴィア勅令』 131
フェーデ 116
『フェリックスの異端に対する反駁書』 193
フォントノワ条約 397
復興（renovatio） 302
フランク
　——＝ランゴバルト王国 300
『——王国年代記』 274
　——王国の再興（renovatio regni Francorum） 355, 382
『——王勅令集』 135
　——国王カール陛下の勅令 137
『——史』 79, 80, 179
　——人 23
　——帝国 75, 255, 388
フランクフルト教会会議 192, 229, 234-36, 261, 277
『フランクフルト勅令』 153, 235
フリース人 210
『フリースラント法典』 331
フリウリ公 102, 126, 142
フリウリの反乱 106n
フリッツラー修道院 199
プリュム修道院 79
ブルガール人 375, 376
ブルグントの教会会議 44
ブルグント人 23
フルダ修道院 373
『——院長ストゥルムス伝』 203
『フレデガリウス年代記』 69, 79, 201
分国（portio） 89, 94, 238, 239, 358, 360, 361, 363
　——王 22, 360
　——制 22, 361
フン族 189
ペトロの書簡 181
ベネヴェント公 89, 282
ベネヴェント公国 32, 169
ベネヴェント公領 58, 97
ベネディクト戒律（聖ベネディクトゥスの戒律） 303, 305, 325, 386
ベネディクト派 165
法典附加勅令（capitularia legibus addenda） 328
ボッビオ修道院 96
『ボッビオの典礼書』 31

事項索引

マ 行

マインツ教会会議　385-87
『マクシミリアン年代記』　253
『マタイ（マタイによる福音書）』
　　157, 183, 264
『マルクルフ書式集』　168
『マントヴァ勅令』　127
ムント婚　27
『メッス司教列伝』　25, 106
『メッス年代記』　25, 35, 43, 64, 210,
　　355, 377n
メロヴィング　4, 12, 21, 23, 26, 49, 52,
　　54, 110-12, 122, 139, 163, 167, 168,
　　177, 178, 239, 362n
　　――家　23, 24, 30, 43, 51, 52, 54, 358
　　――朝　24, 29, 43, 45, 46, 52, 53, 77,
　　193, 196, 356, 383
『モーゼル年代記』　203
『モワサック年代記』　64, 305, 325, 380
モンテ・カッシーノ修道院　106n

ヤ 行

遺言状（testamentum）　352, 358,
　　361, 362
『ユスティニアヌス法典』　66
『ユスティヌス賛歌』　343, 344, 346,
　　348
ヨーク大司教　176
『ヨーク年代記』　222
ヨーロッパ　3, 5, 6, 41, 195, 344, 347,
　　349
　　――人　30
『ヨシュア記』　31
『ヨハネ（ヨハネによる福音書）』　157

ラ 行

ラヴェンナ総大司教　33
ラヴェンナ総督　34, 66

ラヴェンナ総督領　32, 57, 58, 99, 103
ラテラノ宮殿　257, 263, 270
ランゴバルト　5, 11, 12, 32, 34-38, 40,
　　48, 51, 52, 55-58, 61, 66, 70-73, 82, 83,
　　88-102, 105-09, 113, 124, 125, 127,
　　129, 168, 169, 191, 196, 218, 219, 238,
　　269, 275, 279, 283, 288, 290, 291, 390
　　――王　101, 127
　　――王国　16, 32, 37, 93, 98
　『――史』　106
　　――人　32, 98, 127
　　――人の王　97, 100, 292, 390
　　――戦役　196
　『――の司教との協議勅令』　128
ランス教会会議　383, 387
ラン伯　87
『リブアリア法典』　329, 330
『リブアリア法典附加勅令』（Capitulare
　　legi Ribuariae additum)　329
『ルイ皇帝伝』　374n, 379, 380
『ルードヴィキアーヌム』　103
ルーニ＝モンセリーチェ線　58
『ルカ（ルカによる福音書）』　82, 183
ルマン大公領　49
レオ3世のトリクリニウム（Triclini-
　　um）　243
『歴史十書』　168, 193
レゼティンヌ教会会議　44
『列王記』　152
『レビ記』　157, 171
ローマ
　　――＝キリスト教帝国　355
　　――教皇領　34, 57, 101, 103, 107
　　――皇帝　3, 289, 350
　　――公領　34
　　――式聖歌　74
　　――式典礼　63, 74, 325
　　――人　23, 247, 248
　　――人の王　289
　　――人のパトリキウス　64, 66-70,
　　84, 97, 100, 101, 107, 124, 129, 191,
　　219, 257, 275, 279, 280, 282, 283, 288,

293, 299
ローマ帝国　7-9, 59, 75, 195, 238, 244, 259, 267, 273, 277, 278, 282, 289, 299, 300, 336, 382, 383, 392, 394
　──帝国の再興（Renovatio Romani imperii）　355

『ローランの歌』　113, 214
『ロップ年代記』　373n
ロルシュ修道院　309
『ロルシュ年代記』　114, 210, 272, 273, 275, 295, 301, 303-06, 308, 309

五十嵐 修（いがらし・おさむ）
1957 年生まれ．早稲田大学大学院文学研究科博士後期課程満期退学．東洋英和女学院大学国際社会学部教授．2009 年逝去．
〔業績〕『地上の夢・キリスト教帝国——カール大帝の〈ヨーロッパ〉』講談社，2001 年．「「王国」・「帝国」・「教会」——9 世紀フランク王国の「国家」をめぐって」『東洋英和女学院大学・人文・社会科学論集』第 23 号，2006 年．「教会巡回裁判の誕生」『西洋史学』第 184 号，1996 年．

〔王国・教会・帝国〕　　ISBN978-4-86285-087-4

2010 年 11 月 25 日　第 1 刷印刷
2010 年 11 月 30 日　第 1 刷発行

著　者　　五十嵐　修
発行者　　小　山　光　夫
印刷者　　藤　原　愛　子

発行所　〒113-0033 東京都文京区本郷 1-13-2
電話 03(3814)6161 振替 00120-6-117170
http://www.chisen.co.jp
株式会社　知泉書館

Printed in Japan　　印刷・製本／藤原印刷